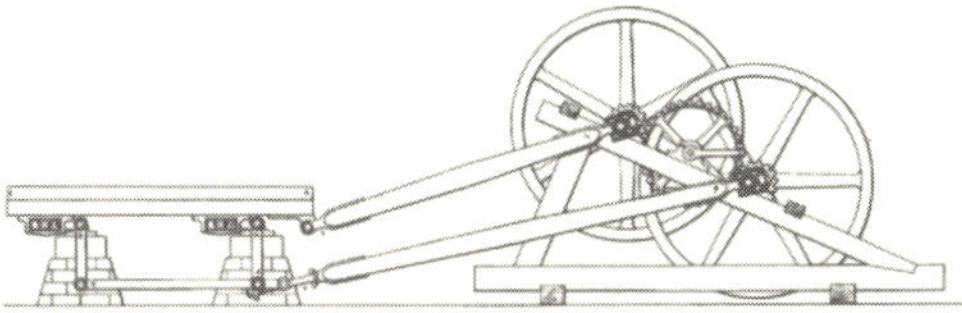

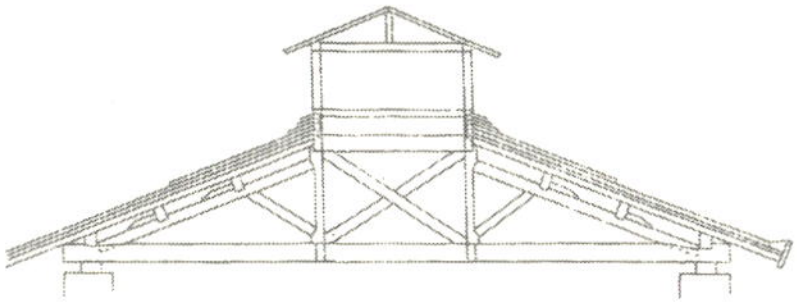

耐震木造技術の近現代史

伝統木造家屋の合理性

西澤英和 著

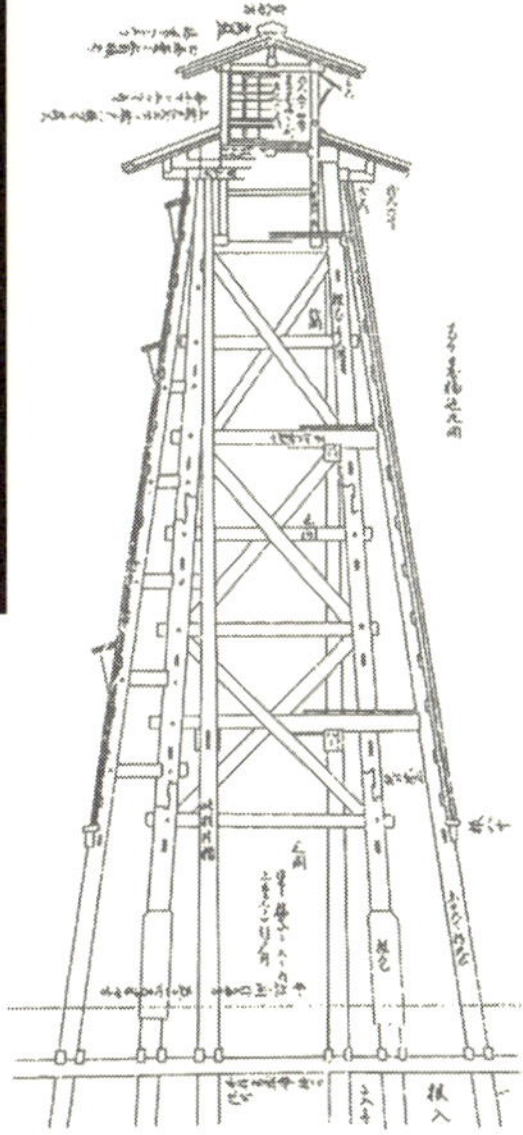

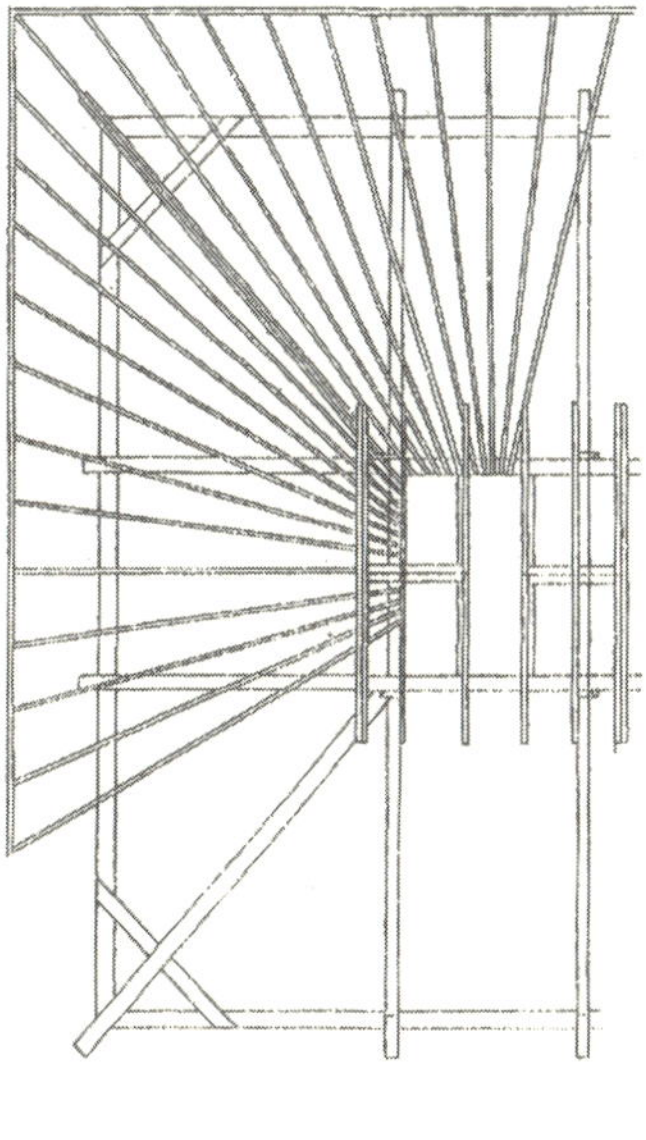

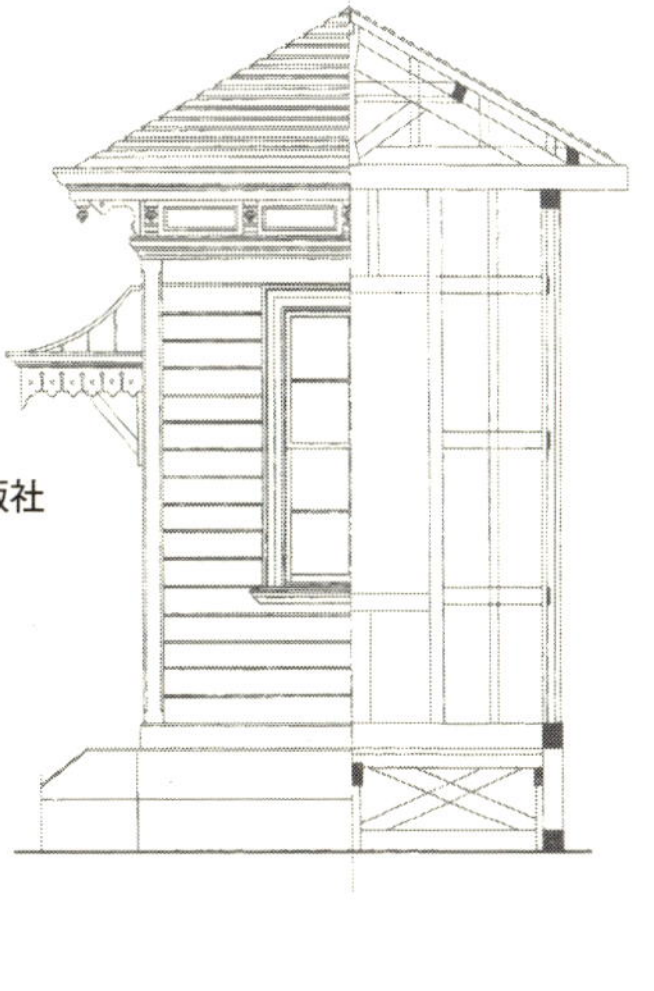

学芸出版社

耐震木造技術の近現代史——伝統木造家屋の合理性＊目次

大正〜昭和（戦前・戦後）

凡例

・本文中の引用文は原則として、原文通りに掲載した。ただし、旧字については新字に置き換えてある。一部筆者註及び、文献を付した。
・近代の文献では、漢字カタカナ混じり文と漢字ひらがな混じり文が混在している。現代の感覚からすると、句読点がないまたは極端に少ないもの、濁点をふっていないものがあるが、原文の通りとした。
・巻末の文献の記載は、できるだけ原文に近い形で旧字も用いて表示した。文献の発行年が和暦のものはそのまま記載し、（　）内に西暦を記した。
・引用図版について、文字が読みにくいものまたは、文字が欧文のもので必要と思われるものは、置き直した。
・また、図版中の囲み文字及び矢印は筆者が加えたものである。
・「人為地震台」は時代や研究者によって「人造地震台」とも言われている。本書では「人為地震台」と表記した。

序章　わが国の耐震構造の原点

1 震災と構造技術

かつて江戸末期までのわが国では、住宅、社寺、城郭など規模を問わず、あらゆる構造物を木造で構築しうる高度な技術と、地元で必要な資源を安定的に調達しうるシステムが維持されていた。その後、文明開化の時代になると、伝統木造は江戸以来の技術基盤に、西洋建築の技術を積極的に取り入れて、一九世紀後半からの近代化の潮流に遅れることなく新たな段階へと発展を続けた。

しかし、明治以降次第に加速する都市化と近代化の流れの中、各地で頻発した地震は、和風洋風を問わずさまざまな建造物を破壊し、街を過酷な実物試験の場に変えた。その結果、耐震的な欠陥を露呈した技術は次第に淘汰されて、最終的には地震国の風土に合うように改良された構造手法が定着するという道筋を経て、今日に至った。

ちなみに、明治から戦前期までの耐震研究の歴史を振り返ってみると、おおむね二度のピークがあったことがわかる。一つは明治二四（一八九一）年の濃尾地震後、もう一つはいうまでもなく大正一二（一九二三）年の関東大震災後である。これら二つの大地震は、一九世紀末から二〇世紀初頭までのわずか一世代しか隔たっていないが、この間に日本の建築構造は劇的に変化した。

初期の洋風煉瓦造建築は、濃尾地震の試練を契機に独自の耐震煉瓦造を発展させることとなり、明治末期頃にはきわめて耐震性に優れた煉瓦工法がほぼ完成の域に達したのであるが、この頃になると早くも、次世代の構造技術としての鉄筋コンクリート造が試みられるようになっていた。

次いで、第一次世界大戦中の空前の好景気のもと急速に膨張した首都圏を襲った関東大震災は、完成域に到達したばかりの耐震煉瓦造建築を終焉させ、一気に鉄筋コンクリート造建築の時代に突入させた。明治三〇年代以降に建設された煉瓦造建築の多くは大震災の揺れには耐えたものの、木造の屋根や窓から火が入って、木造床が焼け落ちる被害を免れなかった。これに対し、鉄筋コンクリート造は耐震性とともに類焼に対する圧倒的な強さが証明されたのであった。

このように、大地震が発生するたびに次々と新たな耐震的な課題が浮上したが、その都度先人は解決の糸口を伝統木造建築から得てきたのであった。関東大震災後の〝柔剛論争〟は典型的な事例であるが、このような議論を通して地震と建築に関する理解を深めたのである。要するに、わが国の耐震構造の原点には、伝統木造という優れた規範が存在し、それらを通して日本の耐震研究は独自に進化発展したという点に特徴がある。

さて、一昔前までは、都市近郊でも伝統的な木造家屋の普請を結構目にしたものだが、最近はツー・バイ・フォーやプレファブなどの現代工法にすっかり様変わりして、大工棟梁が携わる木造住宅はほとんど見かけなくなった。伝統木造の衰退は想像以上に進んでいるようだ。しかしながら二一世紀に入ってわが国の木造建築界は一つには工業化指向、もう一つには伝統志向という二つの相異なる潮流が交錯しながら、多様化の様相を強めつつある。

ところで、平成二一（二〇〇九）年一〇月二七日に、兵庫県三木市の防災科学技術研究所の世界最大級の振動台に、実物の三階建ての木造住宅二棟を載せて実際の地震動を加えて揺するという大規模な実験が行われた。一方は、長期優良住宅仕様をさらに上回るように耐震補強されたまさに超優等生の耐震木造住宅。もう一方は、特別な対策を施していない普通の伝統工法の住宅であった。

多数の見学者が固唾をのんで見守るなか、二棟の建物に激しい揺れを加え始めると特別頑丈に造られた耐震住宅は一階が傾き始めたかと思うと、次の瞬間バランスを失って一瞬にして倒壊。実験施設の頑丈な床に叩きつけられて壁も柱も粉々に吹き飛び、周囲に猛烈な粉塵が舞い上がった。もし中に人がいたなら誰も助からないことは明らかであった。

それとは対照的に濛々《もうもう》たる埃《ほこり》のなか、伝統的な木造家屋は激震に耐えて何事もなかったかのように建っていたのである。

莫大な国費を投じて作られた超優等生住宅の無様な様相を克明に捉えた前代未聞の映像は、人々に大きな衝撃を与えた。果たして現在の耐震木造住宅は人々の命と財産を守れるのか？ 不都合な真実が白日のもとに曝された一瞬であった（文献1）。

このような事例を通して、先人が幾多の地震災害を通して築きあげてきた伝統建築技術に秘められた英知を謙虚に学ぶべきではないか？ そのような考え方が次第に広がっている。

2 伝統木造と在来木造

木造家屋の耐震性を考える場合、木造建築全体を十把一絡げに扱うのではなく、

①伝統木造
②在来木造
③現代木造

の三つを明確に区別して議論する必要がある。

思えば最近は、技術の進歩によって本物とイミテーションの区別がつきにくくなった。煉瓦壁だと思っていたものが、そっくりに印刷された金属パネルだったとか、無垢の天井板と信じていたものが、厚紙にプリントしたものだったというようなことは珍しくない。木造も同様で、ちょっと目には区別がつかないような「伝統木造」風の建物を「在来木造」でも「現代木造」でも造ることができるのである。

そうなると、日本古来の「伝統木造」とそれ以外の「在来木造」や「現代木造」とはどこがどう違うのだろうか？

辞書によると「在来」とは〝これまであったことや、行われていたこと〟とあり、ヴァナキュラー(Vernacular)と英訳されることが多いが、このVernacularという用語には〝その地域に固有の〟という意味がある。したがって、「在来木造」を辞書通りに解釈すると〝その地域に昔から行われていた固有の木造建築〟ということになろうか。そのため、人々が各地に残る民家や町家などの歴史的な木造家屋をイメージしたとしても不思議ではない。

しかしながら、建築業界での「在来木造」はこれとはいささか異なっている。在来木造をネットで検索するとたとえば〝コトバンク〟には次のように記されている。少し長いが引用しよう(文献1)。

〝柱、梁、筋交い（柱と柱の間に斜めに入れる材）など、木の「軸」を組み立てて建物を支える日本の伝統的な工法を「在来工法」といいます。

この「在来工法」は、「木造軸組工法」「在来軸組工法」「在来木造」「木造軸組」などの様々な呼び方がありますが、その内容は基本的に同じです。「在来工法」の特徴としては次のことが挙げられます。

(一) 鉄筋コンクリート製の「布基礎」（連続フーチング基礎）を採用し、土台と布基礎をアンカーボルト

で緊結する。（筆者註 施行令第四十二条等）

（二）筋かいを入れて、プレート等で止めつけることにより、軸組全体を安定させる。（筆者註 令第四十五条等）

（三）壁材に構造用合板を採用する等により、壁に強度を与える。

（四）その他、材の接合部（仕口）に多様な金物を用いて、軸組全体を補強する。（筆者註 令第四十七条等）

これらの工夫により構造的に強い木造建築が初めて可能となりました。〃

この説明には間違いが多い。たとえば〃柱、梁、筋交いなど、木の「軸」を組み立てて建物を支える日本の伝統的な工法〃と記しているが、社寺仏閣をはじめ伝統木造建築には筋交い（筋違）はまず用いられていないこともその一つである。

さらに、〃㈠鉄筋コンクリート製の「布基礎」にアンカーボルト〃、〃㈢壁材に構造用合板……〃そして〃㈣材の接合部に多様な金物……〃とあるが、江戸時代の民家や町家に鉄筋コンクリートの布基礎や構造用合板が使われていたとでもいうのだろうか？

要するにコトバンクに記された在来木造とは、柱と梁と筋違からなる軸組形式の木造のことであって、「2×4（ツーバイフォー）工法」や「木質パネル工法」などの近年導入された壁式の木造家屋と対比するために便宜的に用いたのかもしれない。本来ならば軸組工法と呼ぶべきところが、何故か在来工法という紛らわしい用語が使われるようになったようだ。

一九七〇年代から普及し始めたこれらの壁式工法に対して、すでに普及していた軸組工法は歴史的にやや古かったという意味において、日本の伝統的な工法であると考えたのかもしれないが……。

3　在来木造の定義

「在来木造」の本質について、東京大学教授故村松貞次郎は、『やわらかいものへの視点　異端の建築家伊藤為吉』（文献1）に次のように明確に記しているので、以下に引用する。いずれにせよ、〝軸組工法〟を〝在来工法〟と呼ぶのは明らかな誤りである。

〝……現在一般の大工・工務店で行われている一戸建ての木造建築はプレファブ工法やアメリカ・カナダから戦後導入されたツー・バイ・フォー工法と違って在来工法と呼ばれている工法によっている。これは明治維新まで全国各地で行われていた伝統工法が、明治から大正にかけての大きな変革期に、濃尾地震、酒田地方地震あるいは関東大震災などの自然災害を経験して再編成されたものである。伝統工法とことさらに区別するために、〝在来工法〟という呼び名が慣用されるようになった。その基本は土台と基礎の固定、筋違などの斜材による地震や風力による水平力への抵抗性の増大、補強金物の汎用の三点であって、これを学問的に体系化した人物が、東京帝国大学建築学科助教授（当時）で震災予防調査会委員でもあった建築構造学者の佐野利器であった。……

……佐野は大正五年に発表した「家屋耐震構造論」（「震災予防調査会報告」第八十三号甲・乙）で伝統の木構造に検討を加えてその耐震化の方向を示した。その要点が前記の三点で、今日在来工法と呼ばれるものの基礎になったのである。やがてこれは大正八年に公布された「市街地建築物法」（現在の「建築基準法」の前身）の基準となって、いわゆるお上の指導型の家屋耐震化が今日に至るまで行われてき

たのである。……〃

要するに「**在来工法**」とは、文明開化で導入された洋風木造を土台に、「お上」の権威のもとに体系化された「官」の技術であるという点において、昔からの経験や技術の蓄積をもとに大工棟梁が培い逐次新しい様式や技術を旺盛に取り入れながら徐々に発展を遂げたいわば「民」の技術である「**伝統木造**」とは似て非なるものである。この点を明確に認識しておかなければならないだろう。

4 兵庫県南部地震の木造被害を考える

4・1 伝統木造はあったのか？

瓦屋根や土壁が好まれてきた関西で伝統的な和風家屋が激減しはじめたのはいうまでもなく平成七（一九九五）年兵庫県南部地震以降。この地震を契機に、伝統的な和風住宅はすっかり姿を消してしまった。経済性や法律上の規制などその理由はいくつかあろうが、この地震によって、伝統的な和風住宅への信頼が大きく損なわれたことが最大の要因と考えてまず間違いないだろう。

この地震での全壊家屋は約八万棟、半壊六万二千棟。全壊率が世帯数の一〇％、地域によっては六〇％を超えるなど異常な値に達し、犠牲者は六千名を超えた。そのほとんどは木造家屋の倒壊による圧死という。

地震直後から、一部の専門家は伝統木造家屋の屋根は重く、土壁は脆弱で、そもそも耐震性などは全くないと執拗に主張しはじめた（文献1）。そして、震災直後の混乱した情勢の中、マスコミを通じた心ないネガティブ・キャンペーンやデマゴーグは急速に人々に浸透し、瓦屋根や伝統和風住宅への不信感が深く刷り込まれていくのに戦慄を覚えた。

被害の実態がほとんど把握できていない段階で、早々とこのような主張が喧伝されたのとは対照的に、伝統木造の耐震性についての地道な研究が続いていることについてはあまり報じられていないが、結論からいえば、地震直後に流布された〝伝統木造には耐震性がない〟とか、〝伝統木造には技術的な改善や進歩がなかった〟あるいは〝伝統建築は欠陥建築である〟（文献2）などの過激な都市伝説を裏付けることはできない。理由は簡単である。神戸は典型的な戦災復興都市。木造家屋の大多数は戦後の建築基準法によってつくられた在来木造家屋ばかりで、戦前からの伝統木造などまず存在しなかったからである。

ちなみに第二次世界大戦末期の神戸大空襲の苛烈さは東京大空襲の比ではなかった。米軍は神戸を東京空襲の予備実験場と位置づけ、昭和二〇（一九四五）年一月末から二月はじめにかけてグアム島北方五〇〇キロほどのググアン島でM69新型焼夷弾の低空爆撃訓練を繰り返した後（文献3）、二月四日、カーチス・ルメイ少将の指揮下、テニアンの第七三及び第三一三爆撃団のB29爆撃機一一〇機が発進。史上初の昼間の低空無差別絨毯爆撃を敢行した。戦術はまず海岸地域を爆撃し、次いで山側を焼き払ったあと、最後に中間地域をナパーム弾で徹底的に焼き払うというものであった。

その後も、昭和二〇年三月一七日の神戸大空襲では三〇九機のB29が飛来して、六万五千戸を焼失させ、さらに昭和二〇年六月五日には、五三〇余機で、三一三〇トンの焼夷弾を投下したという。この時の投弾密度は実に畳二畳あたりに三〇発――おおむね三〇センチ四方に一発。これは三月一〇日の東京大空襲の二倍以上であった。こうして神戸では一二八回の爆撃で一二万五千余棟が完全に焼失。市域の大半は図1に示すように一面の焼け野原と化し、米軍は途中で神戸には爆撃目標がなくなったとして、空襲対象から除外したほどであった（文献4）。

今日の姿からは想像もつかないが、激しい神戸大空襲で戦前からの「伝統木造家屋」はほぼ完全に滅失し、焦土と化した神戸の地に再建されたのは、戦後の建築基準法や同施行令に基づく「在来木造」であった。そしてこれらの在来木造家屋も耐用年数二十年と言われるなか、終戦から五十年間にすでに二回は建て替わっていたのである。

このような歴史的な経緯をたどってみれば、「伝統木造」が大量倒壊して、多くの犠牲者を出したとする一部の学者の主張は全く根拠がないことは明らかである。正しくは戦後の基準で造られた「在来木造」家屋は激震に耐えられなかったというべきなのである。

もちろん「伝統木造」にも耐震的な課題はあろうが、少なくとも兵庫県南部地震の被害からは検証できない。いずれにせよ、ありもしない伝統木造に兵

図１　焦土と化した神戸の市街地（文献４）

庫県南部地震の甚大な家屋被害の責任を転嫁するような無責任極まりない言説は、今日の木造家屋が抱える深刻な耐震的リスクの本質を見誤らせ、結果として次の大地震で再び同様の惨事の繰り返すことにつながる。わが国の住宅ストックの大部分を占める戦後基準で造られた膨大な「在来木造」を不良ストック化させないためにも、戦後木造の直下型地震対策は待ったなしである。

4・2 兵庫県南部地震の木造被害を振り返って

あの地震から二十年余り。木造家屋の被害について今一度考えてみたい（文献5）。

平成七年一月一七日午前五時四六分、淡路島の北端付近を震源とするマグニチュード七・二（以下、M7・2）の直下型地震（震源深さ一五キロ）が大都市神戸とその周辺を襲った。その激しさは驚くべきものであった。山の手の神戸海洋気象台で観測された地盤の加速度は八一八ガル、東西六一七ガル。さらに三三二ガルもの上下動が重畳した。わが国の建物は通常二〇〇ガルの水平方向の地盤の加速度に耐えるように――言い換えると弾性限度内に収まるように設計されているが、実際の地震動はこの四倍以上も強烈で、さらに通常考慮されていない激しい上下動も加わったのである。

図2は、中山手通りの相楽園の西方約三〇〇メートルの硬質な地盤上に位置する神戸海洋気象台で観測された南北・東西・上下方向の記録波形。これを積分した地動速度と変位をそれぞれ図3と図4に示す。水平加速度に関しては矢印の四～一〇秒あたりの約六秒間の値が大きく、特に五秒（矢印A）及び八秒附近（矢印B）のピーク値が卓越している。上下動は水平動に比べて高周波成分の重畳が認められるが、主要動の包絡線波形は水平動とほぼ相似である。

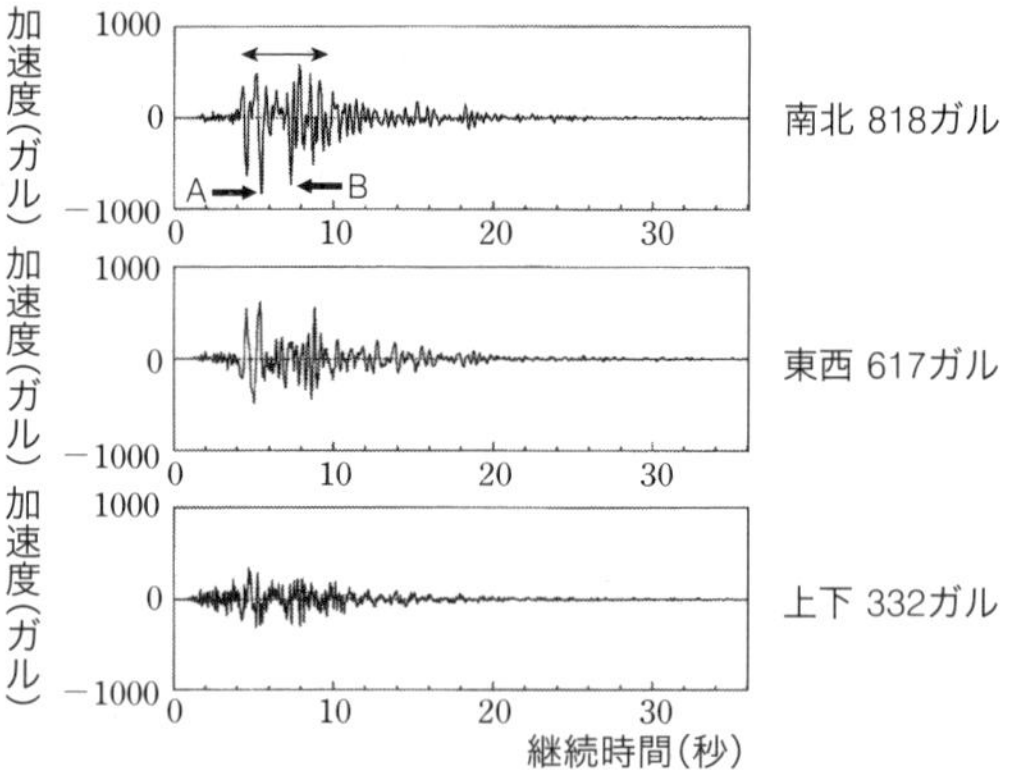

図2　神戸海洋気象台での観測加速度波形(文献5)

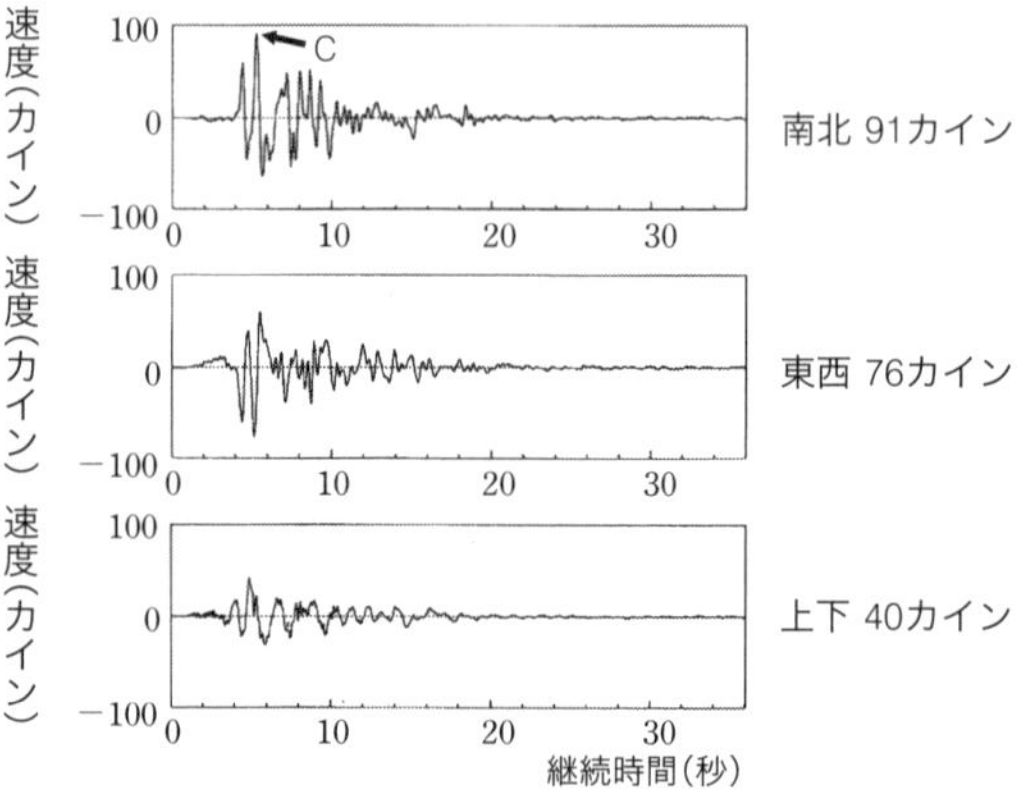

図3　速度波形(文献5)

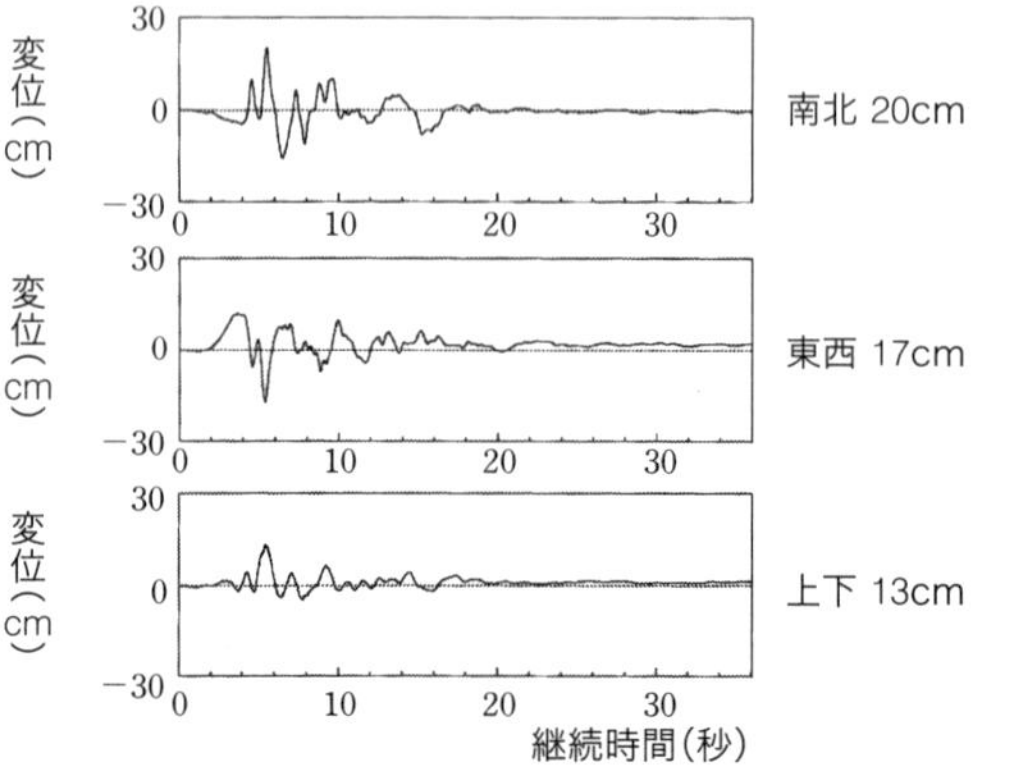

図4　変位波形(文献5)

一方、速度波形では四・五〜五・五秒附近の約一秒間（矢印C）に一〇〇カイン（cm／s）近い最大速度を記録しており、この地震波が極端に衝撃的な特性を有していたことを示す。地盤の最大変位は、南北・東西・上下とも五・五秒付近に生じており、その値は南北方向二〇センチ、東西方向一七センチ、上下方向一三センチであった。

ただし、このような強震記録には大きな衝撃波形が正確には記録されていないとの指摘がある（文献6）。

″……地震動の初期の衝撃的なP波の値が地震計の性能を超えているため観測記録することができな

かったのではないかという指摘がなされている。衝撃的なP波が観測できれば、その加速度の大きさは五十万ガル（約五百G）程度、波動の周期は千分の一秒（一キロヘルツ）から一万分の一秒（一〇キロヘルツ）になると推定される。その根拠は、鋼管柱の局部座屈の破壊形態が建設現場の杭打ちで見られる座屈現象と極めて類似していることが示されている。……〟

直下型地震での衝撃的な加速度は設計用の加速度の数千倍にも及ぶようだ。マンションの最上階で横になっていた人が吹き飛ばされて天井にぶつかったとか、大きな石が地中から地面に噴出する「飛び石現象」など、にわかには信じがたい特異な現象は激しい衝撃加速度に起因する可能性がある。

いずれにせよ、この地震の主要動はおおむね五秒、特に初期一秒で、この一秒間で近代都市が一瞬に破壊されたといえる。まさに「直下地震・魔の一秒」である。

4・3 直下地震での木造建築の被害例

木造被害の原因は、瓦屋根の重量が大きいためだと盛んに喧伝されたが、現地に入るとそのような指摘が間違っていることはすぐにわかった。上棟直後でまだ屋根が葺かれていない新築住宅の倒壊をいくつか目にした。このことは屋根荷重の大きさが倒壊の主因とは言えないことを意味する。直下地震の震源域では、横力もさることながら、むしろ通常は考慮されていない強烈な上下動が甚大な被害を及ぼした可能性が大きいようだ。以下写真により検討する（文献7）。

図5は東灘区の数寄屋住宅の木造の門の破壊例である。この建物は銅板葺きでわずかに一文字瓦を載せた

だけの軽量な屋根の建築であるが、柱基礎の長ホゾ（矢印A）がそのままの形で引き抜かれている。そして屋根Bは軒桁Cより上部が当初の形態を保ったままで転倒し、これを支える腕木の釘穴が抜けて、柱頂部と屋根が完全に離間している。これは地震時の衝撃的な上下動で台風と同様、屋根が上部に吹き飛ばされた状況に近い。

図6は宝塚市、旧有馬街道沿いの新築の土蔵の破壊例である。屋根は厚い土居の上に瓦を葺いていたが、瓦はほとんど脱落し、葺土のみが残っている。ここで注目されるのは屋根の片側が完全に陥没し、棟木Aが

図5　瀟洒な数寄屋風の門の倒壊例

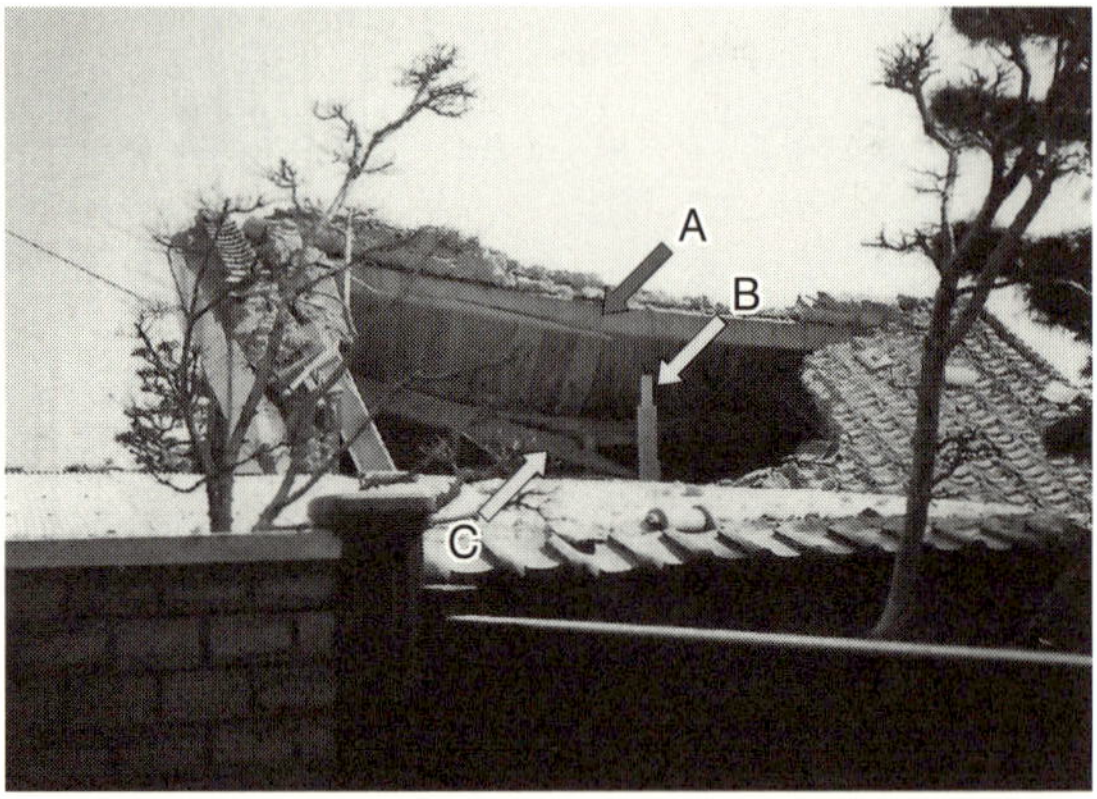

図6　土蔵の屋根の損傷事例

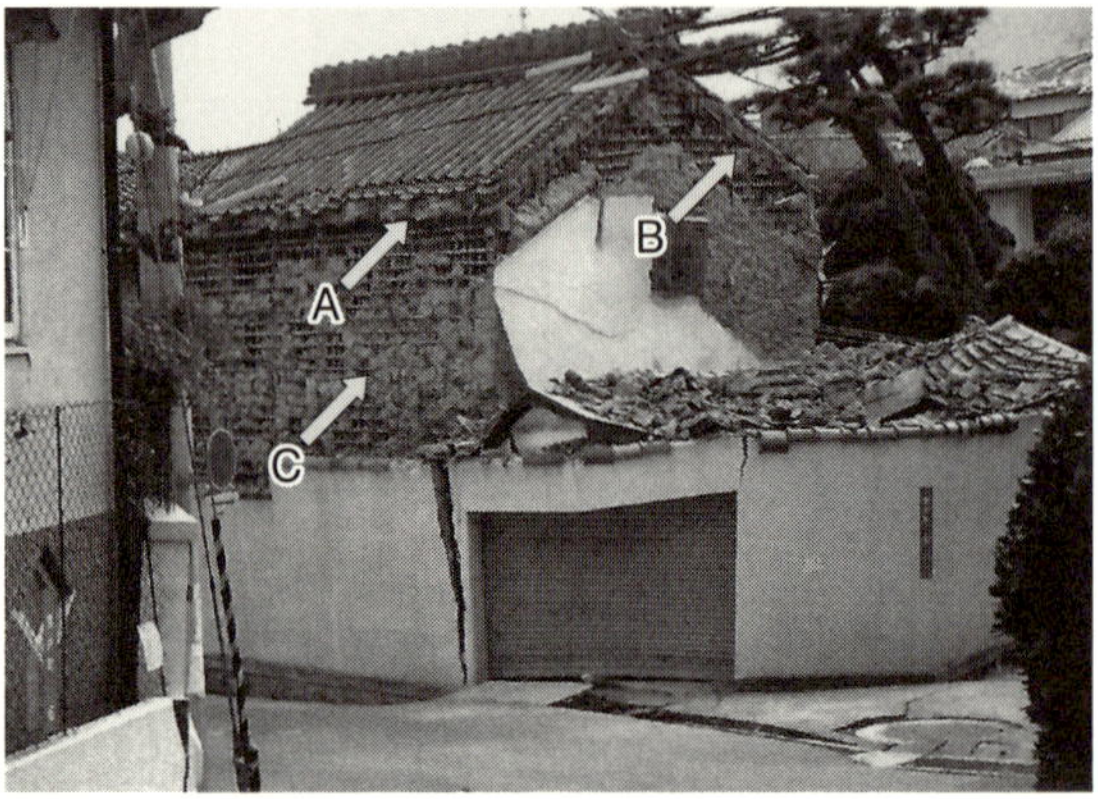

図7　土壁の剥離した土蔵

折損して中央の束の長ホゾBが離間していること、さらにその奥の母屋Cも同様に束のホゾ附近で完全に折れていることである。棟桁や母屋の断面は写真の印象より随分大きく、かつ梁間もせいぜい二間程度と短い。にもかかわらずこのような破壊を生じたのは、上方強烈な鉛直方向の荷重が作用したためと推定される。

図7は西宮市での土蔵の被害状況である。本瓦屋根は軒部を除いて傷んでいないのに対し、土壁の食いつきが弱いためか、破風（矢印B）や軒の台輪（矢印A）を中心に外部の土壁Cがほぼ完全に脱落している。ただし、建物の水平変位は認められない。図6と同様、空中から地面に叩きつけられて、その衝撃で土壁が一挙に剥落したようだ。もし、横力が卓越していた場合には、壁面に斜めの剪断亀裂が生じるからである。

図8a～cは、東灘区周辺での在来木造二階建住宅の被害例である。この建物は図8aに示すように二階が転覆し一階は完

図 8a　在来木造家屋の倒壊例

図 8b　土台からホゾ抜けした柱

図 8c　ラスモル壁と土台の腐朽損傷

全に圧し潰されている。屋根は分厚い葺き土に桟瓦を葺いているが、葺土と瓦の固着は良好で、このような状況でも瓦は脱落していない。柱は図8bに示すように管柱B・通柱Cとも土台Aから完全に脱落しているが、ホゾDには損傷は全く認められない。一方、図8cを見ると隅の通し柱の長ホゾが土台Aから一・五メートル程完全に浮き上がっている。この部位は長期間にわたって縦樋から浸水していたらしく、土台とともに柱の基部が著しく腐朽しており、これが一層被害を拡大させたようだ。

4・4　直下型地震特有の被害と原因——「ホゾ抜け」について

倒壊に近い被害を受けた在来木造で目立ったのは、「ホゾ抜け」で、具体的には下記の三つが注目される。

①屋　根：軒桁と下部構造との離間・ホゾ抜け
②基　礎：土台と柱のホゾ抜け
③通し柱：横材位置での折損

図8に示したように多くの被災家屋の柱の基部は短ホゾで、管柱などはほとんど損傷を受けずに二度使いが可能な状況で残ったものが多い。これに対し、通し柱は胴差の位置で大抵折損している。この原因としては初期の上下動で建物が突き上げられた瞬間に、短ホゾが簡単に土台や桁から外れて管柱が荷重を支えられなくなって、通し柱に過大な荷重が集中。胴差との接合部で折損して、二階の床が崩落。要するに、柱と横材の仕口の結合が不完全なために、全ての構造部材が一体となって強い力に抵抗することができず、一部に無理な力が集中して柱を折損させた事例が目立った。

当然、このような状況では屋根荷重が大きいほど損傷も激しい。その意味で屋根の軽量化は重要であるが、屋根荷重の大きさをもって今回の直下地震の被害の主因とするのは適切ではない。むしろ屋根荷重は二次的と考えるべきである。

なお、「ホゾ抜け」の現象は風など揚力が作用する場合にも生ずる。図9は昭和九年九月二一日の室戸台風での木造建築の被害例である。この史上最大級の台風の足摺岬通過時の気圧は六八四ミリ水銀柱（九一二ヘクトパスカル）と驚異的な数値まで下がり、大阪市内生野区の測候所では風速六〇メートルを記録。大阪を中心に近畿では多数の木造校舎が倒壊。折から朝の授業時間とも重なって学童を中心に夥しい犠牲者が出た（文献8）。

これらの校舎においては、図9aのように土台から柱が抜けたり、胴差し附近で柱が折れたり、柱と土台の結合が外れる現象が多発した（図9b）。

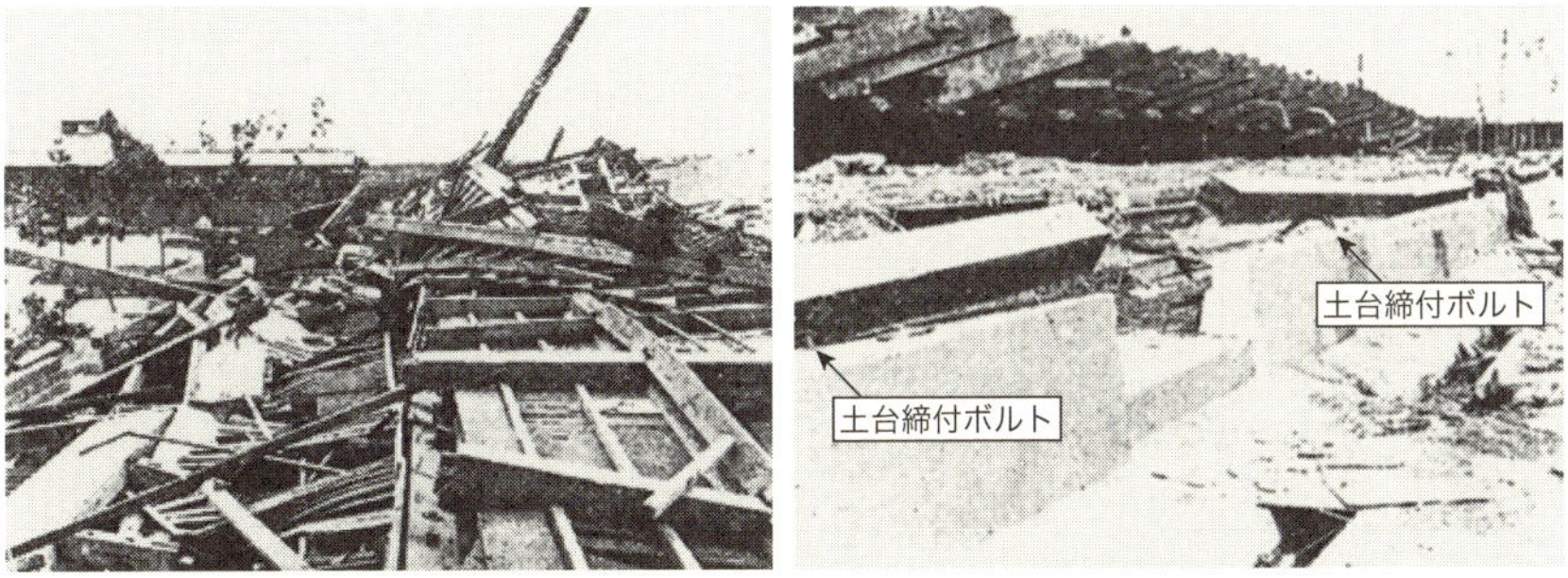

小田村高等小学校校舎の倒壊状態

南西方より2階小屋組を写す。
ただし胴差は建物が倒壊した後取外した。土台はボルトを以って腰積に緊結されたが柱との緊結が充分であったため写真に見るように土台が腰積むから捻じ離れている。

図 9a　室戸台風で倒壊した校舎（文献9）

図 9b　室戸台風で倒壊した校舎の土台の損傷（文献9）

図10ａは台風時の木造建築が横力とともに、屋根面の風圧力を受けて側柱が浮き上がり、土台との結合が外れて倒潰する経過を模式的に示している（文献10）。

左からの強い横風によって壁面と風上側屋根面には正圧力が作用し、これによって、風上側の柱には引き抜き力が、風下側には圧縮力が発生する。引き力によって、風上側の柱が基礎から外れ、さらに風下側の二階梁と柱の接合部が破壊されると、建物は落階して全体倒壊にいたる。

これと同様に直下型地震で地盤が大きく揺動する場合について検討したものが、図10ｂである。直下型地震では地盤が一瞬激しく波打つ。このため、堅固な地業を施すことなく柱を束石に建てただけの建築は、柱筋がばらばらに数十センチも突き上げられて、柱が踊って瞬時に建物が崩壊する。今回見られた民家の被害原因の一つは根固めの脆弱さによると考えられる。

また、最近の木造建築では仕口の組立に際して、「長ホゾ」「込み栓打ち」「かち込み」に「木殺し」など木組の基本が忘れられて、部材の結合を華奢な釘や金物に頼る安直な工法が一般化し、さらに力骨を用いないなどラスモル仕上げの甘さとも絡んで、土台の腐朽を招きやすかったことも被害を拡大させたと考

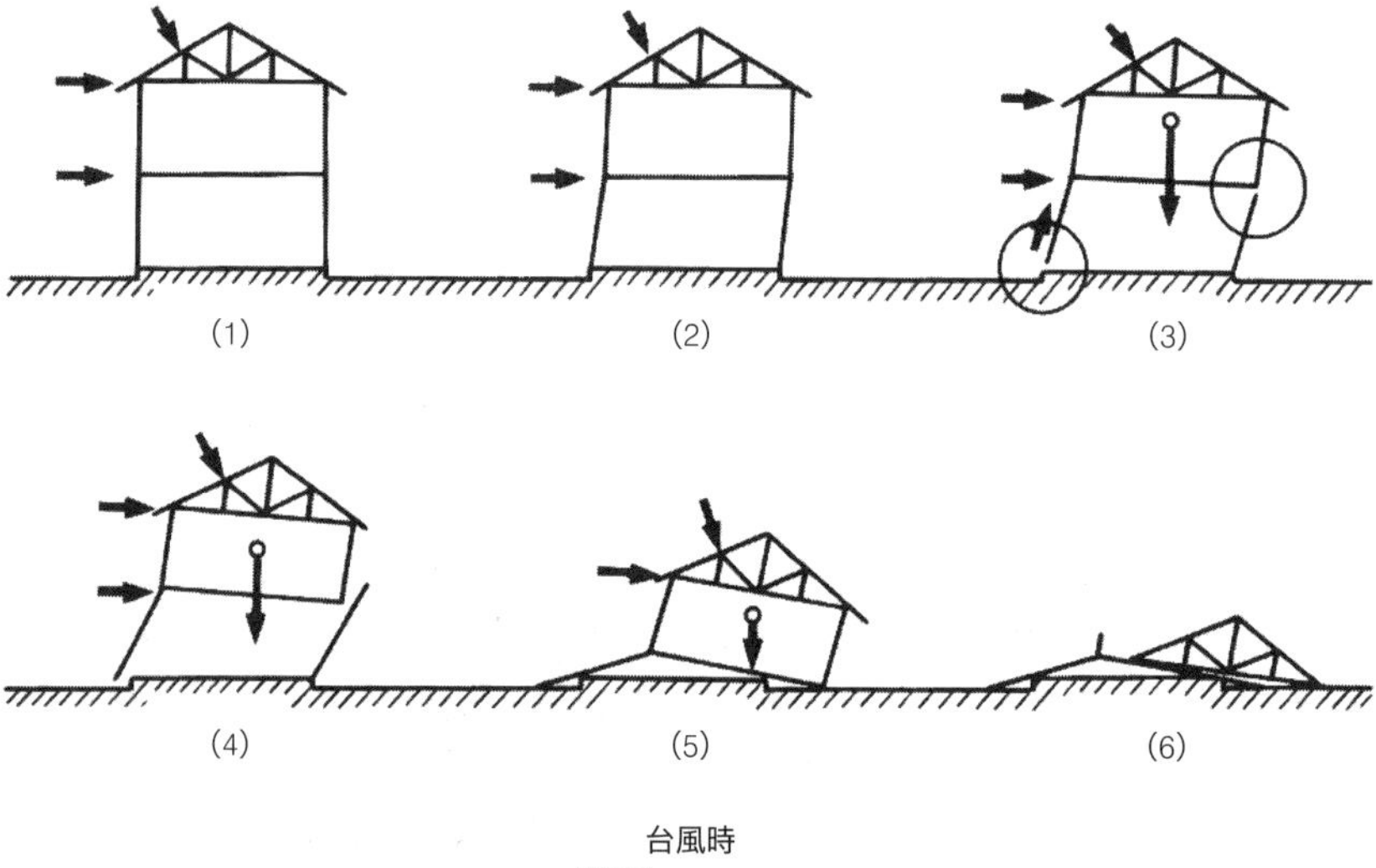

図 10a　風圧力による木造家屋の倒壊過程（文献 10）

えられる。

伝統木造建築の被害で注目されたのは、上述のように数寄屋や茶室、修理工事中の建物など、軽量なために普通は震害が起こらないと考えられていた建物にも被害が生じたことである。また、屋根が軒桁からあたかも吹き飛ばされたような破壊性状を示した事例も多い。この原因として、震源域では地下数十キロの断層運動による衝撃波動がほとんど減衰しないまま数秒で地表に到達して、地盤を強烈な加速度で上下方向に突き上げつつ周囲に高速伝播する。その結果、根固めや部材の結合の弱い木造建築は、柱筋が瞬時に踊って、架構部材を損傷し、直後の激しい揺動によって崩壊に到ったと推定される。

いずれにせよ直下地震に耐えるためには、地震動は横力であるという先入観を捨てて、上下動や激しい衝撃加速度を踏まえた抜本的な構造対策が重要である。

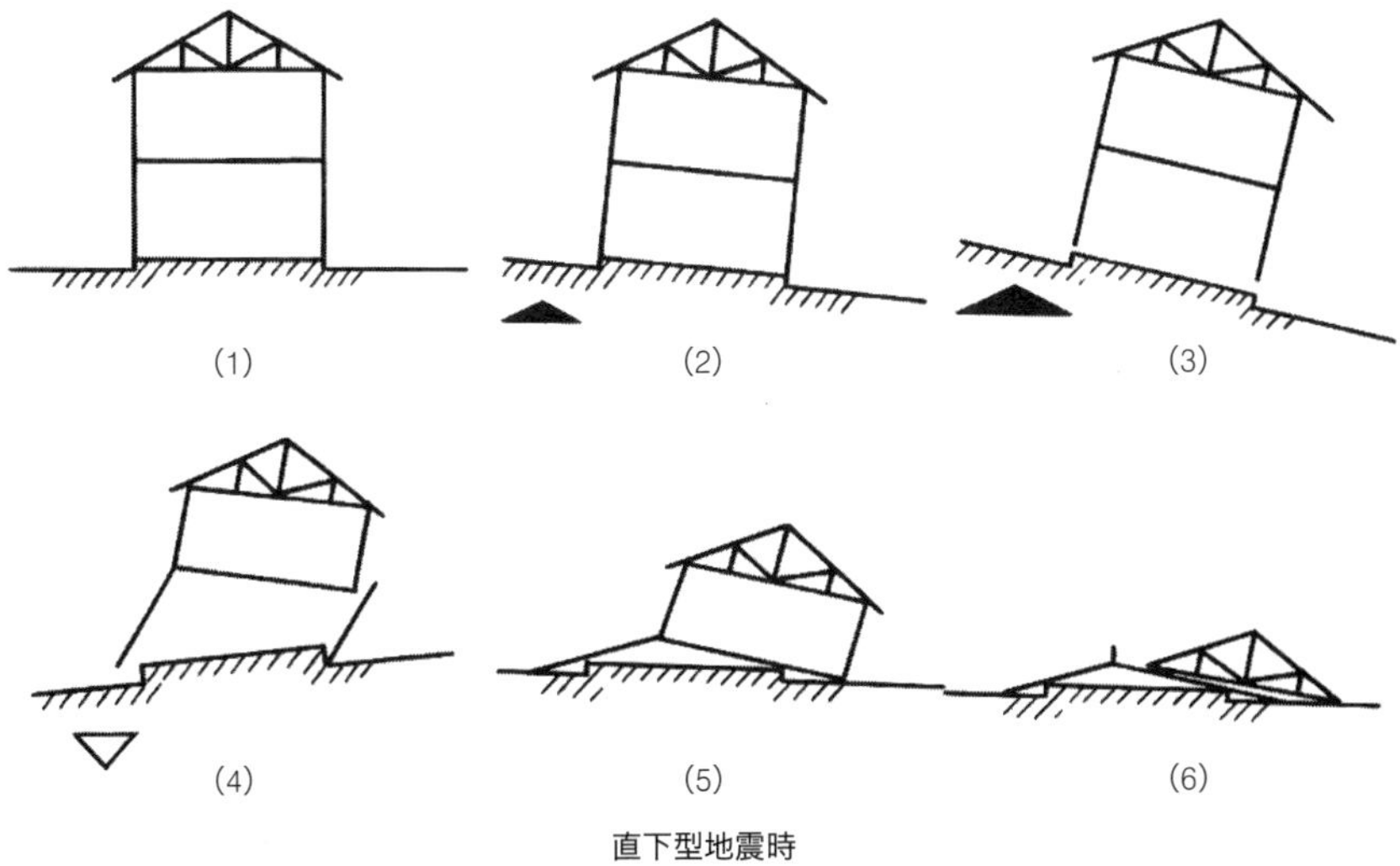

図 10b　直下型地震の地盤変位と木造家屋の倒壊経過（文献 10）

古代・中世から文明開化へ

第1章　和風木造と洋風木造

1　構造からみた洋風と和風木造

1・1　和風木造の現状

昔の京都や奈良の写真を眺めると、あんなに多かった民家や町家も、今ではほとんど姿を消して、同じ国とは思えないほど家並みが変貌していることに驚く。世界的な歴史都市ですらこうなのだから、一般的な街並の変化は推して知るべし。

さて、やや古いが平成二一（二〇〇九）年の住宅統計によると、一億二千万人の人口に対して、居住世帯の住宅総数は四九六〇万戸となっているので、大体二・五人、おおむね一世帯に一戸の住宅があることになるが、このうちどれくらいが「伝統木造」家屋――大雑把にいえば戦前に建てられた住宅なのだろうか？

この点について、内田青蔵・大川三雄他の『図説　近代日本住宅史』（文献1）には次の一節がある。

〝……戦前に建築された住宅は一六四万六千戸が残っているが、これは過去二十七年に四六〇万戸が取り壊された末の数字である。平成五年から一〇年の五年間では五十万戸の消滅であり、近い将来戦前に建築された住宅はほとんど見られなくなる事態も予想されうる。……〟

これより、戦前住宅の解体棟数を年間十万戸と仮定すると、平成一〇年の残存戸数一六五万戸から十五年間の推定解体戸数一五〇万戸を減じると、平成二五年現在の推定残存戸数は約二十万戸となる。率にすると、全家屋数四九六〇万戸の〇・四％——二五〇戸に一戸という信じられないほど小さな値である。今や、伝統木造家屋は極端なまでに減少し、十年後の日本には「伝統木造」はもはや存在しないという状況に陥っている可能性が高い。

ちなみに第二次世界大戦で壊滅的な被害を受けたドイツにおいてさえ、保存活用されている歴史的建造物は約百万件。英国イングランドだけで四四万件(文献2)という。アメリカ合衆国では連邦指定の歴史的建造物は約八万五千件と言われているが、市や郡、州に登録された歴史資産は膨大な数に上る。これに対し、日本では平成二九年現在、重要文化財五一〇〇件、登録文化財一万八〇〇件、合計約一万六千件。この数字は先進国の中でも際立って少ないのである。現在残る伝統木造家屋すべてを文化財に登録したとしても、欧米先進国にもはや追いつけない。事態はきわめて深刻であるが、このことはほとんど認識されていない。

1・2　消えつつある和風木造の背景

さて、この一世代くらいで何故これほど急速に「伝統木造」が姿を消したのだろう？

確かに、第二次大戦末期、米軍の無差別爆撃で一二〇もの都市が壊滅し、被災人口は九七〇万人に達した。そして総家屋数の二割に当たる二五〇万戸もの家屋を失ったことの影響は大きい。だが、この数字よりも戦後に解体された伝統家屋の方が遥かに多いのである。

その理由として、まず考えられるのは、戦前の〝長子相続制〟から戦後の〝均分相続制〟への移行や〝核家族化の進行〟、さらには〝借家から持家〟への意識変化など、いくつかの「社会的要因」が思い浮かぶ。しかしながら、これらが木造の架構形態の変化を強く促したとは考えにくい。

二つ目の理由として「建築計画的な要因」が指摘される。〝寝食分離〟〝接客から家族本位〟〝個室重視〟に〝椅子座〟、そして〝設備の近代化〟など、戦後急速に進んだ生活改善の潮流のなかで洋風建築の優位さが提唱され、次第に床の間を備えた和風建築などは時代遅れとみなされるようになったことの影響は大きい。

筆者の子ども時代はまだ戦後間もない頃、当時は昔ながらの日本家屋の暮らしに何の疑問も感じなかったが、やがて小学校に上がる頃になると、電化器具が揃い、見たことのないソファやピアノのある友達の洋風の暮らしがまぶしく見えたことを思い出す。

もっとも、欧米の留学生に聞くと、日本に来て洋風住宅は一つも見たことがない。和風住宅ばかりだというのである。考えてみると、日本人は家の中を土足で暮らすようになったわけではない。玄関で履物を脱ぎ、床座で暮らすという生活スタイルは、大昔から少しも変っていない。要するに日本人のいわゆる〝洋風生活〟とは、畳の座敷を板間にし、座布団をソファに代えて、椅子に腰掛ければ西洋人と同じと勝手に思い込んでいるに過ぎないのである。

おかずに醤油をかければ和食で、ソースをかければ洋食だというのとあまり変らない。要するに、日本人の暮らしが洋風化したといっても、履物を脱いで生活するという和の基本が変わっていない以上、外国人には我々のいわゆる洋風住宅は　奇妙な和風住宅にしか見えないようだ。

洋風でも和風でも、和洋折衷でもいいのだが、昨今耐震性などの論議の影響を受けて、純和風建築がいよいよ作られなくなっているのは問題である。

余談になるが、昔の民家では畳敷きは珍しく、たいていは板の間であって、天井高や居室の広さなどは、欧米の立式の家屋に引けをとらないスケールだったことを考えると、むしろ昔の民家などの方が、窮屈な現代住宅よりもずっと洋風に近かった。その意味で、開放的な間取りで自由度の高い民家は時代を超えて使い続けうる先端的な構造だと思うのだが、多くの人は民家は古臭いと思い込んでいるのは不可解である。

さて、もう一つの決定的な理由として「建築構造学的な要因」が指摘される。現在の建築法規では「筋違」「金物補強」「基礎固定」の三つを遵守しなければならないが、これらの規定は後に論じるように、伝統木造の木組みの考え方とは大きく異なっている。このため、「伝統工法」で木組みされた木造家屋は「既存不適格建築」——要するに「違法建築」と見なされ、今ではこのような法令のために、民家や町家のような開放的な伝統木造家屋の新築はほとんど不可能となった。こうして次第に後継者を育成する道も閉ざされて、近年急速に衰退の道をたどることになった。

悪いこともしていないのに、建築基準法によって知らぬ間に勝手に既存不適格の烙印を押されて、絶滅危惧種というか、駆除すべき害獣扱いされるまで追い込まれたわが伝統木造建築を、このまま放置して衰退消滅させるべきなのか、あるいは伝統木造の構造特性が本当に劣っているのかどうかを遅ればせながら学術的に検証しつつ、多少とも再興に力を尽くすべきなのか、私たちは重大な岐路に立たされている。

何世代にもわたって築き上げてきた伝統木造の細い糸はほとんど切れかかっているが、まだわずかに命脈は保っている。今が最後のチャンスかもしれない。そんな愚にもつかないことを思いつつ、本章では明治以降の地震災害と木造建築の耐震技術とその研究の流れについて、構造学者の目から綴ってみよう。

1・3　洋風と和風木造の仕組みの違い

多くの人にとって、伝統木造と在来木造、あるいは和風木造と洋風木造といっても、外目にはほとんど区別が付かないのではないだろうか？　本節では、外目にははっきりしない、伝統木造と現代建築などの構造システム――骨組みの差について概観してみたい。

さて、日本の木造建築は明治以前すでに高度な完成の域に達し、社寺仏閣、城郭、民家、町家など巨大なものから小さな建物まで、木造で自在に造ることができたが、文明開化を迎えて、さすがの棟梁も今まで見たこともない華やかな西洋建築に接して強い衝撃を受けたに違いない。

しかしながら、伝統の技能を身につけた棟梁にとって、機械製材や金物など産業革命後の新しい素材や新技術には目を見張ったかもしれないが、部材の接合法などの構造手法については、特段に目新しいとは感じなかったのではないだろうか？　主たる関心事はドームや螺旋階段、大スパンに有利なトラス構造などの意匠や洋風規矩術に向けられていたようだ。

本式の洋風建築を実現するには従来の大工・左官技術では全く対応できないさまざまな建築技法が必要であった。ガラス、煉瓦、セメント、鉄材などの新技術とそれらを駆使した暖炉、ステンドグラス、ランプや洋家具、カーテンや彫刻、壁紙などが不可欠であるが、これら新時代の技法は新しい専門職の扉を開き、明治も後半になると、かつては大工、左官、瓦職など比較的少数の職種だけで対応できた木造建築の世界にも多様な専門職が誕生して洋風建築の造形が開花するようになった。

それでは、洋風木造と和風木造の仕組みはどう違うのか考えたい。

図1は神社の神楽殿。図2は鐘楼、図3は木造洋館である。この三つを見比べると、和洋の木造建築の構造の差が良くわかる。

和風建築の際立った特徴はこの神楽殿のように、屋根が大きく、軒が非常に深い。屋根は見るからに重そうで、当然建物の重心は高い。一方、軒から下の柱の数は少なく開放的で、床は高く、縁が巡っている。柱の頂部には小壁と称する垂れ壁が周囲を巡り、柱は小壁の上下と床面のあたりにおいて水平材で相互に連結されている。また高床式なので床下の通風は良好である。図2は京都東山の金戒光明寺鐘楼の模型であるが、構造は図1の神楽殿との共通点が多い。

このように軒が深く、屋根が重く、さらに開放的な伝統木造は「高温多湿」のモンスーン気候に適することは言うまでもない。屋根を重くすることは台風対策として合理的で、嵐が来るとなれば雨戸を入れて暴風を防げばよい。

また万一、洪水で浸水しても、高床ならば大した被害にはならない。そのような意味で図のような伝統木

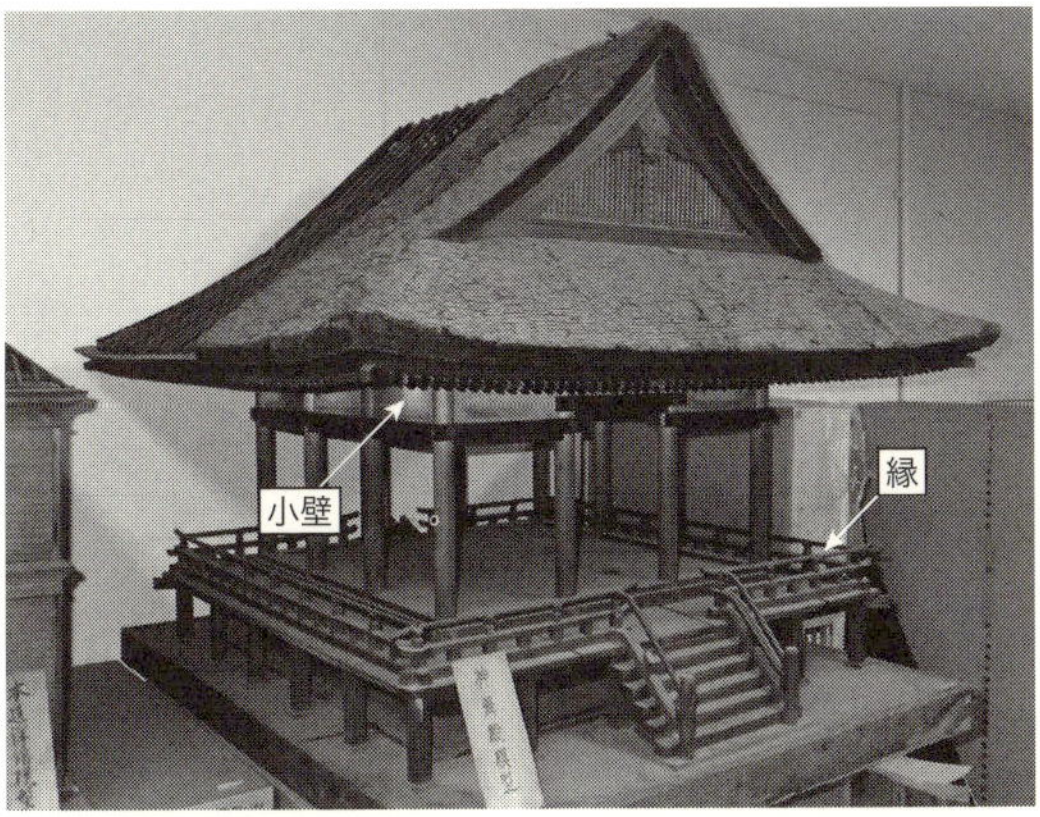

図1　神楽殿の模型

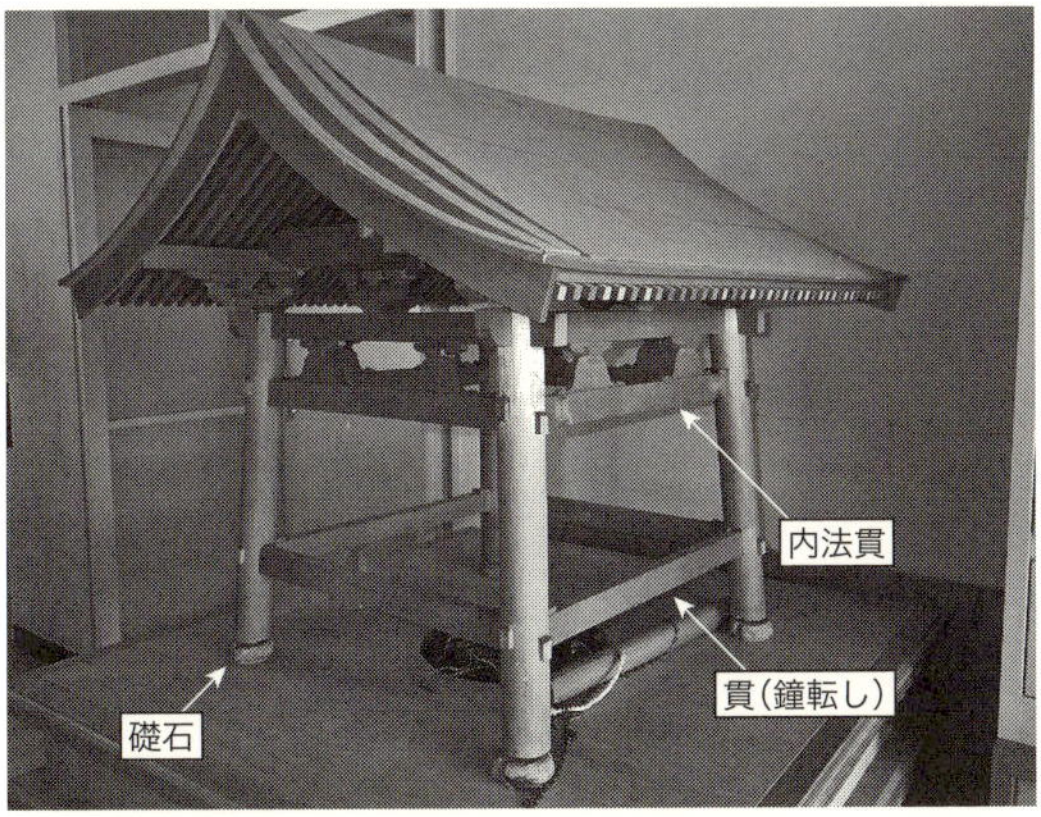

図2　鐘楼の模型

図3　木造洋館の模型

造は西日本の太平洋側などにはふさわしい。

また、神楽殿や鐘楼のような建築は、柱と梁と小壁だけの開放的な造りになっているので、横から力を受けた場合、壁で閉ざされた建物に比べるとしなりやすい。その意味で「柔」な木造建築といえる。

一方、図3の洋館には深い軒はなく、屋根は薄くて軽い。一方、外部は下見板で上下階とも壁で周囲を固め、壁には縦長のしっかりとした枠付きの窓を設けている。また、一階の床は比較的低くて地盤に近い。玄関にはポーチがあり、二階からはポーチの屋上の陸屋根に出ることができる。

このように軒の出が少なく、開口面積の小さな建物は「寒冷多雪」地域に適する。軒が深いと軒裏から融雪の水分が凍結したり、積雪荷重で軒が折れたり、巻き込んだ雪が軒や壁を破損させるので、多雪地域では軒出は少ないほうが合理的。また、屋根を軽量化させて常時荷重を小さくすることで、万一の大雪の際の余力を高めることができるというメリットも大きい。

また洋風木造は屋根が軽量で、窓の面積が小さく壁が多いので、横から力を受けても変形しそうにない。いわゆる「剛」な木造建築である。

1・4 和風木造住宅と洋風木造住宅

もう少し身近な木造住宅についてはどうだろうか？

図4は明治二〇年代の初めに作られた木造平屋の住宅。この住宅は博物館明治村に移築されているので、誰でも見学できるが、明治二三年頃は森鷗外、ついで明治三六年から三九年にかけては夏目漱石の二人の文豪が居を構えたことで有名である。明治頃の町家の多くは、商いや職人の住居だったので、大工左官などの

図4　森鷗外・夏目漱石の住まい（博物館 明治村、筆者撮影）

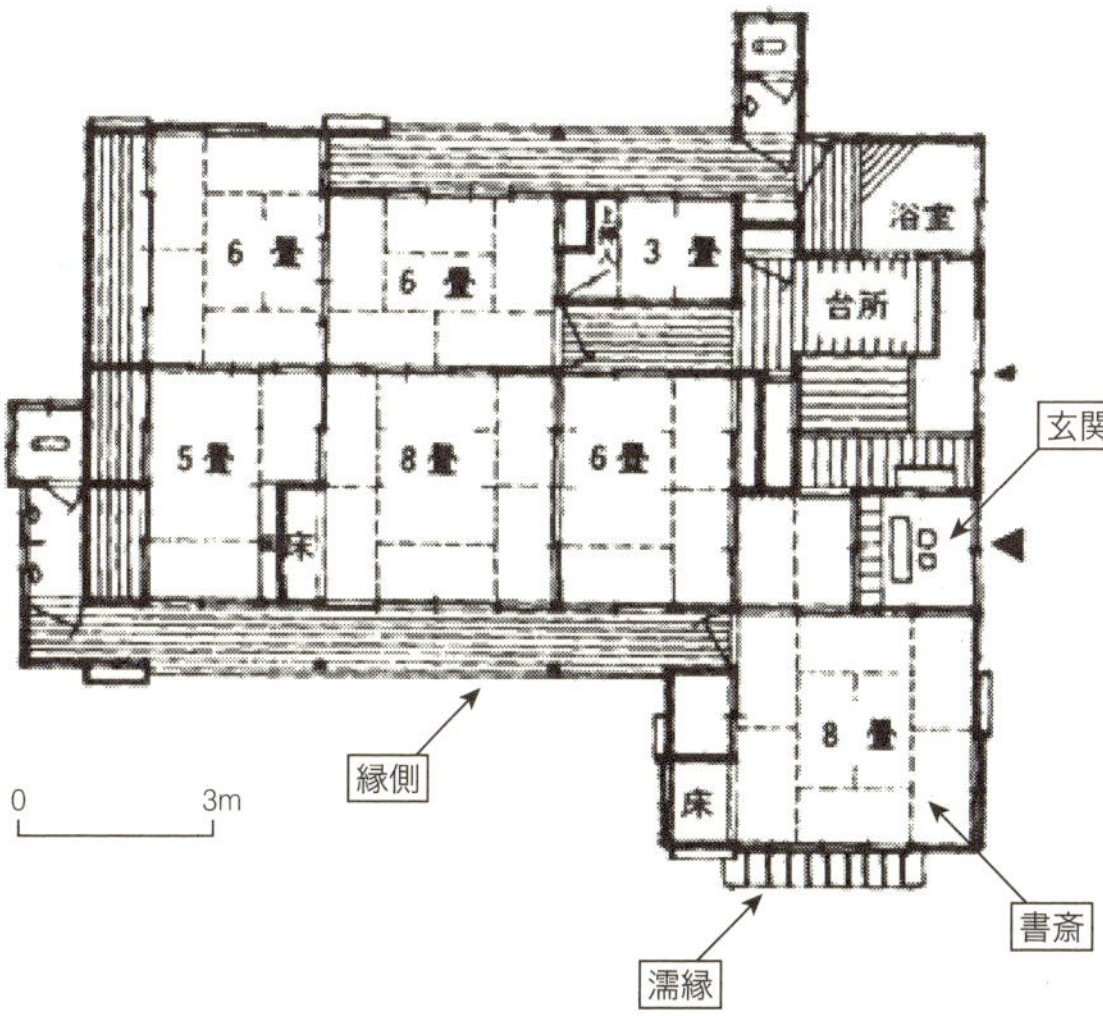

図5　間取り図（提供：博物館 明治村）[文献3]

出職《でしょく》を除けば手工業生産の場となっていたが、この建物はまだ珍しかった俸給生活者の住まいとして興味深い。

屋根は瓦葺きの寄棟で下屋庇がついているが、雨戸や障子を取りはずせば、完全な透明建築であって、壁の少ない構造は前述の神楽殿とほとんど同じと見てよい。障子や襖など横引きの開閉間仕切りによって、開放性と閉鎖性という二つの機能を実現しているが、軸組みは柱と梁、足固と貫で組んでおり、先の神楽殿や鐘楼と基本的に異ならないことに注意したい。

平面図は図5に示す通りで、右手中央の◀は東に面した玄関で、東南の張り出し部分は八畳の書斎である。玄関をあがるとその奥は三間続きの座敷になっていて、南側には縁側がある。洋間はなく、台所廻りと縁のみが板の間である。漱石先生の猫はこの縁側で気持ちよさそうに日向ぼっこをしていたのであろうか。そして、南東に突きだした八畳の書斎、その南側の濡れ縁にはガラス戸がはまっているが、ひょっとすると　随筆「硝子戸の中」はここで執筆されたのかも知れない。そんなことが想像される。

さて、次に取り上げるのは　洋風を加味した木造家屋。これは、大正一一（一九二二）年に東京の上野公園で開催された平和記念東京博覧会会場に建設された一四棟のモデル住宅の一つである。これらの住宅は大正デモクラシーの時代、生活改善運動の目的を実物で示すために、日本建築学会が博覧会準備委員会を組織して運営にあたった。今日の住宅展示場の嚆矢といえるもので、「文化村」と名づけられた会場は連日大盛況であった。なお、村長には大蔵省臨時建築部の大熊喜邦、委員長と幹事にはそれぞれ田辺淳吉・久野節があたった。

基本的な設計条件は　建坪二〇坪程度、坪単価二〇〇円を限度とし、雨戸と障子を廃し、居間・客間・食堂は椅子座とすることなどであった。

文明開化から六十年、この頃になると、「和」と「洋」を融合させた「和洋折衷」住宅が提唱され、都市部では水道、ガスや電気が急速に普及し始めていた。こうして大正も半ばになると、台所では竈《かまど》に代わって電気コンロや都市ガスが使われるなど、現代とあまり変らない住宅が見られるようになった。

図６　平和博出品木造瓦葺き平屋の改善住宅(文献 4)

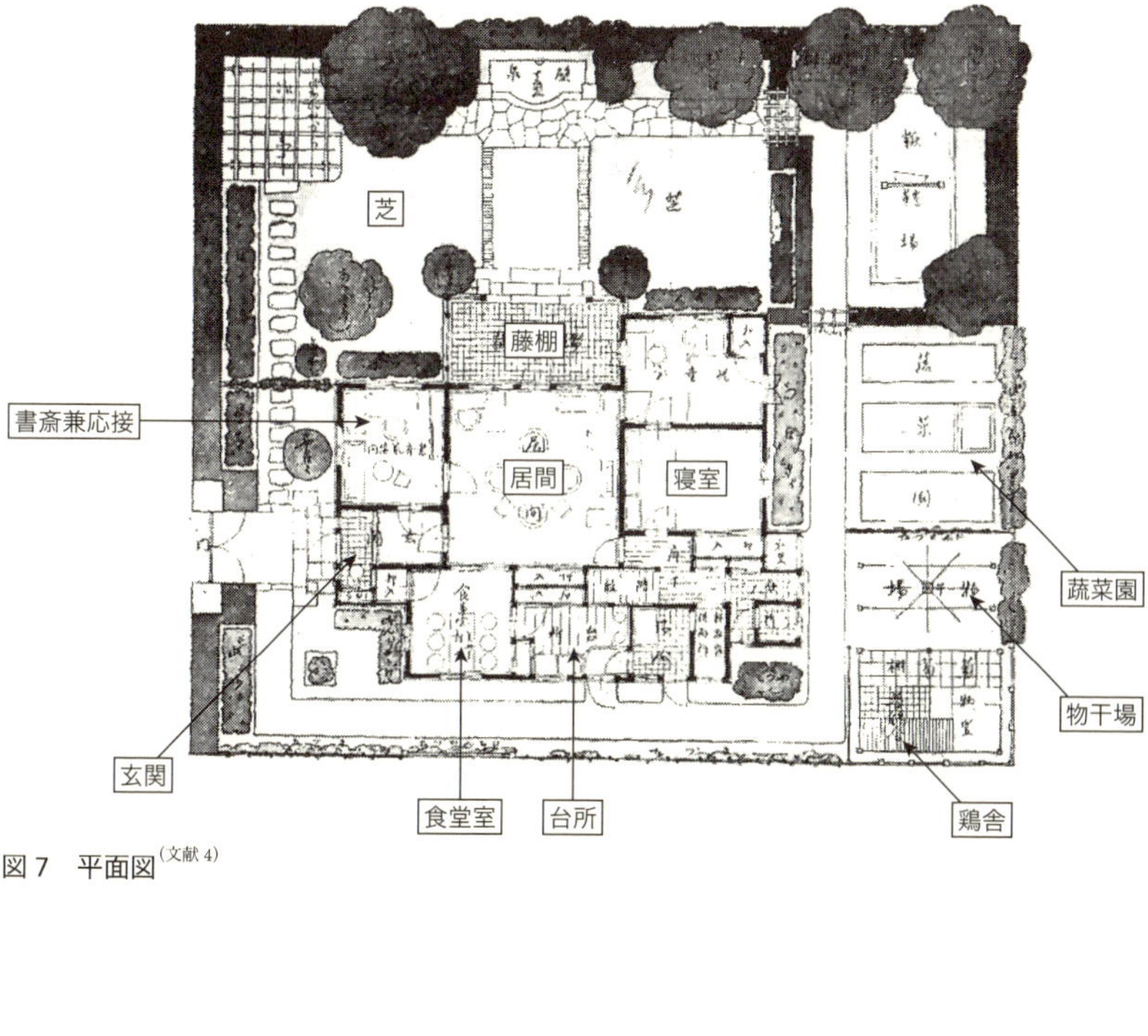

図７　平面図(文献 4)

図6に示すのは、〝生活改善同盟〟が出品した約二五坪の木造瓦葺き平屋の改善住宅である。この住宅は桟瓦葺きの切妻屋根、壁は下見板張り、軒下は塗り壁であるが、縁側がなく、布基礎の立ち上がりを設けて土台を設置し、その上に場所によって和小屋と洋小屋を組んでいる。床は一部コンクリート打ちで水回りはタイル仕上げであった。また、縦長の窓開口部は腰壁や袖壁で囲繞《いじょう》しており、外部の壁面積が多いことなど、先の木造洋館模型の図3と共通している。

図7の平面図を見ると一階中央にホール風の居間を設け、その東側に玄関と書斎、西側に児童室と寝室、北側に食堂や台所を配置している。南側には藤棚を設けた庭があり、周囲には家庭菜園のほか鶏小屋が作られていることなどは興味深い。いずれにせよ、大正中期には、和風の床の間を重視した〝接客本位〟から核家族化を見据えた〝家族本位〟の住宅が造られはじめており、当時〝文化住宅〟とも呼ばれたこれら〝和洋折衷住宅〟の質は非常に高かった。

ここで、典型的な和風木造と洋風木造とを比較するとおおむね表1のようになる。

表1　和風木造と洋風木造の違い

		和風木造	洋風木造
1	屋根	重い	軽い
2	柱	太い・少数	細い・多数
3	梁	スパン大	スパン小
4	壁	少ない 真壁主体	多い 大壁主体
5	接合方法	ホゾ組	芋継ぎ
6	金物	なるべく使わない	多用する
7	骨組の固め方	貫・指鴨居	筋違
8	基礎	固定しない	固定する

このように比較すると、和風と洋風家屋の仕組みは正反対といえるほど異なっていることに改めて驚く。まだ電気やガスなどの設備機器が普及していなかった時代、このような構造的な差異は基本的には気候風土に起因すると考えられる。したがって、立地が違えば一方の長所は他方の短所にもなる。住宅と服装とは似たところがあって、夏の大阪で冬物のオーバーを着せられるのは辛いし、アロハ姿で冬の北海道で過ごせと

いうのも酷である。

そのため、意地を張って洋風・和風建築の優劣を論じてもあまり意味はないかもしれないが、大雑把に言えば寒冷な北東日本には洋風の木造が適し、高温多雨な南西日本には和風の木造が向いている。

ただし、伝統和風木造と一口にいっても、民家や社寺建築などは、柱、梁などの断面が大きいので特に壁に頼ることなく頑丈な骨組みを組むことができる。これら建物では鴨居と天井の間に小壁か欄間を設けるのが一般的で、床と鴨居の間（内法）には襖や障子などの建具を入れて開放的な室内を作る。

一方、町家や書院風建物になると、民家などに比べると柱径が細いため、柱や梁などの軸組に加えて壁の強度が重視されるが、室内は小壁形式として、開放性を損わないよう工夫するのは、社寺建築と同様である。

さらに、草庵茶室になれば、木柄は極限まで細くなるので、柱と梁や貫だけで十分な強度と剛性を得るのは難しいので、薄くて強い土壁をいかに作るかが重要になる。その結果、茶室はやや閉鎖的で、壁式構造に近い形式となると考えることができる。

いずれにせよ、日本の木造家屋は高温多湿の夏の気候に備えるために、開放的な空間を実現する方向に、言い換えると構造的には壁を少なくするという技術的に難しい方向に進化したといえる。したがって、もともと壁が多く、構造的なリスクの少ない洋風木造家屋を、伝統木造の技術で作ることはさほど難しくないが、逆に洋風木造の手法で開放的な和風家屋を作るには相当な困難を伴う。

文明開化の時代、棟梁が洋風木造を瞬く間に咀嚼し、新しい洋風の建築造形を自在に展開できるようになったのは、トラスやドーム屋根などの設計手法を会得すれば、木造部材の加工や組み立てなどの構造技術は伝統手法で十分対応できたためと考えられる。

1・5　洋風の伝統木造について

欧米において、木造建築の仕口や継手を従来の切組加工から釘金物を利用した工法に変化し始めるのは、鉄鋼生産が軌道にのり、金物の大量生産が始まる一九世紀半ば以降、日本では洋鋼の輸入が本格化する明治中期の頃からのことである。

ちなみに、今から百二十年ほど前の明治二〇年代半ばの輸入鋼材のトン単価はおおむね鋼線二五二円、鋼鉄八八円、釘鉄六八円であったという（文献5）。当時の大阪の大工の日当は大体三五銭だった（文献6）ので、鋼線のトン単価は大工の賃金の実に二年分、鉄鋼は八カ月に相当するほど高価であった。明治の頃はまだ、釘・金物は庶民がおいそれとは手が出せるものではなかったのである。

世界各地には固有の伝統木造建築が残されているが、これらもわが国と同じく高価な鉄を使わない――いわゆる「切組」技術によって作られた木造建築と考えてよいだろう。

図8は西洋の木造建築の構造形式の変遷を示したものである。欧米では木造をおおむね次の四つに分類するようだ（文献7）。すなわち、

①柱梁架構（Post and Girt）

木造を切組加工した仕口を用いる重木造（Heavy Timber）。左上のように通し柱と管柱に胴挿をホゾ挿し・込栓打ちし、床面内に大引を収めて水辺構面を補剛するという伝統的な工法。

②補剛架構（Braced frame）

①の重木造において間柱を2×4に置き換えて床荷重を支持する工法。上段右のように床板を斜め貼りにして補剛する。

③バルーン架構（Balloon Frame）

下段左のように2×4材を用い、釘で接合する工法。すべて通し柱とし、床組は外壁と間仕切壁で支持する。隅柱や土台は2×4を釘打ちで重ねて用いる。一九世紀、水車による大量製材と洋釘の量産化が可能となったことと、本職の大工に恵まれなかった開拓地の厳しい条件の下に発達した米国の工法。

④プラットフォーム架構（Platform Frame）

下段右に示すように2×4(ツーバイフォー)すなわち、2インチ×4インチ（五センチ×一〇センチ）の断面材を釘で接合して組み立てる工法。日本でのいわゆる2×4工法。

柱はすべて管柱である。二階建てとする場合には、コンテナハウスのように一階のボックス状の骨組の上に、二階のボックスを重ね、ホールダウン金物を用いて上下を結合する。

床は③と同様に外周及び間仕切壁の上に載せる。この工法は①や②のような「軸組構造」で

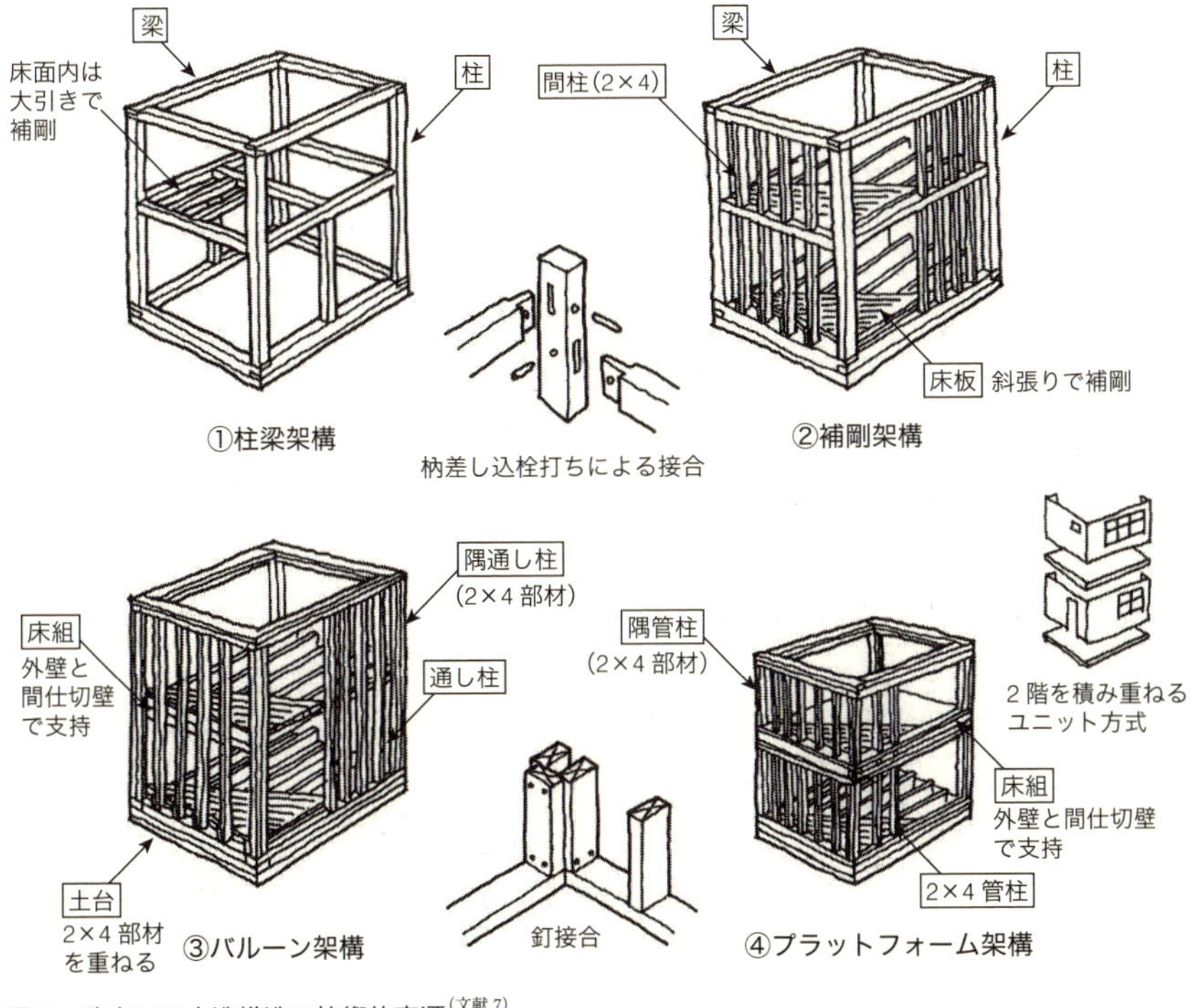

図8 欧米での木造構造の技術的変遷(文献7)

はなく、「壁式構造」に属する。

ちなみに、今日の米国ではプラットフォーム架構工法が広く普及しているが、①や②の軸組構造で内壁を漆喰（プラスター）などの塗り壁で仕上げたものが歴史的建築物として資産評価が非常に高い。

図9aは重木造の壁や床の組み方の一例で、木造の仕口の加工は入念である。また、図9bに示すように外壁の下見板の裏は込み栓を使って強固な壁面を作り、室内側にはラス（木摺）下地を打ちつけて漆喰もしくは石膏プラスタを厚く塗りあげる例が多い。これは防火対策のためでもある。

このような本格的な木造建築は古くなればなるほど、歴史的建造物として資産価値が高くなるように税制面でもさまざまな優遇措置が講じられているので、保存修理は民間事業として十分に採算があう。この結果、単に構造対策に留まらず、美術工芸を含めた修復補強技術や修理技能者の裾野が近年急速に広まっている。

さて、ここで注目したいのは、次の二点である。

一つ目は、洋風・和風木造といっても、図8の①柱梁架構――いわゆる「重木造」は、実は日本古来の社寺や民家などの伝統木造と共通点が多いことである。

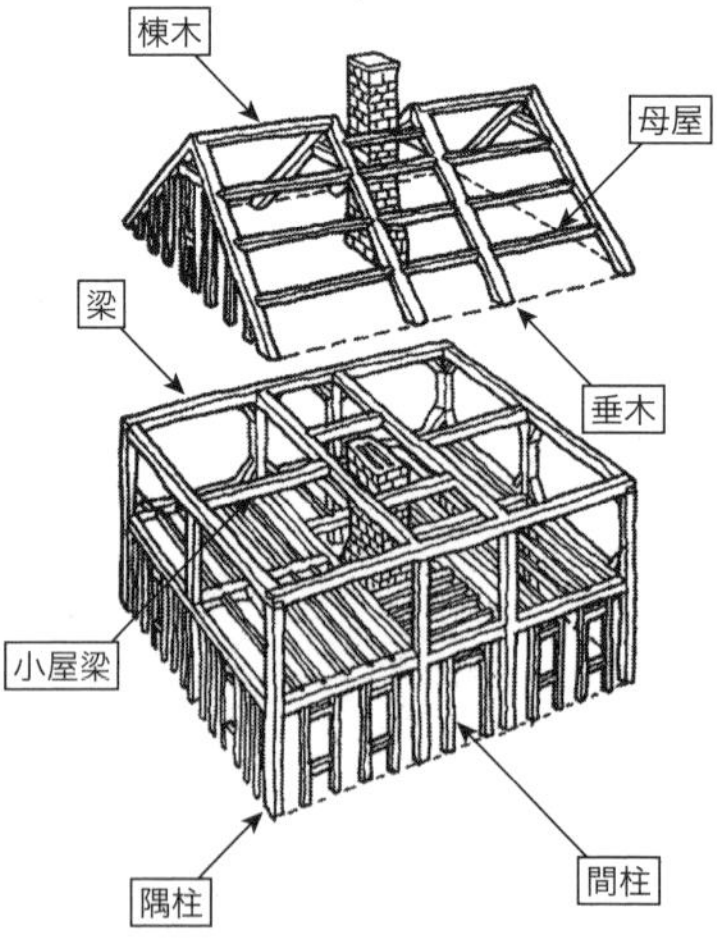

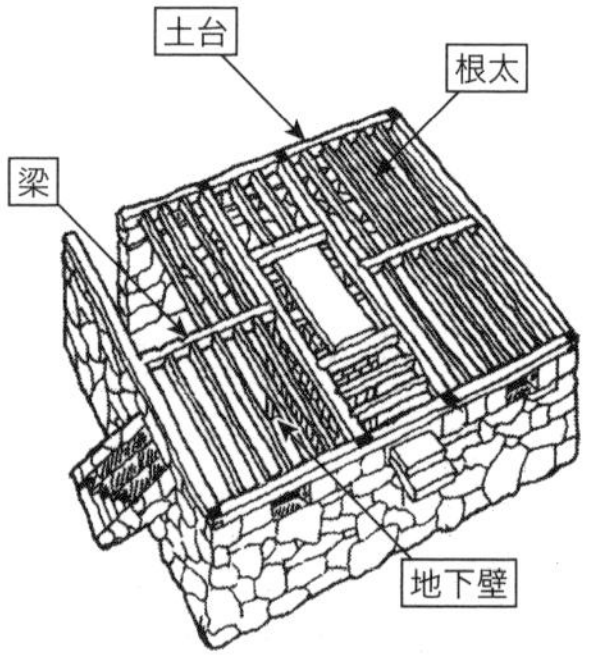

図9a　典型的な補剛架構[文献8]

また、隅には通し柱を配置し、荷受には管柱を用いる②補剛架構と似た構造は、江戸末期から昭和にかけての町家にしばしば見られるものでもある。わが国では、図8の①の柱梁架構や②補剛架構の床組みに見られるように大引、根太、床板を互いに直行方向に組む工法が一般的で、欧米の③バルーン架構や④プラットフォーム架構のように床板を斜め貼りにする工法に移行することはなかった。このような点を除くと、日本の伝統木造は産業革命で釘金物の量産化が始まる以前、世界中で普遍的だった切組の体系を現代に踏襲しつつ高度に洗練させたものといえる。

もう一つは、前述のように、明治に木造洋館が導入され始めた時期の欧米は、ちょうど釘金物の量産化に伴って、木造建築の部分的な工業化が広まり始めていた頃にあたる。要するに日本に持ち込まれた洋館の技術は、時代的には近代化の洗礼をすでに受けたものであって、①の柱梁架構や②の補剛架構などの西洋の伝統工法の時代はすでに過ぎつつあったことである。

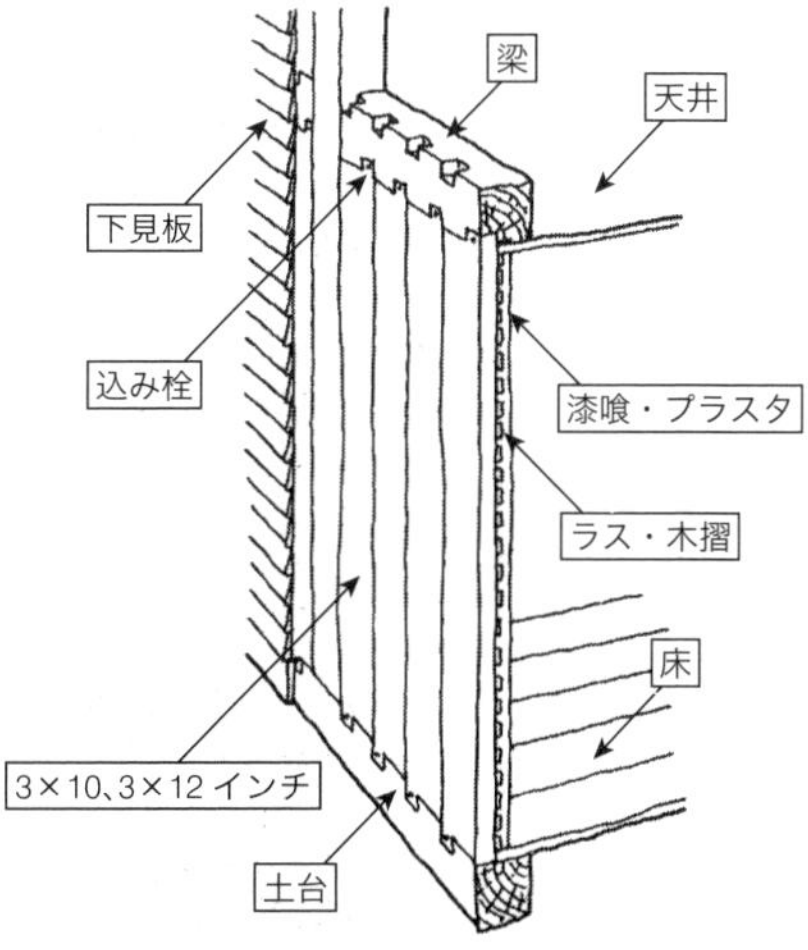

図9b　壁面の構造の一例文（文献8）

1・6　西洋の伝統的土壁について

少し言及しておきたいのは、わが国と同様、西洋にも土壁の長い伝統があり、しかもその技法はわが国の伝統的な土壁と良く似たものだったことである。

図10は民家のツシ二階に土壁を施工しているところである。左官の両側の柱Aは新たに設置したもので、

壁貫Bを二段に貫通させている。柱Aにはエツリ穴Cを穿って、四ツ割りの真竹Dの尖端を尖らせて柱に組みつけている。京都付近では下地に割竹を用いることが多いが、大阪市内では丸竹（篠竹）、淀川河岸では葦を使うことが多かった。また京都では室内側の横壁から荒壁を先につけるが、大阪では逆にタツ（縦）壁を先にするのが作法である。いずれにせよ、土壁の工法や材料は近くに産する自然素材を用いたので、伝統建築のなかで最も顕著に地域色が現われる。

さて、図11aは　ドイツの土壁の一例である。手前に七段積んであるのは、日干し煉瓦Aで目地Bには粘土が用いられている。上部三段ほどの日干し煉瓦の背後に一部見えているのは塗り込んだばかりの土壁Cである。

一方、図11bは　壁土をつける前の下地を示している。六〇センチほどの間隔に辺付aを取り付け、その間に縦桟bを組みつけている。辺付や縦桟は先端を三角形に尖らせて、○部のエツリ穴に釘を使うことなく組み込んでいる。

水平方向に何段も交互に編み取り付けてあるのは、小舞cで柳の小枝を半割りにしたものである。この柳は図10の小舞竹に相当するが、しなやかな小枝を弓なりに撓らせることで釘金物を使わうことなく土壁の下地を作ることができる。日本では竹小舞の格子の中に土壁を塗り込むのに対し、ドイツでは図11aの矢印アに示すように、多段に組んだ水平の木小舞のポケット状の間隙に土をつけるようだ。

図10　真壁の施工状況

図 11a　ドイツの土壁の一例　木舞下地壁と日干し煉瓦壁

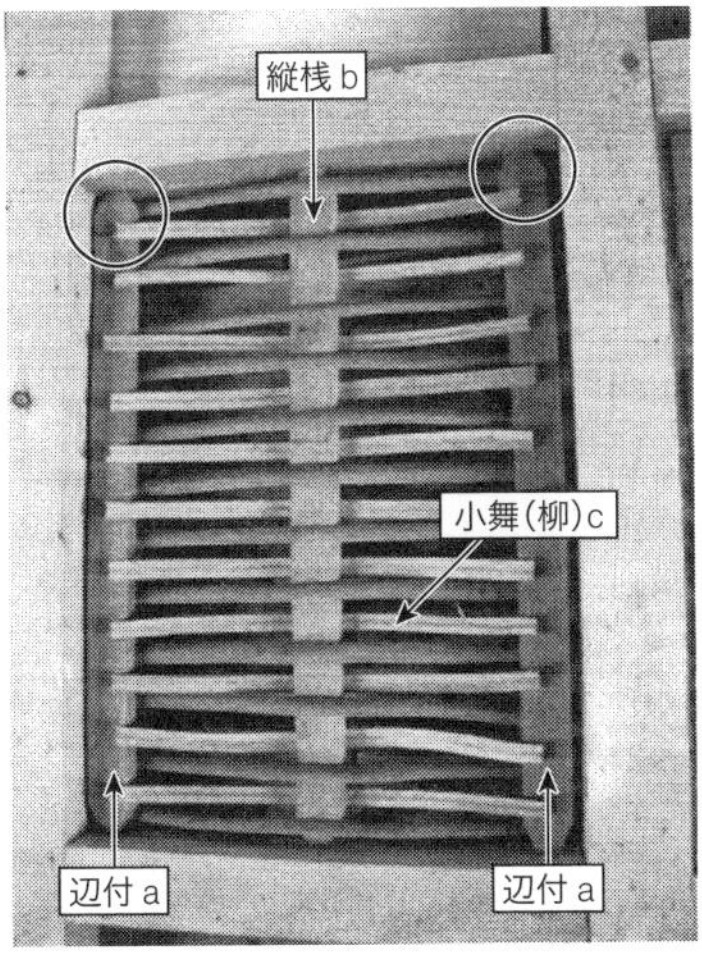

図 11b　ドイツヘッセン州の土壁の下地の一例

今日日本では図11bのような下地は見られなくなったが、平安から鎌倉初期の遺構には、割り板を網代に組んでこれに土を塗り込む手法が重要文化財教王護国寺慶賀門などに残されている。また東北など竹の少ない寒冷地では、小枝（粗朶）を土壁の下地に使った民家も多い。

いずれにせよ、最も身近な素材である「土」は、鉄の大量生産が始まる以前、洋の東西、民族の違いを越えて、下地を編んで塗り込めるか、あるいは日干し煉瓦として積層するかの二つが、普遍的な手法であったことを日本とドイツの土壁は教えてくれる。

なお、ヨーロッパでは近代主義の流れのなかで、戦後伝統的な土壁はほぼ完全に廃れたが、八〇年代に入ると衣食住の自然回帰の潮流が強まり、建築技術は石油化学系素材から天然素材へと大きく舵を切った。こうして、一度は姿を消した土壁は理想的な建築素材として再評価され、左官のギルドが復活した。

2　古建築の構造技法

2・1　民家の軸組

図1a、bは大阪府下に残る江戸中期と明治初頭の民家の土間である。どちらも大黒柱には差し鴨居《かもい》と称する大きな梁が組みつけてあり、長年煙で燻され米糠などで丹念に磨きこまれた部材は美しい光沢を放っている。湾曲した大梁も丁寧に仕上げてあるが、民家は大昔からこのような姿だったのだろうか？

図2は図1よりも二百年ほど古い江戸初期の古民家。大阪府の能勢町から豊中の民家集落博物館に移築されたものである。この頃の民家は図2aに示すように縁側はなく、小さな採光窓を残してほとんど土壁で塗り籠め、さらに軒先まで茅を葺き降ろしているので随分閉鎖的で、竪穴式住居さながらの掘立柱も珍しくはなかったようだ。

図2bに示すように柱や梁は自然樹形を留めているが、いずれも丸太の辺材（シラタ）を削ぎ落として、心材（アカミ）だけをチョウナやヨキで削りだしたものである。

図 1a　千早赤坂の民家

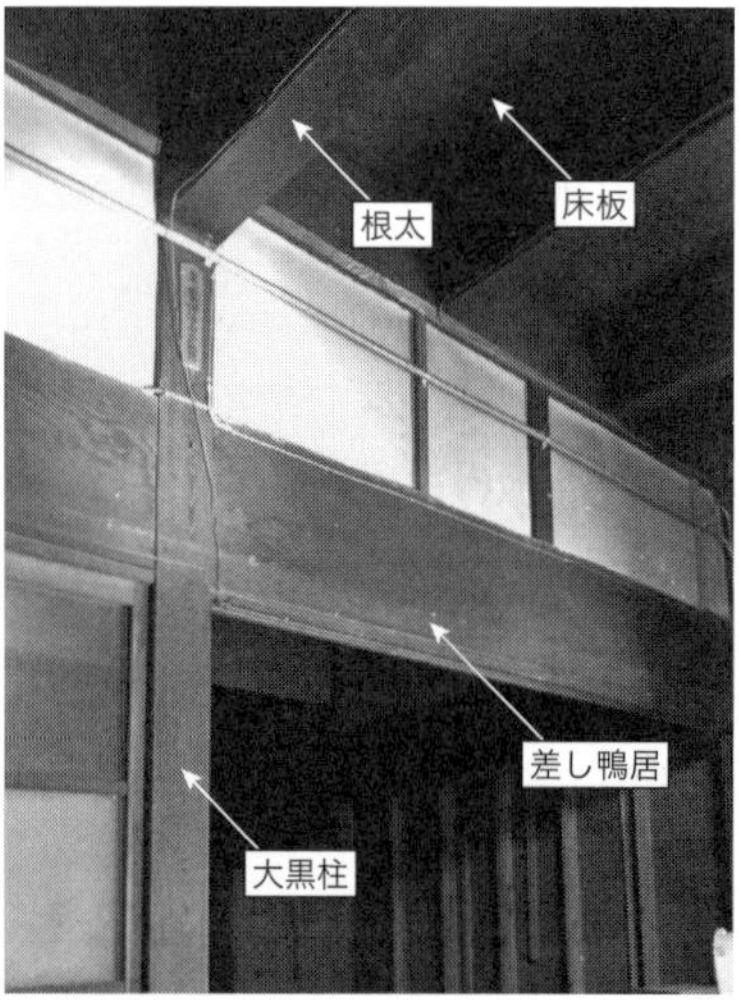

図 1b　河内長野の酒屋

昔の人たちは農作業が一段落した晩秋から冬期にかけて樹木を伐採。葉枯らしと称して枝付きのまましばらく放置して水分を揚げたのち、枝を払って軽くして、積雪の時期に山から木材を搬出した。そして降雨の季節、川の水量が増える頃に木材を筏に組んで流したが、清らかな流水を潜った木材は陸に上げると乾燥は非常に早く、そして狂わない。

民家に多用されたマツやトガなどは優れた構造材ではあるが、丸太のままではシロアリの食害が避けられない。しかしヤマトシロアリは乾燥材や心材には寄り付かないので、瓜皮《うりかわ》剥《は》ぎと称して図3のイラスト（文献1）のように辺材という贅肉を落として、筋肉と骨格にあたる心材のみを使ったのである。伝統木造建築が種類や規模によらず数百年の風雪に耐え得たのは、日本の四季と風土に馴染むように木作りされてきたからであろう。

ちなみに、戦前の木造校舎の仕様書には大抵、柱や梁などの構造部材には心材の赤身のみを用いるべしと明記されていたが、このことが木造校舎の耐久性に繋がっているようだ。

さて、古民家の見所は何と言っても、自然材を活かした見事な木組や小屋組で、そこには先人が培ってきた木組の技と深い英知を見ることができる。

図 2a　能勢の古民家

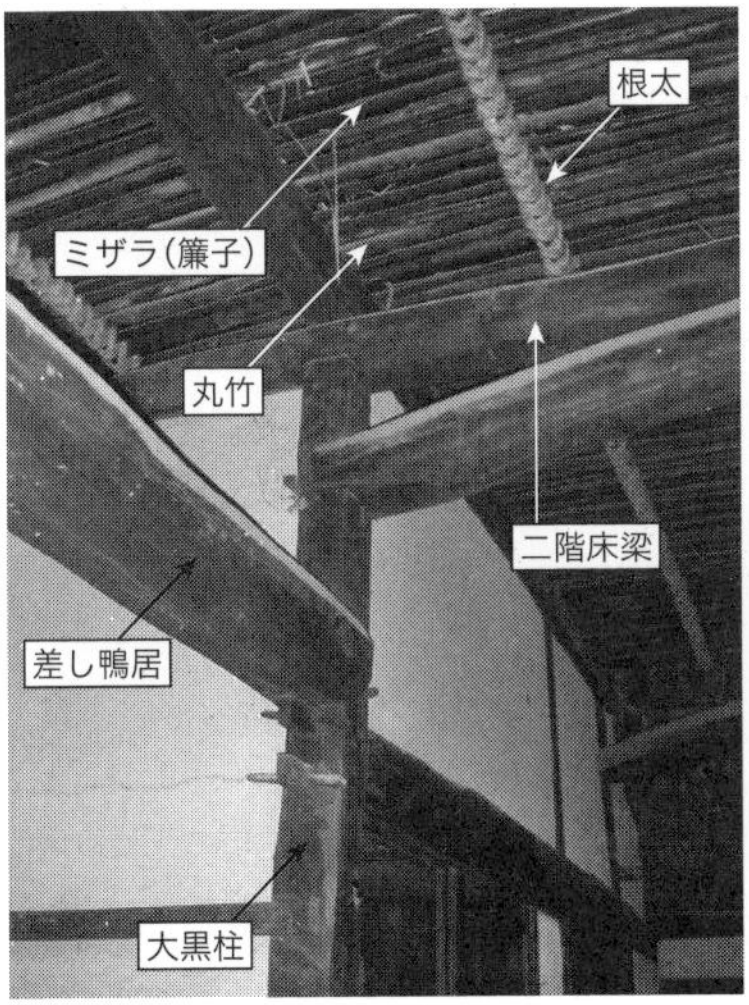

図 2b　梁組

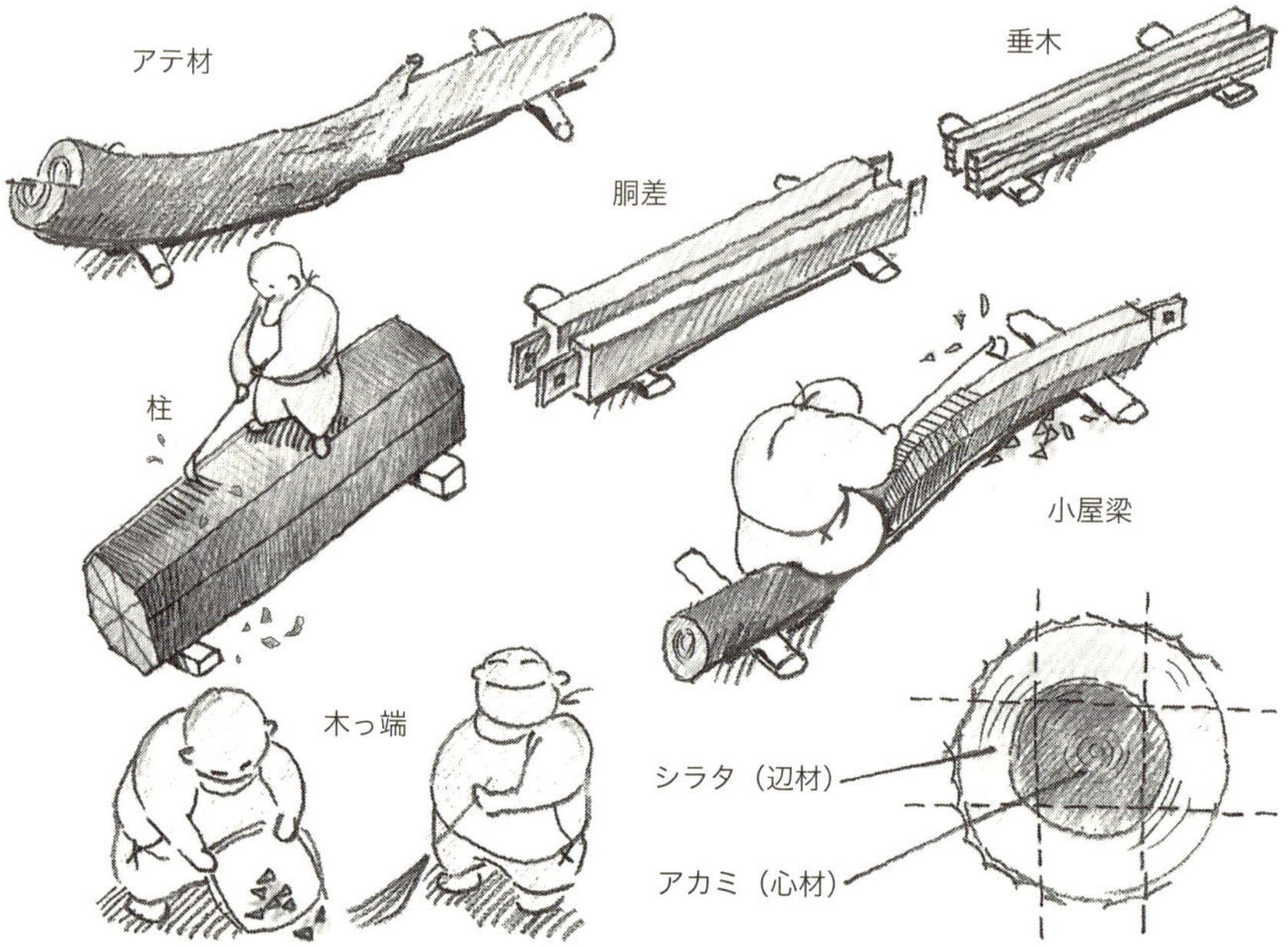

図３　伝統木造の木拵え（円満字洋介画）(文献１、p.91 図４を一部訂正)

図４　隋念寺庫裏（江戸初期・岡崎市）

図4は愛知県岡崎の随念寺の庫裏の玄関である。この由緒あるお寺は徳川家康が祖父松平清康と妹久子の菩提をとむらうために創建したもので、江戸初頭の豪壮な木組には当時の民家の姿を垣間見ることができる。玄関の小屋組は曲がった梁で組んでいるのに対し、座敷周りは真っすぐな差し鴨居を使っているが、このような構造は多くの民家に等しくみられるものである。

具体的には、根元に近い真っすぐな丸太は図3のイラストに示すように矩形に木作りして柱や差し鴨居に用い、先の細い部分は図5の小屋梁や桁など長さ四間くらい（約七メートル）の長材として利用したようだ。つまり真っすぐで太い元の部分は比較的短く玉切して指し鴨居や大黒柱などに仕立て、逆に細くて癖の強い末の部分は技を駆使して土間の木組などに活用した。つまり座敷では材質の良さを見せ、土間では見事な梁組――梁算段に腕の冴えを示した。

また、図3上に示す一端が曲がった材はチョウナ梁とも呼ばれるが、これは山の斜面に生育したアテ材で、小屋梁などに大いに利用された。

さて、民家の天井に目をやると、図1bでは床板が張ってあるのに対し、図2bの古い民家では丸竹をスダレ状に編んだ簀子（スノコ・ミザラ）が使われているが、大和から河内にかけて多くみられた大和棟（高塀造り）の民家では、ミザラの上に

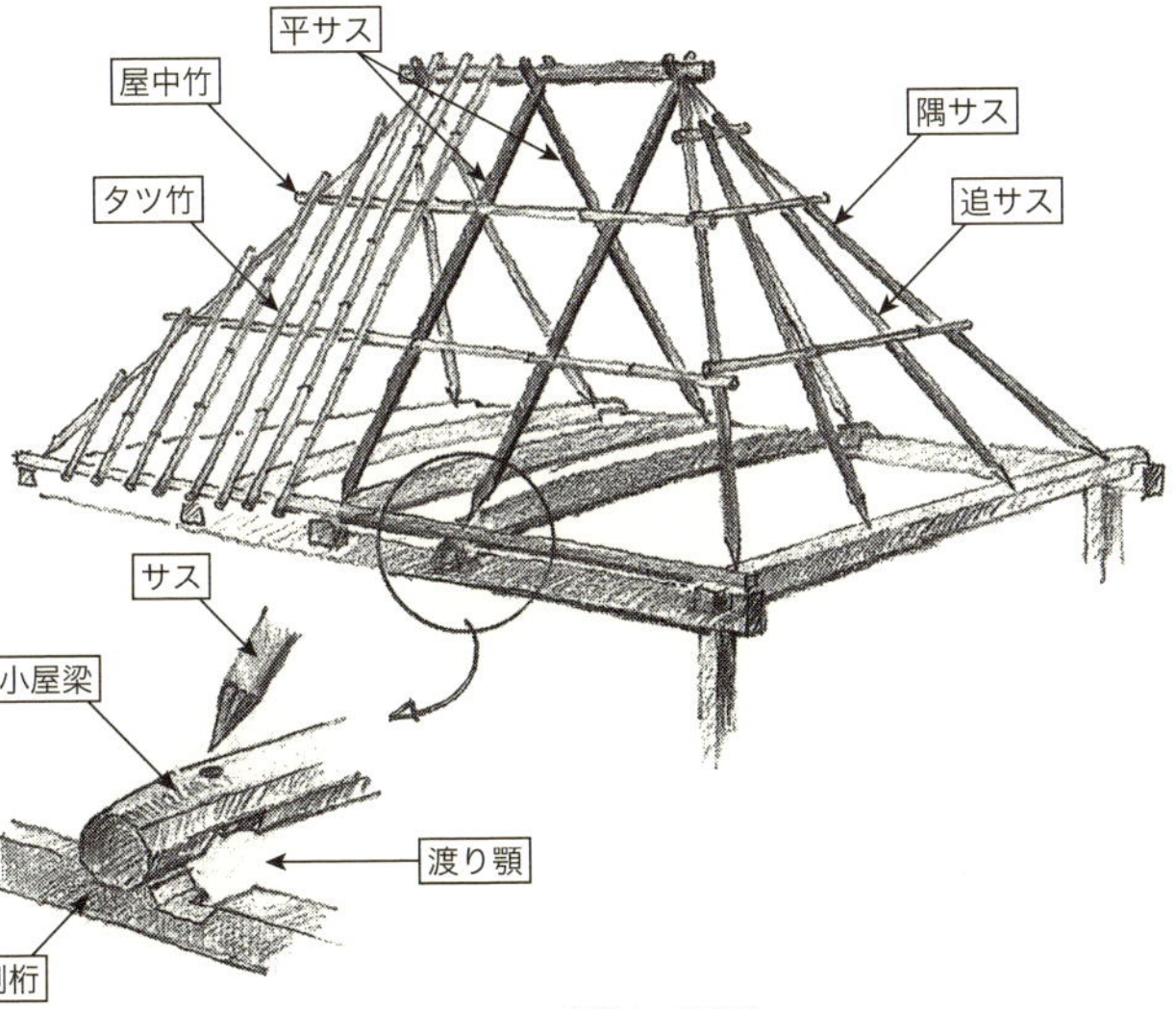

図5　茅葺屋根の仕組み（円満字洋介画）(文献1、p.90 図1)

土を塗り重ねているので、夏も涼しいといわれたものである。

こうしてみると江戸末期には、部材が大きくなり仕口も精巧になったが、木組自体は近世初頭と大きな違いは見られない。江戸時代に庶民の生活が豊かになるとともに、民家の木組は洗練の度を加えたようだ。

2・2 茅葺屋根の仕組み

茅葺民家はどんな仕組みなのか？ いろいろ本を読んでみたがよくわからない。そんな時滋賀県甲賀に残る二百年ほど前の民家が解体されると聞いたので、鳶の親方の協力のもと、筆者の研究室ではひと夏を掛けていろんな構造実験を思う存分行った後、文字通り竹一本、藁一把に至るまで徹底的に分解して部材の寸法と重さを可能な限り詳しく測ったことがある（文献2）。

図6は最終段階での茅葺き屋根の解体状況である。この地域は川に沿ってしばしば大風が吹き、数十年に一度氾濫する。このため、屋敷を竹林で囲んで洪水と暴風に備えてきたが、それでもトタンの覆いを外してみると屋根は川と平行に傾斜していることがわかった。茅葺民家はたいてい見付面積の小さい妻側を風上に向けている理由が呑み込めた。古老に聞くと昔は嵐が近づくと屋根全体に網や縄を掛けて、地面に打ち込んだ杭に縄で縛りつけたという。茅葺屋根の暴風対策は大変だったようだ。

話がそれたが、茅葺屋根の構造は多少の地域差があるものの基本的には、図5、図6bに示すように平サスと称する三角トラスで屋根を組む。その際、丸太の足元を鉛筆のように尖らせて、小屋梁先端のポケットに差し込むのがツボである。

このような平サスを桁行方向に並べて、棟の交叉部に棟木を載せて結えた後、茅を葺くためのヤナカ竹（モヤ）やタツ竹（タルキ）を結束すれば下地は完成する。ただし暴風等で大きな横力を受けると桁行方向に屋根が傾斜するので、これを防ぐために妻側の平サスを隅サスと追いサスで突っ張らなければならない。こうして図6のような屋根ができるが、構造的に難しいのは白川郷の合掌造りや高塀造りなど隅サスや追サスが設置できない切妻屋根である。このため切妻の民家では妻面に大風を受けても桁行方向に押し倒されないようにするために、屋根全体に「ハガイ」と称せられる「筋違」を配置して固めるのである。このような草屋根の技術は、縄文弥生の頃から連綿と継承されてきたものであろう。

いずれにせよ民家は、釘一本使うことなくわら縄のほか、水に浸したカズラやオニシバリなどの強靭な樹皮で丸太をきつく結束することで、乾燥収縮によってサス組が緩まないように配慮されている。

図 6a　解体中の草屋根

図 6b　サス組（追サス）

2・3　古代の社寺建築のサス組

サス（叉首）組は日本中の民家でごく普通に使われてきたので、これは下々の技術に過ぎないと思われるかもしれない。だが実は古代の宮殿や社寺建築の多くは民家と同じくサス組だったらしい。

図7は復元された国宝法隆寺金堂の断面模型（文献3）。図8は解体修理の状況である（文献3）。現在法隆寺金堂は入母屋造りとなっているが、図8の垂木の間配り方をみると創建当初は玉虫厨子のような錣《しころ》葺だったとの説が頷ける。

さて、図7の○で囲った合掌付近の仕組みを示したものが図9である（文献4）。今では垂木は大抵棟木に釘打ちするが、法隆寺金堂の場合は、図9に示すように左右両流れの二本の垂木Aを棟木Bの上で交叉させているだけで釘留はされておらず、その代わりに両垂木の仕口は一方を凸型に他方を凹型に加工し、両者にピンCを差し込んで完全なヒンジ構造としてバランスさせている。さらに、図8の

左：図7　国宝法隆寺金堂のサス組張間方向断面模型（文献3、カバー）

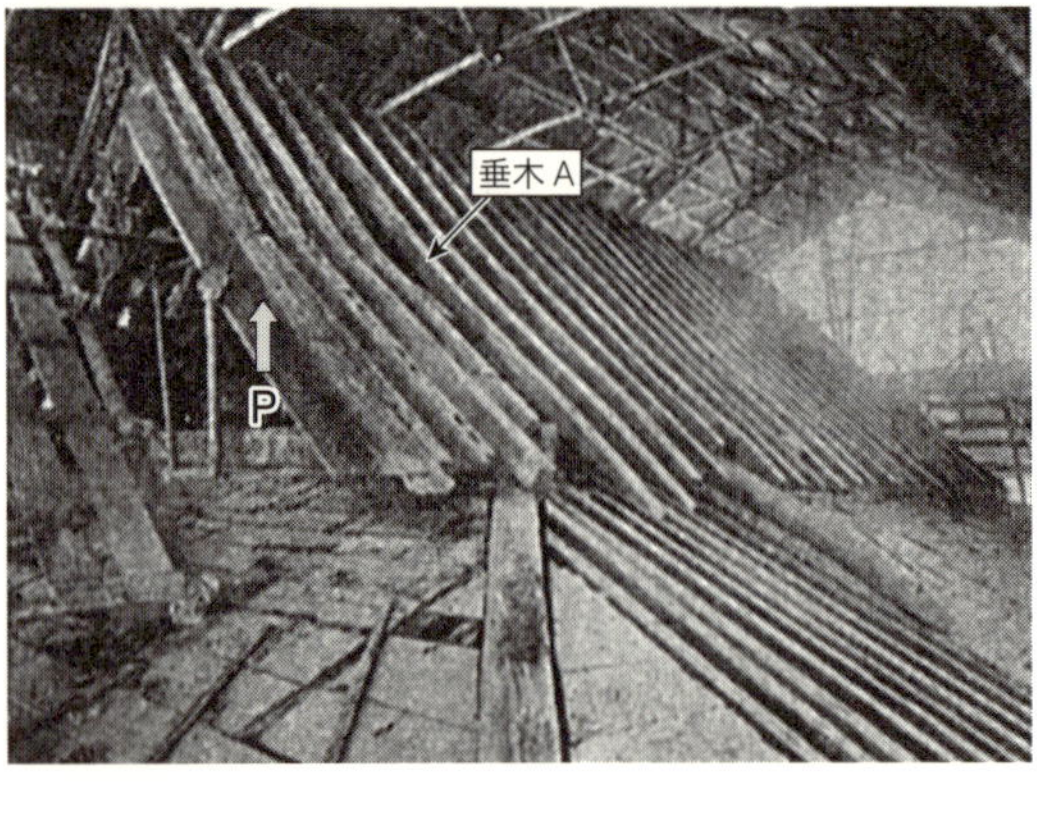

下：図8　昭和の解体修理時の状況（文献3、p.148）

矢印Pの反りの大きい部位でも上下の垂木をヒンジで接合することにより急峻な屋弛《やだる》みを自然に形作っていたようだ。

このようなヒンジのメリットとして次の事項が指摘できる。

①左右両流れの垂木の荷重が釣り合うので棟木に垂木を釘留しなくてよい。

②屋弛みの反曲点付近をヒンジにすることで、懸垂曲線に近い自然な曲線が得られる。

③屋弛みを有する垂木を一丁の木材から削り出す場合には、捨てる部分が多くなり、加工手間も増える。加えて木材の繊維が切れるために折損のリスクが高まる。

④密に配置した短い垂木の端部をヒンジ接合すると垂木には中間荷重による小さな曲げモーメントが発生せず軸方向力が支配的となり断面効率が高まる。

かつて中世までは縦引き鋸が存在しなかったために、柱や梁などの長い部材は打ち割り法――すなわち木材に楔を打ち込んで繊維方向に割裂いて木作りされた。直径三尺以上もの太い柱も芯持ではなく、原木を四分割に打ち割った芯去材で、しかも赤味だけを槍鉋で円形に成形したものである。古代にはどれほどの巨木があったのかと驚かされる。

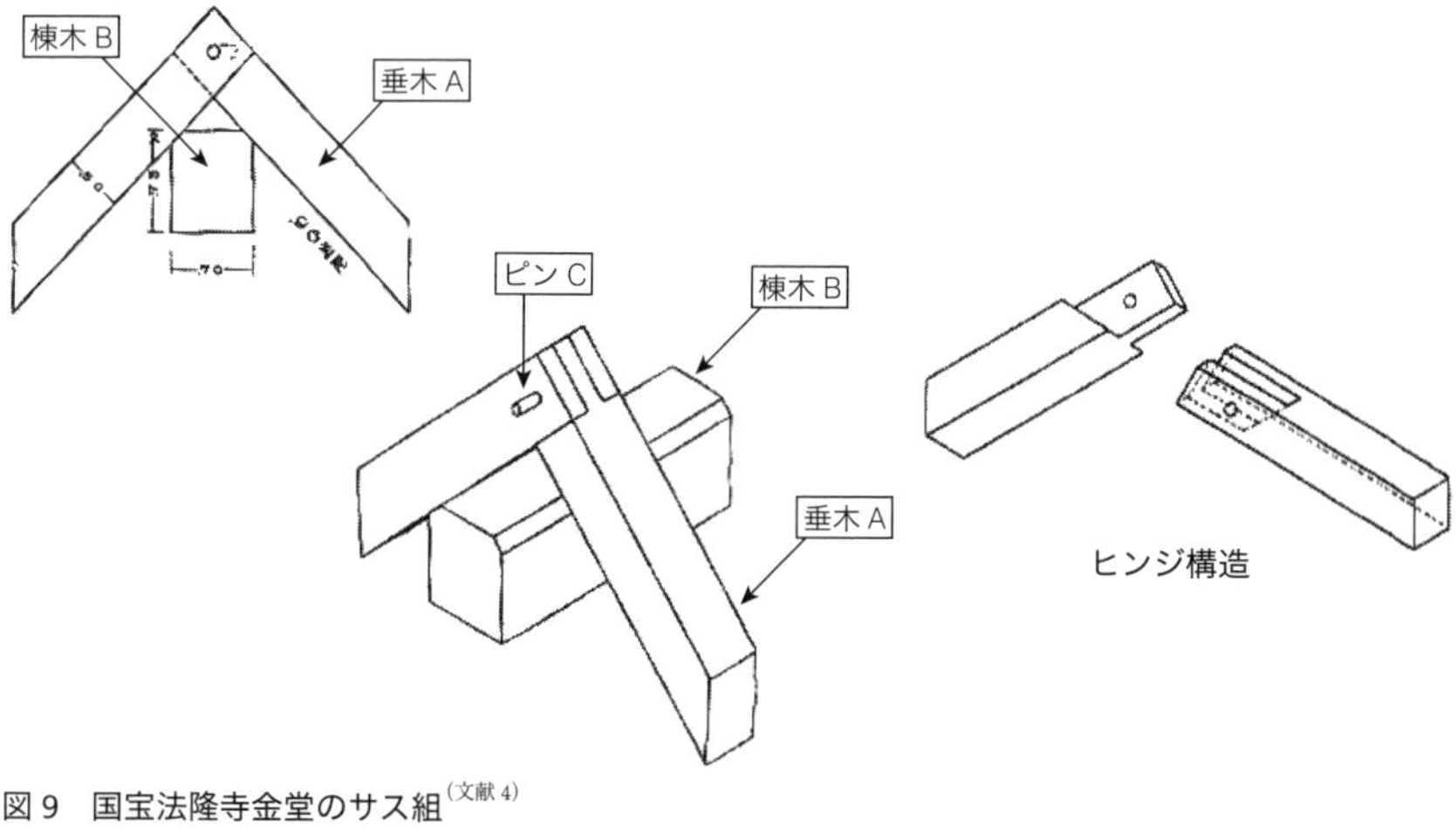

図9　国宝法隆寺金堂のサス組（文献4）

このような打ち割りの柾目材は狂いも少なく理想的であるが、このような良材に釘を連続的に打ち込むと、割り箸と同じように木目に沿って裂けやすく、間隔を密に配る垂木を棟木に釘止めするのは合理的ではない。古代の社寺建築にサス組が多用されたのにはこのような背景も考えられる。このようなサス組は奈良時代に建立された国宝東大寺転害門などにも遺存している。

2・4 古代の社寺建築の大釘

古民家は釘金物を一切使わず、木、タケ、ワラ、土などの自然素材だけで作られているので、古代の社寺建築も釘金物には無縁であったと思われるかもしれない。だが事実は全く逆で、巨大な釘や「筋違」が使われていたのである。

金物・筋違が多用されていたという点において、古代建築は現代木造建築にやや近い面があったともいえるので、この点について検討しよう。

◆*1* 頭貫と柱の結合大釘

図10は平安中期の正暦元(九八九)年創建の法隆寺講堂の隅柱と頭貫の接合詳細である。頭貫の仕口形状は単純で、全長約六〇センチ、軸部三センチ角の大釘を頭貫から柱に打ち込んで止めているだけである。柱への打ち込み深さは、頭貫の断面成とほぼ等しく二六センチもあった。木組のみでは十分な結合強度を得るのが難しかったため、このように大きな釘を用いたと考えられる(文献4)。

図11は室町中期の応永年間(一三九四―一四二六)に建立とされる興福寺湯殿の事例である。法隆寺講堂建立

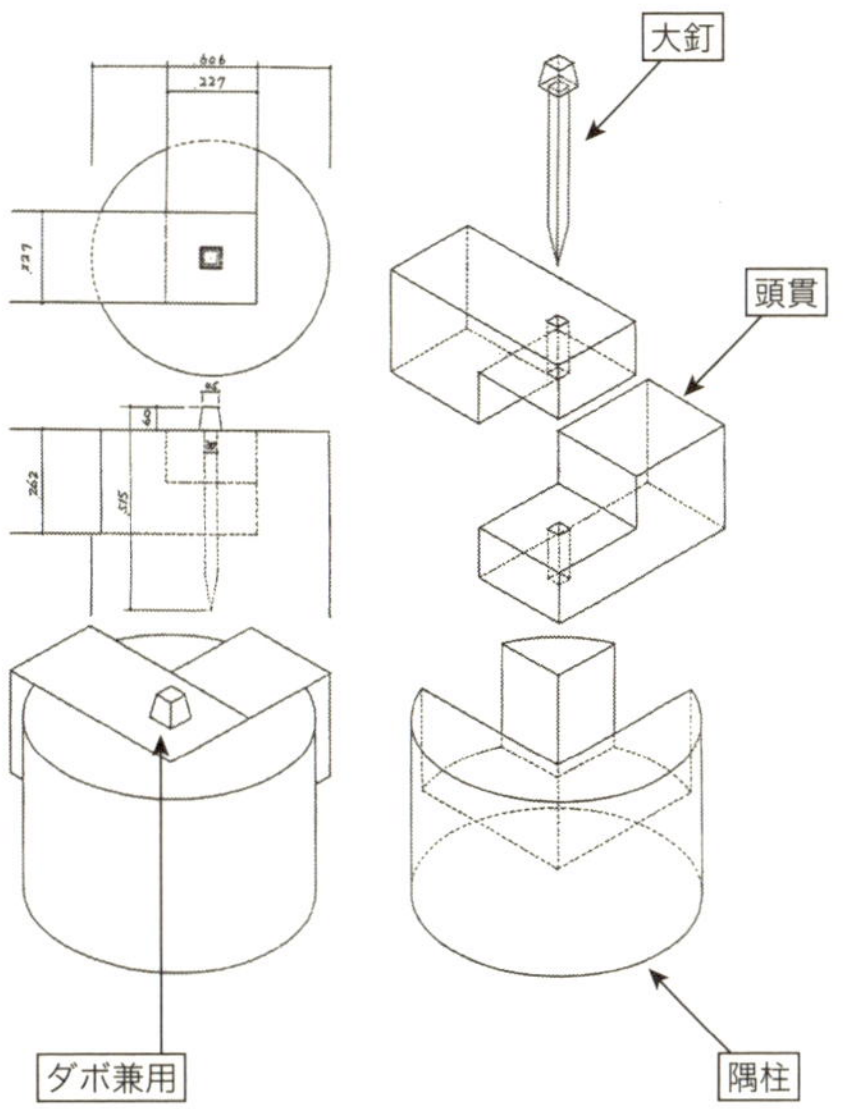

図 10　法隆寺講堂（平安中期）（文献 4）

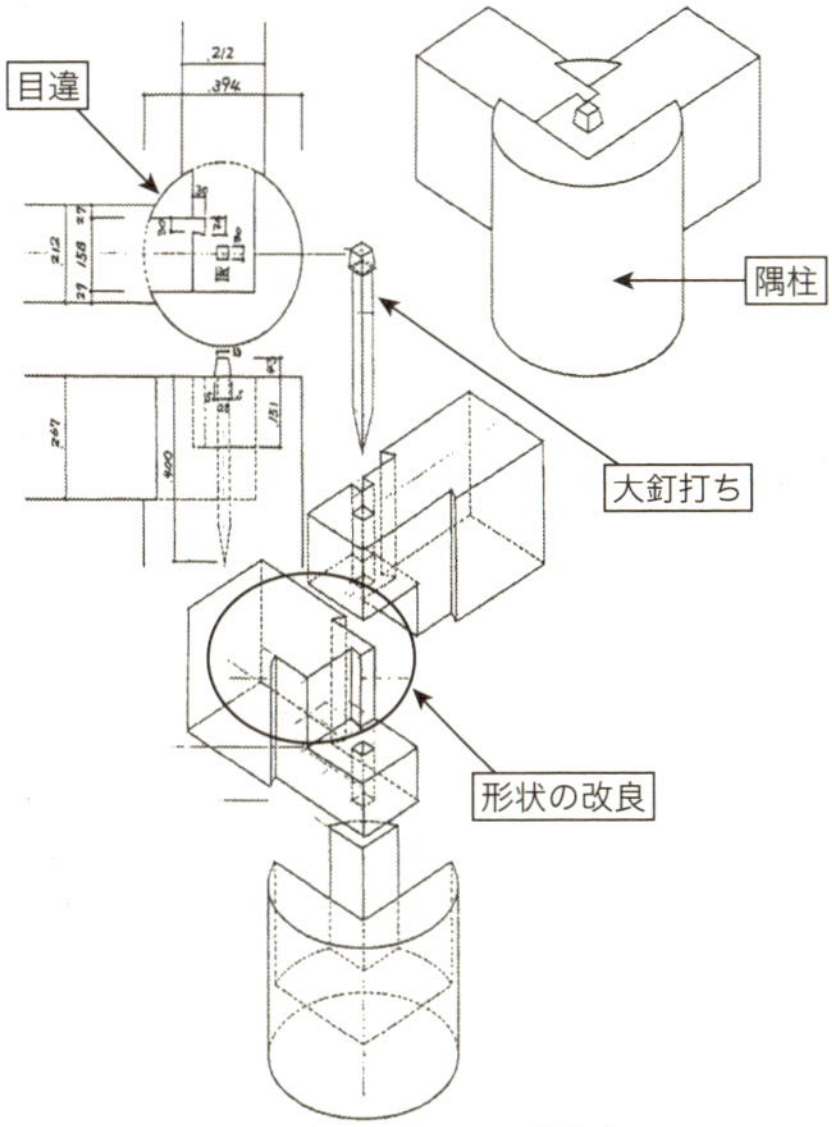

図 11　興福寺湯殿（室町前期）（文献 4）

から四百年を経ているので、仕口加工は進化して、頭貫の端には目違の加工が施されている。しかし、大釘の使い方については前者とほとんど変化しておらず、四角錘台形の頭を打ち出した大斗のダボ兼用の大釘が使われている（文献4）。

さらに図12は昭和二六年から二九年にかけて行われた重要文化財教王護国寺講堂の解体修理工事で見つかった北西隅柱の柱頭部の状況である（文献5）。延徳三（一四九一）年に再建されたこの講堂は、約百年

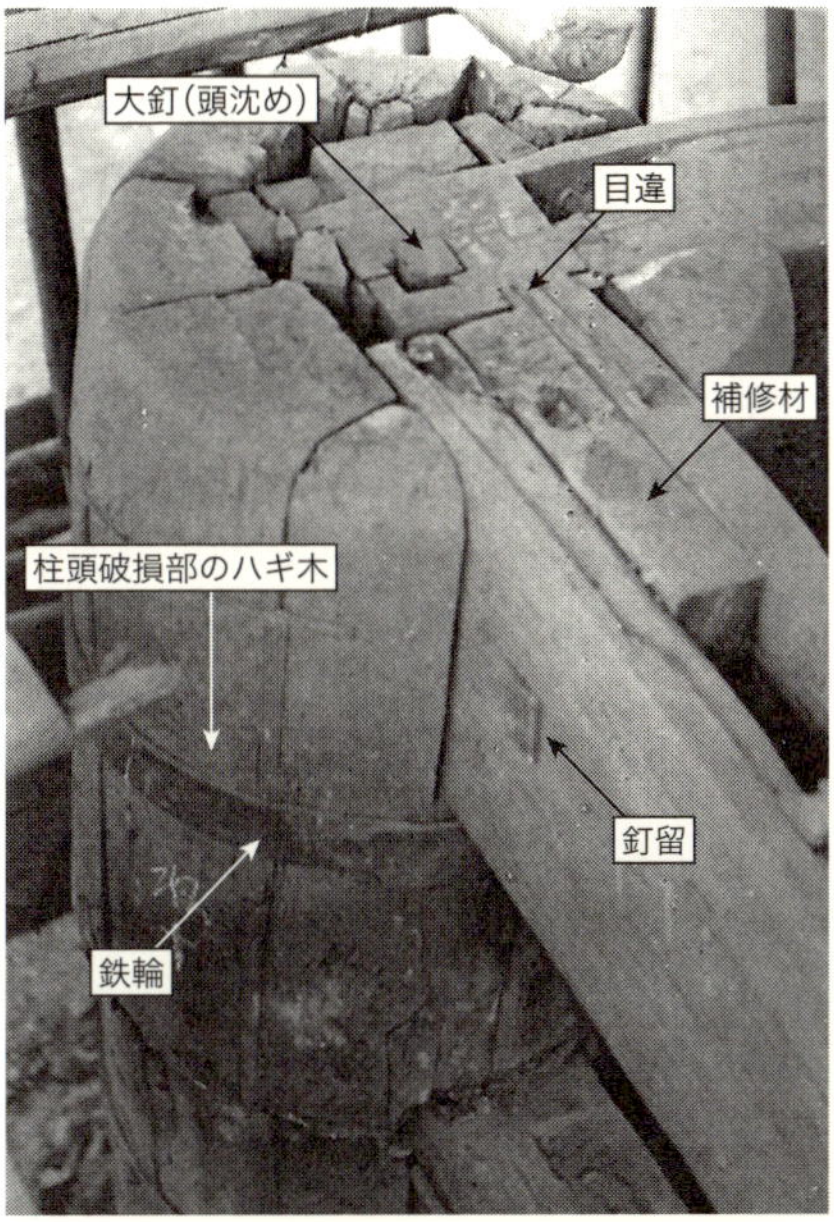

図 12　教王護国寺講堂西北隅柱の破損と修復状況（文献 5）

後の文禄五（一五九六）年七月の慶長伏見地震で倒壊したために、旧部材を極力再利用して復旧されたらしい。

解体修理前の柱は図のように柱頭が裂け、鉄輪をもって補強するなど　歴史的な大地震の生々しい傷跡が残っていたが、ここでは頭貫の形状とその中心に打ち込まれた四角形の大釘に注目していただきたい。矩手に接合された頭貫に目違ホゾを設けているのは図11の興福寺湯殿とほとんど変わらない。古代には釘頭を大斗のダボとして突出させていたのに対し、教王護国寺では釘頭を頭貫に沈めている点で若干相違するが、古代の大釘の技法は応仁の乱（一四六七―一四七七）以降も踏襲されていたことがわかる。

◆2　国宝薬師寺東塔の大釘

次に平成二九（二〇一七）年現在解体修理工事が行われている国宝薬師寺東塔（図13）の大釘について検討しよう。東塔の建立時期については飛鳥藤原京からの移築なのか、平城京で新たに創建されたのかについて長年議論が続いているが、少なくとも平城遷都後の七三〇年代後半にはかなり完成していたと考えられる。

図14は二層目の解体状況で、工程的には図15に示すように、まず屋根瓦を降ろして野地Aを外した後、茅負Bと飛エン垂木Cを撤去。続いて木負Dと地垂木Eを取り払って、地垂木Eを下から支える丸桁Fとともに軒天井Gを取り除くと、尾垂木Hの三手目上の秤肘木Iと巻斗が外れるのである。ここからさらに尾垂木Hを取り払う

図13　国宝薬師寺東塔

図 14　薬師寺東塔の 2 層目小屋組

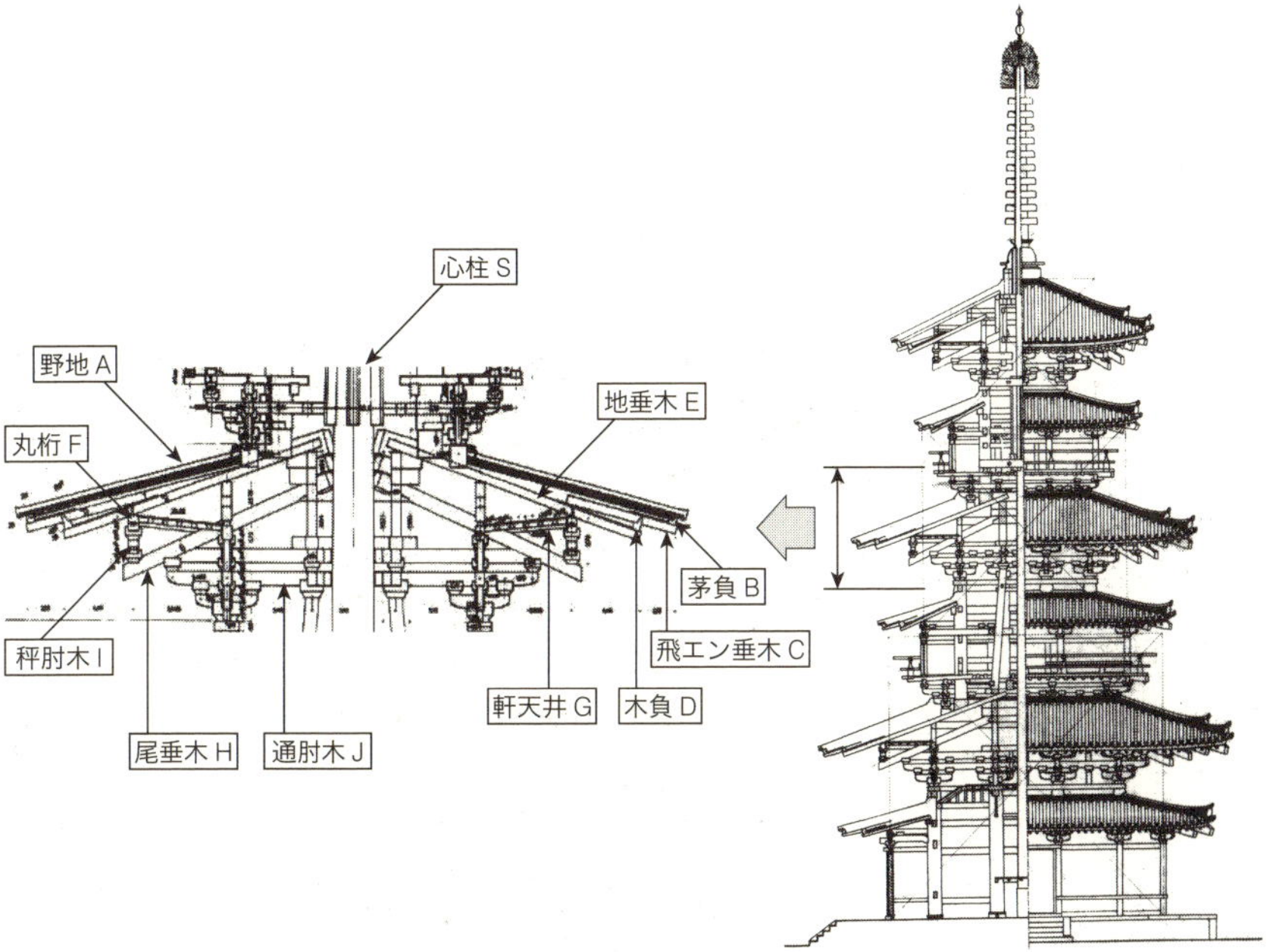

図 15　国宝薬師寺東塔の断面図（文献 6 を一部加工）

と図14の状況に至る。なお写真の右隅には隅脇の尾垂木Hが一丁残っている。

この段階になると複雑な木組がなくなり、屋根を構成する四隅の隅木Kと心柱Sを囲む井桁Lに隅木Kを掛けた状況がよくわかるが、今回の解体修理に際して尾垂木や隅木の取り付けに大釘が数多く使われていることが明らかになった。

図16aは修理に際して隅尾垂木と通肘木などの大釘を外しているところである。図16bは創建時に打ち込んだ大釘が隅木を貫通した状況をみあげたもので、大釘の長さは約一尺、断面は八分角であった。

何故このような螺旋状の大釘が多用されていたのか、その理由として、保釘力を大きくするという強度的な要因の他に、玉鋼を鍛接して一体化するには多くの手間を要するので、製造効率を上げるために赤熱した鉄棒を捻り飴のように捩り合わせたのではないかとの鍛冶職の指摘があるようだ。

このような大釘を打ち込んだ孔の周囲の木材は明らかに炭化していることから、打ち込みに先立って、赤熱した鉄棒などで一旦木材を焼き抜いた後、鑿《のみ》で丁寧に先孔を穿ち、その後大釘を打ち込んだと推定された。そして驚いたのは大釘には錆一つなく、創建当初の黒錆が見事に残っていたことであった。

図16a　古代釘の引抜き作業

図16b　螺旋状の古代釘

◆3 古代釘について

最近和釘は社寺建築や数寄屋など限られた伝統建築にしか用いられなくなってしまったが、明治末期に農商務省製鉄所での伸線の生産が軌道に乗るまでは、洋釘は輸入に頼らざるを得なかった。その頃までは江戸以来の和釘も結構使われていたようだ。

さて、今日目にする和釘は、図17のように釘頭を鍛《たた》き出して直角に曲げた平折《ひらおれ》や皆折《かいおれ》の他、巻頭《まきかしら》と称して一端を平たく打ち延ばしたあと、先を丸めて釘頭とすることが多いが、巻頭は頭と軸部の結合が脆弱なため抜く際に折損したり、錆で保釘力を失いやすい。

しかしながら、古代釘は今の和釘とはかなり異なっていた。この点に関して、幾多の試練を克服して洋釘の国産化に成功した安田善三郎の古代釘に関する次の記述は興味深い（文献7）。

〝……奈良時代の鐵釘の標本とも見るべきものは、夫の三月堂の後部の長押に打ちもの、今日尚之を見ることができます。……かつて修繕の爲に此の長押の釘を一本抜き去るべき必要を生じたことが有りました。種々に力を盡しましたが、千斤《くぎぬき》の力にては終に抜き取ること能はず、長五尺程の鐵杆の一端を打ち平めて、俗にいふ〝カジャ〟なるものを作り、これを食ませて力を極め、漸く抜き去ったといひます、その釘の製作が今日普通に見る所の和釘とは稍その趣を異にしております。釘の全長一尺五寸（四十五センチ）ばかり、其の蓋は他の鐵を巻き付けて方形と為し、其の茎の上面に出でし端を打ち潰して之をもたせたもので、之を言ひ換ふれば、茎に固着させし座金を茎の頭をリベットして

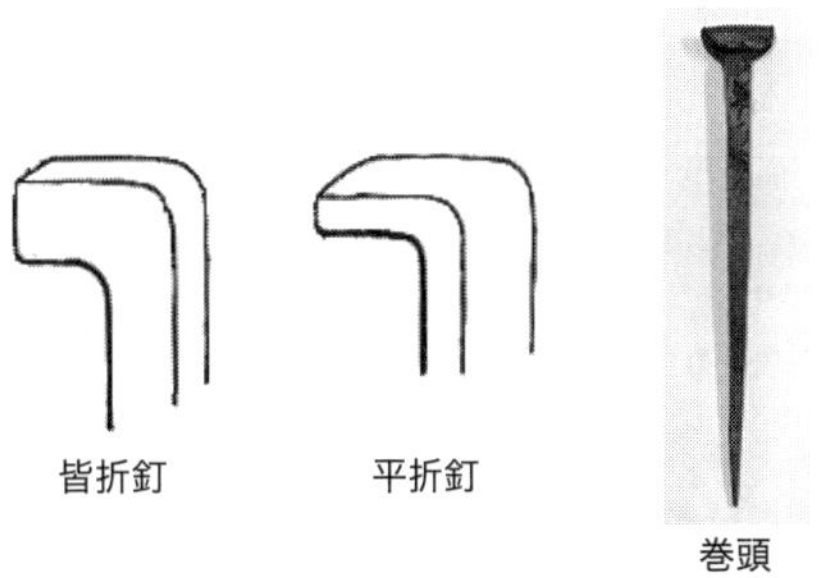

図17　今日の和釘の形状（皆折釘・平折釘・巻頭）

おさへたる如きものであります。長押に打つに斯る雄大の釘をもってすること、今日より見ます時は稍異様に思われますが、當時の建築法には實にこの必要有ったのであります。……〃（文献7、一八頁）

〃……又、特に記さなければなりませんのは、當時の釘の用鐵が頗る精錬したる良鐵なることであります、之を打てば鏘然として妙音を發すること鋼鐵の如く、そして之を曲げるも容易に折るることなく、之を捩じれども折れざること亦飴の如き良質を具有して居ります……〃（文献7、二二頁）

図18は奈良時代天平年間に創建された三月堂（国宝法華堂）であるが、この建物は下段の図に示すようにもとは正堂と礼堂の双堂形式だが、鎌倉時代に大きな屋根を架けて一体化したといわれている。

図19の上段は安田善次郎が紹介した三月堂で使われていた平頭に座金を巻き付けた大釘の図である。長さ四五センチ、径三センチ、釘頭径四・五センチもあり、釘頭に取付けられた角座金は一辺八センチ、厚さ三センチと大きくかつ厚いことが注目される。釘というよりも槍頭などの武器といってもいいほどである。

一方、図19の下段の三つの和釘は、再興薬師寺西塔の造営にあたって西岡常一棟梁が用いた長さ約一尺の

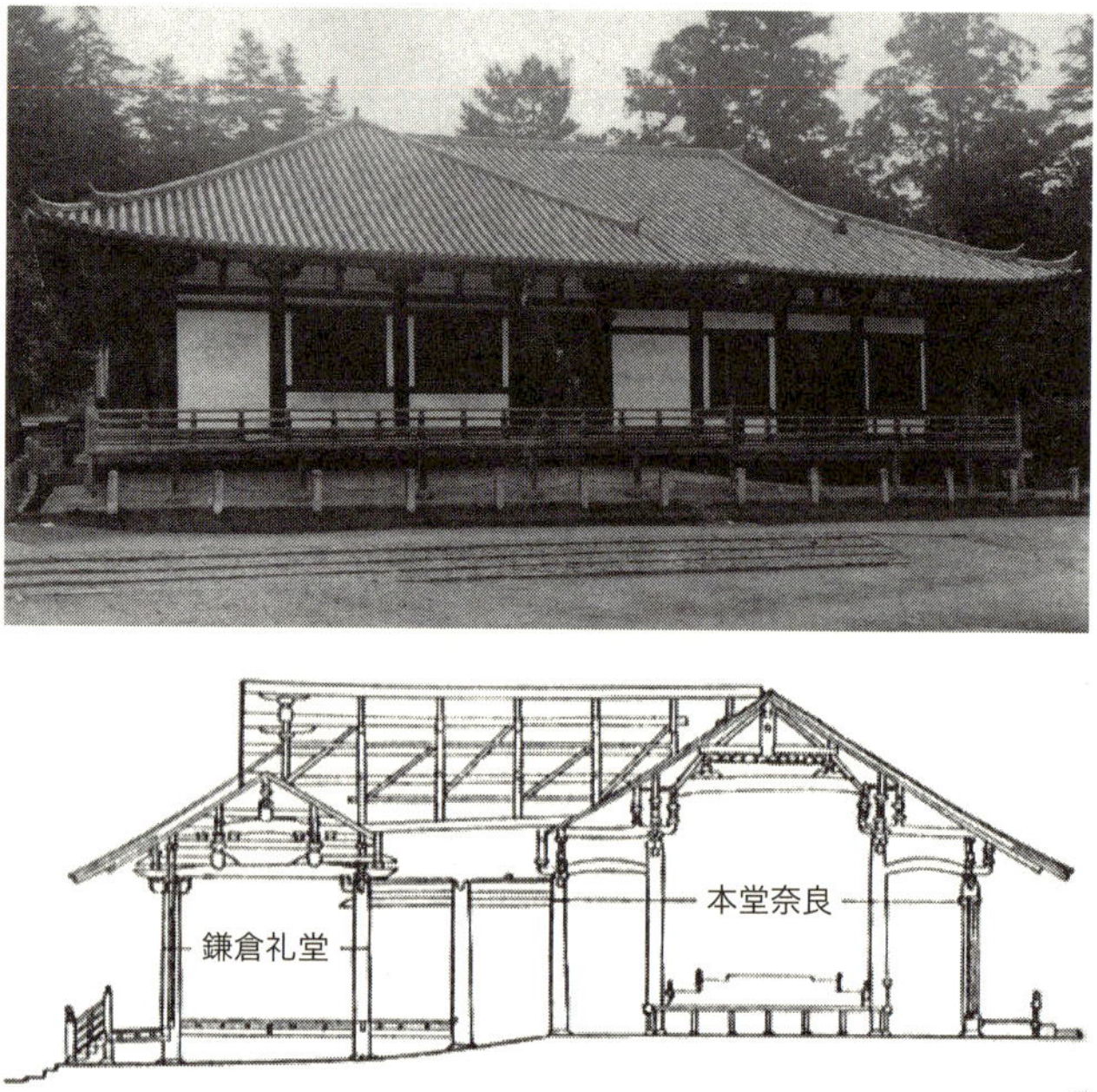

図18　国宝東大寺法華堂（三月堂）の外観（文献8）と構造（文献3、p165）

復元古代釘で、奈良時代と同じく玉鋼から打ち出したものである。

安田翁の指摘のように古代建築では柱と頭貫、あるいは柱と長押など構造上重要な部材を強固に接合するために雄大な大釘が用いられたが、古代釘は良質な玉鋼から鍛造されていたので、非常に粘り強く、大きな変形を与えても木材を割り裂いたりすることがない。玉鋼から作られた和釘の力学的な優秀さについては、薬師寺西塔復元に伴う実験によって明らかになったが、とりわけ精良な玉鋼は洋釘と違いほとんど腐蝕しないことが特筆される。

◆*4* 古代釘と長押について

安田善三郎は大釘で長押を止めつける古代の工法が木組を強化する上で大きな役割を果たしたと指摘している(文献7)。この点についてもう少し検討する。

〝……當時の長押なるものは今日の如く唯装飾のみの目的に出で、そつと付けておくものには非ず、實は柱と柱とを長押にて固めること、今日の貫の如き働きを求めたものでありますされば、之を取付けるにも亦安固を期し、圓柱の弧に準し、長押の側面をくり去り而して長押面より釘着せしもので、この取付法も亦、之を三月堂内に見ることをえます。同時代の釘は長さ五寸位の小釘に至るまで、皆この巻頭式で唯其の製作に精粗の差有るに過ぎません……〟

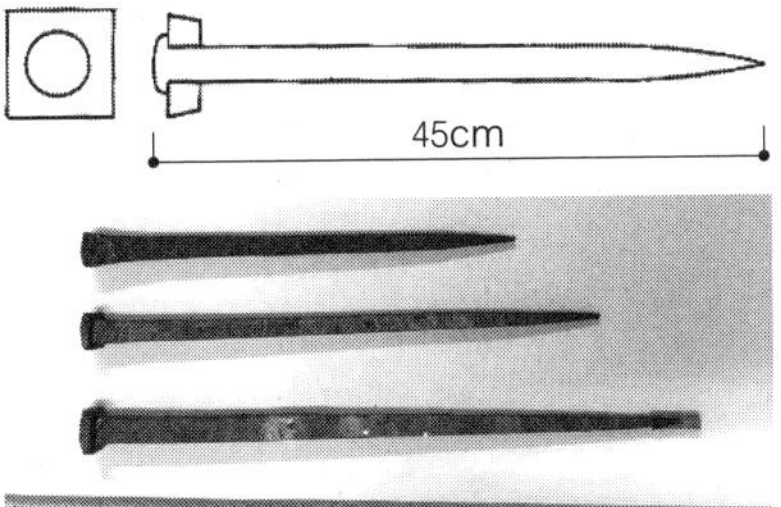

図19　国宝東大寺法華堂と再興薬師寺西塔の古代釘(上の図は文献7)

◇現代の長押・古代の長押

もともと長押は武家や公家などの格式ある建物に用いるものであって庶民にはおよそ無縁であったが、大正の頃には一般家屋にも付けられるようになったようだ。

図20は和泉佐野市の登録文化財新井家住宅の近代和風の客間である。十五畳と十畳の二間続きの奥座敷の周囲は一間幅の畳廊下と縁が巡り美しい庭園を望むことができる。このような書院風の座敷では鴨居に沿って内法長押を取付けるが、そのほか天井際に天井長押、その下には蟻壁長押を廻す場合もある。しかしながら、いずれも断面は比較的小さく、柱と一体強化する役割はなさそうである。安田翁の〝今日の長押は構造材ではなく装飾材である〟の指摘はこのような造作を指している。

一方**図21**は薬師寺の回廊と先の隋念寺三重塔の長押の取付け状況である。薬師寺回廊では連子窓Aの上部に内法長押B、下部に腰長押Cを両側の丸柱Dに大釘Eで止めている。隋念寺三重塔でも同様で、丸柱Aへの取付け部の長押Bを円弧状に刳り込んで大釘Cで長押Bを取り付けているが、長押の交叉部には留Cを切って木口を隠している。

このように和様の社寺建築の長押は横架材を柱に大釘で強固に結合させており、〝柱と柱とを長押にて固めること、今日の貫の如き働きを

図20　登録有形文化財新井家大広間（泉佐野市）

再興薬師寺回廊

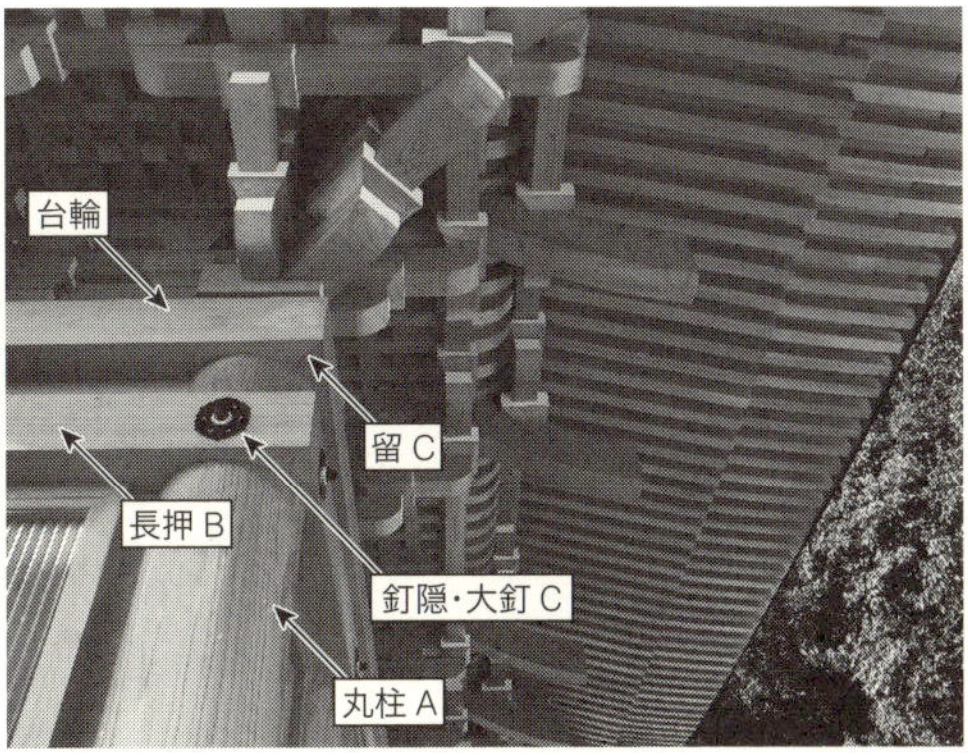

隋念寺三重塔

図 21　長押の取付

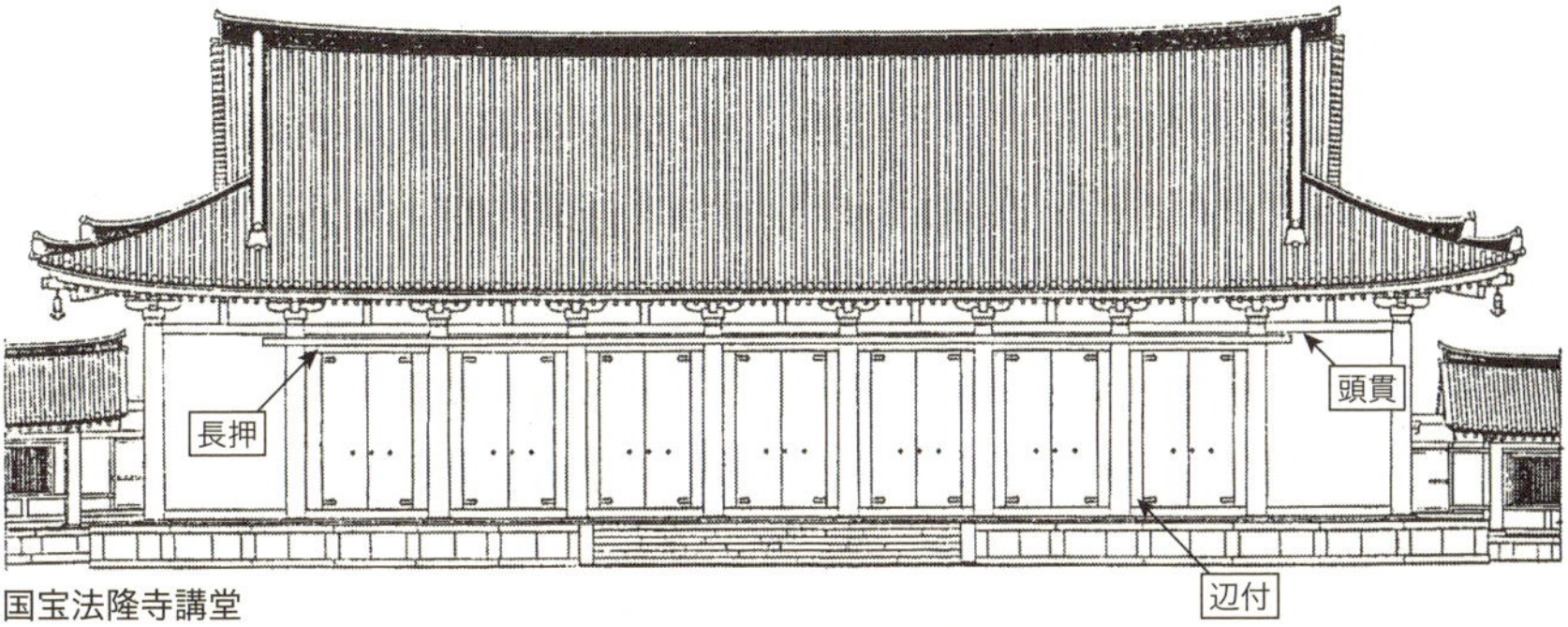

国宝法隆寺講堂

国宝法隆寺経蔵

図 22　古代の長押(文献 9)

求めたものであります〟と確かにいえる。

しかしながら、もともと長押は木造軸組を強化するためのものではなかったのではないかと考えられている。

図22は法隆寺西院伽藍の国宝経蔵（奈良時代）と講堂（平安時代）である（文献9）。経蔵の初層中央は唐戸、両脇は土壁で、大斗の下部には頭貫が設置されているが、長押は唐戸の部分にしか取付けられていない。一方、上層は全周が連子窓となっており、上下に設置した内法長押と腰長押が経蔵を囲んでいる。講堂の場合も同様で、正面桁行九スパンのうち、唐戸が設置された中央七スパンには長押がついているが、両脇の土壁部分には頭貫しか設置されていない。

図23は奈良時代に作られた東大寺国宝転害門の外観と扉付近の詳細である。転害門でも法隆寺の経蔵や大講堂と同様、長押は開口部の上部にしか設置されていない。このような遺構から元々長押は扉や連子窓などの開口部の補強のために大釘で留め付けた横材であったらしく、塔などでは中央を唐戸、両脇を連子窓とするので必然的に長押を建物全体に廻すことになり、結果として柱を固めることになったといえる。

2・5　古代の筋違

不思議に思われるかもしれないが、実は古代建築には〝筋違〟が広く使われていた可能性が指摘されている。

図23　国宝東大寺転害門

たとえば、図24に示す国宝室生寺五重塔。この塔は平成一一（一九九九）年秋の台風で、大木が倒れ込んで桧皮葺の屋根が大きく破壊されたために解体修理が行われたが、その際創建当初の筋違の痕跡が発見された（文献10）。図25は三層の柱盤と頭貫、および四本の丸柱の実測図で、丸柱は全長一尺五寸、径約八寸でわずかな胴張がある。修理工事に際して隅柱Aの頭貫B下端の芯からやや内側に斜めに鋭い切れ味の掘り込みCがあり、傾斜角度に対応する柱盤Dにも当りEが掘り込まれていることが判明。隅柱Aの頭貫下面から柱盤と入側柱の基部の当りE間に、約一寸角、長さ一尺六寸ほどの筋違が設置されていたと推定された。この筋違は後入れではなく、軸部の変形を押さえる圧縮材として当初から建入れされていたことがわかった。

一方、図26aは教王護国寺の重要文化財北大門である。妻面には復元された筋違が見える。この八脚門は鎌倉時代初期の創建であるが、一五九六年夏の文禄（慶長伏見）地震で倒壊し、慶長一〇年（一六〇五）頃に復旧された。

図26bの左は解体修理で見つかった妻面の筋違で、側面には長い溝掘りと大入れのほぞ穴が五カ所確認できる。このような柱の痕跡から図26の右のように筋違の中央に間柱Aを一本配置し、下部には腰板Bを筋違Cの側面に穿った溝Dに落とし込み、上部には横桟Eを大入れで五段組込んでいたことがわかった。このような筋違の技法は平安後期にまで遡りうるらしく、北大門の筋違は創建当初から耐震対策を目的として設置された可能性が高い。

図24　修復後の国宝室生寺五重塔（文献10）

平安末期の元暦二（一一八五）年三月、平家が壇ノ浦の戦いで滅亡してわずか三カ月後の七月、今度は平安京を壊滅させる文治元年の巨大地震が発生。古代の都城を文字通り崩壊させ、鎌倉時代が幕を明けた。このような激動の時代背景を考えると、鎌倉初頭に建立された北大門の妻壁に　耐震化を目的として木造耐震腰板Bと上部の横桟式塗り壁を補強するための耐震筋違Cを組み込んだと推測される。

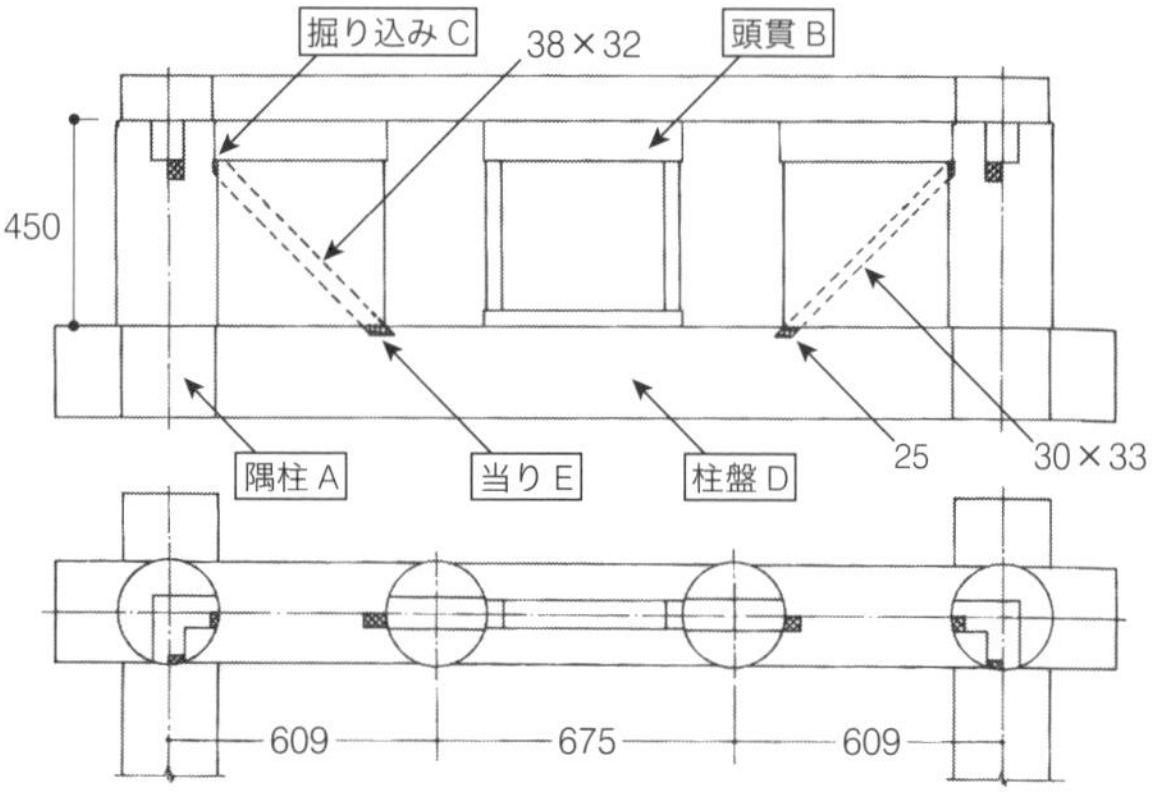

図25　三重目に残る筋違の痕跡（文献10）

図26a　教王護国寺北大門の外観（文献11）妻面筋違を復元

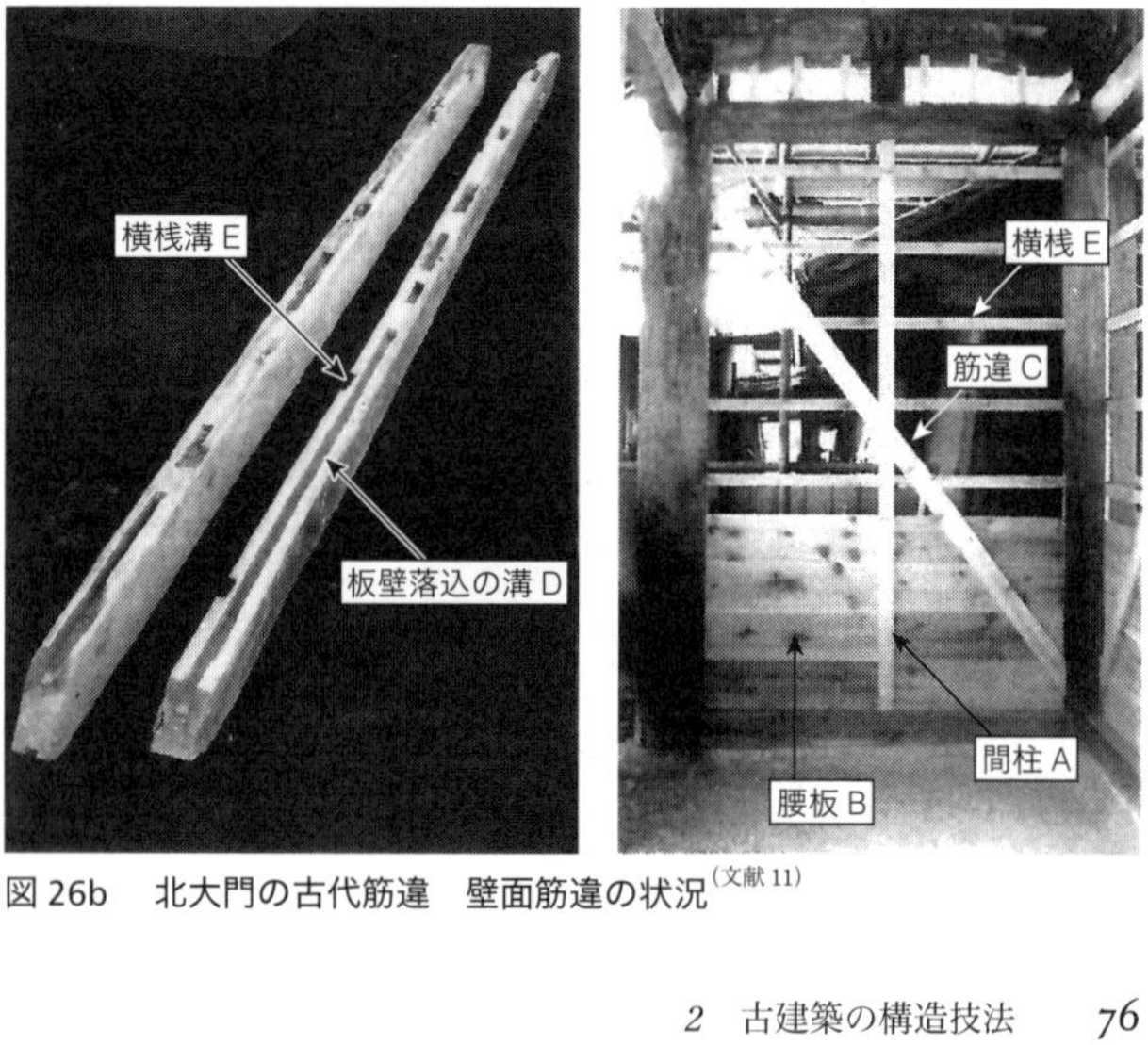

図26b　北大門の古代筋違　壁面筋違の状況（文献11）

2・6　貫工法について

◆1　貫の導入

平安末期の治承四（一一八一）年、平重衡の南都焼き討ちによって焼亡した東大寺大仏殿を鎌倉幕府が再興するに当って、俊乗坊重源《しゅんじょうぼうちょうげん》は宋から鋳物の名工陳和卿《ちんなけい》をはじめ優れた技術者を招聘。まずは兵火で露座となった蘆舎那大仏の仏頭の補鋳に着手し、続いて焼け落ちた大仏殿の再建という大事業に挑んだ。ちなみに、『大仏殿及大仏殿史』（文献12）には次の記述がある。

〝再興前後ノ比較
一、古ハ柱口径三尺五寸ナリシニ、今ハ五尺ナリ（柱八十四本本口三尺八寸、末口三尺云云今度大殿柱口径五尺也）
一、昔ハ四五尺ノ釘ヲ用ヰテ大堂ヲ固メト成シタルニ、今ハ釘ヲ用ヰズシテ堅固ナリ〟

これによると聖武天皇によって創建された和様の天平大仏殿では、直径は三尺五寸（約一メートル五センチ）もの太い柱を密に配置していたのに対し、大仏様の再興大仏殿では、直径五尺（約一・五メートル）、実に天平時代の二倍以上もの断面積を有するきわめて太い柱が用いられた。また驚くべきことに天平大仏殿では長さ一・二～一・五メートルという空前絶後ともいえる大釘が使われたのに対し、鎌倉再興大仏殿では逆に釘を使うことなく、堅固で巨大な金堂を完成させたと記している。

この全く新しい構造方式――大仏様の特徴は柱に何段もの貫を貫通させることである。このため柱の断面欠損を考慮してきわめて太い柱が使われたものと推定される。このように多段の貫で金堂の木組を一体強化することにより、従来の大釘接合方式に比べて遥かに頑丈な構造が実現された。

長押と大釘、そして多少の筋違を守り続けてきた伝統和様の工匠が、貫構造という画期的な技術を目の当たりにしたときの衝撃はどれほど大きかっただろうか。鎌倉初期、瞬く間に貫構造が全国に広まり、やがて和様建築が力強く発展し始めたのものもうなづける。

◆ *2*　社寺建築の貫構造

五重塔や三重塔、多宝塔などでは古式が重視されるので、規模や構造の変化は比較的少ない。一方、本堂建築については、平安末期頃から民衆信仰の興隆にあわせ、折からの大仏様の普及とともに木造建築の技術革新が一気に進行。そのような時代のうねりのなかで、和様建築は急速に発展高度化して、やがて近世初頭になると大規模な本堂が数多く造営されるようになった。

さて関西では、少し足を延ばせば、古代から中世初期の社寺建築の構造技術の変遷の遺構をたどることができる。河内長野あたりもその一つである。

図27aは河内長野の天野山金剛寺の多宝塔（重要文化財）。平安末期の造営とさ

図 27a　重要文化財金剛寺多宝塔

図 27b　同二重長押

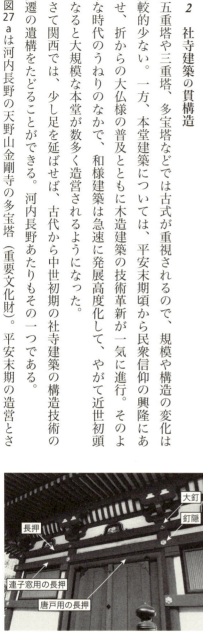

れる現存最古級の美しい多宝塔である。図27bは初層の軒辺りを見上げたものであるが、不思議なのは大斗の下に台輪がなく、代って長押を大釘で柱に留めつけていることである。

また連子窓の上部に内法長押を設けて塔全体を囲繞したうえで、さらに内法長押の下にもう一段長押を取り付けるための長押を設置していることにも注意したい。

これは先の図22の法隆寺の経蔵や講堂と同じく、唐戸を長押に吊るという古式が平安末期頃まで継承されていることを示す。

一方図28は室町初頭に建立された国宝歓心寺金堂で、伝統的な和様に大仏様や禅宗様を取り入れた折衷様建築として知られている。この金堂においては図22の法隆寺講堂のように扉を長押に取り付けているのではなく、頭貫の下で側柱に内法貫（飛貫）を貫通させて金堂全体を固めた上で、内法貫に直接藁座を打って桟唐戸を吊っている。足元についても同様に、地長押ではなく地貫で固めており、長押から貫への構造的な変化がよくわかる。

特筆すべき構造特性を有している貫も、最近ではほとんど使われなくなった。そのため、貫や差し鴨居に不可欠な楔や込栓、端栓、あるいは胴栓も忘れ去られようとしているので、少し言及して本節を閉じたい。

図 28a　国宝歓心寺金堂の貫

図 28b　同開口部

図29aは前節の図2(四三頁)に示した鐘楼模型の接合部の詳細である。貫をしっかりと柱に組みつけて、貫の端部に生じる曲げモーメントを確実に柱に伝達させるために貫と柱に穿った貫孔の隙間に楔を打ち込んでいる。楔は単に打ち込めば良いというものではなく、楔が乾燥収縮して貫が緩まないようにするため、楔に使う木材は十分に乾燥させた上で、楔を金槌で十分に木殺ししなければならないとされている。さらに、貫が柱から抜けるのを防ぐために、単に貫孔を穿つのではなく、貫孔の中央付近で五分ほどの貫の掛りを設けて渡り顎としたり、柱を貫通しない場合には鯖尾(下げ鎌)を設けるなど、古建築には外から見えないところにさまざまな工夫がなされている。

一方、図29bは実習で製作した構造実験用の木組である。柱は一〇五ミリ角、貫の幅三〇ミリ、成一〇五ミリである。このモデルでは張間方向と桁行方向の貫孔の位置を上下にずらせており、貫の端部を柱から突出させて鼻(端)栓止めとしている。一方、柱と貫の交叉部には込栓を打ち込んでいる。なお、込栓は単に木釘を打つものではなく、引き代として貫と柱の栓孔を二ミリほどずらせて加工を施し、組み立て時には栓穴が合うように強い力で材を引き寄せて木材間に緊張力を導入することによって、木造架構の剛性を高めることもよく行われている。

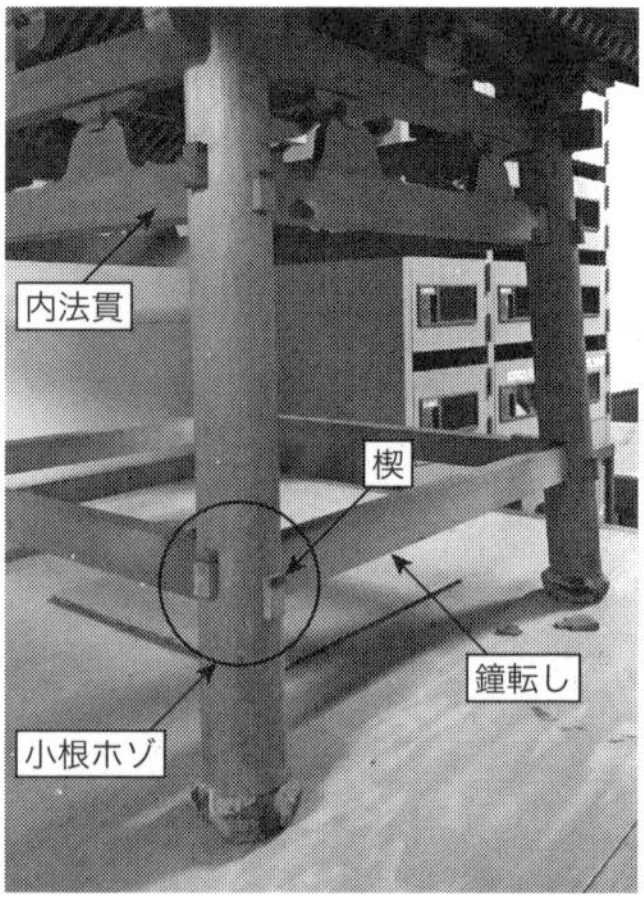

図 29a　貫構造の実際

図 29b　構造実験用の木組

江戸末期〜明治初期

第2章　耐震研究の黎明

——幕末の地震活動

1　地震学事始め

日本は有数の地震国であるが、かつては〝鯰が暴れると地震が起こる〟とか〝まつりごとが正しく行われていないと天がおほなゐ（オオナエ・大震）を起こす〟と信じられてきた。幕末においても朝廷は大地震が起こるたびに全国の寺社仏閣に勅使や代拝の使者を派遣して加持祈祷を命じるとともに、改元を繰り返すことで何とか災いを鎮めようとしたのであった。地震を科学的に研究して次に備えるという考え方が芽生えたのは、明治もかなり入ってからのことである。

すなわち明治一三（一八八〇）年二月二二日、横浜付近でM５・５ないしM６の地震が発生し、煙突が折れるなどの被害が発生したことがあった。このためＪ・ミルン（John Milne, 1850-1913）らは内外一一七名の学者を集めて日本地震学会を創設し、地震に関する科学的な研究を始めた。これが近代的な地震学の先駆けといわれている。

ただし、当時は地震の揺れがどのようなものか皆目わからなかったので、まずはA・ユーイング（Alfred Ewing, 1855-1935）とJ・ミルンはそれぞれ独自の地震計を考案して、地震観測を始めたことで、ようやく近代地震学の研究が緒についたのである。ただし構造物の耐震対策などの工学的研究が始まるのは、やや遅れて明治二四年の濃尾地震以降のことであった。

2 安政の大地震

幕末の弘化年間（一八四四―四七）から嘉永（一八四八―五四）、安政（一八五四―六〇）、万延（一八六〇）、文久（一八六一―六四）、元治（一八六四―六五）を経て、慶応（一八六五―六八）に至る孝明天皇御治世の二十年余りは、政治的動乱期であったと同時に、史上空前の地震活動期でもあった。

図1は幕末の弘化から慶応までの期間に全国で発生した主な大地震の震源と規模をプロットしたものであるが、この間実に三六回もの大地震が発生したのである。

また、図2は特に被害の大きかった次の七つの大地震を明治二四年の⑧濃尾地震（M8・0）とともに比較したものである（日付は西暦）（文献1）。

①信濃　弘化四（一八四七）年五月一三日　善光寺地震（M7・4）
②近畿中部　嘉永七（一八五四）年七月九日　奈良・伊賀上野地震（M7・1）
③東海沿岸　嘉永七・安政元（一八五四）年一二月二三日　東海地震（M8・4）
④南海沿岸　嘉永七・安政元（一八五四）年一二月二四日　南海地震（M8・4）
⑤江戸　安政二（一八五五）年一一月一一日　江戸地震（M6・9）
⑥瀬戸内中西部　安政四（一八五七）年一〇月一二日　伊予地震（M7・1）
⑦飛騨　安政五（一八五八）年四月九日　飛越地震（M7・1）

弘化四年の信濃地震では犀川右岸の虚空蔵山の崩壊によって形成された巨大な地震湖が決壊して流域に甚大な被害を発生。この頃から地震活動は活発化の兆しを見せていたが、嘉永六（一八五三）年六月のペリー来

	発生場所	規模（M）
①	伊豆・伊勢・大和および隣国	7 1/4 ± 1/4
②	陸奥	6.5 ± 1/4
③	安政東海地震 東海・東山・南海諸道	8.4
④	安政南海地震 畿内・東海・東山・北陸・南海・山陰・山陽道	8.4
⑤	伊予西部	7.3 〜 7.5
⑥	飛騨白川・金沢	6 3/4 ± 1/4
⑦	陸前	7 1/4 ± 1/4
⑧	遠州灘	7.0 〜 7.5
⑨	江戸地震	6.9 ± 0.1
⑩	日高・胆振・渡島・津軽・南部	≒ 7.5
⑪	江戸・立川・所沢	6.0 〜 6.5
⑫	萩	≒ 6.0
⑬	駿河	6 1/4 ± 1/4
⑭	伊予・安芸	7 1/4 ± 0.5
⑮	飛越地震 飛騨・越中・加賀・越前	7.0 〜 7.1
⑯	信濃大町	5.7 ± 0.2
⑰	八戸・三戸	7.0 〜 7.5
⑱	青森	≒ 6.0
⑲	石見	6.2 ± 0.2
⑳	石見	6.0 〜 6.5
㉑	陸中・陸前・磐城	6.4
㉒	濃尾地震 愛知県・岐阜県	8.0

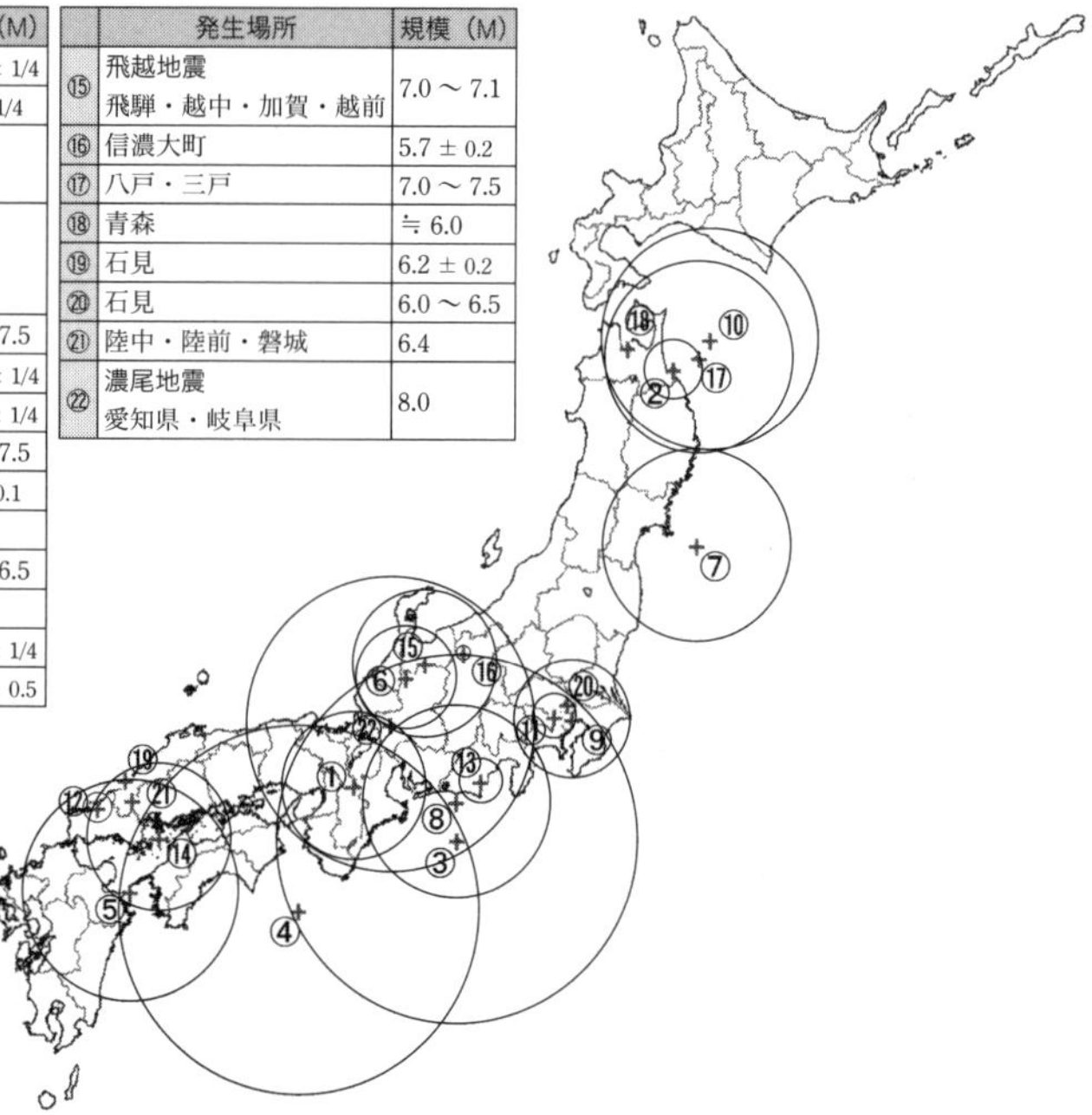

図 1　幕末 20 年間の被害地震分布

	発生場所	発生日	名称	規模（M）
①	信濃	弘化 4（1847）年	善光寺地震	7.4
②	近畿中部	安政元（1854）年	伊賀上野地震	7.1
③	東海沿岸	安政元（1854）年 12 月 23 日	東海地震	8.4
④	南海沿岸	安政元（1854）年 12 月 24 日	南海地震	8.4
⑤	江戸	安政 2（1855）年	江戸地震	6.9
⑥	瀬戸内中西部	安政 4（1857）年	伊予地震	7.1
⑦	飛騨	安政 5（1858）年	飛越地震	7.1
⑧	濃尾	明治 24（1891）年	濃尾地震	8.0

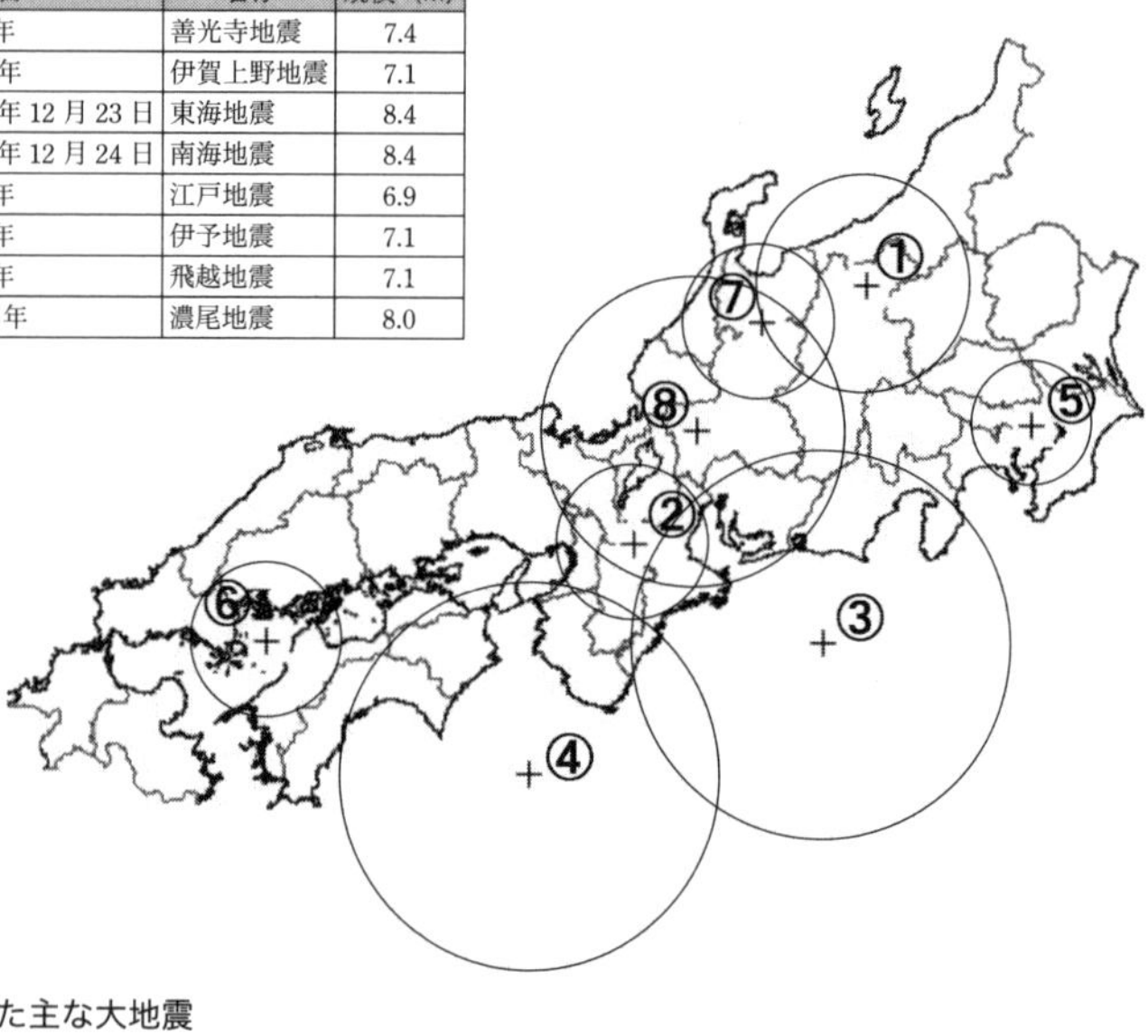

図 2　安政年間に発生した主な大地震

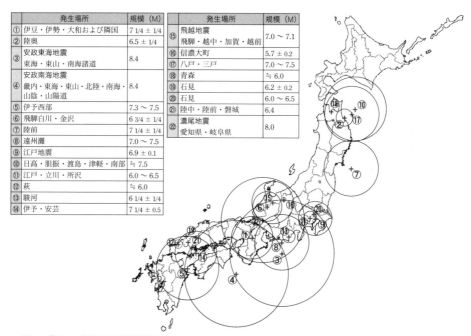

航後、地震活動は頂点に達し、安政の六年間だけでM6・5を超える激震は実に二十回を数えた。

3　安政奈良地震を巡って

これら一連の安政の大地震は、黒船来航の翌年の嘉永七（一八五四）年六月の奈良盆地に続発した伊賀上野、奈良地震で歯止めが外れたようだ（文献1）。すなわち嘉永七年六月一二日に突如発生した地震は、日を追って激しさを増し、一三日には大震を誘発。翌一四日は小康状態を保ったものの、一五日の早朝ついに伊賀上野、奈良、四日市、郡山から滋賀県水口や甲賀に及ぶ激烈な直下型地震が発生。強い余震は一年以上も続き、奈良の古社寺にも大きな被害が発生したが、とりわけ上下動が激しかった震源域では、深い軒が大きく揺すられて垂下したために、地震後軒支柱を挿入して急場をしのいだ伽藍建築が多かった。

図3は明治三五（一九〇二）年の解体修理前後の国宝当麻寺東塔である（文献2）。修理前は多くの軒支柱を設置して尾垂木を支えて軒の垂下を防いでいたが、初層の軒先は大きく波打ち瓦の乱れが目立つ。同じく図4は大正五年の根本修理前後の重要文化財円成寺楼門の姿である。修理前の二層の破損は著しく、上層の組物は欠落し、仮屋根でかろうじて倒壊を防いでいたようだ。

一般に社寺建築も長年維持修理せずに放置されると次第に軒先が垂れて雨が漏れ、腐朽損傷が進んで写真のような深刻な状況に陥るが、明治期の奈良の古刹には、創建年代や建築様式によらず、軒支柱でかろうじて仮支えしている事例が多い。

ある地域の古建築が集中的に甚大な被害を受ける理由として考えられるのは、巨大台風か大地震くらいである。恐らく幕末期、すでに老朽劣化が相当に進んでいた奈良の古社寺は、嘉永七年の奈良・伊賀上野を震源とする直下型地震によって大被害を受けたらしいのである（註1）。

このような奈良の直下型地震から半年後の嘉永七（一八五四）年一二月二三日（旧暦一一月四日）にはM8・4の東海地震が発生。そのわずか三二時間後の一二月二四日（旧暦一一月五日）のクリスマスイブにはM8・4の南海地震が立て続けに発生して、東海・西日本の太平洋側に大津波が押し寄せ、わずか二日で西日本沿岸部は壊滅状態になった。

そして南海地震から二十日余り後の一八五五年一月一五日（旧暦一一月二七日）に、元号が嘉永から安政に改元された。しかしながら、大地震はこれだけでは終わらず、安政二（一八五五）年一一月、今度は関東を直下型地震が襲い江戸市中も壊滅的な状況となった。なかでも、本所、深川などの軟弱低地の被害が著しかったが、武家地としては紅葉山のある堅固な宮城の台地の崖下に入り込んだ「日比谷入江」付近の被害が甚大であった。この辺りは、一五世紀太田道灌が江戸城を開いた頃はまだ、江戸城の足元まで日比谷の入江が入り込み、辺りは一面の低湿地で「潟」――「ラ

修理後　明治35年修理前

図3　当麻寺東塔の修理前後の外観（文献2）

グーン」であった。
江戸城の守りとして重要なこの一帯は、かつては「大名小路」とも呼ばれ、福山藩主老中阿部伊勢守、会津藩主松平肥後守（容保）や老中内藤紀伊守などの幕閣の邸宅が並んでいたが、これらの幕府中枢の武家屋敷に夥しい被害が発生した（文献3）。

最大の被害は会津藩主松平肥後守容保邸における一二八名など、西丸下の一角だけで死者三〇五名に達し、老中阿部伊勢守邸二八名など、幕閣の邸宅での死者は七三〇名に達した。この数字は全藩邸での死者約二千名の約四割にあたる。こうして幕府は安政東海、南海地震、さらに江戸地震によって、江戸城内や市中の復旧に多大な出費を強いられることになった。

安政七（一八六〇）年三月三日、大老井伊直弼が水戸浪士に暗殺された桜田門外の変の頃から文久年間を頂点に、尊王攘夷の嵐が京都を巻き込み、やがて文久四（一八六四）年七月長州藩が孝明天皇の御所に攻め入って京都市中に火を放つという前代未聞の禁門の変を経て、二六〇年余り続いた文化豊かな徳川の世は急速に終焉に向かった。

幕末の慶応二（一八六六）年一二月末に崩御された第一二一代孝明天皇の弘化三年二月から慶応二年一二月までの二十一年の

修理後　修理前

図4　円成寺楼門（解体修理前後）（文献2）

在位期間は激しい地震活動と薩長攘夷派による凄惨な殺戮と社会秩序破壊の時代に重なっているのである。

薩長の倒幕への激しい破壊活動が徳川幕府の崩壊につながったのは事実であろうが、要因はそれだけだろうか？　幕末の二十年間に三六回も立て続けに大地震が発生し、ついには安政江戸地震の直撃によって、幕府の中枢が大きく破壊されたことも無視できまい。これとは対照的に、薩長は大地震を免れたのであるから……。

たまたま一九世紀の半ば、ペリー来航に合わせたかのように、日本列島が未曾有の地震活動期に突入。動揺する民心を攘夷倒幕の過激思想で煽ったことが、史上稀な文化と芸術性豊かな徳川の世を破壊したといえるかもしれない。

図 5a　幕末の江戸城　大手三ノ門（写真:一般社団法人 霞会館所蔵、文字は筆者加筆）

図 5b　幕末の江戸城　二ノ丸東三重櫓（写真：一般社団法人 霞会館所蔵、文字は筆者加筆）

余談になるが、歌川広重の晩年の名作「名所江戸百景」は安政江戸地震から半年後の安政三年春から同六年秋にかけて制作されたといわれているが、この頃の江戸は浮世絵の穏やかな風景からは想像もできないほど、震災の爪痕が色濃く残っていたはずである。広重は安政江戸地震前の穏やかだった頃の風情を浮世絵に託したのだろうか？

『鹿鳴館秘蔵写真帖　江戸城・寛永寺・増上寺・燈台・西国巡幸』（文献4）には、安政江戸地震から十年ほど後の明治初頭の江戸城内の建物写真が掲載されているが、図5に示すように城内のほとんどの建物は傷んで屋根には植物が生え、鬼瓦や軒瓦の落下（矢印い）の他に壁の剥落（矢印ろ）が目立つ。図5aに示す大手三ノ門の渡櫓門（左）では妻壁が大きく剥落し、手前（右）の建物の本瓦は乱れて落下している。図5bの二ノ丸東三重櫓も同様で、二層目の唐破風は破損し、一層の屋根には落下した瓦が散らばっており、壁の破損が著しい。これほど多くの建物の損傷の原因は安政の江戸直下型地震であったと推定される。

4　小田東壑《とうがく》の木造耐震対策案

庶民文化が栄えた江戸ではもともと頑丈につくるよりも天災で倒潰したら造り直すのが手取り早いような粗末な家屋が多く、頻々と起こる大火で焼失してもすぐ復旧できるような粗略な「焼家《やけや》」あるいは「裸家《はだかや》」が珍しくなかったようだ。

嘉永三（一八五二）年軍法兵学や器械製作にも通じていた小田東壑という医者が、国を疲弊させる最大の元凶は火災であるが、これは技術的に防げないものではないとして、『防火策図解』上下二巻を出版し、庶民住宅の耐震化と防火対策について論じた。

しかしながら、安政二（一八五五）年旧暦一一月の江戸地震の惨状は流石にすさまじく、これを目の当たりにした東壑翁は、翌安政三年に「地震劇風津波豫防法図説」を付して『安政丙辰官許「防火策図解」』という増補改訂版を鏑川堂から刊行した（文献1）。翁の考え方は火に強い〃土蔵造り〃を激震にも耐えうるように強化することによって、耐震耐火の木造建築を実現しようとしたもので、独創性に富んだ構造強化の手法を示した。

通常土蔵は頑丈な下地に大量の下縄や木舞縄を掻けて、時に八層以上もの土付けを行うので、躯体重量は際だって重い。これに対して翁の考え方は、土で塗り固める「土蔵」ではなく、厚板で構築する「板倉」に近いものであった。

図6は、土蔵の耐震対策案の一つである。外周壁面の構造を強化するため、一般的な〃土壁ではなく、壁面をあたかも土蔵の扉と同じと心得て、しっかりとした枠材を作った後、図のように厚さ一寸八分・幅八寸の割板をもって、十文字に筋違を設置し、各柱とは三百目（匁・文目）の大釘を三本づつ厳重に打ち付けるべし〃としている。

また図7は、間口二間半の二階建ての家屋である。図は桁行方向の側周りの軸組であるが、表柱を三本建てとし、一、二階には幅三尺の戸袋を設けて、そこに筋違を組込んで大釘で止めつけて

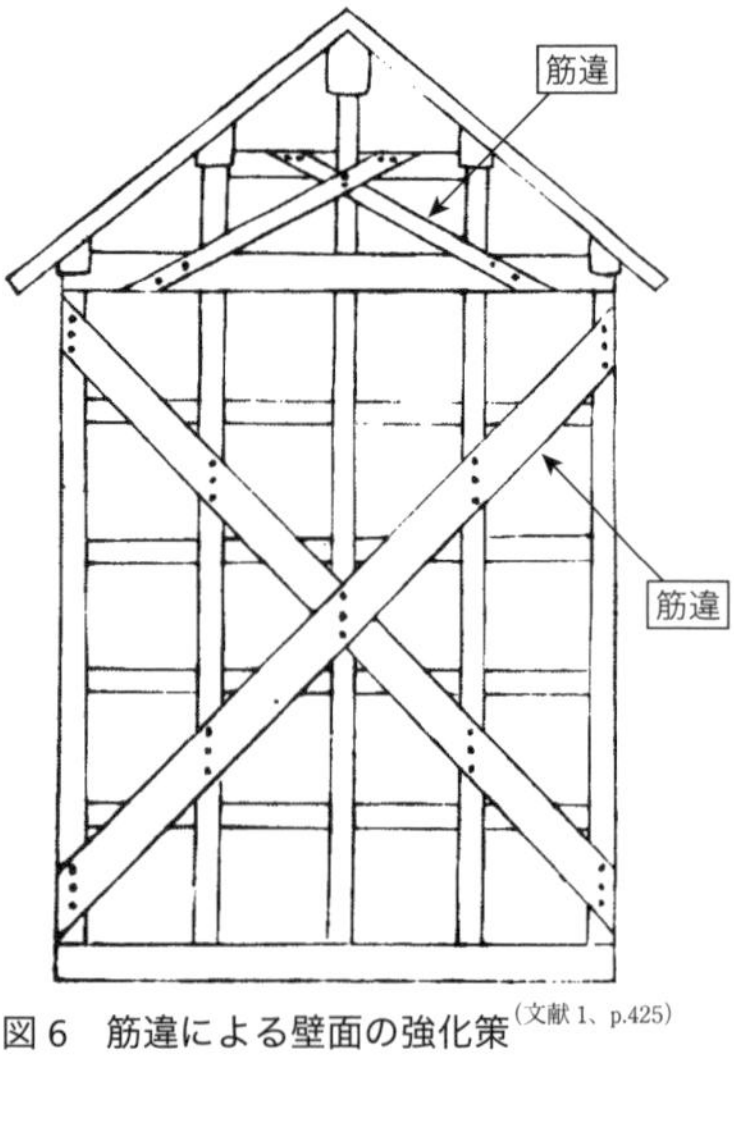

図6　筋違による壁面の強化策（文献1、p.425）

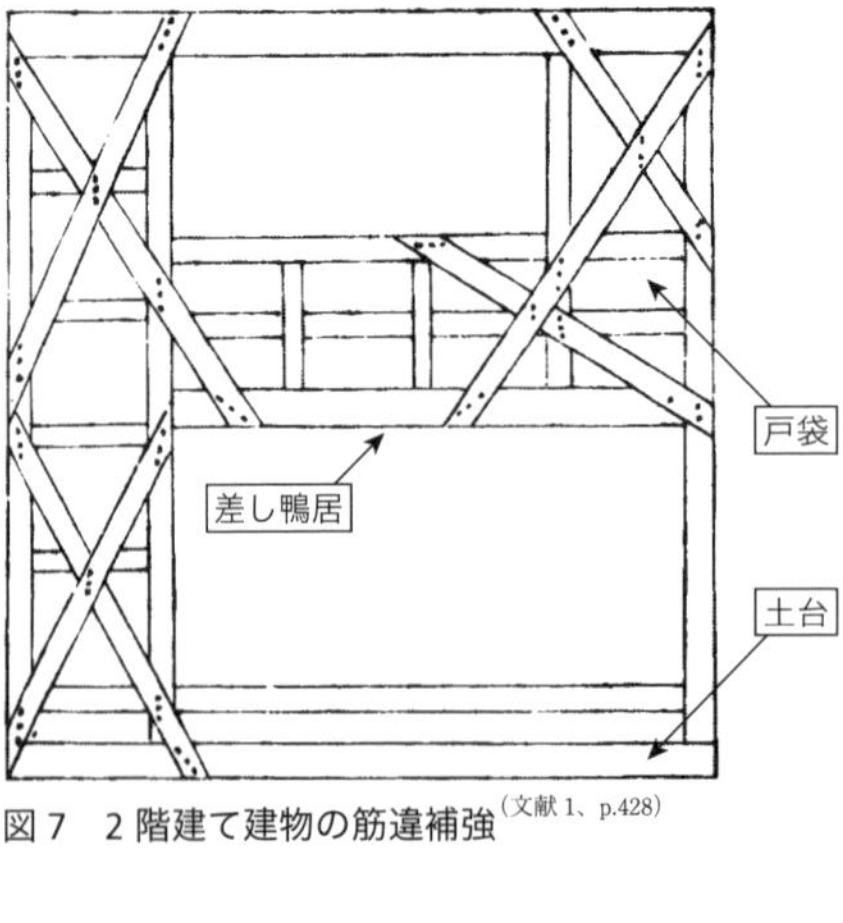

図7　2階建て建物の筋違補強（文献1、p.428）

いる。特に一階の開口幅が広いことを考慮し、二階の軒桁隅より斜め材を一階の差し鴨居のスパン中央付近まで伸延して主体構造を強化している点など注目に値する。

図8は、安政江戸地震では軒庇が落下した家屋が多かったことを踏まえて、母屋柱に頑丈な垂木掛けを取り付け、下屋柱と母屋柱とを小貫を挿通して固める工法など、他にもさまざまな耐震対策を示した。

東甕の図で注目されるものに、図9の左に示す板壁を用いた木造耐震壁がある。この際、翁は木造枠と板材とを単に〝大釘打〟するのではなく、図9の右に示すように隅部を二寸ほど欠込んでできる額縁状の枠内に板を落とし込んで釘で一体化するものであった。これは筋違を軸部に組み込む場合も同様で、釘に頼るのではなく、「込栓」や「ホゾ」を〝主〟とし、「釘打」を〝従〟とする考え方である。

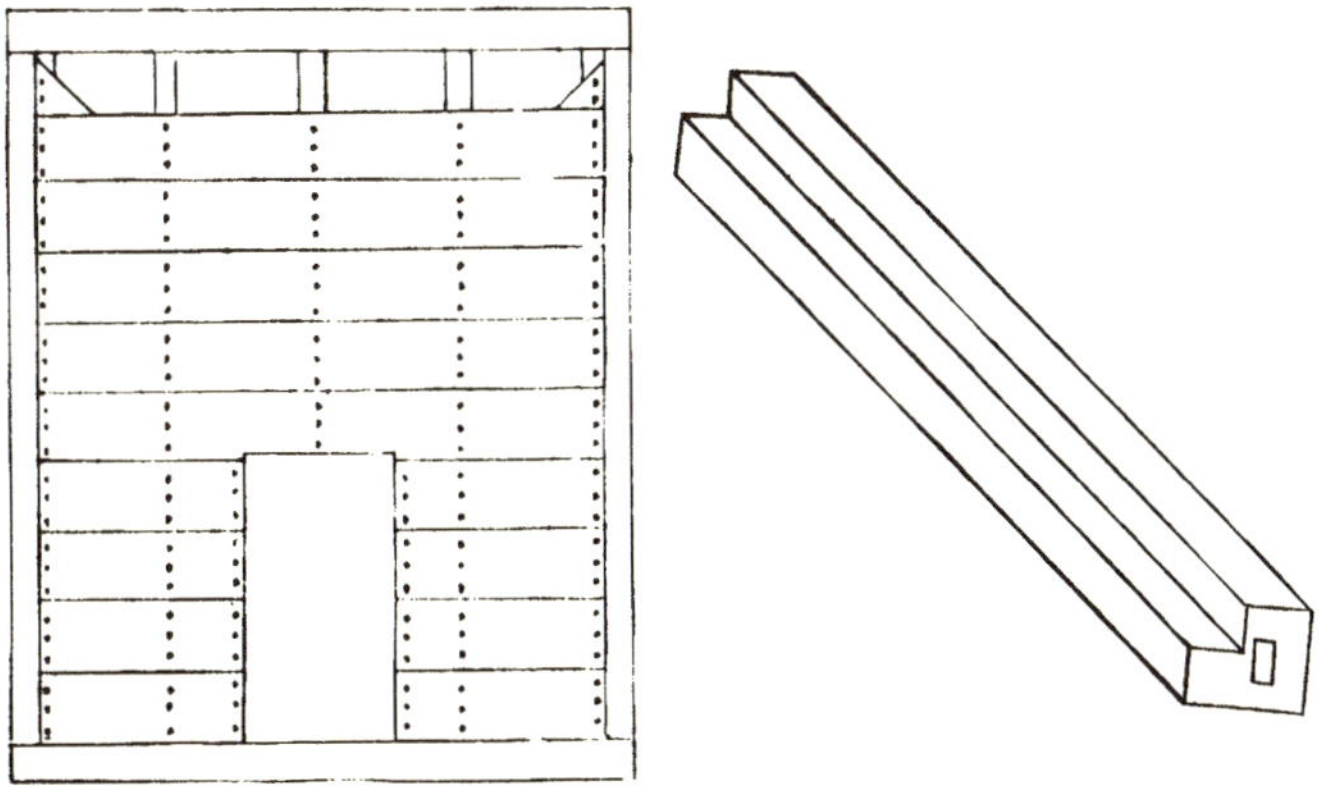

図9　木造パネル式耐震壁の図 (文献1、p.441, 443)

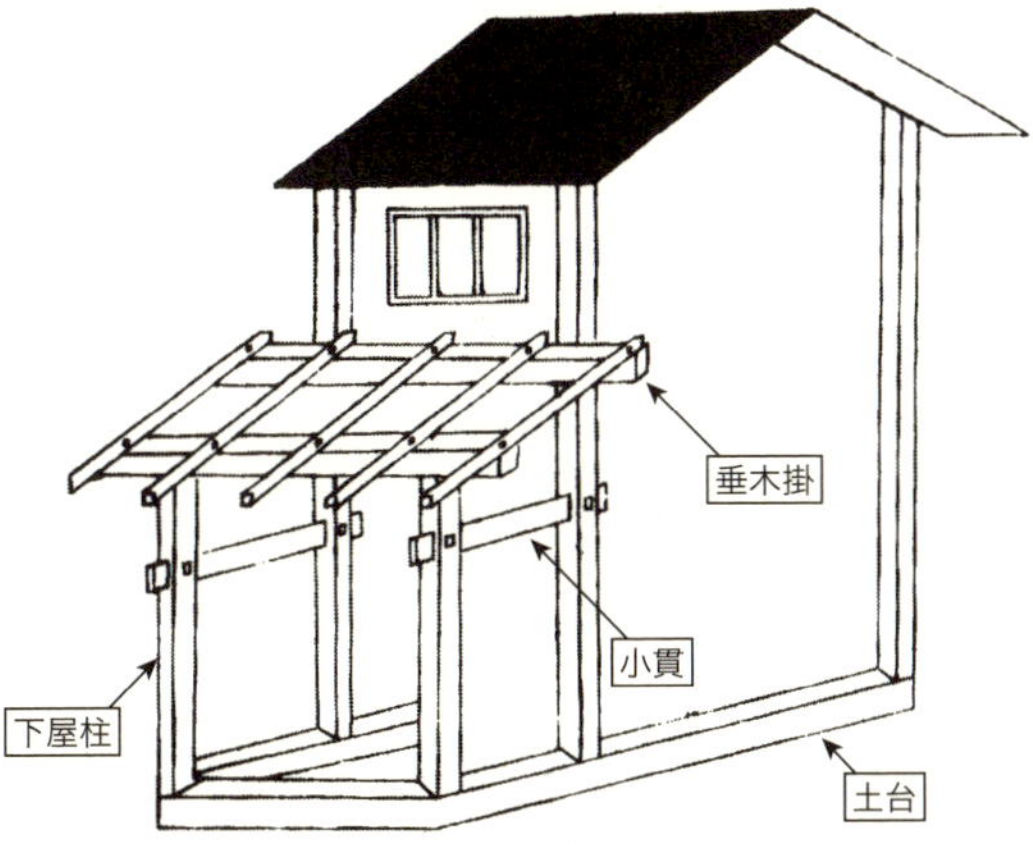

図8　軒庇の一体強化策 (文献1、p.435)

このような構法は、洋学から着想を得た可能性もあるが、幕末すでに現在とほとんど変わらない〝筋違〟のほか、〝木造パネル式耐震壁〟が考案されていたことに驚かされる。

さらに重要なのは、東壑翁は軸部や屋根の構造対策だけではなく、土台や地業など基礎地盤対策の重要性を指摘するとともに、具体的な方策を示していたことである。

まず「土台」に関しては、目地部を分銅形に穿って鉛を流すとともに、石を三段以上積む場合には鎹《かすがい》を打ち込んで石組を一体化する工法を推奨した。さらに「地盤対策」として、次の指摘はきわめて重要である。〝地形築礎の致し方は土性の剛柔によりて一様にあらず〟として（文献1、四五二頁）、柔な地盤に対しては、

〝地形を二、三尺堀穿ちその中に石の切屑と消石灰の糟を交えて投入し太さ一握程の丸太様の棒にて気長に搗固め猶少し宛投入して搗固め致す遍し……此の仕法を俗に千本搗と唱へて素人業にて手軽き仕法也〟

と記している。

このように、軟弱な表層土を〇・六〜〇・九メートルほど鋤き取り、石の切屑（骨材）を投入して、全体を石灰セメントで突き固めるという工法は、今日の浅層地盤改良工法と変わらない。

安政江戸地震を契機に著された『防火策図解・附地震劇風津波豫防法図説』の内容は、今日の眼から見てもきわめて先駆的であり、幕末の工学的な水準がいかに高かったかを示している。

明治中期

第3章　濃尾地震後の木造家屋耐震化の機運

本章では明治中期の欧化主義全盛の時期に勃発したM８級の巨大直下型地震――濃尾地震において洋風・和風建築はどのような被害に見舞われたのか？　そして当時の専門家は震災からどのような教訓を得て、次の大地震に備えてどのような対策を考えたのかについて検討する。

1　濃尾地震について

明治も半ばになると維新の余燼《よじん》もようやく収まり、明治二三（一八九〇）年一一月二九日には大日本帝国憲法が施行されるなど、立憲君主制に基づく近代国家体制が次第に整い始めた。この頃の建築界は工部大学校造家学科の卒業生を十年ほど前に送り出したばかりであったが、文明開化の頃のようにお雇い外国人に頼ることなく、自らの手で本格的な洋風建築を実現すべく、欧米留学から帰国した辰野金吾、片山東熊、曽根達蔵、妻木頼黄、河合浩蔵等は壮大な公共建築の建設に携わり始めていた。

一方、幕末の激しかった地震活動も、明治に入ると徐々に沈静化し、明治期前半の二十年余りはつかの間の静穏期を迎えた。しかしながら、安政二年一一月一一日の安政江戸地震の三七回忌を控え、さらに憲法発布一周年を目前にした明治二四年一〇月二八日午前六時三九分、美濃国本巣郡能郷村付近を震源とする、M8・2、全国の三分の二が有感となる史上最大級の直下型地震――〝濃尾地震〟が勃発。この巨大直下型地震をきっかけに、再びわが国は激しい地震活動期に突入した。

ちなみに濃尾地震の震源に近い飛騨や岐阜地方では、奈良時代初頭の天平六（七三四）年の養老地震、天平一七（七四五）年の天平大地震（M８・０）ほか、天正一三（一五八六）年には飛騨白川谷の山崩れによって、帰雲城を埋没させた歴史上有名な天正大地震（M7・8）が発生するなど、巨大地震が繰り返し起っている。

図1は濃尾地震の揺れの範囲（地震圏）を図示したものである（文献1、六二頁）。当時すでに劇震・烈震・強震・微弱震の四段階の震度階が使われており、劇震域は七二〇方里＝一万一五二〇平方キロ——大阪府の実に六倍に及んだ。濃尾地震はM7・2といわれた兵庫県南部地震とは比べものにならないほど大規模な直下型地震であって、震源付近の板所では地震の衝撃で山体が崩壊、一瞬で禿山になった（図2）。

図3は『震源及震裂波動線略図』（文献1、二七頁）である。尾張本巣郡黒沢付近を震源とし、そこから西方向に震裂波動が広がって名古屋などに大被害を及ぼしたとしており、当時の地震動に対する考え方が伺える。図4は世界的にも著名な根尾谷断層で、高さ方向六メートル、水平二メートルに及んだところがあり、その延長は少なくとも八〇キロメートルに達した。

東京への初報は一〇月二八日午後

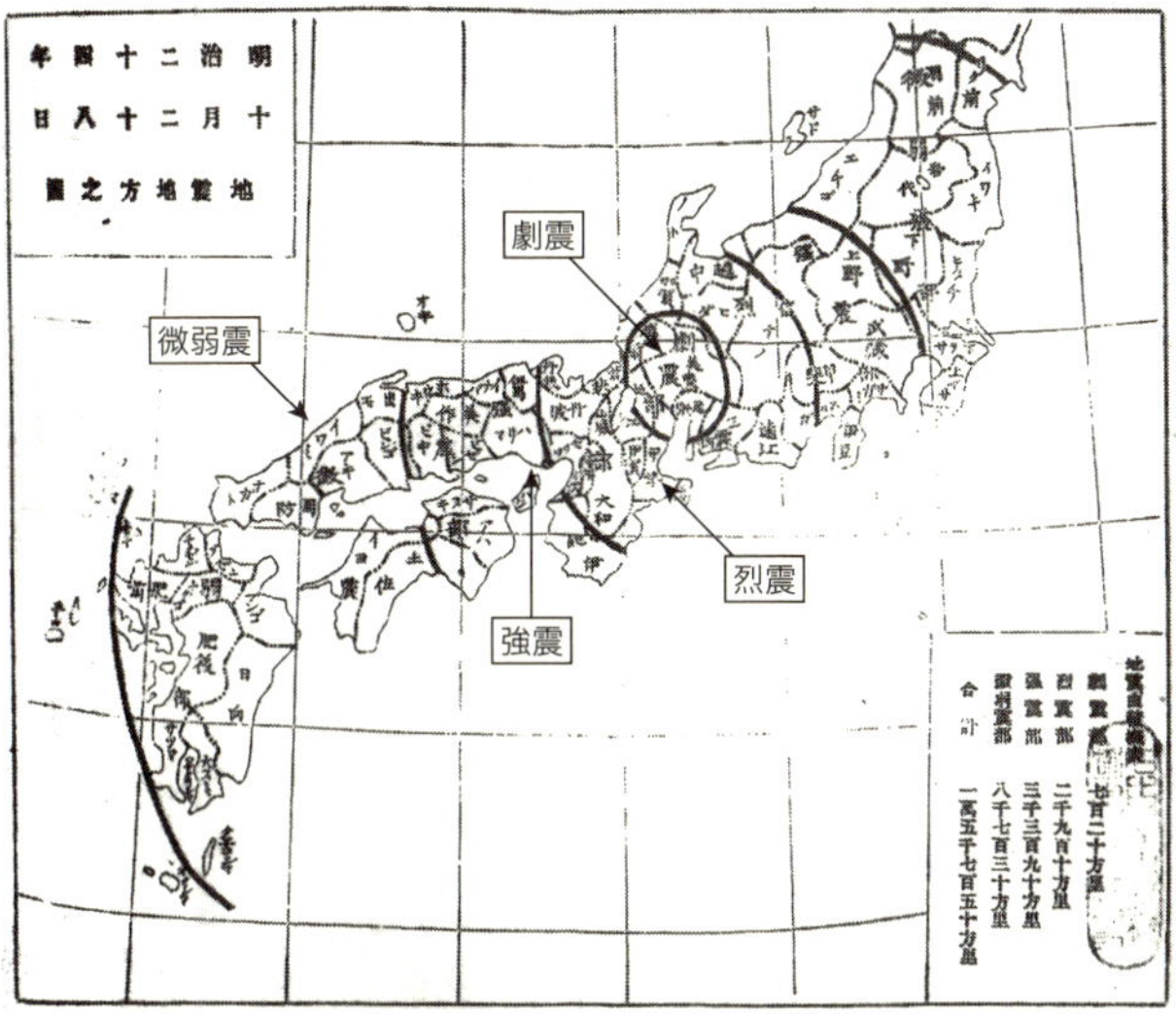

上：図1　濃尾地震の震度分布　明治24年10月28日地震地方之図（文献1）

左：図2　根尾谷板所の山崩れ（明治41年大森房吉撮影）（写真提供：国立科学博物館、文字は筆者加筆）（文献2）

大坂からの至急電でもたらされたが、その内容は〝本日午前六時三〇分大坂にて地震あり震動甚だ強烈にして屋根瓦、壁等の破損したるもの甚だ多し……〟というものであった。地震直後の二八日（水）の夕方の「大阪朝日新聞号外」は、本震の継続時間は震源付近で三分三〇秒、震源に近い彦根で八分、大規模な余震は二八日午前中だけ一一回を数えたと伝えた。しかしながら、電信網が寸断されて中央気象台への電報は不通となり震源はすぐには特定できず、大坂で地震が発生したと報じられたようだ。

この地震の被害は甚大で、全壊建物数一四万、半壊八万、死者七三〇〇名、負傷者一万七千に達し、二年前に全線開通したばかりの東海道線の長良川鉄橋が崩落するなど土木構造物の被害も著しかった（図5）。

震源からやや離れた名古屋では、家屋の倒壊一三〇〇、半壊一万一一〇〇、死者一八〇を数えた。名古屋駅や電信郵便局は完全に破壊され、県会議事堂、師団司令部のほか、名古屋城の石垣にも崩壊が生じた。なかでも最大の惨状を呈したのは図6に示す尾張紡績工場で、建屋の半数が崩棟し、煙突も倒壊。折から夜業四〇〇名から昼業の交代時刻に激震に遭遇したため、即死三五名、負傷一三〇名に達したと報告されている。

さらに震源に近い岐阜県では中部、南西部の岐阜、大垣、笠松、鵜沼などでは激烈な揺れに見舞われ、岐阜、大垣など五都市では激しい震火災を誘発した。ちなみに大垣では倒壊家屋が九割に達し、図7に示すように、同日夕方四時までに市域の七割、二千戸が焼失した。震源から離れた大坂でも被害は大きく、二九日

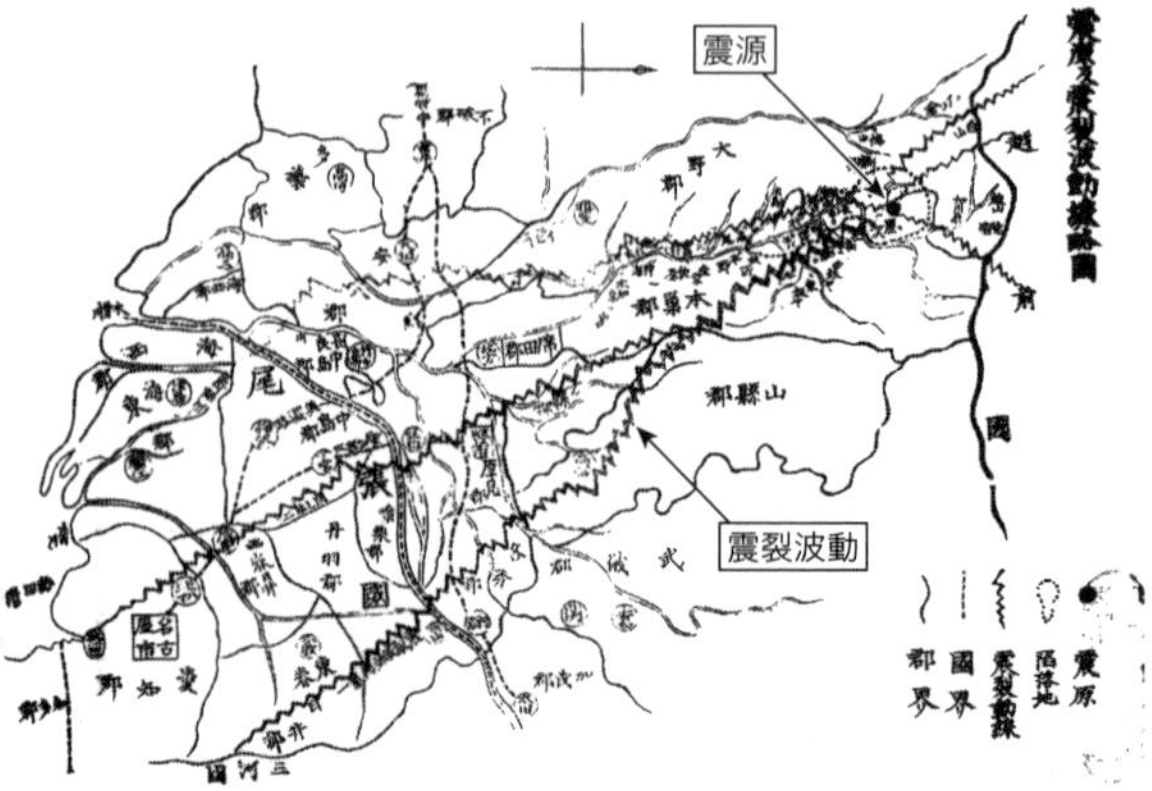

図3　震原及震裂波動線略図[文献1]

の特電は〝浪花紡績会社第二工場建坪千坪の大屋根を堕落し過半は崩壊せり職工即死二二名重負傷四六名其他微傷数知れず〟など大坂湾岸の軟弱地盤地域にあった大坂織布会社、大坂セイゲウ会社、泉州紡績会社の被害を伝えた。

なお、濃尾地震から百年以上を経過した今日でも、その余震が観測されているという。巨大地震の活動は完全に終息することはなく、長い余震はやがて次の大地震の前震となって繰り返されていくようだ。

図4　根尾谷断層（写真提供：国立科学博物館）[文献2]

図5　長良川鉄橋の崩落（写真提供：国立科学博物館）[文献2]

図6　尾張紡績会社煉瓦工場（写真提供：国立科学博物館）[文献2]

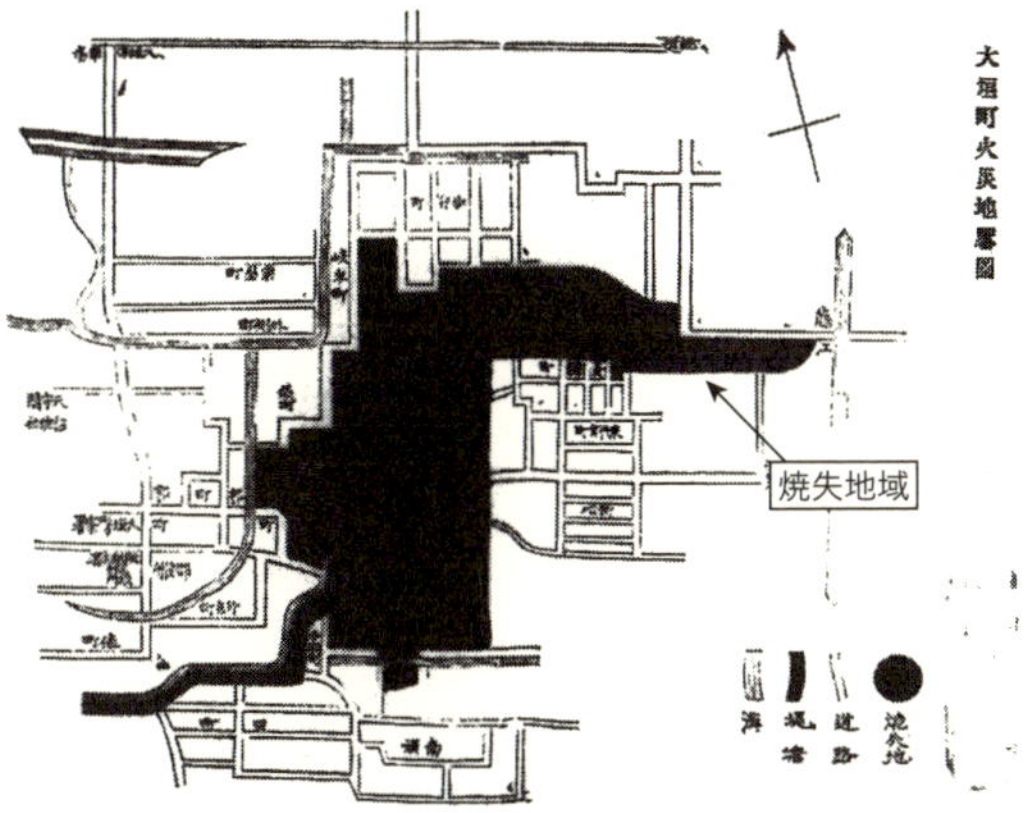

図7　岐阜県大垣町震火災図[文献1]

2　震災後の調査活動

濃尾地震という未曽有の大災害発生を受けて、内務省、海軍省、農商務省、内匠寮などの官庁のほか、帝国大学などの学術機関の調査活動は迅速であった。発生直後の新聞をみると、交通事情はきわめて悪かったにもかかわらず、地震発生後数日で妻木頼黄技師がすでに奈良での調査を開始していたのをはじめ、十日くらいの間に多数の専門家が現地入りしていたことに驚かされる。当時の新聞には次のような記事が残されている。

◇一〇月三〇日（金）「時事新報」第三二七三号

・昨日一一時四〇分新橋発の汽車にて特に社員を派出

・岐阜、大坂、福井等の各地方に非常の震災ありたるに付き実況視察の為内務大臣秘書官佐藤隼吉氏は被害地へ出張を命ぜられ昨日早朝新橋の汽車にて出張……

・帝国大学院よりは兼て地震の事に熱心なるジョンミルン氏及び地震学部担当の大森（房吉）氏が昨夕震災地へ出張せり……

◇一一月三日「大阪朝日新聞」付録

〃妻木、佐藤の両氏　妻木内務省三等技師只今（午後五時）当地に来れり其用件は其筋の命を受けて災害地の視察を為すためなりと又医学博士佐藤三吉氏も已に名古屋に到着し明朝は医師三名を

伴ひ当地に来たりて負傷者の治療に従事する筈なりと只今名古屋地方より報知ありたり〃

◇一一月四日（発生後七日目）「岐阜日日新聞」二面

〃工学博士辰野金吾工学士久留正道曽根達蔵海軍技手北澤虎造建築士高山幸次郎飛騨国大野吉城益田郡長国井清兼等諸氏は一昨日より昨日に掛け何れも来岐せり〃

◇一一月五日「大阪朝日新聞」

〃内務省の工師英国人ジョサイヤ、コンドル氏は工学士田中豊吉氏と共に今四日朝当地に来着せり一行は建築上の事に就き実地研究をなすと云〃

〃巨智部農商務技師（三日九時一〇名古屋に於て）地質調査所員巨智部氏は当地来着の後劇震の地に入り鋭意に調査しつつあり〃

◇一一月一〇日「新愛知新聞」三面

〃辰野、風水両工学博士の出張　辰野金吾、風水済の両氏は今回各震災地方に出張を命せられしが右に用向きは各県下煉瓦石造等建造物における被害の実況を調査する為なりと〃

◇一一月一〇日「大阪朝日新聞」

〃木子技師の根尾谷行（再記）（七日午後七時一五分発）内匠寮技師木子清敬氏は御用に帝国大学生徒等とともに来り今七日根尾谷に向ひ出発したり〃

◇一一月一四日「新愛知新聞」

〝来往　帝国大学工科教授中山秀三郎、小川梅三郎の両氏は一昨日東京より来名上園町丸文方面へ投宿今朝岐阜地方に赴かるべし〟

〝出張　理科大学教授理学博士小藤文次郎、工科大学助教授小川梅三郎、中川秀三郎の三氏は愛知、岐阜、福井の三県に出張を命ぜられたり〟

濃尾地震後、このような「官」主導の調査の一方で、「民」の側でも現地に出向いて、その結果を伝える震災記録が続々と出版された。これらはいずれも被害の実相を克明に記述している点で、史料性が高いが、もう一つ注目されるのは、日本建築の耐震構造には今後どうあるべきかについて、技術的に論じた専門書がいくつか出版されたことであった。

3 濃尾地震での木造被害を巡って——和風か洋風か

この地震がそれまでと全く様相を異にしたのは、幕末までは存在しなかった洋風建築や近代的インフラが初めて巨大地震の洗礼を受けたことであった。そして被害の実相を目の当たりにして、一般庶民も和風木造と洋風木造とでは耐震性状が異なっていることを認識するとともに、文明開化の象徴として大きな期待をもって導入された洋風煉瓦造建築には大きな耐震的リスクがあることが認識されるようになった。この結果、建物の耐震化に対する意識が急速に高まったが、このような動きのなかで翌年勅令をもって震災予防調査会が組織され、わが国独自の地震学や耐震工学的な研究が本格化した。

濃尾地震後、木造家屋の震災防除についてどのような議論がなされたかについてはさまざまな記録が残されているが、たとえば伝統な社寺建築の耐震性に関して、片山逸郎は、明治二六年に出版された『濃尾震誌』(文献1)で次のように記している。

〝……名古屋城内所々の石垣土塀は崩潰し、門は傾き兵営の庇は落ち小櫓も傾きたる由なるが天守閣は金鯱晃々として雲際に聳ゆるも些の傾もなくまた大破もなきには人々感服せり……今回の大震に於ても彼有名なる名古屋城を初め大須観音岐阜大仏或は岐阜警察署望火櫓の如きは依然として少しも旧時の観を損せずあに日本建築物の名誉にあらずや……〟

図1はこのような名古屋城天守閣の状況を伝えている。曲輪の櫓や土塀は多数の亀裂が生じているのに対

し、本丸には損傷が認められない。だが、図2のように石垣の被害は著しかった。

　このように、大規模な木造建造物にはほとんど被害が生じなかったのに対し、一般の木造家屋には何故甚大な被害が発生したのか？　さらに耐震性についてほとんど考慮などされていなかった洋風木造建築が何故激震に耐えたのかということへの関心が高まった。

　このような堂宮建築と一般木造家屋、そして洋風木造家屋の間の歴然たる耐震性の差を目の当たりにして、洋風木造の手法を取り入れて和風建築を耐震化できないかという考え方が芽生えたようだ。

図1　名古屋城、本丸入り口から天守閣を望む（写真提供：国立科学博物館、文字は筆者加筆）（文献2）

図2　名古屋城石垣の崩落（写真提供：国立科学博物館、文字は筆者加筆）（文献2）

4 震災後の耐震木造論

以下、木造家屋の耐震化について当時、どのような見解が示されたのかについて、次の代表的な四人の見解を検討しよう。

①J・コンドルの地震被害に関する公演録（文献1―3）
②横河民輔『地震』金港堂、明治二四年一一月二〇日
③伊藤為吉『日本建築構造改良法』共益商会書店、明治二四年一二月二六日
④佐藤勇造『地震家屋』共益商社、明治二五年四月一八日

4・1　J・コンドルの見解

前述のように明治二四年一一月五日付の「大阪朝日新聞」の記事から、J・コンドルは地震発生から一週間後には田中豊吉とともに名古屋に被害調査に出向いたことがわかる。そして帰京後に行った報告会の速記録は『建築雑誌』第六巻、六三号（明治二五年三月号）、六四号（同四月号）及び六五号（同五月号）の三回にわたって連載された。講演の冒頭でコンドルは地震直後、旧風を挽回しようとの傾向が強かったことを指摘しており、震災によって洋風建築への懐疑や不信感が広がったことを指摘している。

コンドルは伝統的木造建築の地震被害についてその特徴を次のように要約している。

㈠〝重い〟材料を沢山使った堂宮のような広大な建物で被害を受けたものは大変少なかった。このような

重い木造建築の耐震性はきわめて高いので、改良は要しない。

(二) 西洋風の木造家屋の被害は少なかった。これらは柱や間柱、繋ぎを使い、筋違を入れて土台を柱の下に残らず差し回すことにより、建物全体がしっかりとした箱のようになっているためである。

(三) 今までは、伝統的な木造家屋は接合部を強固に固めないことが効果的で、地震を受けると勝手に動くことによって被害を免れるといわれていたが、実は逆でそのような〝軽い〟木造建物にむしろ被害が集中した。また多くの日本家屋は柱間が広く、華奢な柱に重い梁を差し合わせており、筋違や土台を用いないので、地震の揺れに耐え切れなかった。

(四) このような軽い建物に対しては、西洋風に筋違を入れて建物を堅牢にすることが望ましい。これは細い木組みの建物は、接合も弱いので大地震で一体性を保つことができず、大きな被害を受けるので、洋風木造のように筋違土台を用いて建物全体をしっかりとした箱のようにすべきである。

(五) 蝶番《ちょうつがい》構造の薦め

図1の西春日井郡清洲本町の被害写真に示すように、二階建ての建物において一階が完全に倒壊しているのに、二階はほとんど被害を受けずに残った事例は注目に値する。一階と二階の面積が等しい場合には、隅部や上下が通る柱を通し柱にするが、二階が一階より小さい場合には、通し柱を用いることなく、上下を別の建物として積み上げることが多い。このような木造家屋では上下が蝶番のように別々に揺れて、ちょうど揺れる船のランプのような動きを示す。

(六) 建物全体に筋違を入れて三角形に固めて、全く変形しないように作り、さらに接合部を過剰に強化すると地震の衝撃は猛烈なものとなる。これによって、あらゆる接合部は不必要に大きな打撃力を受けて、建物全体が大きな箱のように倒壊する危険性がある。このような状況を避ける意味で、一階を柔にして衝撃力を緩和して、二階を被害から守る〝蝶番〟構造は優れた工法である。これを実現する意味でも、通し柱は避けて、管柱とすべきである。ちなみに図2は、大正一四（一九二五）年五月二四日の北但馬地震（M6・8）における城之崎温泉の三階建て木造旅館の蝶番形の被害事例である。

地震研究所の今村明恒は、次のように記している（文献5、三四一頁）。

〝二階建・三階階建等の木造家屋では階上の方却て危険が少ない。高層建物の上層に居合出た場合には屋外への避難を一時断念しなければなるまい。吾国に於ける三階は勿論、二階建も大抵各階の柱が床の部分に於て継がれてある。すなわち通し柱を用ひないで大神楽造りにしてある。かういう構造に於は大きい地震動によって真先に傷むのは最下層である。さらに震動が激しいと階下の部分が潰れ、上階は直立の儘に取り残される。即

図1　西春日井郡清洲本町の被害（写真提供：国立科学博物館、文字は筆者加筆）(文献4)

図2　蝶番型の破壊事例（大正14年但馬地震城崎町）(文献5)

ち二階建は平屋造りのように、三階建は二階建のようなものになる。したがって大地震の場合に於て、二階建或は三階建の最下層が最も危険であることはことわるまでもないであらう。……〟

木造家屋の耐震化といえば、一に屋根の軽量化、二に筋違、三に通柱、四に基礎の緊結の四つが金科玉条のごとく言われているが、コンドルの指摘はこのような通俗的な耐震策とは次元を異にする。コンドルは、日本の伝統木造の長所を十分に踏まえつつ、軽い建物に対しては適度に筋違などの洋風木造の構造手法導入を推奨したが、同時に筋違を無闇に用いることによる弊害の指摘も怠らなかった。断面が小さな軽量な建物ではしっかりした接合部が作れないので、建物全体を一体的な箱状にするのが得策だが、筋違を入れすぎると衝撃力が激烈になって却って危険である。これに対し、堂宮など重くて部材断面の大きな建物では接合部の信頼性が高く、地震被害のリスクが少ない。したがって、重い建物には耐震補強は基本的に不要で、伝統にのっとれば良いと述べるなど、コンドルの洞察はきわめて鋭い。

また、管柱とともに、〝蝶番構造〟――現代風にいうと"soft-first story"（初層柔構造）が示す免震特性の有効性を指摘するなど、その先駆的な見解は注目に値する。

4・2 『地震』にみる横河民輔の見解

建築設計や建設業のみならず、鉄骨工業や電機産業の発展にも大きな足跡を残した横河民輔は、元治元（一八六四）年播磨の蘭法医横河秋濤の四男として生まれた。明治二三（一八九〇）年七月に二六歳で帝国大学造家学科を卒業するとすぐに、建築事務所を東京日本橋区鉄砲町（中央区日本橋本町三〜四丁目付近）に開設するなど、その進取の姿勢は際立っていた（文献6）。

事務所開設から一年ほど後の翌二四年一〇月末に濃尾地震が発生すると直ちに現地踏査を試み、一一月二一日には日本橋の金港堂より全一一六頁の著作『地震』を刊行した（図3）。原稿執筆から出版までわずか三週間。その迅速さには目を見張るものがある。

さて、同書の前半約六十頁には允恭五（四一六）年から濃尾地震までの約千五百年間の被害地震のリストを掲載するとともに、地震の発生原因や気象との関係など当時の地震学の知識を網羅的に解説している。これほどの資料を短期間で収集するのは容易ではない。横河は濃尾地震以前すでに地震に関する詳細な資料収集を進めていたのではないかと思われる。

後半は「地震ト建築ノ関係ヲ論ズ」と題して、地盤や建物形状、上下動と地震被害の関係について一般的に論じた後、煉化石造と木造家屋の耐震的な欠点とその改良法に関する所見を述べている。

木造に関する横河の考え方はおおむね次の通りであった。

(一) 地震に対する考え方には〝耐震構造〟と〝消震構造〟の二つがある。前者は地震動によって損傷を受けないことを目的とし、後者は震動を減じることを期すものである。すなわち、前者は地震に対する強硬主義、後者はいわば柔軟主義に相当する。一方、〝耐震構造〟は剛強な材料を用いて地盤に緊束し、震動を受けても歪によって接合部に狂いを生じさせないように堅牢に構成する考え方である。

(二) 〝消震構造〟は建物に伝達される地震力を減少させるために部材の接合部に消震の手法を講じる必要があるが、水平動のみならず上下動、

図3　横河民輔著『地震』の表紙

あるいは傾斜方向への振動を軽減するうえで、斗組を有する日本の木造仏閣は最良の〝消震建築〟といえる。安政の地震では、浅草の五重塔は九輪がやや傾斜し、谷中の塔は塔の先端が折損したがよく安定を保った。今回の震災でも大洲観音の塔にも被害がなかったが、これは心柱が転倒を防止するとともに、斗組が水平上下方向の振動を減殺したためである。

このように横河も、伝統的な社寺建築は優れた耐震建築であり、特に五重塔など斗組を備えた太い柱の建築は〝消震建築〟——すなわち免震建築として理想的であると明確に述べるなど、伝統木造の柔構造の考え方を高く評価しており、この点でもJ・コンドルと共通する。

㈢ 一般木造家屋は近世に至って次第に梁柱などの主要部材が細くなり、わずかな揺れに対して、瓦の重量に耐えられずに崩壊するようになった。このような木造家屋に対しては骨組みを強固にし、屋根荷重を軽減するとともに、地盤と建物とを堅固に結合する必要がある。被害が軽微であった洋風木造の手法を取り入れることが望ましい。

しかしながら木造家屋は震火災に耐えないので市街地に用いるのは適切ではない。このため旧来の土蔵造りを改良することは有望である。土蔵は普通の建築の中では最も堅牢といわれてはいたが、実際には大地震で土壁が振り落とされて木造の軸組しか残らず、はなはだしい場合には接合が外れて崩壊し、震火災に全く耐えないことがあった。

このような、脆弱な土蔵を耐震的に強固なものとするために、筋違を木造軸組に設置して架構の変形を抑制するとともに、小屋組を一体強化するため、伝統的な合掌組によらず洋小屋を採用すべきであると指摘して、図4のような改良法を提示している。いずれにせよ、土蔵造を重視する横河の考え方は、先に述べた小田東壑翁が安政江戸地震後に出版した『防火策図解』と軌を一にしている点は注目される。

具体的な手法としては、まず屋根の軽量化と耐火性を考慮して、金属板葺、次いで石版葺を推奨し、重量の大きい瓦葺きは避けるべきとしている。また木材の結合にボルト又は平金物補強を提唱。さらに基礎は頑丈な煉瓦造としたうえで、木造の敷き土台から長いアンカーボルトによって基礎と上部構造を緊結すべしと指摘するなど、後述の震災予防調査会の耐震木造雛形の手法のほとんどを含んでいる。

もっとも〝土蔵の勧め〟と聞けば、文明開化の世にあって時代錯誤ではないかと思われるかもしれないが、セメントや煉瓦の生産が緒に就いたばかりの明治二〇年代前半、煉瓦や膠着モルタルの信頼性はまだまだ低く、耐震的な煉瓦建築は手探りの状況で、鉄筋コンクリートに至っては実用化には程遠かった。このような時代に都市大火に備える木造建築として伝統的な〝土蔵造り〟を改良するというのは現実的なアプローチであった。加えて四十年ほど前の安政の江戸地震では土蔵の被害が少なかったとされたことも耐震耐火建築としての土蔵への関心を高めていたようだ。

なお、横河は土蔵と同様の考え方に基づいて、図5に示すような耐震煉瓦造建築を提案している。

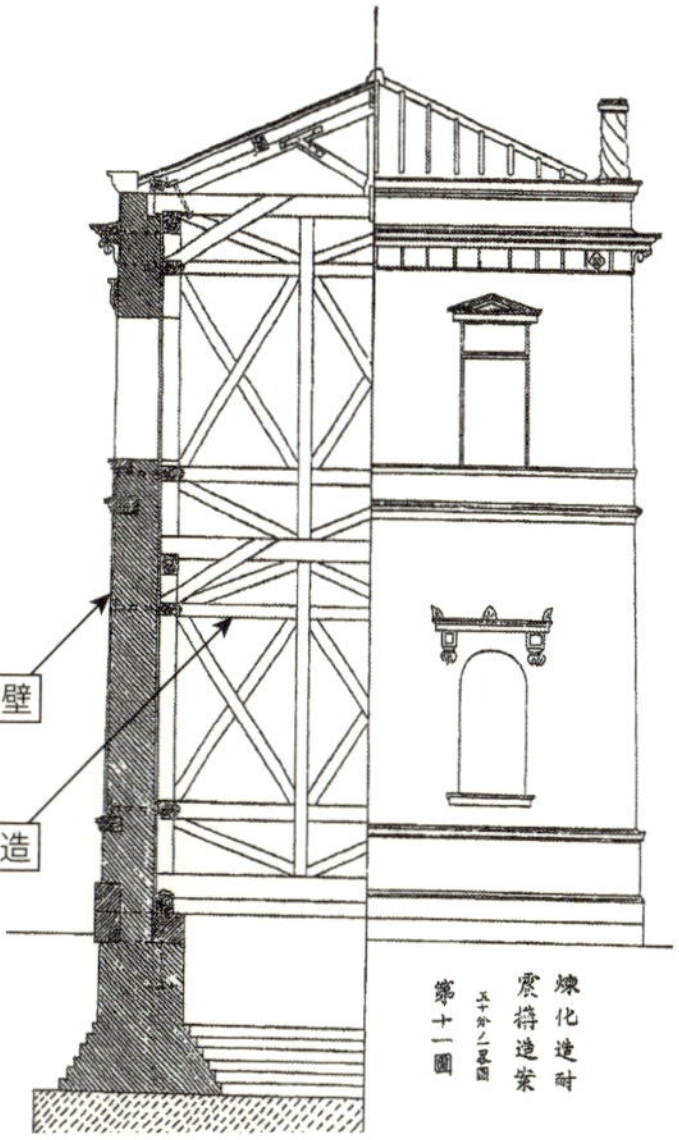

図5　煉化造耐震構造案（出典：横河民輔『地震』p.97）

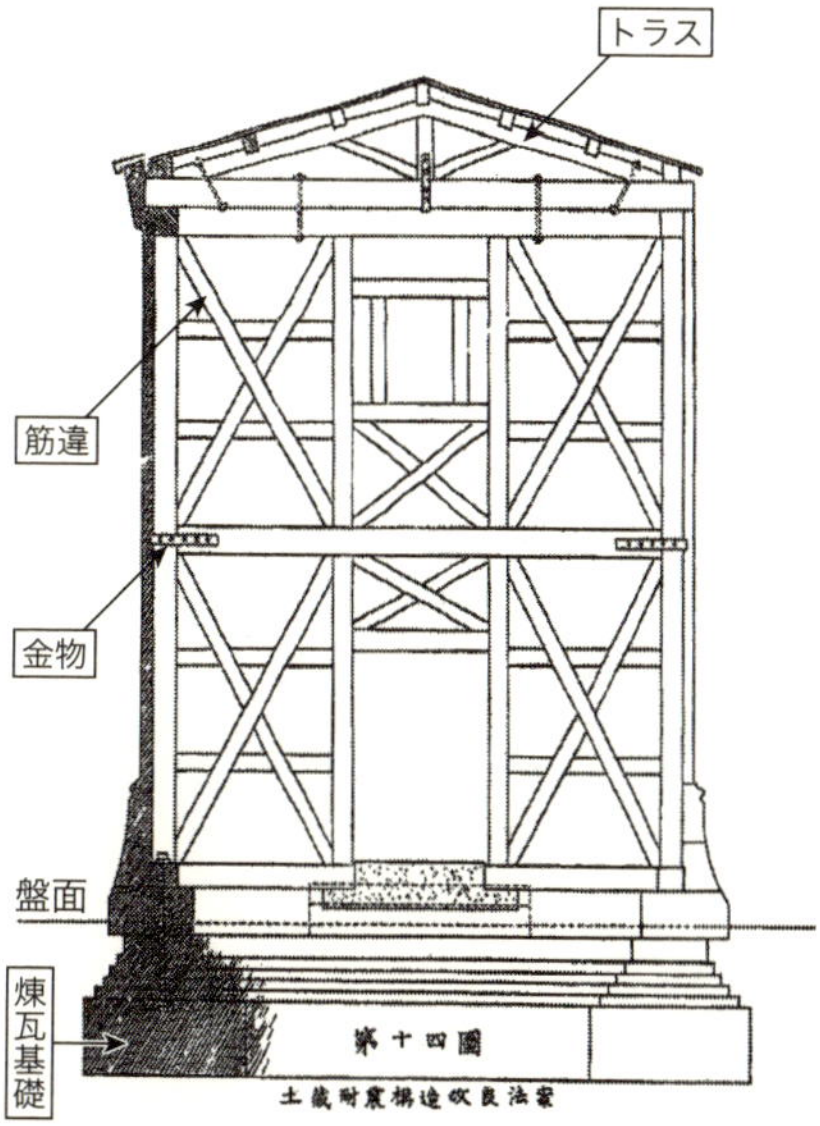

図4　土蔵耐震構造改良法案（出典：横河民輔『地震』p.106）

川越や喜多方をはじめ全国には土蔵造りの重厚な町並みが残され、いずれも優れた歴史的景観を形作っているが、これらには明治末期から大正、昭和初期に建設されたものが多い。関西でも日露戦争後、わが国が一等国に列せられるようになってから、特に第一次世界大戦中の空前の好景気の時期に作られた土蔵造りが多い。今のように銀行口座に数字を記録するだけの一種の仮想資産ではなく、この頃の人々は自分の手元に実物資産を蓄える道を選んだ。このためこれらの実物資産を災害から守るために、耐火性・耐震性に優れた土蔵造りが全国一斉に建設されたらしい。

なお、戦前の市街地建築物法施行規則を読むと、たとえば、

〝第二節、第二　木構造及木骨構造　第五十三条（柱の小径）

一、柱ノ小径ハ土台、脚固、胴差、梁、桁其他ノ主要横架材間ノ距離ニ対シ……三階建ノ第一階ニ在リテハ其ノ二十六分ノ一ヲ下ルベカラズ

二、木骨石造、木骨煉瓦造及土蔵ニ在リテハ前項ニ関シ二十六分ノ一ヲ二十三分ノ一トス〟

など、木骨石造や木骨煉瓦造とともに、土蔵に関する条文が明記されており、戦前の都市建築（市街地建築）において土蔵が重視されていたことがわかる。

鉄筋コンクリート造が実用化される以前の明治中期、最も優れた耐震防火策として土蔵造りを重視した横河民輔の見解には、優れた工学センスとともに庶民感覚が伺える。

4・3　米国建築師、伊藤為吉について

村松貞次郎が平成六（一九九四）年に伊藤為吉の足跡を紹介して以来（文献7）、同氏が黎明期の日本の建築界に残した先駆的な業績が次第に明らかになった。

文久四年―元治元（一八六四）年二月、横河民輔と同じ年に伊勢松坂の棟梁の家系に生まれた伊藤は、地震・大風・火災に安全な木造家屋の開発、プレキャストコンクリートの実用化、技能者教育、そして時には荒唐無稽ともいえる永久機関の開発などに取り組んだ。

いかにも明治の人らしい豪放でやや破天荒ともいえる生き方には、人を引きつけて止まない魅力がある。氏は常識的な意味での建築家や技術者の枠には収まらない懐の深い人だったようだ。

伊藤の著書には、幼少の頃より洋行の夢を抱いていく度か出奔を試みてはその都度連れ戻されたが、やがて東京に出ることを許されて同郷の政治家尾崎行雄の食客となり、工部大学校で製図道具の整備などの下働きをしながら帝国大学の真野文二教授らの教えを得つつ、近藤真琴の私塾攻玉社で基礎的教育を収めたと記されている。

そして明治一八（一八八五）年一月一八日（二一歳）の時に離日するお雇い外国人カッペラッテイと同じ汽船で横浜を出航、翌二月八日に米国の地を踏み、二年二カ月ほどの滞米ののち、明治二〇（一八八七）年四月に帰国したという。時に数え二四歳であった。

なお、カッペラッテイは明治九（一八七六）年の工部美術学校創設に際してイタリアから招聘されたお雇い外国人教師で、美術学校予科で絵画や図案などを担当。その後、陸軍省に転じて明治一四（一八八一）年竣工の参謀本部や、靖国神社遊就館を設計したが、明治一八（一八八五）年に離日し、サンフランシスコで建築事

務所を開設した。伊藤は一時期カッペラッティの事務所で製図工として働いたという。

帰国後為吉は明治二二（一八八九）年九月に弱冠二五歳で伊藤建築事務所を設立し、早くも同年図6に示す芝の愛宕館（隣接する五階建ての愛宕塔は後述の佐藤勇造設計）を完成させたが、とりわけ図7の銀座服部時計店（明治二七年三月竣工、三二歳）や図8の新橋博品館勧工場（明治三二年竣工、三六歳）は文明開化の東京を象徴する建築として広く知られた。

図6　愛宕館と愛宕塔
（文献7 p.32「愛宕館と愛宕塔（明治22年）」、文字は筆者加筆）

図7　銀座服部時計店
（文献7 p.13「服部時計店，銀座（明治27年）」）

図8　博品館勧工場（文献7 p.39「博品館勧工場，左手前（明治32年）」、文字は筆者加筆）

4・4 『日本建築構造改良法』の見解

建築事務所設立間もない明治二四年、二七歳の秋に濃尾地震の報に接した伊藤は、伝統木造家屋構造の欠点について十数日間考え続け、『日本建築構造改良法』と題する耐震対策案を脱稿。この原稿を携えて名古屋・岐阜・大垣に出かけて震災状況を具に検分した結果、耐震改良法は大筋で間違ってはいないとの確証を得たので、急遽帰京して出版したと記されている。

表紙には図9に示すように"IMPROVED ARCHITECTURE JAPANESE DWELLINGS — CONSTRUCTED A VIEW SECURITY AGAINST STORNES AND EARTHQUAKES"の英文タイトルがあり、肩書は、造家学会会員・米国建築師（ARCHITECT）となっている。なお、上記のSTORNESはSTORMSの誤植と思われるが、この副題は伊藤がすでに地震のみならず防風災害をも念頭においていたことを示唆する。後に伊藤は〝三害安全家屋〟を提唱するが、その萌芽は濃尾地震直後すでに芽生えていたようだ。また、奥付をみると明治二四年一二月二六日出版となっており、震災から二カ月、横河同様、伊藤の対応もきわめて迅速であった。

巻頭にはこの本の出版と相前後して、〝震災予防調査会〟の設立を建議した菊地大麓のほか、J・ミルン、山田要吉、中村達太郎が序を寄せている。なかでもJ・ミルンの木造家屋の耐震化に対する次の指摘は注目に値する。

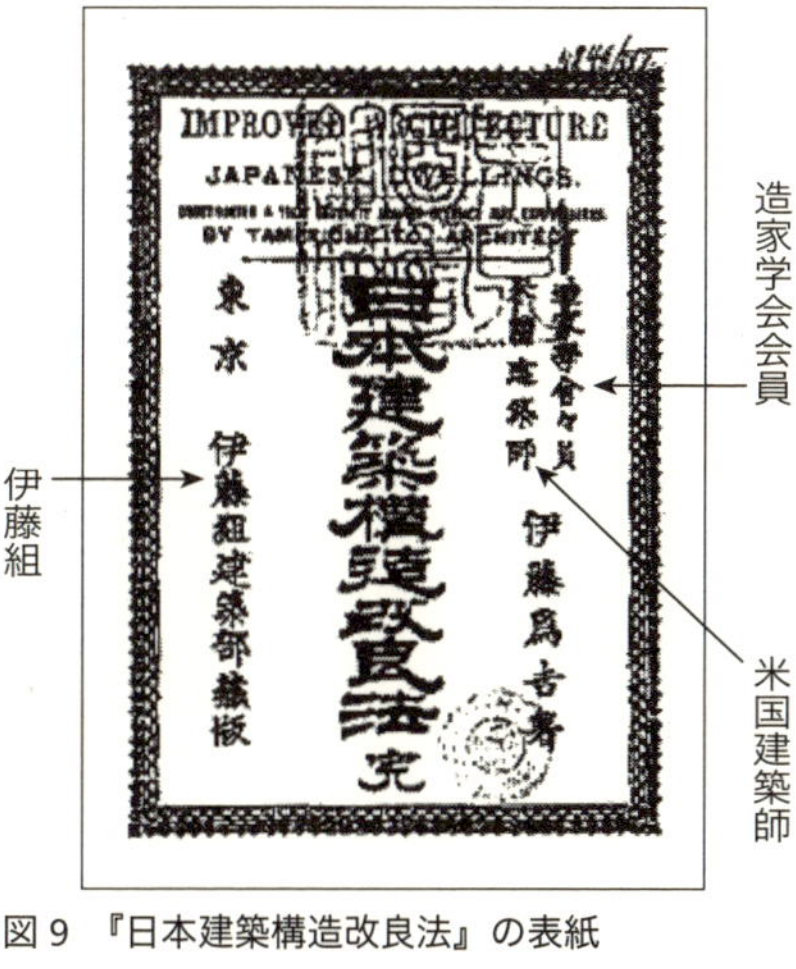

図9 『日本建築構造改良法』の表紙

"…… It must be clear …… that much of the destruction might have been avoided by slight modification in the system of building, lighter roofs, less weakening of timber by the formation of joints, and greater rigidity by the insertion of diagonals, would undoubtedly give greater safety of the buildings.

These and other things Mr. ITO proposes to do, and we trust that his efforts will meat with every success."

これを見ると、J・ミルンは明治二四年末頃すでに、①屋根荷重の軽減、②部材の接合強化、③対角筋違の設置、という比較的容易な家屋改良を施すことによって、木造の地震被害を大幅に減らすことができると指摘していたことに驚かされる。

基礎の固定については言及してはいないが、上記3項目は一般的な木造家屋の耐震手法として広く普及しており、先のコンドルや横河民輔の見解を含めて、濃尾地震直後には木造建築の耐震対策の考え方がほぼ固まっていたことは注目に値する。

◆*1* 安全建築鉄具の提案

伊藤の耐震設計に対する考え方を一言で表すと〝堅牢なる家屋の発明は地震の前知に優れる〟ということであった。たとえ「地震予知」ができたとしても、家屋が大被害を受ければ意味がない。海のものとも山のものともわからない地震予知に空しい期待をかけるのではなく、家屋を波濤のなかを進む船のように外からの打撃にも揺動にも耐えうるように構造を改良することに力を注ぐべきである。そうすれば、万一大地震に遭遇しても避難などは必要なく、泰然として家に留まっておればよいという明確な主張であった。この基本姿勢は、震災のみならず、風水害にも耐える〝安全家屋〟の提案につながっている。

さて、伊藤は日本家屋の耐震的な弱点として次の二つを指摘している。

㈠ 屋根荷重が大きいために、重心が高くなり、地震を受けると逆振り子のように揺れやすいこと。

㈡ 部材同士の接合が弱いために柱や梁などがばらばらに動き、骨組としての一体性に乏しい。また、伝統的な貫《ぬき》や楔《くさび》も建物全体を固めるのには不十分である。

コンドルや横河も同様の指摘を行ったが、大多数の専門家が構造的な一体性を改善するために、〝筋違〟を重視したのに対し、伊藤は筋違の効用を認めつつも、むしろ〝木材の接合強化〟を優先したところに特色がある。

すなわち、伊藤は伝統木造家屋を筋違や壁で塞ぐのではなく、木造部材の接合を強めることで従来どおりの開放的な空間を活かすことに努めた。この点が他の耐震工法と基本的に異なる。

『日本建築構造改良法』は造家学会でも相当な注目を集めたらしく、出版から半年後の明治二五年五月には造家学会主催の講演が行われ、伊藤は次のように金物接合（鉄具）について詳しく述べている。

〝……日本建築に於いて家屋の全体を集合体となし是に他材を取付けますに鐵具を併用し、全て柱はほぞ穴を設けず木の身を傷めずして結構を得、同時の家屋の堅牢を得る……其二は特許安全家屋と申して水害、風害、震害、此三の物に宜からうという性質を帯びて居る家で、……急劇震の打撃と、出水の際水勢に因りて家屋の移動するを防がん為に煉化石にて積立てたる定礎と、これに備ふる掴鐵物《つかみてつもの》を以て家屋を結束するので御座り升、而して壁は土砂を用いませぬで家の内外より板を張りまして、其中間に籾糠をいれるのです……〟

当時すでに伊藤は今日の金物接合と同じような仕組み考案し、特許の取得に努めていたのである。

図10は先の『日本建築構造改良法』に示された伊藤の鉄具の一例である。aは二階梁四方指組合鉄具、bは人目釣二階梁、cは土台や大引きの締結方法、dは小屋梁組を示している。これらは羽子板金物と類似の比較的簡単なものから、鋳鉄を機械加工したような精密部品など多岐に渡っているが、彼の発明は今日の木造や鉄骨建物の結合部品の形状や取付法をほぼ網羅していたことに驚かされる。

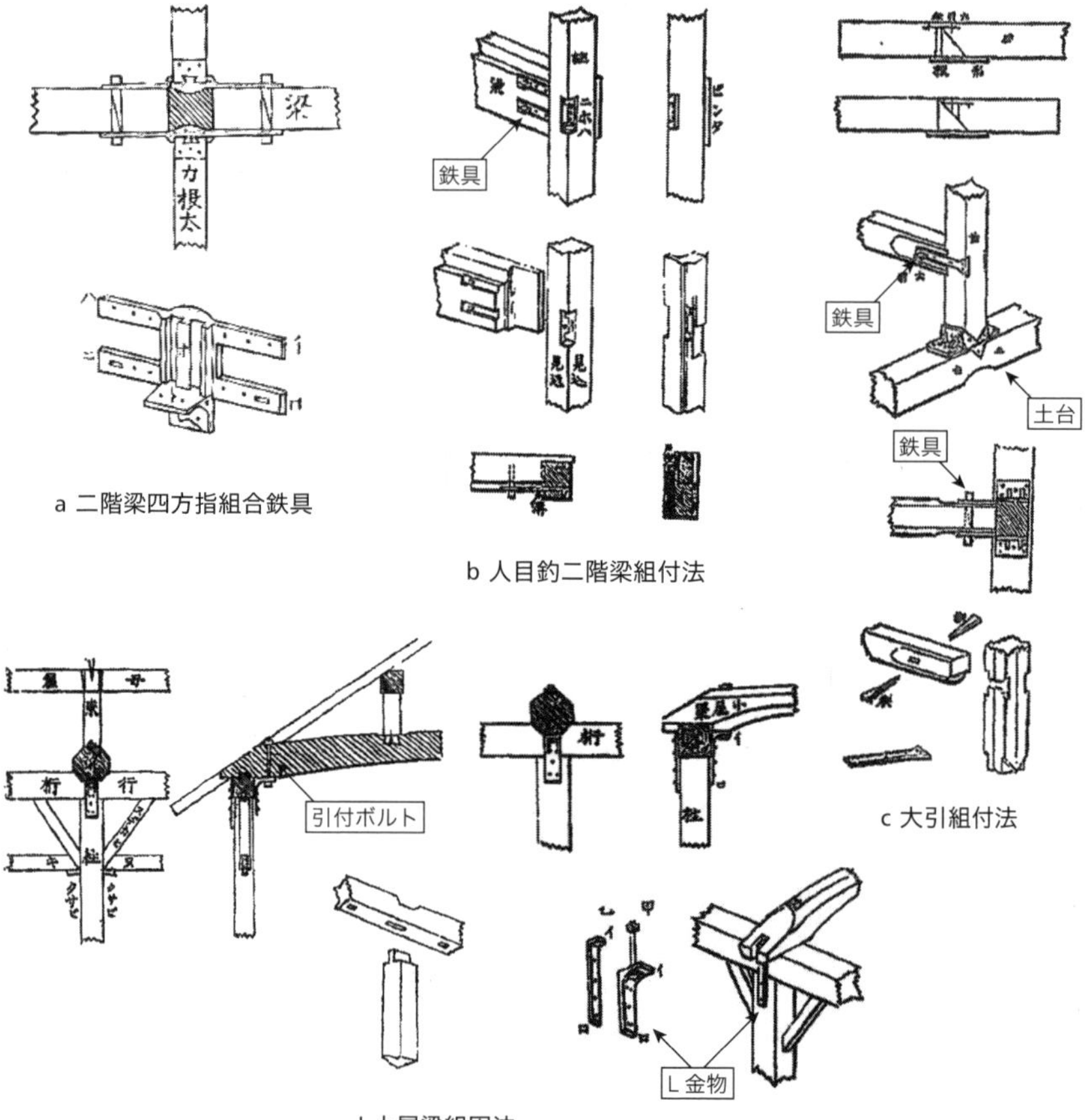

a 二階梁四方指組合鉄具

b 人目釣二階梁組付法

c 大引組付法

d 小屋梁組固法

図10　安全建築鉄具（出典：伊藤為吉『日本建築構造改良法』）

なお、伊藤は金具と木材との接合には、羽子板金物のように、接合部にボルト孔を穿孔して、ボルトを通してナットで締め付けるという今日一般に採用されている手法は極力避けて、すべて逆目釘または螺子釘を用いていることに注意したい。

これは後に述べるように、伊藤は木材をボルトで接合すると乾燥収縮やクリープによって、保釘力が短期間に喪失して、接合部が弛緩するため、地震に際して性能が発揮できなくなることを逸早く指摘し、これを避けるために逆目釘の使用を強調したのであるが、世間の受け入れるところとはならなかったようだ。このため、伊藤は長ボルト接合や羽子板金物などが普及するにつれて、時代の動きとは逆に接合金物に頼らない木造の切組工法に回帰していったようにも見える。

◆ *2*　水害地適用地震耐家屋

図11は同書に掲載された〝水害地適用地震耐家屋〟で、これは後の三害安全家屋のアイデアの原点と言える。

基本的には伝統的木構造の柱・梁及び貫構造を基本に小壁に筋違を入れ、さらに柱と地回りとは方杖で結合するなど、軸組の仕口の接合強度を高めて、剛性の高い架構を作ることを目指したもので、壁については、土壁の強度は期待せずに一種のトラス――あるいはブレースを意識していたらしい。

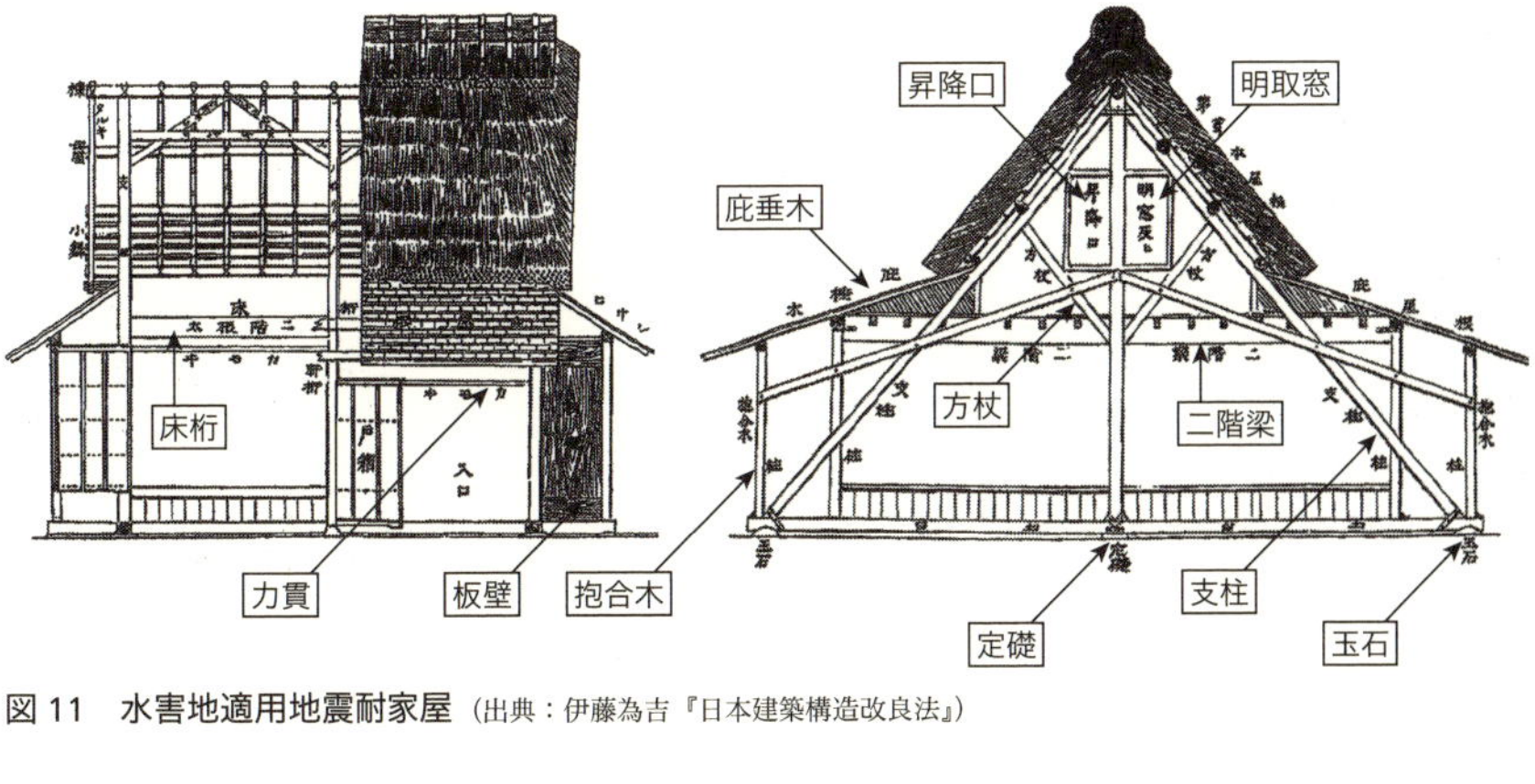

図 11　水害地適用地震耐家屋（出典：伊藤為吉『日本建築構造改良法』）

注目されるのは、土台と礎石の扱いである。柱は基本的には基礎に金物で固着された土台の上に構築しており、中柱は「定礎」で支持しているが、側柱は「玉石」に軽く載せているだけである。土台を地盤から浮かせて建物を免震化するためという。伊藤は地盤から上部の建物が外れることで被害が大きくなることを避けるために、基礎と柱や土台との結合を図ったが、それは今日のようにフーチングと土台を地盤から離れた高い位置で、ボルトで強固に緊結するというのではなく、伝統的な土台敷きの家屋の移動をある程度拘束すればよいという考え方であった。

◆3 四つの標本家屋

次いで伊藤は、考案した水害地適用地震耐家屋や鉄具の性能や施工性などを検証すべく、神田三崎町一番地に敷地を購入。直ちに一号から四号までの標本家屋（実験住宅）の建設に着手して、明治二九年三月に完成させた。新式大工工法などについては後述するが、内訳は次の通りであった。

一号標本家屋　自宅　水害地適用耐震家屋に準拠
二号標本家屋　事務所　日本建築構造改良法に準拠　安全鉄具を併用
三号標本家屋　貸家　新式大工工法に準拠　切組工法
四号標本家屋　純日本建築　従来工法

同一敷地にほぼ同じ規模の建物を建設することにより、純日本建築（四号標本家屋）を基準に、自ら考案した一号から三号の耐震家屋の大地震時の被害を比較しようとしたのである。そして大地震が起こるのを待つのではなく、二号標本家屋には伊藤考案の六耐瓦（文献8）――（耐震・耐火・耐風・耐寒・耐水・耐久）を葺いて暴露試験に供するなどさまざまな実証試験を試みたようである。図12は明治二八年に神田三崎町に建設した一号標本家屋で、背後に写っている和風家屋は第二号から四号の標本家屋と推定される。なお、一号標本家屋は都市内に建設するので、図11の水害地適用耐震家屋のような茅葺ではなく鉄板葺きに改めているが、その構造は右図に示すようにサス組を巧みに利用した三害安全家屋の工法を踏襲している。

その後伊藤は、人力車製造や長野佐久の安山岩（鉄平石）の採掘事業を展開する必要から、明治三四年頃に一号標本家屋は売却されたが、大正一二年の関東大震災に際して周辺家屋の多くが崩壊するなか、この漂本家屋は無傷で耐えた。しかしながら、さすがに震火災には耐えられず、大規模な都市火災に巻き込まれて烏有に帰したという（文献9、一三八頁）。

4・5　『地震家屋』にみる佐藤勇造の見解

濃尾地震後の家屋の耐震論としてもう一つ重要なものに、伊藤に遅れること四カ月の明治二五年四月に出版された佐藤勇造の『地震家屋』がある（文献10）。表紙を図13に示す。ここには“The effect of recent earthquake on the deferent buildings”の英文タイトルがついているが、このデザインは、伊藤の『日本建築構造改良法』とよく似ており（図9）、どちらにも〃建築師〃の肩書が使われている。出版はいずれも共益商社であった。

序には次のように記されている。

伊藤為吉自邸

図12　神田三崎町の耐震安全家屋（明治28年建設）（左：文献7 p.65「耐震家屋，神田三崎町」（『新式大工法　全』18頁、文字は筆者加筆、右：文献9 p.142）

〝……今回ノ震災ヲ機トシテ之ヲ研究セント企テタル所以ナリ同好ノ士亦此地ニ集シ巡回視察セルノ多ク全国ノ建築師ハ挙テ其材料ヲ斎シ帰リタルニ似タリ、然レドモ其日数ノ多キモノ僅カニ一週日ニ渉リ、或ハ軽車ニ駕シ両三市ヲ軽過スルニ過キズ予ハ……終ニ拾週ノ長時間ヲ調査ニ消費スル事ヲ得タリ而ノ又同好ノ士ハ京ニ帰リ早モ之ヲ文ニ綴リ又ハ演壇ニ説ク其言フ所ハ一斉ニ粗造工事ノ破壊ナリト世人ニ注告スルモノノ如シ……

明治二十五年一月七日　岐阜金花山麓ノ旅舎ニ於テ〟

佐藤の震災調査は期間と範囲の広さにおいて他の著作とは一線を画すもので、当時の状況について次のように記している。

〝……濃尾ノ間地大ニ震ヒ家屋大半崩潰セント聞キ直ニ起ツテ同地方ニ実地ヲ経歴シ親シク其状態ヲ目撃調査シ自家専門ノ区域内ニ於テ大ニ補益スル所ニモノアリ……〟

このことから氏も地震発生後間髪を入れずに現地入りしたようだ。旅程は、まずは東海道三八番目の宿場岡崎から街道筋を辿って、一旦美濃路に入った後、愛知県では知多半島から熱田、名古屋から中島、一宮の集落を巡って、岐阜に至り、次いで激甚災害地の岐阜では不破、土岐、恵那から震源の本巣などの被害を調べたのち、最後に長良川河口を経て伊勢路に移った。

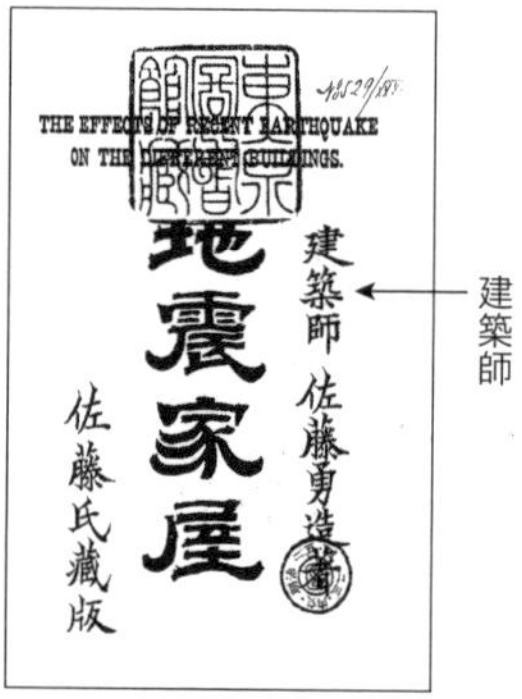

図 13 『地震家屋』の表紙

〝日数殆ド六〇日ヲ費シ或時ハ災余ノ一茅茨ニ眠リ又ハ破窓吟風ノ下ニ禿筆ヲ弄シ路程殆ド二百里ニ達シ……〟

と記されており、江戸時代さながらに時には野宿をしながら晩秋から初冬の被災地全二〇〇里——七五〇キロを六十日で踏査したのであった。

明治二四年一〇月末の地震発生直後に現地入りしたことから判断すると、一一月初旬から六十日、おそらく〝明治二十五年一月七日　岐阜金花（華）山麓ノ旅舎ニ於テ〟に記されているように翌年の一月上旬ころまで過酷な現地調査を続けたようだ。

なお、佐藤は地震発生から一カ月後の明治二四年一一月二八日の「岐阜日日新聞」の寄せ書きのコラムに「倒れ家に就て」という論考を寄せている。そのなかで、

〝……世人は一般に家屋構造法に注意するの傾きを生ぜり然るに世人は之と同時に西洋建築の非を挙げ漸く危ぶむの感情を惹起せるが如きは甚し大なる誤謬と謂うべし……今回の家屋倒壊に就き大に調査する所ありその結果は（東京）時事新報に郵送したり……〟

と記している。

このことから、佐藤は単なる震災報道にとどまったのではなく、被害原因に関する耐震工学的な分析結果を福澤諭吉が社主を務めていた東京時事新報社に提供していたことは注目に値する。ちなみに佐藤勇造は福澤門下生であった。

◆1 被害率評価の概要

氏が実地検分した建物は一六〇棟に及んだが、それぞれについて地域・地盤・建物種別・破壊原因などを具さに分類調査して被害要因と被害率を分析している。そして、この結果に基づいて耐震構造上の留意点を一三カ条にまとめるとともに、代表的な被害事例について具体的に解説した。構造種別による被害率（%）については表1のように記している。

表に明らかなように、西洋風木造とていねいに作られた社寺建築にはほとんど被害が認められないことや、煉瓦造の被害が壊滅的であったことなどは他の報告と一致しているが、氏はさらに詳しく、建築年数、土台の有無、施工の良否についても分析した。

表1　構造種別による被害率（%）

		崩壊	破損
茅葺	土台なし	80	100
	土台あり	60	100
日本造瓦屋根	粗造	70	100
	精造	25	80
土蔵	粗造	100	100
	精造・新規	10	100
煉瓦造	粗造	100	100
	精造	50	100
社寺	粗造	75	100
	精造	0	30
西洋造木製		0	30
煙突高二丈五尺以上		100	100
長屋門		30	100

◆2 耐震建築一三カ条について

濃尾地震後、家屋の耐震化に関する議論が高まったが、その中には誤った論議が多いことを指摘している。

……例セバ煉化構造ハ惣体脆弱ナリト為スガ如キ寺院建築ヲ以テ古来ノ好美術ト云フガ如キ其判断ノ過急ナルガ其講究ノ足ラザル……

煉瓦（煉化）造に関しては、目地モルタルの不備が破壊の最大の要因であると指摘するとともに、入隅の縦目地や芋目地の問題、さらには石材の玄能払などの表面仕上げと密着性など施工法に関する踏み込んだ議論を展開している。

一方、社寺建築に関しては　激震地にありながら被害を免れた岐阜大仏堂などについては、木組みや接合方法について詳細に分析するとともに、特に燧梁《ひうちばり》（火打梁）の効果の大きかったことを指摘している。しかしながら、社寺建築すべてが良好であったわけではなく、本願寺派の寺院に限っても七百カ寺に被害が及んだことを明らかにするなど、分析は冷静かつ緻密であった。

佐藤が最も重視したのは敷地地盤と自然地形であった。図14は下小田井村の堤防の被害状況である。長柄川、木曽河口の輪中集落を踏査し、沖積層の厚さが数十メートルに及ぶ軟弱地盤や、堤防などの盛土造成地盤では、液状化や噴砂、側方流動によって上部建物が壊滅する事態をつぶさに検分した。そして、これらの調査を踏まえて、将来の建築において、注意すべき事項を次の一三カ条にまとめた（文献10、八一一八頁）。そこには、優れた指摘が数多くなされているので、以下要約紹介する。

規第一　堤防・河溝・小断崖には建築を避けるべきである。

規第二　人工的な盛土の軟弱地盤には建築を避けるべきである。

規第三　構造を一体化すべきである。

柱間に筋違を入れ、桁梁・土台に緊結し、床には根絡《ねがらみ》を入れて地回りと小屋梁を緊束するとともに、端栓・込栓・楔、燧梁・添柱・ボルトなどで建物を一体化（一物体化）すること。

図14　下小田井村堤防の被害（写真提供：国立科学博物館）（文献4）

規第四　小屋重量の軽減
規第五　高さの制限
煙突や高塀、側溝の煉化（煉瓦）などは上部荷重が少ない場合でも地震で崩壊する可能性があるため、壁厚を下部ほど厚くするほか、高さ制限を加えるべきである。
規第六　基礎は深い地中に置くほど効果が大きい。
大地震を受けても　ていねいに作られた堀建の建物や鳥居、石塔、火見櫓などは他の構造に比べて震度が緩やかで被害を受けにくい。
規第七　長方形平面の建物では梁間に筋違を入れて架構を緊束するとともに高さの釣り合いに注意すること。
規第八　意匠を優先して無闇に細身の部材を用いたり、技巧を示すために複雑な継手を作ったりしないこと。
規第九　材料に劣化の兆候を認めたときは速やかに修繕すること。
規第一〇　工事には粗漏があってはならない。
規第一一　建物は釣り合いを失してはならない。
ある部分のみを丈夫にしても、他は脆弱であっては効果がない。
規第一二　錐体は地震の影響を受けにくい。
名古屋城、大垣城、火見櫓などの事例は重要。
規第一三　粗末な構造材は避けること。

◆3　土蔵の耐震性について

佐藤はこの一三カ条に基づいて、煉瓦造の尾張紡績工場や土蔵の崩壊、岐阜西御坊の半壊の原因のほか、名古屋城天主や大仏堂が何故遺存したのかについて考察した。ちなみに当時関心が高かった土蔵については次のように記している（文献10、五一頁）。

〝第十四章　土蔵ノ潰破頁

吾人ハ亦土蔵ノ破潰ニ付キ一言セザル可ラズ嘗テ各務郡ニ至リシトキ一老翁ノ工事ニ鍛錬ナル人アリテ櫻井某ト称ス、一夜土蔵崩潰ニ付キ談諭セリ、同人ノ説ニヨレバ壁ノ厚キ土蔵ハ崩潰ス、ト彼ノ震動ノカハ重量ノ加フル毎ニ増加スルモノナレバ如何ニモ一理アルニ似タリ、予ノ愛知県巡回中実ニ然ル考ヲ持セシナリ同翁又曰ク壁厚キガ故ニ剥落スト彼荒木田土ハ粘着力多カラザルノミナラズ寸ニ足ラザル藁莇ヲ之ニ調合スルノミナレバ厚キニ従テ震動ニ剥落スルコト之亦尤モナルガ如シ、然レドモ翁ノ説ヲ斟酌スル前ニ土蔵ノ構造ニ付キ思考セザル可ラズ、夫レ土蔵ノ構造ハ大凡二階造ニシテ其材身ニ付着スル所ノ壁ニハ非常ノ重量アリ、特ニ重キ瓦ヲ載ス、加之湿気ヲ避ケンカ為メニ地盤ヲシテ必ラス平地ヨリ高カラシム、去レバ其ノ震動ソ受クルノ度合ハ普通ノ家屋ヨリ多カラザルヲ得ズ、単ニ壁ノ厚薄ニ関セザルナリ其算式ハ左ノ如シ……

……然ルニ其構造如何ナル可キカ、如此割合ニ高キ、割合ニ重キ家屋ノ構造果シテ如何、僅ニ四寸ニ八分ノ小貫ヲ以テ水平ニ柱ヲ押フルハ抑モ何ノ効能アル可キカ、楔ヲ飼フハ以テ横振レヲ止メ得可キカ、隅々地廻リ桁ノ止メ方、込栓一本ニテ如斯震動ニ支エ得可キヤ、彼縄巻キ小舞ノ如キハ支力上何ノ効能モ無キモノナリ況ヤ荒木田土ハ湿気ヲ吸収スルノ性質アリ（注あ）、此ノ吸収ハ該土ヲシテ粘着力ヲ失ハシメ、以テ斑々剥離シ或ハ柱ホゾ土台ヲシテ腐蝕セシムル媒介タルニ於テヲヤ、斯シテ第三規定書ノ法ノ如ク建物ヲシテ良ク一物体トナラシメ得可キカ、茲ニ至リテ翁ノ言ノ誤レルハ断々乎トシテ明ナリ実ニ今回ノ震災ニ付、土台ノ損壊スルモノ無数ニシテ一モ満足ナルモノアラズ、名古屋、岐阜、大垣、笠松、竹ノ鼻、高須、今尾、鵜沼、高富、熱田、知多、北方ヨリ各諸村落ニ至ル迄其原形ヲ存スルモノ殆ンド絶無ト云フベキナリ、之レ第三規定書ノ法ニ違フタルノ結果ニ出ルモノニ外ナラズシテ在来ノ経験(注い)、未ダ茲ニ及バザルノ致ス所タルヲ免レザルナリ、我人ハ単ニ壁ノ落チタルニ向テ云々スルニ非ズ、今ハ唯其構造不完全ニシテ崩壊セシヲ云々セルニ止マルノミ、サレバ若シ柱間ニ筋違ヲ入レ各部要所ノ継手ヲボートト〆トシ以テ其構造ヲ一体トナラシメ居ランニハ仮令震動ノ激烈ナルモ其中心点ヲ去ラザル限リアニ夫レ如此失敗ヲ招クニ至ランヤ〃

(注あ) 翁ノ説ハ土蔵ノ崩壊ハ土ニアリトシ吾人ノ説ハ其ノ構造ニ原トス
(注い) 安政ノ地震ニ江戸ノ土蔵ハ破潰セズト云ヘリ地震ノ動ク性状ニヨルカ

調査の先々で経験豊富な職人と時にひざ詰めで意見を交わしつつ、自己の考えを深めていく佐藤の姿が髣髴とする。土蔵に関しては安政江戸地震ではほとんど被害がなかったとされているにも関わらず、濃尾地震では土蔵は至るところで甚大な被害を発生したという厳然たる事実をどう解釈をするか、自問自答を繰り返しているように見える。

厚い土壁が震動に耐えず土蔵の崩壊を招いたという左官の親方の意見に真摯に耳を傾けつつも、根本原因は左官土ではなくむしろ木組にありとした。すなわち土蔵には次の弱点が考えられると指摘。

㈠ 幅に対して成が高くてロッキングしやすいこと。

(二)　防火のための葺土で建物がtop-heavyとなること。
(三)　構造体の重量に比して軸組が脆弱な事例が多く、地震時に大きく変形して壁の崩落を招きやすいこと。
さらに安政江戸地震で土蔵の被害が小さかったのは地震動の性状の差に起因するのではないかと指摘している。

図15は関東大震災における地域ごとの木造家屋と土蔵の被害率の調査結果である。本所・深川など軟弱低地では固有周期の短い土蔵はほとんど被害を受けなかったのに対して固有周期の長い二階建ての被害が顕著であった。これに対し、麹町、四谷、牛込など硬質地盤では全く逆の結果となった(文献11)。このように関東大震災においては、地域ごとの地震被害に顕著な差異が認められたことから、地盤の卓越周期と上部構造物の固有周期、さらには地盤と建物の連成効果が注目されるようになったのである。

こうして、佐藤は〝規第三　構造の一体化の不備が主因〟との結論に達し、軸組の剛性と耐力を向上させるために筋違・燧《ひうち》・添柱の重要性を指摘した。また仕口については楔・込栓、ボルトの使用を強調したが、これは横河民輔の耐震土蔵と全く同じ考え方であった。

◆*4*　火の見櫓の耐震性を巡って

佐藤は、〝規第五　高サノ制限ニ注意スベシ〟として一般建築には高さ制限が必要としたが、〝規第一二　錐形体ハ震度ヲ感ズルコト少ナシ〟として、ピ

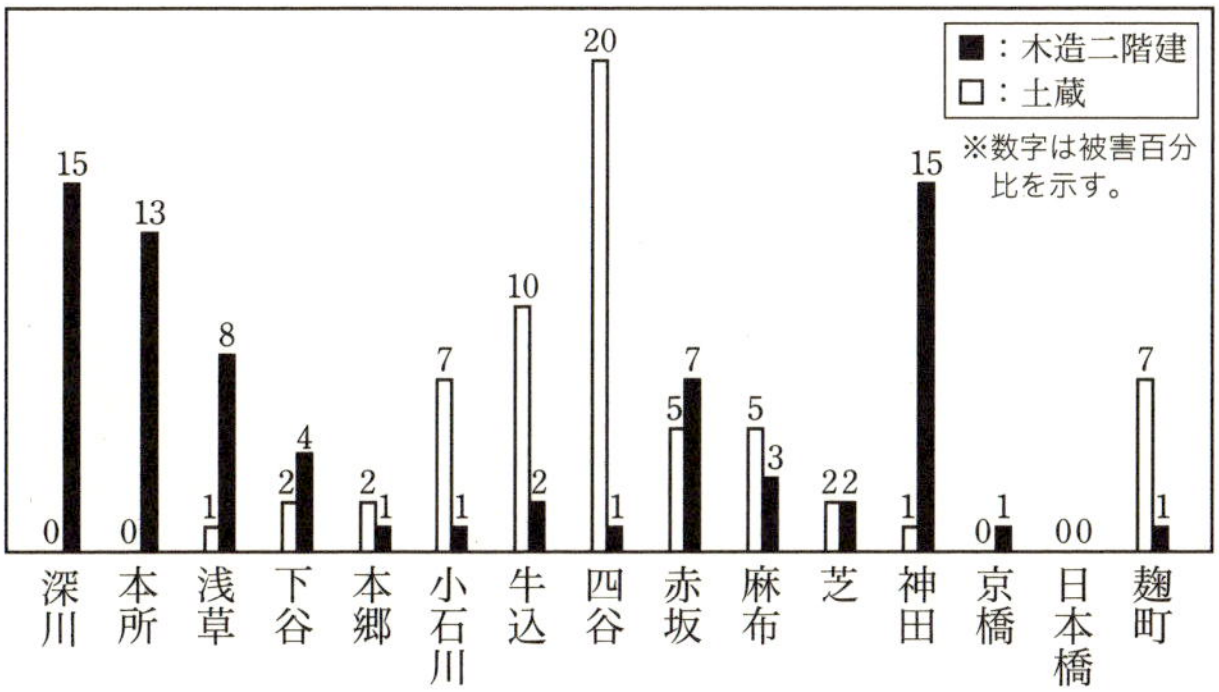

図15　関東大震災での土蔵と木造家屋の地域別被害率(文献11)

ラミッドやエッフェル塔のような錐形体構造物は高さによらず地震の影響を受けにくいので、錐状であれば高層建築は可能であるとの見解を示した。濃尾地震においても名古屋城天守や大垣城の他、身近な高層架構として火の見櫓が優れた耐震性を示したことについて次のように記している（文献10、三二九頁）。

〝第一〇章　岐阜市警察署火之見櫓ノ遺存

同櫓ハ今ヲ距ル四年前当市湯屋営業人某ハ当市ニ火之見櫓ナキヲ憂ヒ金百円ヲ投ジ地方税ヨリ八十圓ヲ寄付シテ設立セシモノニ係ル其価値ノ廉ナル知ル可キナリ高サ五十尺腰間二間四方転ニテ一丈ニ付七寸ノ勾配ナリ上部五尺転柱ハ壱箇ケ所ニ継手アリテ大輪継ノ上電信針金ヲ以テ緊束セリ階ヲ五ニ別ツ一階毎ニ四方ニ筋違ヲ入レ上下ヲホゾ大入ニ致シ中央ハ両筋違ヲ相欠キノ上三分ボート（筆者註　ボールトのこと）ニテ〆

桁木ハ小ホゾニシテ柱ニ入レ、外ヨリ柱ヲ巻キタル帯鉄巾二寸厚壱分両桁ヘ矩ニ棒頭〆柱檜六寸角桁筋違ハ共ニ五寸角二ツ割其要部ハ大抵ボートヲ使用セリ此組立の儘地中ニ一丈二尺程埋アリ通ジテ材料ハ粗ナレドモ工作ハ精ナリ（下見板ハ支力上関係ナシ）其異変アリシ箇所ハ下階一ケ所筋違ノホゾヲ外シタルモノ上階ノ筋違将ニ外セントシ居ルモノ緒棒頭ノ捻子緩ミタルモノ緒部継手ノ口ヲ開キタル（木材ノ乾燥セシニヨツテ起リタルモノアリ）ノ外別ニ損傷アルヲ見ザルナリ当建物ノ堅固ヲ保チタルハ多クノ原因ヲ有スル中専ラ左ノ諸点ニ属ス可シ

(一)　土中ニ根ヲ張ラシタルニヨツテ

(二)　筋違ノ功ニヨリ建物ヲ一体物トナラシメタルニヨツテ

(三)　材料軽ク屋上重量ナカリシ故ニ頭振リセザリシニヨツテ

(四)　工事上ノ失体無カリシニヨッテ（汚腐セズ粗漏ナラズ）
(五)　勾配ノ緩ナリシ為震度ヲ減シタルニヨリ
(六)　敷地上ノ利益ニヨッテ（陥落セズ亀裂セズ震動強度ヲ受ケズ）
該建物ハ火之見櫓トシテ亦如此高層ノ建物トシテ別ニ思考ノ凝セルモノニ非ズ況ヤ西洋造リノ木造トシテ見ルオヤ所謂普通一般ノ構造法ニシテ敢テ論議スルニ非ズ其震災ニ異変ヲ見ザルモ以上ノ緒原因ヨリ推シテ別ニ怪ムニ足ラザルナリ唯吾人ハ予想ト一致セルヲ証セルノ事実ヲ見出シタルナリ
建物ヲシテ土中ニ入レ其深サヲ増スニ従テ上部ノ建物倍々健全ヲ保ツモノタルコトハ吾人ツトニ北米ノ建築雑誌ニ於テ閲覧スル所ナリキ之ヲ以テ芝愛宕館ノ高閣ヲ設計スルニ当リテ我輩ハ尤モ茲ニ注意シタルコトアリシ程ナリ然ルニ今茲ニ之ノ実例ヲ見テ倍々震度ヲ弱ムルモノタルヲシルヲ得タリ即チ地震ノ震度ハ起伏シタル凸部ニ於テ或ハ地皮ノ上部ニ近ヅクニ従テ（地心ヲ距ルノ遠キニ従テ）倍々激烈ナ
疑フ可ラザルナリ又転ノ勾配緩ナルヲ以テ動揺セシムルノ外ナラズ之ヲ算用セバ

S＝建物ノ震度力　s＝地下ニテ家屋ノ震動力　d＝基礎ノ埋タル深サ
H＝家ノ高サ　W＝地上家屋ノ重量　w＝基礎ノ重量
C＝地上家屋ノ中心ヨリ外マデノ距離　c＝同上地下　F＝家ノ格好

$S=\sqrt{HFW.C.K}$　　$s=\sqrt{(K-k)(H-d)F/(W-w)(C-c)}$　　（K及kハアル地震ノ震度ナリ）〟

上記の火の見櫓の記述を読むと、一つの古図面が思い浮かぶ。『地震家屋』出版から二十年余り後の大正四年に大熊喜邦は「地震の間と耐震構造に對する観念」と題する論考を『建築雑誌』第三四五号に発表した（文献12）。そこには図16に示す火の見櫓の指図が紹介されている（註1）。

論考の冒頭、大熊は〝日本の如き地震国には其建築に古来耐震的用意がなければならぬが、わずかに地震の間と地震口なる名称が書籍に見ゆるのみである……〟と記し、地震国でありながら伝統建築にはそれとわかるような〝耐震への構え〟が皆目見当たらないことから、日本人は古来耐震性について何一つ考えてこなかったという風説に対して、大熊は自ら収集した古図に基づいて、伝統建築における耐震の英知について論じたのである。

ところで、明暦三（一六五七）年正月、振袖火事とも言われる明暦の大火が発生し、江戸城天守閣も焼失するなど、歴史上最悪の大火となった。このため、四代将軍家綱は江戸復興にあたって、瓦屋根や土蔵を奨励するとともに、その役目と格式により武家の邸宅内にも火の見櫓を設けさせた。その高さは初めは定火消《じょうびけし》三丈（九メートル）、緒家《しょか》二丈五尺（七・五メートル）であったが、その後高さを増して八間（一四・四メートル）ないし一四間（二二メートル）もの高さに達するものが造られた。

図は八代将軍吉宗の享保（一七一六―一七三五）年間に描かれたものである。この古図から規模構造について次の

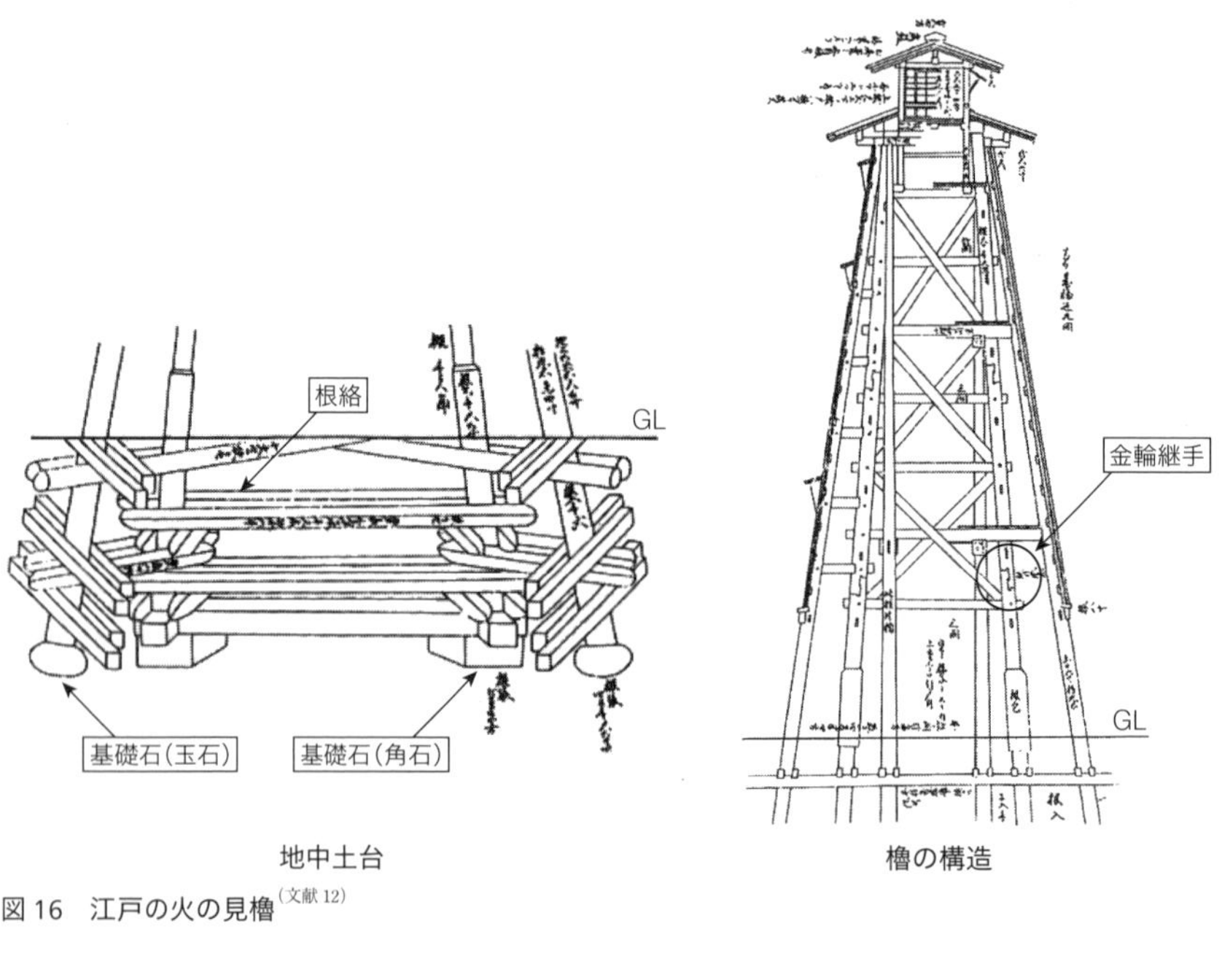

地中土台　　櫓の構造

図16　江戸の火の見櫓（文献12）

ことがわかる。
高さは基礎天端より九間（一六・二メートル）で二間四方の四方転び（寄掛柱）の方形櫓に物見小屋を載せたもので、柱断面は末口六寸、三丁継で高さ約一間ごとに貫を架渡し、さらに筋違で固めるなど、現在の鉄塔と類似点が多い。ただし、外部は羽目板で雨養生し、最上部には押縁で水切りして、地盤より高さ一間を開放している。

また基部は地盤を五尺くらい掘り下げて根石を定置して、その上に柱を建てて合せ梁で根絡みして、地表面付近は根包みを施した後、埋戻す――いわゆる〝地中土台〟と称せられる工法を採用している。

もう一つ注目したいのは〝継目鉄巻〟と明記された〝金輪継手〟である。継手の端部と中央の三カ所に〝鉄巻〟と記していることから、当時の〝金輪継手〟は鉄材で結束補強していたことがわかる。その後、図17のように継手を補強するために、かつて用いられた鉄輪はいつしか省略されて、金輪という名称だけが残ったらしい。

佐藤が紹介した大垣警察署の火之見櫓に関する文章は、大熊喜邦が紹介した享保年間の雛形と規模構造・寸法形状・地中土台の伏せ方から金輪の作法に至るまでほぼ一致していることに驚く。

このことは、一八世紀初頭に完成していた江戸の火之見櫓の雛形は、その後の二百年間に全国各地に広まっていたことを示唆する。

大熊は論考の末尾に、〝……震災記録の中諸種の建物の

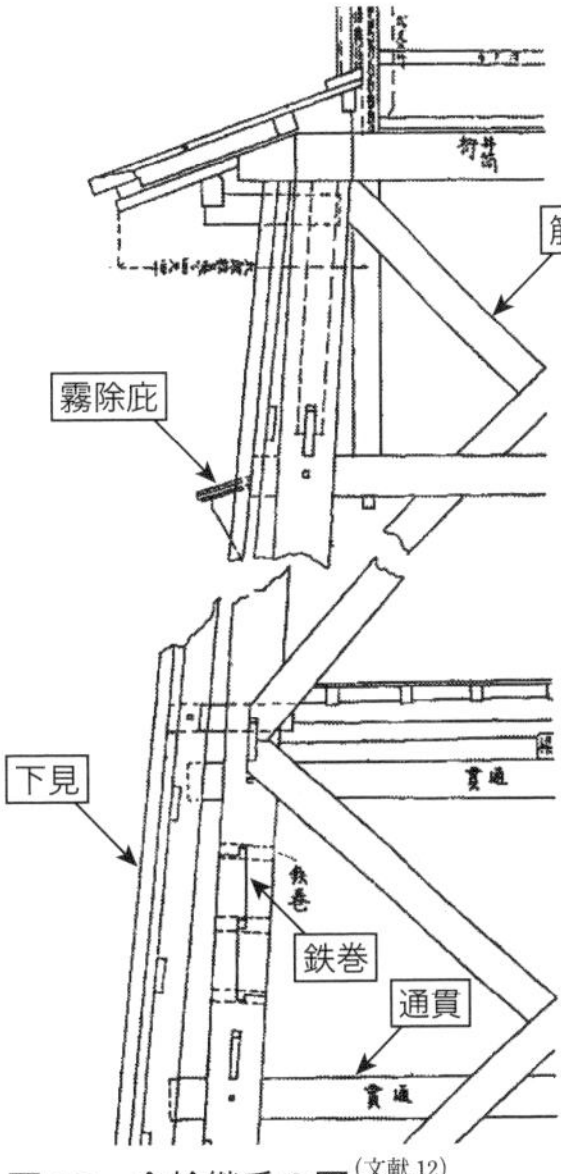

図17　金輪継手の図（文献12）

震害記録少なからざるに係わらず火之見櫓の震害を記したるもの少なく……〃安政地震の記録中に次の事例をわずかに見るのみと記している。

『破窓の記に』〃……又八代洲河岸の定火消役御やしきの火の見櫓も本は恙無なく、頭の柱又屋根などはゆり落せしなり云々……〃、また『時風録』には〃……八代洲河岸には火消屋敷の火の見櫓残る、屋根のみ震落し、太鼓、半鐘ともいずれも飛行せしや見へざるよし、番士は震落されしが、恙なしとぞ云々「都而塔、火之見櫓の倒れざるは製作の工みなるかな」云々……〃、さらに『安政乙卯武江地動之記』には次の記述があり、「町の火の見櫓、土中に掘て立たるもの何も恙なし」……とし、〃これらの状況によると当時火之見櫓はいずれも其の被害の程度軽少で震害に対して大なる影響を蒙て居らぬ……〃と結論している。江戸では火之見櫓も五重塔と同様、きわめて地震に強いことが知られていたようだ。

なお、城郭や火の見櫓のような錘状構造物の耐震性については、後で改めて言及したい。

◆5　洋風木造の耐震性と伝統家屋の耐震化の方策

佐藤は西洋造木造家屋やこれに類する木造家屋の被害が何故少なかったのかについて次のように指摘しており、伊藤の主張と共通点が多い。

〃第十九章　西洋造り木造家屋及疑似ノ家屋依存

……純粋ノ西洋造ニアラズト雖モ其構造ノ模形ヲ西洋造ニ取リシハ疑ヒナク彼柱間ニ筋違ヲ入レ壁地下ニ木舞ヲ矢筈ニ取付ケアルガ如キ……此等西洋造リ建築ノ尤モ丈夫トシテ見ルベキモノハ小屋ニ在リテ存ス彼ノ崩潰セル紡績会社、名古屋郵便局ノ崩壊ヲ見ルモ小屋組ノ鎖ハ依然トシテ解体セザルナリ合掌、杵束、小屋梁、枝束ノ合体損傷離間セザリシナリ、又筋違、壁下地、小舞及下見板ニアリテ堅固ナルヲ見ル、地廻リ桁ノ緊束又功アルモノノ如シ……〃

こうして一三か条に基づいて木造家屋の破壊率と遺存率を評価するとともに、従来の木造家屋に今後可能な改修を加えることでどれくらいの建物を地震化できるかを試算している（表2）。今日の木造耐震改修の先駆けとして興味深い。

◆6　耐震家屋試験盤の考案

『地震家屋』の巻末に佐藤は図18に示すような自ら設計した〝耐震家屋試験盤〟――いわゆる振動台について記しており、構造物模型を振動台に載せて耐震性を調べるという研究が百二十年も前に一民間人の手で始まっていたことに驚かされる。以下佐藤の振動台がどのようなものであったか検討する。

〝該器械ハ家屋ノ雛形ヲ造リ之ヲ耐震家屋試験盤上ニ据ヘ付ケ、一回転シテ其震動ヲ該雛形家屋ニ及ボシ以テ如何ナル構造ノ家屋ハ地震ニ堪ヘルヤ観測スルニアリ、元来如斯新考案ハ学者間ノ玩弄ニ過ギズシテ実際ノ改良家屋構造ノ進歩ヲ促スニ効能少ナキモノナレドモ永世人間進歩ノ上ニ於テ又ハ生命ノ安全上ニ於テ些少ナラザル効益ヲ致スハ明ナルコトトナルベシ〃

表2　構造種別による被害率（%）

項目		適合での遺存率	不適合での崩潰率	利害平均
敷地の利害	一、二、六条	60%	80%	● 20%（害多し）
緊結の利害	三条	100%	85%	○ 15%（利多し）
釣合の適否	四、五、七、八、一一、一二条	90%	100%	● 10%（害多し）
接合精造	九、一〇、一三条	100%	100%	0%

次章で述べるが、濃尾地震での激甚被害に鑑み、将来の地震防災を目的として、明治二五年六月二五日に震災予防調査会設立の勅令が発布され、耐震家屋に関する研究が開始された。なかでも、家屋雛形（模型）を用いた振動台試験は研究の柱と位置づけられ、文部省は多額の予算で帝国大学内に震動台と実験棟を建設させた。

4章4節で述べるように濃尾地震の前年の明治二三年に、帝国大学理科大学校の卒業研究として、大森房吉はJ・ミルンの指導のもと、手動式の水平一方向振動台を試作して煉瓦造の柱の倒壊実験を行っている。しかしながら、この実験に関する論文は、明治二五年四月の『地震家屋』にやや遅れて明治二六年の日本地震学会の英文論文集“The Seismological Journal of Japan”に掲載された。ただこの英文論文は日本地震学会など極限られた研究者にしか目に触れなかったと考えられるのに対して『地震家屋』は一般書籍なので、「耐震家屋試験盤」という斬新なアプローチは当時の人々に広く知られたはずである。

さらに、J・ミルンが製作した振動台は水平一方向しか再現できず、機構も佐藤の装置とは比較にならないほど単純なものであった。佐藤の画期的な水平・垂直二方向振動台は震災予防調査会に大きな衝撃を与えたと思われる。

◇耐震家屋試験盤の概要

「耐震家屋試験盤」の作動原理については記載されていないので、図面をもとに筆者なりに推定してみたい。

＊装置の寸法

図18は試験盤の平面と断面である。寸法表記はないが、断面図に示された煉瓦基礎の段数は三二段。当時の煉瓦一段は二寸二分五厘が一般的だったので、床面から煉瓦最下段までが三二×二・二五寸＝七二寸（七尺二寸）すなわち二・二メートル程度、コンクリートベース底まで約二・五メートルと推定される。ちなみに、

試験盤の外枠寸法は二・七×二・二メートル、可動部分は一・九×一・四メートル程度であろう。また、試験盤の上面には定盤（ラ）とねじ座（レ）が八箇所に設けてあり、これによって雛形を締め付けて定置できるようにしていたようだ。

基礎については断面に示すように地表から二・七メートルほど掘り下げて、径七寸程の杭（P）を打ち込み、その上に厚さ約五寸の木造礎盤（W）を置いて、さらにその上に厚さ三五センチほどのコンクリート造のベタ基礎（B）を打設している。また煉瓦基礎の中央には幅一・四メートル、深さ一・四メートルのピットを設けている。この深さであれば潜り込んで作業することができる。

＊基本構成

装置は床面より上の上部機構と基礎ピット内の下部機構に分れており、上部機構の骨格は次の四つの部材から構成されている。

①試験盤の外枠O

②外枠Oを床に固定する木製脚F

試験盤からの反力に抵抗するため、脚Fは深さ一・四

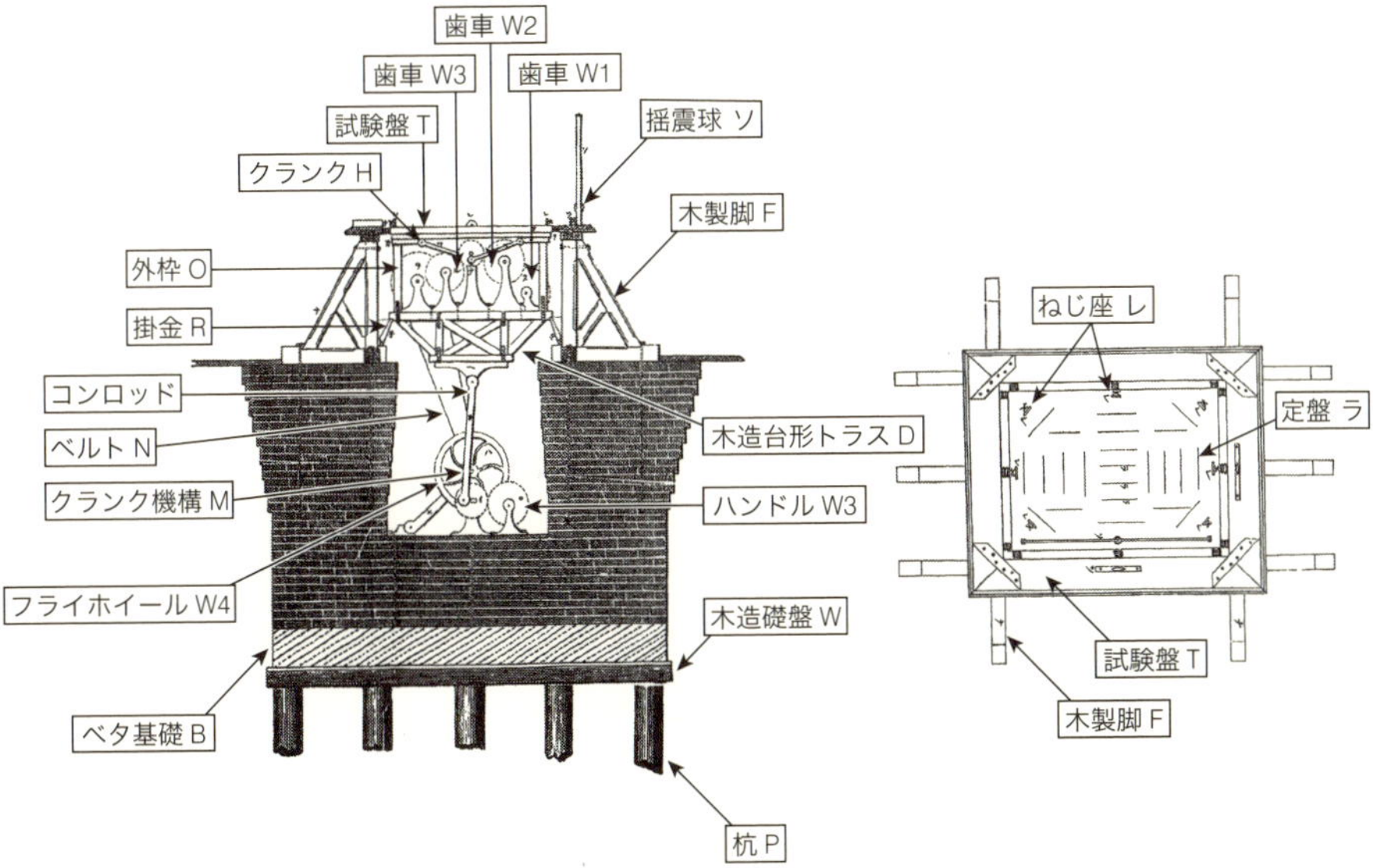

図 18　耐震試験盤の図（出典：佐藤勇造『地震家屋』）

メートルの長アンカーで煉瓦基礎に定着している。
③試験盤T
④五個の歯車列とクランクを保持する木造台形トラスD
＊作動機構
この振動台は「水平一方向」と「上下方向」及び「水平上下連動」の三つに対応できるよう設計されている。
①水平一方向加振動
左右の掛金Rで台形トラスDを固定し、トラスD上の歯車列によって試験盤Tを水平方向に揺するモード。

水平動の操作は、歯車W1を回転させて、これを右半分の歯車列W2、W3を経てクランクHによって試験盤Tに水平往復運動を再現する。
②上下方向加振
掛金Rを解除して、台形トラスDを上下一方向に揺するモード。

ピット内のハンドルW3を回転させてフライホイールW4を介してクランク機構Mにより、台形トラスの架台Dを上下させる。
③水平＋上下連動加振
台形トラスD全体を上下方向に往復運動させながら、同時に台形トラスDを水平方向にも加振させるモード。

上下の二つの機構をベルトNで結合し、下部のハンドルW3の回転運動を上部に伝えて、左側の歯車列を介して、①と同様に水平運動を実現する。

なお、装置は人力駆動のため、〝……其ノ遅速ハ回転手熟練ノ上手加減ニ任ズ〟と記されている点は興味深い。また、図中（ソ）は揺震球という振動試験モデルであって、その目的について次のように解説している（文献10、八九頁）。

〝……之ハ高塔煙突等ノ建築ニ付想像的観測ヲ施スモノニシテ球線如何ニ長ケレバ震動如何ニ大ナルカヲ観測スルニ便ナリ、即チ建物ノ高卑ニ付震度ノ割合ヲ定ムルナリ、又球数ヲ多クシテ地震学上断縁ノ理ヲ見ルモ初学者ニ取リ一興ナル可シ……〟

この記述から揺震球は、塔や煙突などの細長い構造物を〝団子の串刺し〟モデルに置き換えたものと考えられる。佐藤は火の見櫓や層塔などの塔状構造物はほとんど被害を受けなかったことから、このモデルを初学者にも見せて長周期構造物の可能性に興味を持たせるとともに、揺震球の高さや質量分布を変化させることによって振動特性がどのように変わるかを調べようとしたらしい。木造骨組みを一体強化する剛構造の実用化を提唱する一方で、すでに高層の柔構造の可能性に着目していたことに佐藤の先見性が認められる。

なお、団子の串刺しモデルは dumped mass system （DMS） として高層建築の振動解析にも広く用いられているが、その起源は今一つ明確ではない。少なくとも佐藤の揺震球はＤＭＳとほぼ同じものであるが、その着想が五重塔や火見櫓という木造の高層柔構造構造物に由来することは興味深い。

なお、〝記者ハ既ニ該器ヲ製造中ナリ〟と記していることから、この本が出版された明治二五年四月頃、試作機は製作途上にあったようだ。

5　佐藤勇造と伊藤為吉を巡って

濃尾地震直後の徹底した現地調査をもとに、日本建築の耐震化の方策を具体的に示し、さらに世に先駆けて振動実験に着手した佐藤勇造とはどのような人物だったのだろうか？　明治二〇年代前半、造家学会創設間もない頃にこれほどの成果を世に問うたとなれば、『建築雑誌』などに何らかの足跡が残ってしかるべきであるが、全く手がかりがない。謎の人物としか思えなかった。

そんななか、山口勝治著『三井物産技師　平野勇造小伝』(文献1)を偶然目にして驚いた。実は平野勇三の旧姓は〝佐藤〟であって、彼は三井財閥の建築技師として武藤山治の依頼を受けて鐘紡兵庫工場の建築群を始め内外多くの産業建築に携わっただけでなく、明治三三年から大正一二年にかけては、三井物産上海支店に勤務して数多くの事業を手がけ、同社の発展に大きく貢献。さらに何よりも平野自らが三井物産上海支店や上海日本総領事館など数多くの名建築を残した建築家であったことが具体的に記述されていたからだ。

晩年の平野（佐藤）は、財界の大立者で大茶人でもあった鈍翁《とんおう》益田孝が大正一一年、小田原郊外の高台に創設した益田農事株式会社の取締役として農業経営にかかわりつつ、自然を活かしたさまざまな技術開発を続けたという。

平野は元治二（一八六四）年一一月陸奥国北郡（青森県大畑町）生まれ、幼名は堺七五郎と称した。没年昭和二六（一九五一）年二月。一方、伊藤も同じく元治二年二月伊勢松坂生まれ、昭和一八年五月に没した。同い年の平野と伊藤の出身地は全く異なっていたが、若い頃の経歴は不思議なほど似通っている。

堺七五郎（平野勇造）も伊藤と同じように明治一四（一八七九）年一七歳の頃、海外渡航を決意し、翌一五年一八歳で出奔して一旦福澤門下に入った後、明治一七年二〇歳で帰国した伊藤と入れ替わるように、同年サンフランシスコに渡り、明治二三（一八九〇）年二六歳で帰国するまでの六年間、苦学をしながらカリフォルニア大学で建築学を修めたという。

文献1によると、七五郎はサンフランシスコで建築事務所を開設していた元工部美術学校のお雇い外国人カッペラッテイのもとで働いたと記しており、ここでも伊藤の経歴と交差する。

帰国後、堺七五郎は母方の「佐藤」姓を継いで勇造と改名するとともに、建築事務所を開いたが、この年に設計したのが、東京芝に建設された五層の「愛宕塔」であった。斬新な建築として話題を集めた愛宕館と愛宕塔にはカッペラッテイの影響が指摘されており、愛宕の二つの建物のうち、愛宕塔は佐藤、愛宕館は伊藤が担当したことは間違いなさそうである。高層建築の愛宕塔の設計に際して基礎を深くする方が耐震性が増すという北米の雑誌を参考にしたことは先に述べた通りである。

佐藤は明治二七年三〇歳で、平野富二の娘津類と結婚入籍し、これを機に「平野勇造」に改名したので、佐藤姓を名乗ったのは明治二五年から二七年のわずか二年間であった。『地震家屋』はこの時期の著作である。

伊藤は発明家としても知られているが、実は平野もさまざまな発明を行っており、建築家と発明家の二面性を持っていたことも不思議に共通する。たとえば平野は耐震煉瓦建築を実現するため図1に示すように突起をかみ合わせる特殊な形状の煉瓦を考案し、明治二七年四月に『特許煉瓦』にまとめて東京築地活版製造所から出版（文献2）。これに対する栢植健次郎からの質問が『建築雑誌』に掲載されている。

そのほか、明治三四年八月には、図2のような螺旋式の風洞

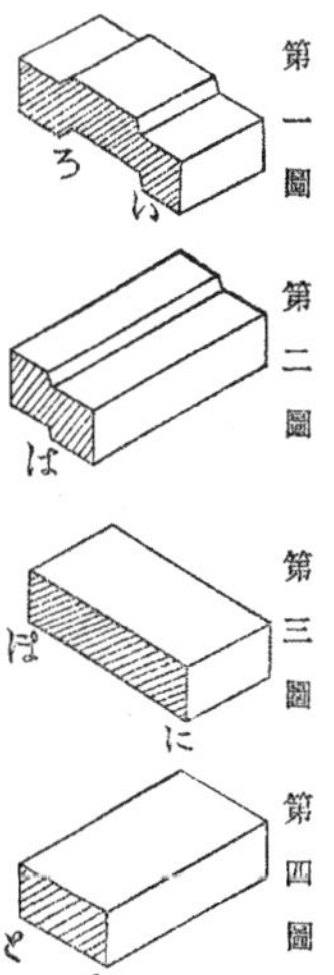

図1　佐藤勇造考案の耐震煉瓦（文献2）

を有する自動式乾燥建屋を特許申請しているが(文献3)、大正末期に経営の第一線から退いたあとは、耐震家屋や自然エネルギーを利用した建築システムの研究に力を注いだという。

なお、伊藤の資料を丹念に読み返しても、平野との直接的な交流を示す記述はなかなか見つからなかったが、為吉の『借財五十年本編第二・仁巻二』に、米国に渡った為吉がカッペラッテイの事務所で働くようになったとき、〝……佐藤勇造、桑原虎二君に別れを告げ……〟の一節があり、さらに伊藤が発起人となってサンフランシスコ〝日本人実業会〟(日本人会)を立ち上げ、〝毎週一回集会ヲ催シ各自ノ現在ヲ報告シ又相互ニ知識ノ交換ヲナス〟という活動を始めたが、その際の名簿に、佐久間(武藤)山治、櫛引弓人、和田豊治など帰国後活躍する多くの人物と並んで、佐藤勇造の名前が記されており、米国時代に武藤山治とも交流があったことがわかる。

佐藤勇造が三井財閥の建築技師に転身する背景として、中上川彦次郎が明治二五年に三井銀行の実権を掌握して経営改革を進めるなか、慶応大学出身の武藤山治や和田豊治ら米国留学者を抜擢。明治二七年には武藤山治を鐘淵紡績兵庫工場支配人に据えた。そして、武藤は、カリフォルニア大学で建築学を修め、さらに『地震家屋』の出版に加えて、福澤諭吉が社主を務めた「東京時事新報」への震災記事の執筆活動などの実績を重ねていた佐藤勇造に大規模な新工場の設計を托した経緯を紹介している(文献1)。

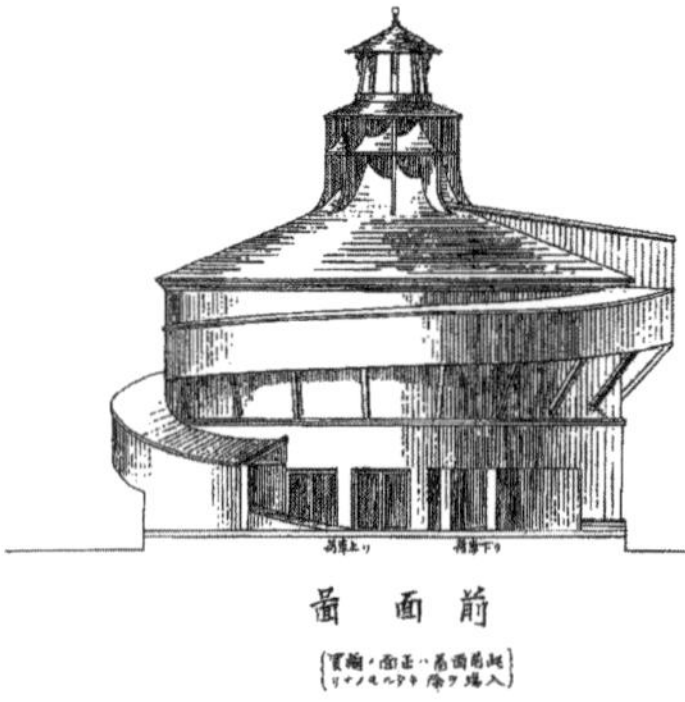

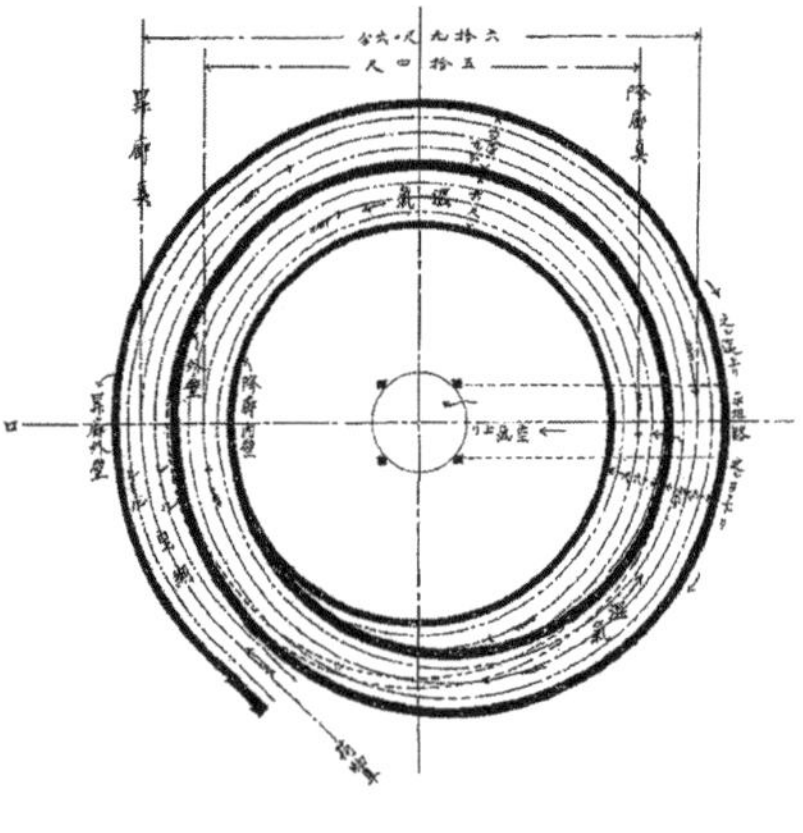

図2　自動式乾燥建屋(文献3)

いずれにせよ武藤も佐藤もともに福澤諭吉の門弟であった。

こうして、濃尾地震の前年の明治二三年二六歳で帰国した佐藤勇造は、明治二七年三〇歳で三井物産技師として新たに歩みだしたのである。

それにしても、私財を投げ打って四棟もの標本家屋を建設して、耐震木造の性能を確かめようとした伊藤為吉、そして同じく独力で複雑な耐震家屋地震盤を製作して耐震研究に取り組んだ佐藤勇造。耐震建築に全力で挑んだ二人の無私の姿と情熱には頭が下がる。

最後に、津軽海峡に面する下北半島の「大畑」は平野氏の出身地であるが、昭和九年一一月に下北新報社から出版された『大畑町史』には次のような興味深い一文がある（文献4）。

〝平野勇造氏　明治十四、五年の頃、堺冒獄の名にて書を元老院に送り、志を披瀝して推を請うた者があった。右書状は差出地の野邊地警察署へ返送されて、差出人を取訊ねられたが、冒獄とは立五二の手代、当時十八歳の堺勇造氏であった。一手代の身分にて、元老院へ上書したと云ふことは、物堅い商家に掟に叶わぬとて、主人から痛く戒められた。然るに氏の志は田舎の小商人ではなく、他に大いに期する処があったので、遂に主家を退ぞき、意を決して東京に出た。……〟

若き日の堺七五郎の心意気が伺えるエピソードである。

明治中期〜末期

第4章　震災予防調査会の活動

1　わが国初の地震研究機関〝震災予防調査会〟の創設と木造家屋の耐震研究

1・1　濃尾地震前夜

明治二四（一八八九）年の濃尾地震の前後五、六年は、政治、教育、社会制度、インフラなどあらゆる分野における近代化が急速に進展した史上まれな時代であった。すなわち、明治二三年一一月の帝国憲法公布を目前に、明治一八年には議会制度に対応すべく太政官制から内閣制に移行。同時に、近代国家興隆の基礎となる教育制度については、文部大臣森有礼のもと明治一九年から二〇年頃にかけて各種の学校令や運用規則が矢継ぎ早に公布され、同時に四年制の義務教育を進めるための尋常及び高等小学校校舎の整備が急務となっていた。

一方、社会インフラに目を向けると明治五年新橋—横浜間に初めて開通した東海道線は十七年の歳月を経て明治二二年神戸—東京間が全線開通。また通信分野では明治一三年には主要大都市間に、次いで明治二三年には全国の県庁所在地を網羅する電信網が完成した。

また、メディアにおいては江戸時代すでに瓦版が広く普及していたが、明治に入ると各地に続々と新聞社が誕生。明治一〇年代初めの東京では「東京日日新聞」「朝野新聞」「郵便報知新聞」の大新聞が競っていたが、明治一五年三月に〝明治十四年の政変〟で下野した福澤諭吉が「時事新報」を立ち上げると、新聞社間の競争は激しさを増すとともに、言論界に大きな影響を及ぼすようになった。

濃尾地震はまさにこのような日本の近代社会の揺籃期に発生したのであった。

1・2　耐震研究の世論形成

大地震発生の翌日の一〇月二九日、時事新報社はいち早く特派員を派遣するとともに、次のような文章とともに義援金募集の呼び掛けを行い、震災救援のキャンペーンを本格化させた（文献1）。

〝……今回は岐阜大垣名古屋を始めとして何十里内一面の地方に正しく江戸の大地震の再演して修羅の惨状を呈し昨今到来の電報通信に接していよいよ其事情を詳らかにすればいよいよ酸鼻に堪えず……〟

慶応大学の都倉武之は、時事新報社が展開した濃尾地震救援キャンペーンについて紹介している。同社はすでに明治二一年七月の「磐梯山噴火」や明治二三年九月の「エルトゥールル号事件」で義援金活動の経験を有しており、濃尾地震でも救援活動は他社を圧倒していた（文献2）。

この頃、福澤は一年前に開設された国会が政府に批判的な自由民権運動派が多数を占める衆議院と、議会を軽視する内閣とが対立して建設的な議論がなされず、機能不全に陥っていることに強い危機感を持っていた。このため、福澤は政府に対しては思い切った決断で救援のための緊急予算を手当てすべきであり、国会に対しては政府には何でも反対の従来の姿勢を改めるべきであると論じた（社説「震災の救助法」）。

さらに、「震災の救助は政府の義務にして、これを受くるは罹災民の権利なり」という社説を掲載するなど、一貫して罹災者の支援の言論を展開したのであった。

ところで、「時事新報」の社説には、煉瓦造の耐震性について論じたものが多いことが注目される。たとえば、地震発生の三日後の一一月一日には、甚大な被害を発生した煉瓦造建築の耐震的なリスクについて次のように論じ、煉瓦建築に対する世人の注意を喚起した。

〝地震は建築法の大試験

……家屋建築法の一事は第一番に心頭に浮かぶこととならん災害の詳細は未だ到来せざれども各地の潰家の模様を報する電文等を取纏て其の大概を窺ふに破壊は煉瓦家に多くして木造には割合に少なきが如し人の言を聞くに煉瓦造は建築中の最も堅固なるものにして能く地震にも堪へ在昔伊太利の地震の時木造石造倒れたれども煉瓦造に限りて災いを免れたるもの多しとて彼の建築社会にては専らこれを賞賛するよしなれとも我が国にて煉瓦の使用は近年の事にして技師も不案内なれば職工も之に慣れず唯外見のみを西洋風に作りて内実の建築法を粗略にするの事情もある可し或いは其建築法は内外共に西洋の通りにするも東西の地質気候同じからざる為めに日本の煉瓦造に限りて堅固ならざるの憂もある可しいずれにしても煉瓦造の建築は幾十百年の経験の後に是なれば果たして日本の地質気候に適して満々大丈夫なりとの証拠を握るまでは容易に着手すべきにことにあらず夫までの処は唯火の用心のため為に粗大品を蔵める土蔵納屋等に用るのみにして云はば試験同様にするは至極のこととなれども住居にして其中に眠食するが如きは安心なる策にならざる可し東西の天時地質同じからずして西洋造の家に不都合なるは建築技師が西洋法に従いて樋を掛ければ日本の雨は西洋流に降らずして水の溢るるあり、空気の湿りたる日本に煉瓦の家を作りて根太の下に風抜なければ其実は土蔵に異ならずして家の中の物は腐敗し易く健康を害せられて……

之を要するに日本全体の煉瓦家は其建築法の標準尚ほ未だ高からずして右の郵電局其他建物も粗製

の範囲を脱せざるや明らかなり眼を転じて名古屋城をみれば建築以来殆ど三百年幾回の風雨地震に遭ふも曾て驚く色なく……唯我輩は今回の震災を我が新建築法の大試験として官民共に新築の事あるときは改めて一層の注意あらんことを祈るのみ……〃

福澤は大被害の電文が続々と入電するなか、煉瓦造建築の被害が際だって大きいことをいち早く察知し、日本には煉瓦造の歴史がないので、技術者や職人も経験が浅く、形だけの模倣に堕したものが多いこと。さらに気候風土も西洋と著しく異なっており、湿気対策など解決されていない点でも煉瓦建築は時期早尚であると指摘。〃……満々大丈夫なりとの証拠を握るまで……住居にして其中に眠食するが如きは安心なる策にならさる可し……〃として、しばらくは試験期間と心得るべきと述べている。

ちなみに、都倉は、〃……慶応義塾には明治二十年に完成した煉瓦建築が一つあったが、その後本格的な煉瓦建築は明治四十五年まで作られなかった。……福澤は自宅にあった煉瓦建築を地震後一週間も経たないうちに出入りの大工に補強してもらった……〃と記している。慶応義塾の煉瓦造への慎重な姿勢が示唆される。

なお、煉瓦造に関する「時事新報」の記事を拾い読みすると、

一一月六日　〃煉瓦屋の潰方〃

煉瓦造では余震で次第に崩れる場合が多く、壁は上層を薄くするべき。

〃壊崩せし煙筒の構造〃

モルタルの不十分さの指摘。

一一月一〇日　〝漫言「煉瓦家の建築は安あがりを貴ぶ」
……日本には上等堅固の煉瓦家とて無用、若しも建築するならば其破壊を覚悟して極々安あがりの請負普請を賛成するものなり〟
と見かけ倒しの粗製濫造の煉瓦建築の流行を皮肉る。

一一月一九日　〝煉瓦とモルタルの粘着力〟

など、今日に通じる考え方が震災直後すでに示されていたことに驚かされる。

福澤は「時事新報」の社説や〝漫言〟という少しくだけたコラムにおいて、政治や経済などの社会問題にとどまらず、自然災害など自然科学系の課題にも鋭い洞察を加えており、扱う領域の広さと内容の深さはまさに超人的であった。

福澤は若きおり、緒方洪庵の〝適塾〟において蘭学を学んだが、当時の蘭学者は天文地理、医学薬学、さらに化学や物理学などの自然科学と政治や歴史、思想史など人文科学とを区別することなく探究する百科全書的な人たちであった。福澤が濃尾地震後に国を挙げての救援の必要性を論じただけでなく、地震被害について自然科学的な論考を執筆したのも、このような幅広い素養に由来すると思われる。

1・3　地震研究機関の創設への世論

さて、一一月に入って、地震被害の全貌が明らかになるにつれて、とりわけ甚大な被害を発生した煉瓦造建築に関する調査の必要性が認識されるようになった。たとえば一一月一〇日付けの「大阪朝日新聞」には次の記事が掲載されている。

〝建築に関する研究及び検束

今回の震災は社会の大不幸たる事論なれど技師建築家に取りては建築上の研究の実地に遂ぐるに此上なき好機なり通常の家屋中にも劇しき震動に堪へて能く存立せるあり表面は宏壮にしてもビッシャリ潰れたるあり如何なる組立の家が地震に遭ひて最も堅牢なるか研究ものなるべし殊に煉化（筆者註 煉瓦）石の建物の多く破壊せる一事は太だ顕著なれば此際煉化石は地震に堪えへさるものか又は其建築方の疎漏に因るか十分に調査せんことを急務なり左れば其筋にても之を等閑に付せず直ちに技師を実地に派遣し夫々取調中なりと聞く又烟突を始め煉化石の建物にして地震の為破損または傾斜せるものは警察官に於て厳重に之を修復若しくは改築を命じ不虞に備へんことが最も肝要なるべし〟

また、この二日後の一一月一二日の「時事新報」の〝地震調査委員を設くべし〟の記事も注目に値する。

〝地震調査委員を設くべし

或地震学者の説に依れば今回の地震は其及せし区域は頗る広く東は仙台に至り西は薩摩の果迄及びし程にて固よりその極端における震動は微震に相違なきも斯く西隆より東端に至る長距離の間に震動を起こせしより見れば従前の経験上其原因は決して地層中の上層に非ずして非常の地下にありし事は明白なり地震の性質に就ては種々ありて地層の陥落地層の辷り噴火等は其重なるものなるが岐阜地方の地震に関しては已に二三学者の説あれども噴火質にあらずとの一事を断言したるまでにて過日来農商務省及び

内務省の気象台其外大学等よりも専門家技師等を出して種々穿鑿中なれども今日の処にては陥落とも言難ければ辷りとも云い難し然るに日本は従来地震国の名を得しほどにて世人の畏怖も一層を加えたる事となれば今日の事は独り学問上の一大疑問として研究せずして日本将来の為に充分に地質を調査すること必要となれば農商務省内務省等より委員を出し此団体をして之を調査せしむべしとの説内務省の技師中に在りと云う〟

地震の調査委員会を創設すべしという意見が内務省技師から出ているという一節から判断すると、一一月七日に根尾谷に入った内務省五等技師中村精男が思い浮かぶ。「地震調査会」という名称は、翌二五年五月に文部省の所管で発足した「震災予防調査会」の名称とよく似ていることから、上記の内務省農商務省の「地震調査会」の設立構想は「震災予防調査会」設立の伏線であったのかもしれない。

一方、煉瓦造の耐震対策に関しては、一一月一二日に次の記事があり、コンドル、妻木、片山などが大阪にて集まり、煉瓦造の対策について協議したことがわかる。コンドルや片山は「震災予防調査会」と関わりがあったことから、調査会の活動にさまざまな形で反映された可能性がある。

〝ジョンコンドル氏

今回岐阜愛知福井等の震災地家屋の構造視察の為其筋より派遣せし雇英人ジョンコンドル氏は既に震災地の視察を終へ内務省技師妻木頼黄宮内省技師片山東熊東京府技手安達喜次郎氏等と供に去る八日大坂に出て中ノ嶋花屋方に投宿したれば同地の各紡績書其他煉瓦造の建築を所有するものより続々訪問し今後の建築法並びに地震にて破潰せし修繕方等を聴取れり又コンドル氏は二三日間も滞在して同地の各

工場を巡視し構造方等に付き夫々意見を述べ参考に供するよしなり〟

三六年前の安政江戸地震では、瓦版が惨状を伝えたが、濃尾地震では新聞という近代的メディアが、全国津々浦々に大地震の情報を届け、地震防災の関心を高めたのであった。

1・4　菊池大麓の建議と震災予防調査会の創設

上述のように、震災から半月ほど後の一一月半ばには震災防除を目的とする研究機関を創設する必要があるとの主張がいくつかの大新聞に掲載され始め、耐震構造や地震現象の解明に取り組むべきであるという世論が次第に形成されたようだ。

このような折、帝国大学理科大学教授で貴族院議員でもあった菊池大麓が、地震後一月半後の明治二四年一二月一一日に貴族院に「震災予防調査機関」設立に関する建議書を提出した。その一節を以下に示す（文献3）。

〝将来地震ノ頓ニ減少スルコトハ決シテ之無ク三四十年毎ニハ必ス今回ノ如キ大震劇動アルハ亦疑ヲ容レサルナリ今回ノ震災タル非常ノ惨害ニシテ……此ノ惨状ヨリシテ之ヲ言ヘバ地震ハ大戦争ヨリ最モ大患大災ノ国難ト謂フモ誣言ニ非ルナリ而シテコノ国災国難ノ之ヲ既往ニ徴スルニ将来免カレザルノ厄数ナレハ予防ノ策ヲ講シテ国民ノ生命財産ヲ保護スルハ国家最大義務ナリ震災既発ノ後チ或ハ罹災者ノ賑救シ或ハ破損セル物ヲ興復スルハ固ヨリ国家ノ當ニ励ムヘキノ責ナレトモ之ヲ未発ニホゴスル能ハスシテ徒ニ拮据スルノミニテハ救助ノ道ヲ全フシ国家ノ義務ヲ尽セリト謂フヘカラス尚ホ進ンデ災害ノ未

タ起ラサルニ及ンテ之レカ予防ノ策ヲ講シ災害ノ度ヲ軽減スルノ方ヲ図ラサルヘカラス……将来世ノ進歩ニ伴フテ築港工事ノ日ニ興リ鉄道路線ノ月ニ延ビ其ノ他水道工事ニ築港ノ設計ニ益々盛大ニ趣キ震災ノ影響スル範囲益々広マルハ必然ノ勢イナレバ……災予防ノ策ヲ講スルハ実ニ目下ノ急務ト謂ハサルヘカラス……〟

菊池は、〝わが国では三、四十年に一度大地震が起りそのたびに大被害を発生している。このことは、わが国にとって地震は大戦争よりも激しい国難というべきものであって、地震から国民の生命財産を保護することは国家最大の義務である。さらに今後時代が進んで建築鉄道港湾などが発達すればするほど震災の影響範囲は拡大し、将来今回のような大地震が発生すると災害規模は甚だしくなることは間違いない。このため、震災予防策を講じることは急務である。よって、総合的な調査や学術研究を行い成果を公表すべきであると〟主張したのである。

誰しも科学技術が進めば地震被害は少なくなるとの思い込みがあるが、実は全く逆で、時代が進むほど災害は拡大し、その時代の技術では、手に負えない事態を招くようになる。菊地はそのことを人口わずか三五〇〇万、現在の三分の一にも満たなかった明治中期に、はっきりと指摘するとともに、震災に対しては「復旧」よりもむしろ「予防」すなわち、震災を受けてから直すことよりも、起る前に予防する方がはるかに重要であると強調するなどその先見性は際立っていた。

この建議は、震災から二カ月後の明治二四年一二月二七日に貴族院から内閣に提出され、翌二五年五月に帝国議会の承認を得て、地震から八カ月後の六月二五日に勅令第五五号をもって「震災予防調査会官制」が公布されたのである。

震災予防調査会における実質的な活動は公布直後の明治二五年七月一八日の第一回会合をもって開始され、次の基盤整備が決議された。

①気象台への電話回線の設置

②耐震試験構造の設計

③地震計の整備

④濃尾地震被害調査

⑤地震史料蒐集

なお、明治二四年一一月二一日には北海道に測候所を設置することを認めて、二四年度中に十勝河西郡に三等測候所、二五年度には稚内、二六年度には択捉島内の紗那村《しゃなむら》への設置が決定された。また、濃尾地震の震源がどこであったかについては内務省技師中村精男、理学士大森房吉両の氏が一一月七日にようやく大陥落の地、岐阜県大野郡西根尾谷村大字能郷での踏査によって確定したが、その直後の一一月二四日の新聞には帝国大学田中館教授を同地に派遣して帝国大学根尾谷地震験測所を設立。大森が地震研究を担当するとともに、岐阜、名古屋の測候所と相応して験測に当たることとなったと報じている。このことから上記の震災予防調査会の第一回会合で提示された項目のいくつかは内務省や帝国大学がすでに着手していたものを拡充させたと見ることができる。

その後、明治二六年七月には「震災予防調査会調査事業概略」が文部大臣宛に提出され、予防調査会が行うべき一八項目の調査事業が提示された。うち、耐震建築に関わる事項は次の三項目であった。

①構造材料の強弱試験（一二項）

②各種耐震建築を計画して、地震地域に設置。地震観測を行う（一三項）

③構造物雛形を作成して、人為地震を与えて強弱を試験（一四項）

こうして、明治二六年八月に開催された第二回会合から同二七年三月末の第七回会合の頃には〝地震現象の観測と解明〟〝震災調査〟〝地震史の編纂〟に加えて〝耐震建築モデルの開発〟など「震災予防」という工学的研究と「地震現象の解明」という理学的研究の二つの分野での方向性が定まった。

なお、「震災予防調査会報告」第一号（明治二六年一一月二〇日）の巻頭には明治二五年七月一四日付委員臨時委員及嘱託員の一覧が掲載されている。地震学関係の委員としては関谷清景（理科大学教授理学博士）、巨智部忠承（農商務省技師理学博士）、田中館愛橘（理科大学教授理学博士）に並んで大森房吉（理学士）の名前が見える（文献4、5）。

一方、明治一三（一八八〇）年に〝日本地震学会〟を創設したJ・ミルン（工科大学教師）は、震災予防調査会幹事被仰付（明治二五年七月一四日内閣）〝震災予防調査課会ノ調査事業ヲ嘱託ス（明治二五年七月一六日文部省）と記されていたが、続いて〝幾モナクシテ「ミルン」ヨリ嘱託辞退ノ儀申出タルヲ以テ文部省ニ於テ之ヲ許可シ本会ノ事業助力ノ儀ヲ依頼セシニ同人ハ是ヲ承諾シタリ〟と付記されている。

J・ミルンが何故嘱託を辞退したのかわからないが、明治一三年の横浜地震後に創設された〝日本地震学会〟は、震災予防調査会創設と入れ替わるかのように明治二五年に解散。十二年の歴史に幕を下ろした。そして、ミルンが退いたあと大森房吉の時代が始まった。

1・5　福澤諭吉と菊池大麓

もし明治二四年一二月初旬に菊池大麓が貴族院に震災予防調査会の設立を建議しなかったとしたら、地震に関する研究機関は発足せず、結果として地震学や耐震工学の発展はかなり遅れたに違いなかったと今改めて思う。恐らく史上最大の直下型地震――濃尾地震も他の歴史的大地震と同様、雑多な震災記録だけを残して、いつしか忘却され、その教訓を総合的に活かすことはできなかったであろう。

関東大震災に際してあれほど徹底した学術調査が行われ、地震後耐震研究が一挙に進んだのは、やはり震災予防調査会の三十年に及ぶ先行研究の賜物であったと思う。

それにしても、「時事新報」が一一月半ばから地震調査委員会創設の必要性を論じ始め、一二月上旬に数学者の菊池大麓が建議書を貴族院に提出。続いて地震後二カ月を経た一二月二七日に建議は貴族院から内閣に送られたが、それとほぼ同時に菊池が序文を寄せた伊藤為吉の『日本建築構造改良造法』が出版されたことなど、震災予防調査会創設の流れが淀みなく進んだように見えるのは何故だろう。

もちろん、貴族院や内閣でさまざまな調整が行われたことは想像に難くないが、筆者には地震研究が必要であるとの世論を喚起した「時事新報」側からのいわばボトムアップを受けて、今度は菊池がトップダウンで貴族院に震災予防調査会発足を建議する形で呼応したように思われてならないのである。さらにいえば、庶民には貴族院でどのような建議が行われたのか知る由もなかったが、震災復旧よりも、震災防除の方が遥かに重要であるという建義書の理念は、〝堅牢なる家屋の発明は地震の前知に優れる〟という伊藤の主張と軌を一にするものであった。ひょっとするとこの主張は、菊池を通して発せられた福澤の地震災害へのメッセージでもあったかもしれない。そのため、建義書の趣旨を代弁しようとしていた当時またほとんど無名だった米国建築師伊藤為吉のために、わざわざ序を寄せたのかも知れない。

こんなことをとりとめもなく考え始めると、「時事新報」を創始した福澤諭吉（当時五六歳）と東京大学理学部長（理科大学長・当時三六歳）だった貴族院議員菊池大麓にはどのようなつながりがあったのか知りたくなった。

ところで明治二三（一八九〇）年に開設された帝国議会は衆議院と貴族院の二院制で、貴族院においては皇族や華族議員の他に終身任期の勅撰議員六一名が選ばれ、帝国大学から六名が勅任された。帝国大学理科大学長であった菊池はその一人であった。

菊池は安政二年一月（一八五五年三月）に津山松平家の上屋敷で蘭学者箕作《みつくり》秋坪《しゅうへい》とつね夫妻の二男として生れ、父の実家である菊池家の養嗣子となったという。秋坪は蘭学者箕作阮甫《げんぽ》の弟子で、つねは阮甫の三女であった。

箕作秋坪は文政八（一八二六）年備中国儒者の家系に生まれ、箕作阮甫の門弟となるとともに、緒方洪庵の適塾において蘭学を学んだ。

一方、福澤諭吉は天保五（一八三五）年摂津堂島の中津藩蔵屋敷で生まれて、秋坪より九歳年下であったが安政三（一八五六）年二二歳のときに適塾に入り、翌安政四年には塾頭となったという。

福澤が世に頭角を現し出したのは安政五年に中津藩から江戸出府を命じられ、江戸中津藩邸で蘭学を講じ始めた頃からであって、秋坪始め多くの英傑と終生の親交を深めた。その後、福澤は万延元（一八六〇）年咸臨丸で日米和親条約批准のため軍艦奉行木村摂津守の従者として渡米。さらに文久二（一八六二）年、遣欧使節団に箕作秋坪とともに同行し、欧州の社会制度などに関する見聞を広めるとともに、多くの資料収集に努めた。

一方、福澤と二〇歳年のはなれた菊池大麓は江戸幕府創設の洋学校——蕃書調所で秀でた成績を修め、慶応三（一八六七）年一二歳で幕命により英国に派遣されるも幕府崩壊により帰国。東京大学の前身である大学南校に出仕したが、明治三（一八七〇）年一五歳のおり、今度は明治政府の命により再度英国に留学。明治一〇（一八七七）年ケンブリッジ大学を首席で卒業し、同年帰国後二二歳で東京大学理学部教授に就任、数学の教鞭をとった。

福澤諭吉と肝胆《かんたん》相照らす仲であった箕作秋坪の二男菊池大麓は、福澤が設立した交詢社創設時にも名を連ねるなど、親子二代にわたって知己の間柄であった。このような背景を考えると、方や福澤は言論界から、一方菊池は学術面から将来の日本の震災防止に向けて阿吽の呼吸で呼応したことは想像に難くない。

それにしても、福澤は磐梯山の噴火やトルコ海軍エルトゥールル号の遭難、そして濃尾地震など、大災害や大事故の被災者に対して何故あれほど暖かい眼差しをもって支援に全力で取り組んだのだろう？

一つ思い浮かぶのは、福澤が藩命で江戸に出府した安政五（一八五八）年、あの頃は安政江戸地震からまだ日は浅く、いたるところに震災の生々しい爪痕が残されていたはずである。火災で焼失した街並みや豪壮だった江戸城そして大名屋敷の荒廃した姿を前に、震災防除は何にも増して重要な国家的課題であると痛感したのに相違ない。

一方、安政二年の春先に生まれた菊池大麓もまた、八カ月の幼子の折に安政江戸直下型地震に遭遇している。あるいは菊池には幼い日の激しい地震の記憶があったのかも知れない。

2　震災予防調査会における耐震木造の研究

2・1　震災予防調査会の研究方針について

明治二五年六月二五日の勅令第五五号で「震災予防調査会官制」が公布されてから一年四カ月を経た同二六年一一月二〇日に「震災予防調査会報告」第一号が刊行された。

調査会長菊池大麓は巻頭の辞で〃本会ニ於テ調査シタル事業ノ成績ヲ公ニスルハ本会設置ノ主旨ニ於テ最モ必要トスル〃と述べ、調査会発足から明治二六年一〇月一五日までの事業報告として次の五項目を提示した。

①研究組織
②調査事業の概略
③予防調査会設立の建議案
④貴族院における演説と質疑の速記
⑤辰野金吾設計の煉瓦造耐震家屋の計画案

菊池は、明治二四年一二月の震災予防調査会設立の建議において、震災防除を講ずるうえで最も肝要なものとして、

〃如何ナル材料、如何ナル構造ハ最モ能ク地震ニ耐フルモノナルヤ〃及び、

〃建物ノ震動ヲ軽減スル方法有リヤ〃のほか、

〝如何ナル地盤ハ最モ安全ナルヤ〟

など六項目の研究課題を列挙し、この方針に基づき、会長一名、幹事一名のほか二五名の委員によって運営すると定めた。

2・2 人為地震台について

第二号は九カ月後の明治二七年八月に刊行されたが、この間に耐震研究の基盤整備は大きく進展した。特に注目されるのは、

(一) 木造建築の耐震化に関する研究に着手し、順次煉瓦造などに拡大するという基本方針を確認したこと。

(二) 〝構造物ノ雛形ヲ作リ人為ノ震動ヲ与ヘテ其強弱ヲ試験スル〟と記されているように、人為地震台(振動台)を試作し、これに数種類の木造の縮小模型(雛形)を載せて動的特性を比較検討すること。

という画期的な研究手法を打ち出したことである。

震災予防調査会の〝人為地震台〟との関連で気になるのは、佐藤勇造が明治二五年四月に出版した『地震家屋』に〝耐震家屋試験盤〟という上下・水平二方向振動台による耐震実験をすでに示していたことである。同書は多くの専門家にも読まれたと考えられるので、震災予防調査会での研究構想に佐藤の「耐震家屋試験盤」が影響を与えたと考えても不思議ではない。これは 横河民輔の『地震』や伊藤為吉の『日本建築構造改良法』についても同様である。

なお、「震災予防調査会報告」は大正一二年の関東大震災後に東京帝国大学地震研究所に移管されるまでの三十年間に実に百一巻が刊行され、地震学の発展に大きく貢献した。しかしながら、不可解なのは、震災予

防調査会において、建築物の耐震研究が行われたのは、明治二八年六月の第三号から明治三〇年九月の第一三号までのわずか二年に過ぎず、明治三一年頃には建築物の耐震研究は完全に終焉してしまった。

さらに奇妙なのは、鳴り物入りで始まった「耐震煉瓦造の地震観測建屋」での地震観測結果や「人為地震台」を用いた耐震木造実験の成果はついに公表されることはなかったことである。いずれにせよ明治三〇年代初めに耐震木造家屋に関する震災予防調査会での研究が終焉を迎えた後は、

①地震や火山噴火の報告

②地震現象の観測と解明など理学的な研究

が中心となり

③土木構造物の耐震性

④五重塔などの振動観測

など注目すべき研究成果が公表されたが、これらはいずれも大森房吉が主導したもので、日本建築学会の前身である造家学会が関与した事例は何故か見当たらない。

ここでは震災予防調査会は当初どのような研究を計画し、そしてどのような経緯を経て木造建築の基礎研究が終わったのか？　その背景についても考えたい。

2・3　耐震研究施設の整備事業

震災予防調査会の創設に関してはおおむね次のような経緯をたどり基盤整備が進められた。まず、明治二四年末の第二回帝国議会では調査会設立の承認が得られなかったため、明治二五年五月に第三回特別議会が

開かれ、前年の濃尾地震での救済、河川修理などの土木補助費などが審議された。そして、六月二〇日に文部省所管震災予防調査会設備費として、器械費三万円、新営費一万二千円の計四万二千円の交付が認許された。こうして六月二五日の勅令第五五号をもって震災予防調査会が正式に発足したのであった。ちなみに当時の一万円は現在の一～二億円くらいといわれている。

さて、初年度予算の中の新営費の内容は次の二つであった。

〝地震ニ耐フベキ構造法研究試験ニ用フル装置の新設費〟　五千円

〝地震波動測定ノ為メ全国各気象測候所ヨリ最寄電信局ヘノ電線架設費〟　七千円

次いで七月一四日には予防調査会の第一回委員会が開催され、次の四項目の方針が決議された。

①気象台への電話線の架設

②地震に耐える構造物の設計　担当：辰野金吾

③地震調査

④古地震及び濃尾地震の史料編纂　担当：関谷清景

さらに、八月一九日の第二回委員会では、

①辰野金吾設計の耐震建築方法の採用（耐震構造物工事は大学営繕掛に委嘱）

②地震計調査結果の官報掲載

③帝国大学構内に一八尺（五五メートル）の深井穿掘

④磁力計の設置

などが承認され、翌明治二六年五月三一日の第三回委員会では一五項目のより詳細な研究課題が確定した。

十五項目の内、耐震建築の研究に関するものは、

①構造材料の強弱試験
②地震多発地帯への耐震家屋の普及
③構造物雛形による人為振動試験

の三項目であったが、②は次に述べる辰野金吾設計の煉瓦造家屋を建設し、地震計を備えて耐震調査を行うというものであった。

　こうして、耐震煉瓦建築及び後述の人為地震台などを設置する試験建屋、並びに深層地盤の震動観測井戸などが帝国大学構内に新設されたが、これは地震学の総合研究所の先駆けともいえる画期的な施設であった。

2・4　辰野金吾の耐震煉瓦造建物

「調査会報告」第一号には図1a、bに示すような地震観測建屋の設計図と仕様書が示され（文献1）、同時に明治二七年三月の『建築雑誌』にも掲載された（文献2）。この施設は、微震や弱震などの比較的頻繁に起こる地震動を観測し、従来の煉瓦建築と比較することによって耐震的な煉瓦造の開発を目指すものであった。

　平面は三〇尺角で、軒高約九尺、軒出三・五尺の規模を有するが、放物線状の壁体など、その形態は従来の煉瓦造とは著しく異なるものであった。このユニークな実験家屋は明治二五年一一月に着工し、翌二六年七月末ま

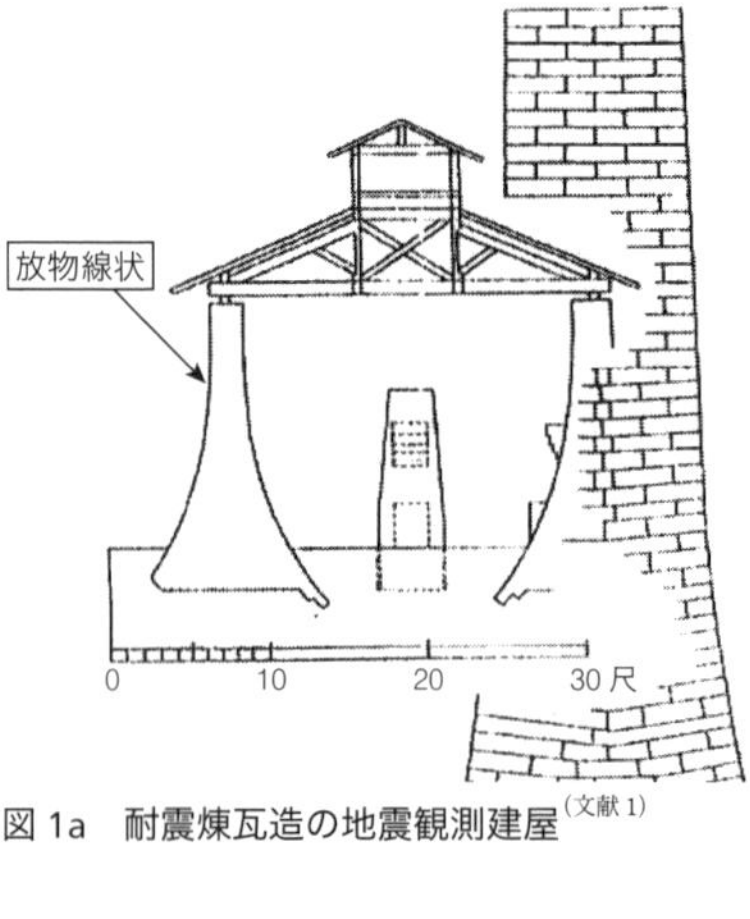

図1a　耐震煉瓦造の地震観測建屋（文献1）

での約九カ月の工期を以て完成した。

この特異な形態の試験建屋の設計意図について辰野は次のように記している。

◇**壁面**

〃耐震家屋ガ水平動ノ波動ヲ受テ構造全体ニ強弱ノ差異無ク均一ノ力量（ユニフォームストレングス）ナルベキヲ目的トシテ一ノ公式ニ則リ周囲壁ヲ放物線形ト為シタリ〃

水平震動を受けた場合の壁体の応力が高さに依らず一定となる形状として放物線を採用したもので、4章9節で述べるように、ユニフォームストレングス(uniform strength) の理論はJ・ミルンの指導のもと大森房吉が卒業研究で展開したものである。

◇**基礎**

〃一枚盤礎（ベタ基礎）

盤礎ハ建物全体の重量ヲ負担スルモノナレバ特ニ注意ヲ要ス而シテ其構造ノ如何ニ因リ地震ノ際水平若クハ上下ノ波動ヲ受クルニ当テ全部不同ヲ免レス因テ之ヲ避ケンガ為ニ一枚盤礎ヲ使用セリ〃

上下動に対して不同沈下を生じさせないために剛強なベタ基礎を構築しているが、この考え方は今日に通じる。

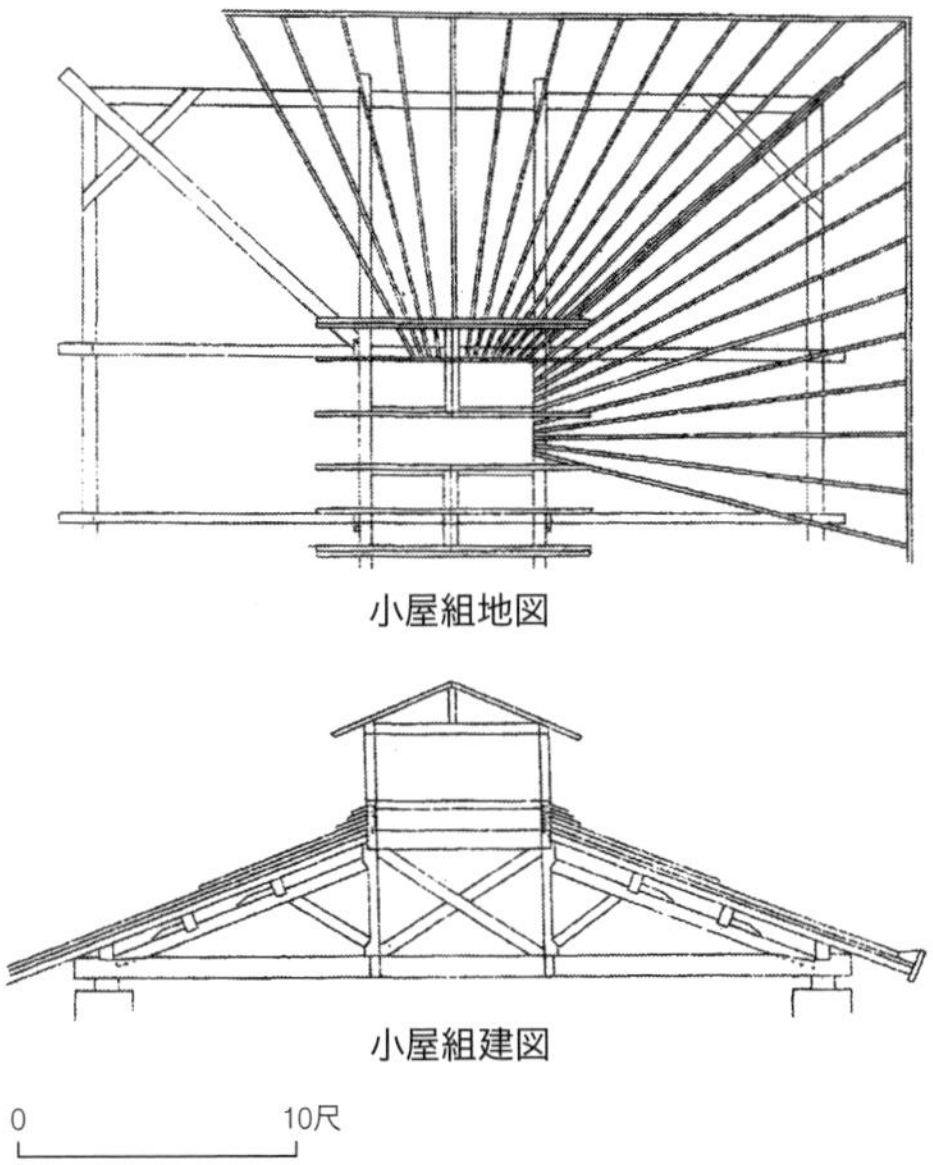

図 1b　耐震煉瓦造の地震観測建屋　屋根の詳細（文献 1）

実際には一五メートル四方の敷地を平均一・五メートルの深さに全面掘削して根伐底を六人大蛸《おおだこ》で突き固め、三尺厚の部位は三回、四尺五寸厚では五回に分けてコンクリートを打設するなど、コンクリート工事の黎明期にあって伝統的な盤築のような地突き作業で地業を行っている。

◇**木造屋根**

〝不同物質ヲ相互離絶セシム〟として次のように記している。

〝学理上実際上下不同質ノ物体ハ地震波動ヲ受ケ不同ノ移動ヲ為スモノ也例之ハ木石ヲ混用シ或ハ石材ト煉瓦トヲ混用シテ有レバ為ニ移動ヲ生ズルカ故ニ劇震ノ際ハ被害ノ度自然大ナルヲ覚ユルナリ……是故ニ小屋組全体ハトラスノ原則ニ依リ木材ト木材ハ牢固ニ組合セタリト雖モ煉瓦石壁トハ結合セシメス〟

とあり、木造トラスと煉瓦壁面の振動特性の差によってこれらの結合部から破壊するのを防ぐため、両者は緊結せずに単に載せただけであった。これも異種構造に対する配慮として合理的である。

◇**セメントとコンクリート工事について**

この耐震煉瓦造建屋の建設に九カ月を要したことについて、少し考察する。

明治二四年の濃尾地震が発生した頃は、まだわが国のセメントの品質は非常に不安定で、硬化時の異常膨張や亀裂発生などの問題が多く、舶来品と国産品の品質には歴然たる差があった。加えて明治二〇年代前半までの黎明期の煉瓦造建築は、水硬性の〝セメントモルタル〟ではなく、漆喰と同様の気硬性の〝石灰モルタル〟が幅広く使われていたのである。

濃尾地震における煉瓦造建築の被害の最大の原因はモルタルの膠着力の不足によって煉瓦壁が瓦解したためであった。そのため、いかにして接着強度の大きいモルタルを作るか——具体的には竣工後一年で一〇〇ポンド／平方インチ＝七・二kg／cm^2がわが国の建築界の共通目標とされた。ちなみに従来の石灰モルタルは一四ポンド／平方インチ＝一kg／cm^2ときわめて小さかった。

　このような課題を解決するために、石灰モルタルにセメントを混和することで、材齢四週で一〇〇ポンド／平方インチのモルタルが可能となることを、坂内冬蔵（文献3）や陸軍の瀧大吉（文献4）らが示し、震災後〝石灰モルタル〟から〝セメント石灰モルタル〟もしくは〝セメントモルタル〟への転換が始まった。

　辰野が設計した耐震煉瓦家屋の建設時期は、明治二五〜二六年。まさに新素材というべきセメントモルタルへの移行期であったが、当時セメントは圧縮材ではなく、煉瓦の膠着性を重視した引張材と考えられていた。そのため、重要な煉瓦造建物の施工に際しては図2に示すようなブリケット型試験片を製作して、一週と四週で引張り試験を行って品質管理を行った。

　ちなみに当該建物のモルタル配合はセメント一：川砂四の体積混合で抗伸力は三〇週で三〇〇ポンド／平方インチ＝二一kg／cm^2と十分な性能を有した。平方センチ当たり二一キログラムという数値は、当時の焼成煉瓦の

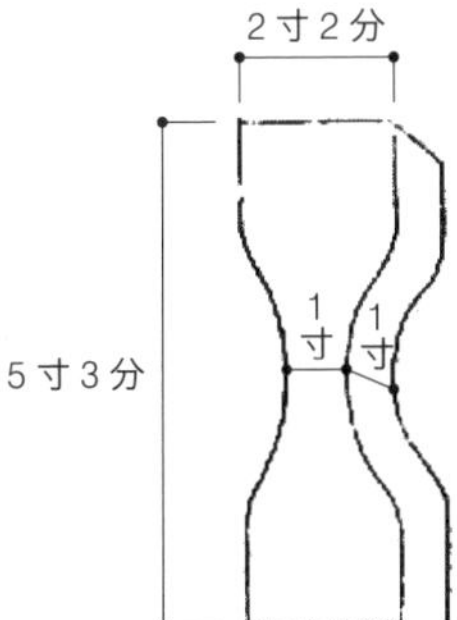

ブリケット試験片の形状寸法

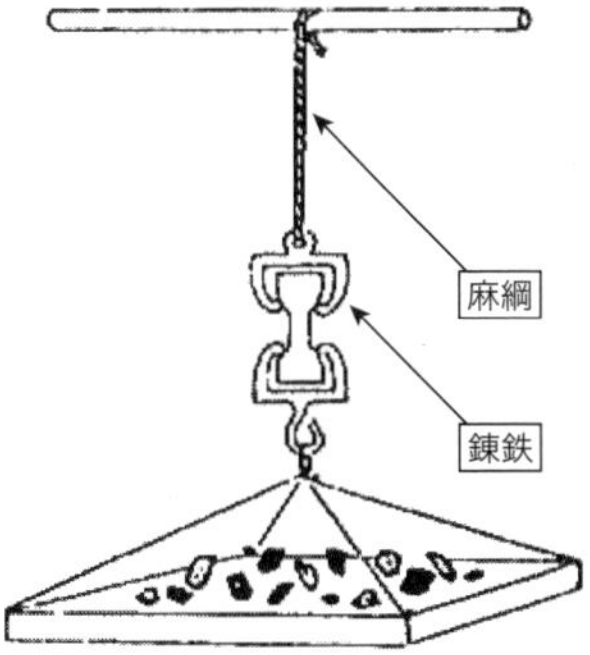

積荷方法

図2　モルタルの引張試験法（文献3）

抗伸力に相当する。これによって目地が弱点とならない一体構造の煉瓦造が可能となったのである。

この観測施設は耐震研究の揺籃期に実現した耐震煉瓦建築の試みとして耐震工学史上の意義は大きいが、関東大震災後に姿を消したようだ。

2・5　水平・上下二方向の人為地震台

前述のように震災予防調査会は明治二六年頃から〝人為地震台（人造地震台）〟と称する振動台の開発を進めた。「震災予防調査会報告」第二号には、人為地震台の仕様と設計図が掲載されているので、どのような装置であったのか検討したい。

ところで、平成七年兵庫県南部地震以降、地震観測網の整備に伴い、近年上下動への関心が高まっているが、この人為地震台は百年以上前すでに上下動が重視されていたことを物語っている。

濃尾地震はM８・３ともいわれる史上最大級の直下型地震であって、兵庫県南部地震とは比較にならないほど震源域は広かった。このような震源域では激しい上下動によって被害は一層甚大となった。今でも各地の民家を調査すると〝横に揺れる地震は怖くないが、放りあげる地震は本当に恐ろしい〟と語る老人が多い。これは直下型地震の生々しい体験が口伝として伝わっているのかも知れない。

なお、戦前の市街地建築物法では、上下動の影響を考慮して、水平震度Kをαだけ割増する〝合震度法〟$K' = K(1+\alpha)$で設計された建物が多かったのも、元を正せば濃尾地震の影響の可能性がある。上下動に対する配慮がなされなくなったのは、昭和一二年以降日本が戦時統制建築の時代に突入してからのことらしい。

◆**人為地震台のメカニズム**

図3は人為地震台の見取図である（文献5）。現在の振動台は水平加振が主流であるが、この装置は水平動のみならず上下動が再現できるようになっている点が注目される。

上下動に水平動を重畳させる振動台（試験盤）は、佐藤勇造が『地震家屋』においてすでに示していたが、震災予防調査会で作られた〝人為地震台〟の機構はやや異なっている。佐藤の装置は地中にピットを掘って上下動の駆動装置をセットしなければならなかったのに対して、調査会の装置はピットを必要としない点で有利である。

さて、調査会の人為地震台がどのような機構であったのかについては、図面からある程度読み解くことができる。

試験装置の規模はおおむね長さ約八メートル、幅二・一メートル程度の大きさで、左手の試験台（テーブル）Aと、右側の駆動部Bから構成され、両者を上下二段のクランクシャフトS1、S2で結合している。試験台

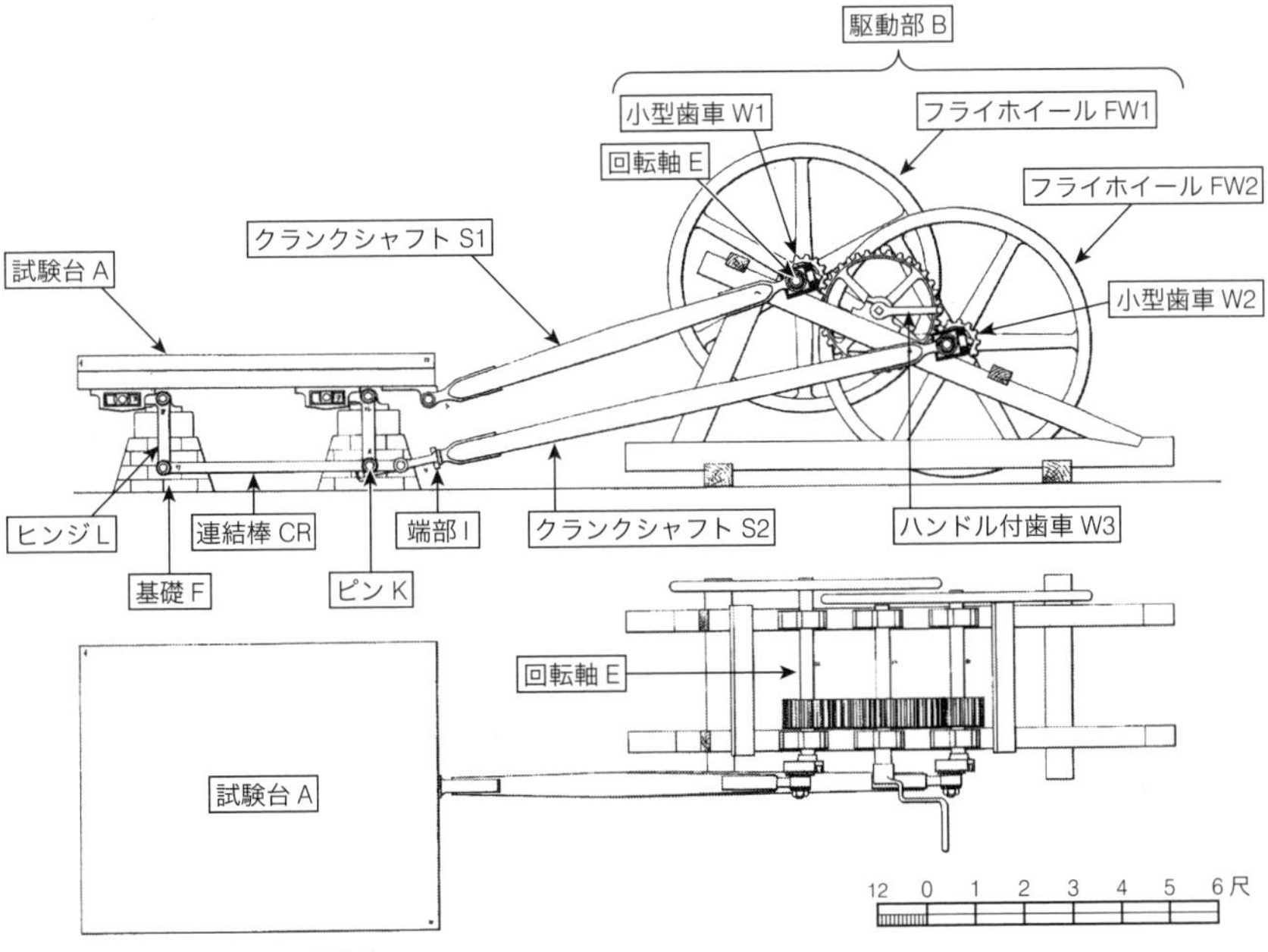

図3　人為地震台の概要（文献5）

Aは床面より九〇センチの高さに設置され、試験スペースは長辺約二メートル、短辺約一・五メートルである。

上段のクランクシャフトS1はテーブルを水平方向に、下段のシャフトS2は鉛直方向に周期運動させる。クランクシャフトS1の駆動端は小型歯車W1の回転軸Eから若干偏心させてあるので、小型歯車の回転運動はクランクの往復運動に変換される。

左側の木製架台には直径一・八メートルほどのフライホイールFW1、FW2が設置され、その中間の高さ一メートルくらいの位置にハンドル付の歯車W3が設けられ、この歯車は二台のフライホイールの車軸に取り付けられた小型歯車W1、W2とかみ合わされている。この振動台はハンドルで中央の歯車を人力で回転加振する方式であった。

下段のクランクシャフトS2のテーブル側の端部Iはテーブルの基礎Fの上面に設置された二箇所のピンKに中間支持されたL型のアームの下端のヒンジLに結合されている。二つのL型アームは連結棒CRに結合されて、平行クランク機構を構成しているので下部クランクシャフトS2はフライホイールFW2の回転運動を下段の小型歯車W2に伝え、偏心カムを駆動することで、水平運動させることができる。この水平運動はL型アームによってテーブルAを水平を保ちながら上下を付与することができる。

上部のクランクシャフトS1も下部のクランク機構と同様に、ハンドル付の歯車W3の回転運動を偏心カム機構を介して、クランクシャフトの水平運動に変換して、試験台Aに水平動を再現するようになっている。

この装置は歯車の回転運動をクランクによって単弦の往復運動に変換するが、大型歯車に二つのクランクが取り付けられているため、水平・上下運動の振動周期は同一となるので自由度は制限されるが、偏心カムには可変機構がついているので、振幅と位相は独立に変化させることが可能である。

この装置の設計仕様は表1の通りであった。

木造建築の一次固有周期は平屋の場合、壁が多いと〇・三秒程度、少ないと〇・五秒くらいが一般的である。一方、模型の縮尺率をSとすると、模型の固有周期は実物の1／$\sqrt{S}$になるので、二分の一から五分の一の縮尺ならば〇・一秒くらいの周期で模型を加振すればよいので、実は上記の性能目標は現在の振動台と比較しても見劣りしない。

しかしながら、この人為地震台の問題点は、これを果たして人力で駆動できたかどうかである。この点については後でもう一度検討するが、積載重量四トンで、装置自体の重量や摩擦を考えると、人力では容易に駆動できなかったと思われる。

2・6　人為地震台の試験建屋

図4は人為地震台に合わせて帝国大学構内に建設された試験小屋の概要である（文献6）。梁間五間、桁行七間、建坪三五坪の規模を有し、明治二七年二月二二日着工、三月二四日に約一カ月の工期で竣工したが、この試験小屋自体が耐震木造の実験建屋として計画された可能性が高い。興味深いのは柱の基礎を約一メートル埋め込んだ掘建柱形式であることや、屋根は杮葺きのキングポストトラスであるが、軸部は筋違ではなく貫構造で固めていることである。

後述するように、震災予防調査会の耐震木造の基本仕様は、最終的には筋違を基本に軸部を金物で接合する方式となったが、この試験家屋は貫構造でしかも仕口に結合金物はほとんど使われていない。このことは、震災予防調査会の創設期においては、

・屋根を極力軽量化すること。

表1　設計仕様

水平動	0 ～ 27mm　上下動 0 ～ 75mm　周期 0.1 秒以下
加速度	1G ＝ 980gal
	周期 0.1 秒＞最大振幅 5mm　周期 0.5 秒＞最大振幅 127mm
最大積載重量	4 トン

・軸部は洋風筋違ではなく、伝統的な貫構造とする。

という考え方があったことを示唆する。また、このような構造形式は、後述の曽根・片山両委員による初期の耐震家屋雛形の手法との類似点が指摘される。

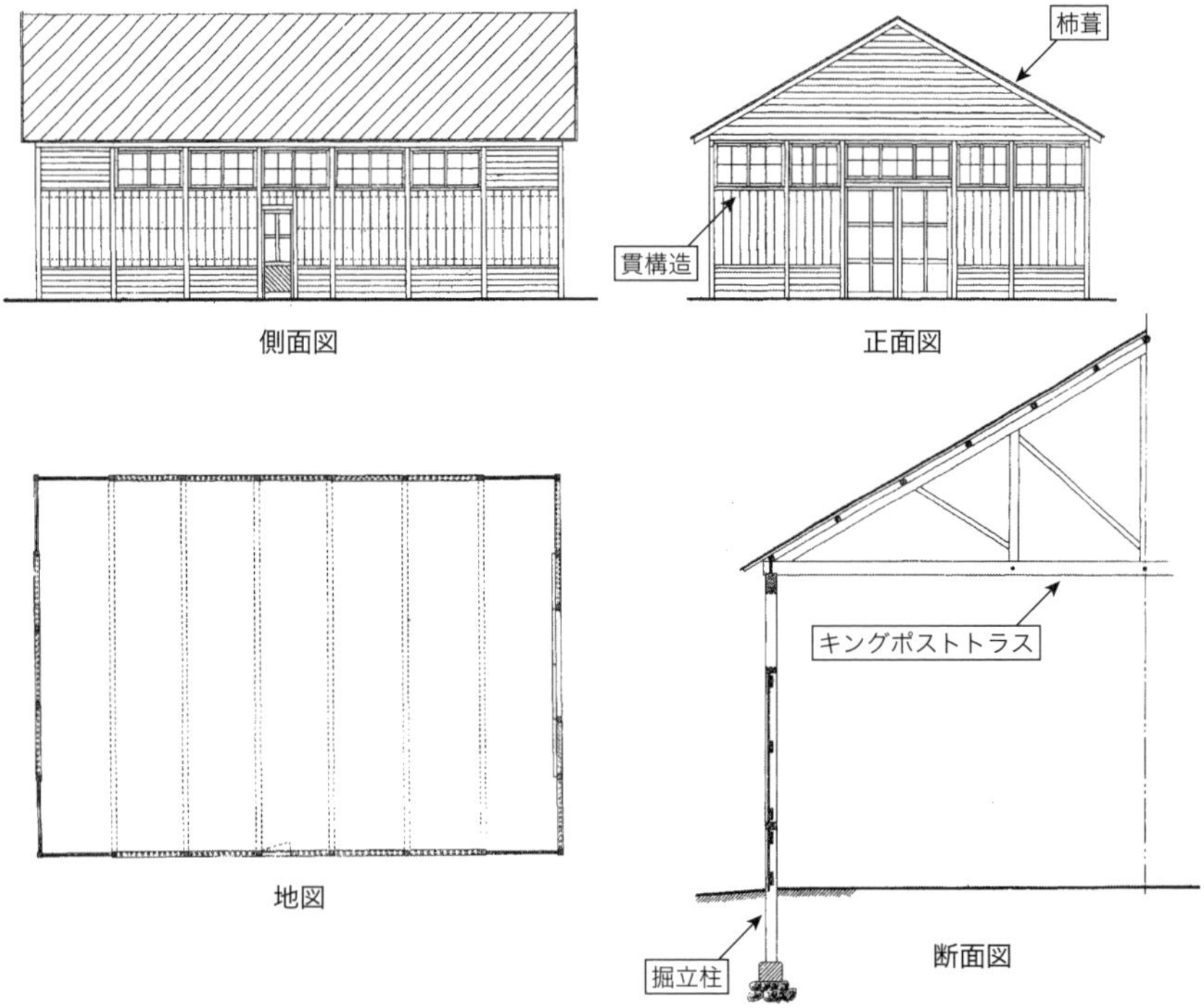

図４　試験小屋の概要（文献6）

3　大型の耐震架構モデル〝木造耐震建築雛形〟について

震災予防調査会は「報告」第二号（明治二七年八月）（文献1）を皮切りに、第四号（明治二八年七月）（文献2）及び、第一三号（明治三〇年九月）（文献3）の三回にわたって、人為地震台実験に用いる木造雛形案を公表した。当初は鳥居や門など、単純な構造形式の木造の研究が構想されたが、次第に変化して、最終的には振動実験には向かないような複雑な木造雛形が制作された。

本節ではまず予防調査会創設当初に計画した耐震木造雛形がどのようなものであったのかを分析しながら、当時の耐震木造の考え方を検討する。

ところで震災予防調査会設立に際し、今後取り組むべき研究課題の一つとして〝耐震家屋構造法ノ講究〟が掲げられ、明治二七年八月の「調査会報告」第二号に、〝第一階梯トシテ……先ズ構造物ノ雛形ヲ作リ人為ノ震動ヲ与ヘテ其強弱ヲ試験ス〟として、世界初ともいえる振動台を用いた模型実験のアプローチが示された。欧米で耐震工学が本格化する数十年も前に、模型を人為的に揺すって建物の耐震性能を検証するという研究が日本で始まったことはまさに画期的であった。

調査会では建物の耐震性は、材料や構造形式などの多くの要因に左右されるので、まずは小規模で単純な木造架構の実験から始めるべきであるという方針に従って、次の四名の錚々たる委員が六種類の雛形の設計を担当することとなり、明治二七年三月三一日付で菊池大麓調査会長に設計案を提出した（文献1）。

① 辰野　金吾：神明鳥居・棟門・日本家屋改良案

② 曽根　達蔵：日本家屋

③　片山　東熊：洋風家屋
④　中村達太郎：洋風家屋改良案

さて雛形の寸法は、人為地震台への設置を考慮して、①の鳥居と棟門については実物の五分の一、その他②③④は間口九尺奥行二間・広さ三坪、すなわちメートル法に換算すると間口約二・七メートル、奥行約三・六メートル、広さ一〇平米（六畳一間）の平屋建物で、縮尺は二分の一に統一された。

これら雛形を通して、明治中期頃の耐震木造の考え方を推測できる。

3・1　鳥居について

辰野が担当した図1の神明鳥居は柱長H／柱径D＝七、梁間S／柱径D＝九・五のプロポーションとなっている。『匠明』などの木割書では、通常H／D＝S／D＝一〇くらいなので、図1の雛形は一般的な木造鳥居において、柱脚部を柱径の約二・五倍埋め込んだ寸法で計画したと考えられる。

ここで注目されるのは基礎構造である。近世の木造鳥居では「藁座」と称する礎石を地面に据えて、その上にダボを介して柱を設置する場合が多いが、この鳥居は古代的な「掘立柱」形式とし、地中に柱径の二・五倍ほどの大きさの礎石を置くとともに、柱径の一・五倍の深さ付近で、梁間・桁行き両方向に根絡を二段に組んで足元を固めている。

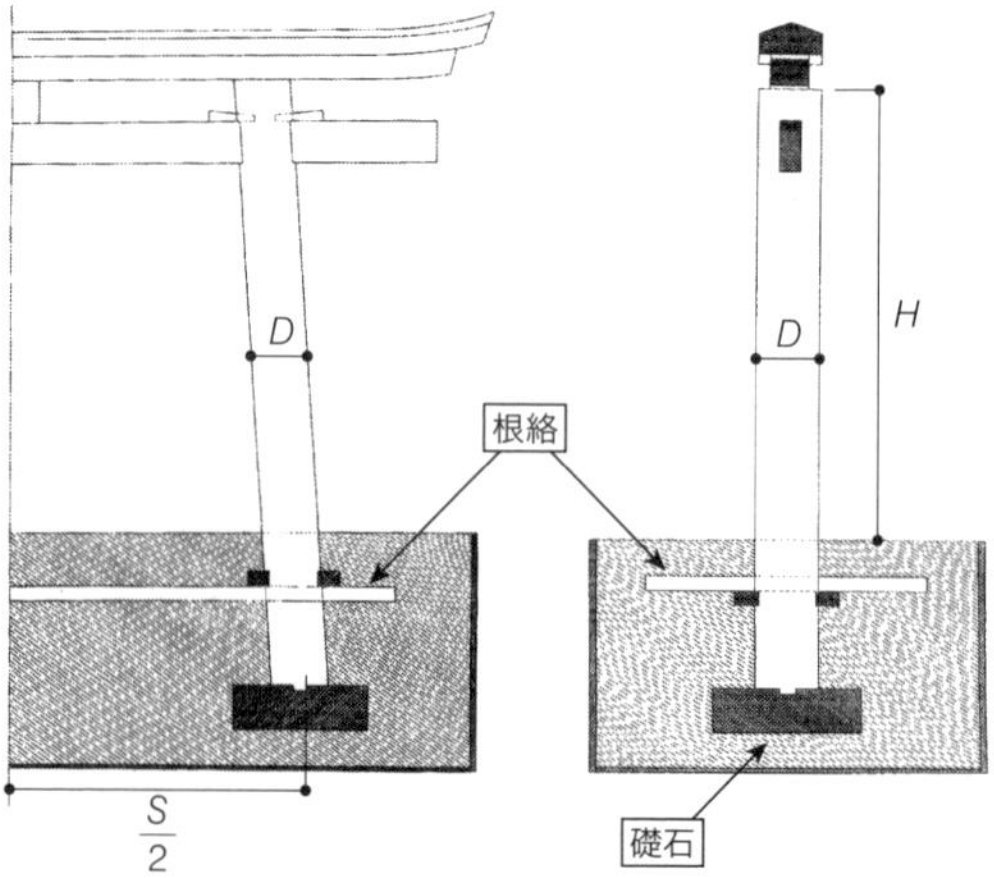

図1　神明鳥居のモデル（辰野金吾案）[文献1]

3・2 棟門について

図2は辰野設計の棟門である。地中に礎石は設置されてはいないが、鳥居と同様の掘建柱形式となっている。埋め込み深さdは柱径の五倍程度とやや深く、柱径の四倍程度の深さにおいて、「根絡」を梁間・桁行両方向に井桁状に組みつけている点も鳥居雛形と共通する。先の木造鳥居とおなじく棟門の基礎も「掘立柱」とし、さらに柱脚が地震などで変形するのを防ぐために根絡で固める「地中土台」の工法を採用している。これは江戸時代の火見櫓や地震間などの耐震工法として広く用いられていたものであり、掘立柱は耐震性が高いことが広く知られていたことを示唆する。

3・3 日本家屋について

日本家屋については「従来型（左）」と「改良型（右）」の二種類があり、それぞれ曽根と辰野が担当した。これらを比較したものが図3から図6である。基本的には「従来型」は伝統的な「貫構造」であり、改良型は切組を施さない「長ボルト締付工法」である。

図3に示すように、曽根の「従来型」は和小屋形式で軸部は地・腰、内法の三段の貫で軸組を固めている。図4の従来型では五角形断面の

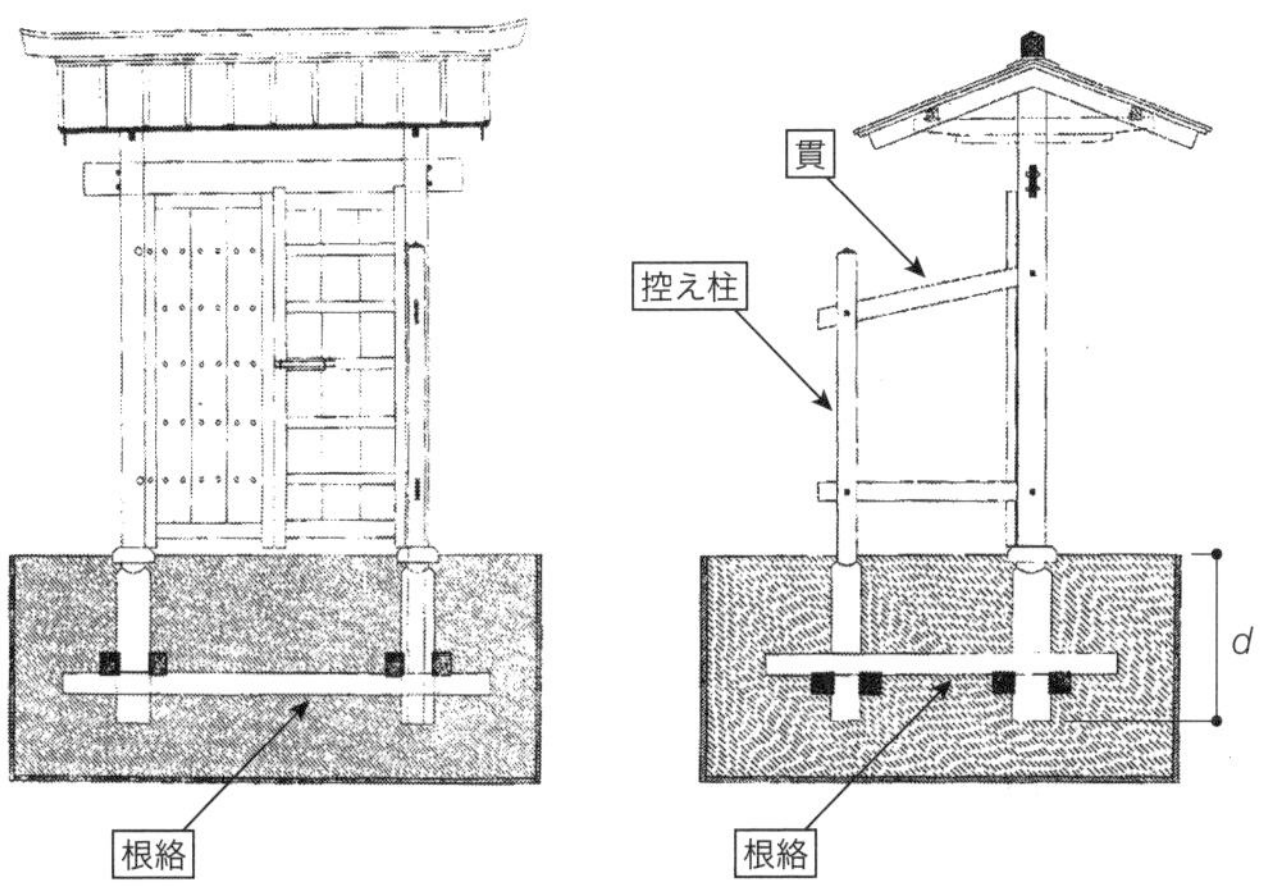

図2　棟門（辰野金吾案）(文献1)

「軒桁」に小屋梁を兜蟻で組み付けていることなど不可解な点もあるが、基本的には伝統形式に則っている。

一方、「改良型」では全ての接合部を「長ボルト締め」としており、「貫」状の横材Aは二本の組立柱B、Cの間に挟み込んでこれを柱とともに長ボルトDで締め込むという独特の工法となっている。ただし、筋違は用いていない。

もう一つ特徴的なのは図6に示すように「改良型」では天井面と敷土台の四隅に火打ちHを設置して、水平剛性を高めていることである。

そのほか、「改良型」は伝統的な和小屋を洋小屋に改良し、接合部には切組加工を施さず、直接ボルトで木材を結合しているが、今日の標準的な木造トラスの組み方とは様相を異にする。すなわち、トラスの下弦材

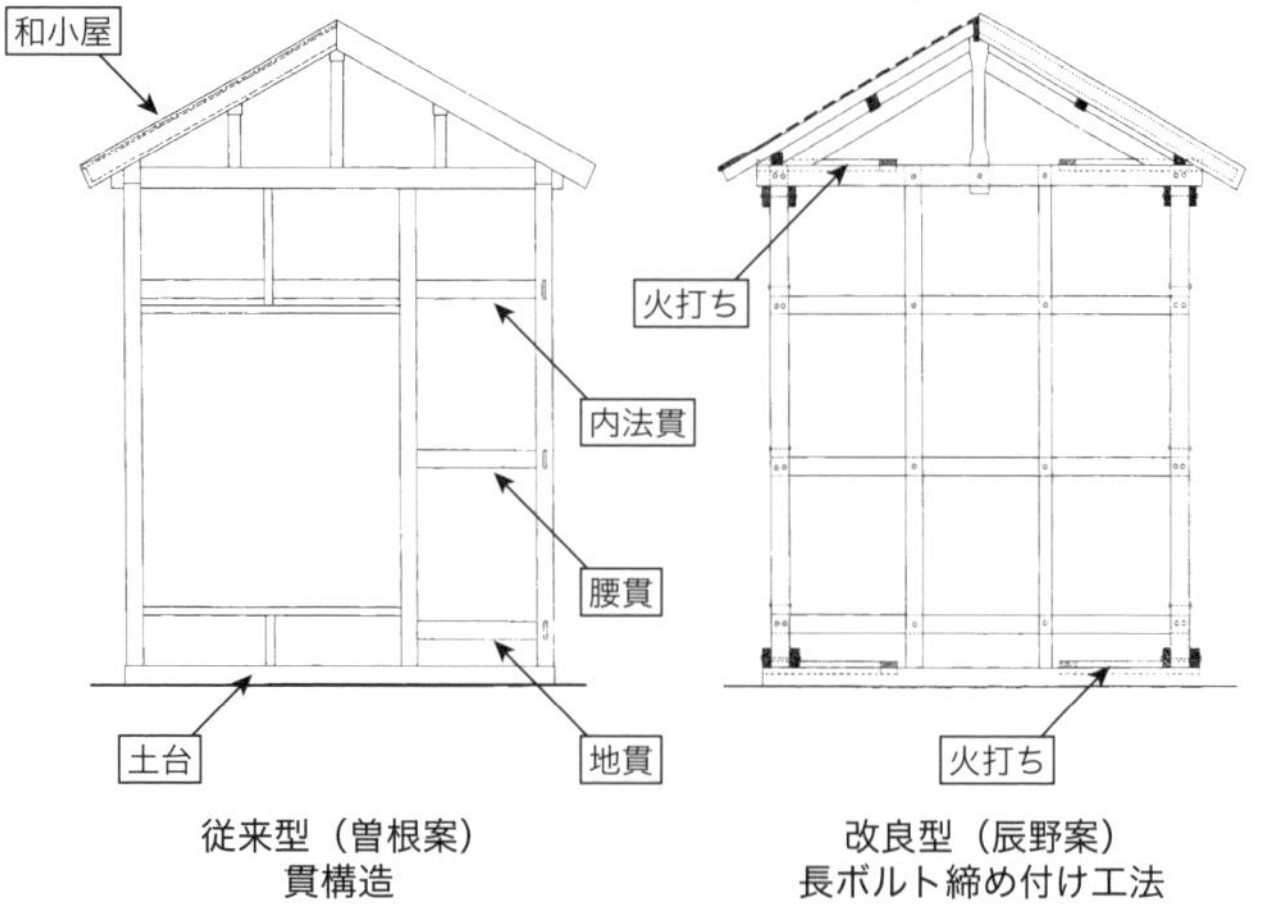

図3　日本家屋雛形軸組図(文献1)

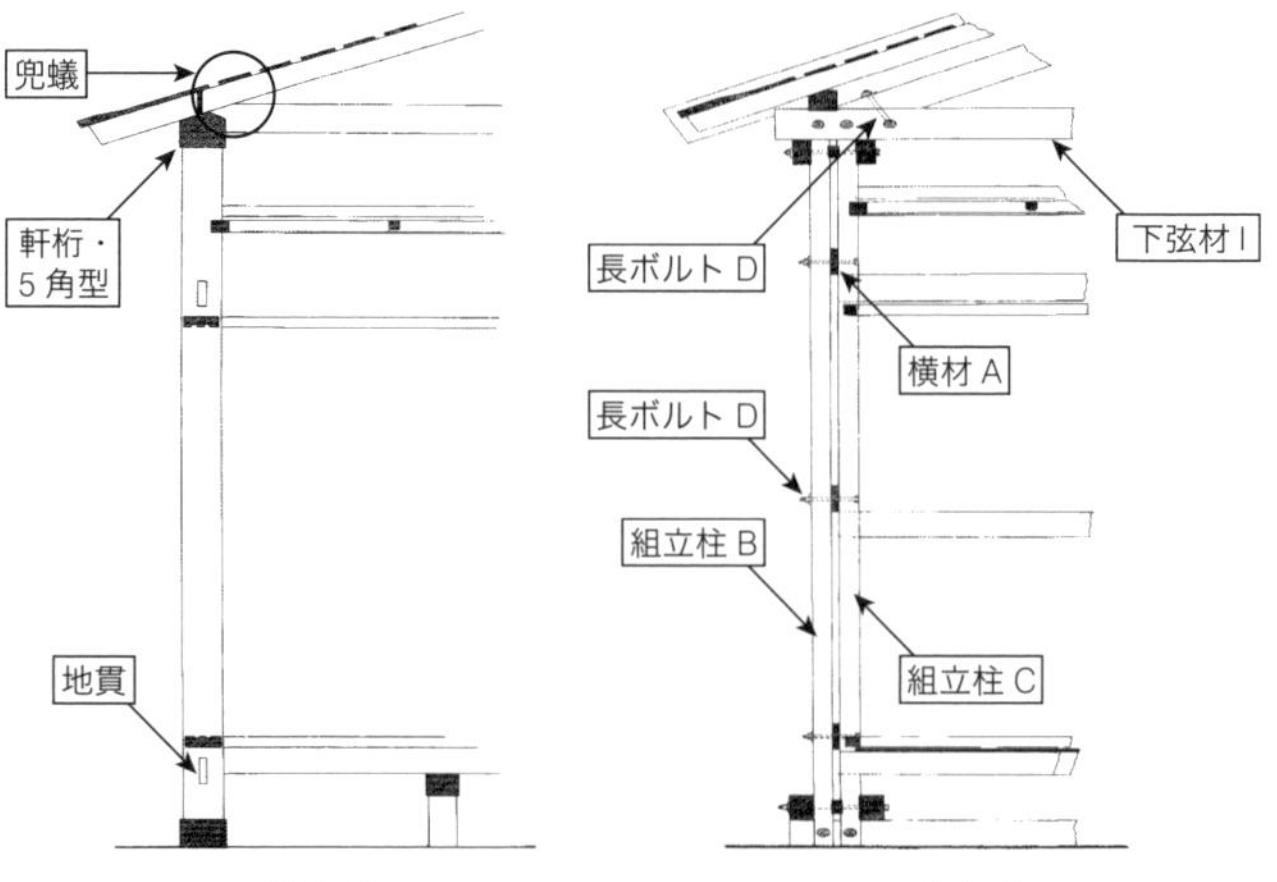

図4　日本家屋雛形断面図(文献1)

Iは「合せ梁形式」とし（図5）、合掌尻はボルトにより下弦材と結合しているが、これは通常用いられている「傾ぎ大入短ホゾ挿し」の仕口（図7）とは異なっている。同様に柱も内外二丁の部材を挟み板を介してボルトで綴《つづ》るなど今では見られない手法である。当時はまだ軸組に洋風トラスを上架する手法が確立されていなかったためとも考えられる。

いずれにせよ、改良型日本家屋を設計したこの頃の辰野金吾や曽根達蔵は、木材の切組は行わなくても長ボルトで締め付けさえすれば、伝統的な貫形式の木造家屋より遥かに耐震性能が高いと考えていたことを示唆する。

3・4　洋風家屋について

片山東熊が担当した③洋風家屋雛形は図8に示すような寄棟の建物であった。外観は下見板張の大壁形式で、小屋組みは真束トラスの洋風木造であるが、軸部は〝貫構造〟であって、軸部を固めるための〝筋違〟は用いられて

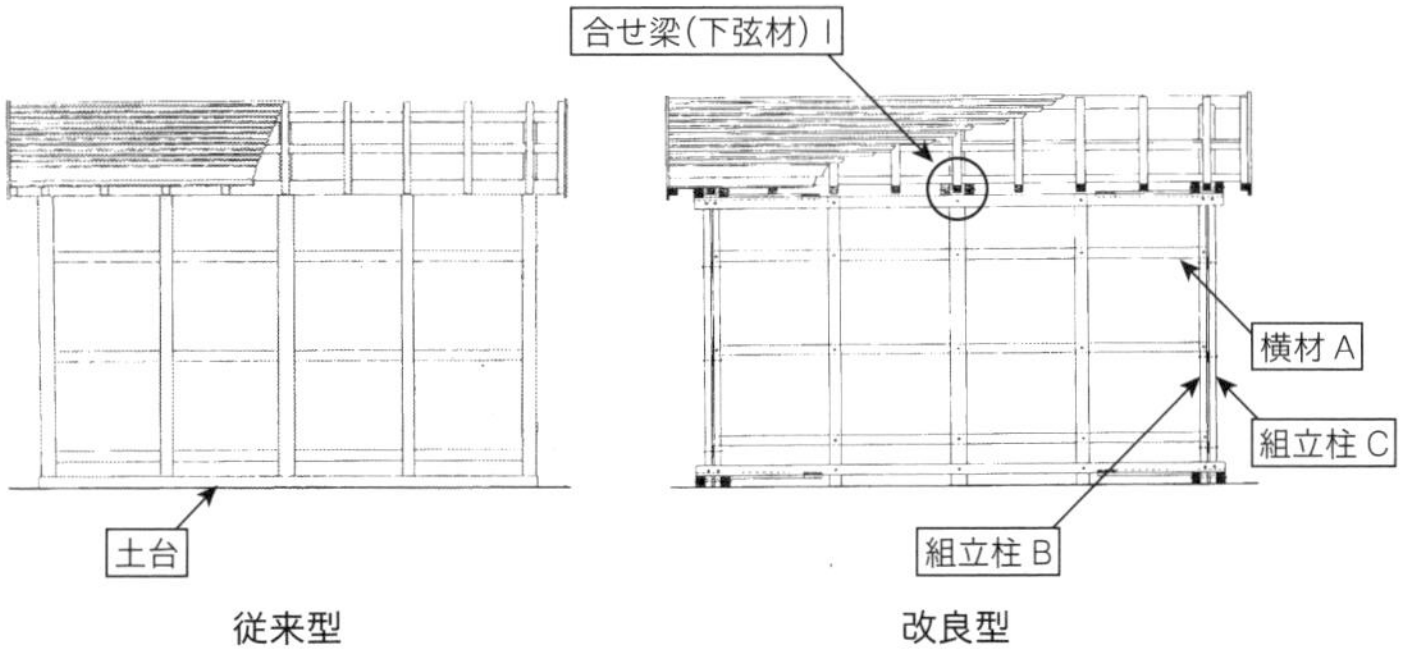

図5　日本家屋雛形立面図（文献1）

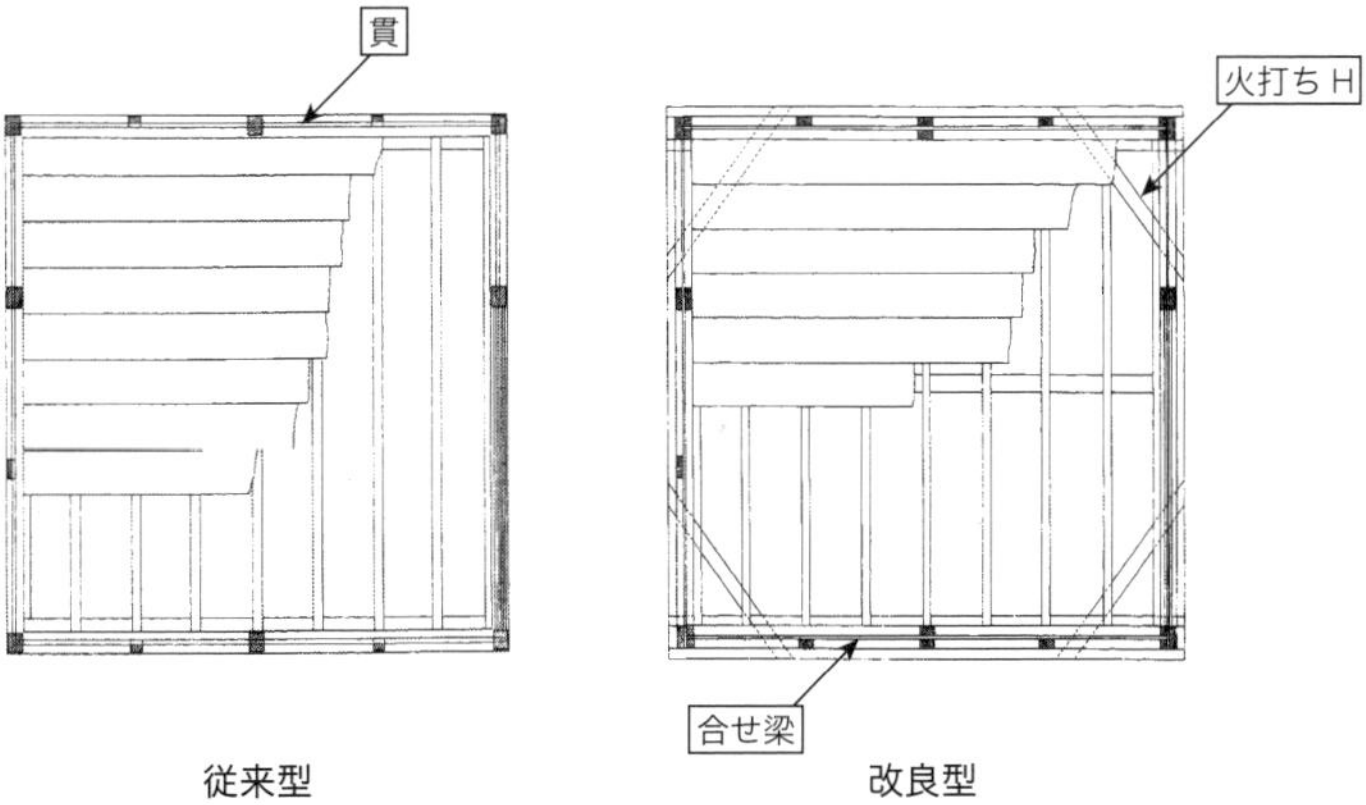

図6　日本家屋雛形平面図（文献1）

いない。これは図3の従来型の日本家屋と同様である。

注目したいのは床組みである。明治中期以降になると洋風木造建築では煉瓦造のフーチングを使うようになるが、この雛形の場合は外周に木造の敷き土台Aを置き、足固Bと筋違Cを併用して、高床を造り、その上部に軸部を立ち上げている。これは屋根がトラス構造となっている点を除けば、伝統的な土蔵建築の軸組等と共通点が多い。このような木造土台形式の雛形が提案された背景として、明治二〇年代は煉瓦の量産化が始まったばかりで、煉瓦造のフーチング工法が一般化していなかったことが考えられる。

壁内には筋違が設置されていないのに、床下を固めるために筋違を使用しているのは興味深い。洋風木造の筋違は、足固から始まったのであろうか？

図1〜6及び図8の雛形は、明治二七年八月の「調査会報告」第二号で公表されたものであるが、一年後の、明治二八年七月の第四号には、図9に示す二階建洋風木造改良図案及び仕様が掲載された。第二号掲載の平屋建て洋館案は片山東熊が作成したが、図9の二階建案は中村達太郎が担当した。改良案では、貫から筋違構造に変化し、柱と外周の梁との接合荷は〝長ボルト〟が用いられていることなど、今日の在来木造に近い設計となっている。

設計時期は明治二八年三月とあるので、第二号に示された一次設計案から約一年を掛けて実験用雛形の実施設計がほぼ確定したと考えられる。この間の技法の変化としては、「切組加工」を行わず、木材を直接「長ボルト」で緊結する手法が、辰野・曽根・中村委員の「改良型」の耐震家屋に共通して用いられていることである。

一方「筋違」を用いた耐震工法は図9に示す二階建洋風木造の改良案に用いられており、特にこの案では

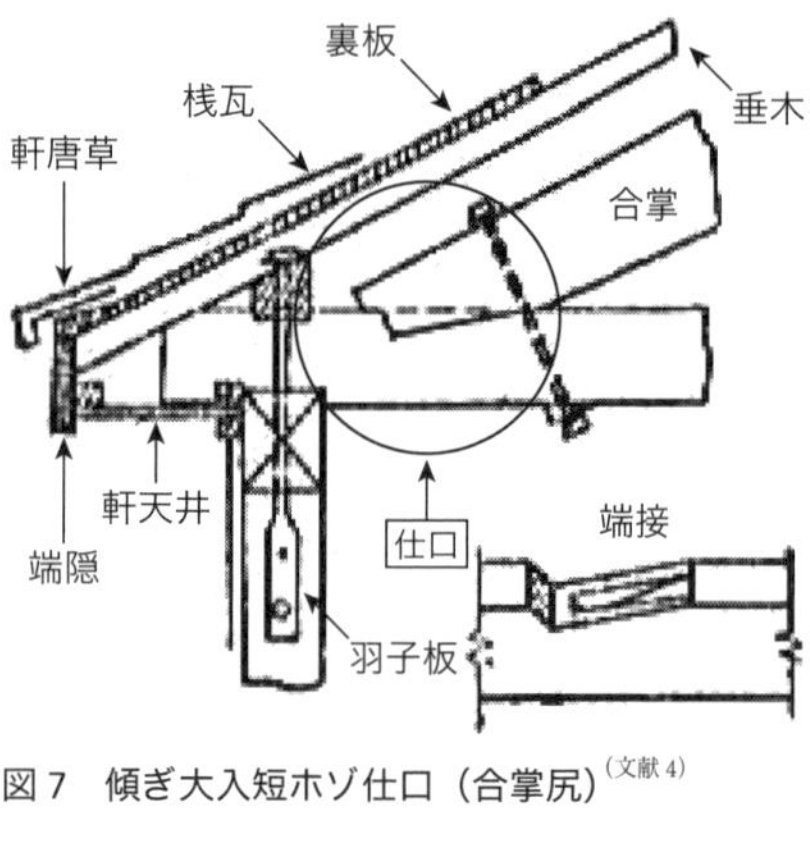

図7　傾ぎ大入短ホゾ仕口（合掌尻）(文献4)

「長ボルト」工法を併用したトラス構造となっている点が注目される。

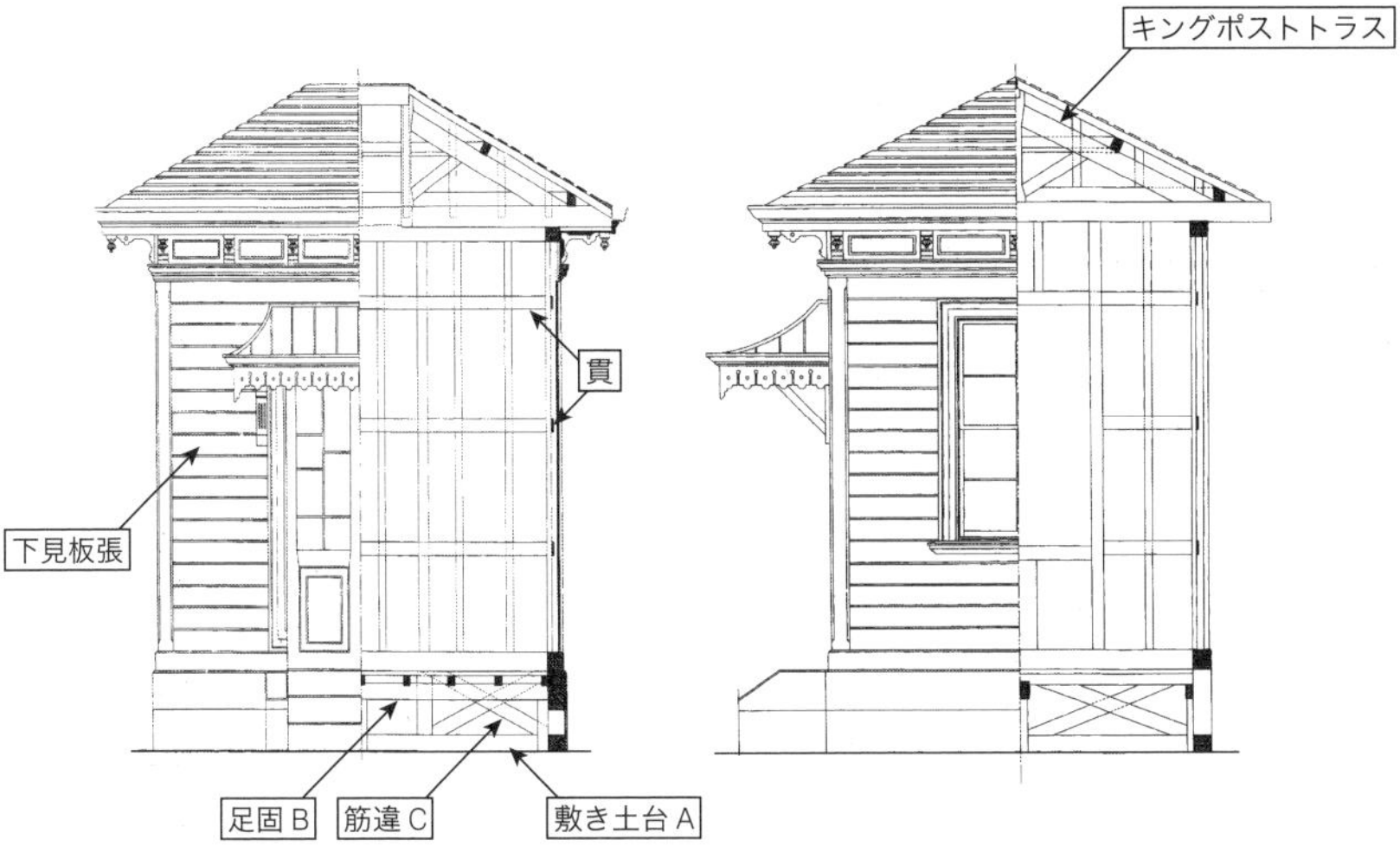

図 8　平屋洋風木造雛形（改良前）（片山東熊設計）(文献 1)

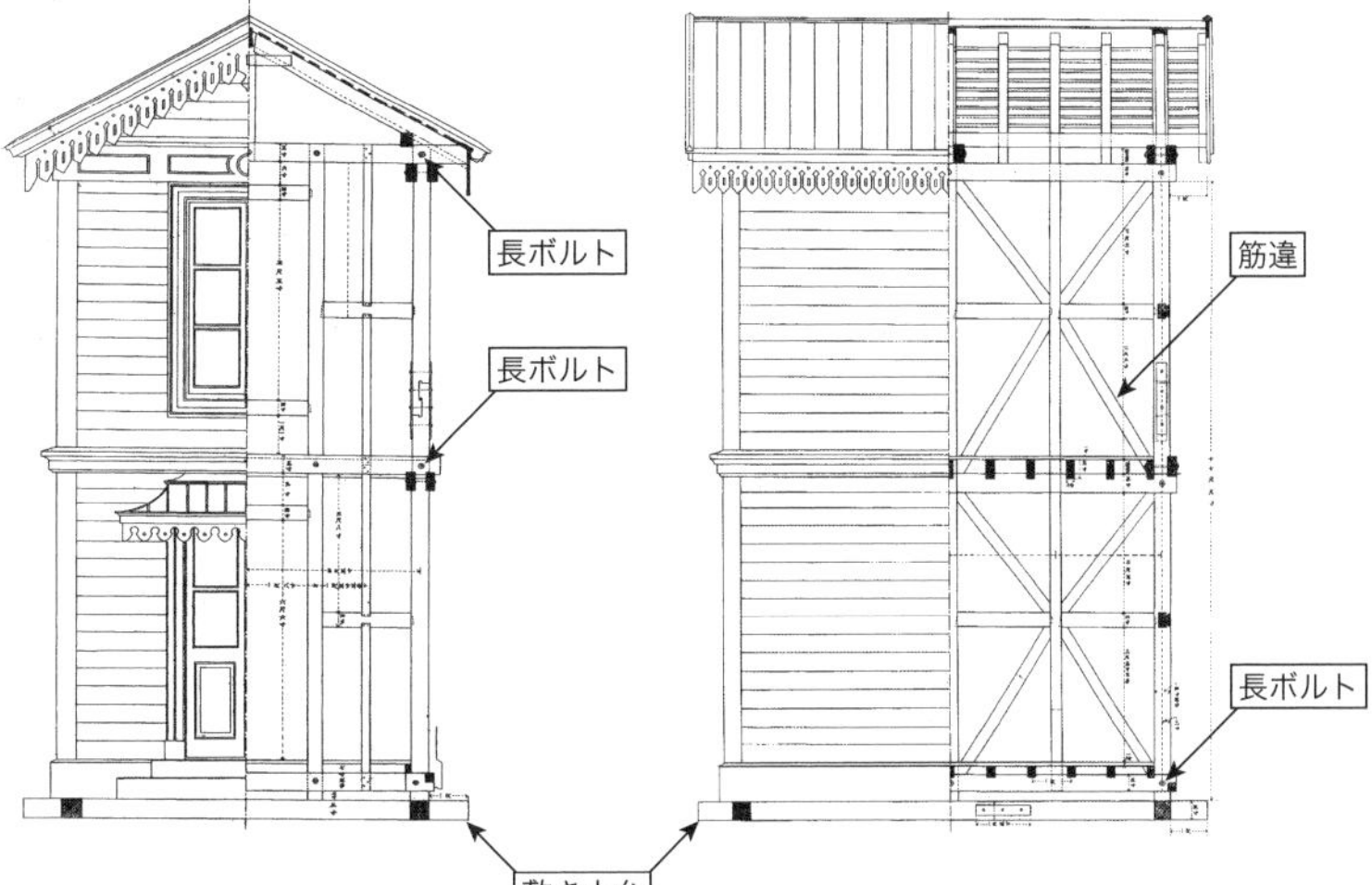

図 9　2 階建洋風木造（改良後）（中村達太郎案）(文献 2)

4　世界初の大型振動台〝人為地震台〟を巡って

4・1　人為地震台の製作

明治二五（一八九二）年六月に震災予防調査会が創設されてから約一年を経過した明治二六年七月に辰野が設計した煉瓦造耐震家屋は完成。文部大臣宛に「調査事業概要書」が提出された。そして同年一一月二〇日に「震災予防調査会報告」第一号が出版され、そのなかで調査会設立の趣旨や経緯の詳細が明らかにされた。人為地震台の設置に関しては、翌明治二七年一月の第六回委員会で人為地震台の上屋（試験小屋）の計画案が承認され、明治二七年二月二〇日に着工、一カ月の工期を以て翌三月二二日に完成した。一方、振動実験に用いる木造試験体（雛形）の原案は、明治二七年三月三一日に菊池調査会長に提出され、その設計詳細は四カ月後の二七年八月の「調査会報告」第二号に掲載された。

人為地震台装置本体がいつ頃完成したかについては明確な記録はないが、明治二七年三月の第七回委員会で雛形が承認されたことから判断すると、人為地震台の完成時期は試験小屋が竣工した頃からさほど隔たっていないと推測される。

4・2　木造家屋の耐震研究の推移

今一度、「震災予防調査会報告」の流れに着目すると、同報告は明治二六年一一月に創刊されたあと、少し間隔があいて、第二号は九カ月後の同二七年八月に出版された。その後耐震木造に関する報告は、明治二八年に入って三、四、五、六、七号、明治二九年の九号そして、明治三〇年には一一、一二、一三号に集中的に掲載された。

しかしながら、明治三〇年九月の第一三号を最後に造家学会関係者による耐震建築に関する報告は姿を消し、代わって大森房吉の地震学研究や各地で頻発した地震や火山噴火に関する調査報告が大半を占めるようになった。

なお、大森は帝国大学理科大学の教官であったが、地震学の外に五重塔の振動性状や灯篭の転倒現象の他、大正時代に続々と建設されるようになった一〇〇メートル級の超高層RC造煙突などの振動観測、さらには橋脚などの土木構造物の耐震対策など耐震工学上きわめて重要な研究成果を「震災予防調査会報告」に発表し続けた。

その後、建築学会会員が執筆した論文や調査報告が掲載されたのは三十年ほど後の、大正一二年の関東大震災の被害をまとめた「震災予防調査会報告」第一〇一号であったが、これをもって震災予防調査会の活動は幕を閉じた。この結果、明治三〇年代から大正一〇年頃までの二十数年間は耐震工学の空白期間になる可能性があったが、これをカバーしたのが大森房吉であった。

なお、関東大震災後、大正一四年一一月に震災予防調査会に代わって、新たに地震研究所が設立され東京帝国大学造船学科出身の末廣恭二が初代所長になった。地震研究所では幅広い専門分野から研究者を集め、全く新しい地震学が急速に発展し、日本の地震学は黄金期を迎えた（文献1、九二頁）。

今改めて、明治二八年三月の「調査会報告」第三号を検討すると、耐震木造建築に関する研究方針がこの頃大きく変わったことがわかる。すなわち、

㈠　木造雛形の振動台実験に関する研究報告が姿を消したこと。
㈡　「木造小学校」や「耐震木造雛形」の作成など実務的課題に力点が移ったこと。
㈢　庄内地震（明治二七年一〇月Ｍ７・０）の報告が大半を占めるようになったこと。

震災予防調査会設立当初は「鳥居」や「門」などの単純な構造形式の木造雛形の振動台実験に着手し、それらの研究結果を見きわめながら、順次平屋から二階建ての和風や洋風木造家屋へと、規模と構造形式を変化させつつ耐震設計手法を確立するという漸進的なアプローチを目指していた。

しかしながら、振動台実験の基盤がようやく整った明治二八年三月以降になると、何らかの理由で当初の基礎研究を重視するアプローチから、一足飛びに耐震木造建築の標準設計案の策定という実用的な方向に大きく舵をきった。

この頃の研究会の陣容に関しては、創設当初の辰野金吾、曽根達蔵、片山東熊、中村達太郎に加えて、寒冷地の耐震構造調査には石井敬吉（工科大学助教授）、耐震構造物標本製図に山崎定信（岩手県営繕後、明治二九年海軍技師）など、帝国大学工部大学校の明治二四年第一〇回卒業の若手が登用されたことに加えて、文部省技師山口半六が臨時委員に任命されたことが注目される。

4・3　人為地震台の稼動について

最新鋭の人為地震台が完成し、いよいよ研究を本格化できる段階になって、何故研究方針が変わったのか？　その理由を考えるうえで、明治二八年九月の「調査会報告」第六号の菊池調査会長の次の巻頭言は注目に値する（文献２）。

〃本会調査の事業ハ僅カニ其緒ニ就キタルマテニテ目下攻究中ニ付耐震家屋構造法ノ如キモ未ダ充分ナル実験ヲ遂ゲテ其適否ヲ判定スルノ域ニ達セサレトモ客歳十月山形県下震災地ヘ出張セシ委員等親シク被害家屋ノ実況等ヲ観察セシニ由リ今後同地方ニ於テ家屋ヲ建築スルニ際シ耐震構造上参考トナルヘキ方策ヲ調査シ注意ヲ与ヘントノ計画中適同県知事ヨリ右ニ関スル取調方依頼アリシ……〃

この一文から、明治二七年三月頃には人為地震台はほぼ完成はしたものの、振動実験がまだ成果を挙げるには至っていない明治二七年一〇月に庄内地震が勃発したため、調査会は初の本格的な調査団を派遣して被害家屋の状況調査を行なった。その際県知事から復興建物の耐震構造の方策を提案してほしいという要請を受けたため、予防調査会は、振動台実験による基礎研究を待つことなく、震災復旧や耐震補強案の策定を優先することになったらしい。

4・4　当初の振動台の性能について

人為地震台がすぐには軌道に乗らなかった理由を考えるために、当初の地震台は人力でどの程度動かせたのか大雑把に検討する。

「調査会報告」によると、この振動台の性能諸元はおおむね次の通りであった。

試験台の重量などは無視して積載重量だけを考えると、

1　**最大積載重量　四トン**

水平動　周期〇・五秒で±六センチ　⇓　七二カイン

周期〇・一秒で〇・五センチ　⇓　三〇カイン
上下動　周期〇・五秒で±三・五センチ　⇓　四二カイン
周期〇・一秒で〇・五センチ　⇓　三〇カイン

② 水平動について

最大四トンの積載重量を約七〇カインで駆動するのに必要なパワーWは
四千キログラム×〇・七メートル／秒＝二八〇〇キログラム・メートル／秒

③ 上下動について

最大四トンの積載重量を約四〇カイン＝〇・四メートル／秒で駆動させるのに必要なパワーWは、
四千キログラム×〇・四メートル／秒＝一六〇〇キログラム・メートル／秒

となる。すなわち、おおむね水平方向約三千キログラム・メートル／秒、上下方向一五〇〇キログラム・メートル／秒程度の駆動力が必要である。

ちなみに、一馬力（HP）＝七五キログラム・メートル／秒なので、上下方向の駆動に必要な馬力数は、一五〇〇／七五＝二〇馬力、水平方向四〇馬力となる。その結果、水平・上下用の二台で計六〇馬力程度、ワット（W）数に換算すると一馬力＝〇・七五キロワットなので、六〇馬力＝四五キロワットくらいは必要となる。

安政六（一八六〇）年に米国に渡った咸臨丸（排水量六二〇トン）の蒸気機関は一〇〇馬力、明治一六年に輸入された蒸気機関車弁慶号は八〇馬力であったといわれている。人は瞬間的には一馬力程度を出すことは可能らしいが、持続力は〇・一馬力くらいといわれているので、六〇馬力の人為地震台を人力で動かすには、数百人が必要となる。これはどう見ても非現実的である。

電動機や内燃発動機が存在していなかった明治二〇年代半ば、今日の振動台のように電気油圧式装置の強力なパワーで、任意の波形を瞬時に再現することは不可能であった。蒸気機関を使わない場合、振動台を駆動するには、人力でフライホイールを低速域から徐々に増速して、その回転慣性を利用して振動台を加振したと推定されるが、高速回転は難しかったはずである。

したがって短周期の振動の再現は困難で、かなりの長周期域でのスウィープ(掃引)加振を行ったと推定される。大型のフライホイールはこのことを物語る。

4・5 人為地震台の改修について

帝国大学工科大学教授真野文二は明治三〇年二月二〇日付で菊池調査会長に「人為地震台改修報告」という注目すべき報告書を提出した。その概要は翌三一年七月の「震災予防調査会報告」第二一号に掲載された(文献3)。

そこには次のような記述がある。

〝人為地震台ハ「震災予防調査会報告」第二号ニ掲載セル人為地震ヲ発生スル方法ニ示ス如ク人力ヲ以テ源軸ヲ回転シ此ノ源軸ヨリ軸棹及ヒ……ニ運動ヲ伝フヘキ装置ナリシモ人カニテハ迅速ニ源軸ヲ回転スル能ハス為ニ台ハ一分時間ニ五十回前後ノ上下及ビ水平運動ヲ為スニ過キサリシ……〟

〝二基ノ蒸気機関ヲ据付ケテ……台ニ上下及ヒ水平動ヲ与フヘク改修セリ此ノ如クニシテ台ノ上下及ヒ水平動ノ数ヲ一分時間ニ百七十回マテ増加スルコトヲ得タリ……而シテ最初ノ装置ニテハ……同時ニ

同数ノ上下及ヒ水平動ヲ生スルノミニシテ……今回ハ軸棹ヲ各列ニ回転スヘクナシタルヲ以テ上下ノ数ト水平動ノ数トヲ異ナラシムルコト自在ナリトス〃

これより当初の人力駆動方式ではせいぜい周期一・二秒程度の長周期でしか揺すれなかった。この問題を解決するために、調査会委員の真野文二が、二基の蒸気機関を上下と水平方向独立に設置する方式に改修した結果、二軸独立制御が可能となって、人為地震台は初めて実用域に達したのである。

図1は当初の地震台と改修後のそれとを比較したもので、次のような改良が行われたことがわかる。

(一) 当初の設計ではフライホイールの木造基礎と振動台とは連結せずに試験室の床に固着されていたが、改修案では振動台と輪軸部とは同一の木造土台の上に設置されている。

しかしながら、蒸気機関を導入したことで飛躍的に増した加振力に耐えるためには、この木製架台は見るからに華奢である。さらに当初設計では頑丈な煉瓦基礎を設けていたのに対して、改修後の基礎が仮設的な点も気になるところである。実際には佐藤勇造が『地震家屋』で示した耐震家屋試験盤のような重量

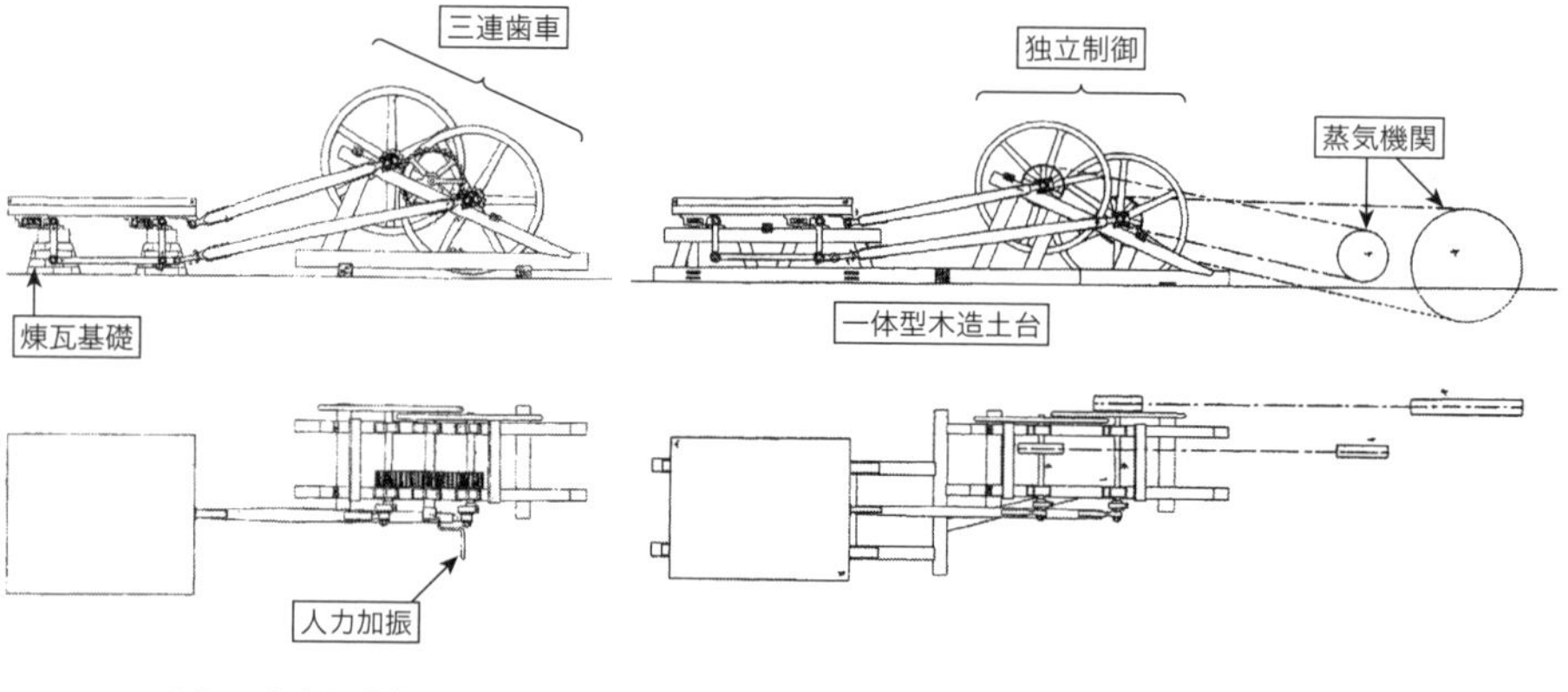

図1　改修前後の人為地震台（文献3）

が大きくかつ剛性の高い基礎に蒸気機関と地震台を設置するのでなければ、最大出力での稼働はできなかったと思われる。ここに示された改修設計案は暫定的なもので、別途頑丈な基礎を構築して装置を移設した可能性がある。

(二) フライホイールについては、当初設計では手動でクランクを回して、水平・上下方向を同期させる必要があった。このため、クランクの回転力を水平及び上下方向に振り分けるために、三つの歯車を設けていた。これに対して、改修装置では水平・上下方向を完全に独立させて、それぞれに蒸気機関を設置したので、回転機構は簡素化された。また、上下動と水平動の加振周波数は独立して設定できるようになった。

(三) 蒸気機関の馬力は記載されていないが、この改修によって、毎分二七〇回すなわち四・五ヘルツの加振が可能となった。

初期の人力装置を改修して実用に耐える振動台にまで完成度を高めるのに約三年を要したのであった。いずれにせよ、明治二〇年代後半、機械技術が発展途上にあったわが国で、世界初の画期的な振動台の開発に挑み、今日でも通用しうる水平・垂直二方向の加振装置を数年で完成させたことは特筆に値する。しかしながら莫大な国費を投入してやっとのことで完成させた振動台ではあったが、何故か震災予防調査会が当初に計画した耐震木造に関する研究成果はついに発表されることはなかった。

4・6　煉瓦造耐震建屋と人為地震台試験施設の変遷

辰野設計の耐震煉瓦造建屋や人為地震台の試験建屋がどこに建設されたかについては、「調査会報告」第一号に手がかりとなる一節がある。すなわち、明治二六年一〇月付「耐震家屋建築仕様書」(文献4)には、明治二六年七月に建設された煉瓦造建屋について以下のように記されている。

〝帝国大学構内 二重屋根瓦葺煉瓦造 外法三十尺四方、工事 監督石井敬吉〟(註：明治二四年第十期卒)

一方、試験小屋については第二号(文献5、一六五頁)に、明治二七年三月三一日付で菊池会長宛ての報告に次の一節がある。

〝帝国大学構内ニ新設シタリ梁間五間桁行七間……ノ仮小屋ニシテ明治二十七年二月二十二日着手シ三月二十四日ヲ以テ竣エス〟

以上より次のことがわかる。

(一) 煉瓦造建屋は一辺三〇尺(五間)であったこと。

(二) 耐震煉瓦造建屋と試験小屋はいずれも帝国大学の構内に建設されたこと。

(三) 試験小屋は煉瓦造建屋の辺長に同じく梁間五間で、桁行七間であったこと。

(四) 試験小屋は工期一カ月で建設されたこと。

いずれにせよ、耐震煉瓦造建屋は本建築であったが、試験小屋は仮設的であった。

それでは帝国大学構内のどこに建設されたのか？「調査会報告」には記録がないので、明治二〇年代の帝国大学の施設配置の変遷から探ってみた。

◆明治中期の帝国大学理科大学の施設拡充について

東京大学の淵源《えんげん》は遠く江戸幕府の昌平黌《しょうへいこう》や開成所にまで遡るが、明治維新後の学制改革に伴う統廃合を経て、わが国初の近代的な「東京大学」となったのは明治一〇（一八七七）年であった。その後、明治一八年の工部省の廃止を受けて、同一九年三月一日に〃帝国大学令〃が公布され、「帝国大学」に改称するとともに、次の設立目的が規定された。

〃帝国大学ハ国家ノ須要ニ応ズル学術技芸ヲ教授シ及其蘊奥ヲ攻究スルヲ以テ目的トス〃

この規定により帝国大学は学術技芸の蘊奥《うんおう》を攻究する「大学院」と学術技芸の理論及応用を教授する「分科大学」に別れ、分科大学として法科、医科、工科、文科、理科大学の五つを創設し、それぞれに大学院を付属することとなった。

ちなみに工科大学は土木、機械、造船、電気、造家、応化、採鉱冶金の七学科の構成であった。さらに、翌明治二〇年五月には学位令が公布されて、「博士」及び「大博士」の学位とその細則が定められるなど、近代的な学芸を網羅した大学にふさわしい組織の基礎が固まった。

図2は現在の本郷キャンパスの原点ともいえる明治一三年「東京大学」と呼ばれていた頃の施設配置である。

東京大学は「東京医学校」と「開成所」を引き継いだ「東京開成学校」を統合して発足したが、図面には〝東京大学医学部平面図〟と記されていることから、本郷地区にはもともと医学施設が集中しており、心の形をした育徳園心字池（三四郎池）の南側に医学部、東側に本部施設が配置されていたことがわかる。

図3は明治一九年、帝国大学創設初期の配置図である。この頃になると心字池の北と北東に敷地が拡大し、日の字型の理科大学本館（A）が建設されている。今は交通量の多い本郷通りであるが、この頃はまだ未整備で、赤門から南に延びる並木道などもなかった。当時の正門は（矢印B）、現在の不忍通り側、医学部の南側に開かれており、三四郎池の東側の運動場横を北に延びる街路Cが、キャンパスの主要軸線であった。

この街路を直進して西に折れる一角が理科大学のエリアで、先の〝日の字〟型の煉瓦造建物Aが明治一九年に竣工したばかりの理科大学本館である。

図4は明治二六〜二七年の理科大学周囲の施設図である。この時期になると理科大学本館の南西側に二つ

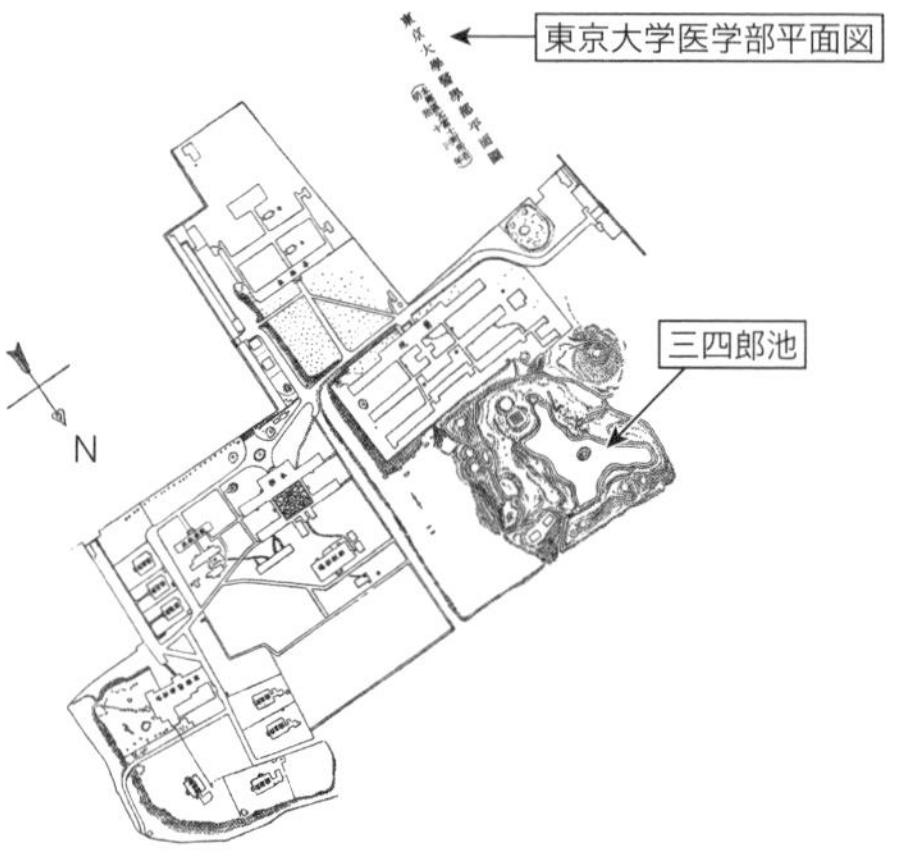

図2　明治13年頃の東京大学（本郷）の施設配置図（文献6）

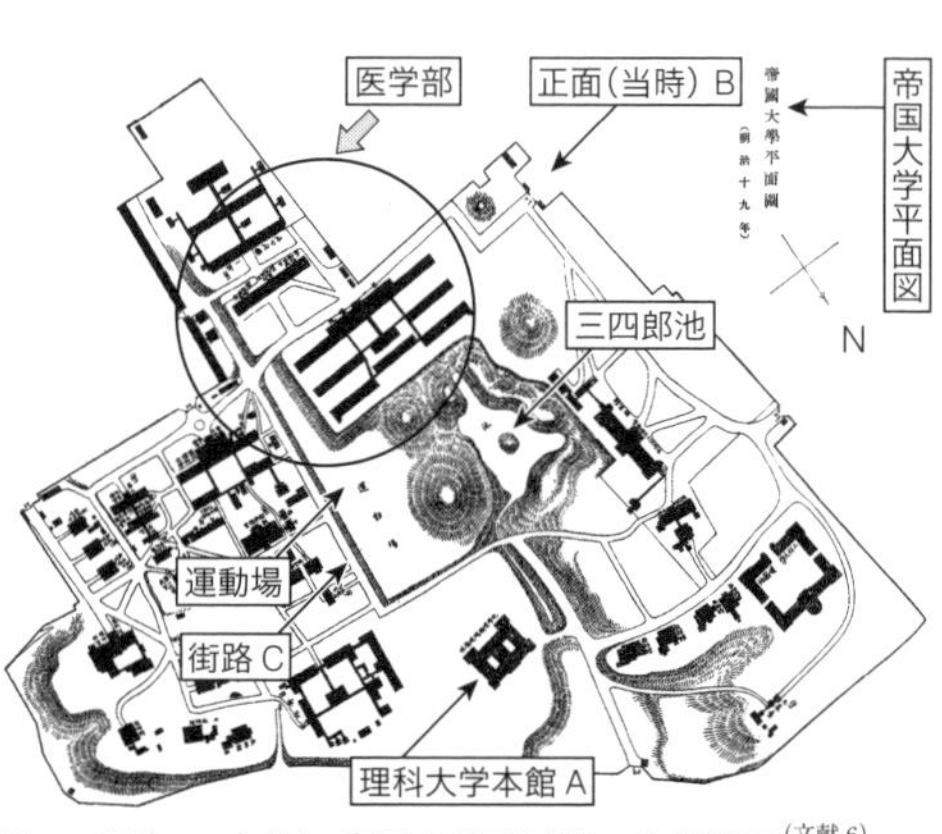

図3　明治19年頃の帝国大学発足時の施設配置（文献6）

の施設が完成している。やや大きな正方形平面の建物Fには〝耐震家屋〟の記載がある。矢印Gの施設は耐震家屋Fより若干平面規模は小さい。L字型の施設Eの用途は不明であるが、明治三四年の図には〝暗室〟と記されている。

図5の明治三〇～三一年の配置図を見ると、本館周辺には六棟もの施設が確認できる。辰野設計の煉瓦造耐震家屋は九メートルの正方形平面で、木造試験小屋は九×一四メートルの長方形であったこと、さらに前者は明治二七年六月、後者は二八年三月の竣工であったことを考慮すると、耐震家屋Fは辰野設計の煉瓦造耐震家屋、矢印Gは人為地震台の試験小屋の可能性があるが、やや平面規模が小さいので確定し難い。

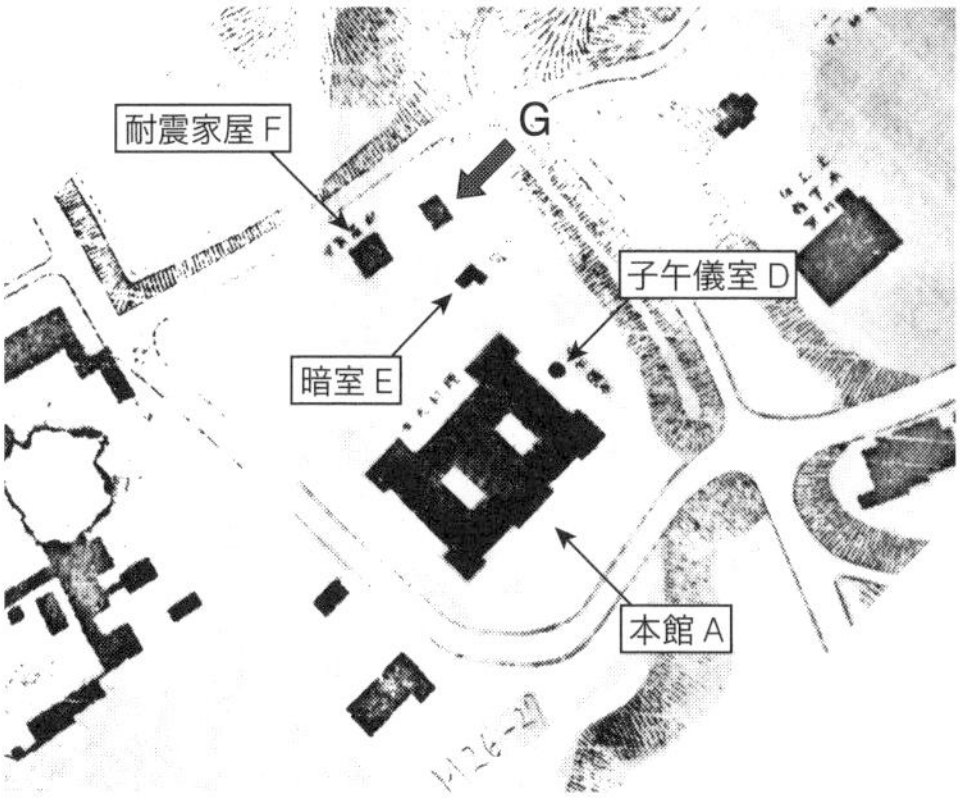

図4　明治26～27年の理科大学の周辺施設(文献6)

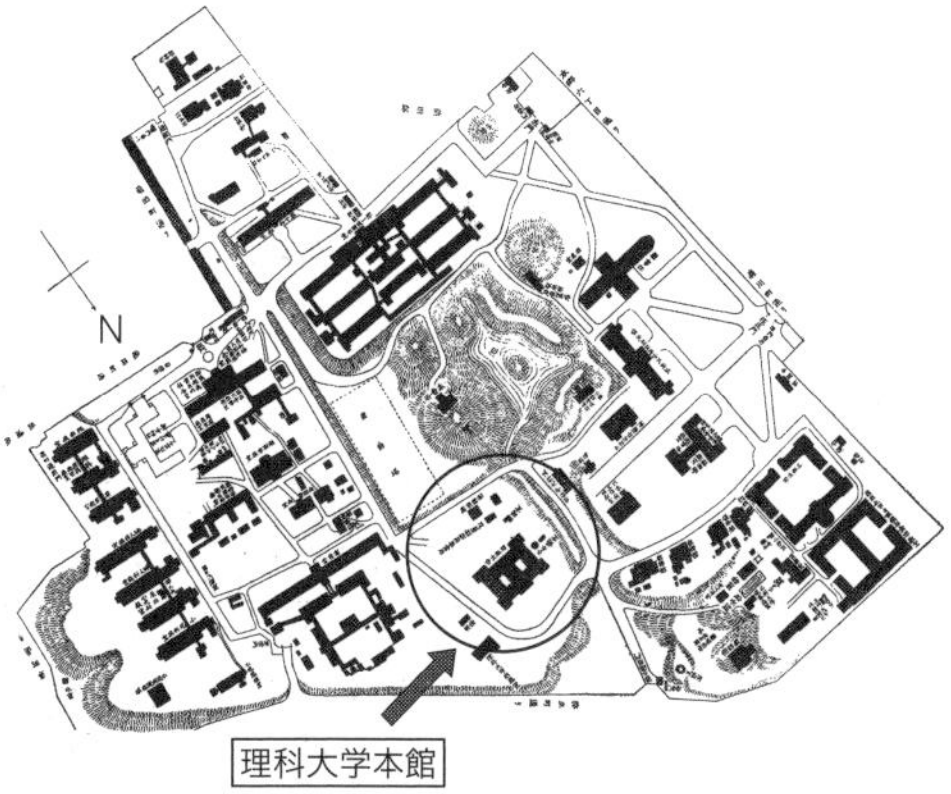

図5a　明治30年頃の帝国大学施設配置(文献6)

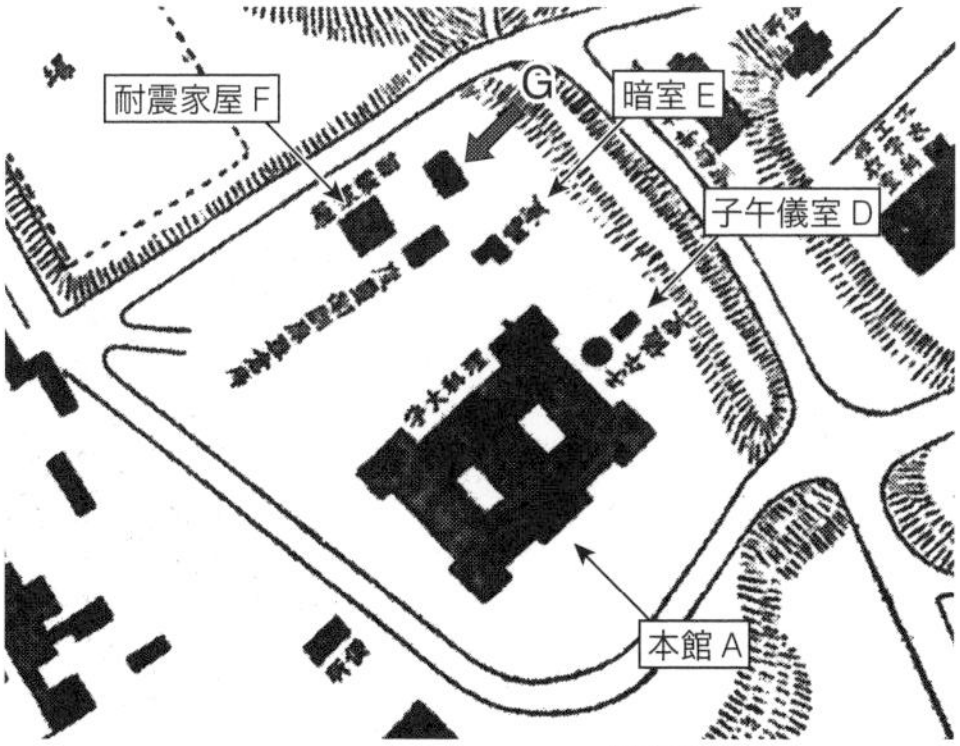

図5b　理科大学本館周辺の増設施設(文献6)

ところが不思議なことに明治三二～三三年の図6になると、EとFの二つしか残っていない。施設変遷図からは竣工後三、四年で理科大学の敷地から姿を消している。工期一カ月で建設された試験小屋は人為地震台とともに、明治三二年頃工科大学に移設された可能性がある。

さて、図7は理科大学本館周辺に多くの施設が整備された明治三〇年頃に本館の南西方向から撮影したものである。南を正面とする二階建ての堂々たる煉瓦造の様式建築で、設計者は文部省技師山口半六であった。

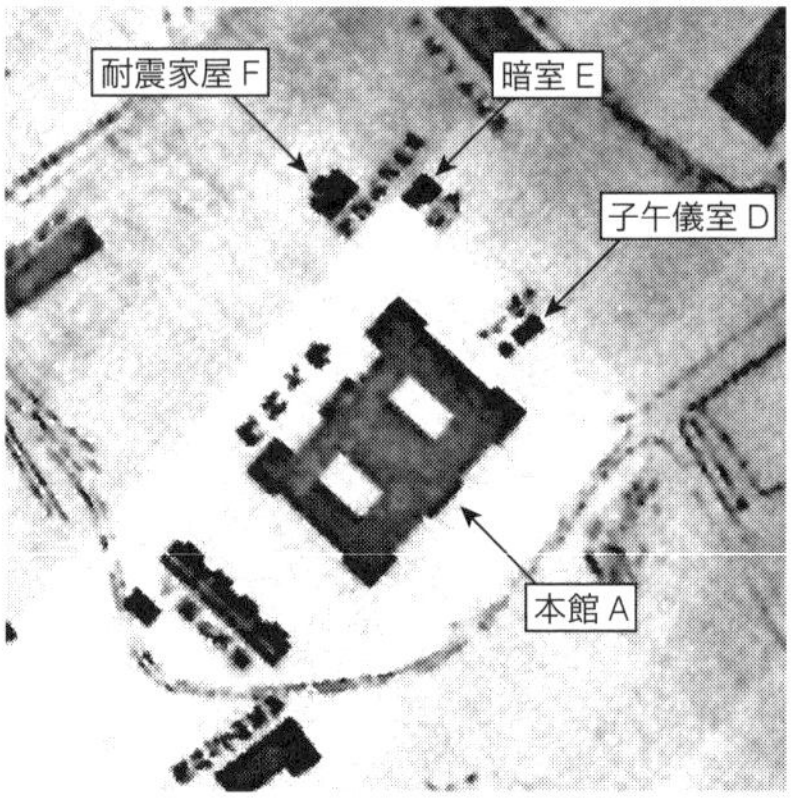

図6　明治32～33年の施設配置(文献6)

図7　理科大学本館（明治30年頃）の子午儀室と付属屋（写真：東京大学総合図書館所蔵、文字は筆者加筆）(文献7)

図8　地震学教室（明治37年竣工）（写真：東京大学総合図書館所蔵）(文献7)

注意してみると、写真手前に下見板張の〝子午儀室〟と称する小規模な洋風木造建物が写っていることから、当時は本郷構内で天体観測が行われていたようだ。この頃は都心で天文観測ができるほど空気は澄み切っていたようだ。

その後、明治三七年に理科大学本館の北側、弥生門から入って左側の一角に図8に示す〝地震学教室〟がつくられ大森房吉を中心に優れた研究業績が次々と生まれた。

4・7　大森式地震計を巡って

大森房吉はノーベル賞候補に挙がるほどの世界的な学者であったが、最初期の世界的業績として、大森式水平振子地震計の開発がある。この地震計は欧州留学から帰国後間もない明治三一年頃に考案したもので、その構造に就いて（文献1、四九頁）に次のように記されている。

〝高さ一メートルの鉄柱に支えられた周期二〇秒の水平振子が主体である。振子の重量は一〇キログラムで、其の運動は梃子により一〇倍に拡大され、軽い描針が回転ドラムに貼った煤煙紙の上に細い鮮明な記録線を描く。〟

従来の地震計は何れも振動を感知してから記録を始めたのに対し、図9の左上に示す大森式地震計は機械的に煤煙紙を一定速度で回転させて、初期微動から主要動、余震などを連続記録させることにより、P波とS波を明確に観測することが可能となった（文献8）。こうして大森は明治三二（一八九九）年九月一一日のアラ

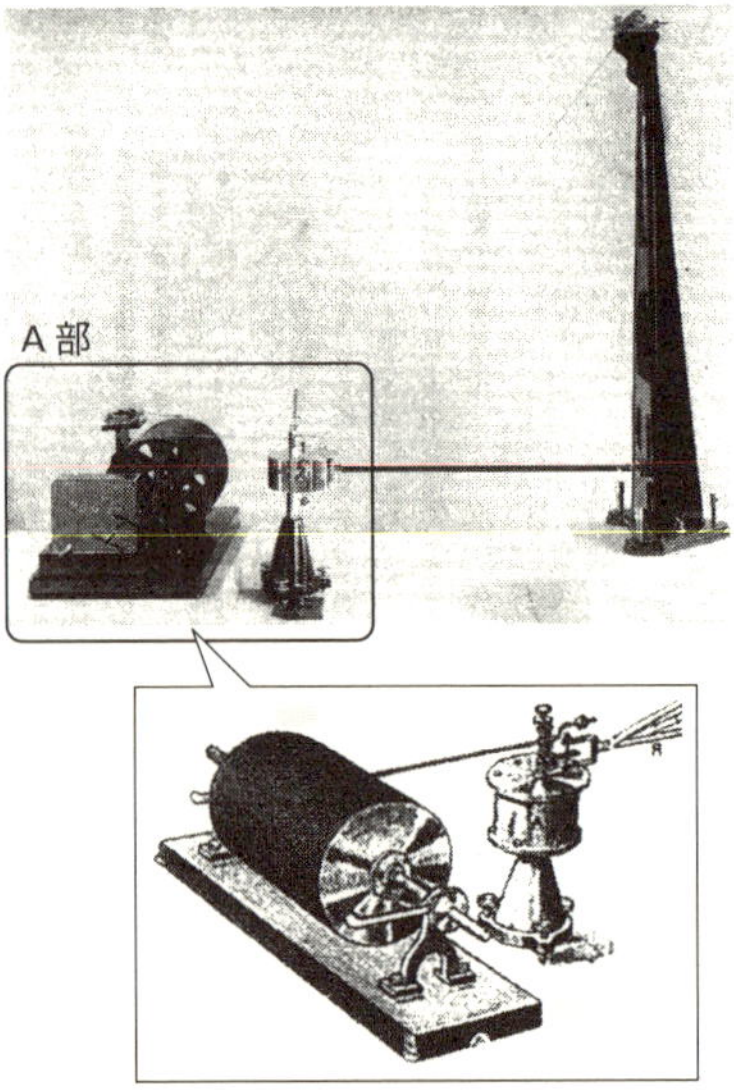

A部　自記記録部詳細

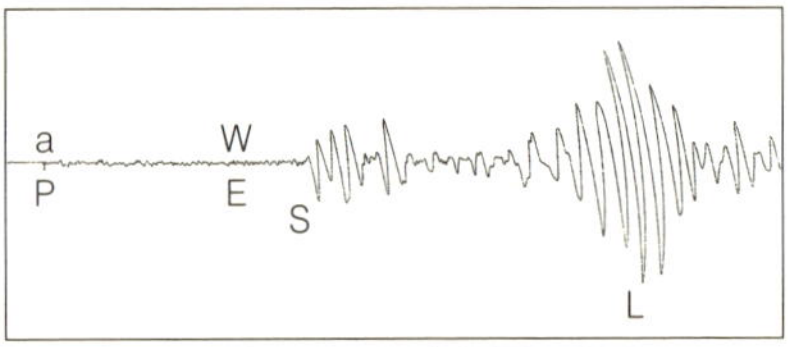

1899年のアラスカ地震の波形

地震観測用耐震家屋　明治40年頃

図 9　大森式地震計の詳細とアラスカ地震の波形(文献 8、右上のグラフ：文献 1 p.49)

図 10　東京帝国大学内の大森式地震計（写真：東京大学総合図書館所蔵、文字は筆者加筆）(文献 7)

スカ地震の鮮明な波形を世界で初めて捉えることに成功。欧州の地震学者を驚嘆させた。右上はアラスカ地震の記録波形である。また右下は明治四〇年頃の地震計室（辰野設計の耐震家屋）の姿である。

P波とS波の到達時間差T（秒）から震源距離$D = 8 \cdot T$（キロメートル）求める震源公式は大森式地震計が開発されたことによる。

図10は明治三七年版の写真帖『東京帝国大学』（文献7）に掲載された地震観測施設で、右手手前に写っているのは本郷に設置された第一号機と考えられる。なお、この写真集は明治三三年のパリ万国博覧会で展示するために、写真師小川一真に撮影させたものである。

人為地震台が理科大学構内から早々と姿を消した理由として、大森式地震計を設置した地震観測施設の傍に大きな揺れを生じる人為地震台を設置することは到底許されなかったことが考えられる。

地震計は微弱な地盤の揺れが観測に大きな影響を及ぼす。大森式地震計の開発に合わせたかのように、明治三二、三年頃に理学部の施設図から試験建屋が消えた背景にはそのような事情も考えられる。

4・8　耐震煉瓦造建築のその後

大正初めには伊東忠太設計の現正門が完成し、広い街路は徐々に東に延びて大正末期には理科大学本館の真西に安田講堂が竣工。現在の本郷キャンパスの原型はこの頃出来上がった。

さらに関東大震災後、本郷構内では煉瓦造建築の解体や移築が加速し、昭和に入ると理学部構内の改築が進んで、かつての理科大学本館のあたりも、鉄筋コンクリート造の研究棟が整備された結果、今では震災予防調査会時代の施設の痕跡をたどるのは難しい。

図 11　理学部物理学教室（理学部 1 号館）（大正 13 年 7 月 8 日撮影）[文献9]

図 12　地震研究所の整備工事の状況（大正 15 年 11 月 16 日撮影）[文献9]

図 13　耐震煉瓦家屋周辺の整備工事（大正 15 年 12 月 18 日撮影）[文献9]

この節を閉じるにあたって、辰野金吾が理科大学構内に建設したやや風変わりな煉瓦建築はその後どうなったかについて言及したい。

図11～13は関東大震災後の旧理科大学本館周辺の工事写真である[文献9]。図11は大正一三年七月に撮影されたもので、左手に煉瓦造の本館、その奥には図8に示した地震学教室が遠望される。図12は大正一五年一一

月に図11の反対側から撮影したものである。奥には新築間もない安田講堂が写っており、手前右手には理科学校本館、その前の木造の小さな施設は子午儀室らしい。注目したいのは子午儀室の左手の基礎が掘削された建物と手前にわずかに見える曲線状の外壁の煉瓦造建築である。図13は大正一五年一二月に撮られたものである。曳家であろうか？　八人ほどで轆轤《ろくろ》を力いっぱい曳いているが、背景には煙出しのついた方形屋根の小ぶりの建物が写っている。放物線状の壁面はあまり目立たず、落ち着いた佇まいであるが、これはまさしく震災予防調査会が最初に完成させた耐震煉瓦造である。

帝国大学の施設変遷図からは削除されていたが、実際には大正末期まで残っていたようだ。そして、何よりもわが国初の耐震煉瓦建屋は関東大震災の激しい揺れに見事に耐えたことをこの写真は物語っている。

ところで日本初の耐震煉瓦建築を施工したのは一体誰であったか？　この点については明治二七年頃、J・コンドル設計、曽根達蔵が現場監督を務めた三菱一号館の施工を請負うとともに、ドイツのベックマン・エンデ設計、大蔵省臨時建築部妻木頼黄監督の日比谷の裁判所におけるアーチ窓など特別に高度な技術を要する部位を施工、さらに震災予防調査会においては、人為地震台の木造雛形の製作を依頼された人物――伊藤為吉の可能性がどうしても捨てきれないのである。

5　日清戦争期の地震災害と木造家屋耐震論

5・1　震災予防調査会での耐震木造家屋の研究動向

震災予防調査会における耐震木造に関する研究が本格化し、振動実験の計画などが詳しく示されるようになったのは、明治二七年三月の根室地震から明治二八年末頃までの約一年半であったが、明治二九年以降になると基礎研究から、校舎や官庁の耐震雛形作成という実務的な課題に重点が移った。

背景として考えられるのは、日清開戦直前の明治二七年六月に東京地震さらに日清戦時中の明治二七年一〇月には庄内地震が相次いで発生したため、予防調査会はこれらの緊急対応に迫られ、震災調査や被災建物の復旧支援、さらに耐震対策の立案などの実務的な課題を優先せざるを得なくなったことが考えられる。

5・2　東京地震と庄内地震

明治二四年一〇月の濃尾地震の後、しばらく地震活動は下火となったが、明治二七年三月二二日に根室沖でM7・9の大地震が発生すると、日清戦争開戦直前の六月二〇日に東京地震（M7・0）、さらに戦時下の同年一〇月二二日には庄内地震（M7・3）が立て続けに起こり、さらに戦争直後の明治二九年六月一五日には明治三陸大津波（M7・6）、次いで八月三一日には陸羽地震（M7・0）と東日本に大地震が続発した。

東京地震は震災予防調査会発足後初の被害地震であったため、調査会は帝国大学の大学院生野口孫市と調査会嘱託員山崎定信（明治二四年卒）に洋風建築と煉瓦造煙突の重点的な被害調査を行わせた。一方、文部省は東京、横浜付近の学校建築の被害について独自の調査を試みた。

さて、今ではほとんど知られていないが、現在の木造家屋の耐震設計の考え方に大きな影響を与えた地震として庄内地震は特筆すべきものであった。このとき震災予防調査会は初めて本格的な調査団を組織し、甚大な被害を受けた酒田を中心に被害状況を詳しく調査するとともに、木造家屋の耐震対策ガイドラインを作成したのである。

庄内地震では最上川沿い軟弱地盤地域で液状化や噴砂など地盤震害が激しく、酒田町では総戸数三五〇〇戸のうち焼失家屋一三〇〇戸、倒壊家屋九一〇戸、死者一六〇名を数えた。調査は、曽根達蔵委員の指導のもと、塚本靖（帝国大学明治二六年卒）や同大学院学生野口孫市（明治二七年卒）や関野貞・野村一郎（明治二八年卒）、池田賢太郎・鈴木貞次・福岡常次郎・橋本平蔵・堀池好之助（明治二九年卒）が派遣された。東京地震での調査経験を有する野口孫市を中心に、帝国大学造家学科の在学生を総動員しての対応であった。ちなみに曽根は地震発生一週間後の一〇月二九日に秋田出張を被命し、即日東京を発って三一日に酒田に到着。飽海、東西田川の三郡を巡覧して、一一月四日に調査を終えて一〇日に帰京した。

当時はまだ写真機が普及していなかったために、造家学科の学生は被害状況を詳細なスケッチに残した。明治二八年一〇月に刊行された「震災予防調査会報告」第七号には後年活躍することになる野口孫市、関野貞、塚本靖、鈴木貞次らのスケッチが掲載されている。図1〜5はその一例であるが、いずれも優れた画才を示している（文献1）。

調査対象は神社仏閣・官衙《かんが》・民屋などさまざまだったが、農村ではほとんどが茅葺屋根で、街中でも瓦屋根はほとんど見られず、緩勾配の柿板または杉皮葺きの石置き屋根ばかりであると記している。このような

図３　民家の通り庭の被害のスケッチ（福田常次郎原画）(文献1)

図１　民家の被害のスケッチ（野口孫市原画）(文献1)

図２　民家の被害スケッチ（関野貞原画）(文献1)

図５　裁判所の被害スケッチ（鈴木貞次原画）(文献1)

図４　酒田町日枝神社楼門ノ被害スケッチ（塚本靖原画）(文献1)

情景は山形のみならず、一昔前までの金沢はじめ雪国に共通してみられたものだ。

また社寺仏閣には地域色は認められないが、民家は大雪に耐えるために構造は堅固であると記している。当時の民家では差し鴨居が広く用いられていたことは、上記のスケッチから明らかだが、二方挿や三方挿の仕口の折損被害の多いことは他の震災と共通する。一方、官衙や学校の外観意匠はすでに西洋式となっていたが、骨組は基本的に和風で筋違は少なく、あっても断面も小さく配置も不適切で、地業は粗雑との指摘が目立つ。

被害率は飽海郡では一〇〇％に達するなど、直下型地震被害の激しさを物語る。このような甚大な被害は昭和二三年六月二八日の福井地震（M7・1）と酷似する。福井平野も九頭竜川の軟弱堆積層が厚く、激しい地盤震害が発生した。日本海沿岸では砂丘が発達しているため、沿岸の水はけが悪く、後背低地に潟湖（ラグーン）を形成することが多い。このような潟湖は江戸時代に干拓されて湿田に転換されたが、細砂質で地下水位が高いので激しい液状化を起こしやすい。

さて、庄内地震の甚大な木造被害を目の当たりにした震災予防調査会に対して県知事が依頼したのは次の技術提案であった。

〝客年十月山形県下震災地へ出張セシ委員等親シク被害家屋ノ実況等ヲ観察セシニ由リ今後同地方ニ於テ家屋ヲ建築スルニ際シ耐震構造上参考トナルヘキ方案ヲ調査シ注意ヲ与ヘントノ計画中適〻同県知事ヨリモ右ニ関スル取調方依頼アリシヲ以テ乃チ特別委員会ヲ選定シ該地方ノ状況ヲ斟酌シ学理経験ニ照シテ其方案ヲ調査セシメ更ニ本会の審議ヲ経テ之ヲ同県ニ送付シタリ〟（「調査会報告」第六号明治二八年九月二十八日号緒言より）

こうして、県知事からの要請を受ける形で、明治二八年の「調査会報告」第六号に公表されたのが、「木造耐震家屋構造要領」(文献2)であり、これにしたがって「町家一棟改良構造仕様」(文献3)、「農家改良構造仕様」(文献4)、「小学校改良木造仕様」(文献5)が作成された。

5・3 野口の震災復旧調査

震災予防調査会嘱託であった帝国大学大学院生の野口孫市は、庄内地震発生から一年後の同二八年一一月半ばから約半月ほど、再度山形を訪れ、県の技手や各地の吏員とともに震災復旧事業の進捗状況を調査するとともに、どのような耐震改良が試みられているかについて詳しく調査した。そして結果を『建築雑誌』第一〇巻一〇九号(明治二九年一月)に「庄内地震被害調査報告」(文献6)として概要報告し、次いで明治二九年六月の「調査会報告」第九号に「山形県震災後建築視察報告」(文献7)と題してより詳しく示した。

野口の現地調査の目的は庄内地震後に作成された「木造耐震家屋構造要領」などが震災復旧においてどのように活かされているかを調べることにあった。

しかしながら、〝……西洋風ノ構造ニ至リテハ図面ヲスラ了解シ得サルモノ少ナカラス〟という状況で、〝……本会カ示シタル耐震構造ハ殆ト其利用セラレタリシ場合アラサリシカ如シ……〟と総括している。

洋風トラスは仕様書や図面資料があっても、構造の詳細や施工法の理解は進んでいなかったが、被害を受けた小学校の復旧工事では、控え柱の設置や十文字筋違をボルトで結合するなどの補強耐策が進んでおり、新築校舎では筋違や釘接合が幅広く採用されていたと述べている。

5・4　中村太助の接合法

復旧工事で注目されたのは、秋田県の中村太助技手が、震災予防調査会の雛形とは全く異なる独創的な耐震工法を考案し、すでに小学校や警察署の復興工事に使われていたことで、中村の工法は曽根、野口に強い衝撃を与えた。図6は中村太助考案の接合法である。これについて野口は次のように記している。

〝中村太助ノ考案ニ係ルモノハ縦横ヲ連結スルニ方リ柄及柄穴ヲ用ヒス夫ノ横材ノ四方ヨリ集合シ来ル部ニ於テハ柱ハ柄穴ノ為ニ徒ラニ欠損セラレ柄モ亦四方ヨリ衝突スルコト頗ル不完全ヲ免レス而シテ此中村太助ノ法タル木造ノ柄ニ代フルニ其深サ木材ニ数倍スル鉄材ヲ使用スルモノニシテ横材ノ集合スル部分ニ於テハ確カニ改良ノ実ヲ挙タルモノト云フヘシ……〟

大黒柱などに差し鴨居を接合する伝統手法の問題点は、竿車知《さおしゃち》等による柱の断面欠損が避けられないことである。このような断面欠損の大きい接合部が地震の激しい繰り返し荷重を受けると、

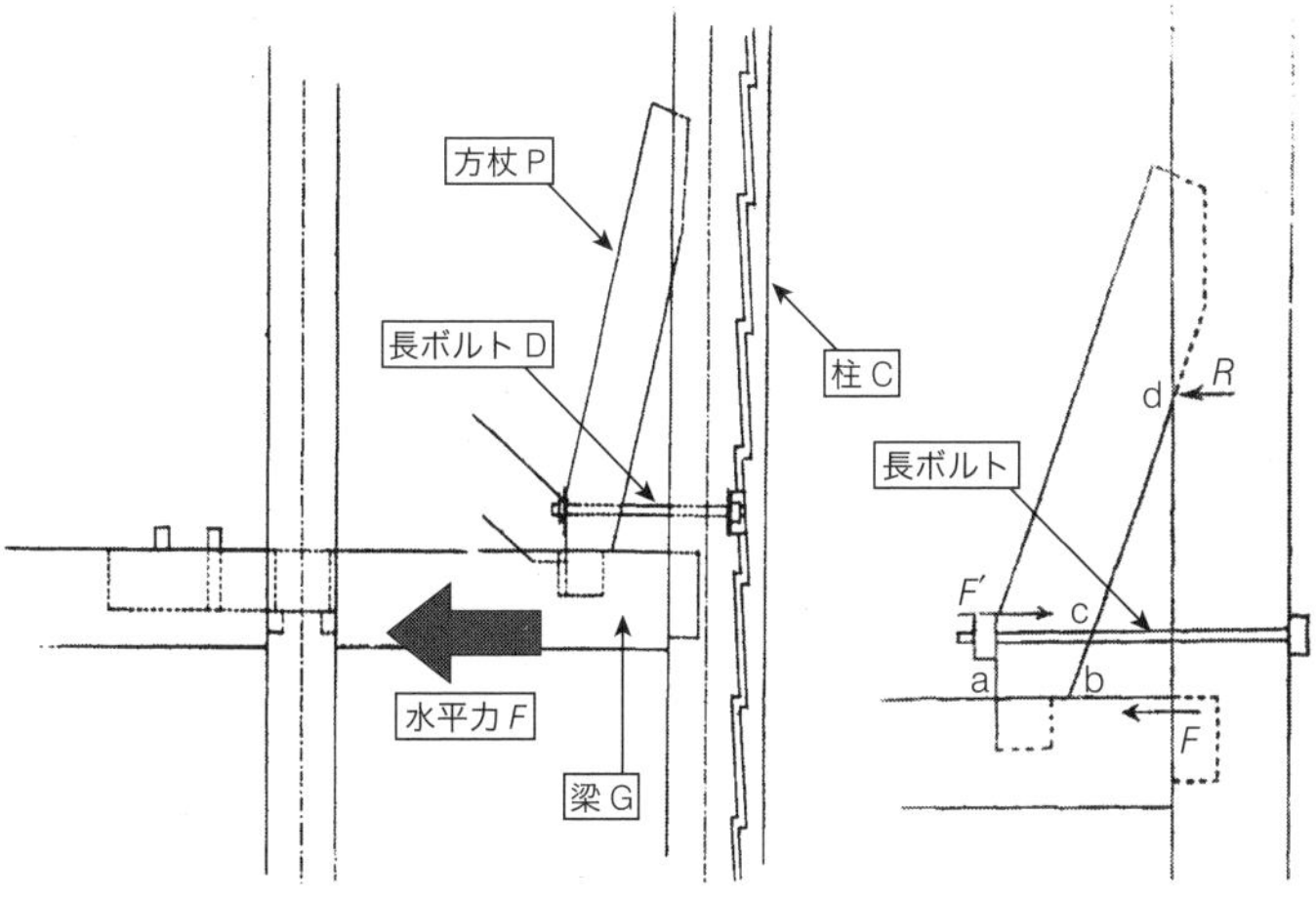

図6　中村太助考案の新式仕口(文献7、p.27)

柱と梁の接合部が破壊されて梁が落下したり、柱が基礎から外れたりして甚大な被害を起こす。庄内地震での状況は図2、図3、図5のスケッチに見る通りである。

中村はこのような伝統木造建築の柱と梁の接合部の問題を解決する画期的な方法を編み出したのである。それは、従来のように柱に貫通孔を穿つのではなく、梁Gの端部に胴付を有する短ホゾを柱Cに指した後、梁Gの上端と柱Cとを方杖Pで結合するというものであった。この方杖Pは、梁側を短ホゾ差しとし、柱側は傾ぎ大入れとしているので、このままでは左方向に水平力Fが作用すると、梁が柱から外れる危険性がある。このような破壊を防ぐために中村は方杖Pと柱Cの間に長ボルトDを挿入して、柱Cと梁Gを緊結することにより、左右両方向の揺れに対して粘り強く抵抗できるようにしたのである。

さらに中村の工法には次のようなメリットがあった。

㈠　従来の伝統工法のように切組に手間を要しないこと。

㈡　方杖を土壁に塗り込むことで、違和感のない外観に仕上がること。

要するに中村技手は、柱の断面欠損による耐震強度の低下という伝統木造の泣き所を見事に解決する手法を示したわけで、本工法が普及すれば伝統木造家屋の耐震安全性は飛躍的に向上する。そのことを見抜いた野口は中村の独創性を高く評価し、自ら設計式を作って調査報告書に示したが、野口の思いとは裏腹に中村の耐震工法は人々に知られることなく忘れ去られてしまった。しかしながら、庄内地震に立ち向かった一山形県技手が考案した工法の優秀さは百数十年を経た今日においても全く色あせない。中村式の耐震補強工法の復活を図りたいものである。

5・5　地業の改善

地震後、基礎や地業に対する危機認識が高まり、セメントを使用できない場合には、幅・深さとも一尺四寸の範囲を掘削して割栗に目潰《めつぶし》砂利入れ、櫓蛸突《やぐらたこつ》きを三段施した上で入念に小蛸突きを施して、基礎石を堅固に据えるなどていねいな地業が見られるようになった。

一方、官衙建築では幅深さとも三尺にわたって三〇人引大蛸で二段に搗き固め、石灰一：川砂二：川砂利六の無筋コンクリートを一尺の厚みに打設し、その上に石を組む場合には膠着材として、セメント一：川砂三のモルタルを使うようになった。

米どころの庄内地方には多くの穀物倉庫が必要とされたが、図7は地震後に酒田に建設された日本郵船の耐震改良型の倉庫である。この耐震倉庫は、まず基礎を延べ石で囲って、その上に六寸五分角の土台を巡らせ、三尺間隔に六寸角の柱を建てた後、柱三本を貫く〝通貫〟によって軸部を固めた上で、陸梁を金物で結合するという堅固な造りであった。

また、図8は地震前に造られていた東田川郡押切村の石置き屋根の倉庫である。この倉庫は、柱筋に玉石を揃え、その上に

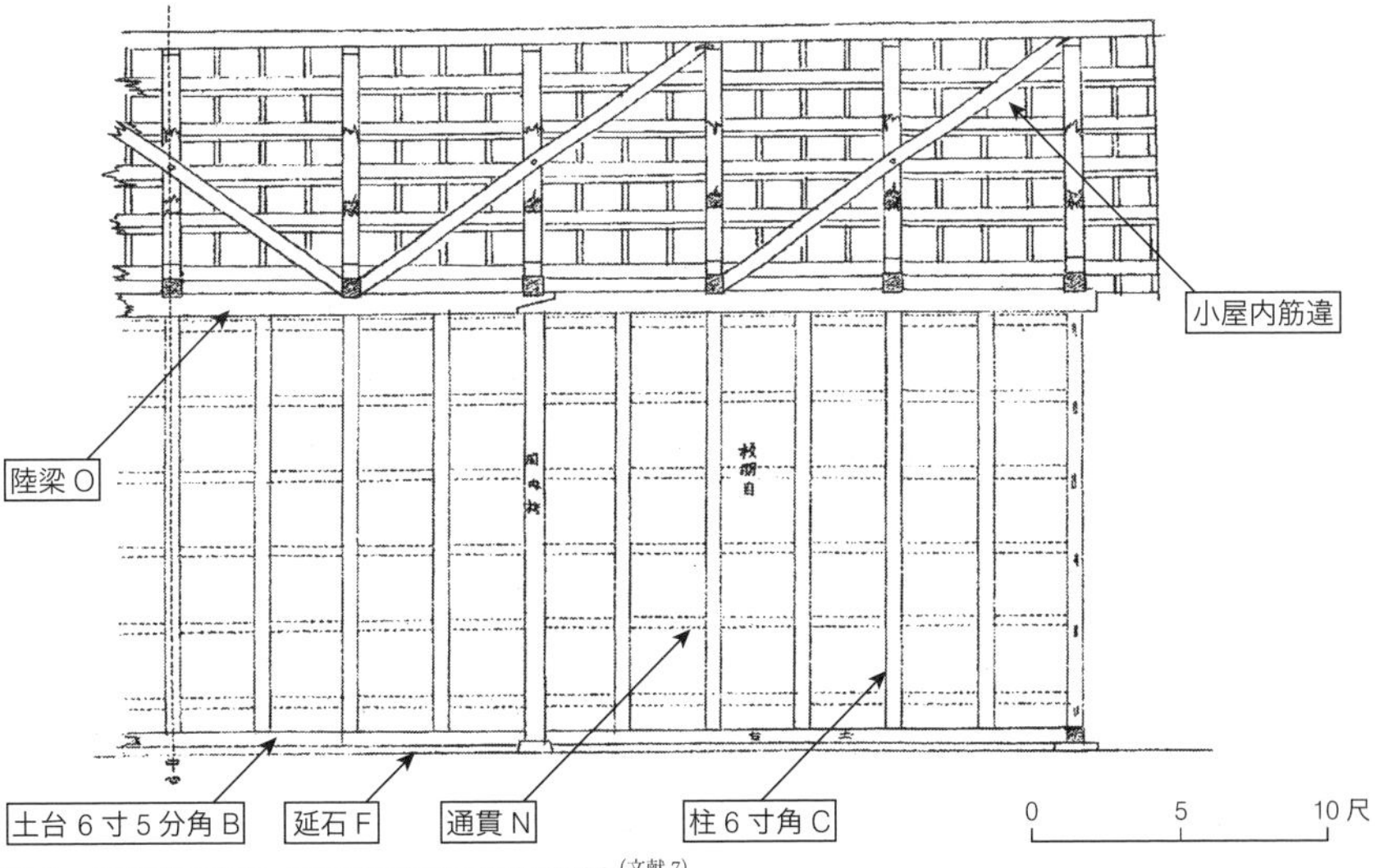

図7　改良型の倉庫（酒田町の日本郵船倉庫）（文献7）

一段目の敷土台で基礎を囲繞し、さらにもう一段敷土台を巡らせる、いわゆる二重土台で作られていたが、庄内地震に際して、建物全体は四、五寸移動したものの全く破損せず、基礎の滑り免震効果がいかに大きいかを見事に示した。

しかしながら、ほとんどの庶民は耐震的な改良を施すだけの余裕などなく、昔ながらに玉石に柱を設置して復旧するのが精一杯であった。したがって柱下に土台を新たに設置した事例はほとんどなく、地震で柱が玉石とともに激しく揺すられて、桁や梁が外れて建物を倒壊させる危険性は改善されないままであると報告している。

5・6　捨算盤《すてそろばん》地業について

野口の耐震耐策の第一は〝堅固なる地業〟であったが、庄内地方ではまだ杭基礎は知られておらず、震災後の米穀取引所の新築に際して群杭による表層地盤改良工事が行われたことは前代未聞であったと記している。

このような実情を踏まえて、廉価で効果の大きい工法として野口が提唱したのは〝捨算盤地業〟であった。

図9は江戸川区指定文化財昇覚寺鐘楼の解体修理事業の際の発掘調査で明らかとなった江戸時代の〝蝋燭《ろうそく》

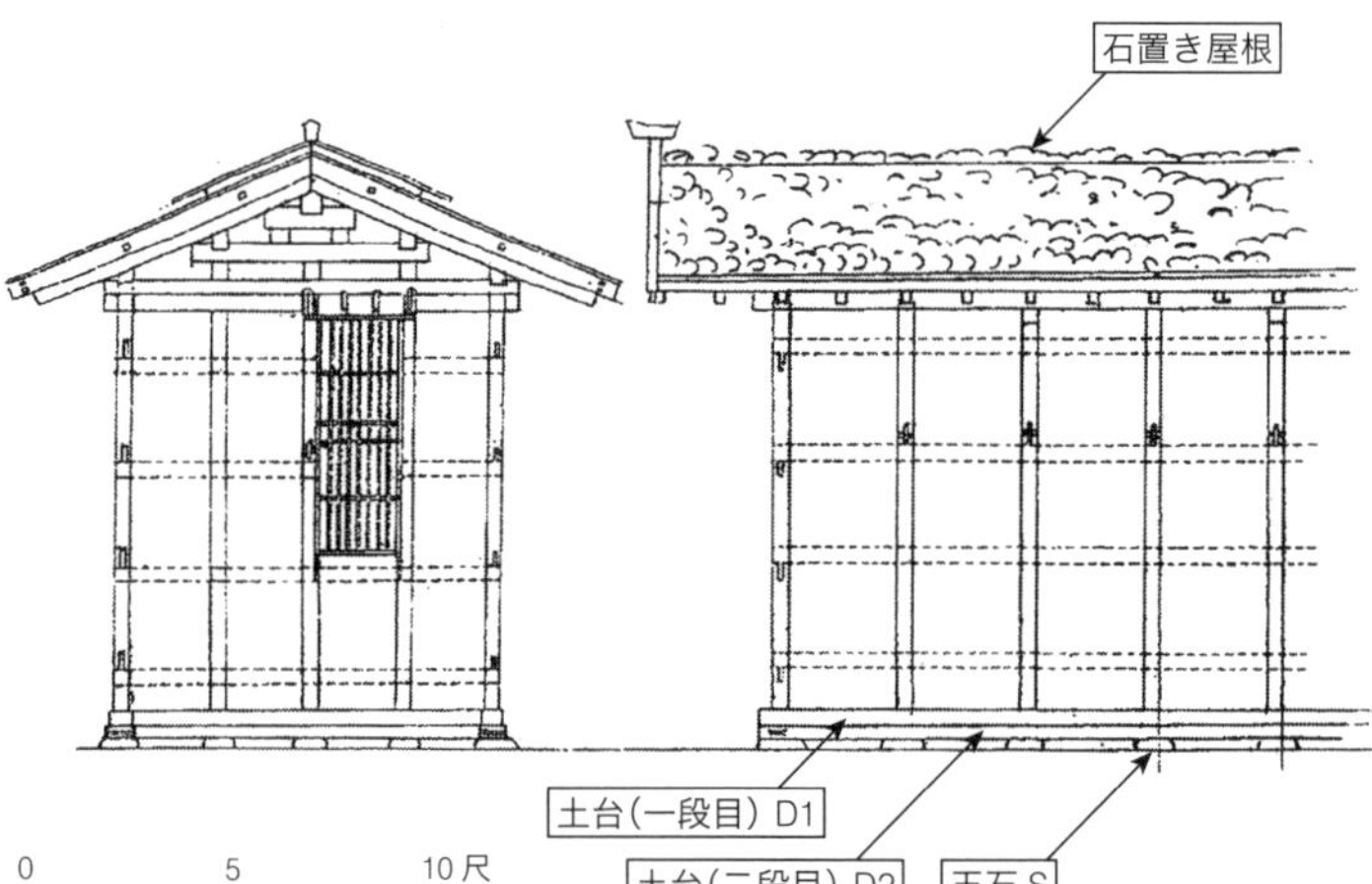

図 8　免震的な二重土台形式の倉庫の実例（文献 7）

石《いし》地業〟（文献8）である。具体的にはまず表層地盤を地山まで掘り込んだ後、礎石の設置個所を中心に地山の上面より三、四尺ほど段状に総掘する。その後、末口一尺五寸ほどの松杭を深さ三尺ほど打ち込み、これらの松杭の間に長さ二尺程度の比較的細い木杭を全面に打設していた。

次に算盤《そろばん》板と称するのは、厚さ数寸・幅一尺ほどの厚板のことであって、手順はおおむね次の通りであった。

(一) 地下水位以下になるように天端を揃えた群杭の上面に、皮付きの松丸太を厚く曳き立てた材を縦横に重ねる。

(二) その上に算盤板を井桁状に重ねて、上部の蝋燭石の基礎とする。

(三) 算盤板が動かないようにするため、算盤板の側面に長い杭を打ち込む。

(四) 蝋燭石は二本継ぎで、その周囲を荒木田土で固めて崩れないようにする。

おそらく版築もしくは三和土《たたき》のような技法であったと推定される。

一方図10は、明治三〇年頃に出版された『明治新選大工土蔵雛形　上』（文献9）に記された算盤地業の絵図である。「湿地地行の図」との記載があるので、昇覚寺と同様、湿

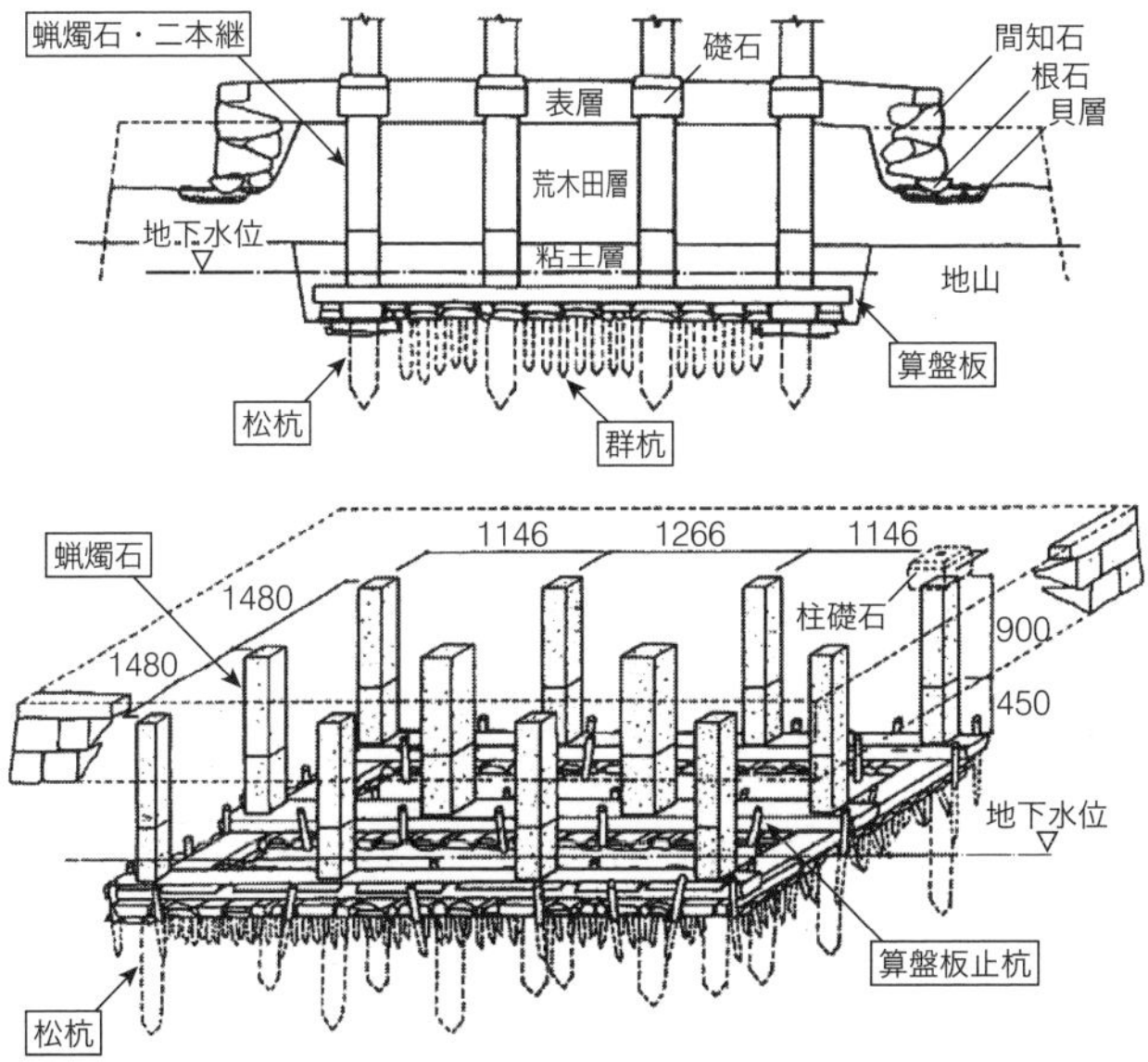

図9　昇覚寺鐘楼の基壇の蝋燭地業（そろばん板と松杭地業）（文献8）

地地盤に用いられた基礎工法と考えられるが、その詳細は図9と驚くほどよく似ている。今では捨算盤は忘れ去られた伝統の軟弱地盤工法であるが、昭和の初め頃までは広くに用いられていたようだ。

なお、本来は杭打ちを施してから、捨算盤を置くべきであるが、野口は杭を廃して捨算盤のみでも十分な耐震力を保持すると指摘している。また江戸では〝捨算盤〟と並んで、堰杭で地盤を囲繞して液状化を防止する〝井戸側地業〟も広く用いられていたので、これも震災復旧で使おうとしたが実例はなかったという。

野口は官庁や大商人など工事費を厭わない場合には、洋風技術の積極的な導入を図る一方で、経済的に恵まれない大多数の庶民、特に農民に対しては地域に根差した伝統工法を尊重し、それを普及させようと努力したのであった。

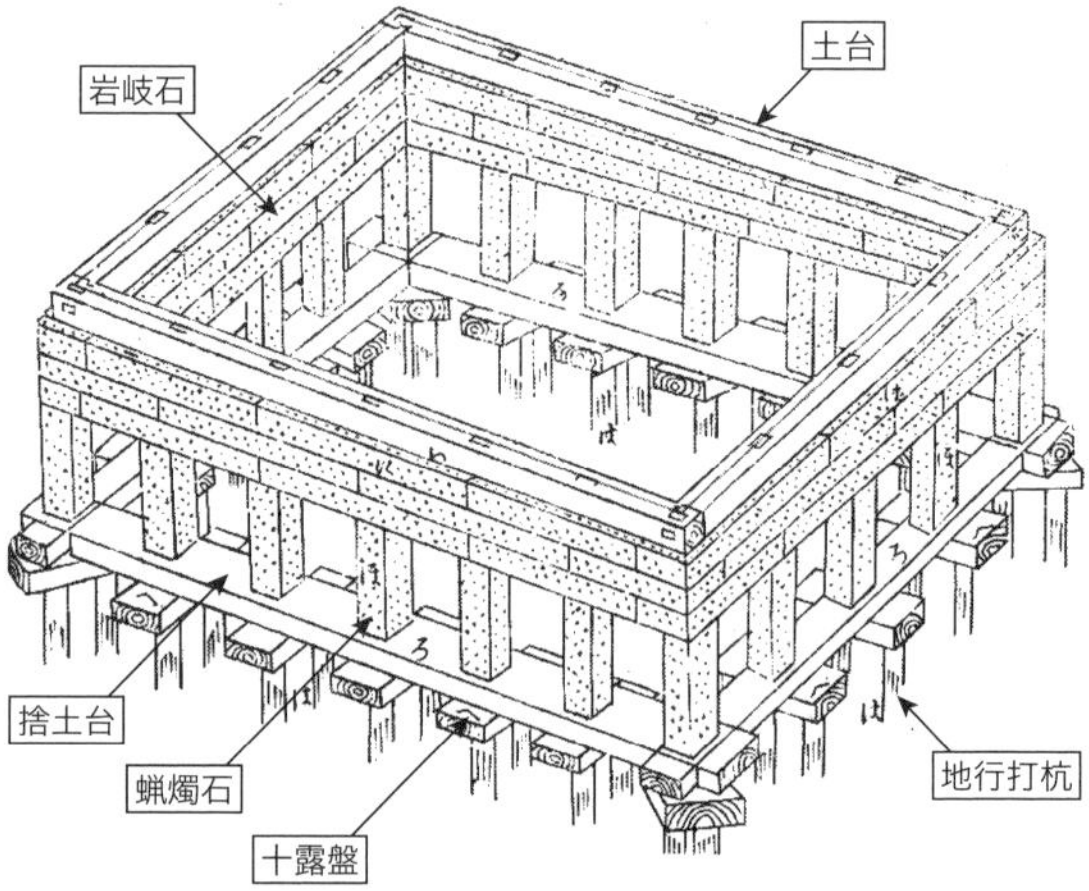

図10 湿地地業の図(文献9)

5・7 木造家屋の耐震対策を巡って

◆1 曽根達蔵の見解

曽根達蔵は、明治二八年六月六日出版の「調査会報告」第三号に「山形県下震害家屋取調報告」(文献10)を発表。その後帝国大学学生の調査結果が六号(同九月)(文献11)、七号(同一〇月)(文献1)、八号(同一一月)(文献12)に掲載された。これに対し野口孫市は曽根の報告から一年後の明治二九年六月の「調査会報告」第九号に「山形県震災建築視察報告」を公表した。両者の調査地域は若干異なっているが、被害状況はあまり変らない。しかしながら、民家の耐震性に対する野口の考え方は曽根とは全く異なっていた。たとえば曽根は伝統工法は排除すべしとの立場から、構造上重要な〝貫〟について次のように述べている。

〝通フシ貫ハ柱ト柱ヲ相固ムル方法ナルモ其間ニ挿入ム割楔ニ由テ始メテ其効用ヲ全フスルモノナレハ楔ノ弛ムカ若クハ脱出スルニ於テハ柱ハ個々自在ニ振動スルヲ得即チ貫孔ハ却テ柱ニ傾斜ノ地ヲ与フル具タルニ過キサルナリ……柱固ノ堅固ナルニ於テハ一任其上下ホゾ挫折スルモ建物ハ図ノ如ク未タ酷シク傾斜スヘカラサルナリ更ニ之ヲ詳言スレハ基礎ト屋根ニ異状ナクシテ建物ノ傾斜スルハ柱ノホゾ、ホゾ孔及貫孔ニ基クノミ……図ハ楔地震由テ脱出シ柱ハ為ニ運動ノ余地ヲ得テ傾斜シタル状ヲ示ス、知ルベシ通フシ貫ハ未ダ完全ナル柱固メ法ナラサルヲ……〟

〝……ホゾハ独リ柱ニ於テ弱点タルノミナラス建物ノ総テノ部位ニ於テ弱点ナリ……〟

このように曽根は貫孔やホゾ孔さらに楔などは柱の弱点となるので廃止するべきであると明言し、ついで、

〝……普通ノ日本家屋ニ「ボールト」ヲ用ヒテホゾニ代ヘタル構造アリ之ヲ彼ノ酒田小学校体操場小屋組ノ考案者中村太助氏ノ居宅ニ見ル今其構造ノ一ニ例ヲ挙ラハ鴨居ヲ架スルニ先仮鴨居トシテ無目ヲ入レ其両端ヲ柱ニ突付ニナシ柱ヨリ「ボールト」ヲ通フシ無目ノ上端若クハ横ニ穿チタル小孔ヨリ女螺子ヲ入レテ「ボールト」ヲ締メ而シテ後鴨居ヲ其ノ下端ニ当テ其講中ヨリ螺旋ヲ以テ無目ニ取付ケタリ〟

と記しているように、鴨居の取付けにボルトや木螺子を用いることを推奨している。
こうして、曽根は、
①ホゾ孔・貫孔
②梁類の継ぎ方（継手）
③柱と小屋の取り付け方
④通し貫の足固
の四項目が伝統木造の欠点であると指摘し、次のように結論した。

〝山形県下ノ建築ニ向テハ特ニ之カ改良ヲ切望セサルヲ得サルナリ、全体ヲ強固ニ組立スルトハ柱ノ固メ方縦横木材ノ取付方小屋ノ置キ方等ノ改良ヲ意味シ木造耐震家屋建築ニ於テ最モ重要ナルモノニ属ス而シテ学理ニ照シテ之ヲ実ニ徴スルモ我国従来ノ建築法ハ耐震構造ニ適フモノニアラス故ニ将来木造家屋ヲ建築セントスルモノハ可及的総テノ組立ヲ三角形ニナシ巻鉄物及鉄「ボールト」ヲ用ヒテホゾ及ホゾ孔ニ代ヘホゾヲ用ルノ已ヲ得サル場合ニハホゾ孔ヲ成ベク小ニスルノ心得アラハ庶幾クハ震害ヲ軽減スルヲ得ンカ又上部ヲ軽量ニマストハ小材ヲ以テトラッスノ小屋ヲ架スルノ意ニシテトラッス小屋ノ日本小屋ニ優ル……〟

要するに、曽根は明確な欧化主義の立場から、次の三項目を中心に伝統木造工法を廃止して洋風に変えるべきであると主張したのである。
①トラス屋根　⇑　和小屋

②筋違（三角形不変の原理）　⇑　貫構造
③金物接合　⇑　切組加工
これは村松貞次郎が指摘した〝在来木造〟の考え方に極めて近い。この意味で曽根達蔵は〝在来木造工法〟の最初期の提唱者でもあった。

◆2　野口孫市の見解

明治二九年四月に帝国大学大学院学生野口孫市が調査会に提出した「明治二十七年山形県地震災害後建築視察報告」は翌々月の明治二九年六月の「調査会報告」第九号（文献7、四頁）に掲載された。この報告は単に被害状況を記述したものではなく、東京地震以降の直下型地震に際しての野口の豊富な震災調査の経験に基づく総合的な考察であり、同時に構造力学的な視点から木造建築の耐震対策のあり方を論じた点で画期的であった。

この報告で注目されるのは、曽根や辰野など帝国大学の権威筋は、日本の伝統木工法には耐震性がないとの立場から、和風建築を〝金物〟と〝筋違〟を主体とする洋風木造工法に転換すべきであると主張したのに対し、野口はこれとは全く逆で、和風建築に耐震構造としての優れた特性を見出し、これを高く評価したことである。

野口の伝統工法に関する重要な指摘として次の事項が列記される。

1　屋根の軽量化

木造の耐震化を図る上で、屋根を軽量化することは、筋違を設置するよりも耐震上効果があると指摘し、重量の重い藁葺屋根を軽量な柿葺きなど板葺に改めるべきとした（文献7）。

〃……只藁屋根ヲ改メテ杮板葺トナスコトハ遠ク筋違材ヲ使用スルニ優《まさ》ルアルヲ以テ家屋ノ改良ヲ図ラントスルニハ先ツ藁屋根ヲ撰ムコトヲナサスシテ板葺トナスニヨリ藁葺家屋ハ依然トシテ其ノ旧態ヲ改メサルモノナルヘシ〃

② 土壁の優位性

当時は土壁に耐震性はないとの考え方が支配的であったが、野口は後述の「貫」との関連で、「土壁」の耐震性能を高く評価していたことは注目に値する。下記の一節には、野口のそのような認識が明確に示されている。

〃……日本風ノ家屋ニ於テハ通常通シ貫ニ加フルニ間渡リ竹ヲ以テ木舞ノ下地トナシ木舞竹ヲ結ヒ付ケ壁下地トナス壁ハ荒木田土以テ塗リ立テ柱間ニ充填セシム家屋ノ傾斜セントスルニ際シテハ此壁ヲシテ斜ニ圧力ヲ受ケシメ之ヲ破ラサレハ容易ニ家屋ノ顛倒ヲ来サス荒木田土ノ凝集力固ヨリ些少ニ過キス然テドモ其圧力ノ加ハルハ壁ノ一点ニ集中スルモノニアラスシテ漸次ニ四辺ニ分布シラルルモノナリ故ニ之ヲ破壊セシムルコト甚タ容易ナラサルモノアリ故ニ通貫ノ粗ニ失スルモノ往々ニシテ之アルモナホ幾分ノ耐震力ヲ保持スルヲ得ルナリ酒田地方ニ於テハ木舞竹ヲ用ヒスシテ枯葦ヲ編テ之ヲ貫ニ釘付ケニナシ以テ壁下地トナス故ニ一旦圧力ノ加ハルアラハ此壁下地ハ壁ト共ニ容易ニ貫ヲ辞シテ墜下スルニ至ル〃

野口は壁土の強度自体は決して大きくはないが、地震で土壁が変形する場合には筋違のように圧縮力が一点に集中するのではなく、壁面全体が変形に抵抗するために十分な耐震性を発揮させることができると指摘。貫の段数が少なくても土壁によって地震被害は軽減できると結論したのである。

ただし、庄内地方では柱にエツリ孔を穿って竹木舞を差し渡して取り付けるのではなく、貫に枯葦を釘打ちするような脆弱な下地工法が一般的で、土壁全体が簡単に剥がれ落ちることに問題があると記している。

③ 基礎の移動による免震効果

基礎が移動して被害を免れた事例として、二重土台構造の東田川郡押切村の倉庫を紹介したが、このような事例調査に基づき、野口は木造建築の基礎を地盤に固着させるのではなく、建物の移動を許容することによって免震効果を発揮させるべきであると次のように明快に主張した。また丸形の根石の危険性の指摘も重要である。

〝……従来日本風構造ニヨル時ハ根石ハ柱下ニノミ限ラレタルカ如シ而シテ之ニ使用スル石材ハ多クハ円石ニシテ或ハ直チニ柱ヲ建テ或ハ土台ヲ敷設ス……或人ハ円石ノ利ヲ説テ曰其表面ノ凹凸ハ柱或ハ土台トノ摩擦力ヲ増加シテ以テ建築物ヲ強固ナラシムト然レトモ激烈ナル震動ニ遭遇スル時ハ家屋ノ四五寸乃至七八寸ノ移動ヲ生スルコトハ誠ニ止ムヲ得サルカ如シ　是カ移動ニヨリテ構造ニ損害ヲ及ホササル限リハ之カ移動ヲ放任スルコトハ誠ニ震動ノ感受ヲ減少セシムルノ良法ニシテモシ他ノ事情ニシテ均一ナラハ移動ノ許多ナル方ハ僅少ナルモノニ比シテ比較的少許ノ損害ヲ受ケタリシコトヲ信スルヲ得ヘシ

丸形ノ根石ハ誠ニ此移動ヲ妨ケ以テ家屋ヲシテ許多ノ震動ヲ感セシムルノミナラス一旦移動ヲ生スル時ハ其面平坦ナラサル為ニ著シク損害ヲ被フルノヤムヲ得サルニ至ル……〟

4 貫の勧め

「貫」と「筋違」いずれが優るか？　これは「伝統工法」と「在来工法」のいずれが優るか？という議論の根幹でもある。

濃尾地震後百数十年を経て、最近わずかではあるが、筋違一辺倒を見直す動きもあるらしいが、〝三角形不変の原理〟を耐震木造の金科玉条としていた明治中期に、大学院学生であった野口は筋違よりも貫が勝ると次のように毅然と主張した（文献7、二一五頁）。

〝……通シ貫ハ柱ヲ損傷シ而カモ斜向カニ耐フルノカナシト云フヲ以テ往々ニシテ非難セラルルカ如シ然レトモ余ヲ以テ是ヲ見レハ是レ斯ク排斥スヘキモノナラサルヘシ余ハ幾多家屋ノ震災ニ破損シタルモノ見タリ然レトモ未タ柱カ通シ貫ノ部ニ於テ挫折シタルモノヲ見スモシ余カ眼界ヲ脱シタルノ例アリトセンモ是実ニ寥々タルモノニシテ是ヲ従来日本家屋ノ弱点トシテ算スルコトヲ得サルカ如シ……〟

貫を野口が尊重した背景には、筋違は意匠的にみて壁厚の薄い日本建築にはふさわしくないという美意識にも根差していたことが次の一文から覗える。

〝……諸官衙学校ノ他柱間ニ筋違木ヲ使用スルノノ頗ル多ク同地方ニ於テ改良シタル構造ハ皆此法ニヨレリ然レトモ日本風ノ家屋ニ於テ壁厚ノ少ニシテ筋違木ノ外部ニ露出スルヲ厭フ為メ殊ニ薄材ヲ使用シ尽クシ柱間ニ切リ込ミ抗圧材トシテ使用セラレ居ルモノ頗ル多キカコトシ……〟

先に述べたように曽根は、貫孔は柱を断面欠損させて木造家屋の耐震性能を著しく損なうため排除すべきと主張したのに対し、野口は直下型地震災害の被害調査の経験から、通し貫は日本家屋の耐震上の弱点とはなっていないと主張。さらに庄内地方では多段に貫を配置して骨組みを堅固に一体化する優れた手法として、図7の酒田の日本郵船の倉庫の事例を紹介したのであった。

〝……其ノ斜向カニ耐フルノカハ如何ナルヘキカモシ通シ貫ニシテ柱ニ堅着セス又楔ノ能ク之ヲ堅着セシムルコトナクンハ其用ハ只壁小舞ヲ支持スルニ止マルヘシ然レトモ同地方ノ通シ貫ハ数々柱ニ堅着セラレ通シ貫ヲシテ其用ヲ遂ケシムルコトアリ夫ノ押切村倉庫及日本郵船倉庫ニ於テハ楔ヲ用ヒスシテ隅柱ニ於テハ段違ヒニ貫ヲ使用シタリ……〟

5・8　野口孫市と坂静雄の貫理論

野口の〝貫〟理論との関連において、坂静雄の伝統的社寺建築の耐震性に関する研究について今一度振り返っておきたいと思う。

◆1　坂静雄の貫の研究――国宝法隆寺金堂壁画保存を巡って

伝統的社寺建築の耐震性に関する系統的な研究は、坂静雄による法隆寺金堂架構の一連の実験と理論解析を嚆矢とする。

坂は鉄筋コンクリート工学の分野での多大な業績を残したが、戦前、京都帝国大学の天沼俊一や武田五一

(昭和九年に始まった法隆寺昭和大修理の初代工事所長を兼務)、さらに、奈良県技師岸熊吉、浅野清、さらに京都府技師坂谷良之進らと東大寺南大門(文献13)や平安神宮大鳥居(文献14)、その他国宝法隆寺金堂をはじめとする古社寺の保存修理や復元設計に携わったことはあまり知られていない(文献13、14)。

坂の社寺建築の耐震性に関する研究としてきわめて重要なものは、昭和一八年度から予定されていた法隆寺五重塔の本格的解体修理と——金堂壁画の保存事業(文献15)に関連して行われた金堂架構の耐震強度評価に関する一連の研究である(文献16—22)。

具体的には昭和一六年三月頃から一九年四月にかけて金堂構造の安全度判定に関して八編の研究報告書が作成されたが、そのなかで特に重要なものが〝法隆寺金堂内陣架構二分の一模型の引き倒し抗力及復原力〟に関わるものである(文献16、17)。

その趣旨について坂は次のように記している(文献16、一二五二頁)。

〝……本邦社寺建築の構造設計は完く経験に基づいておこなわれるところであるが、水平荷重に対し如何なる抵抗性を有するかは完く未知のことである。社寺建築構造は通覧するに構造的要素(柱・梁・貫・胴差し・長押・斗きょう等)は多数あるが、構造の実情から見て水平力に対する抵抗性を生ずべき主要なる項目は、屋根が重く柱が太き為に生じる柱の安定性と柱間に挿入せられた貫の強度に基づくものが多いと観察せられる。依ってその各々に就き分析的に抗力を研究し、柱と貫を主体とする構造物にあって荷重と撓みの関係を材料力学的に決定しうる身とを発見線と試みたものである。壁体の抗力に対しては骨組の力学的性質を明瞭ならしめた上之に及ぶ予定である。〟

有名な社寺骨組の実験は戦時中の資材統制の厳しい時代に、京都帝国大学建築本館地下の廊下の一隅を掘り下げて木造の実験装置を組み、コンクリート試験体の廃材を重石に利用して行ったものであった。図11は戦前の建築学会大会論文集（文献16、17）に掲載された実験のセットアップ図で、図12はこの図面をもとに筆者が復元した実験装置の模型である。

二本の太い柱Cと三段の貫Nから構成される門型の木造骨組の柱頭に横材Bを上架し、その上部に天秤梁Tを設けて鉛直軸力を負荷するものであった。この論文において坂等は古代建築における「柱傾斜復元力」と「多段貫」の効果について理論的に考察し、貫を有する木造架構の復元力特性を実験的に検証した点において、伝統木造の耐震研究史上画期的な意義を有するものであった。

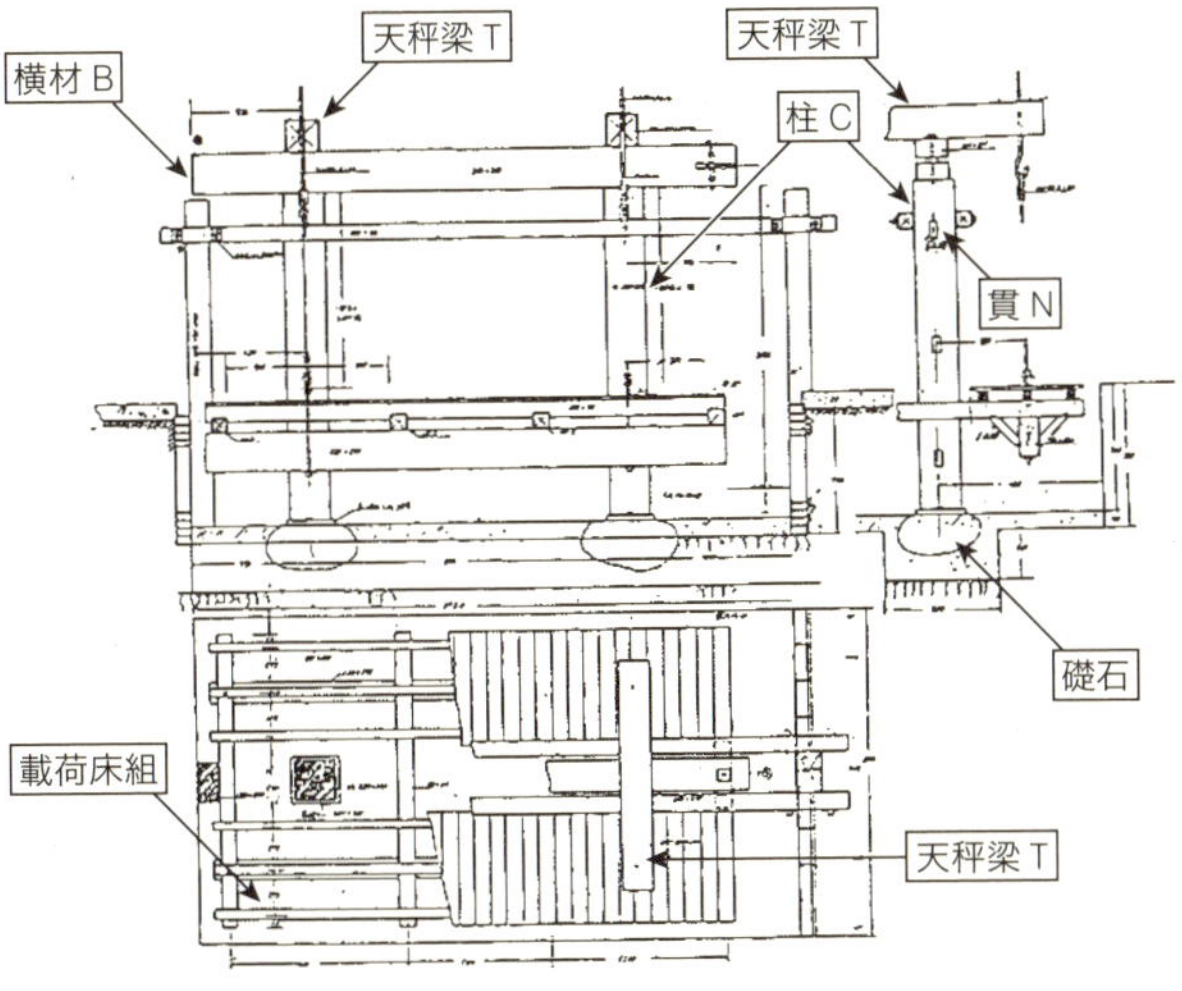

図11　法隆寺金堂モデルの引き倒し実験の装置（文献16、p.253）

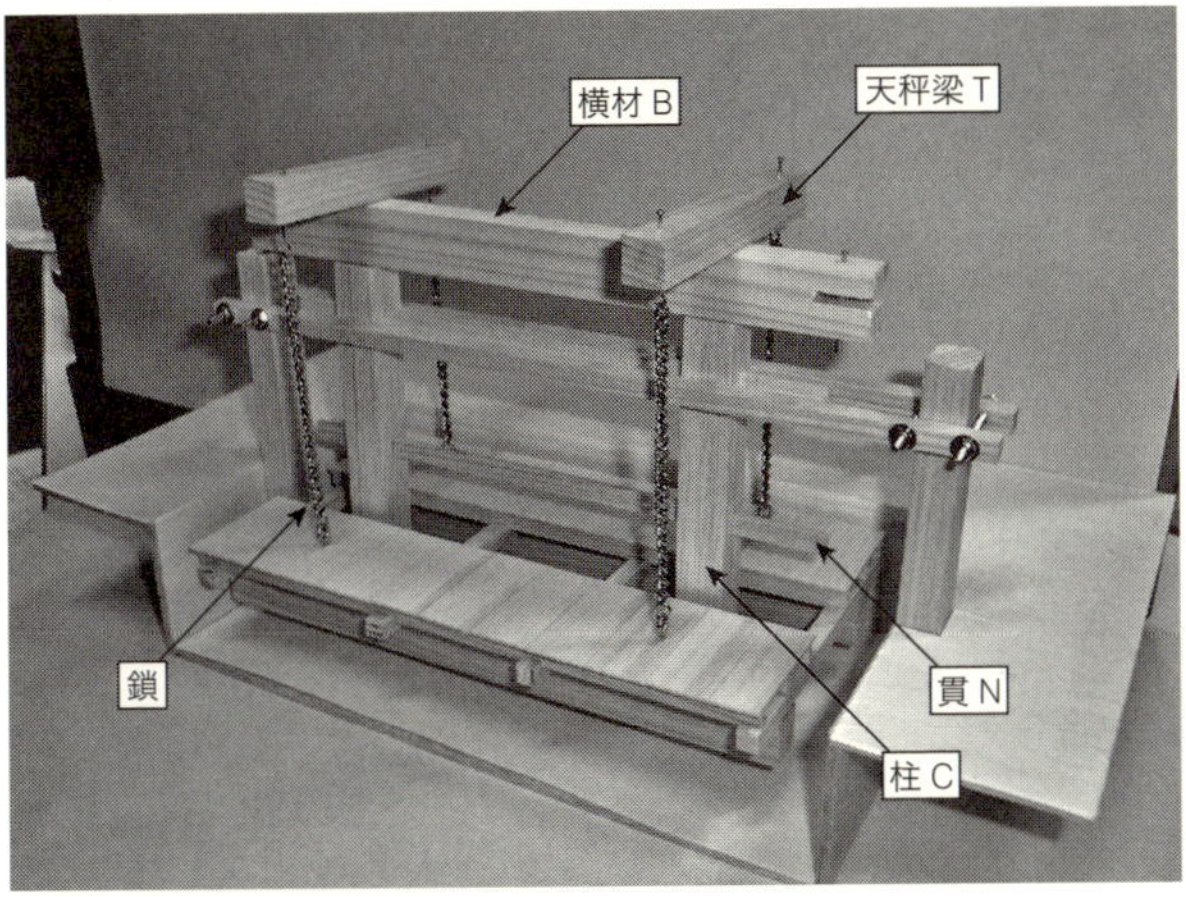

図12　坂静雄の実験装置の模型写真

ただ、これらの研究は昭和一六年初頭から戦局が悪化の一途をたどるなかで実施しなければならなかったので、上記二編の論文以外の、斗の強度（文献18）、土壁の耐震性（文献19）、社寺骨組みの終局耐震強度や航空機の研究用のGöttingen 型風洞を用いた耐風実験（文献22）など数々の研究成果は、戦後の混乱状況のなか、公表されることなく幕を閉じた。

さて、図13の右は坂の貫の水平抵抗機構に関する解析モデルである。二つの太い柱間に設置された貫は水平変形を受けると、逆対称の曲げモーメントを生じるが、その最大点は柱際よりやや貫穴側に位置し、貫に生じた端部モーメントは抜き穴内部で上下面よりの支圧力とバランスすることを示している。また、貫孔内の支圧反力分布形状については、木材の支圧に関する非線形の応力——歪関係式が採用された。

これら坂の研究によって、従来定量化が難しいとされていた木造社寺建築骨組の水平抵抗機構は主として次の二項から構成され、それらの評価式が示されたことによって、伝統木造建築の耐震強度を評価する道が拓けた。

1 柱傾斜復元力

鉛直力を支える太い柱が水平に変位する際に生じる一種のロッキング復原力。

2 貫の効果

柱の水平変位によって貫が逆対称の曲げモーメントを生じることに

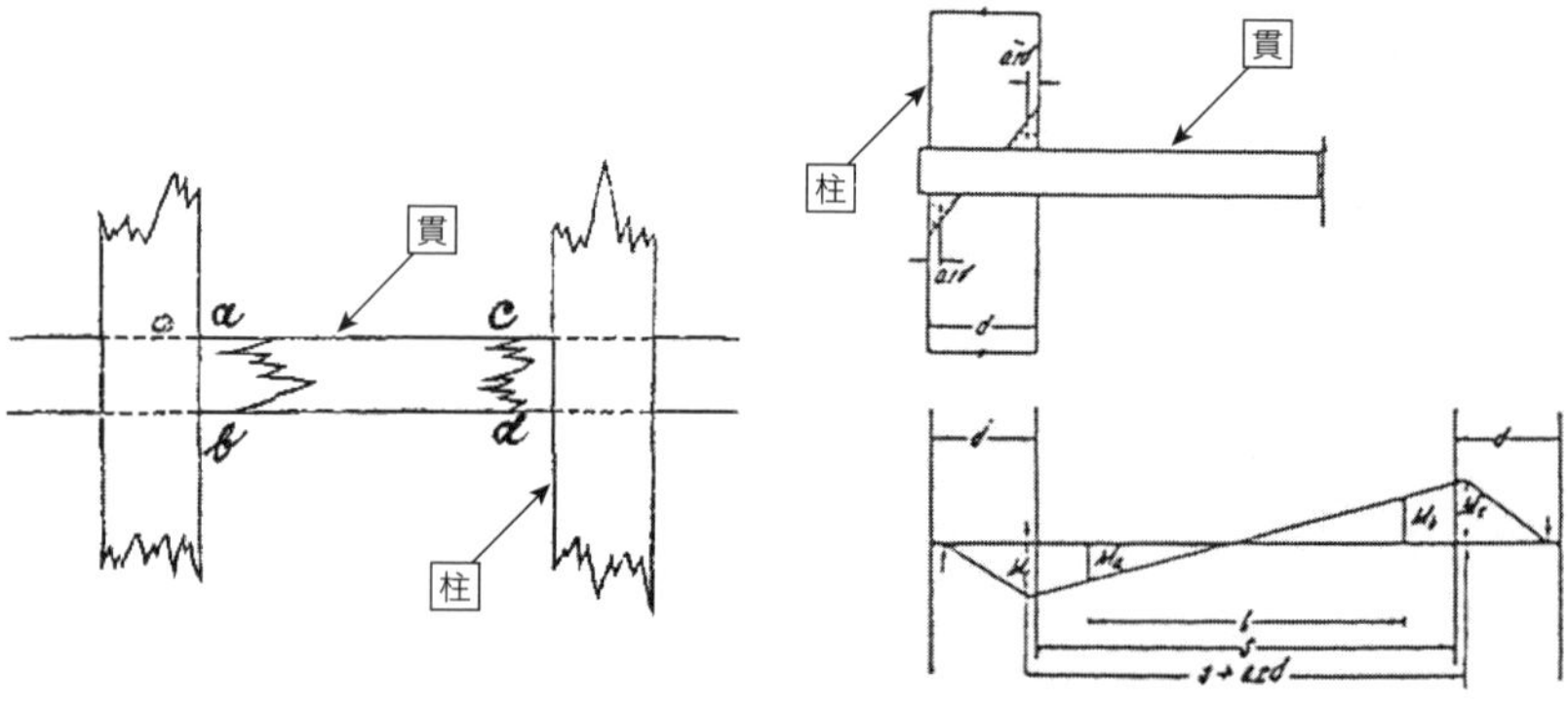

野口モデル　　坂モデル

図13　野口孫市と坂静雄の貫の力学モデル（左：文献7、右：文献16）

よって安定した水平抵抗力を生じ、その大きさは貫の段数に比例すること。
柱の太い古社寺建築の耐震強度は上記二項の復元力に、土壁の強度が累加するが、この点については戦時下にもかかわらず坂は土壁に関する広範な実験を行った。ただし、法隆寺近辺の土は輸送が難しかったため か、砂質土は上京区格野付近、粘性土は左京区一乗寺周辺の土を採取して土壁の試験を行ったと記されている。

なお、法隆寺金堂は解体修理の結果、貫と思われていた横材は浅く大入れされていただけで、柱を貫通する貫は使われておらず、「貫構造」の技術は鎌倉初頭、俊乗坊重源の大仏殿再建に際して陳和卿が天竺様とともにわが国にもたらすまで貫は存在しなかったことが再確認された。

世界最古の木造建築――法隆寺金堂は貫構造ではなく、「柱傾斜復元力」と「土壁の復元力」によって千三百年もの風雪に耐えてきたのであった。

ここで簡単に「柱傾斜復元力」ついて言及しておきたい。図14は中世社寺の桁行方向の軸組を模式的に示す。伝統的社寺建築は大斗を境に、下部の「軸部」と上部の「軒組」という構造特性の異なる木組に分離できる。

「軸部」は基本的には「柱」とその頂部を水平方向に結合する「頭貫」、柱を貫通して固める横材の「貫」、そして柱の基部を結合する

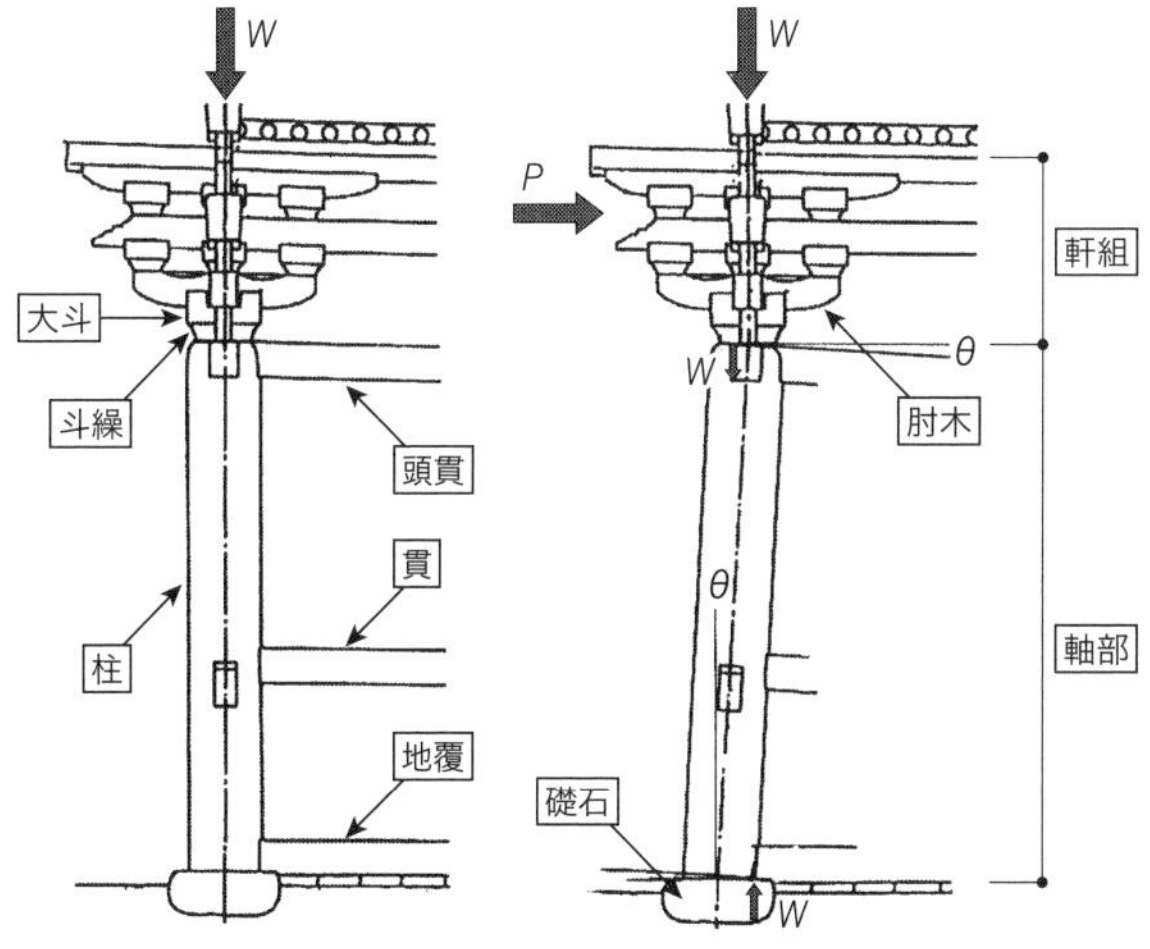

図14　大斗と柱・貫の変形状態

「地覆」で構成される。
上代建築では「貫」はまだ使われておらず、唐戸や連子窓を取り付けるための「長押」が軸部を固める場合もあった。

一方、軒組は軒出の長さに応じて出組や出三斗、三手先など多くの種類があるが、構造的に重要なのは「大斗」と一段目の「肘木」で、これらを介して上部の荷重が「柱」に伝わる。このような架構に左から右方向に水平力を受けた場合の変形状態を示したものが図14の右図である。軸部の太い柱は曲げ変形を生じることなく、剛体的に角度θ傾斜するのに対して、水平部材を重ねた軒組は水平方向にしか移動できない。そのため、回転傾斜する柱と軒組との間の角度差θをどこかの部材で吸収しなければならない。この役目を果たすのが大斗である。

大斗は直方体ではなく、その下部は〃斗繰〃と称する円弧状の加工が施されており、これが上下の曲げ変形を吸収するピン接合の機能を果たすのである。法隆寺金堂では皿斗が使われているが構造的な働きは変わ

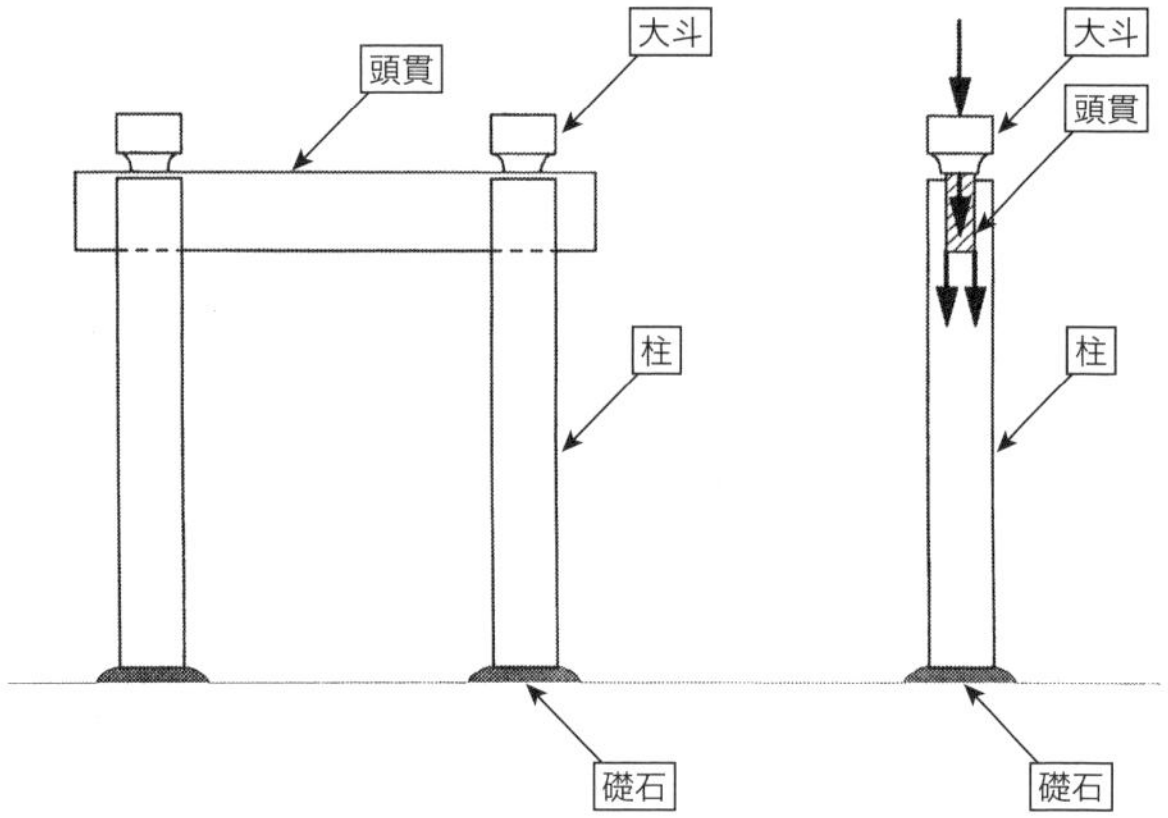

図15　古代の社寺建築の基本構造

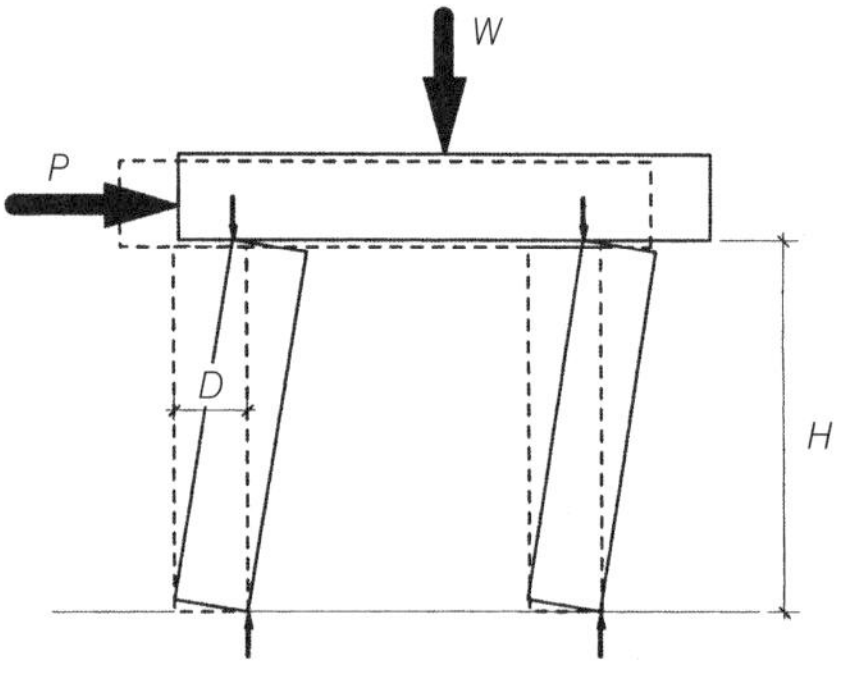

図16　柱傾斜復元力（鉛直力と水平抵抗の関係）

らない。

図15は軸部を模式的に示したものである。注意していただきたいのは飛鳥や奈良時代の古代建築の頭貫は柱頂部より五分（一五ミリ）程突き出すように造り、その上に大斗を載せていることである。こうすることによって大斗からの鉛直荷重は実は柱頂部には作用せず、図15の右図に示すように頭貫を介して柱頂部より頭貫の成だけ下がった位置に鉛直力が加わることになる。

図16は図15を「柱傾斜復元力」のモデルに単純化したものである。柱高さH、柱径D、頭貫に作用する鉛直荷重W、水平力Pとすると、水平力Pによって木組は時計方向に$P \cdot H$の転倒モーメントを受ける。これに対抗する反時計周りの抵抗モーメントは（$W/2$）$\times D \times 2 = W \cdot D$で、これらが釣り合うので$P \cdot H = W \cdot D$、すなわち$P = W$（$D/H$）となる。

Pを「柱傾斜復元力」と呼ぶが、これは上部荷重Wに柱の径：長さ比（D/H）を掛けたものである。

図17は法隆寺金堂と正倉院宝庫の断面を比較したものである。矢印いの柱の長さHと径Dを測って見ると、

法隆寺金堂では　（D/H）＝1／8＝○・一二五

正倉院宝庫では　＝1／3＝○・三三

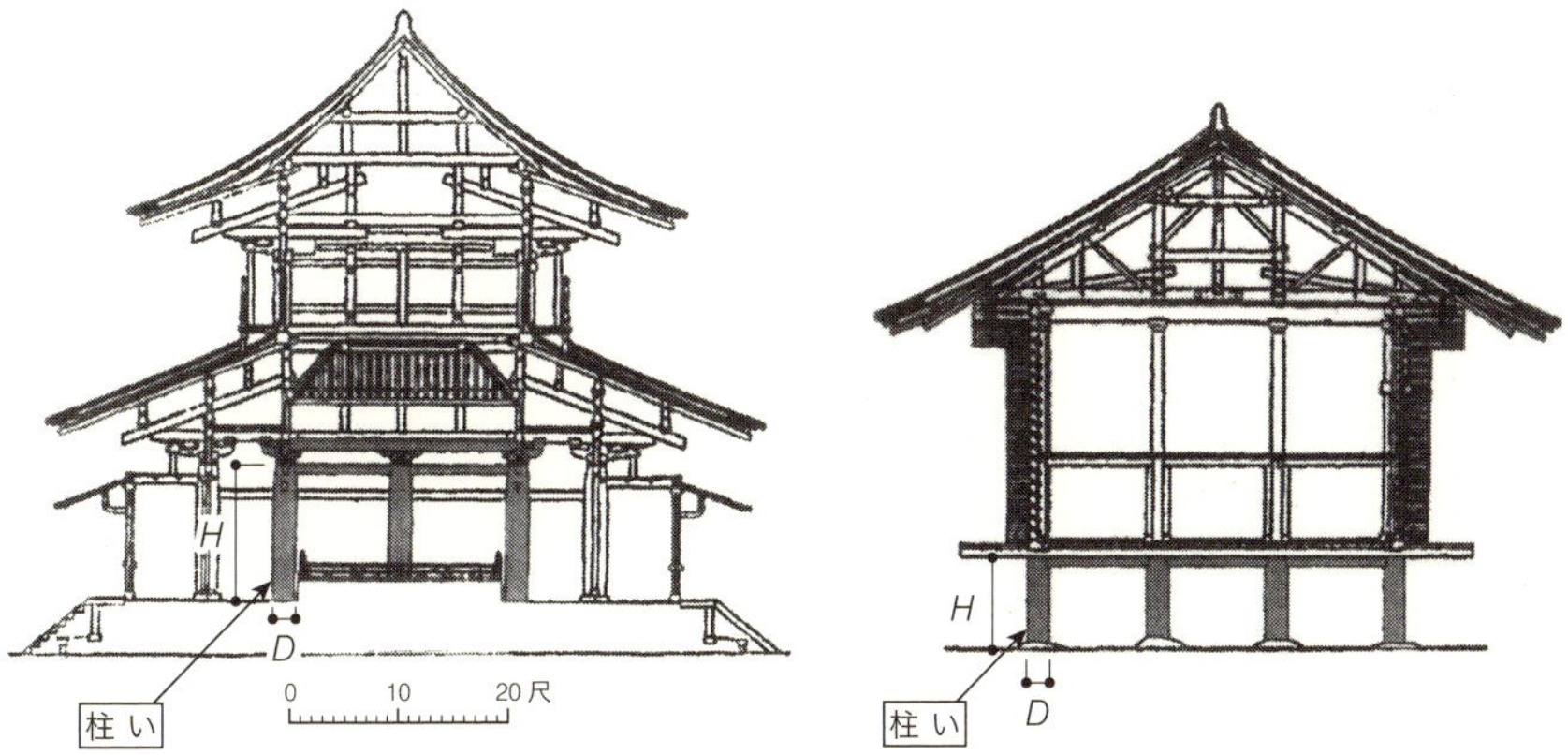

図17　法隆寺金堂と正倉院宝庫の断面（文献23）

となっている。正倉院の柱の基部は大きな礎石に密着するように〝ひかりつけ〟ているので、柱脚部の固定度が高い。つまり古代建築は、太い柱の（直径）と（長さ）比で定まる柱傾斜復元力だけで震度〇・二程度の地震力に耐えられるが、これに土壁や長押の強度が累加することで、歴史的な大地震の破壊力を優に上回る構造強度が得られたと考えられる。

◆2　野口の貫理論

野口孫市は「明治二十七年山形県地震災害後建築視察報告」（文献7、二五頁）の論考で、通し貫の水平抵抗のメカニズムに関して、次のような注目すべき指摘を行っている。やや長くなるが引用する（図13参照）。

〝貫ヲ用ヒタル各柱ヲ連結シテ一枚トナシ以テ其散開ヲ防キ又斜向力ノ加ハリタル時ハ此貫ヲ恰モａｂ及ｃｄニ於テ支持セラレタル二個ノカンテリーバー（筆者註　片持梁）ノ如キ用ヲ為スナリ故ニ此家屋ノ顛倒傾斜スル場合ニ於テハ必ラス柱際ニ於テ貫ノ挫折スルヲミルヘシ夫ノ地震ノ為メ日枝神社拝殿ノ頭貫カ此ノ破損ヲ来シタルヲ見タリ茲ニ於テ通シ貫ハ充分ニ其用ヲナシタルモノト云フヘシ

柱ノ抗張或ハ抗圧力ハ貫ノ数ヲ増加スルニヨリテ変スルモノニアラス故ニ柱ニ於ケル貫穴ノ距離或ハ限界ニ達スル迄ハ通シ貫ヲ増加スルコトニヨッテ家屋ノ耐震モ亦増加スルニ至ルヘシ而シテ其限界トハ則ハチ貫穴間ノ柱ノ抗剪力ヲシテ柱ノ両傍ニ於テ挫折スルカニ等シカラシムルヲ度トスモシ此ノ度ヲ超過スル時ハ震動ニ遭フテ貫ノザセツヲ見ズシテ柱ノ損害ヲ見ルニ至ルヘシ……

今貫ノ厚サヲb吋（インチ）トシ其幅ヲh吋トシ木材ノ抗張力ヲf封度（ポンド）トセハ貫カ柱ノ両傍ニ於テ挫折セラルヘキカハ $2 \cdot fbh\ 2/6$ 封度ナリ　今柱の太サヲB吋トナシ貫穴ノ距離ヲX吋トナス

時ハ

2（X×B）×1吋平方／杢目ニ沿フタル木材ノ抗剪力

＝2貫ノ抵抗率（モーメントオフレジスタンス）

X＝抵抗率／（B×抗剪力）

貫ノ距離X吋ニ達シタル時ハ此種家屋側壁ノ耐震力尤モ大ナル場合ナルベシ家屋ノ角隅ハ尤モ不整ナル外力ヲ受クルモノニシテ而カモ其構造尤モ薄弱ニ極ムルナリ故ニ家屋ノ破損ハ其角隅ニ於ケルモノヲ尤モ多シトス従来ノ構造ニ於テ通シ貫ノ角隅ニ於テ段違ニナセルモノ往々ニシテ見ルヘク震災後ノ家屋ニ於テモ郵船会社倉庫押切村倉庫ノ如キハ亦段違ノ法ヲ取レリ是レ隅柱ヲシテ他ノ柱ト殆ト同様ノ強サヲ保タシメ貫モ亦他ノ柱ニ於ケルト其強弱ヲ改ムルコトナキヲ得ベシ……〃

このように、野口は水平力を受ける木造骨組内の貫を、柱に固着された片持ち梁とみなして、その曲げ耐力から抵抗せん断力を評価する方法を示すとともに、貫を柱に多段に設置した場合には、柱に穿たれた貫孔間の木目方向の応力がせん断耐力に達するまで貫構造として抵抗しうると指摘し、その算定式を示したのである。

前掲図13の左は野口の貫モデル。右は坂の貫モデルである。坂の理論は貫の仕圧分布にコンクリートの圧縮応力――歪関係に準じたe関数法を導入するなど洗練されているが、力学モデルの基本的な考え方はほぼ同じである。坂の研究に先立つこと半世紀。野口の先駆性と独創性は際だっている。

木造家屋の耐震化への野口の考えかたを今一度整理すると次の通りとなるが、そこにはわが国の伝統木造に対する野口の深い敬意の念が感じられるようだ。

考えられる。

①屋根の軽量化、藁葺き　↓　柿・板葺
②筋違より貫構造　↓　多段貫構造の勧め
③筋違より土壁　↓　竹木舞下地の勧め
④基礎移動の許容　↓　基礎免震の勧め

野口の主張は、洋風指向の辰野金吾、曽根達蔵など帝国大学の権威筋の考え方とは全く相いれなかったと考えられる。

濃尾地震の年に帝国大学に進学した野口は、博士課程において東京地震と庄内地震に遭遇。直下型地震の被害や復旧の調査に深く関わったが、彼は甚大な木造被害のなかに伝統木造の耐震手法の可能性と合理性を見出し、明治中期の〝欧化主義〟の大きな流れに与することなく、和洋の建築技術の得失を冷徹に見極めながら、わが国の伝統木造工法を一層改良洗練しようとした。

濃尾地震から百数十年を経た現在でもなお、木造家屋の耐震化については、伝統的な土壁や貫を廃して、筋違や金物工法にすべきであるという「洋風志向」と、逆に伝統手法を尊重してこれに学んで将来の建築に活かすべきであるという「和風尊重」の考え方に大きく乖離したままで、むしろ溝は一層深まりつつあるように見える。

日本建築を耐震的に劣ったものと見なすか、優れたものと考えるかは一つには美意識を含めた価値観の違いもあり、将来とも容易に決着がつかないかもしれないが、野口は日本の伝統木造に耐震の英知を見出し、そのことを明確に主張した最初の構造研究者であった。このことについてはもう少し評価されるべきであると思われる。

耐震研究に没頭しながら、構造と意匠、さらには和洋の建築美の統合を試みた野口孫市は、明治二九年「山形県地震災害後建築視察報告」が「調査会報告」に掲載される頃には大学を去って逓信省に入省。

その三年後の明治三二年に三一歳で住友家に招かれ、直後に欧米視察に派遣されたのち、明治三三年に住友臨時建築部技師長に就任。住友臨時建築部を統率しつつ、建築家としての天賦の才を一気に開花させた。

明治三七年、住友家一五代当主住友吉左衛門友純《ともいと》の寄付による大阪府立図書館（現重要文化財大阪府立中之島図書館、図18）はじめ、住友家の建築家として優れた作品を数多く手掛けたが、大正四年四六歳で没した。

図 18　重要文化財大阪府立中之島図書館（明治 37 年落成写真より）

6　耐震木造校舎の試案〝耐震雛形〟を考える

6・1　義務教育制度と木造校舎建設

明治二〇年代、文部省は義務教育制度を確立するための諸規則の整備とともに、機能的な木造校舎を短期間に大量建設するという技術課題に直面していた。このため、全国一律に適用しうる校舎の標準設計を普及させることが急務となったが、まさにその時、濃尾地震が勃発。さらに東日本にも激震が続発したため、震災予防調査会を主管する文部省は木造校舎の耐震化への関わりを強めざるを得なかった。このような観点から震災予防調査会での耐震木造校舎の動向について検討する。

さて、菅野誠の『日本の学校建築』(文献1)には次の記述があり、木造校舎の大量建設が如何に切実であったかが伺える。

〝明治五年八月の学制発布直後の学校のほとんどが、従来の寺子屋、私塾をそのまま使用したものであった……明治八年文部省第三年報付録に記せられた二万校の小学校建物のうち、実に八千校すなわち四〇%は寺院を借用したもので、それに次いで六千八百校、すなわち総数の三分の一は民家を借用して小学校としたものであった。……学制発布後学区制によって全国に小学校の設置を要請し、その政策によって小学校は明治七年にはすでに二万を超え、明治一〇年には二万五千を超える小学校が全国に設けられた。……これらの多くは何々小学校という表札は掲げてあっても、江戸時代からの塾や寺子屋と大差のないものであったとは言え、日本の小学校数はそれから今日までほとんど変化のないことを考えてみると、驚くべきことであった。〃

6・2　学校教育の近代化の歩み

明治二三（一八九〇）年の憲法発布を間近に控えた明治一八年一二月、従来の「太政官制」は廃止されて内閣総理大臣と各省大臣が国政を担当する「内閣制度」が始まった。

これと時を同じくして、明治三年一二月の設立後、鉄道、造船、鉱山事業などを通じて産業の近代化を進めてきた工部省は廃止され、工部省所管の工部大学校（明治四年設立）は文部省に移管。明治維新以来の政治変革は一段落し、近代化がようやく本格化した。この頃が明治の近代化の実質的な草創期と見ることができる。

さて、初等教育に関しては、従来の寺子屋的な色彩を払拭し、近代的な学校制度を津々浦々まで広めて、優秀な人材を多数育成し、社会に登用できるようにすることが最初の目標となった。このため、明治一八年から明治二五年頃までの七、八年間、文部省は初等普通教育を軸に学校教育の国家的統一を図るべく基盤整備を急いだのである。

そして次の段階として、おおむね日清戦争後に実業教育や専門教育分野に力点を移すべく積極的な方策を図った結果、明治三〇年頃には初等から専門教育にいたる国の教育体制がほぼ固まった。

このような学校教育制度の基礎を据えたのが、明治一八年の内閣制度の発足とともに初代文部大臣となった森有礼であった（文献2）。彼の元で、明治一九年三月に「帝国大学令」（勅令第三号）、同四月には「小学校令」

（勅令第一四号）、「中学校令」（勅令第一五号）、「師範学校令」（勅令第一三号）の四つの「学校令」と称せられる単行勅令が公布され、これに付随する諸学校通則が次々と布達された。

明治一九年の「小学校令」では、公学校を尋常・高等の二つとし、修業年限は各四年と定めたうえ、翌二〇年五月には初等教育の教科内容の厳密な統一化を図った。

さらに明治二三年一〇月には「小学校令」を改正して、義務教育である尋常小学校の修業年限を三年または四年と定めた。こうして初等教育の制度がこの頃に固まった。

6・3　文部大臣官房会計課建築掛と各種の学校建築規則

木造小学校校舎の大量建設という技術課題に対しては、明治二〇年代初頭まずは標準設計雛形の整備・布達をもって着手された。具体的には、まず明治二三年六月に文部省官制を大幅に改正して、「文部大臣官房会計局」に「建築掛」を置き、学校建築に関する事務を所掌する建築掛の長は技師とすると定めて、初代建築掛長に山口半六技師を任命した。また久留正道は明治二〇年に文部省技師となり、以降、山口半六・久留正道の主導で、学校施設の基盤整備を強力に推し進めたのであった。

大臣官房会計課建築掛創設後、建築設計規則として最初に公布されたのは、明治二四年四月の「小学校設備準則」であった。〝設備〟という用語が使われているが、当時は敷地計画や教室の基本寸法などを含めた設計規則を意味するものであった。

これに続いて以下の通達などが矢継ぎ早に出された。

・明治二四年一二月　「尋常小学校設備規則」

・明治二五年一月　「寒地ニ適等セル小学校舎ノ構造方」通達
・明治二五年七月　「小学校建築図案」通達
・明治二六年七月　「尋常師範学校設備規則」制定
・明治二六年一二月　「小学校用机、腰掛構造法」官報告示
・明治二七年八月　「学校建築上震災予防方」通達
・明治二八年五月　「学校建築図説明及設計大要」

その結果、明治二〇年代末には木造校舎の設計規則や標準設計がほぼ整った。

6・4　小学校建築図案について

◆1　通達の背景

「小学校建築図案」は文部大臣官房会計課が明治二五年七月に全国の建築担当者に通達したものである（文献3）。時期的には明治二六年六月の震災予防調査会の設置が決まった頃である。

この図案集がつくられた経緯は次のようなものであった。

文部省は前年の明治二四年七月に府県に対して、学校の建築の設計を（文部省に）依頼する場合には、なるべく詳細に調査して開示すべきことを通牒した結果、これを依頼する地方があまりに多く、一々これに答示してはいたが、既成の図案に対する要望も少なくないことを踏まえて、二十余の小学校の事例を印刷して地方担当者の参考のために配布した。

通達の構成は、最初に〝小学校校舎構造方説明概略〟として、五十余項目の設計方針や構造仕様などを示

した後、資料として各地の小学校校舎の配置図二三面と梁間及び桁行方向の構造詳細図を添付したものである。

◆2 構造方説明概略の概要

構造方説明概略の本文はわずか六頁にすぎないが、校舎をはじめ一般家屋の構造手法を方向づけるほど重要な内容を含んでいるので、かいつまんで紹介する。

1 基本方針：構造は洋風ではなく日本風とすること。

説明概略の最初に、〝校舎ノ構造ハ日本風ヲ用ヒ左ノ件々ニ依準スヘシ〟と記されており、さらに備考には、

〝校舎ノ構造ハ西洋風ヲ望ムノ地方ナキニアラサレトモ西洋風ハ職工ノ未熟等ニ依リ其体裁ヲ失シ且堅牢ヲ欠クノ恐レナキ能ハス殊ニ比較上建築費ヲ増加スル而已ナラス修理費モ亦多キヲ免レス故ニ大体ノ構造法ヲ日本風トナシ西洋風ノ長所ヲ採リ其ノ欠点ヲ補ヒタルモノナリ〟

〝校舎の構造ハ都テ虚飾ヲ省キ堅牢ヲ旨トス〟

とあることから、小学校建築は西洋風ではなく〝日本風〟とすべしと規定されたことが注目される。その理由は洋風建築の技術が浸透していないため、堅牢性を欠くことに加え、建築費の増加が懸念されたためであった。この結果、校舎の構造は和風として適宜洋式の長所を採り入れるものと規定し、虚飾を避けて質実剛健な建築を求めた。

2 規模について

①教室の広さは、一坪四人をもって概算する。

②通常教室は長さ六間・幅四間をもって限りとする。

③廊下は風雨寒気を避けるために内部に設置。

3 軸部構造

①土台は側石一段の上に据えること。

②柱間隔は六尺以内とする。

③筋違は幅三寸八分・厚八分とし柱ごとに欠き入れ釘打ち。

④通貫は高さ三尺間に貫通し、十分に楔止し、さらに柱ごとに釘打ち。

4 矩計

①天井高さ：床上より九尺以上。

②窓障子内法：四尺とし、その上に一尺以上の欄間を設置。

③窓下—床上：二尺五寸以上三尺以下。

④欄間：採光・換気を考慮して可能な限り天井に近接させる。小壁は必要なし。

⑤床高さ：二尺以上・三間ごとに二カ所以上の床下換気口。

5 屋根

①葺材：瓦または板葺、軒出は一尺以上。

②小屋組：なるべく西洋小屋式。ただし、部材は丸太可。

6 意匠

①壁は真壁・木摺大壁に関わらず土台際まで塗り下げること。
②外部：すべて下見板張。
③色彩：壁は灰色を最上とし、薄緑色と薄藍色がこれに次ぐ。
④下見板の塗装：生渋塗を可。ペンキの場合は二〜三回渋塗下地後ペンキ塗り。
⑤窓障子：引き違いとする。
⑥欄間：嵌込みまたは回転式。

7 **建築費**

建築費の目安：地業費を含め、

平屋　一坪あたり　一〇〜一八円
二階建　一坪あたり　一八〜二〇円

その他、寒冷地と暑熱地により床、壁仕上、窓構造等の差異を認める。

◆ *3* 附図について

本通達には各地の校舎の配置図二三枚が添付されている。図1の神奈川県北多摩郡多摩村尋常小学校であるが、教場（教室）には学年・収容人数・坪数が小さく記してあり、①温度、②風位、③建築

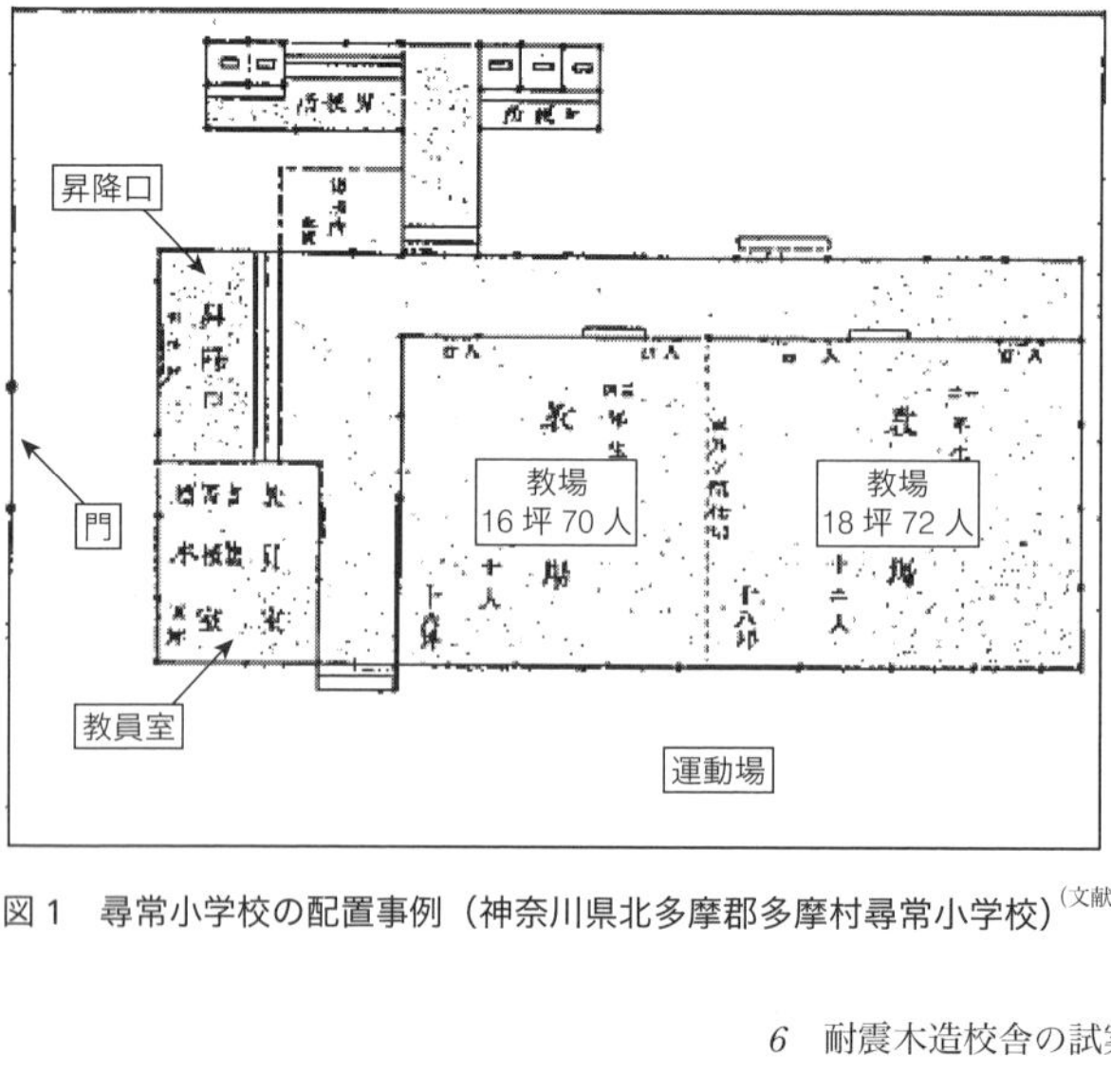

建坪	64坪
生徒員数	110人
建築費	300円
風向	夏：南風 冬：北風
温度	最高：華氏90度 最低：華氏37度

図1　尋常小学校の配置事例（神奈川県北多摩郡多摩村尋常小学校）（文献3）

費、④建坪数、⑤敷地坪数、⑥生徒員数が記されているのは興味深い。この校舎での年最高気温は華氏九〇度（三二℃）、最低気温華氏三七度（二・八℃）、風位（風向）は〝夏ハ南風、冬ハ北風〟となっている。

掲載校舎の範囲は南は鹿児島から北は秋田に及び、最高気温は鹿児島の華氏九五度（三五℃）、最低気温は宮城の華氏一五度（－九・四℃）であった。暑熱地から寒冷地での校舎の建設に活かすためと推定される。

図2は教室の梁間方向の断面図である。屋根勾配は六寸、梁間四間で、廊下幅一間、教室幅三間である。屋根は真束トラスで、合掌材・下弦材、方杖等は丸太を用い、桁行方向の剛性を高めるため、真束に筋違（杉）を打付けている。基礎は礎石の下部を壺状に固め、トラスの側柱および廊下境の柱の基部には土台を据えている。教室の床束には通貫を設置し、床は四寸角（杉）の大引に二寸角の根太を一尺間隔に配している。トラスの下弦材は廊下境の柱上で台持継

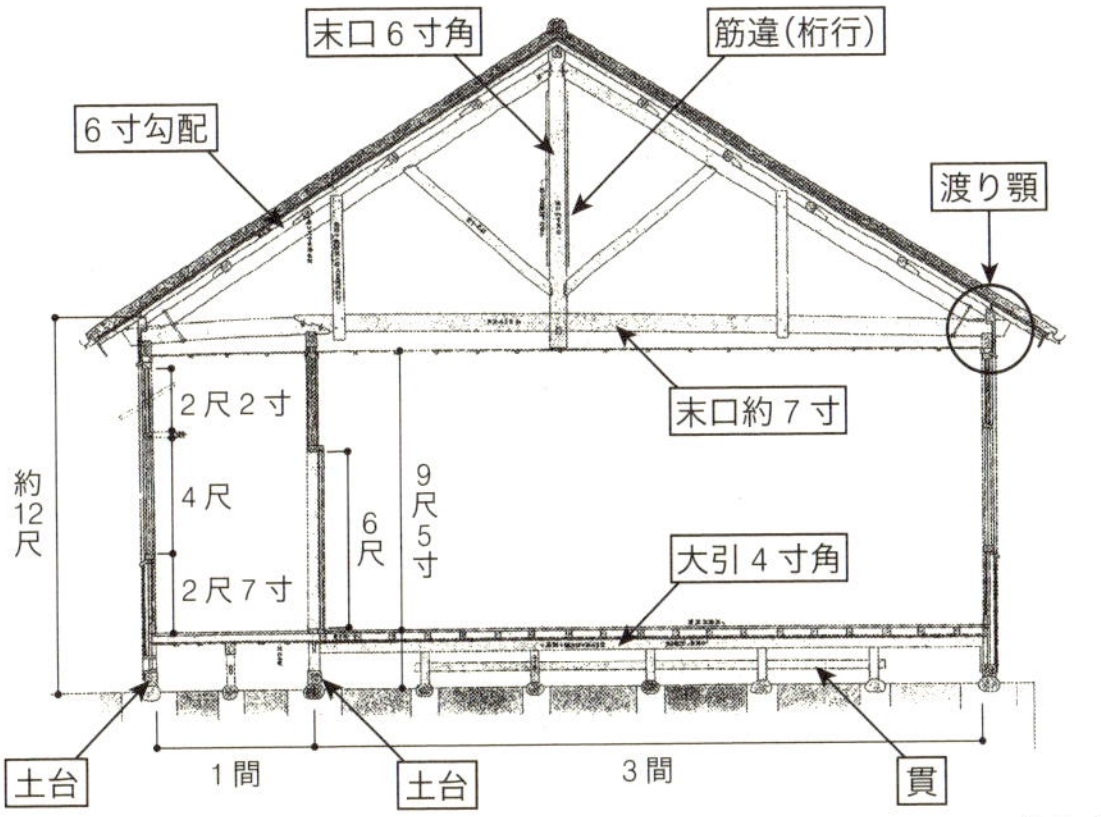

図２　小学校教室裁断図「小学校建築図案」（明治25年7月）(文献3)

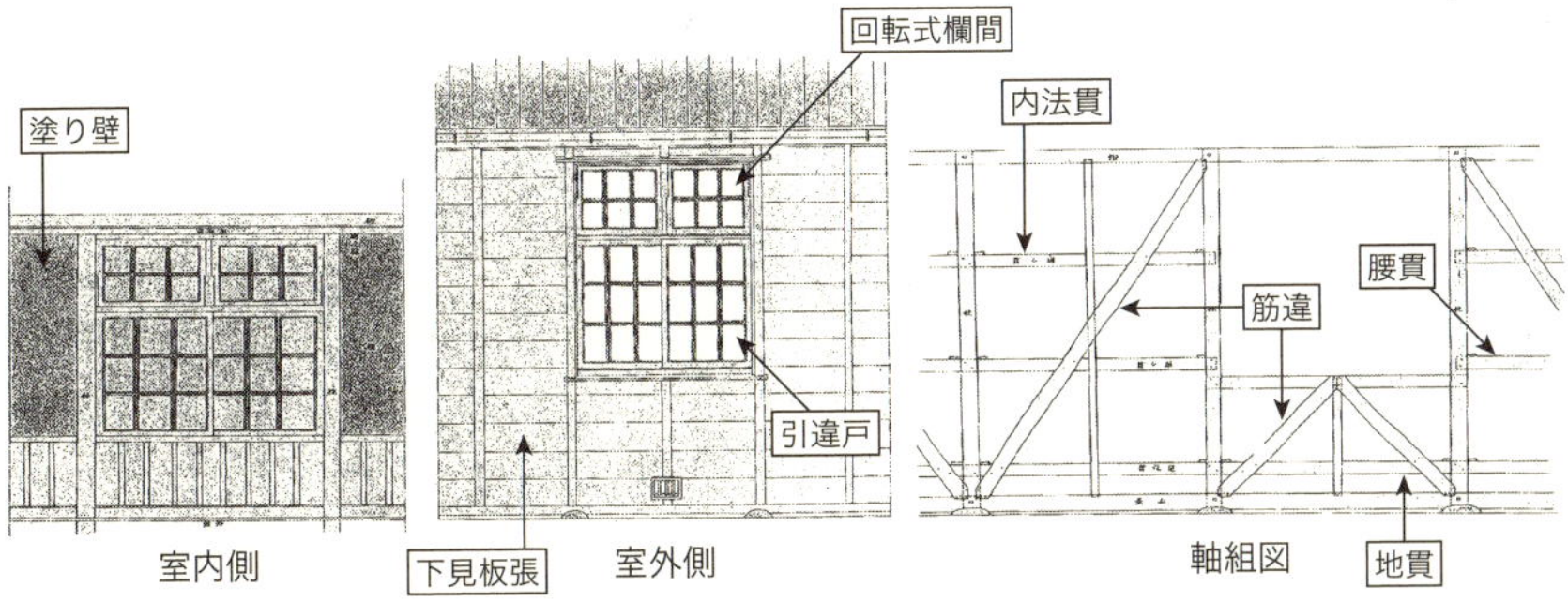

教室の窓　　外部下見廻り　　土台柱等軸組

図３　小学校教室構造明細図(文献3)

ぎとし、端部は渡り顎で納め、合掌尻は浅く大入れとし斜めボルトを飼っている。

図3は教室の構造明細（詳細）図である。窓の開口は一間幅で両脇は土台から軒桁まで大壁（外部は下見板張、室内側は塗り壁仕上）となっているので、やや閉鎖的である。このため天井際に回転式欄間を設けて自然採光を確保している。

軸組は伝統的な地貫・腰貫・内法貫の三段貫で固めたうえで、さらに筋違で補強している。

本図案で驚かされるのは、その後に作成された木造校舎の標準設計の基本デザインとほとんど異ならないことである。このことは、文部大臣官房会計課は濃尾地震以前すでに小学校校舎の基本設計をほぼ完成させていたことを示す。その後の標準設計図は、構造計画、工法、意匠などは基本的に「小学校校舎構造方説明」を踏襲しつつ、震災予防調査会での研究成果を盛り込んで細部の設計手法などを改良していったようだ。

6・5　東京地震と「学校建築上震災予防方」

明治二六年頃には木造校舎の設計ガイドラインがようやく完成したが、明治二七年六月に突如東京湾北部を震源とするM7・0の直下型地震が発生し、東京や横浜の木造校舎に相当な被害が生じた。この事態を受けて、東京地震の約二カ月後の八月一七日に「学校建築上震災予防方」という文部省通達が出されたが、この通達はその後の木造校舎の耐震設計に大きな影響を与えた（文献4、一〇七頁）。通達には、

〃本年六月二十日東京府下激震ノ際文部省ニ於テハ技師（筆者註　山口・久留か）ヲ派遣シテ東京市内小学校其他重ナル諸学校ニ就キ実地被害ノ状況ヲ観察セシメタルニ其損害ノ原因ハ主トシテ左記一項二項ノ

不十分ナルニ在ルガ如シ依テ将来学校建築上震災予防ニ関シ当局者ノ注意スベキ要点ヲ取調べ……〃

と記され、木造校舎の被害の要点として以下の不備が列記されている。

1．校舎の形状　2．側石の設置法　3．足固の不設置　4．壁・天井の構造

5．小屋組　6．屋根瓦　7．昇降口・玄関　8．付庇

そして、木造校舎の震災予防上注意すべき構造対策として

1．地業の堅牢化。

2．平屋建て。

3．梁間の異なる建屋を接続しないこと。

4．側石は一段とすること。

5．石据の場合は足固もしくは土台を据えること。

6．内外及び周囲には筋違を十分に打付け、壁は総て木摺壁として土壁を避けること。

7．天井は板あるいは紙張りとすること。

8．小屋は西洋式とすること。ただし、丸太材の使用も可。

9．瓦葺きは引掛け桟瓦とすること。

10．昇降口・玄関は切妻造とすること。

11．葺き下ろしや付庇を廃して、本家内に廊下を設けること。

ここで重要なのは以下の方針である。

①地盤震害を防ぐための、地業や基礎、及び足固。

②西洋式小屋組（木造トラス構造）。
③筋違を重視。土壁から木摺壁への転換。
④従来の下屋に廊下を設置せず、母屋内に設置。

「学校建築上震災予防方」の内容は、前述の「小学校建築図案」の構造法説明概略とほとんど異ならない。しかしながら、予防方で重要なのは耐震対策の観点から、設計担当者の裁量の巾が狭められたことである。ちなみに建築図案と予防方を比較すると、

1 小屋組
〝成ルベク西洋小屋式トスベシ〟 ⇓ 〝小屋組ハ西洋式ヲ用フベシ〟

2 壁
〝周囲ノ壁ハ木摺壁ニナサスシテ真壁ニスルヲ可トス〟 ⇓ 〝壁ハ凡テ木摺壁トシ土壁ニスベカラス〟

3 筋違
〝筋違ハ……表面ヨリ柱毎ニ欠キ入レ釘打ニスベシ〟
⇓ 〝校舎ノ内外周囲ハ筋違ヲ十分ニ打チツケ……〟

などである。

東京地震では、昇降口や廊下の庇瓦が落下する事例が多かったために、桟瓦の採用、内廊下式、切妻造の昇降口が規定されたと考えられる。

なお、下屋庇が強い地震力によって垂木掛けから外れる被害は、庄内地震などでも目立ったようで、明治二八年九月の「調査会報告」第六号の「木造耐震家屋構造要綱」(文献5)にも次のような記述がある。

〃玄関若シクハシコロ家ト本家ノ聯結ニ於テ旧来ノホゾ差或ハ釘付ケ等ノ構造ハ危険ナルヲ以テ之ヲ全廃シ桁ト柱ノ接合ニ於ケルガ如ク強固ノ方法ヲ施スベシ〃

実は筆者も激震で下屋庇が外れた民家を目にしたことがある。図4は平成一九（二〇〇七）年三月の能登半島沖地震の震源にも近い石川県門前町の民家の被害事例である。この江戸末期の民家にはもともと下屋庇が巡っていたのであるが、激震で庇が完全に外れて、図のように室内が露わになってしまった。古民家には、下屋庇の垂木を上家の垂木掛けに簡単に取り付けただけで、上家に強固に結合されておらず、加えて足固も脆弱な場合が多い。このため、大地震の一撃で垂木が外れて下屋庇全体が倒壊することがある。

なお、門前の民家では〃ベタ基礎〃で地盤を強化し、垂木の結合を強化して右の写真のように下見板仕上げで修復補強した。

なお〃内廊下方式〃は、もともと寒冷地での積雪や寒気、温暖地での風雨を避けるために編み出されたらしいが、激震時における下屋庇の壊れ方は非常に激しいものになるので、

図4　下家の落下被害と復旧事例

「予防方」において廊下を上家内に設置すべしとしたのは耐震対策として当を得ている。ただし、このためには、最低四間の梁間が必要となるが、木造トラス（キングポストトラス）ならば十分可能である。この意味で木造トラス屋根は学校建築の構造に新基軸をもたらしたという意味で、画期的であった。

6・6　三島通良の学校建築研究

東京地震の少し前の明治二六（一八九三）年一二月に出された「小学校用机、腰掛構造法」に関する官報告示（文献4、一〇四頁）は、児童の健康と身体の健全な発達を図るために、医学士三島通良が綿密な調査研究に基づいて作成したものである。これにより学令に応じた椅子や机の標準寸法や読書時の眼と紙との最適距離や角度のほか、教室寸法との机配置の標準計画が明確になった。

ちなみに三島通良（一八六六—一九二五・埼玉川越生まれ）は明治二二年帝国大学医科大学を卒業後、大学院にて小児科学を専攻。明治二四年文部省の委嘱を受けて学校衛生に関する全国的な調査を実施した。調査対象は授業と学科時間、就学年齢などの学校教育システムに関わる事項のほか、飲料水、便所などの衛生面、さらに机、腰掛けの寸法や活字の大きさと近視や脊椎側彎《そくわん》症との関係について分析するなど、衛生環境と保健思想の観点から学校教育に関する幅広い調査研究を進めた。

明治二六年に出された官報告示「小学校用机、腰掛構造法」も研究成果の一つである。三島は明治二九年には文部省学校衛生主事となり、校舎や運動場の配置から、教室の面積、採光などについて深い学識経験に基づいて検討を重ねた。三島の研究成果は各種の法令を通じて、今日の学校建築の基本設計にも連綿と受け継がれている。

なお、三島通良と鬼県令といわれた薩摩藩士三島通庸（一八三五―一八八八）とは名前はよく似ているが繋がりはないようだ。

6・7 「学校建築図説明及設計大要」について

日清戦争最中の明治二八年三月に、会計課建築掛より「学校建築図説明及設計大要」（文献6、文献4の一一〇頁）が出された。これをまとめたのは初代建築掛長山口半六の後を継いだ二代掛長久留正道である。本大要は〝……学校建築ノ模範ヲ示スノ目的ヲ以テ〟編集されたものであって、㈠小学校（尋常小学校・尋常高等小学校・高等小学校）と㈡尋常中学校及び㈢尋常師範学校の設計法と模範事例について解説している。

学校建築は〝専ラ学校経済ニ注意シ授業上管理上衛生上等ノ便ヲ図リ勤メテ外観ノ虚飾ヲ去リ質朴堅牢ニシテ土地ノ情態ニ適合スルヲ期セザルベカラズ〟との方針のもと、

㈠ 体育場はなるべく敷地の南方または東方の位置を選ぶこと。

㈡ 小学校校舎は平屋、二階建てによらず寸法は図5の通りとすること。

床面―地盤面　二尺以上

天井高さ　九尺以上

腰壁高さ　二尺五寸

（ただし、中学校以上では、床面より窓下枠まで二尺五寸以上三尺以内）

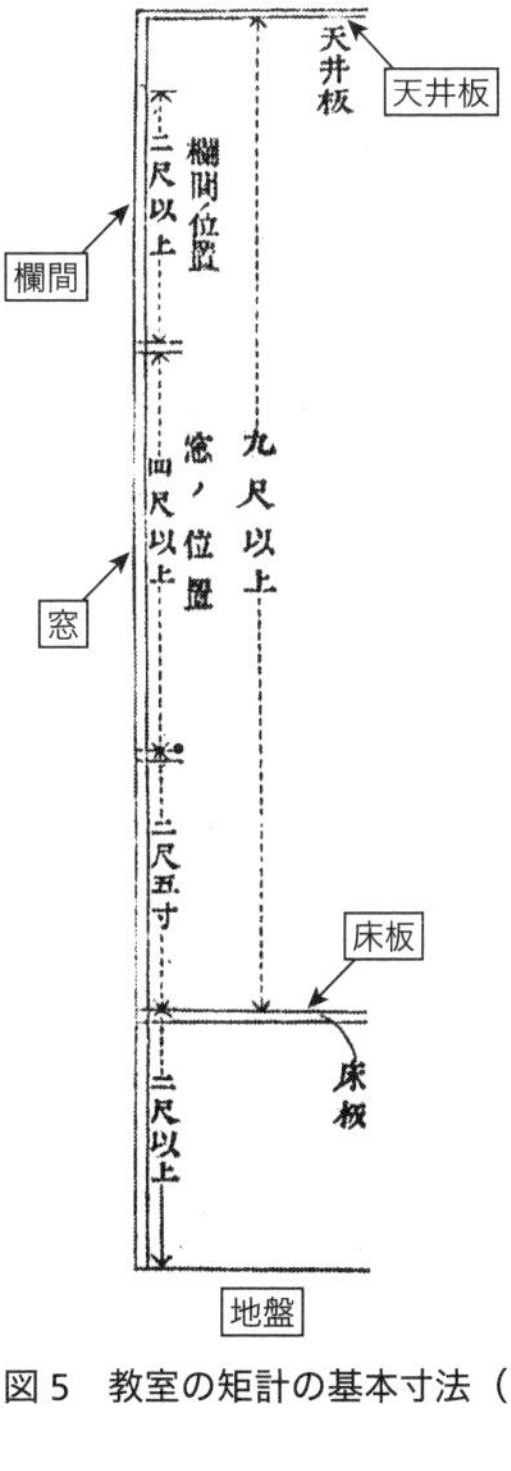

図5　教室の矩計の基本寸法（「学校建築図説明及設計大要」）（文献6）

窓縦寸法　　四尺以上
欄間縦寸法　　二尺以上

㈢ 教室の採光面積は床面積の六分の一ないし四分の一とすること。
㈣ 教室の左側の窓上に回転もしくは引き違いのガラス窓を設置。
㈤ 建具はなるべく引き違いとすること。
㈥ 階段は幅六尺以上にして間内廊下とし本家内に設けるが、止むを得ない場合を除いて外庇家建てとしてはならない。

などが明記された。しかしながら、これらの条項は「設計大要」で初めて規定されたのではなく、「小学校建築図案」や「震災予防方」ですでに明記されていたものである。要するに「大要」はそれ以前の諸通達を確実に踏襲しつつ、三島や予防調査会の研究動向を踏まえて、「小学校建築図案」に示された基本設計を改善したものであった。

教室の平面計画に関しては、三島の机・腰掛の学令ごとの基本寸法をもとに、小学校では児童数に応じて平面規模を図6のように規定された。たとえば四二人以下の場合、梁間三間・桁行四間の一二坪とするが、幅四間、長さ五間半を越えてはならないとの制約が設けられた。そのため、標準設計では教室は南側採光とし、北側に一間幅の廊下を本家内に設置しなければならないことを考慮すると、梁間は最大五間となり、廊下を含めた一教室の最大面積は二七・五坪（約九〇平米）となる。このように、本設計大要

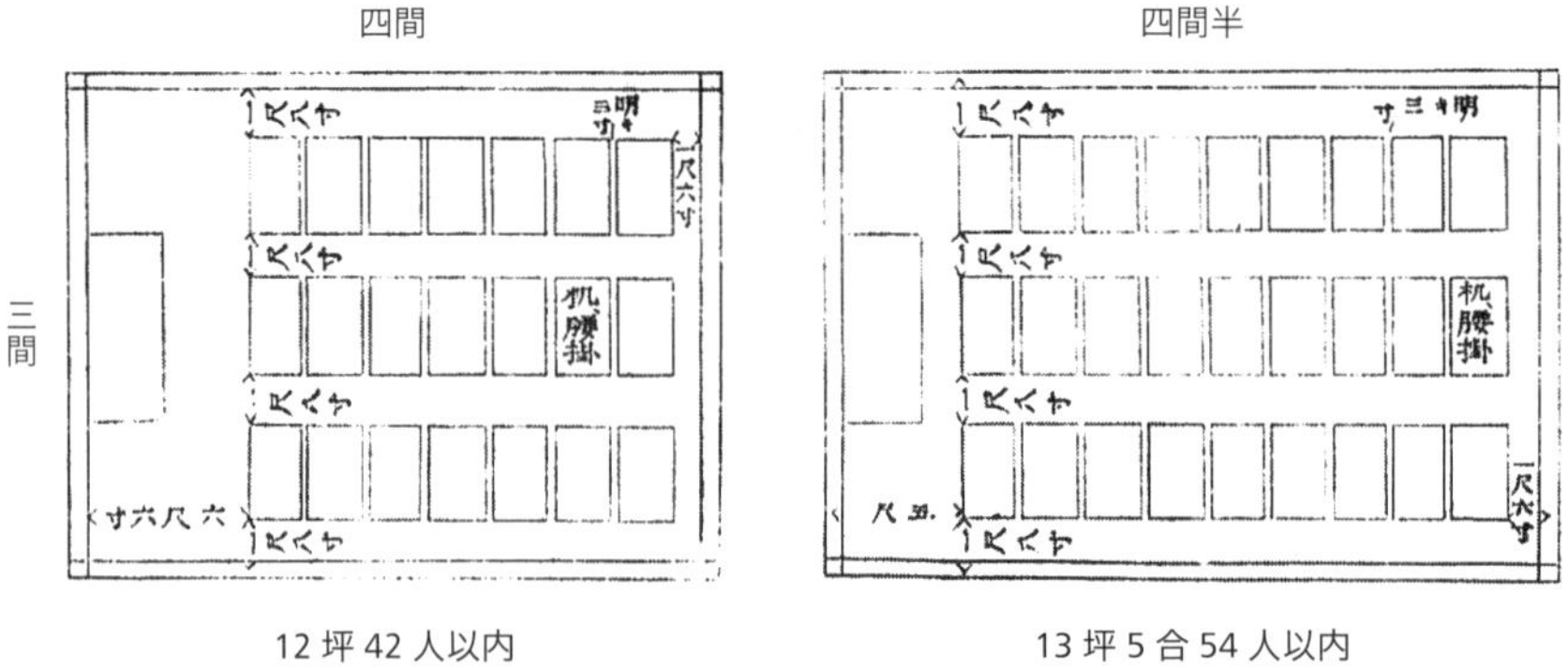

図6　教室の平面寸法と机の配置[(文献6)]

によってきめ細かに校舎を計画できるようになったが、その裏付けとなったのは言うまでもなく木造トラス構造であった。

図7は小学校の梁間方向断面と教室の桁行方向の室内外の壁面図である。前述の「小学校建築図案」（明治二五年七月）に掲載された教室断面図（図2）と比較すると、基本寸法などはほとんど変らないが、大要（明治二八年三月）の設計内容は明らかに高度化している。この間わずか数年に過ぎないが、木造校舎の建築技術の進歩には眼を見張るものがある。

6・8　洋風と和風の窓開口について

「学校建築上震災予防方」などにおいて文部省は洋式の椅子坐を指向したが、開口部については洋風の〝上げ下げ窓〟ではなく、日本風の〝引き違い戸〟を推奨した。この理由について考えたい。

◆1　上げ下げ窓

洋風建築では、垂直方向への上げ下げ戸が一般的である。これに対し、和風建築では襖や障子などの横方向への引き違い戸がほとんどで、上げ下げ戸は商家などの〝揺り上げ戸〟にわずかにその例を見るに過ぎない。

洋風の上げ下げ窓との関連で、注目されるのは、窓枠の装飾的な造りと

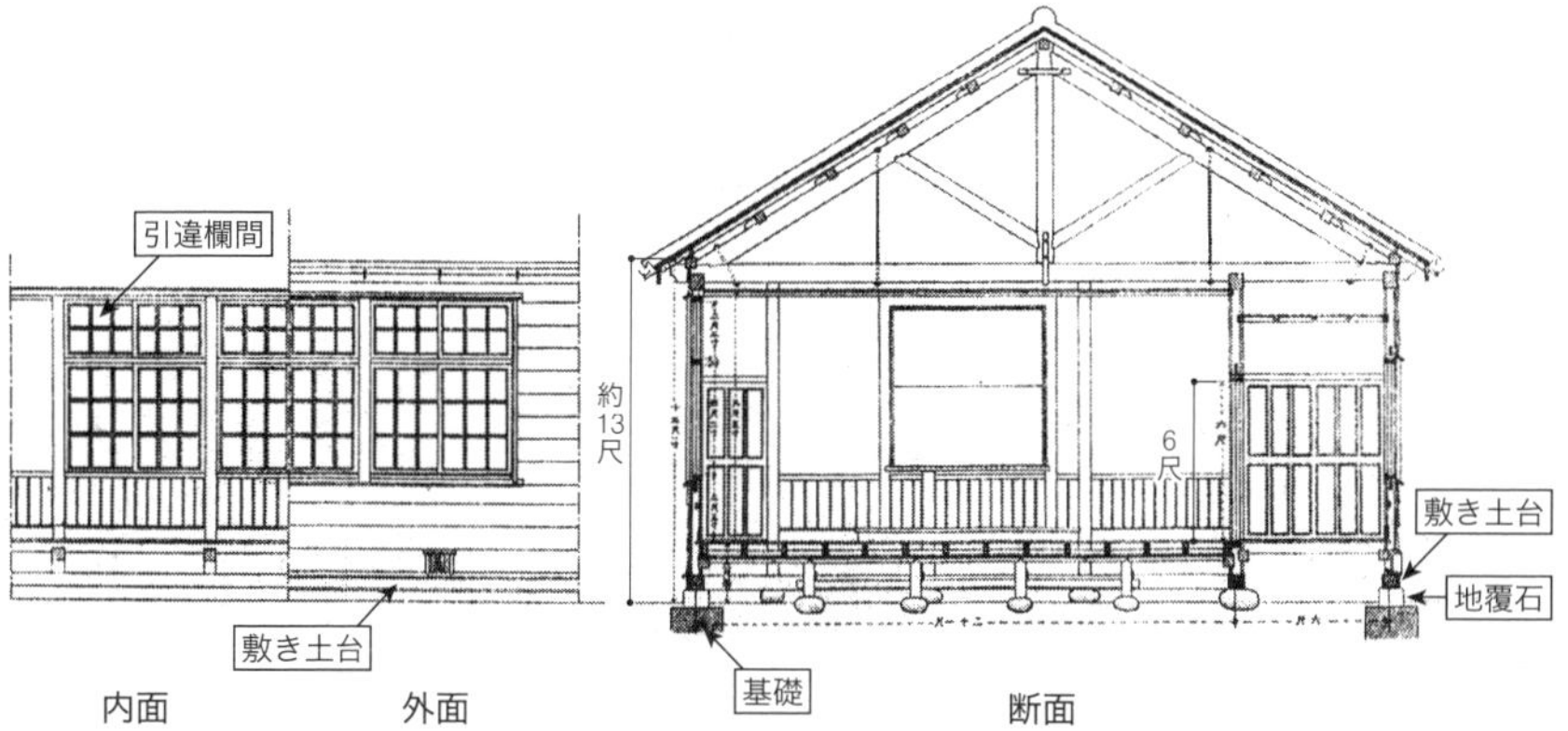

図7　小学校校舎の断面図（学校建築図説明及設計大要より）（文献6）

それを組み込む強固な軸組である。上げ下げ窓は図8に示すように上下二枚の障子を各々釣車に下げ、エレベータのようにカウンターバランス（分銅）によって重さを均衡させて建具を上げ下げする稼働機構を有しており、竪枠の内部は薄板で仕切って分銅が絡まるのを防いでいる。また、縦枠には付けひばた（ガイドレール）を木ねじで止めて、建具を建て込むなど和風建築では考えられないほど手が込んでいる。また、洋風建築では上げ下げ窓に限らず、扉なども建具枠（ドアトリム）にはめ込まれている（文献7、8）。

しかしながら洋風建具は機構の複雑さに比べると、軸部への取り付け方は驚くほど単純であって、先の図8の左に示すように、建具は建具枠ごと窓台に載せるだけで、上部のまぐさと窓枠との間には大抵数センチの隙間を残し、数カ所に楔を打って部屋側に窓が倒れこまないようにする程度の簡単な施工となっていることが多い。トリムを軸部に緊結しないのは躯体の歪みが窓枠に伝わって開閉障害を起こすことを避けるためと考えられる。これは図9に示すドアも同様で、躯体の軸部と扉枠との間は図8と同様に数センチの間隙を設けて、枠ごと後入れできるようになっている。

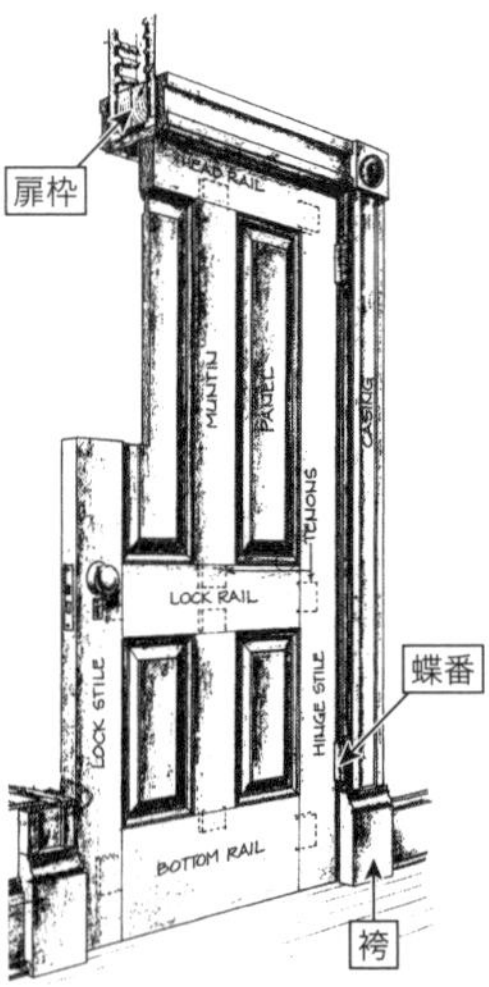

図9　ドア枠と軸部（文献7）

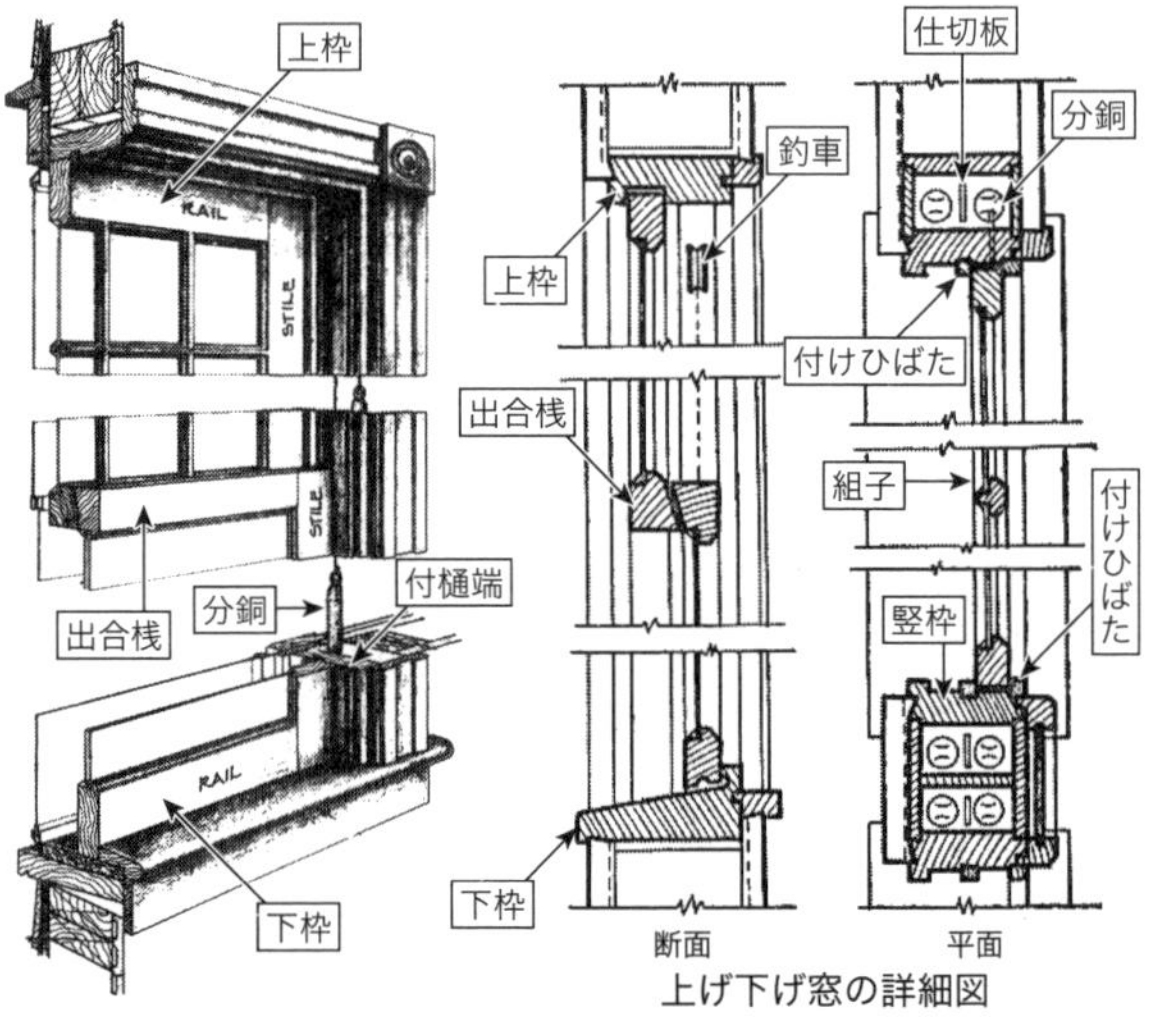

図8　上げ下げ窓の軸部への取り付け（左：文献7、右：文献8）

一方、軸部を構成する窓台と柱とは、図10のように傾ぎ大入れ込み栓打ちで強固に組み、さらに帯鉄で緊結補強することが多い（文献9）。

いずれにせよ、洋風建築では管柱を密な間隔で配置するので、階高に比べて開口幅が狭くなり、窓は水平に戸を移動させる〝引き違い〟よりも〝上げ下げ〟か、〝観音開き〟が主流となる。

また洋館は筋違で壁面の剛性を確保しているといわれているが、実際には柱が太いので、柱に「窓台」や「まぐさ」を組み付けるだけで地震に抵抗しうる剛性と強度は容易に確保できる。事実、昔の洋館を調査すると筋違は華奢なものが多い。これは、構造補強というよりも建て方時の仮設材として設置されたことを物語る。

さらに注目されるのは、洋館では室内側の壁面は大抵木摺下地・漆喰塗りとするが、この際木摺や漆喰仕上げが窓枠の周囲を固めるので壁面は一層強固になる。洋風木造の耐震性の高さは、筋違によるのではなく実際には「まぐさ」と「窓台」で構成された木組みと木摺下地の塗り壁の強度に由来するようだ。

◆ *2* 引き違い戸

一方、日本建築の開閉機構の特徴は、大陸由来の寺院建築の連子窓や唐戸を除き、一般建築に開口枠は用いることはな

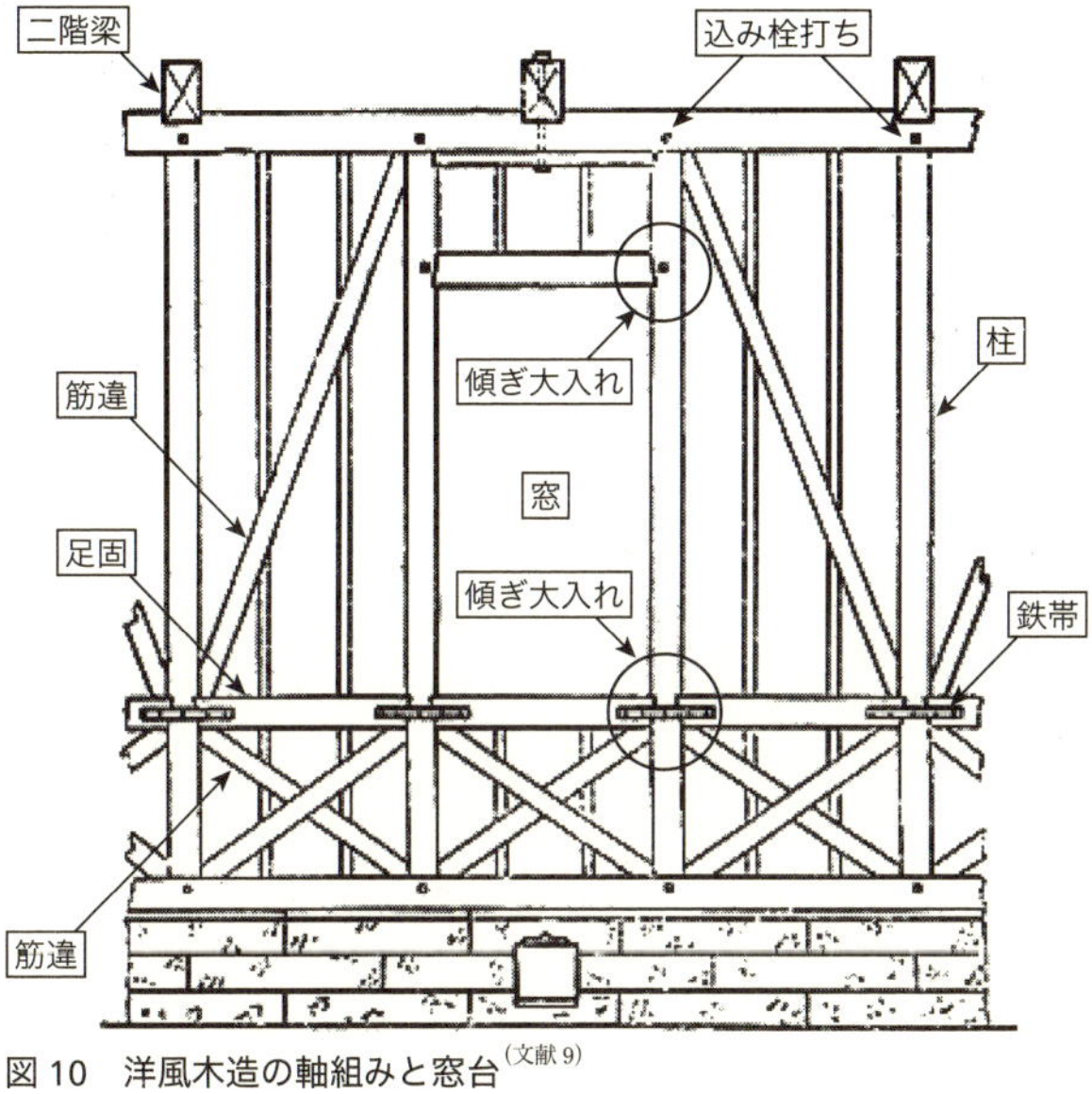

図10　洋風木造の軸組みと窓台（文献9）

く、襖や障子、板戸などの引き違い戸は、直接構造躯体に組み込んでいる。このため、戸板などは躯体の変形の影響を受けないようにするため、躯体とかなりの隙間を設けて設置されているが、大地震時には軸部の変形が障子や板戸と干渉することが多い。

ただし、社寺建築や民家など太い大黒柱を用いる場合には、敷居框や差し鴨居などの大断面の横掛材で強固な木組みで十分な構造強度を確保できる。このため、壁や開口部の有無は構造強度にはほとんど影響しないが、数奇屋風の町屋では柱に後付けで敷居や差し鴨居を〝待ちホゾ〟や〝繰り出しホゾ〟などで〟簡単に取り付けているに過ぎず、開口部周辺の枠部材に構造強度は期待できない。

「学校建築上震災予防方」において〝引き違い戸〟を推奨したのは、洋風の上げ下げ窓はあまりにも機構が複雑で費用が嵩むためと考えられる。大学などの高等教育機関では上げ下げ窓が多かったのに対し、小学校ではまず見かけないのは経済的な要因が大きかったことを示唆する。

また、校舎の大量建設を進めるには木材の節約が不可欠で、そのためには階高を小さくしなければならない。この結果、教室は天井高さの割に、奥行きが深くなるので、手暗がりを避けて左側からの自然採光を確保するために、窓は開口幅の広い引き違いとし、天井際に明りとりの欄間を設置する方法が考案されたと推定される。

耐震性の面からは、外周壁面の開口比を小さくする必要があるが、教室を椅子座にすれば、腰壁を設けることができる。そして教室の隅角部に全面壁を配置して、そこに筋違を集中的に配置することによって、耐震性を確保するという木造校舎特有の構造形式が出来上がったと考えられる。

6・9　震災予防調査会と文部省会計課建築掛の関与

「震災予防調査会官制」第一条（文献10）には〝震災予防調査会ハ文部大臣ノ監督ニ属シ震災予防ニ関スル事項ヲ考究シ其施行方法ヲ審議ス〟と規定されており、会長・幹事各一名のほか、二五名の委員から構成されることになっていた。

ちなみに明治二七年一二月三一日時点での委員は二二名で、その構成は理学博士七名、工学博士九名など、ほぼ全員が大学教授・助教授及び気象台技師で占められていたが、明治二八年三月末になると、明治二五年に肺結核で文部省を休職していた従五位工学博士山口半六が文部官僚として初めて震災予防調査会の委員に委嘱されており、〝会計課建築掛〟と震災予防調査会の連携が強化されたことが伺われる。

明治二八年四月二日には大臣官房会計課建築掛より「学校建築図説明及設計大要」が告示されたが、同年六月の「調査会報告」第六号に「小学校改良木造仕様」が開示されるなど、文部省の計画指針と震災予防調査会の耐震構造に関する技術指針（文献5）が絶妙のタイミングで公表されていることは興味深い。

先に述べたように、調査会発足当初は、〝耐震建築モデルの開発〟という壮大な研究テーマが掲げられたが、結果的には学校建築の耐震雛形に力点が置かれ、伝統和風家屋の耐震性についてはほとんど論じられなかった。

当時官庁建築は大蔵省臨時建築部、軍事施設は陸軍省や海軍省、鉄道施設は逓信省鉄道局、宮内庁建築は内匠寮の所管であって、勅令をもって創設された震災予防調査会であったとはいえ、文部省が他の官庁が所管する建物の設計に関与することはできなかったはずである。

その意味で、震災予防調査会としては、文部省が所掌する木造校舎の耐震化について成果を得ることができれば、所期の目的は一応達したとも言える。木造家屋の耐震対策については一定の成果をもって切り上げても特に支障はない。

震災予防調査会での耐震研究が、創設後わずか数年で終焉したのにはこのような事情も考えられるが、明治二〇年代後半に示されたさまざまな学校建築雛形は、洋風木造の設計施工技術を津々浦々に広めるうえで大きな役割を果たしたと考えられ、やがて近代和風の開放的で洗練された造形につながった可能性が指摘できる。

なお、今では校舎は木造から鉄筋コンクリート造にかわり、学校の姿は明治の頃から大きく変化したが、校舎の基本寸法は木造校舎の雛形がほぼそのまま踏襲され、日本独特の学校景観を形作っているのは誠に興味深い。

さらに付言すれば、明治一〇年代末頃には、開知学校のような、文明開化期に一世を風靡した〝擬洋風〟独特の木造校舎は姿を消したが、その後の木造校舎のデザインをたどると、その実体は伝統和風軸組に「下見板張」などの洋風仕上げを加えたいわば「洋三和七」の「擬洋風建築」あるいは「キッチュ洋風建築」に近い。筆者には擬洋風建築は明治二〇年頃に姿を消したのではなく、全国各地に残る木造校舎を通じて、擬洋風建築が現代木造やRC造に姿を変えて、現在に連綿と受け継がれているように思えてならないのである。

7　各種の耐震木造建築の試案について〝耐震木造雛形〟を考える

7・1　耐震木造雛形のその後

耐震木造研究は明治三〇年九月の「調査会報告」第一三号（文献1）の発行をもって実質的に終焉を迎え、それまでの研究の集大成として次の報告と写真や図版が一挙に掲載された。

㈠　根室と深川猿江御料地に建設された耐震木造家屋の報告
㈡　木造日本風住家改良構造仕様
㈢　洋風二階建て公共木造建物の改良構造仕様
㈣　木造耐震家屋雛形の解説と模型写真

①町家　図1
②小学校　図2
③公共用二階建て　図3
④日本風住宅　図4
⑤農家　図5

上記五種類の耐震木造家屋雛形には後日談がある。すなわち⑤の農家雛形は山形県に送付されたが（文献1、四頁）、それ以外の四つは帝国博物館で一般公開されたのち、一九〇〇年のパリ万国博覧会に出品されたのである。「報告」第一三号には次のような記載がある。

全体写真

細部軸組

図 1　日本風改良住宅雛形(文献 1)

図 2　小学校雛形(文献 1)

図 5　耐震農家雛形(文献 1)

図 3　二階建公共建築雛形(文献 1)

〝第二十五回委員会ハ明治三十年四月十四日ヲ以て開会ス……専門学務局ノ照会ニ係ル大不列顚（筆者註 great britain）理学奨励会ノ挙ニ賛同スルノ可否ニ付討議ノ末賛同ヲ可トスル旨ヲ決議シ次ニ明治三十三年佛国ニ開催スヘキ萬国博覧会出品ノ件ニ付協議シ地震計、耐震家屋雛形、地震写真、本会報告等ヲ出品スルコトニ決シ〟

こうして一九世紀最後の年に開催されたパリ万国博覧会（一九〇〇年四月一五日～一一月五日）に、大森式地震計、地震の被害写真および「震災予防調査会報告」とともに上記①～④の木造耐震家屋雛形が出品された。万国博覧会は近代国家の科学技術を誇示する場でもあったことを考えると、これらの耐震家屋雛形はある意味で国の威信を背負うことになったようだ。

7・2　震災予防調査会創設時の研究計画と成果

明治二五年六月二五日の勅令第五五号をもって発足した震災予防調査会は、同年七月一八日に第一回委員会を開催して事業の検討を始め、次いで八月一九日の第二回委員会を経て、翌二六年五月三一日の第三回委員会で一八項目を定め、七月九日に文部大臣宛てに「震災予防調査会事業概略」を提出した。この事業概略は同二六年一一月二〇日の「調査会報告」第一号で示されたが、一八項目のうち

図 4　日本風住宅改良雛形（二階建て）（文献 1）

建築の課題は次の二項目であった。

〝第十三項　各種耐震建物ヲ計画シ之ヲ本邦地震ノ多キ地方ニ建設スルコト
第十四項　構造物ノ雛形ヲ作リ人為ノ地震ヲ与ヘテ其強弱ヲ試験スルコト〟

さて、明治三〇年九月に「報告」第一三号で耐震建築研究の幕が下りた時点で、上記二項の研究課題は計画通りの成果を上げていたのだろうか?

まず第一三項について、前半の〝各種耐震建物ヲ計画シ〟に関しては、

(一) 小学校や洋風・和風木造家屋の耐震改良仕様(明治二七年七月「報告」第二号から同二八年九月の第六号に掲載)

(二) 木造日本風住家改良構造仕様・洋風二階建て公共木造建物の改良構造仕様(明治三〇年九月「調査会報告」第一三号に掲載)

等がこれにあたると判断される。

一方、第一三項の後半の〝之ヲ本邦地震ノ多キ地方ニ建設スルコト〟に関しては、

(三) 根室と深川御料地に耐震標本家屋を建設(明治三〇年九月「調査会報告」第一三号に掲載)

が該当するので第一三項は目標を達成したと言えよう。

さて、問題は第一四項である。

同項前半の〝構造物ノ雛形ヲ作リ〟については、「調査会報告」第一三号に掲載された町家・小学校他の五種類の雛形が研究成果に対応すると考えられる。

一方、第一四項の後半の〝人為ノ地震ヲ与ヘテ其強弱ヲ試験スルコト〟の本来の趣旨は、木造建築雛形に人為地震力を加えてその強弱を比較することであった。そのため帝国大学構内に試験小屋を建設して人為地震台を設置するという大型プロジェクトを立ち上げたのであった。

しかしながら、上記の前掲図1〜5に示す五種類の木造雛形は見栄えはよいが、複雑すぎて振動実験には適さない。本来の事業概要の趣旨に沿うとは言い難い。

さらに具体的にどのような振動実験を行い、どのような成果が得られたのか一切公表されてはいない。また4章3節で述べた鳥居や門など単純な構造雛形の実験がいかなる経緯で複雑な雛形に変ったのかについても皆目わからない。不可解な点が多いのである。

7・3　庄内地震後の耐震家屋木造雛形

明治三〇年九月に「報告」第一三号が刊行されるちょうど二年前の同二八年九月の「調査会報告」第六号には小学校、町家および農家の耐震改良工法に関する仕様書と基本図が掲載された（文献2）。そこには次の記述がある。

〝耐震家屋の構造ハ之レニ使用スル材料其物ノ如何ニヨリ自ラ其方法ヲ異ニスト雖モ昨年十月震災被害地タル山形県下酒田地方ニ於テ将来建築セントスル耐震家屋ハ土地ノ状況ヨリ観察スレハ多クハ木造ナルヘシ其木造家屋中公館アリ商家アリ農家アリ……然レトモ其構造上基ク所ノ理ハ一ナリ〟

このような観点から庄内地震の後、県の要請を受けて作成されたものが、町家(図1)と農家(図5)であった。

◆1　町家一棟改良構造仕様について

町家の改良構造仕様は、図1の写真に示すような間口三間・奥行一一間・軒高一三尺の奥に深い平屋妻入りの商家をモデルとしている。平面は図6に示す通りで、もともと山形県から庄内の町家の絵図が送付されてはきたが、内部の詳細がわからないため、東京市内の〝店造〟を参考に造った折衷案であった。切妻屋根で正面には軒庇がついているが、これは雪深い地域なので雁木造りの可能性がある。正面三間は摺上戸で脇の半間が土間通路につながり、一階の半分が店間、奥半分が座敷である。

図7の左に梁間方向の断面、右に桁行方向の断面を示す。

屋根は洋風の真束トラスで合掌尻は傾ぎ大入れ長ボルト締めである。図に明らかなように軸部は多数の長ボルトBで部材を挟み込んで締め付けているが、切組は全く施されていない。このため、骨組の変形を防止するために、梁間・桁行とも柱と横掛材との間に多数の方杖Hを渡して、長ボルトBで柱Cと結合しているが、このような工法は伝統木造には前例をみない。

方杖と関連して注目されるのは図8の壁下地である。伝統工法と同じく小舞を支持するため図8の左のように中貫Nを配しているが、この場合は柱に貫孔を穿つかわりに、貫の端部を浅く大入れし、帯鉄Sで柱と貫を相互に結合している。また右図のように方杖と干渉する場合には、長ボルトで方杖Hを中貫に接合したあと土で塗り固めている。これは貫孔による断面欠損を排除するためであるが、その根拠は貫孔は木造家屋の耐震性の弱点になるという漠然とした懸念にあったようだ。

このように、町家一棟改良構造仕様は「調査会報告」第二号で示された〝長ボルト締め付け〟工法を踏襲

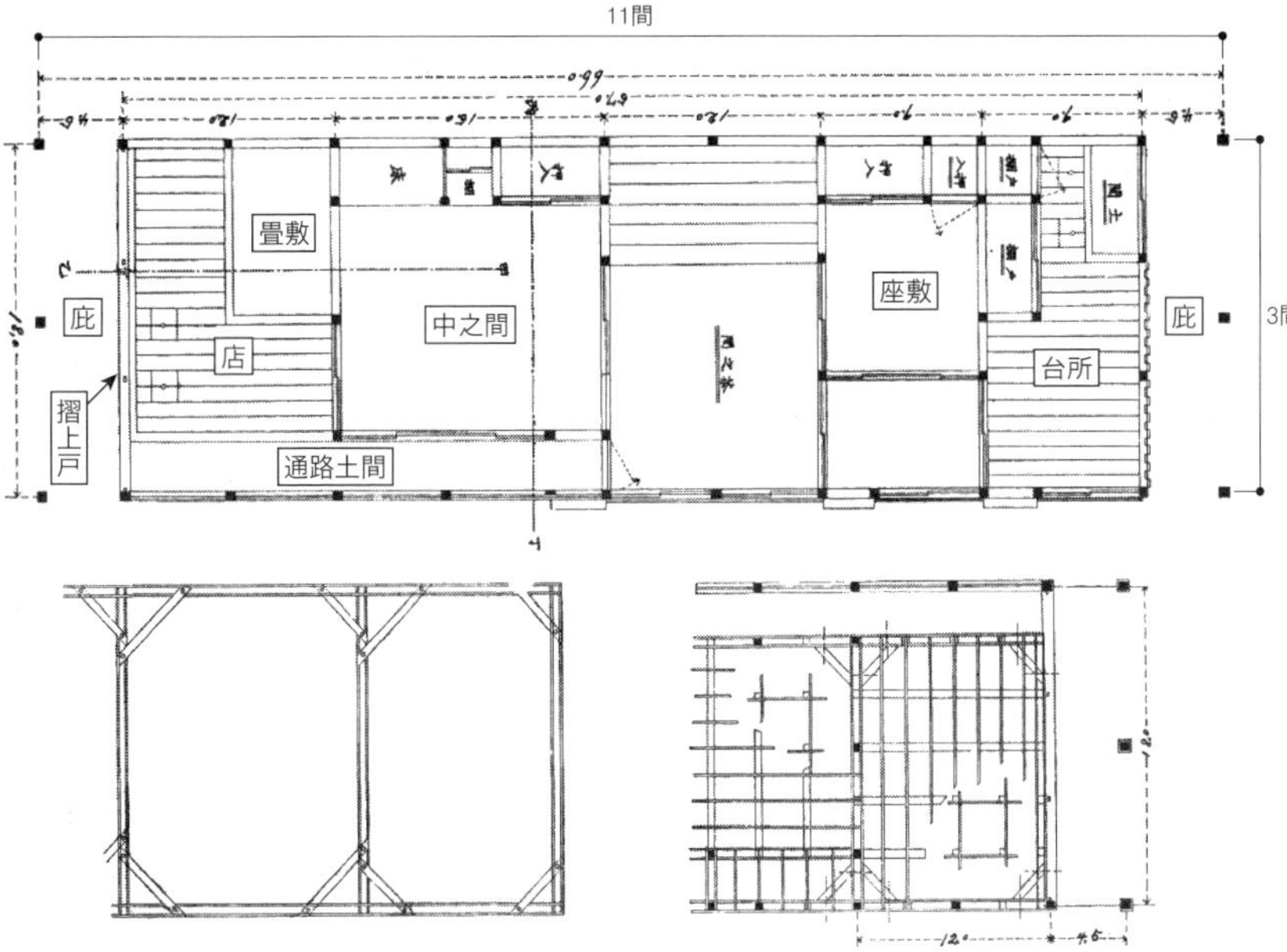

天井上平面図　　床下平面図

図 6　町家一棟改良仕様　平面図(文献 2)

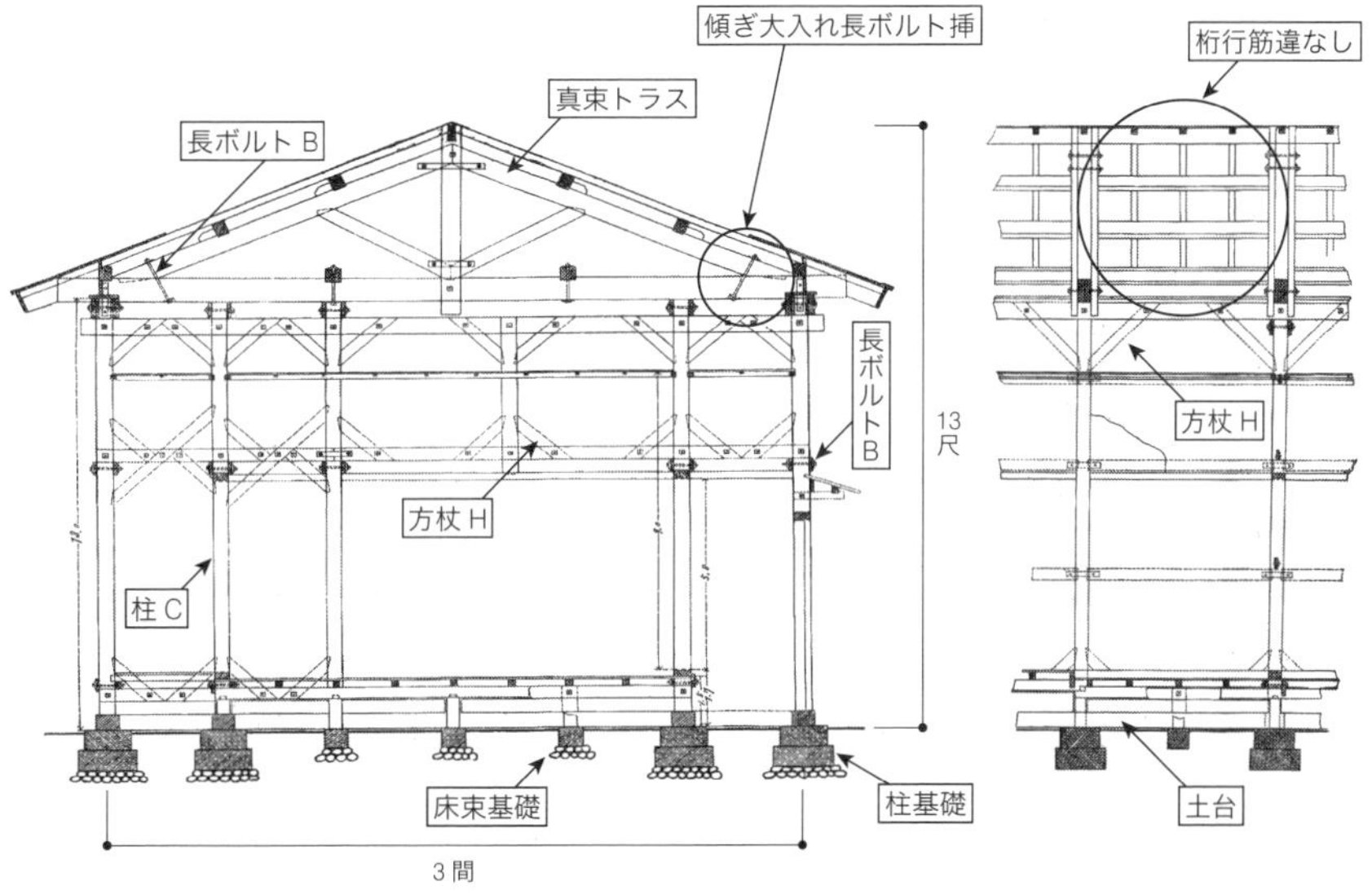

図 7　梁間・桁行の軸組(文献 2)

しているが、高価なボルトや帯鉄などの鉄金物を大量に使うので、建設費の点でも現実性に乏しいことは否めない。

◆2　農家改良構造仕様について

対象は図9の平面図に示すような四間取りの草葺き民家であるが、図10のように軸組の構造形態は先の町家一棟改良構造仕様と同じく伝統工法とは著しくかけ離れている。これは図5の写真からも明らかであろう。

近世民家は大黒柱や小黒柱などの大断面の柱を差し鴨居で組み付けて壁の少ない大空間を構成するが、この際土間部分の梁は自然樹形の木材で組むのに対し、座敷周りは〝差し鴨居〟と呼ばれる成の大きな横架材を用いて開放的な間取りを実現する。

しかしながら、この改良構造仕様では図5に明らかなように大黒柱や差し鴨居は見当たらず、草屋根ではあるが、図10、11に示すように小屋組は〝叉首《さす》組〟とは異なっている。形態的には三角形のサス組のように見えるが、サス尻は下弦材に単ボルトで接合しており、洋風トラス構造に近い。しかも棟木をオダチ――棟持柱でも支える構造となっている。部材の大部分は製材された角材であり、接合部は長ボルトで締め付けているだけで、切組が施されていないのは先

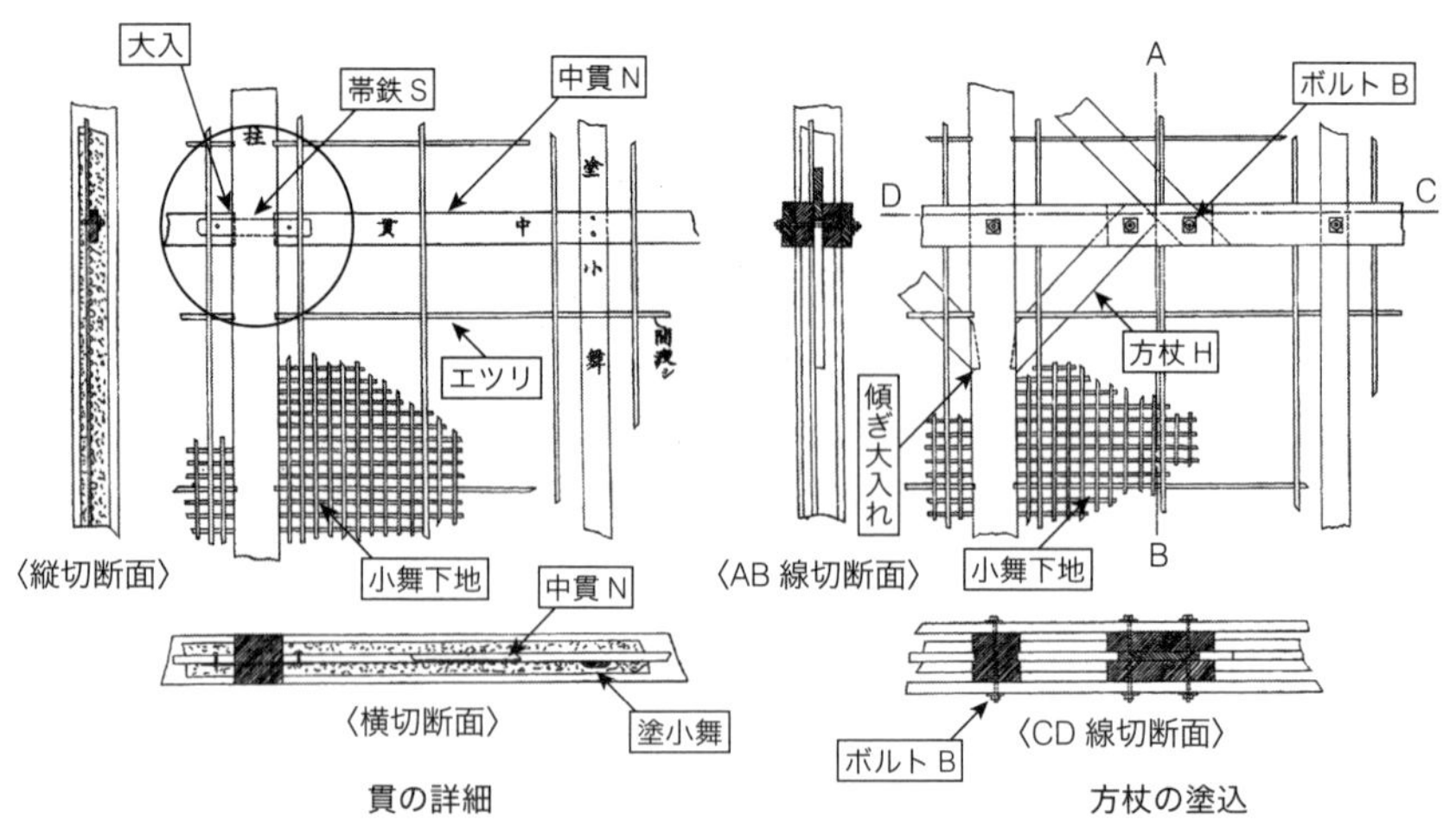

図8　壁の構造[文献2]

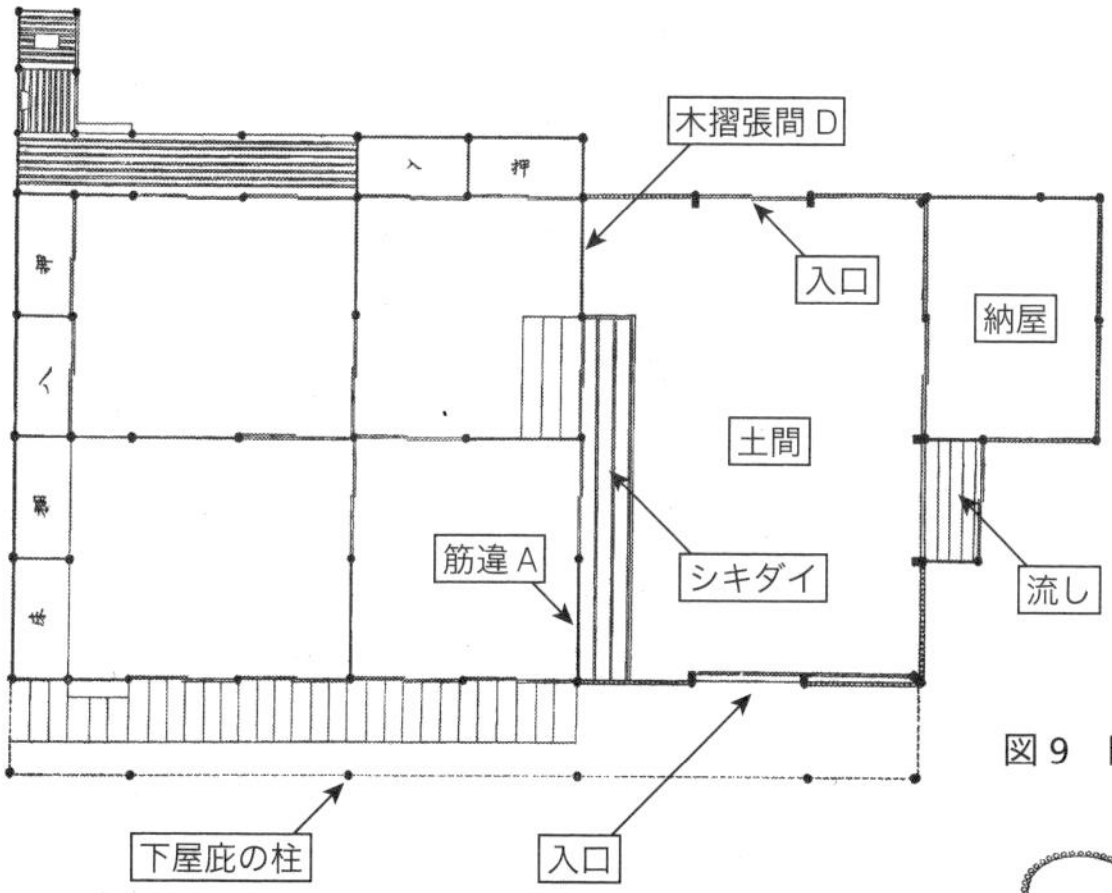

図 9　四間取り農家の改良構造仕様(文献 2)

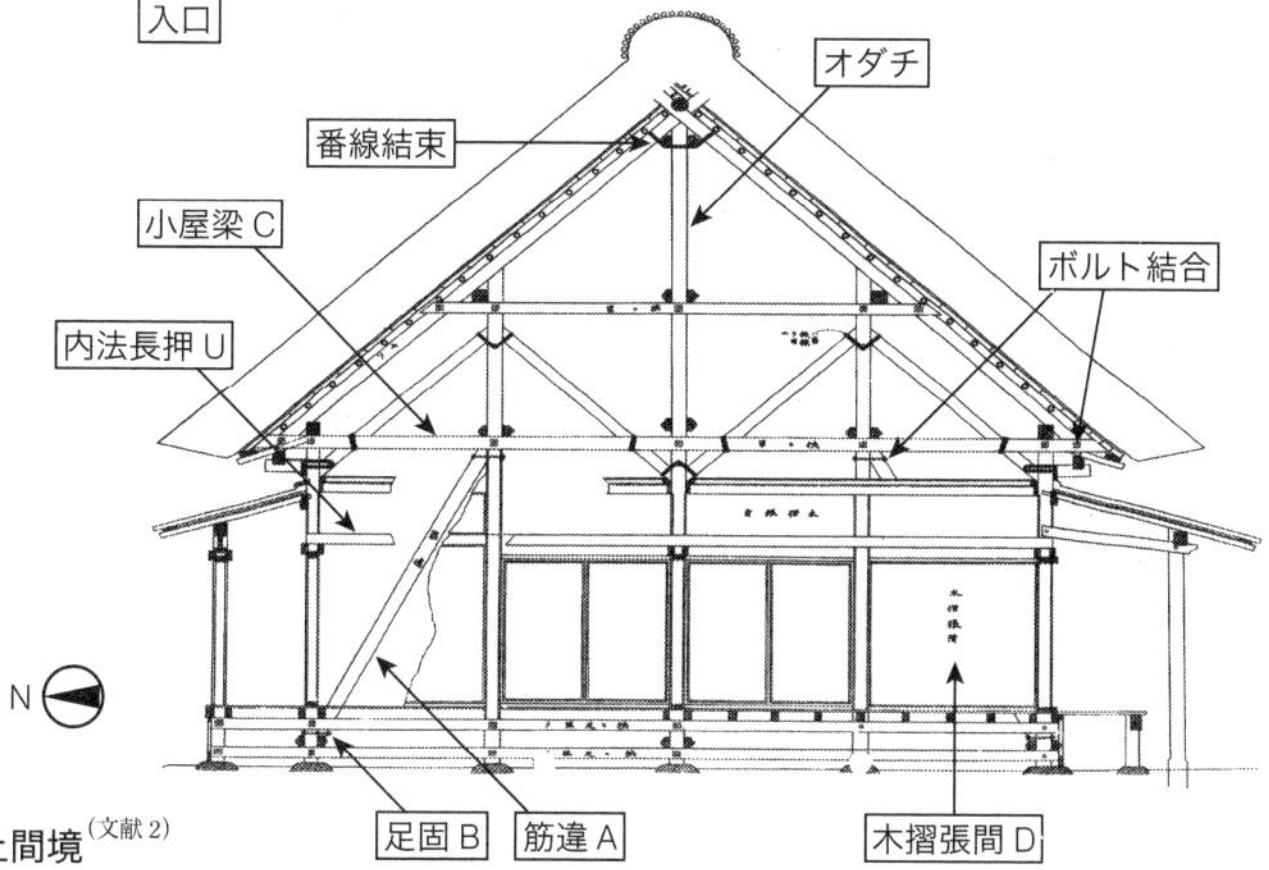

図 10　耐震農家雛形・土間境(文献 2)

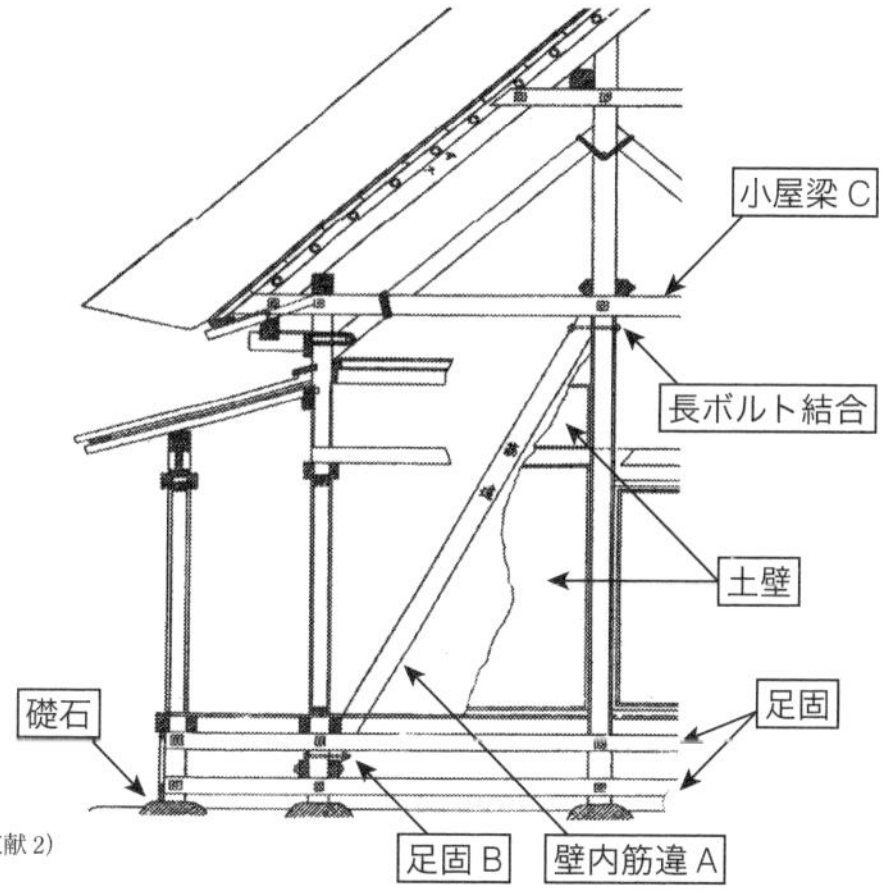

図 11　耐震農家の軸部詳細(文献 2)

の町家と同じである。

図10は図9の平面の土間と座敷境の軸組である。本雛形の特徴は太い柱や差し鴨居や貫が使われていないことである。柱はほぼ同一断面であって、伝統的な民家のように荷重に応じて断面積を変化させてはいない。軸組は内法長押Uで固めた上で、北側の壁内には筋違Aを足固Bと小屋梁Cの間に掛け渡し、中央二間の開口の右側は木摺張間Dを設置して構面を固めている。図11は筋違Aの周囲を拡大したものである。

足固の考え方は先の町家雛形とほぼ同じで、礎石に柱を建てた後、地長押と柱とを長ボルトで締め付けて足元の一体化を図っているが、礎石の上に土台を設置してその上に柱を建てる手法とは異なっている。

一方図12は梁間四間の土間の軸組である。側柱は合せ柱の形式で、図の左上に示すように芯の柱の四面に添柱をあててボルトで取り付けているが、切組は施していない。

切組の代わりに、挟み梁形式の横材を長ボルトで締め付けるという手法は、辰野・曽根が進めていたので、今回の商家と農家の雛形に辰野と曽根が関わった可能性が高いが、農家の資力では建設は難しいと記している。

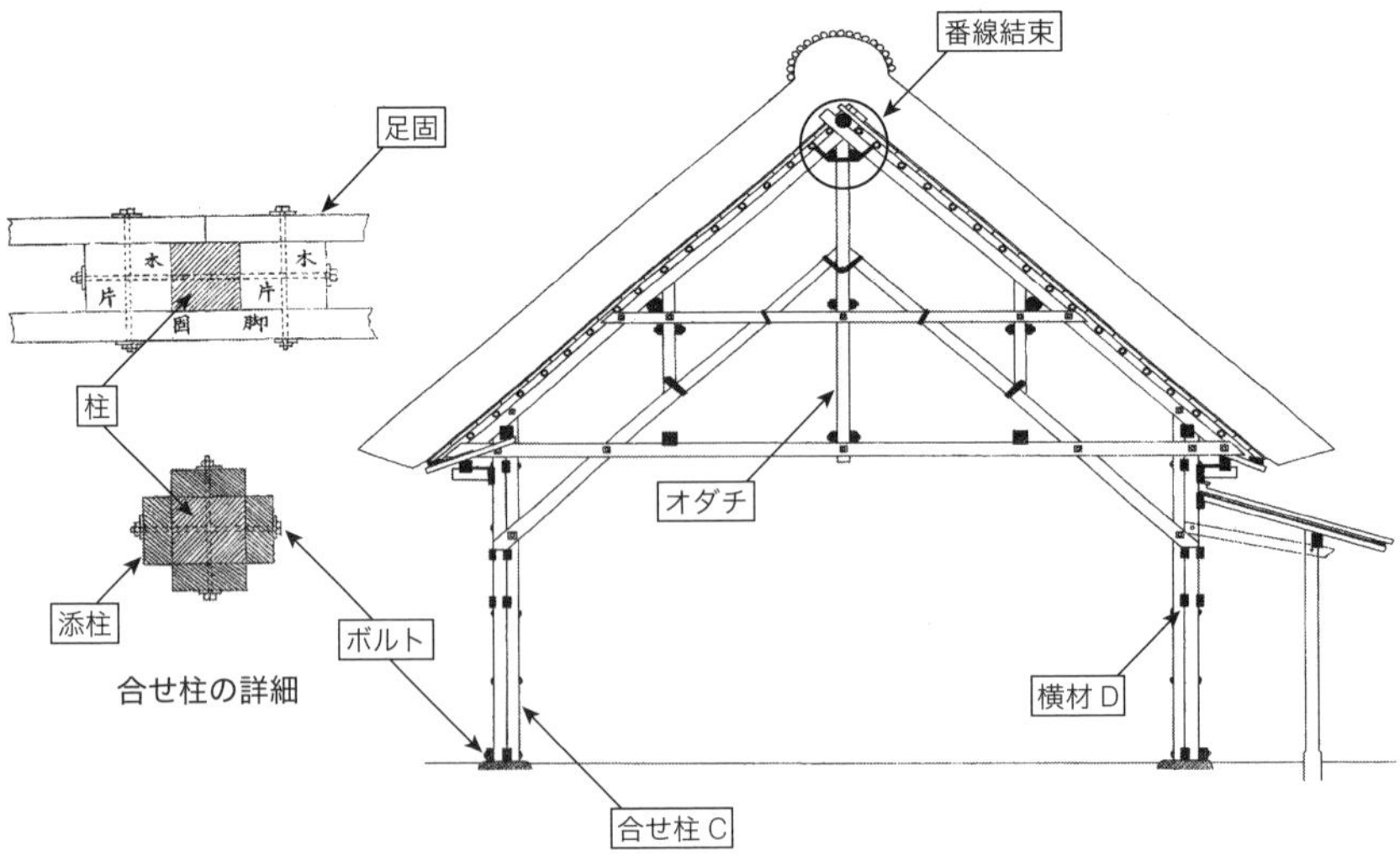

図12　耐震農家・梁間4間の土間（文献2）

7・4 改良日本風木造家屋の建設

明治二六年一一月の「調査会報告」第一号には、耐震家屋を設計して地震の多い地域に建設するという方針が示されていたが、明治二九年度に予算化されたので、先に公表された「木造耐震家屋構造要領」に従って、北海道根室と東京深川猿江御料内の二カ所に木造耐震標本住宅が実際に建設された。これは人為地震台実験とならぶ重要プロジェクトであった。

◆1 根室の耐震標本家屋

建物は明治二九年七月に着工、一〇月に竣工した。根室は明治二七年三月二二日にM9の大地震が発生し大津波を経験したので、地震観測の適地として選定された可能性が高い。

建物は図13に示すような約一三坪の小規模住宅で、柿葺き、下見板張で、玄関には小屋根を付属している。小屋組と軒の仕組を図14、図15に示す。この標本家屋は寄棟であるが、木組は〝長ボルト+挟み梁〟形式の独特な構造である。すなわち、通常、軒桁は柱頂部に設けた長ホゾで組むのであるが、この標本家屋では軒桁Aを二つ割にして柱頂部の側面で挟み込んで長ボルト

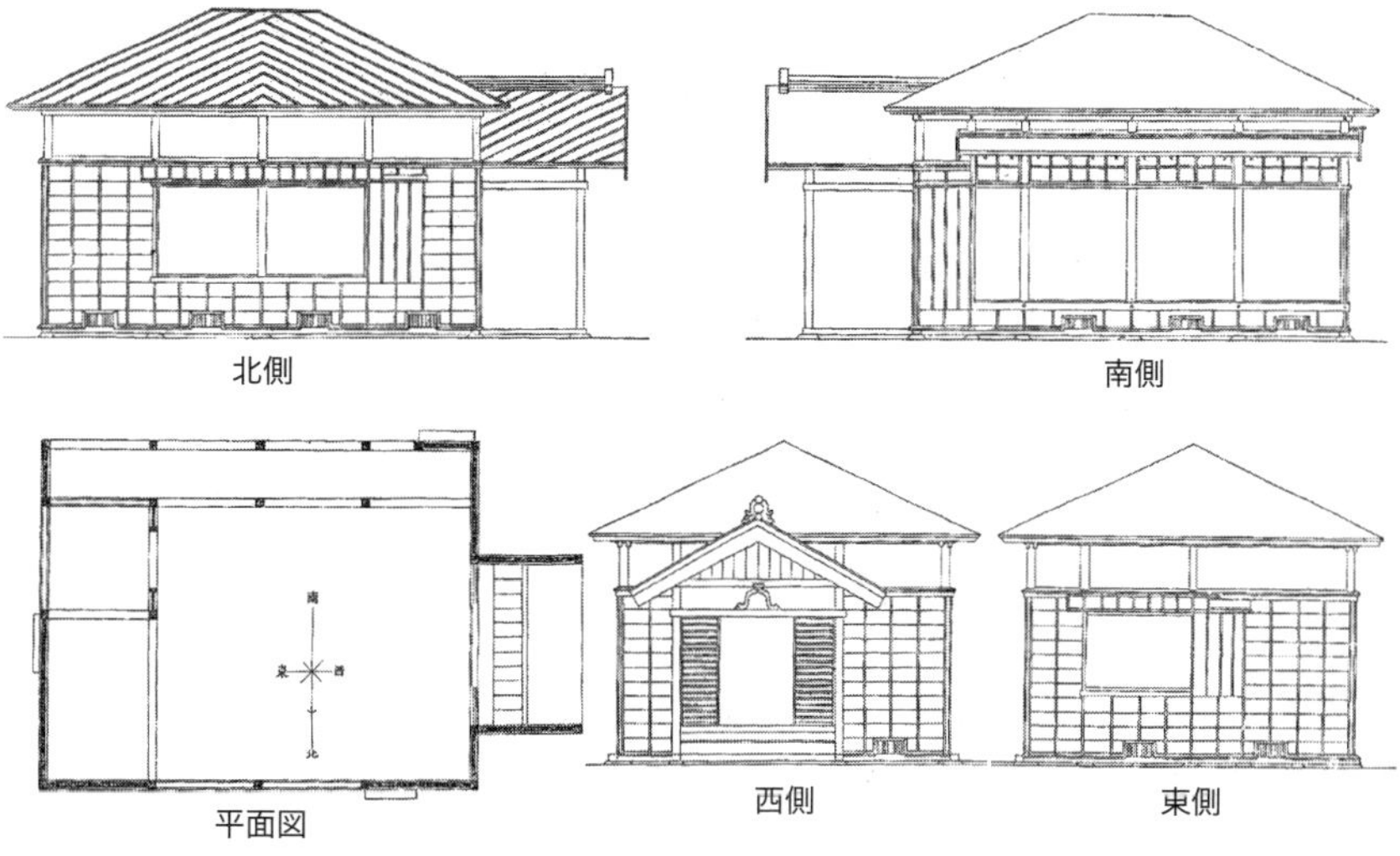

図13　根室の耐震標本家屋の概要(文献1)

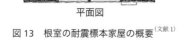

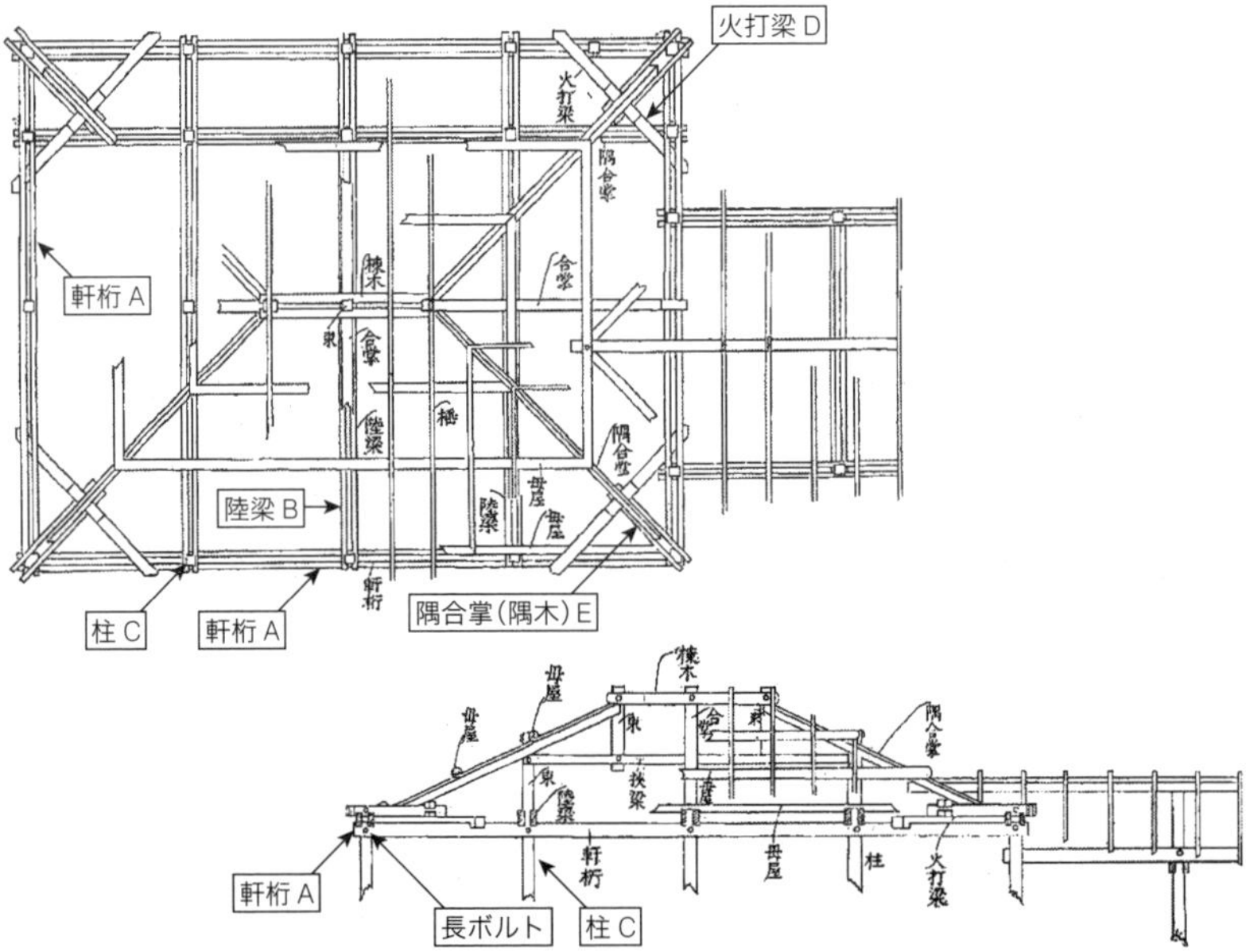

図 14　小屋組の詳細(文献 1)

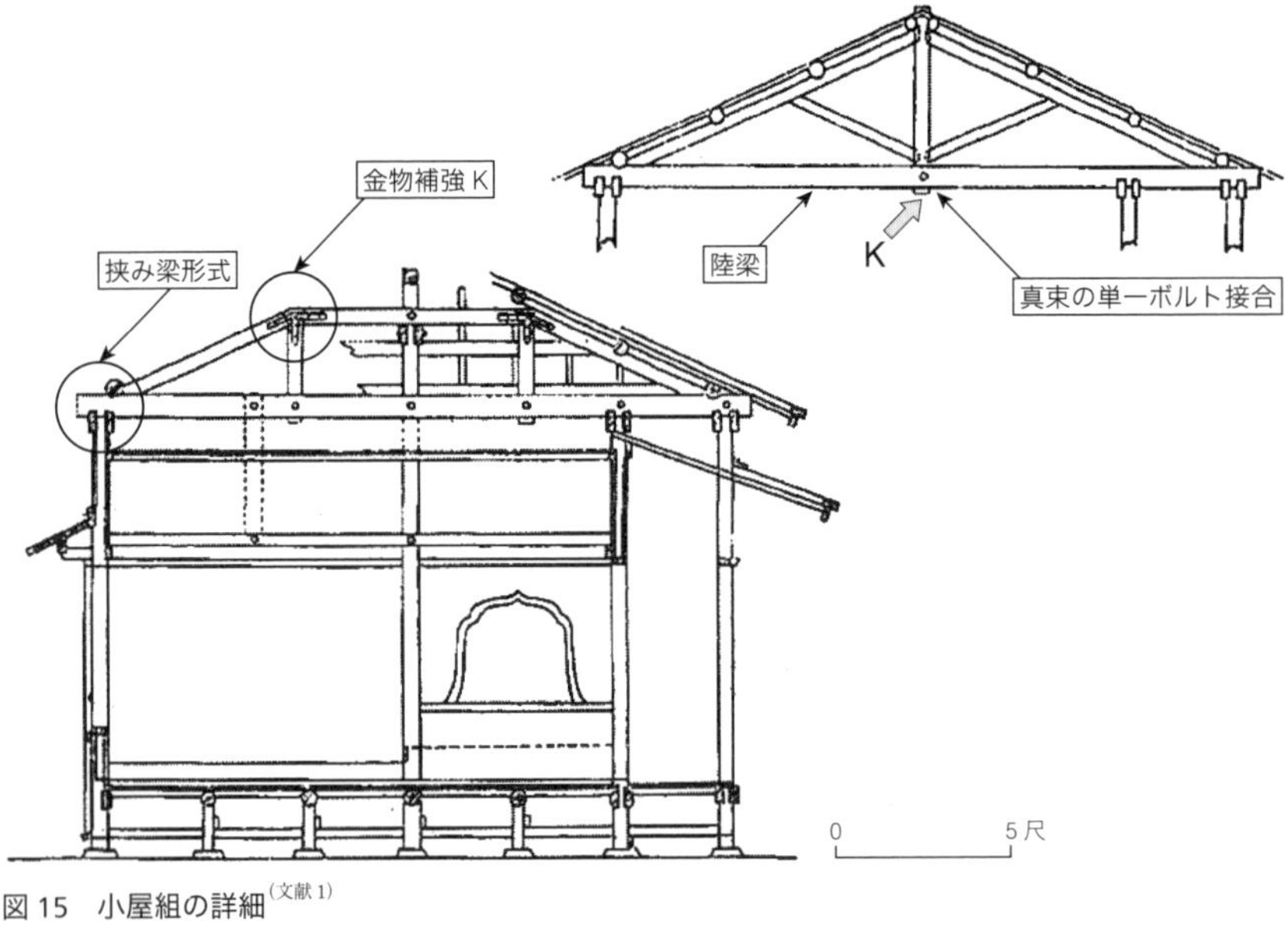

図 15　小屋組の詳細(文献 1)

で締め付けている。さらに、小屋梁（陸梁）Bも同様に、軒桁の上で交叉させて柱Cを挟み、同じく長ボルトで緊結しているがこのような木組は類例を見ない。

また、天井面の剛性を確保するために、軒桁の隅部に火打梁Dを配置して、その中央で隅合掌（隅木）Eを受けているが、火打梁は軒桁の面内に収めることができないためか、軒桁Aの上端に載せている。

図15は小屋組の詳細であるが、切組を排除して挟み梁としているため、小割の横材が伝統工法に比較して非常に多い。また矢印Kに示すようにトラスの下弦材（陸梁）と真束を単一ボルトで留めているが、このような接合では木材が繊維方向に割裂する危険性がある。

根室の標本家屋の（長ボルト＋挟み梁）工法は、前述の商家や農家の耐震雛形と共通点が多いので、辰野・曽根が関与した可能性が高い。

いずれにせよこの標本家屋は、南側を縁側で開放していることなど明らかに夏を旨とした設計なので、極寒の根室には全く適さなかったと思われる。

◆ 2　深川猿江の耐震標本家屋

この標本家屋は安政江戸地震で大被害を発生した深川猿江御料内に建設されたものである。震害リスクがきわめて大きな場所をあえて選んで、模範的な耐震標本家屋を建設した可能性がある。

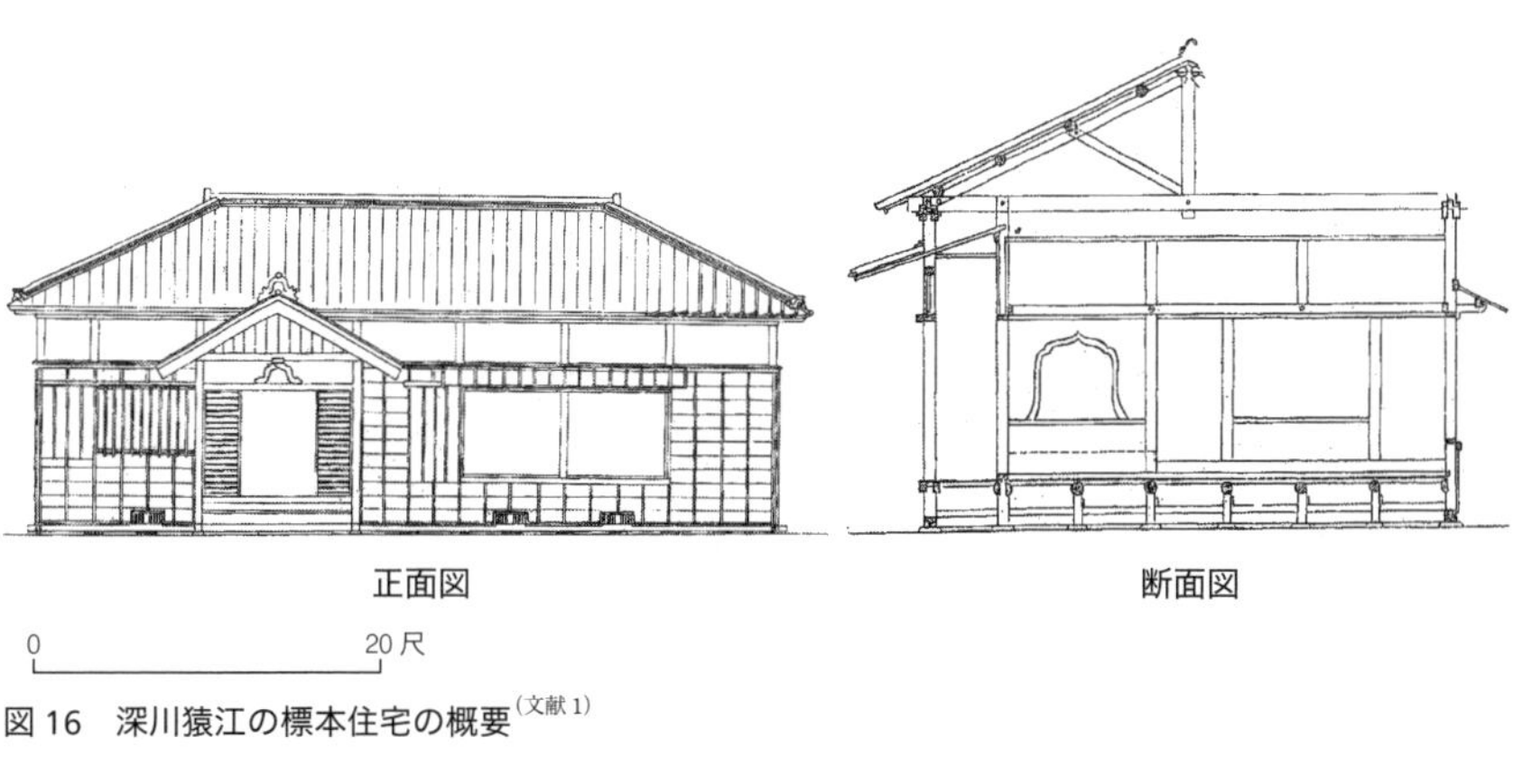

図16　深川猿江の標本住宅の概要（文献1）

深川の標本家屋は図16に示すように根室の住宅よりひとまわり大きな下見板張、建坪二六坪の平屋建ての日本家屋である。室内は一八畳の座敷に床間と書院を付属し、北面には縁がある。

着工は明治二九年一二月で、翌三月に竣工した。明治三〇年二月の『建築雑誌』第一二二号（文献3）には次の記述があり、木曽材を船積みして深川に輸送したことがわかる。

〝試験家屋　猿江へ建築中なる試験的耐震家屋の木材は尾州白鳥より船積みしすでに同所に到着したる由同建物は建坪二六坪にして日本造りなり〟

この建物は耐震木造家屋の集大成として相当な力を入れて建設されたらしく、一般図、矩計、接合部詳細、仕様書のほか工事写真が掲載された。外観的には根室の標本家屋とほとんど変わらないが、実は外からわからない構造詳細については大幅な変更が行われているので検討する。

◇基礎と地業

図17は基礎と地業の施工図である。施工手順は次のようなものであったと推定される。最初に地盤を深さ三尺ほど壷掘し、底部に末口五寸、長さ二間程の三本の生の松丸太Aを芯芯一尺八寸間隔に打ち込む。次い

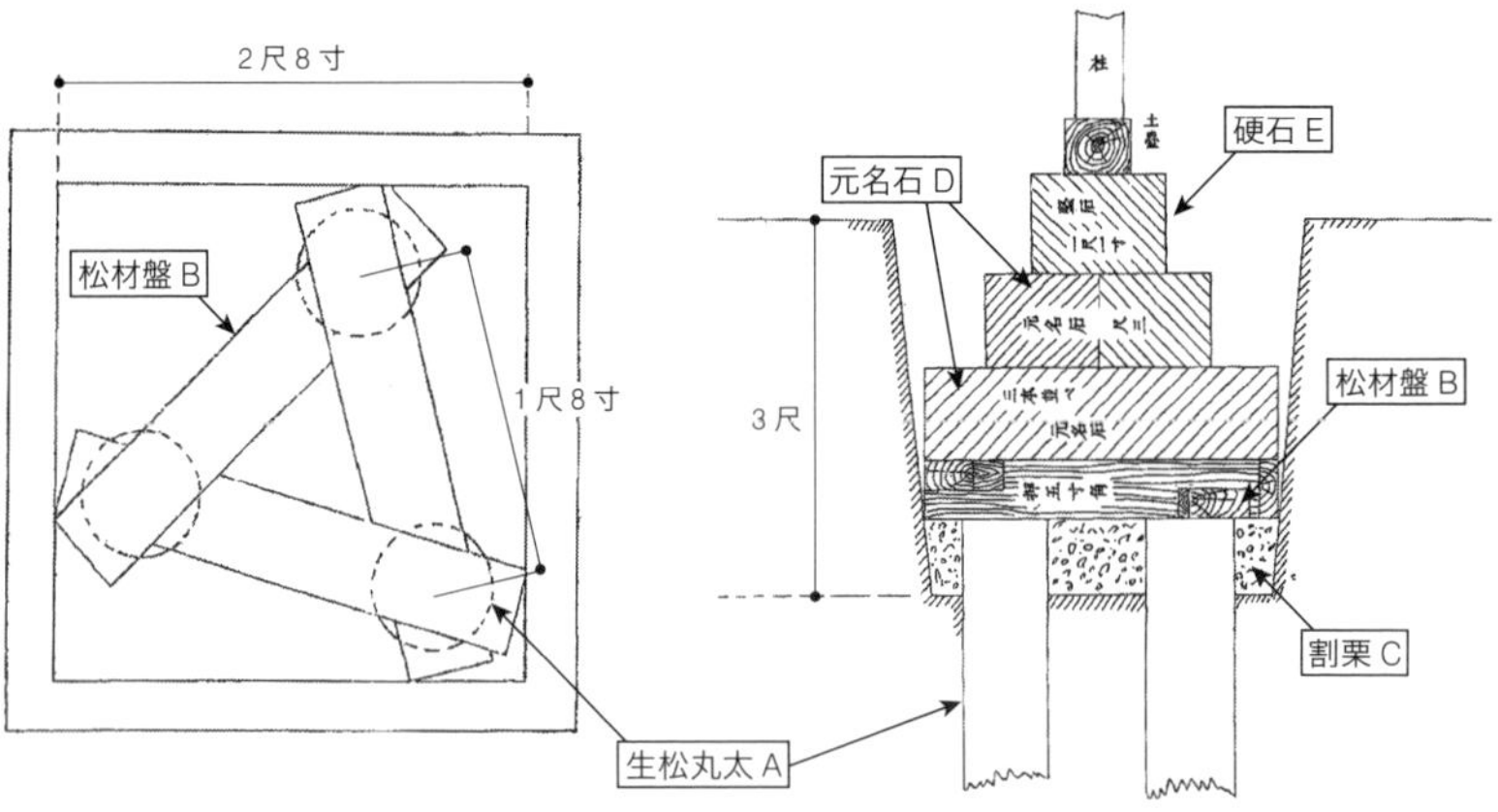

図17　柱下地業の詳細図（文献1）

で五寸角の松材の盤Bを三角形に組んで、杭と鎹《かすがい》にて結合。その後、周囲に割栗Cを搗き込んでいる。基礎は松材の上部に一尺三寸程度の元名石Dを二段に積み上げた後、一尺一寸角の相州産の硬石Eを据えている。

皮付松丸太杭を常水面以下に打ち込むのは伝統技法であるが、杭を三角形に配置し、鎹で角材と緊結するのは、地震時の杭頭変位を抑制するための工夫であろう。

◇小屋組について

＊火打梁と陸梁と軒桁

屋根面を隅木で固めるだけではなく、隅部に火打梁Hを設置している（図18）。

陸梁Rと火打梁Hおよび軒桁M、Nは合せ梁形式で、長ボルトで綴っているが、詳しく見るとすべての陸梁が合せ梁形式になっているのではなく、二カ所は通常の単一梁材を使っている。この点は根室と異なる。

＊小屋内の鉄線筋違

天井の水平構面と、各通りのトラスを桁行き方向に補剛するために、水平・垂直方向に鉄線筋違B1、B2を巡らせて屋根面を一体化している。このような筋違は根室の標本家屋では見られなかっ

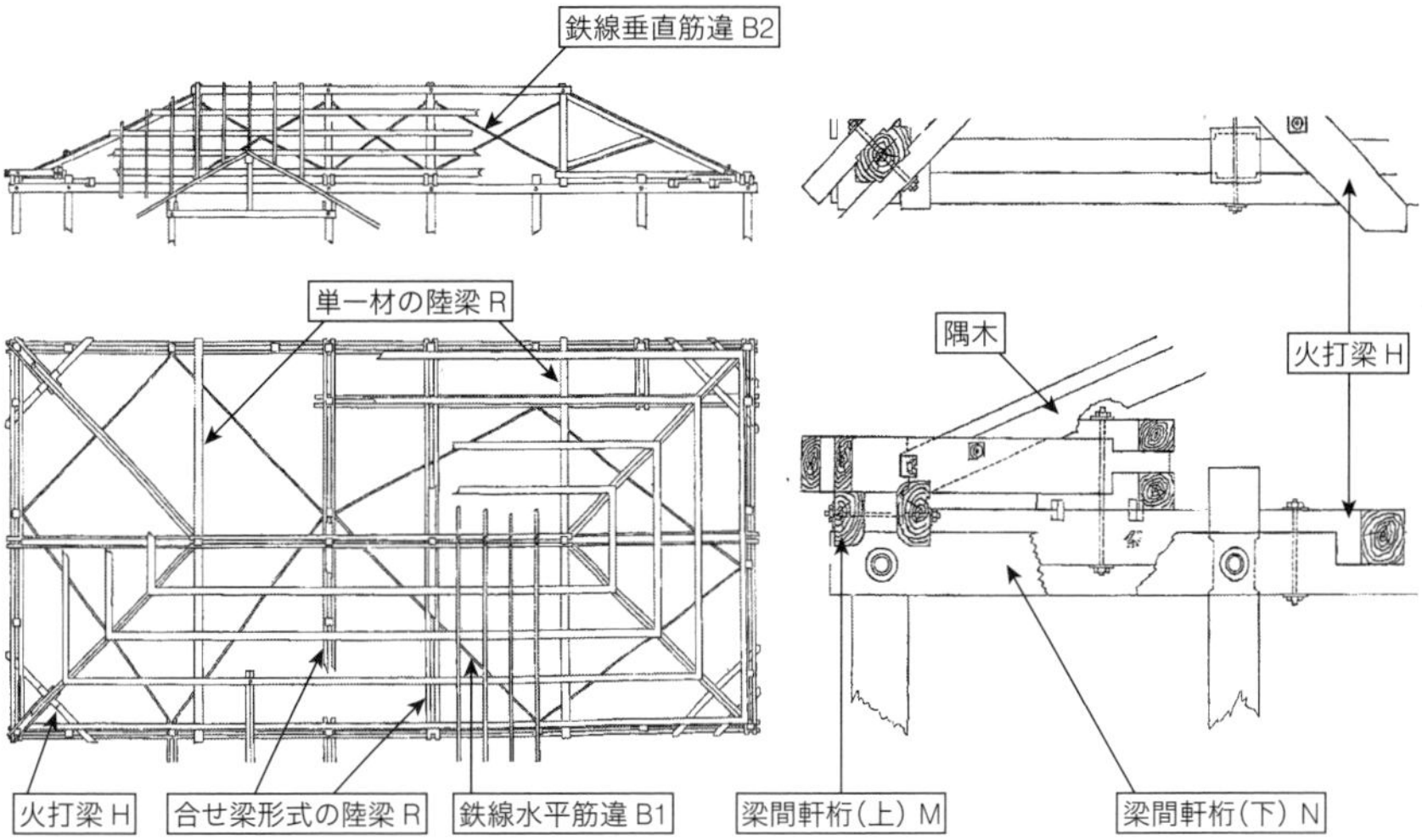

図 18　小屋組（鉄線筋違・隅木と火打・単一梁）（文献 1）

たものである。

◇軸部の補強について

＊切組加工

図19に示すように、軸部は鉄線筋違BSと（右図）と木造筋違BW（左図）の二種類と金物Sで固めているが、伝統的な通貫Nも併用している。元々震災予防調査会は「通貫」や「切組」などの伝統工法を排除するための画期的な工法として長ボルト締め工法を提唱していたが、深川標本家屋はこの方針に沿っていない。図20を見ると地長押と柱の接合部には切組加工を施しており、伝統工法への回帰が指摘される。

＊長押の重視

通常通貫は三段に配置するものであるが、柱が比較的細いので断面欠損を避けるために〝挟み梁＋長ボルト〟工法を伝統的な長押工法と同じように軸部の補強に用いた可能性があり、図20に示すように雨戸の諸溝の一筋敷居や入側の足固として、挟み梁をむしろ積極的に使っている。

＊長ボルトと意匠的金物

柱と長押など横掛材との接合は、長ボルトには釘隠を用い、内法長押の隅部には熨斗金物を取り付けて意匠を整えている。

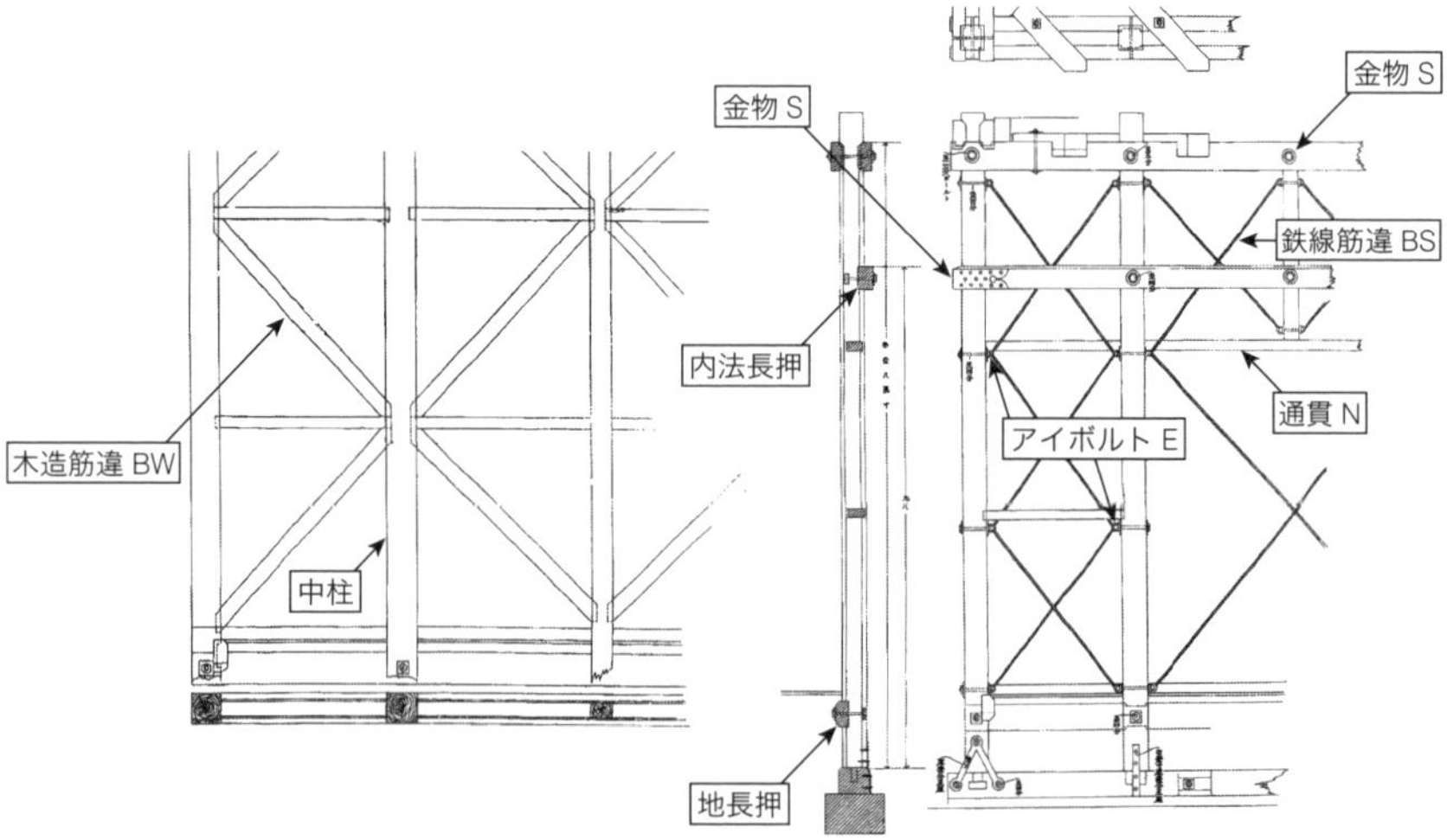

図19　壁面の詳細(文献1)

＊多様な筋違

図19に示すようにこの標本家屋の軸部には①襷掛けの木造筋違、②木造方杖、及び③鉄線筋違の三種類が使われている。木造筋違と柱の仕口は傾ぎ大入れであるが、筋違材の交叉部の断面欠損を避けるために、中柱の側面を大入れとしている。

三種類の筋違の中で特に注目されるのは鉄線（針金）を利用した〝引張筋違〟で、図19の右図に示すように柱との接合は径4分の長ボルトの端部にアイボルトEを取り付けてこれに鉄線を結えている。深川以前にこのような鉄線筋違を採用した事例は見あたらないので、木造建築の鉄系耐震補強の嚆矢と言えるかもしれない。

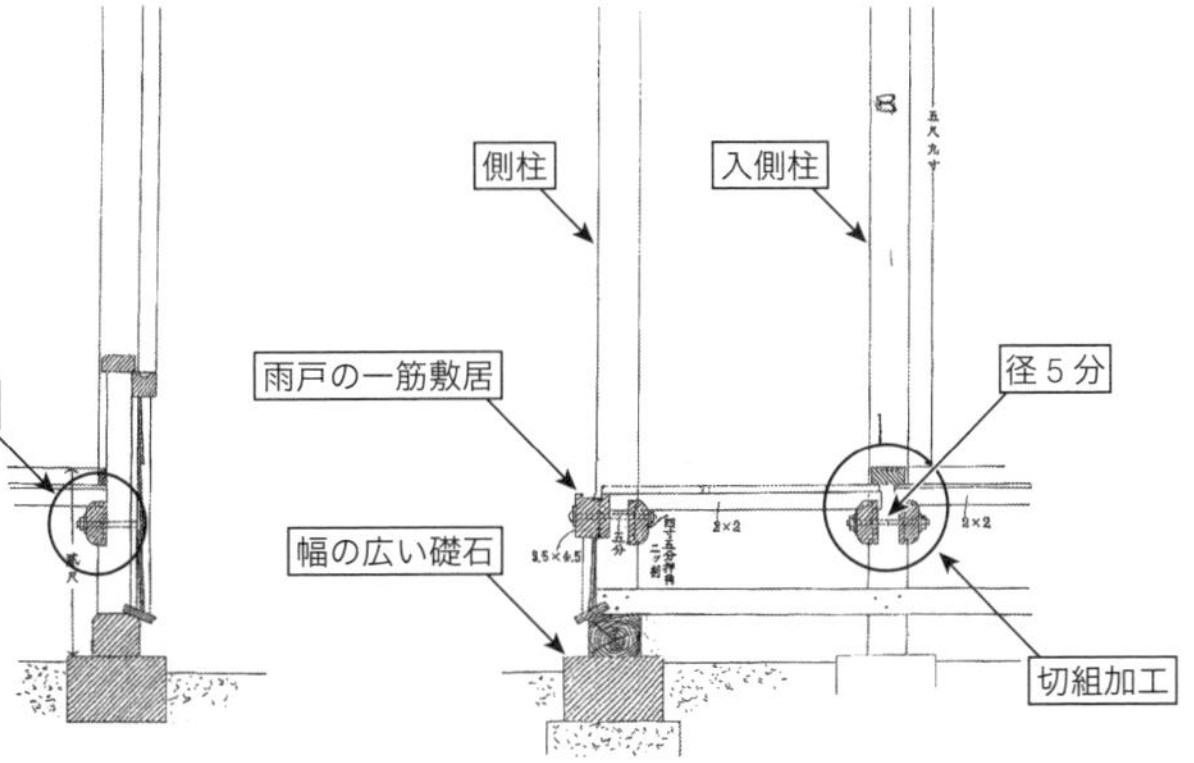

図20　基礎・足固の詳細(文献1)

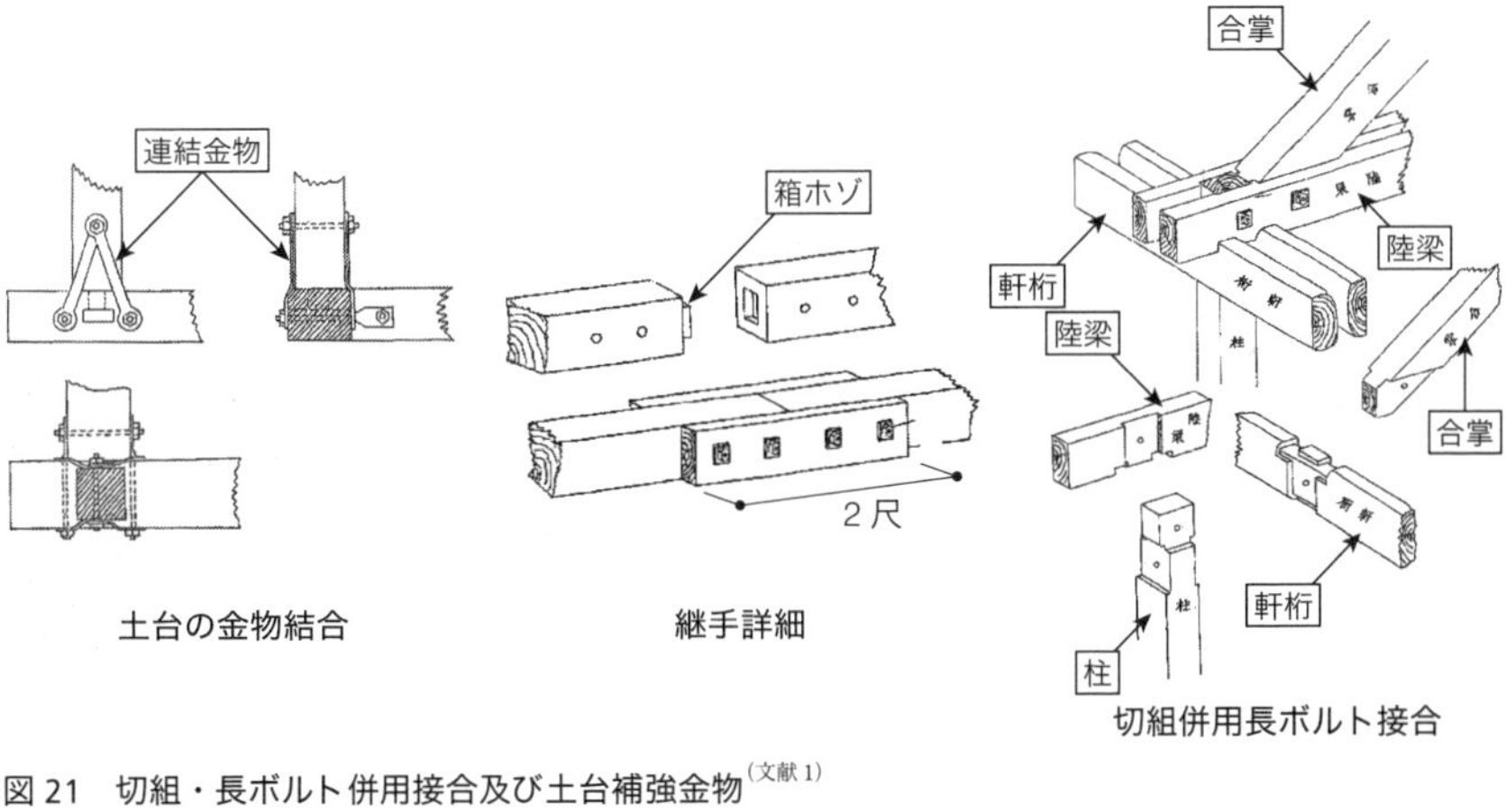

図21　切組・長ボルト併用接合及び土台補強金物(文献1)

＊土台金物

図21の左に土台と柱の結合金物を示す。厚一分五厘の帯鉄の両端に丸孔を開けた連結金物を交叉させて三角に金物を組んでいる。注意したいのは、土台と柱とは金物で緊結されているが、土台は下部の基礎石には結合することなく、ただ載っているだけであること。さらに図20に示すように柱土台を受ける礎石の幅は土台の幅の二倍と広い。これは基礎を滑り免震化するための工夫と考えられる。

＊継手の補強

図21の中央は継手の詳細を示したものである。二枚の添板を被接合材の両側に沿わせて、貫通ボルトで単に綴っただけのように見えるが、実際には隠し継となっていて内部にはていねいに箱ホゾ加工が施されている。外観からはわからないが、深川では従来の（添え木＋長ボルト）に代わって、伝統工法を加味した（ホゾ加工＋添え木＋長ボルト）接合に改良されていたのである。

＊仕口の切組加工

図21の右は柱に水平方向から陸梁と軒桁の二材と斜め方向から合掌材の計三材を組む状況を示したものである。上記の継手と同様この仕口もボルトに頼るのではなく、伝統的な切組工法によって確実に木組したうえで、長ボルトで締め付けている。外観的には辰野や曽根が提唱した長ボルト締付け工法とあまり変わらないが、実質的には伝統的な切組工法をさりげなく復活させていることがわかる。

工事中の写真を図22に示す。骨組はすでに完成して瓦屋根は葺き上がっている

図22　深川猿江の改良日本風住宅（文献1）

が、壁はまだ塗られていない。時期的には明治三〇年一月か二月頃と思われるが、玄関前には三人の人物が写っている。拡大写真の左奥の人物Aは暗くてよくないわからないが、洋装で帽子をかぶりマフラーをしているようだ。中央の人物Bは洋服であるが現場関係者ではなさそうだ。右側の人物Cはフロックコートに帽子の正装で、立派な髭を蓄えている。強引かもしれないが、右側の人物は辰野金吾のように思えてならないのである。

7・5　野口孫市の日本風住宅改良構造仕様

◆1　伝統木造に対する基本姿勢

「調査会報告」第一三号の中で特に注目されるのは野口が作成した木造日本風住宅改良構造仕様である。その冒頭には次のような注目すべき記載がある(文献1)。

囑託員野口孫市ノ設計シタル木造日本風住家改良構造ノ図面及ヒ仕様別紙ノ通ニ候条此段提出候也

明治二十九年十一月

委員　中村達太郎
委員　曽根達蔵
委員　工学博士　片山東熊
委員　同　辰野金吾

震災予防調査会長理学博士　菊地大麓殿

この住宅改良構造仕様は中村達太郎はじめ造家学会の権威者四名の連名で菊池大麓調査会会長に提出されたが、実際は大学院博士課程に在籍していた野口が作成したものである。本来ならば辰野が筆頭であるべきところが、末尾になっているのはやや奇異な印象を受ける。

野口は震災予防調査会が提唱した、前出の町家一棟改良仕様や農家改良構造仕様のように伝統木造の手法を無視した耐震木造工法には批判的で、同報告に次のような辛辣な文章を残している（文献1）。

〝外観ノ美醜ヲ問ハス便利ノ可否ヲ論セズ只激震ニ耐フルノ構造ヲ要スト云ハバ容易ナル者アリ費用ノ多寡ヲ厭ハス成工ノ遅速ヲ咎メス只構造ノ堅固ナルアラハ可ナリト云ハバ是亦至難ノ業ニ非サルナリ只夫レ外観ノ美ヲ保チ便利ノ宜シキヲ備ヘ費用少ウシテ成工ノ日早ク而ノスルニ震動ニ耐フルノ構造ヲ以テス是耐震家屋設計ノ最モ困難ナル所ナリトス然レトモ費用ニシテ充分ナラシメハ其ノ他ノ諸件ヲシテ満足セシムルコト不可能ノ事ニアラス偶々構造ノ簡ニシテ工事ノ容易ナルヘキモノアルモ工人ノ無学未熟ナルヲ以テ構造ニ突飛ナ改良ヲ施コスアラハ其業ノ難易ヲ究ムル事ヲナサス一見以テ困難煩雑ノ事トナシ徒ニ費用ヲ増加スルニ至ル費用一度増加セハ一般家屋改良ノ実行ハ遂ニ望ムヘカラス是カ実行ノ望ナクンハ一般家屋改良ノ実行ハ遂ニ望ムヘカラス是カ実行ノ望ナクンバ其理論適切ナルモノアルモ是只学術上ノ快ヲ貪ルニ過キタルヘシ耐震家屋殊ニ普通木造住宅ノ耐震的構造ノ要ハ可也的従来ノ構造慣習ヲ保持シ相当ノ耐震力ヲ与ヘ而シテ費用ヲ節減スルニアルカ如シ況ヤ日本建築旧来ノ構造ハ観ルヘキモノ少ナカラス些少ノ改良モ尚相当ノ耐震力ヲ具備セシメ得ヘキ処アルニ於テオヤ……〟

これより、野口は次のような基本的な考え方を持っていたことがわかる。

㈠　単に地震に耐える木造家屋をつくるだけであれば技術的にさほど困難ではないが、耐震工法の真の目的は美観に優れ、利便性について申し分ない建物を、短い工期で経済的に具体化しうるものでなければならない。

㈡　突飛な構造を考えて徒に施工を煩雑化させて冗費を費やすのではなく、伝統的な日本建築の構造慣習を尊重保持すべきである。本来日本家屋はわずかな改良だけで耐震化することができるのである。

まず㈠項について。震災予防調査会は〝木造耐震家屋構造要領〟などを通して、木造家屋の耐震補強法を示していたが、基本的には〝三角形不変の原理〟を拠り所に、筋違と金物で骨組を固める手法一本槍で、意匠性についてはほとんど考慮されていないことへの批判とも解釈できる。

野口は耐震改良構造といえども、真――構造、善――機能、美――意匠の三要素の調和がなければならないとの立場から、単なる構造至上主義ではなく、技術の総合化を通して建築美を表現することに主眼を置くべきであると強く主張している。

さて、次の一節は、震災予防調査会への厳しい批判といえよう。

〝……構造ノ箇ニシテ工事ノ容易ナルヘキモノアルモ工人ノ無学未熟ナルヲ以テ構造ニ突飛ナ改良ヲ施コスアラハ其業ノ難易ヲ究ムル事ヲナサス一見以テ困難煩雑ノ事トナシ……〟

元来木造建築の耐震化はそれほど難しいものではないにもかかわらず、無学未熟な工人が思いつきで突飛な工法を持ち込んで、徒に煩雑化させているといると指摘しているが、ここでいう、工人とは大工棟梁や職人ではなく、伝統木造建築を軽んずる権威筋を暗に指しているようだ。

調査会は仕口加工に伴う断面欠損を徹底的に排除するという立場をとっていたため、伝統的な切組に代わって、挟み梁と長ボルト締付け工法、そして滑節構造の不安定化を防ぐための筋違構造——いわゆる〝三角形不変の原理〟を金科玉条とせざるを得なくなった。

しかしながら、民家の震災復旧において、貫に代えて筋違と金物接合をいくら提唱しても所詮は絵に描いた餅に過ぎず、何よりも筋違は建築の美観を著しく損なう。建築界の権威がこのような現実味のない手法しか考案できないのは、伝統木造に対する知識不足と無理解に由来すると厳しく批判しているようである。

野口は当時の建築界に横溢していた西洋崇拝の風潮に流されることなく、和の伝統技術の意義と優秀さを堂々と主張するなど、二〇代後半の大学院生とは思えないところがある。まさに稀有の秀才であった。

◆ *2*　日本風住宅改良構造仕様について

野口の木造日本風改良住宅の平面を図23に、立面を図24に示す。この建物は梁間三間半、桁行八間の主屋に、玄関と便所を付属したもので、延面積約三〇坪である。壁は土壁であるが、外部は鎧下見張である。

当時の庶民家屋は田の字型で、ツシ二階が一般的であったが、この建物は中廊下式の本二階建てで、建物の中央に回り階段を設けるなど間取りは近代的である。一階の座敷は床の間付の八畳間で北側に縁を設け、長四畳の次間を合わせて一二

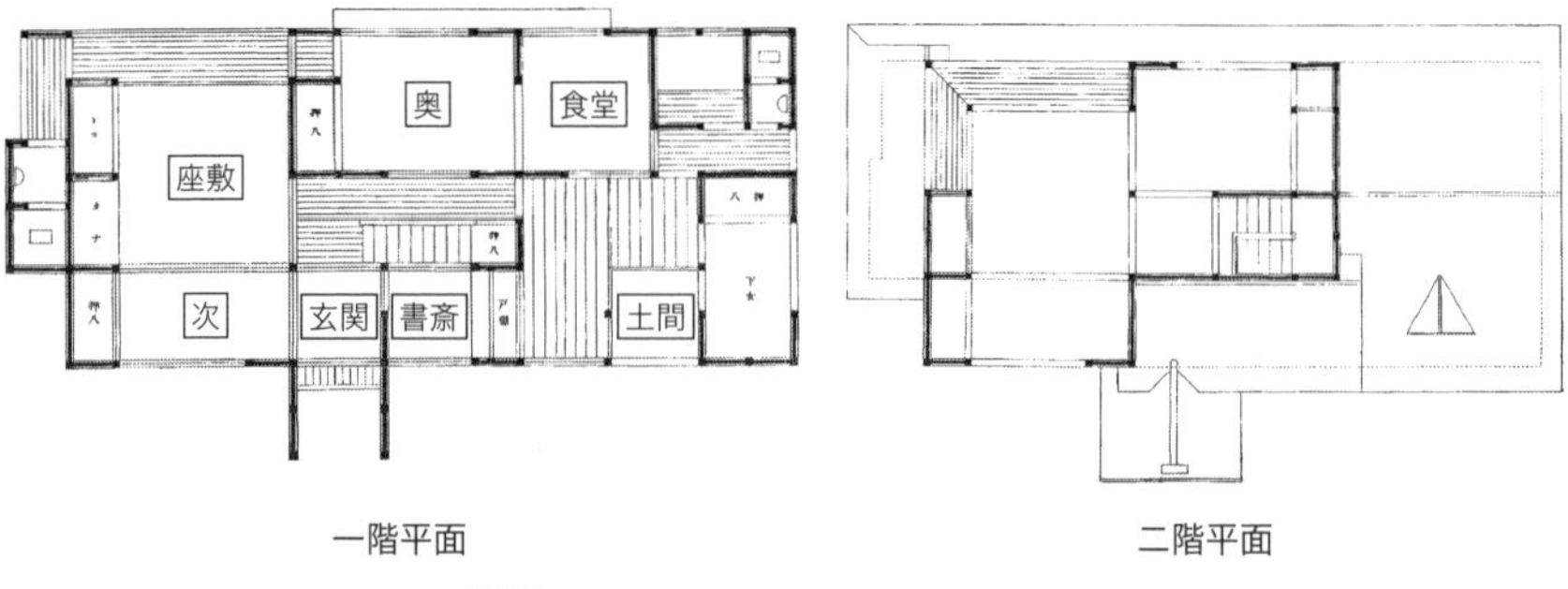

図23　日本風改良住宅平面図（文献1）

畳の広間となっており、二階座敷の北西側は大きく開け話して眺望を楽しむことができる。

小屋組はキングポストトラスで、屋根は軽量な柿葺（シングル）切妻の瀟洒な和洋折衷の近代和風住宅として意匠的な完成度は高い。

野口があえて数寄屋住宅を耐震改修対象に選んだのは、間取りが開放的でしかも木柄が細く壁が薄いという構造的リスクが大きいことに加えて、筋違を外部に露出させてはならないという意匠上の制約を考慮したためと想像される。いずれにせよ、野口の改良手法は、今日の木造家屋の耐震化対策にも資するところが大きいので、少し検討する。

◇基礎免震について

図25に示すように建物は土台敷Aであるが、地覆石Bの地盤GLからの立ち上がりは

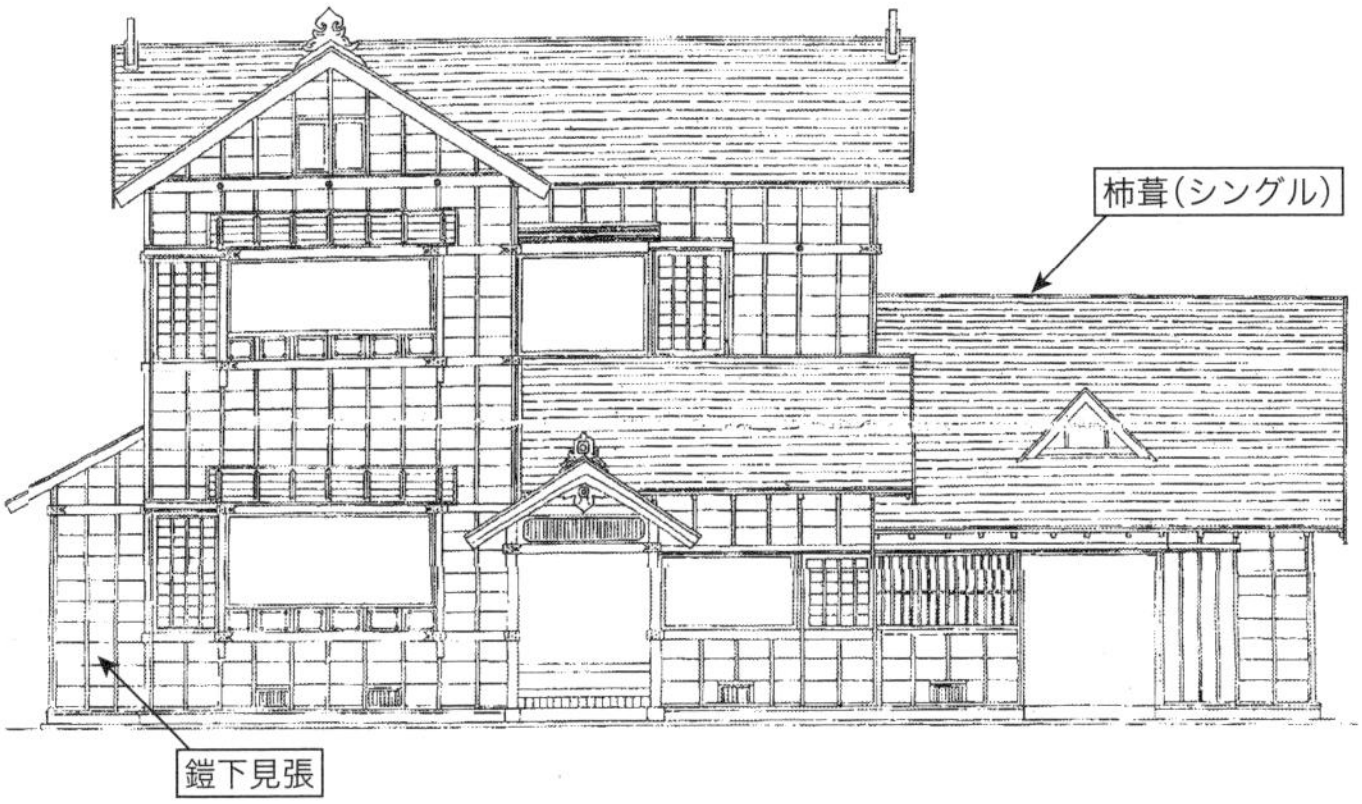

図24　日本風改良住宅の外観（文献1）

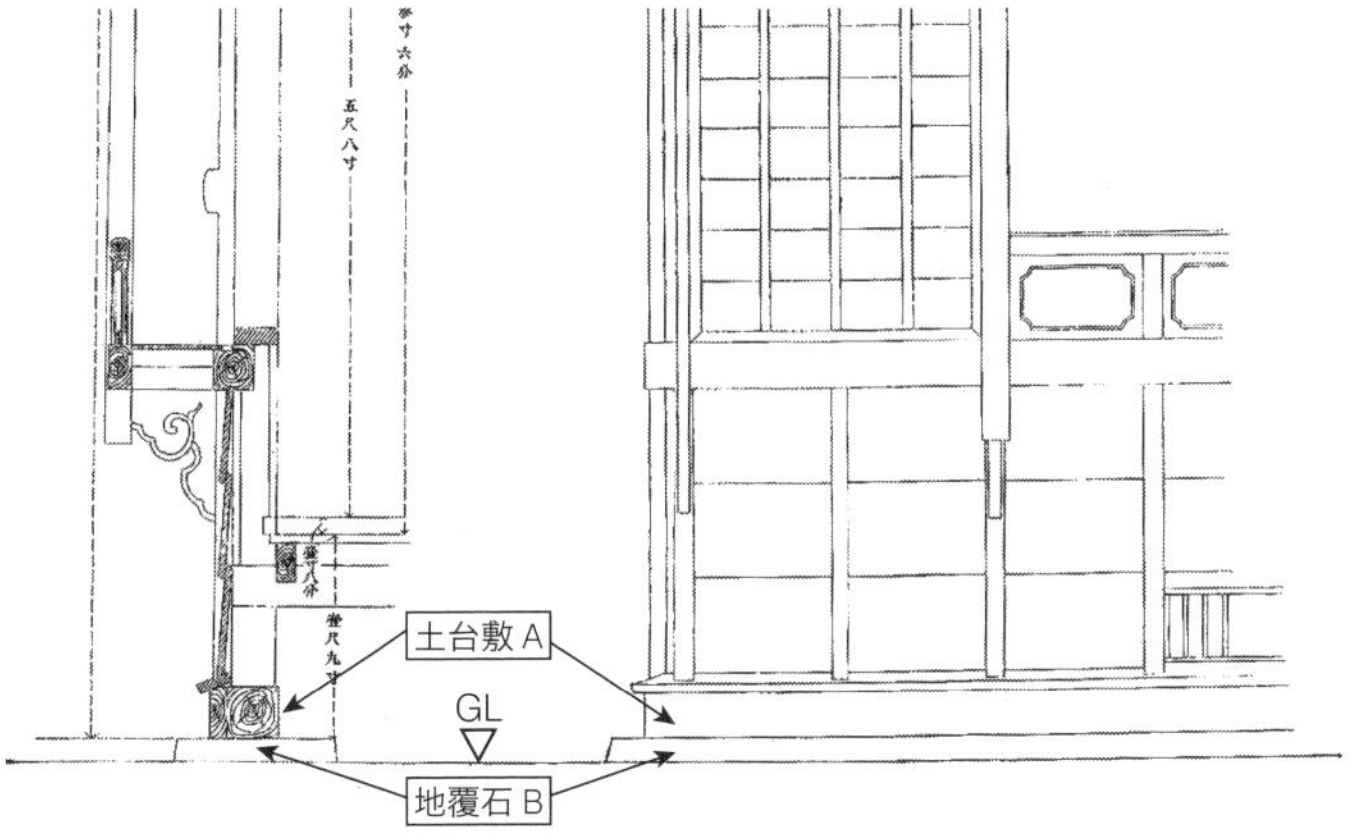

図25　免震性を考慮した基礎（文献1）

低く、上端の幅は柱幅の約二倍と広い。これに関して野口は次のように述べている（註1）。

〝一　側石幅一尺五寸ト成シタルハ激震ノ際建物ノ移動スルトキ土台ノ側石又ハ根石ノウエテ脱去セサル為ニ殊ニ其ノ幅ヲ増加セリ　側石上面ノ地盤上ニ出ツルコト多キニ過クルトキハ震動殊ニ猛烈ナルニ際シ土台ノ側石外ニ脱去スルコトアルモ尚ソノ損害ヲシテ軽少ナラシメンカ為ナリ〟

〝一　土台成イニ比シテ巾ノ大ナルハ一ハ前項ノ主旨ニ原ツキ且土台ハ往々水平方向ニ湾曲スルコトアルモ上下ノ方向ニ変動ヲ生シタルモノ少ナキガ故ニ水平ノ変動ヲ防ク為ニ益アラシメンカ為ナリ〟

これより、野口は激震では土台が礎石上で移動することを考慮して免震基礎を計画していたことがわかる。基礎石の地盤面からの立ち上りを極力小さくするとともに、基礎石の天端巾を四五センチと広く設計しているのは、土台が柱から脱落するのを防止するためである。また、基礎石の巾を大きくすることには、基礎石の面外方向への蛇行を防止する意図も込められている。木造家屋における基礎の滑り免震機構を提唱した最初期の事例といえよう。

◇軸組の強化法

野口の木造軸組の強化法の特徴を次に要約するが、これらはいずれも震災予防調査会の耐震雛形の考え方と大きく異なるものであった。

1　〝鉄線引張筋違〟

予防調査会の耐震雛形は木造圧縮筋違に基づいていたのに対し、野口は鉄

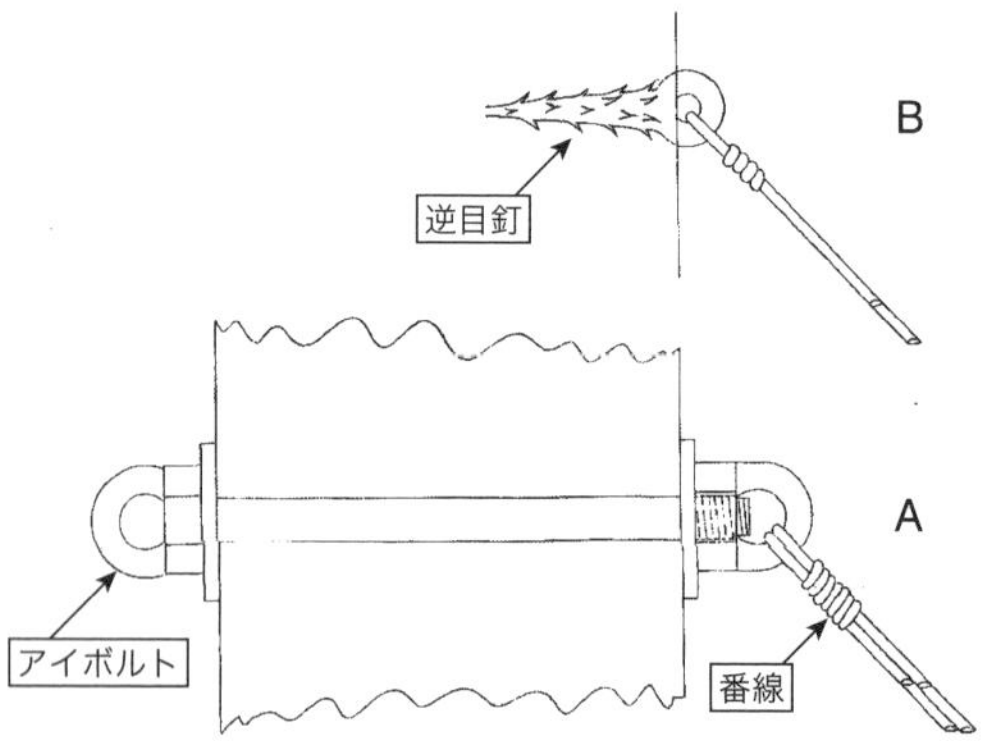

図26　逆目釘と長ボルトを用いた鉄線筋違（文献1）

線を利用した引張り筋違を推奨し、深川標本家屋で実際に試みた。

これは図26に示すようにアイボルトの端部に直径数ミリの番線を通してそれらを中間で撚り合わせるという簡単なもので、図27のAのような全面壁のほか、小壁B、袖壁C及び腰壁Dに組み込めるように計画している。鉄の撚り線筋違は木造筋違と異なり、断面が非常に小さいので、木舞下地に搔き込むのも楽である。そのため、瀟洒な数奇屋建築の佇まいが無粋な筋違で損なわれることがない。また、鉄線筋違は木造筋違と違って建て込む必要がなく、現場にあわせて後入れできる。さらに張力は鉄線の撚りを加減することで簡単に調整できる点は〝ターンバックル〟と似ている。

なお、引張筋違と圧縮筋違とでは、建物の地震時の挙動に大きな差異を生じることに注意する必要がある。

[2] 圧縮筋違と引張筋違

＊圧縮筋違の課題

圧縮筋違は雨戸の突張のようなもので、①柱もしくは②梁、あるいは③柱梁接合部を斜めに突くことによって骨組みの変形を防ぐ。

しかしながら、圧縮筋違が徒となって木造躯体を壊すことがある。すなわち、

・柱を突いて柱を押し倒す。

・梁を突きあげて床を落階する。

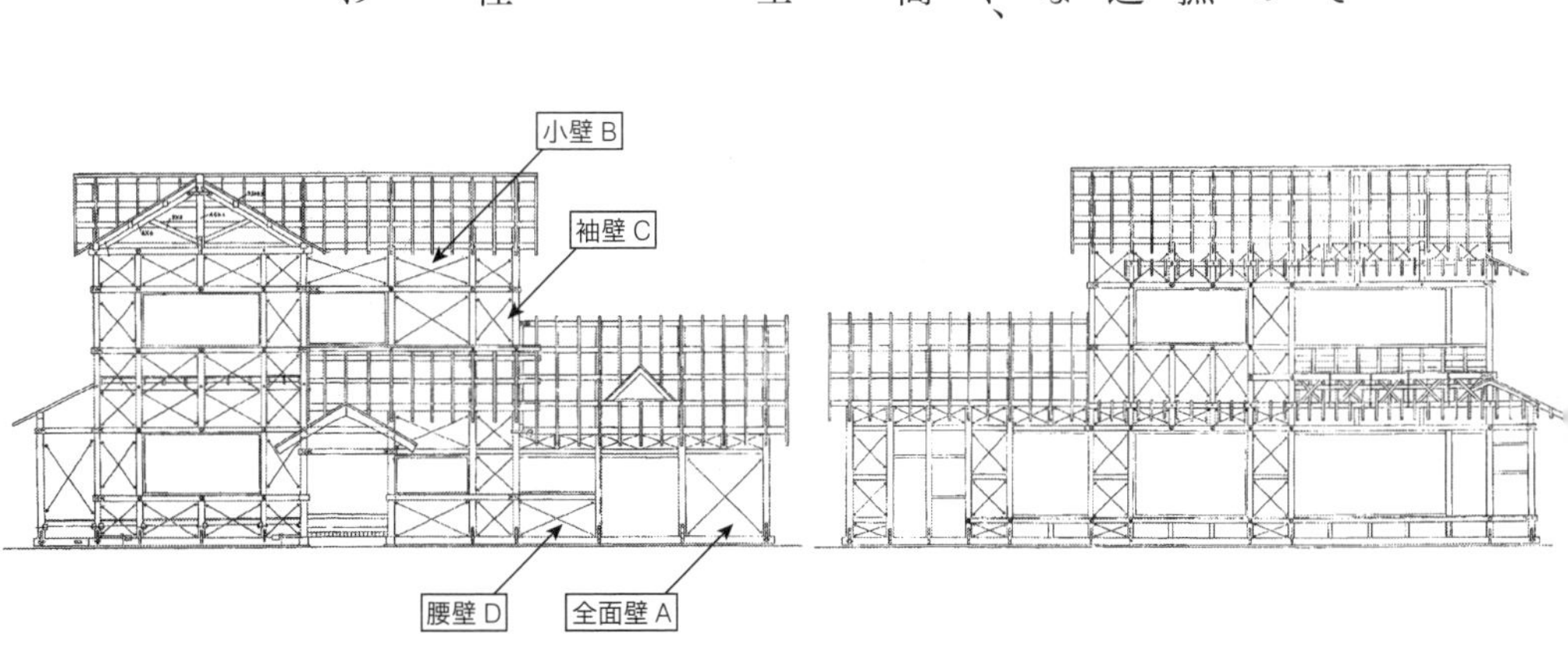

図27　鉄線筋違の配置（文献1）

・柱と梁の接合部を破壊する。
要するに圧縮筋違は地震力が比較的小さい場合には骨組の剛性を高めるが、激震時には圧縮筋違の軸力が逆に深刻な破壊を招くことがある。

したがって、筋違で大地震に対抗するためには、木造部材の接合強度を大幅に強化しなければならないが実際には容易ではない。

要するに、木造圧縮筋違は柱の断面が十分に大きい場合には、構造的なリスクは少ないが、このような建物にはそもそも筋違は不要である。逆に柱が華奢な場合には入念な構造的配慮が不可欠となる。

＊引張筋違の長所

骨組の変形が増加すると、引張筋違の軸方向力も増大するが、筋違が引張降伏すると、軸方向力は頭打ちになってそれ以上の地震力は作用しなくなる。また、引張筋違は圧縮筋違と異なり、変形した骨組みをバネのように当初の位置に引き戻そうとする働きが大きい。さらに圧縮筋違は接合部を破壊し、柱を押し倒すリスクが大きいが、引張筋違では変形が大きくなるほど部材を締めつけて部材の離間を戻す効果が強まる点でも信頼性が高い。木造筋違は木造家屋の耐震補強の要と信じられてはいるが、木造の圧縮筋違よりも鉄の引張筋違のほうが耐震上明らかに有利といえよう。

③ 長押の応用

図28を見ると柱に襟輪を設けて、柱幅と同寸の厚い長押を巡らせる社寺建築を思わせる工法となっている。理由は定かではないが、数寄屋風住宅は柱が細いために貫穴を穿つ代わりに、長押で柱を囲繞し柱と大釘で結合する方法を採用したのかもしれない。また長押の隅角部には留めを施し、厚さ二分五厘の熨斗金物を太鼓鋲で止めていることから、梁間・桁行両構面の結合に特に留意していることがわかる。

4 逆目釘の利用

震災予防調査会は、長ボルトを重視していたのに対し、野口は逆目釘を多用している。おそらく、逆目釘は、長ボルトのように過大孔を穿つ必要がなく、木材の乾燥収縮によるボルトの弛緩が生じにくいためと思われる。コーチボルトのなかった時代の優れた選択である。

◇野口の耐震木造家屋建設への関わり

根室と深川の標本家屋、及び野口の日本風改良住宅を比較すると、調査会が推奨していた長ボルト締付け工法に一番忠実に設計されたのは、根室の標本家屋であった。しかしながら深川においては梁の継手に隠し継ぎを用いたり、柱に襟輪を設けるなど実質的には伝統的な切組工法に則った部位が多い。調査会が提唱した長ボルト締付け工法は、野口によって換骨奪胎されて伝統工法を加味した実用的な手法に改良されたといえる。

日本風改良住宅仕様では、合せ梁はもはや姿を消して柱と陸梁は長ホゾや重ホゾで組むという伝統的手法に回帰しており、さらに合せ梁を長押に、長ボルトを釘隠しに見立てることによって、最終的には調査会の基本方針を踏まえながらも、全く新しい耐震木造工法を編み出したといえる。震災予防調査会での数年来の研究の集大成

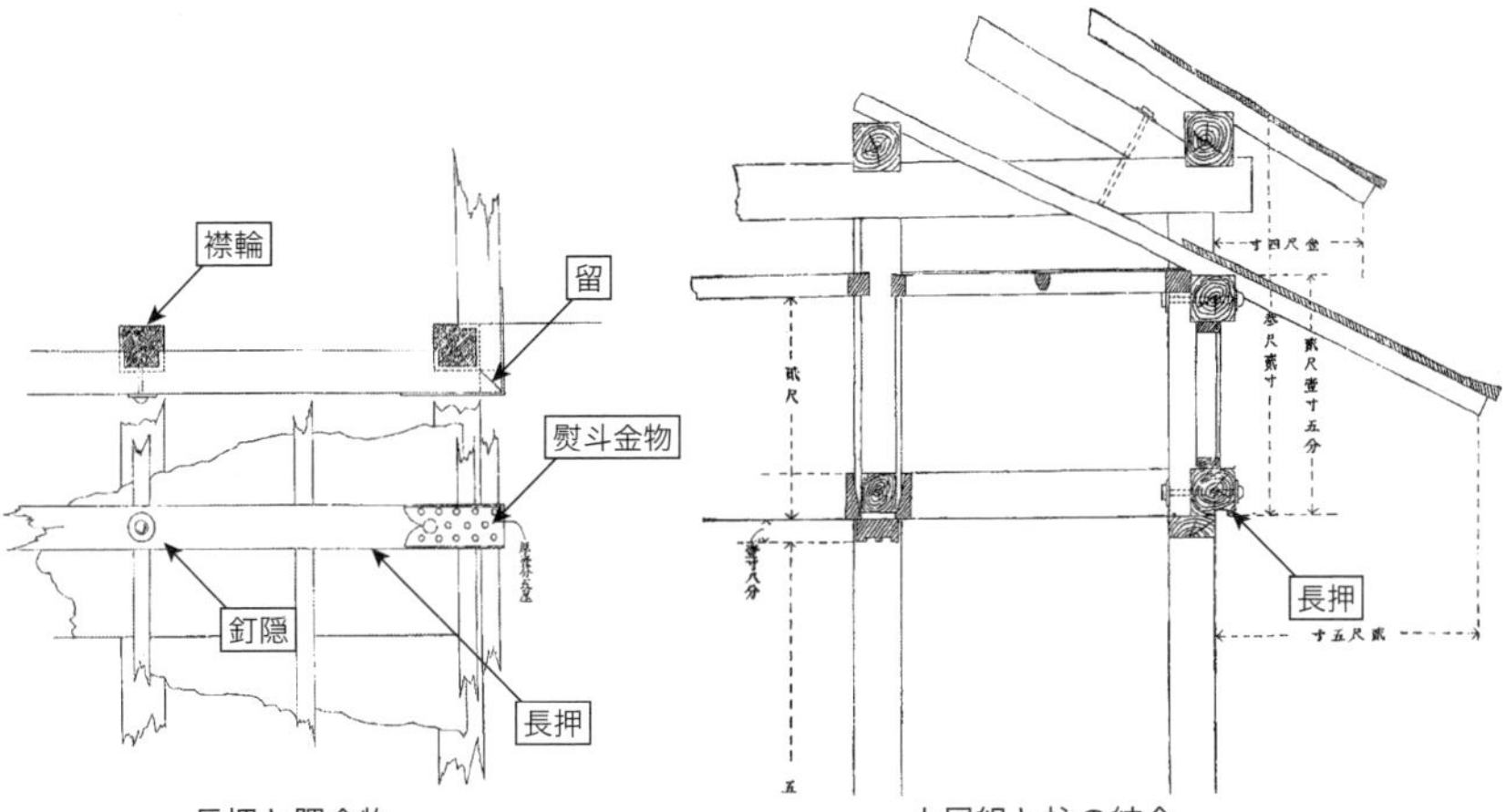

長押と隅金物　　小屋組と柱の結合

図 28　軸部の詳細図（文献 1）

として菊池大麓に正式に提出された日本風改良住宅仕様は結局のところ長ボルト挟み梁や木造筋違工法に似てはいたが、実態は伝統木造の知恵を活かした野口のオリジナル工法であった。権威筋はこれに対してどのような思いを抱いただろうか？　決して快くは思わなかったのではないだろうか？

ちなみに野口が住友家に提出した履歴書には次のような記載がある（文献4）。

〝明治二四年東京帝国大学工科大学造家学科に入り同二七年優等の成績を以て同科を卒業し後大学院に入り耐震構造について研鑽するところあり同二九年逓信技師に任じ同三二年正七位に叙せられ、同年住友家に聘せられ約一ヵ年海外に遊び帰朝後其臨時　建築部技師長となる〟

明治三〇年九月の「震災予防調査会報告」第一三号に日本風住宅改良構造仕様が掲載された頃にはすでに野口孫市は帝国大学を去っていた。そしてこれ以降震災予防調査会と造家学会とは急速に疎遠になり、耐震建築に関する研究活動も一気に下火になった。

8　再び伊藤為吉を巡って

震災予防調査会における耐震木造に関する研究は、濃尾地震後わずか数年で幕を閉じたが、ここでは耐震研究の終焉とともに表舞台から姿を消した伊藤為吉の予防調査会との関わりと足跡について今一度考える。

8・1　造家学会との関わり

日本建築学会は、明治一九年五月に二二名の発起人をもって工学会から分離する形で、初代会長に外務大臣青木周蔵を迎えて〝造家学会〟が創設されたことに始まる（文献1）。その後、明治三〇年七月一日、帝国大学初代総長渡辺洪基二代会長の時代に建築学会と名称を変更して今日に至るが、会報の『建築雑誌』は、造家学会発足まもない明治二〇年一月に初代編集長中村達太郎のもとで創刊され、以来百三十年、学術雑誌として日本でもっとも長い歴史を誇っている。

さて、造家学会の創設時の規約には、

〝本会ノ正員ハ造家学士タルコト。但シ学士ニアラサル同業モ準員トシテ入会スルコトヲ許ス〟

と記されていたように造家学会はもともとは造家学を修めた学士主体の学会であったが、この頃はまだ、帝国大学造家学科のほかに実務技術者の養成機関としての攻玉社や工手学校などしか存在せず、学士でなくとも準員として加入することができた。

ちなみに、帝国大学造家学科出身者は、明治一二年工部大学校第一回卒業生の片山東熊、佐竹七次郎、曽根達蔵、辰野金吾の四名以降、明治二五年の第一一回卒業生の五名を総て併せてもわずか三六名に過ぎなかった。

いずれにせよ、濃尾地震が発生した明治二四年当時の造家学会はまだ揺籃期で、震災の前年ようやく会員が五百名に達したばかりであった。会員が千名に達するのは明治三一年末。三万五千名を擁する今日の規模からは隔世の感がある。

このように造家学会創生期の明治二四年末に、伊藤為吉は『日本建築構造改良法』を出版するとともに、「耐震安全鉄具」や「三害安全家屋」の特許を出願した。

学会との関係で注目されるのは震災半年後の明治二五年五月の『建築雑誌』六五号に「安全鉄具の発明に就き」(文献2)、その二カ月後の七月の第六七号に「安全鉄具改良構造法」(文献3)、続いて、明治二六年一月の『建築雑誌』七三号には「地震建築に関する工夫片々」(文献4)、明治二六年三月の第七四号には「安全鉄具改良続」(文献5)と四回たて続けに論説が掲載されていることである。

帝大出身者とは全く異った経歴の米国建築師伊藤為吉の論説が四回も権威ある『建築雑誌』に連載されたことは、伊藤が指摘した日本家屋の耐震的課題や〝耐震安全鉄具〟が当時の造家学会でいかに大きな注目を集めたかを示唆する。

ところで、わが国で耐震研究がいつ頃から始まったのかに関し、『建築学会五十周年略史』(文献1、四頁)には次の一文がある。

〃……明治二十年―二十一年……会としては九月十日の理事会で文部省より地震動と建築法との関係調査方の依頼があり委員三名を設け調査せしむる事を決議し、十一月四日に坂本複経（工部大学校明治十四年三回卒）、藤本寿吉（明治十三年二回卒）、小島憲之の三名を委員に挙げ、越えて翌二十一年一月九日の理事会でも、時の帝国大学総長渡辺洪基氏より地震動と家屋建築との関係調査委員選定の照会に応じて前記委員の外更に山口半六、辰野金吾の両君を選定しているが、是即ち本会が漸く其力を外部より求めらるるに至った証拠で、また委員会を設けて研究を為した濫觴である……〃

この一文より明治二〇年代初頭の造家学会ではまだ耐震研究は始まっていなかったらしく、事実伊藤の論説が掲載される以前の『建築雑誌』には耐震構造に関する研究報告はほとんど見当たらない。その意味で、伊藤為吉は造家学会で本格的な耐震建築の論議を巻き起こした最初期の人物といえる。

8・2　耐震煉瓦造との関わり

伊藤は明治二二年九月の伊藤建築事務所創設後、平野勇造とともに景勝の地愛宕山（東京都港区）に洋食店愛宕館と同付属塔を完成。さらに明治二三年七月には、最終的には実現にいたらかなったが、渋沢栄一、大倉喜八郎、西園寺公成、清水満之助、原林之助らとともに日本木工会社設立に加わるなど、この頃すでに東京の建設業界での伊藤の知名度は相当なものであったようだ（文献6）。

話は逸れるが、先般丸の内に旧三菱一号館が復元された。この建物はもともと岩崎弥太郎の構想に基づき、J・コンドル設計、曽根達蔵監督により濃尾地震直後の明治二五年一月着工、同二七年六月竣工の、わが国初の煉瓦造事務所建築として歴史に名を留めている。だが、旧三菱一号館の煉瓦積工事を請け負ったのは外ならぬ伊藤為吉であったことはほとんど知られていないようだ。

旧一号館の煉瓦工事関して、次のような記述がある（文献7、一一五頁）。

〝……煉瓦壁体の耐震性を強化する目的で、煉瓦と煉瓦の間に帯鉄が敷かれ、外壁の補強がなされた。さらに上下階に通った多くの分厚い間仕切壁は耐震対策を意図した。火事への対応としては、床を耐火を兼ねた防火床の構造で仕上げられた。このように各所に耐震・防火が配慮されたのは、第一号館の着工が明治二十四年十月二十八日に起きた濃尾震災の直後であり、コンドル自身も現場に赴いており、地震を強く意識したことは間違いない。……

……竣工が近づいた明治二十七年六月二十日、第一号館の足場が取り払われ始めていた時のことである。関東地方に大きな地震があり、東京でも大きな揺れがあった。その時、曽禰は現場の最上階の足場にいて、安政二（一八五五）年の大地震以来と後に回想するほどの激しい揺れであった。しかし耐震に対する確かな配慮から第一号館はビクともしなかった。……〟

明治二七年六月の地震は、東京湾北部を震源とするM7・0の直下型地震であって、神奈川や東京の木造校舎に大きな被害が発生したため、文部省の山口半六、久留正道らが直ちに被害調査を行い、木造校舎の耐震規則制定に影響を及ぼしたことは先に述べた通りである。

さて、図1は旧三菱一号館に用いられていた煉瓦壁の帯鉄補強の復元施工状況である。使用された帯鉄は曲げ加工の容易な厚さ一・六ミリ、幅三〇ミリの薄板であった。このような帯鉄を五寸間隔に配置し、目地モルタル内に埋設して、煉瓦壁の開裂を防止し、アーチ部では帯鉄に曲率をつけて、開口を含めて壁面全体を一体化させている。

これとほぼ同じ工法は、お雇い外国人技師R・H・ブラントン(Brunton)設計の山口県角島燈台吏員退息所でも確認されている(文献9、10)(図2)。同灯台は明治九年三月、吏員退息所は同八年末竣工である。この退息所は百二十年近くの間、長門海峡の厳しい風雪に耐えてきたが、近年損傷が著しくなったため、平成六年に耐震改修とともに保存修復工事が行われた。この際、幅四〇ミリ・厚さ一ミリ程度の帯鉄の端部一五ミリを直角に折り曲げて煉瓦の縦目地に挟み込んで定着補強されていることがわかった。ブラントンとコンドルという二人の英国人が設計した煉瓦造にほぼ同じ補強煉瓦工法が用いられていたことは、この耐震煉瓦工法は英国由来の可能性を示唆する。

さらに、当時日比谷付近では、ドイツのエンデ・ベックマン事務

図1　旧三菱一号館の耐震補強金物(文献8)

図2　角島燈台吏員退息所の帯鉄補強(文献9)

所が進めていた中央官庁建築群の一つとして、大蔵省臨時建築部の妻木頼黄技師の監督のもと東京裁判所（明治二九年竣工）の大工事が進んでいたが、特に高度な技術を要する窓開口部などの組積工事も実は伊藤が創設した〝職工軍団〟の特命であった（文献11、二六七頁）。

東京裁判所では、大蔵省臨時建築部が用いた〝妻木式締聯鉄構〟と呼ばれる耐震煉瓦工法が採用されていた。コンドルが薄板を比較的数多く敷き込む手法であったのに対し、妻木式工法は、図3に示すように厚さ三分幅三寸ほどの鋼板を煉瓦壁体の中央に敷き込むもので、煉瓦との定着には長さ一尺、径五分ほどの丸鋼を簪状に埋設する点に特色があった。このような妻木式締聯鉄構工法を用いた煉瓦造建築は関東大震災に際してもほぼ無被害であったことが知られている。

このような重要工事に対応するため、伊藤は自ら〝職工軍団〟と称する高度な技能者集団を養成していたことは注目に値する（文献11、二一四頁）。さらに伊藤はわが国初とも言える定時労働時間制や週休制度を導入。日曜日には精神修養を目的として講習会を開き、明治二七年八月には、『木工術教科書』という手引書を共益商社から出版した（文献13）。図4はその表紙であるが、そこには〝米国建築師〟と〝実験木工匠〟という肩書が添えられている。おそらくこの頃帝国大学で木造模型の耐震実験を行っていたことを示すと考えられる。

なお、同書巻末の〝職工軍団趣意並規則書〟によると、軍団設

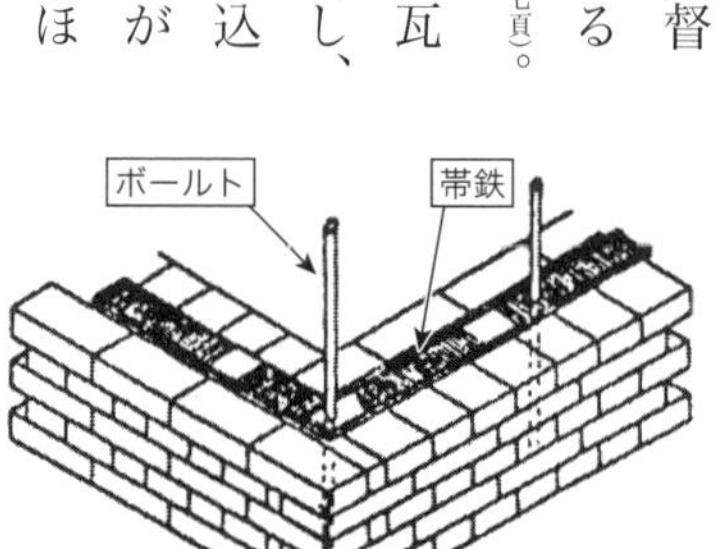

図3　妻木式締聯鉄構工法（文献12）

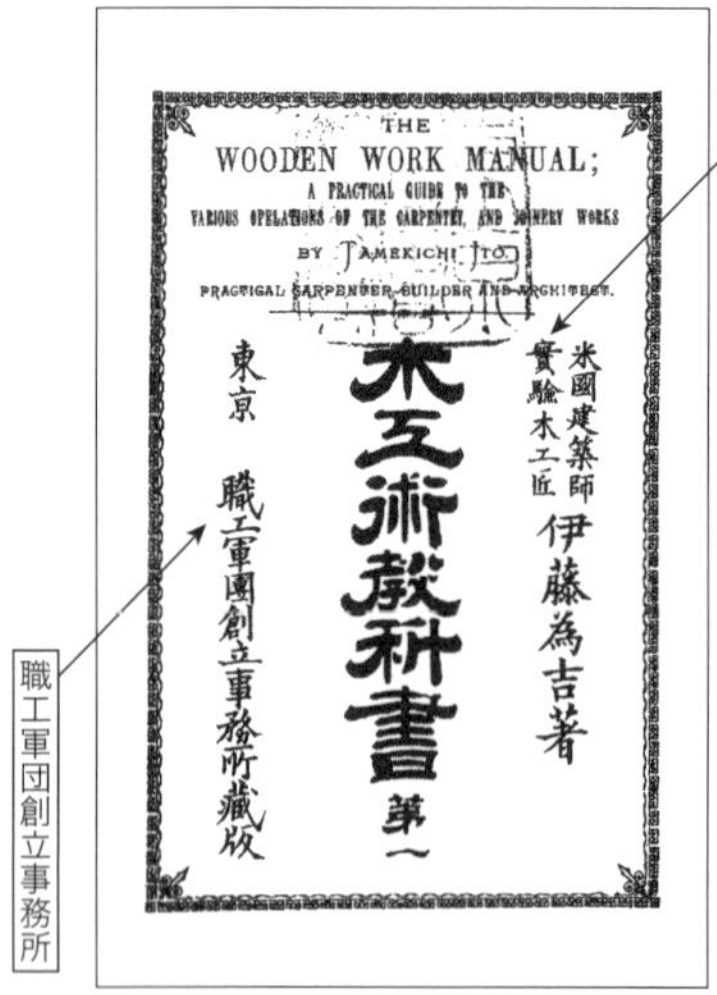

図4　木工術教科書の表紙（文献13）

立の目的は〝自活し得ざる労働者をして種々なる職業を修得せしめ自治自立の路を与へんとす〟とあることから、基督教精神に則った社会改善運動でもあったようだ。いずれにせよ、伊藤は旧来の徒弟制から脱却して、人格陶冶を念頭に、技能を習得しうる職業訓練システムまで作り上げていたのであった。建築士や請負師などいずれの枠にも収まりきらない傑物であった。

8・3　帝国大学工科大学での耐震木造の研究

伊藤は職工軍団を率いて請負事業を展開しつつ、同時に建築設計事務所を経営するなど多忙をきわめていながら、何故あれほど多くの研究論文と著作を続々と執筆できたのだろうか？　伊藤にはエンジニアと経営者の顔のほかに、研究者の姿が垣間見えるのが不思議でならなかったが、実は彼は震災予防調査会の創設期の明治二六年頃から明治三三年末頃までの約六年間帝国大学で研究と調査に携わっていたらしいのである。『借財五十年』本編第六仁之巻六（昭和八年三月三一日脱稿）に次のような興味深い記述がある。

〝震災予防調査会

文部省震災予防調査会の嘱託を受け耐震構造調査を命せられ帝大工科大学に於て二人の助手とともに諸般の研究に従事すること明治三十一年十月より同三十三年一二月迄至る。

調査会に於ける二ヵ年余りの研究に拠て完成を得たるものは新式大工工法である此研究を実地に応用したるは日本橋馬喰町の平尾賛平氏の歯磨製造工場と三井合名会社の地所部の嘱託を受け芝新濱町芝浦製作所近傍に耐震家屋の標本二棟を新式大工工法にて新築成るあり『建築雑誌』第百七号に記載さるる

演説筆記の如く「耐震的鉄具使用の困難を論じて木製切組法の完成を期せむとす」此演題を以て発表したるは全部調査会に在て研究したるものなれど「震災予防調査会報告」に一度も掲載するを許さざりしは同会委員中に余を評して技術者の山師なり彼の成すものは欧米人の意見を無視し彼独特の創意ならざるものなく今少し地味の研究でなくては危険にして一般的に世人に知らす訳に参らぬと大事を取られたる為なるよし左様なる偏狭の考ある人々が拙者の如き者を何故調査会嘱託となし耐震建築の如き大切なる調査を委託されたか素《もと》より余を向かへたるは一の新人の研究を求むるの故なりと信じて快然御請致したものであるに其研究したるものに良否を極むることを避けて総てを無為に葬り去らんとする心事こそ我建築界の発達を阻止するものであるを知らざるかを惜しむものである。

震災予防調査会の報告書に麗々しく掲載された委員諸氏（その名を秘す）の考案になるいわゆる欧米の知識を適用して成された家屋雛形四棟は工作の完全を計る為め拙者自ら請負人となり工事監督者となりて全責任を負うて完成を図りたるものにて設計者各々の満足をも得たるものなりし之れを人造地震機に懸けてその効果力如何を試験したる結果こそ一般的に知らすべきを肝要とするものなるに赤裸々に其結果を報告するに至らざりしは如何なるか初より其効力如何を報告書によりて知らんと期待するものは四博士の物された試験家屋は耐震に効果なかりし為なりと早合点するもの無しとせず誠に惜しき事をしてのけたと今尚忘れ難き恨事の一つである

震災予防調査会報告書に麗々と掲げられたる四種の耐震家屋は良否未だ極まらざる未完の考案であることを拙者は後人に注意仕置く其故は余自身同試験場に在りて目撃したるものであって其効果が如何にありしかを知るものであるかその良否に就いては語る自由を持たす唯前に述べたるが如き注意を為し置くに止る、即ち報告書に掲げられたる立派な絵図を備へるものの内にも良否如何が何の極まるらさるものあり又大事を取りて報告書に掲げる価値なしとされたものの内にも世に用ひられ而しかも大正十二年の震災に無難にして効果を収むるものも世の中には有りうることを知って貰いたい、拙者か調査会を廃めたのは停められたのではなく新人の研究を求めない調査会の御奉公致すも意儀をなさす考慮したる末辞職致す儀に相違之左の辞令を御覧に供へ候

依願耐震構造調査嘱託を解く

震災予防調査会嘱託　伊藤為吉

明治三十三年一二月三十一日

震災予防調査会〃

この記述によると　明治三一年一〇月から明治三三年一二月末までの約二年間、震災予防調査会の嘱託として諸般の研究に従事し、その間の成果が〝新式大工工法〃であったと記している。しかしながら嘱託としての任用期間に伊藤がどのような研究を行ったのか判然としない。

◆1　研究従事の時期について

伊藤の指摘とおり、明治二八年一一月に発行された『建築雑誌』第一〇七号には「耐震的鉄具使用の困難を論じて木製切組法の完成を期せむとす」という二十頁に及ぶ講演録が掲載されている(文献14)。ただこの論説は伊藤が嘱託であったとする明治三一年一〇月よりも三年も早い明治二八年一一月にすでに刊行されているので、時期的に整合しない。

『借財五十年』では、嘱託となった時期に関して、〝帝大工科大学に於て……二ヵ年余りの研究に拠て完成

を得たるものが新式大工工法である〃と記していることから判断すると、『建築雑誌』第一〇七号が刊行される少なくとも二年前の明治二六年半ばには、すでに為吉は研究に従事していたことになる。

明治二六年半ばというと伊藤が職工軍団を統率して旧三菱一号館の煉瓦工事に携わっていた頃で、帝国大学では辰野金吾設計の煉瓦造耐震建築が完成し、いよいよ耐震研究が始まろうとしていた時期に重なる。こう考えると、伊藤は、研究施設完成とほぼ同時に震災予防調査会で木造雛形の人為地震台実験に最初から携わっていた可能性が高い。

◆2　震災予防調査会嘱託員の時期について

次いで気になるのは〃文部省震災予防調査会の嘱託を受け耐震構造調査を命せられ帝大工科大学に於て二人の助手とともに諸般の研究に従事すること明治三十一年十月より同三十三年一二月迄至る〃の記述である。「調査会報告」では大抵毎号巻頭に委員と嘱託員の名簿が掲載されるので、念のために嘱託員を務めていたとする明治三一年秋から明治三三年末までの「調査会報告」をすべて当ってみたところ、伊藤の指摘の通りこの時期に嘱託員を務めていたことが確認できた。たとえば、図5～7は明治三二年九月の「予防調査会報告」第二八号に掲載された明治三二年三月三一日現在の〃委員臨時委員及嘱託員〃一覧である。ここには委員二二名、臨時委員四名のほかに二九名の嘱託員が記されている。

これより、会長菊池大麓（東京帝国大学総長）のもと幹事は大森房吉（東京帝国大学理科大学教授）となっており、当初からの委員辰野金吾はじめ、片山東熊、中村達太郎、曽根達蔵の名前があるが、前年の京都帝国大学創設により、辰野・中村の役職が帝国大学教授から東京帝国大学教授に代わるなど高等教育制度の拡充を窺わせる。

一方、臨時委員に目を転ずると山口半六の名前が記されているが、注目されるのは図7の嘱託員である。二九名の嘱託員の二二番目に伊藤為吉が〝耐震構造調査〟担当として記されており、さらに〝耐震構造調査補助〟として横山信、板村良作の二名が記載されている。

もう少し遡って明治三一年一二月に出版された報告第二四号には、同年九月三一日時点での委員・嘱託員一覧が掲載されているが、そこには伊藤為吉の名前は見られない。しかしながら、同じ月に発刊された「調査会報告」二五号の同年一〇月三一日時点での一覧に始めて伊藤の名前が記載されていた。

したがって、明治三一年一〇月に嘱託員に任用されたという伊藤の記述は裏付けられる。明治三三年一二月三一日――すなわち一九世紀の最後の日に嘱託員の職を辞したという点についても同様であった。

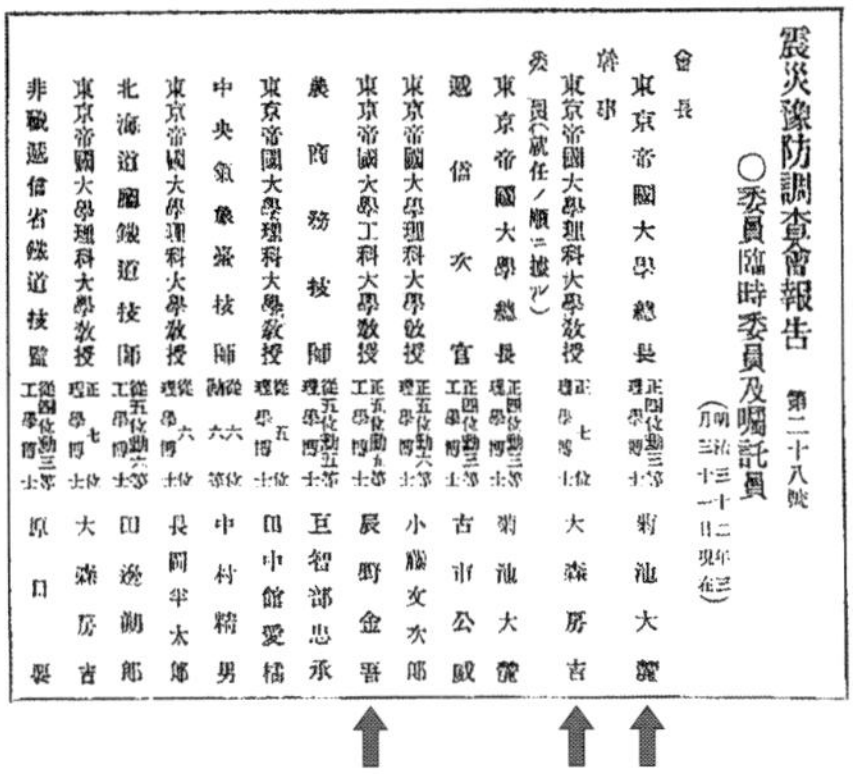
震災豫防調査會報告　第二十八號
○委員臨時委員及囑託員（明治三十二年三月三十一日現在）
會長　東京帝國大學總長　正四位勲三等理學博士　菊池大麓
幹事　東京帝國大學理科大學教授　正七位理學博士　大森房吉
委員（就任ノ順ニ據ル）
東京帝國大學總長　正四位勲三等理學博士　菊池大麓
遞信次官　正四位勲三等工學博士　古市公威
東京帝國大學理科大學教授　正五位勲六等理學博士　小藤文次郎
東京帝國大學工科大學教授　正五位勲五等工學博士　辰野金吾
農商務技師　従五位勲五等理學博士　巨智部忠承
東京帝國大學理科大學教授　従五位理學博士　田中舘愛橘
中央氣象臺技師　従六位勲六等　中村精男
東京帝國大學理科大學教授　従六位理學博士　長岡半太郎
北海道廳鐵道技師　従五位勲六等工學博士　田邊朔郎
東京帝國大學理科大學教授　正七位理學博士　大森房吉
非職遞信省鐵道技監　従四位勲三等工學博士　原口要
第二十八號　委員臨時委員及囑託員

図5　委員臨時委員及嘱託員一覧1（出典：「予防調査会報告」第28号、明治32年9月）

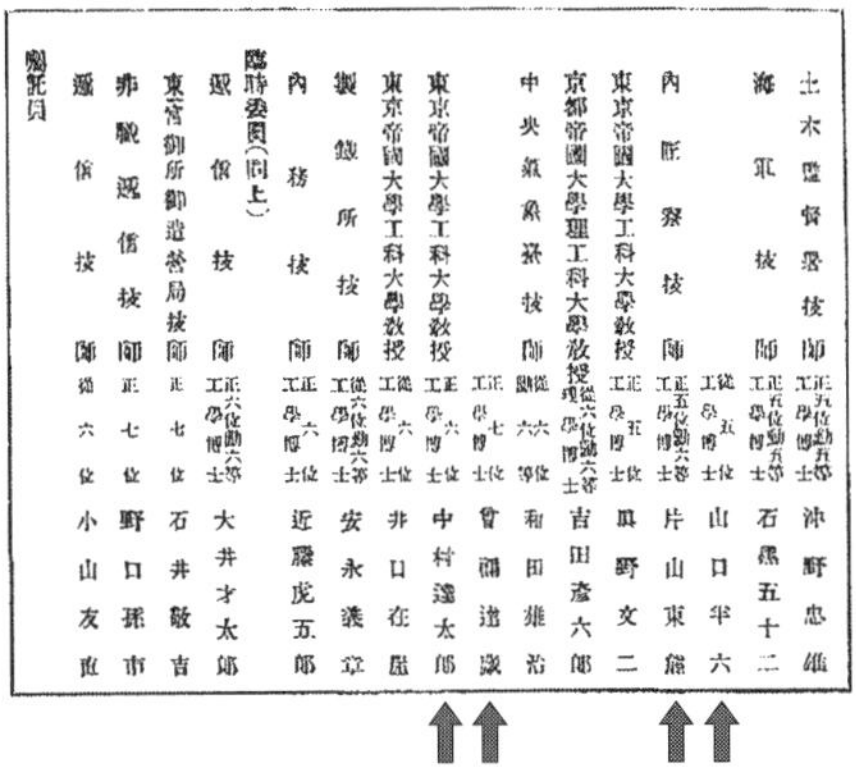
土木監督署技師　正五位勲五等工學博士　沖野忠雄
海軍技師　正五位勲五等工學博士　石黒五十二
従五位工學博士　山口半六
內務技師　正五位勲六等工學博士　片山東熊
東京帝國大學工科大學教授　正五位工學博士　眞野文二
京都帝國大學理工科大學教授　従六位勲六等理學博士　吉田彦六郎
中央氣象臺技師　従六位勲六等　和田雄治
正七位工學博士　曾禰達藏
東京帝國大學工科大學教授　正六位工學博士　中村達太郎
東京帝國大學工科大學教授　従六位工學博士　井口在屋
製鐵所技師　従六位勲六等工學博士　安永義章
內務技師　正六位工學博士　近藤虎五郎
臨時委員（同上）
遞信技師　正六位勲六等工學博士　大井才太郎
東宮御所御造營局技師　正七位　石井敬吉
非職遞信技師　正七位　野口孫市
遞信技師　従六位　小山友直
囑託員

図6　委員臨時委員及嘱託員一覧2（出典：同上）

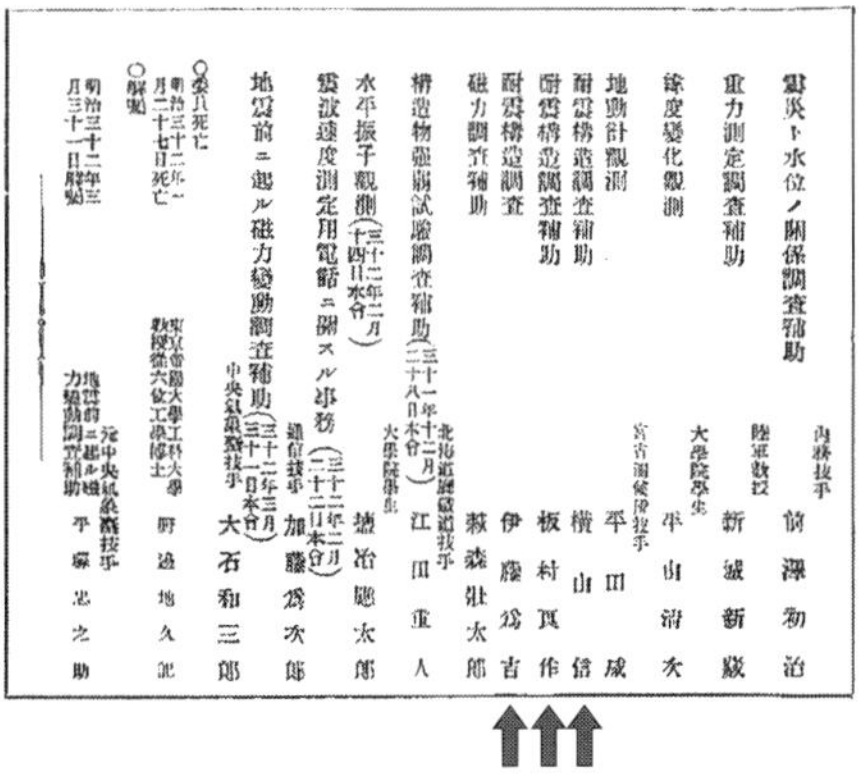
震災ト水位ノ關係調査補助　內務技手　簡澤勿治
重力測定調査補助　陸軍教授　新城新藏
緯度變化觀測　大學院學生　平山清次
地動計觀測　宮古測候所技手　平田成
耐震構造調査補助　横山信
耐震構造調査補助　板村良作
耐震構造調査　伊藤爲吉
磁力調査補助　菽森壯太郎
構造物強弱試驗調査補助（三十一年十二月二十八日本合）　北海道廳鐵道技手　江田重人
水平振子觀測（三十二年二月十四日本合）　大學院學生　埴治德太郎
震波速度測定用電話ニ關スル事務（三十二年二月二十二日本合）　遞信技手　加藤爲次郎
地震前ニ起ル磁力變動調査補助（三十二年三月三十一日本合）　中央氣象臺技手　大石和三郎
○委員死亡
明治三十二年一月二十七日死亡　東京帝國大學工科大學教授從六位工學博士　野邊地久記
○解囑
明治三十二年三月三十一日解囑　元中央氣象臺技手　地震前ニ起ル磁力變動調査補助　平塚忠之助

図7　委員臨時委員及嘱託員一覧3（出典：同上）

しかしながら、先に述べたように帝国大学博士課程で研究を担っていた野口はすでに明治二九年には逓信省に入省しており、予防調査会における耐震木造家屋の研究は明治三〇年九月の「調査会報告」第一三号をもって実質的には終焉を迎えていた。

結論的には伊藤が明治三一年秋から同三三年末まで震災予防調査会の嘱託を勤めていたのは事実であるが、この時期には耐震木造に関する実験的研究が行えたかどうかについては疑問が残る。伊藤が新式大工工法の研究を行ったのは震災予防調査会の嘱託員になる前、おそらく前述のように明治二六年後半から同二八年後半に遡ると推定される。したがって伊藤と震災予防調査会との関わりは次の二期に分かれるようだ。

前期：明治二六年半ば〜明治二九年末頃　人為地震台実験に従事

後期：明治三一年半ば〜明治三三年末　調査会嘱託

『借財五十年』に記しているのは、震災調査会での耐震木造建築に関する研究が一段落して「予防調査会報告」に造家学会関係者の論文掲載がなされなくなって以降――〝後期〟のことと考えられる。この時期に嘱託員として伊藤がどのような仕事に携わったかはわからない。帝国大学において耐震家屋雛形の製作をはじめ耐震木造に関する研究に従事したのは〝前期〟であって、施設の立ち上げから明治二九年六月一五日に発生した〝明治三陸地震津波〟の現地調査に赴いた頃までと考えられる。

明治二八年末――すなわち二年余りの研究成果として「耐震的鉄具使用の困難を論じて木製切組法の完成を期せむとす」と題する講演を行った頃には帝国大学工科大学との関係はすでに疎遠になっていたと考えられる。

これ以上詮索してもあまり意味はないが、博覧強記の伊藤が研究経過を間違うとは考えにくい。多少時期的な齟齬があったとしても、手記に書かれた内容から判断すると、震災予防調査会が鳴り物入りで計画した四種類の当初の家屋雛形には耐震性が全くなかったことや、その代案として伊藤が考案した〝切組法〟について「調査会報告」での発表が許されなかったことなどが要因となって、最終的に一九世紀最後の日に震災予防調査会と建築学会から潔く身を引いたのではないかと思われる。

8・4 金物接合批判

明治二八年末の講演――「耐震的鉄具使用の困難を論じて木製切組法の完成を期せむとす」で伊藤は一体何を述べようとしたのだろうか？

タイトルには〝耐震的鉄具使用の困難を論じて〟とあるので、かつて濃尾地震直後の『日本建築構造改良法』において提唱した「金物接合」を自ら否定して、伝統的な仕口や継手などの切組工法に戻ったとの印象を受ける。実際、筆者も伊藤は〝金物推進〟派なのか〝金物否定〟派なのか首尾一貫しない姿勢に戸惑いを禁じ得なかった。

しかしながら、後に出版された『耐震耐火家屋建築』(大正一三年六月、大倉書店)や『新式大工法全』(昭和一〇年六月、丸善出版)などを丹念に読み返してみると、明治二四年末の『日本建築構改良法』における伊藤の主張は実は、数十年の時を経てもいささかも揺るがなかったことが改めて確認できた。

伊藤の耐震木造家屋は次の三つの要素から成り立っていたが、

・金物接合法
・三害安全家屋
・新式大工工法

『日本建築構造改良法』及びそれ以降の著作をたどって慎重に読み返すと次のことがわかる。

当初鋳鉄製の接合材を単に「……金物」と称していたが、明治二五年四月の学会講演以降は「安全建築鉄具」と総称するようになった。しかし変ったのは名称のみで、「金物接合工法」を重視する姿勢は変わらなかった。

新式大工工法――木製切組法に関する記述は明治二四年末の『日本建築構造改造法』にはまだ見られないので、「木製切組法」は帝国大学工科大学（以下、帝国大学）での二年間に考案したとする伊藤の記述と整合する。

金物を主体とする「金物接合法」と、逆に金物を用いない「木造切組法」とは一見矛盾するが、伊藤にとって、これらは状況に応じて適宜選択しうる耐震木造の〝工法メニュー〟の一つであったと考えると理解しやすい。

要するに〝金物〟が望ましいが、性能が確保できるならば〝木製〟もよしということでこだわりがない。これは耐震農家として提唱した「三害安全家屋」についても同様であった。高価な釘金物などとても購入できない農民に対しては、手近な藁縄や番線で結わえる工法をもって耐震家屋を普及させようとしたところにも実務家としての姿勢が伺われる。

では何故、自ら考案した「安全耐震鉄具」工法を否定したとの誤解を招きかねないにも関わらず、「耐震的鉄具」工法には重大な欠陥があると主張し、代わりに「木造切組」工法を提唱したのだろうか？

ややこしい話であるが、伊藤が最初期に考案した「耐震安全鉄具」と彼

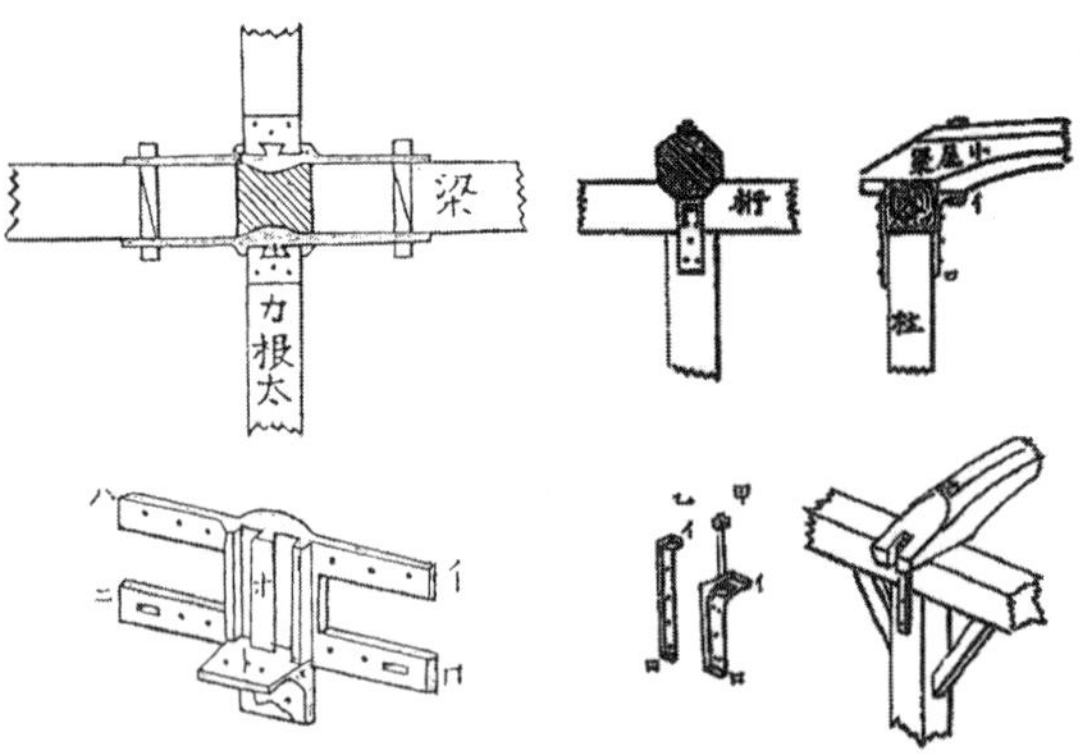

図８　耐震安全鉄具の一例（伊藤考案）（出典左：『日本建築構造改良法』明治 24 年、p.37、右：同書 p.42）

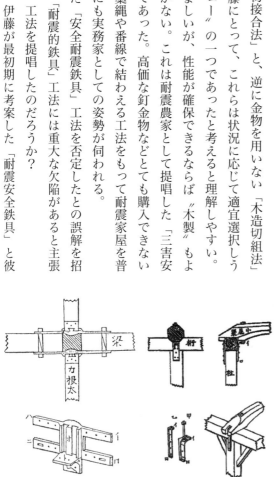

が明治二八年末の学会講演で取り上げた「耐震的鉄具」とは実は全くの別物であった。

前者「耐震安全鉄具」は図8のように接合部位ごとに形状の異なる一五種類の精密金物の総称であった。これに対し、後者の「耐震的鉄具」は帝国大学の辰野や中村、曽根、片山委員が推進したもので、図9に示すような「長ボルト」「座金」「ナット」で構成された「木材締付け工法」のことで、羽子板ボルトもその類である。

単純に「長ボルト締付け工法」とでも呼んでおけば混乱を生じなかったはずだが、伊藤が何故このような紛らわしい用語を使ったのかはわからない。

さて注意したいのは、濃尾地震直後、帝国大学の権威筋は「耐震的鉄具」すなわち「長ボルト締付け工法」は木造耐震工法の切り札になると確信していたらしいことである。この頃欧米では産業革命の進展により、ボルトの大量生産が可能となって、ボルト・ナットはリベットとともに鉄鋼工作物の接合に不可欠となっていた。これに対し日本ではネジの量産技術はまだまだ未熟であった。それどころか、洋釘ですら国産化にはほど遠い状況であっただけに、舶来

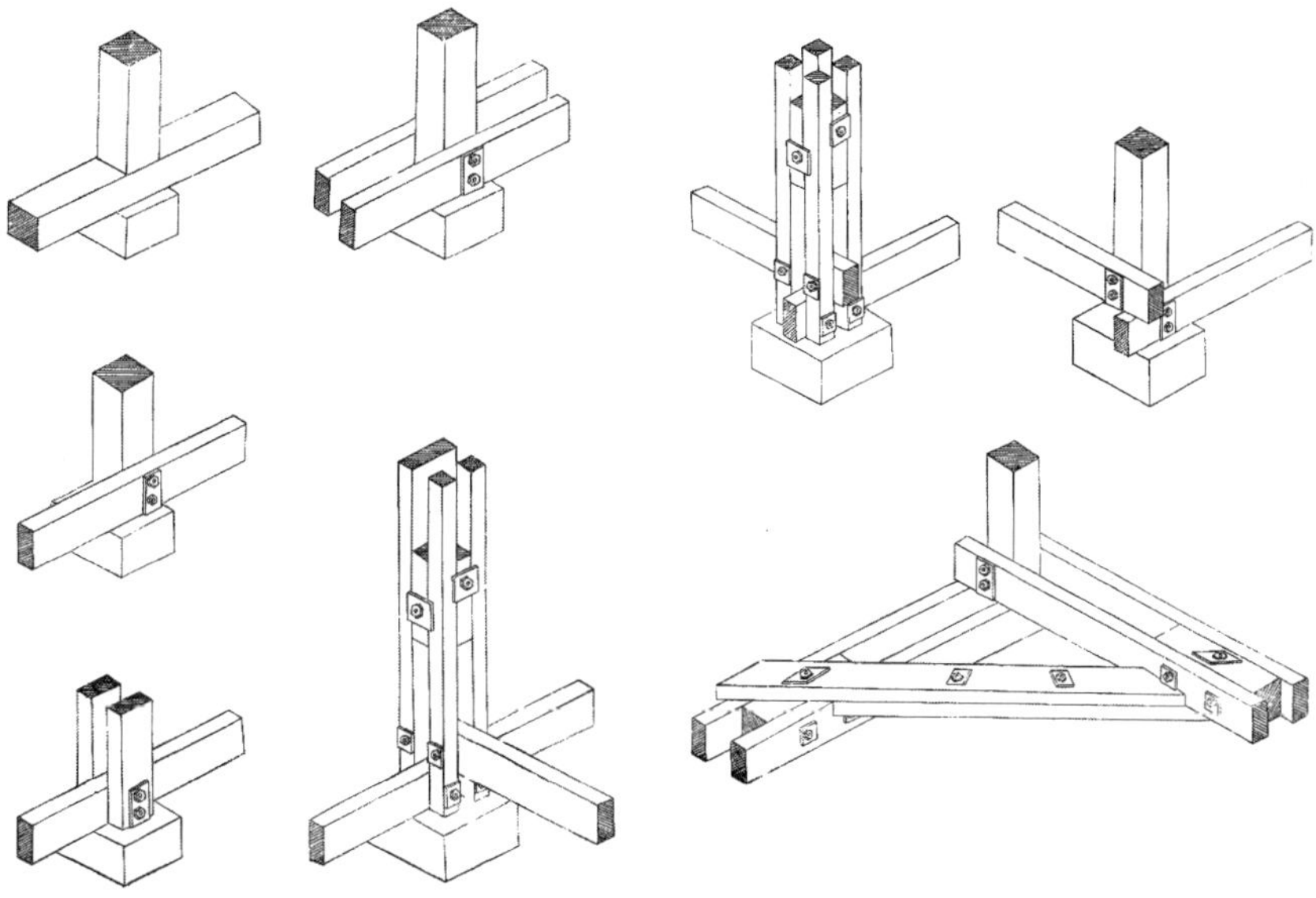

図9　耐震的鉄具（帝国大学系）(文献15)

のボルト・ナットは万能の夢のスーパー接合法と信じ込んだのかもしれない。

図10は濃尾地震の翌年の明治二五年九月の『建築雑誌』第六巻六九号に掲載された長ボルトを用いた市村座で採用された挟み梁工法に関する図（文献16）である。市村座は図11に示すような大規模な木造の劇場で、設計は高原弘造であったが、濃尾地震を踏まえて、「長ボルト挟み梁工法」（挟梁式結構とも呼ばれた）を推奨しているところに当時の風潮を垣間見る知ことができる。

〃巻末図面の記　同断面に関し計画者高原弘造君より左の報知ありたり……東京下谷区弐長町に新築する市村座大劇場仕様は雑誌第参弐号記載歌舞伎座と粗同様の部は之を省き濃尾地震後一層注意を加えたる部分と改正の部分のみを左に掲ぐ……

一　見物場四隅の柱は杉九寸角双柱は同八寸角壁付は同六寸角以上を用ひ弐階梁参階梁取付の処は第一第二番図の如く梁を中央とし副梁を両側に置渡し鉄ボルトにて締付く〃

上記の説明の通り、図10に示すように二、三階床を支持する柱Aは主梁Bを介して両脇に配した二本の合せ添え梁Cから貫通ボルトDによって締めつけて結合されているが、合せ梁Bは柱の側面にアゴなどの欠き込みを設けることなく、ただボルトを締め込んで柱と接合しているに過ぎない。このような接合法

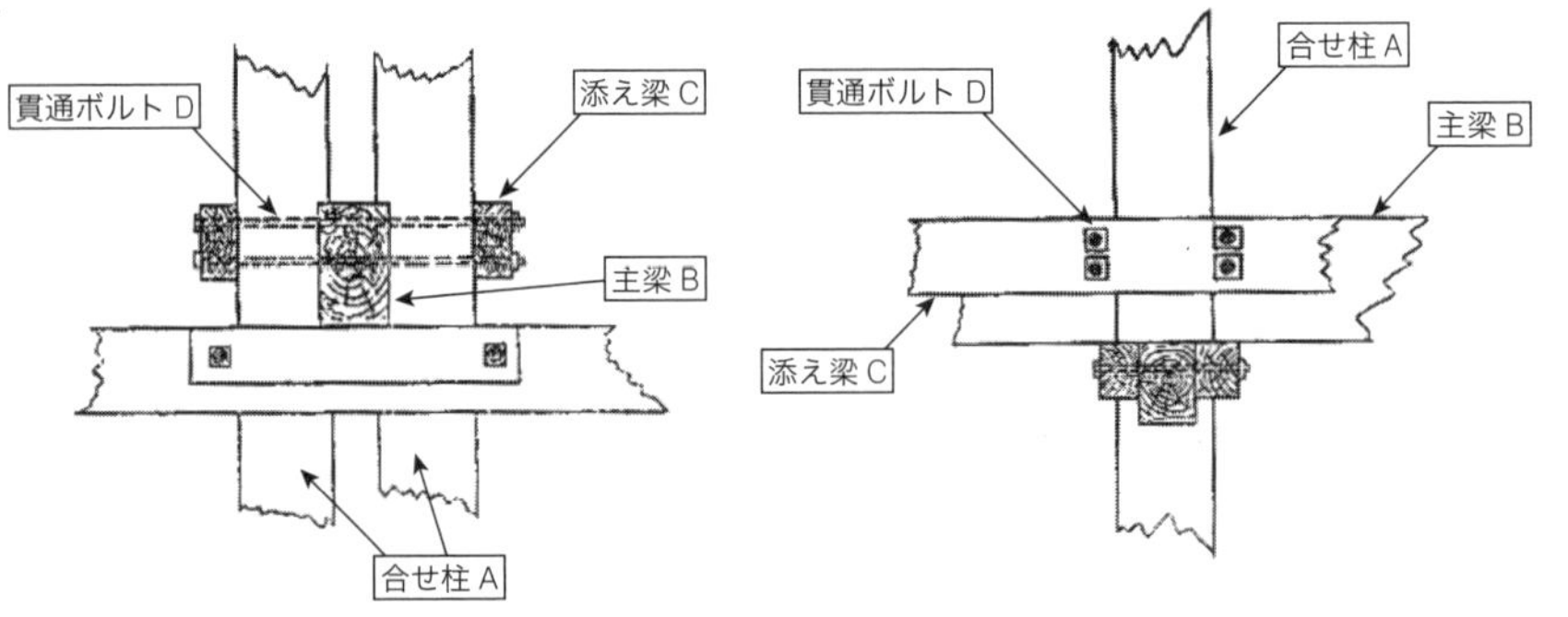

図10　市村座の耐震的鉄具（長ボルト締付け工法）（文献16）

は木材がお互いに組み合うための切組加工が施されていないので、木材が乾燥収縮すると貫通ボルトの締め付け力が減退し、結果として摩擦が働かなくなって、接合材は簡単に緩んでずれ落ちてしまう。これは「挟梁式結構」（長ボルト締付け工法）の致命的な欠点であるが、そのことはまだ認識されていなかったようだ。

明治二七年八月の「調査会報告」第二号に示された四種類の和洋家屋雛形はいずれも**図12**に示すように仕口加工は全く施されておらず、ボルトとナットで柱と横架材を締め付けるという**図9**の「耐震的鉄具工法」を組み合わせたものであった。

筋違が全く用いられていなかったことは、当時の調査会の建築委員は、長ボルトとナットさえあれば、強固な木造骨組みが容易に実現できるので、筋違は不要と考えていたことを示唆する。

ちなみに、**図13**のようにボルト接合された骨組みに筋違を組み込んだ耐震木造雛形が公開されたのは、筋違のない雛形が公表されてから約一年を経た明治二八年七月の「調査会報告」第四号以降であった。

この段階になると挟梁式結構に関しても、従来の芋継から図

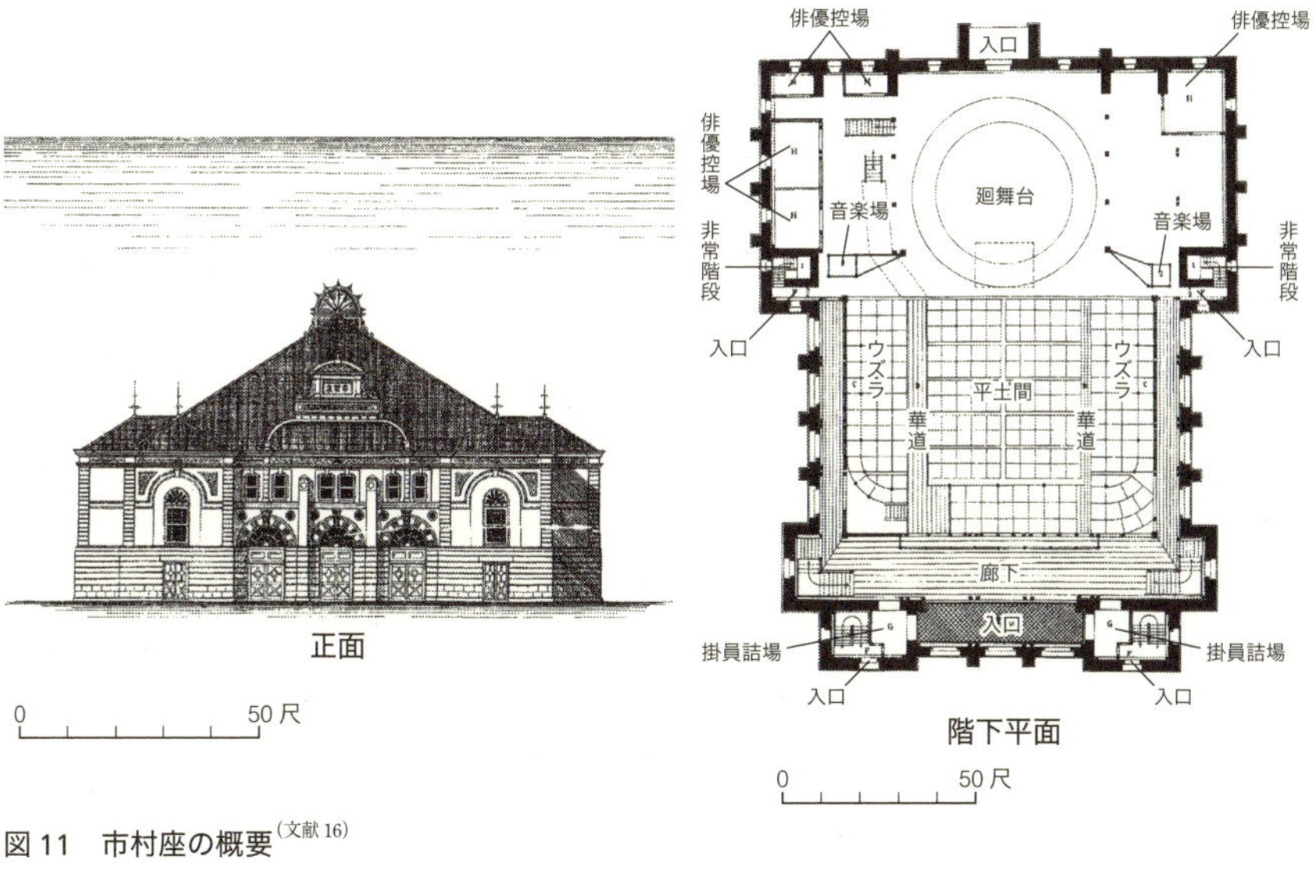

図 11　市村座の概要(文献 16)

13の右上に示すような重ね継ぎ手併用工法に変化している。長ボルト締付けに先だって右下のようなさまざまな切組を施す手法は、先の4章7節で紹介した野口の日本風住宅改良仕様とほぼ同じである。このことから考えると、図13の切組と筋違を併用した改良型耐震木造雛形を再設計したのは
　調査会嘱託員であった帝国大学大学院生の野口であった可能性が高い。

　なお、筋違に関しては、文部省大臣官房会計課は明治二五年六月の「小学校図案」ですでに貫構造の軸組みを筋違で補強することを半ば義務付けていたことは述べた通りである。これに対して震災予防調査会では明治二七年半ばでもまだ筋違に対する認識が希薄であった。このことは両組織の間には耐震構造に関する技術交流がなかったことを示唆する。

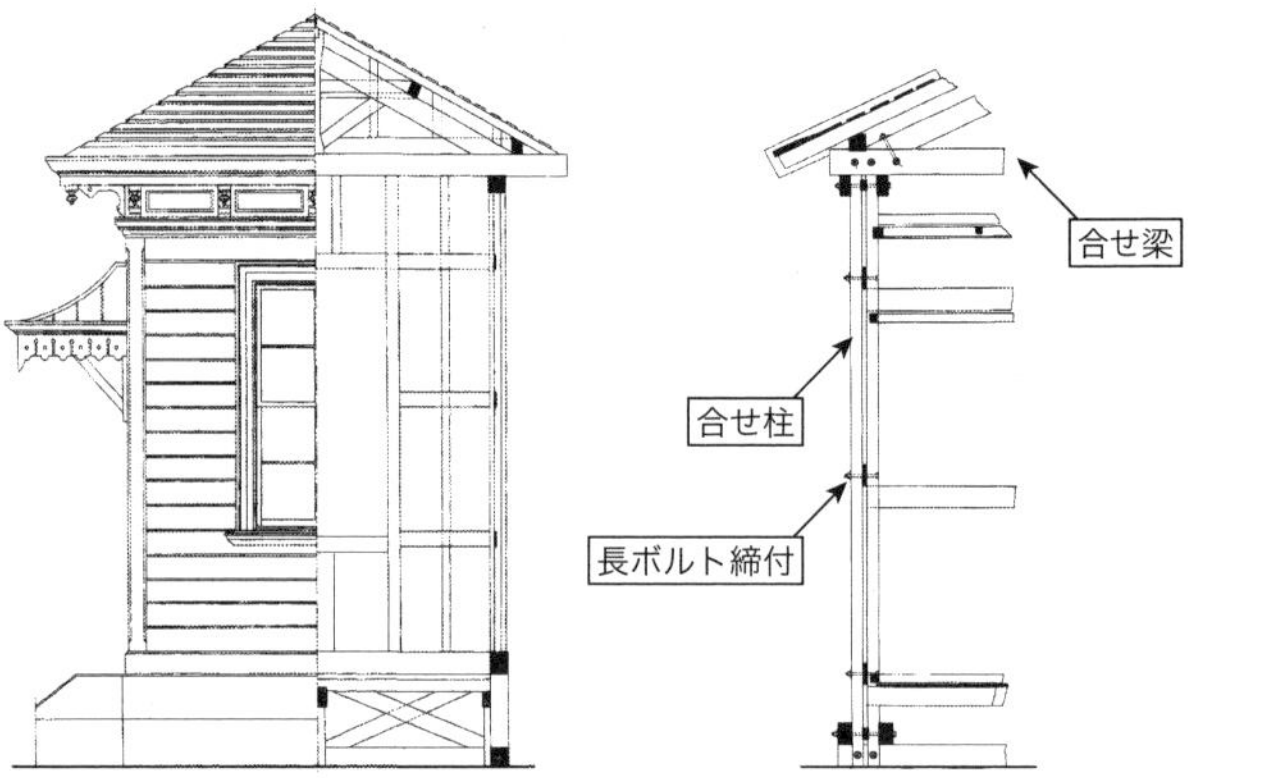

図12　初期の耐震木造家屋雛形（切組・筋違なし）（出典：「予防調査会報告」第2号、明治27年8月）

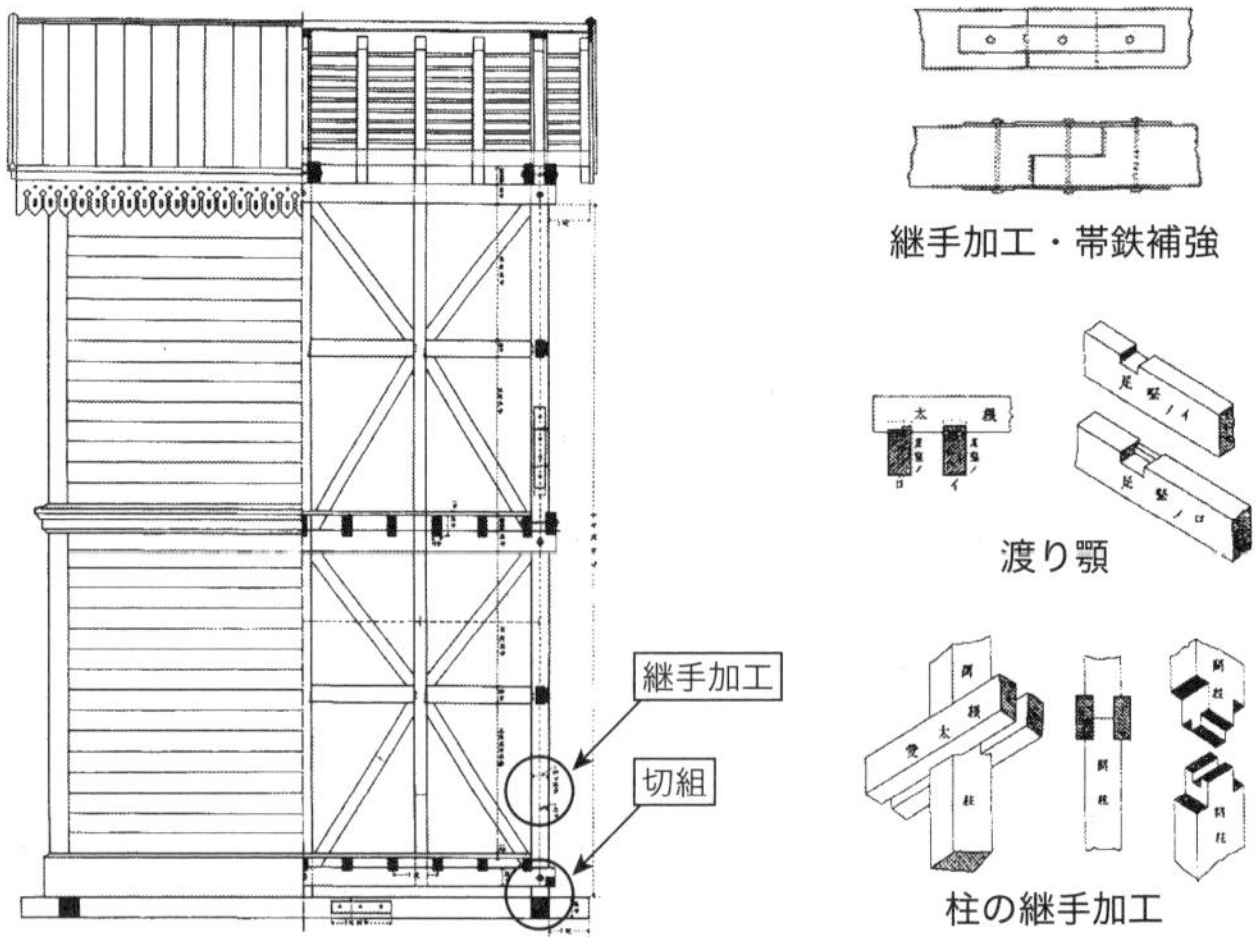

図13　改良型耐震木造雛形（筋違付・切組併用）（出典：同上第4号、明治28年7月）

8・5　耐震的鉄具——ボルト接合雛形の構造実験の顛末

それではどんな実験が行われ、結果はどのようなものだったのだろうか？　4章2節で述べたように「予防調査会報告」第二号で示された人力駆動式地震台は明治二七年春頃には完成し、耐震木造雛形の実験体制は整ったと考えられる。同三月三一日付で提出された専門委員四名が設計した木造雛形の製作には一月もかからなかったであろう。したがって、明治二七年六月の東京地震の頃には、人力駆動式の人為地震台を使った大型耐震雛形の振動実験は可能になっていたと考えられ、試験装置の調整と試験体の製作などは伊藤が担当し、実験や解析を野口が行った可能性が高い。

しかしながら、何故か多額の予算を投じた木造雛形の振動台実験の報告はどこにも見当たらない。そこで資料を虱潰しにあたったところ、伊藤の次のような一文が見つかった（文献17）。

〝私が抱合せ木のボールルト締めにいたしましたものに付て試験を致しましたが夫は三尺四方ばかりの家形にものを造りましてこれを悉くボールルト締めに致しました、そうして桁にあたる部分に力を加へまして動かしてみました、然るにそれが無論動かすことが出来ませぬで非常に堅牢な耐震家屋であった、それから後に熱湯をボールルトにある部分に注ぎかけまして二日を経て其建物を同じく動かしてみた所が今度は一尺でも弐尺でも斜形の家となりて容易に動かすことが出来たのでございます、故にボールルト締めの家は木が乾いて仕舞うまでは年々唯雌ねじを締直す様造られたる結構の外は取り付け上困難であり、又其目的に効力を得ることの出来ぬものであると憚からず断言いたします。……〟

どうやら伊藤は予備実験として、ボルト・ナットのみで結合した九〇センチ角の家屋模型を作って、軒桁に水平力を加えたところ、接合はしっかりしていて骨組は堅牢であった。ところが、ボルト接合部に熱湯をかけて、二日放置した後で再試験を行ってみるといとも簡単に三〇センチでも六〇センチでも変形したというのである。

木材が乾燥収縮するとボルトは緩んで効かなくなる。このため、最初は「剛接合」であっても、瞬く間にクリープを起こし、「ピン接合」の不安定骨組になることを伊藤は見抜いたようだ。

もう一つの疑問は、上記の小型のパイロット試験だけで終わったのか、あるいは大型の木造雛形を実際に揺らせたのかどうかである。上記の手記には、

〝……之を人造地震機に懸けて其の効果力如何を試験したる結果こそ一般的に知らすべきを肝要とするものなるに……〟

としか記していないので今一つはっきりしない。

ところで、昭和一〇年七二歳を迎えた伊藤は丸善から『新式大工工法全』（文献18）を出版した。これは伊藤の耐震木造研究の集大成とも言えるもので、若き日の「耐震安全鉄具」に始まり、震災予防調査会で二年間の研究成果である『新式大工工法』を軸に耐震木造家屋の考え方を網羅的にまとめているが、同書の一五三頁〝挟梁式結構図〟に次のような驚くべきことがさりげなく記されていた。

〝本図の説明に先立ち近来世に流行しつつある耐震家屋構造挟梁式結構に就いて一言し、若しこれを

焼直すとせばこの程度のものとて自分が考案せしものにて吾新式大工工法の一部の応用に過ぎず予め断っておく次第である。

濃尾震災後耐震結構に就き種々の考案あり、その内この挟梁式のものがあって或権威の下に耐震実験が行われた、実験に供した標本家屋は考案者の考へ通りのものを造らん為拙者が依頼を受けて之を調製したもので遺憾なき出来栄へだと認められたものであった、是を人造地震機に結束して震動を加へたるに始め如何にも堅牢らしく見へビクともせざりしものが震動が漸加へらるるに従ひ桁行、梁間に震動を始め幾千ならずして著しく斜状を呈するに至り、全く期待に反する結果を来たした事は遺憾に堪へなかった。然るに不思議にも此失敗事実は世に多く知られず一般技術者は権威の名案として此の工法を遵用するに至れるは誠に恐るべきことである。

この結構に於て柱の材積を減殺せまいとする着眼は宜しきもボールトとその嵌入する穴との間隙の事に余り考慮せず唯挟木と柱面の平面を合せてボールト締めにせることが、机上の空論として失敗に終りし原因である。依りて今この考案の精神を活かし不備の点を補はんとして吾新式大工工法により結構を図り特殊金具を併用すれば万全の策なりとする……〃

これより次のことがわかる。

・木造家屋雛形の製作と試験を依頼されたのはほかならぬ伊藤為吉であって、雛形は申し分ない出来栄えだったこと。
・それらは帝国大学が強力に推進していた切組を施さず、長ボルトとナットで木材を緊結する〝挟梁式結構〟であったこと。

・木造雛形を地震台に載せて振動実験が行われたが、惨憺たる結果に終わったこと。

筆者にはこんな情景が目に浮かぶ。時は明治二七年初夏。六月二〇日の東京地震の頃だろうか？　場所は帝国大学理科大学構内、傍らには完成したばかりの煉瓦造耐震建屋が見える。この日行われる初の人為地震台の実験に震災予防調査会の委員が集まった。

試験は博士課程学生で調査会嘱託の野口が統括し、伊藤は耐震雛形の組み立てなどを担当。準備万端整い、人々が見守るなか、いよいよ世界初の大型振動実験が始まった。

揺らし始めでは地震台に固定された雛形はびくともしなかったが、フライホールの回転速度を人力で徐々にあげていくと、何故か梁間・桁行両方向に雛形は異常な振動を始め、やがて雛形は目論見に反して大きく傾斜してしまった……。

だが、〝長ボルト締付け工法（挟梁式結構）〟には重大な問題があるという不都合な事実は公表されることはなく、その後もこの工法は耐震木造の要と位置づけられたまま今に至った。

この振動実験に立ち合った野口と伊藤は〝挟梁式結構〟の欠陥をたちどころに見抜き、程なく二人は、大地震に耐えうる耐震木造改良案をそれぞれ独自に編み出した。野口は長ボルト締付け工法の基本は守りながら、芋継ぎではなく伝統のホゾ加工を取り入れて図13に示すような改良型耐震木造雛形を考案。その後庄内地震の被害調査の知見も取り入れて、震災予防調査会への最終報告——木造日本風住家改良構造仕様に結実させて、程なく野口は帝国大学を去った。

一方、伊藤はこれとは別に独自の切組手法に基づく新式大工工法を創案し、その耐震性能を検証するために3章4節で述べたように、神田三崎町に敷地を求めて、一号水害地適用耐震家屋、二号安全鉄具に基づく耐震家屋、三号新式大工工法に基づく耐震家屋、四号純日本式家屋の計四棟の標本家屋の建設に着手し、明治二九年三月に竣工させた。

しかしながら、伊藤が開発した新式大工工法は何らかの事情で「震災予防調査会報告」への公表は一切認められなかった。こうして、伊藤が全力で取り組んだ研究もまた封印された。

明治二八年末の「耐震的鉄具使用の困難を論じて木製切組法の完成を期せむとす」と題する学会講演(文献14)は、伊藤に与えられたわずかな公表のチャンスであった。

改めて講演録を読むと、「挟梁式結構」の批判は控えて、一般庶民にも馴染みのある日本の伝統に根ざした庶民にも容易な木造耐震工法を広めようとした彼の思いが伝わってくる。

このような流れをみると、この講演を最後に伊藤が建築学会や震災予防調査会と急速に疎遠になったのも頷ける気がする。

8・6　わが国初の大型構造実験

濃尾地震頃までの『建築雑誌』に掲載された構造に関する報告の多くは外国の技術紹介であって、試験体を製作して加力試験を行うような研究はまだ見られなかった。

ちなみに、高等建築学第九巻『鉄筋コンクリート構造』(文献19)にはわが国初の構造実験について次のように記している。

〝この実験は明治四十年、佐野利器博士が実行の任に当たって着手されたものであるが、わが国に於いて試みられた鉄筋コンクリートに関する実験的研究としては恐らく之が最初のものであったろう。実験は当時製作された試験体中の一小部分において試みられたに過ぎず、大部分の試験体は実験の必要が認められなくなった為に放置さるるに至った……〃

佐野の鉄筋コンクリートの実験報告は「鋼材腐蝕試験第一回報告」「震災予防調査会報告」第七四号（明治四五年二月）及び内田祥三「同二回報告」「調査会報告」同七六号（明治四五年四月号）に掲載されており、わが国における鉄筋コンクリートに関する実験的研究の嚆矢と位置付けられている。しかしながら、佐野に先駆けること二十年前すでに大型振動台実験が行われており、見方によってはこれが構造実験の先駆けといえそうである。

さらに強調したいのは、わが国の耐震研究は静的実験から徐々に動的実験に移行したのではなく、いきなり振動実験からスタートしたことであり、しかも直下型地震の強い上下動を最初から考えていたことは特筆に値する。

このような耐震工学の流れをみると、震災予防調査会での耐震建築に関する研究がわずか数年で終わってしまったことは誠に残念であり、もし当初の菊池大麓の建議の通りにその後も建物の耐震化に関する研究が続けられていたならば、その後の木造家屋の地震被害の様相もかなり異なったものになっていたかもしれないように思えてならない。

8・7　ボルト接合の改善策

耐震的鉄具――すなわちボルト接合された木造骨組に生じる不安定変形の問題を解決するには次の二つの

方法が考えられる。

㈠　ボルトの緩みで滑節化しても、骨組が変形させない工法　⇓　筋違系骨組

㈡　ボルトに緩みが生じても外れず曲げモーメントで抵抗する工法　⇓　ラーメン系骨組

前者㈠は滑節骨組に斜材を付加することにより、全体をトラス化して骨組みの形態を安定化する方法である。一般に接合ボルト本数の少ない接合部は、ボルトの締め付け力の大小によらず滑節（ピン節）接合に近く、部材間で曲げモーメントはほとんど伝達されない。要するに骨組はパンタグラフのように簡単に変形するので、節点間に斜め材——筋違を設置して節点間の移動を防止して、「剛」な骨組にしなければならない。これが「三角形不変の原理」の考え方である。

長ボルトによる挟梁工法は、締め付け力の減退によって簡単に滑節化して不安定構造になる。このため「挟梁式結構」は「筋違」を前提にしなければならないのである。初期の耐震木造雛形には筋違は考慮されてはいなかったが、おそらく大型振動実験が不成功に終わったことなどを踏まえて、「筋違付き骨組」に修正され、「三角形不変の原理」という考え方を強力に進めざるを得なくなったようだ。

一方、後者㈡は筋違に頼らず、接合部を剛接化することで水平力に対抗させる工法で、伝統木造や鉄骨やＲＣ造の剛節ラーメン構造に近い。剛節構造では柱は曲げ変形を生じて撓むので「柔」な骨組みとなる。つまり、接合部が「滑節」で「柔な場合」には筋違を用いて「剛」架構としなければならないのに対して、接合部が「剛節」ならば、筋違のない「柔」架構となるのは面白い。

伊藤が何故、前者の「筋違系骨組」ではなく、後者の「ラーメン系骨組」を重視したのか、その理由は明確ではないが、「ラーメン系骨組」は伝統和風工法の架構形態を踏襲できるので、開放的な広間が可能なのに対して、耐力壁構造の「筋違系骨組」は閉鎖的な間取りにならざるを得ないことに注意する必要がある。

当時人口の大多数を占めていた農民の住まいは、単に住むためのものではなく、農具の手入れ、食物の加工、養蚕などの生産活動の場でもあった。このため開放的な広い土間や板の間、雨天でも作業が可能な縁側と庇が不可欠であった。この点がもっぱら居住を目的とする現代住宅と異なる。これは町家においても同様であった。

今日の耐震木造建築は壁面筋違を配置することを基本としているが、明治期には全面筋違は学校などの洋風建築で大壁が可能な一部の建物に適用すべきもので、一般家屋では伝統的な木造家屋の木組みを踏襲しつつ、耐震化を図るべきであるという考え方が並存していた。

このように開放的な家屋を尊重するアプローチは伊藤や野口にも共通していた。要するに壁の多い筋違系の洋風木造家屋は当時の庶民に受け入れられる素地はほとんどなかったと言えよう。

8・8 伊藤の耐震木造工法——新式大工工法を考える

伊藤が考案した「新式大工工法」には次のような特徴があった。すなわち、

・免震基礎——〝敷土台〟と〝床束無し〟工法によって基礎の免震化を図る。

・切組工法——壁面筋違は用いず接合部を剛にすることで耐震化を図る。

◆*1* 敷土台と床束なし工法——基礎免震の提唱

伊藤は明治二〇年代に相次いだ直下型地震の被害を教訓に、早い段階で免震基礎工法の効果に着目していた。これは帝国大学で耐震研究に取り組んでいた野口孫市も同様であった。

伊藤の場合は、図14に示すように免震機能をより効果的にするために、総ての柱を土台敷きにするとともに床束をなくし、さらに火打木を用いて土台の面内変形を抑制する工法に至った。次の伊藤の一文は注目に値する（文献14）。

〝……束のことでありますが新作法では土台木の回りたる所に外は一切束を設けぬ考えであります夫れは束間の二間までは拝み筋違を大引の両面へ取り付け根は斯様に束にからみ又土台につかし八畳の座敷でも十畳の座敷でも束を立てずして床の重量を持たすようにしたいと思ふ元来地震には地に触れて居る者ものが余計にあるので困る訳で不完全な玉石の上に多くの束を立て床の重量を持たすと云ふは甚だ拙なやりかたと思ひます……〟

もともと伝統的木造建築では、土台敷きと礎石建ちが混在することが珍しくなかったが、単独の礎石建ちで足固を設けていない――いわゆる「遊離柱」が、大地震時に建物の一体的な挙動を妨げて大被害を招くことが多かったので、遊離柱のリスクを回避しうる工法として土台敷きを推奨された。このためには、敷き土台が梁間桁行

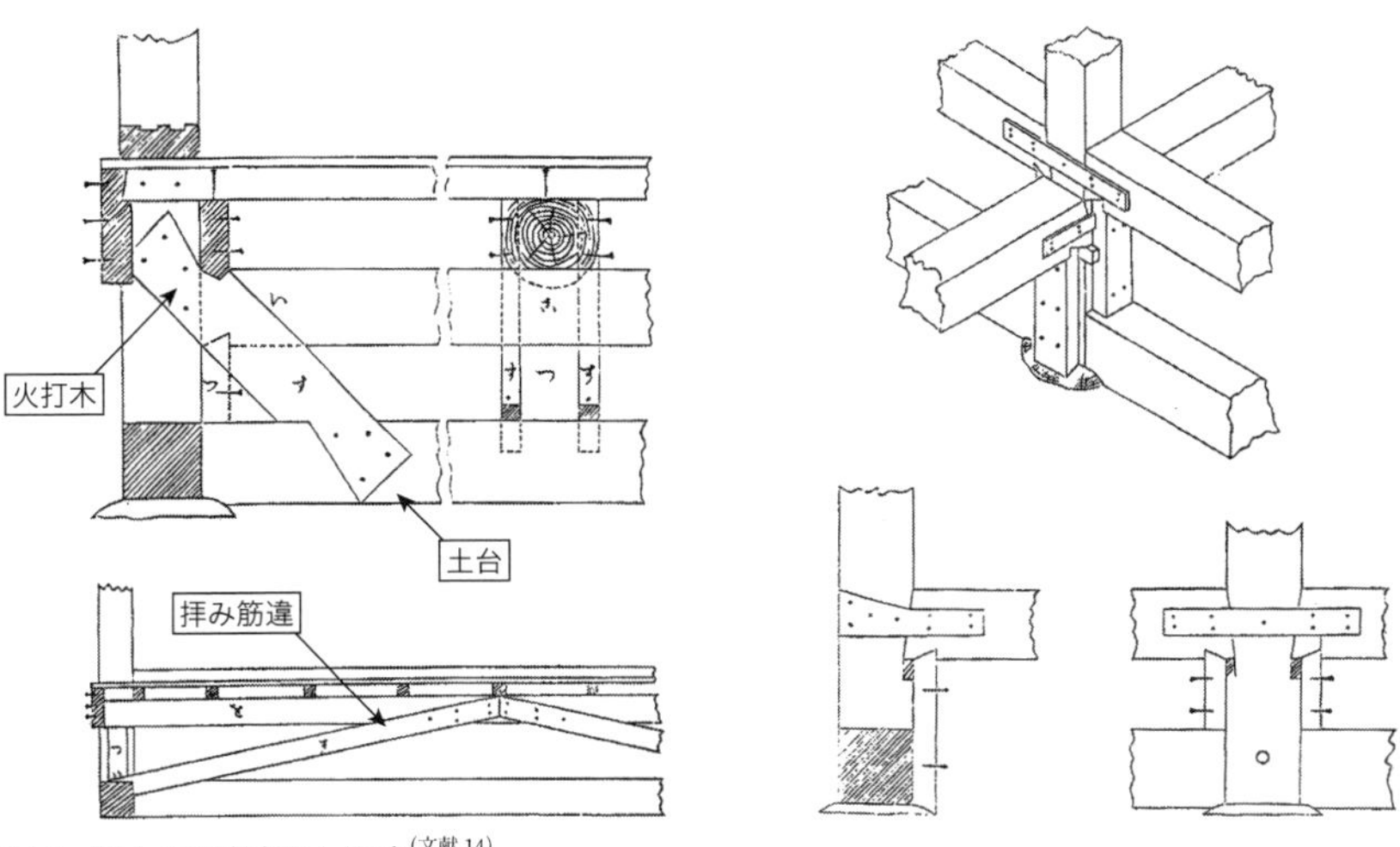

図14　敷土台式床束なし工法（文献14）

両方向に十分結合されていなければならないので、水平・垂直の火打木の設置を推奨したのであろう。

◆2　滑り支承について

図15は明治二六年二月の『建築雑誌』第七四号（文献20）に「安全建築鉄具及改良構造法」に掲載された暴風地震耐低家建側面図である。この工法の最大の特徴は、上述のように柱の基部をすべて〝土台敷き〟としていることである。当時の木造家屋は礎石建ちが基本で、土台が用いられるとしても外周の一部に用いる程度であったのに対し、伊藤のは部屋境を含めてすべて土台敷きになっていることと、土台の支承には〝定礎A〟〝玉石B〟〝沓石C〟の三種類が記されていることが注目される。

〝定礎〟の上面は平定に造られ、かつその幅は敷き土台の幅の二倍程度と広くなっており、滑り免震支承を意図していることは明らかである。一方、〝玉石〟は上面が球形となっていることから、ピン支承を意図していることがわかる。また、〝沓石〟は軒柱など軽微な付加構造の基礎に使われているが、上家とは地・腰・内法貫で強固に結合されていることから判

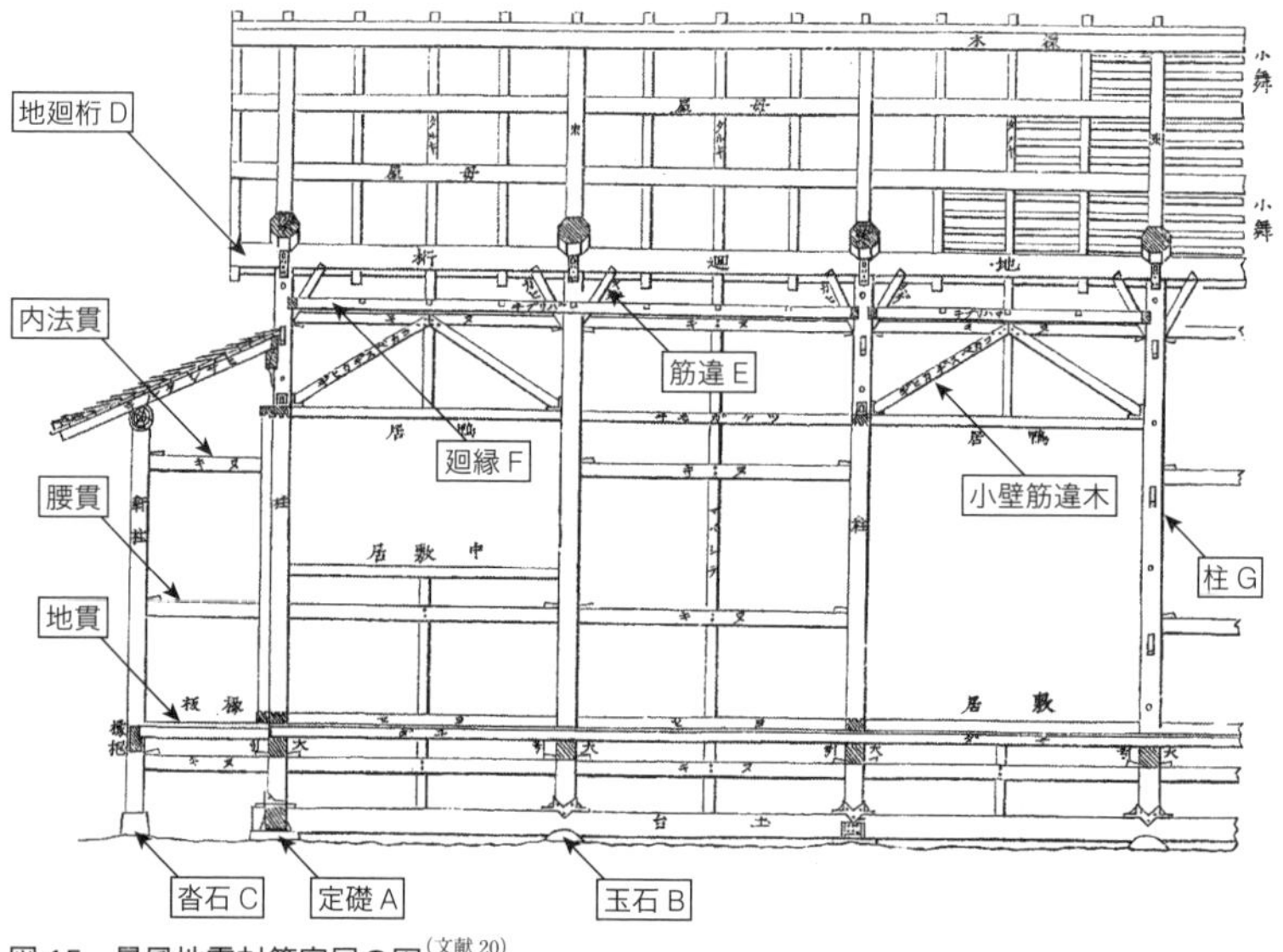

図15　暴風地震対策家屋の図（文献20）

断すると、下屋庇が上家を水平補剛する一種のバットレス兼アウトリガーとして機能させるとともに、上家の敷き土台を雨水の湿気から守るため、床下の通風を確保するように計画したと考えられる。

なおこの図は伊藤が木造切組工法を提案する以前に描かれたものであるが、このときすでにコカベスジカイギ（小壁筋違木）のほか、地回桁Dと柱Gとの接合部には筋違Eを廻縁Fに沿って配置しているなど、壁面全体ではなく、接合部を筋違木によって固めるという後の切組工法に通じる手法がすでに現われていることは注目に値する。

◆3　火打木を用いた切組

上記工法では敷土台に丁字や十字の仕口が生じるので、これら直交する土台を一体化するために、火打木を提唱したものと考えられる。

土台周りの切組手法としてしばしば示されるのが図16である。この図には土台の隅部に斜め材の端部を切組した水平火打木Aのほか、柱脚部を土台と斜めに固める鉛直火打木Bが設置されているが、いずれも胴付きを大きくして支圧強度を高め、さらに端部を釘打ちとしている点に特徴がある。

なお、伊藤は〝火打木〟の耐震的な機能について次のように述べている。

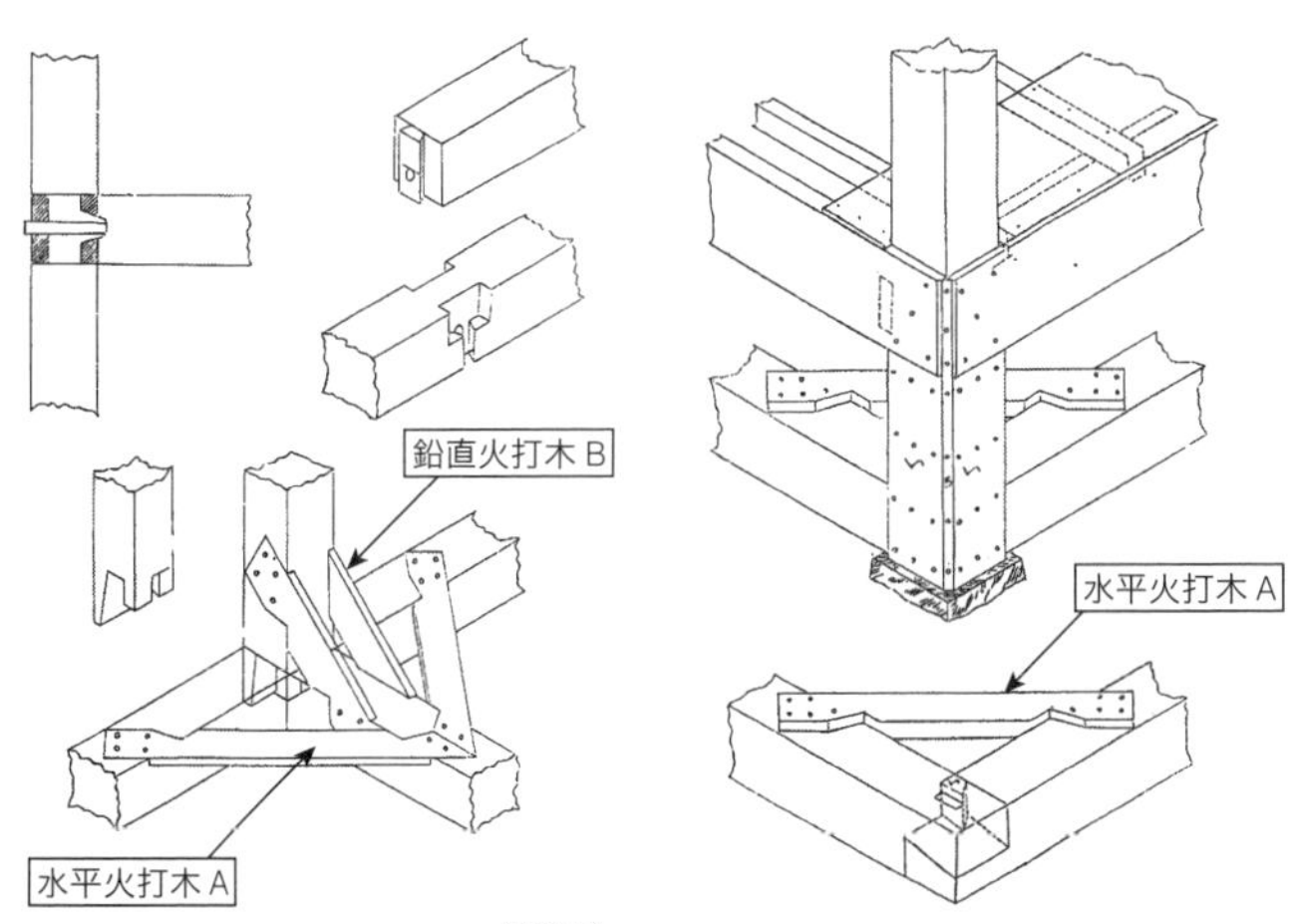

図16　火打木の切組への応用（文献14）

〝……どう云う効果があるかと申しまするに若し震力が桁行から働きますと同時にそれを梁間に受けるです、すなわち三角形状の木がございますと……梁間の方より働く時においても矢張同じように働くのでありますから甚だ都合が宜い……〟

今日、火打は床面の水平剛性を高めるために設けるものであると言われているが、もともとはある方向に作用する地震力の一部をこれと直行する方向に伝達するためであったことに注意したい。

ところで先に述べたように、伊藤の調査会とのかかわりは次の二期に分かれるが、

前期：明治二六年半ば～明治二九年末頃　人為地震台実験に従事

後期：明治三一年半ば～明治三三年末　調査会嘱託

前期には四種類の初期雛形の実験とともに、野口は4章7節の図13のような改良型耐震木造雛形を設計。伊藤は新式大工工法の実用化に取り組んだ。

明治三〇年以降、従来の人力駆動方式の人為地震台を蒸気機関駆動方式に改修して加振力を増強したのち、改良耐震雛形等の実験は継続された可能性が高い。この実験は新たに嘱託員に任用された伊藤が担当。優れた性能が確認されたが、結局実験結果の発表は許されなかった。伊藤の手記からはそのような経緯が想像される。当時の研究報告の発掘に期待したい。

8・9　伝統木造への回帰

このように帝国大学での長ボルト接合（挟梁式結構）による初期の木造耐震家屋雛形の実験から二年ほどかけて伊藤が最後にたどり着いたのが、日本古来の伝統木造技術を取り入れた切組工法であった。これは野口においても同様であった。

伝統木造の切組を避けることから出発した伊藤が、結果としては切組という伝統工法に回帰していった背景には、この頃日本建築の優秀性が欧米で高く評価され始めたことも関係していた可能性がある。この点に関し伊藤は次のように述べている。

〝……私は今日我が木工術が世界各国から日本に於て特得の長技と誇るべき価値のあるものという賞賛の言葉を受けて居ながら木製切組方に頼て耐震家屋を造ることが出来ぬ筈はあるまいと思ふ所に目処を置いたのでございます。〟

日本は欧化主義全盛の時代、自国の伝統文化を蔑み否定することが文明開化であるとの風潮の中、欧米は全く逆で万国博覧会を通じて「ジャポニズム」が美術工芸界を席捲していたことは大いなる皮肉であった。加えて日本の木造建築は工芸に劣らず秀逸であるとの認識が急速に広がったのには、明治二六年に開催されたシカゴコロンビア博覧会における日本館――鳳凰殿の大成功が影響している。

平等院鳳凰堂をモデルとした鳳凰殿は、文部省技師久留正道が現場監督を務め、御所修理職の流れを汲む木子清敬直系の織田仙吉棟梁の手で極寒のシカゴで完成させたものであった。（文献21、22）。

図17に鳳凰殿の立面図と平面図を、図18に外観を示すが、その美しさは若き日のF・L・ライト（Wright）に多大な影響を与えるなど、日本建築の国際的評価を一挙に高めた。先の伊藤の言葉はこのような日本建築への国際的評価の高まりによって伊藤自身が次第に日本の伝統木造に回帰し、そこから真摯に学ぼうとしたことを示しているようだ。そのような姿勢は明治二七年に出版された『木工術教科書』にも表れている。

いまだ我々日本人は根拠なき西洋崇拝の呪縛と空騒ぎから逃れられないようだが、明治の先賢は当時のグローバラ

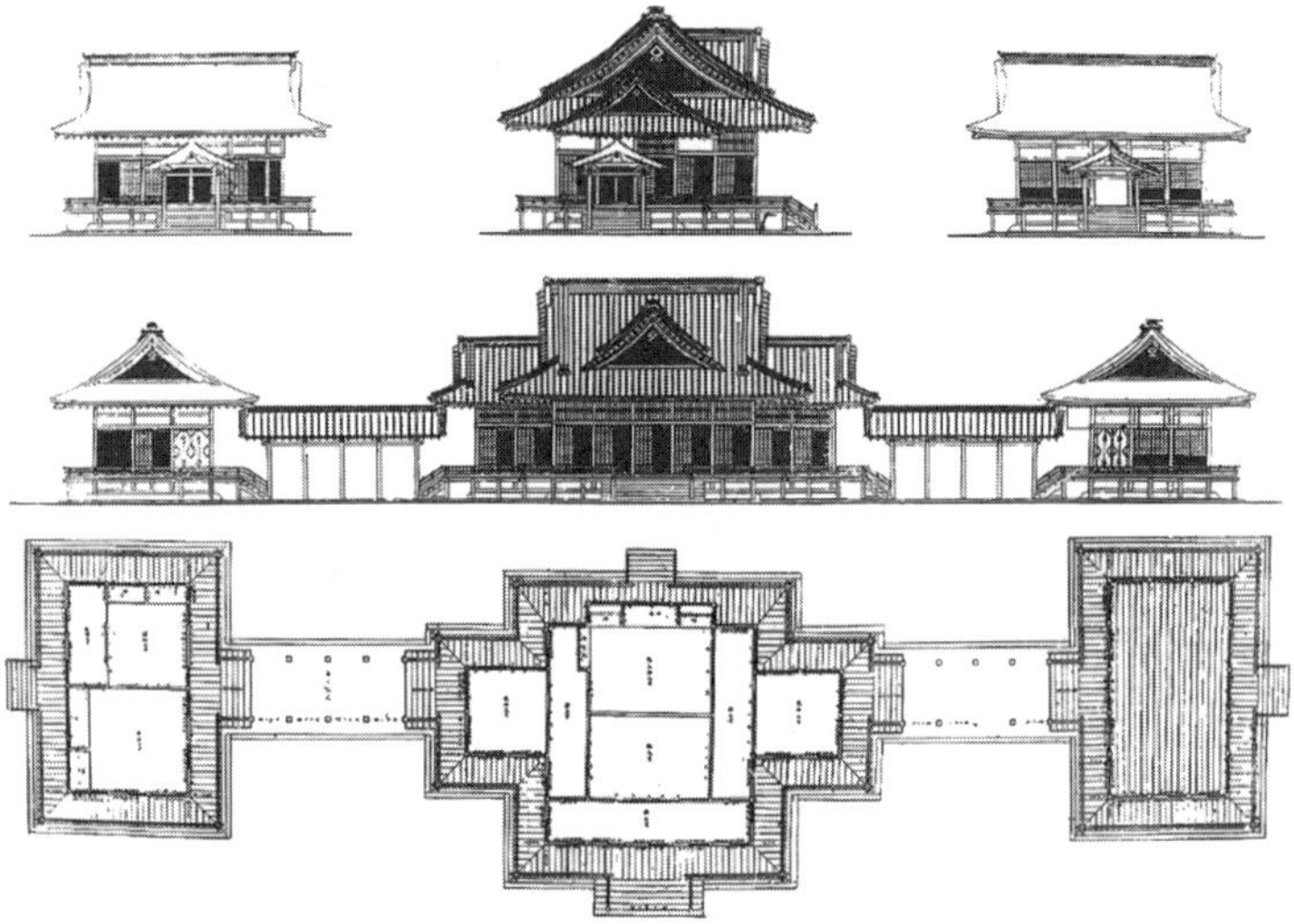

図17　シカゴコロンビア博覧会の日本館（久留米正道設計・織田仙吉施工）(文献23、p.152)

図18　シカゴコロンビア博覧会の日本館(左：文献24、右：文献23、p.62)

イゼイションの流れのなかで、日本建築の構造技術についても西洋建築と対等に俯瞰しうるまでに視野を深化させていたことに改めて注目したい。

9　世界初の〝人為地震台実験〟を巡って

9・1　完成した人為地震台と振動実験の本格化

耐震木造家屋に関する研究は明治三〇年頃には終焉を迎え、「震災予防調査会報告」への建築分野から投稿論文は姿を消した。しかしながら大森房吉はこの間も、法隆寺、教王護国寺、増上寺など多くの層塔建築の他、大正期にはいって全国に次々と建設されるようになった一〇〇メートルを優に超える超高層RC造塔状構造物の振動観測、さらには灯篭や手水舎の地震時の挙動など、構造物の耐震性に関する特筆すべき研究論文を発表し続けた。

一方、明治一九年五月にわずか一九名を以て発足した〝造家学会〟の活動は年々活発化し、明治三〇年七月一日に「造家学会」という名称を「建築学会」に改称する頃には、会員数も千名近くにまで飛躍的に増加。『建築雑誌』も学術専門誌としての地位を高めた。震災予防調査会と建築学会とが次第に疎遠になったのにはこのような背景も考えられる。

ところで、耐震木造家屋に関する研究が一段落してから二年後の明治三二年九月に「調査会報告」第二八号が刊行された（文献1）。この頃になると「調査会報告」は月に二回出版されることもしばしばで、二八号も二九号と同じ月に相次いで出版された。大森房吉の多岐にわたる地震研究がいよいよ活発化し始めたことを伺わせる。

さて、第二八号には大森の「煉瓦柱破壊及ビ柱状物体転倒ニ関スル調査（人造地震試験報告）」という注目すべき論文が掲載された。ここには世界初の本格的な煉瓦造柱の振動破壊実験の概要と人為地震台の計測システムが詳しく報告されており、緒言には次のような経緯が記されている。

〝……震災地ノ現場ニ就キテ建築物ノ被害ヲ観察シ以テ地震ト建物トノ関係ヲ研究スルハ勿論大切ノ事ナレドモ随意ニ人為的震動ヲ起し物体ニ損害ヲ与フルノ試験ヲ為スモ亦欠クベカラザルノ調査ニ属ス本会ニ於テモ夙ニ其ノ必要ヲ認メラレ人為地震特別委員ノ選定アリテ既ニ報告集ニ号ニ関谷、真野、田邊、田中館、井口、長岡、大森七委員ノ提出ニ係ル地震台構造ニ関スル報告アリ尚同号ニ辰野、片山、中村、曾根四委員ノ提出ニ関ル諸築造物標本ノ報告アリ更ニ報告書第二一号ニ真野委員ノ提出ニ関ル地震台改良ニ関スル報告アリ即チ真野委員ノ改良ニ依リテ地震台ハ上下動ト水平動トヲ全ク互ニ独立ニ呈スルノ装置トナレリ……充分ニ濃尾大震ノ際名古屋岐阜等ニ於ル震度ヨリハ一層強烈ナル震動ヲ限現出シ得ルモノト認メ得ベシ〟

として、図1のような人為地震台の図が掲載されている。この

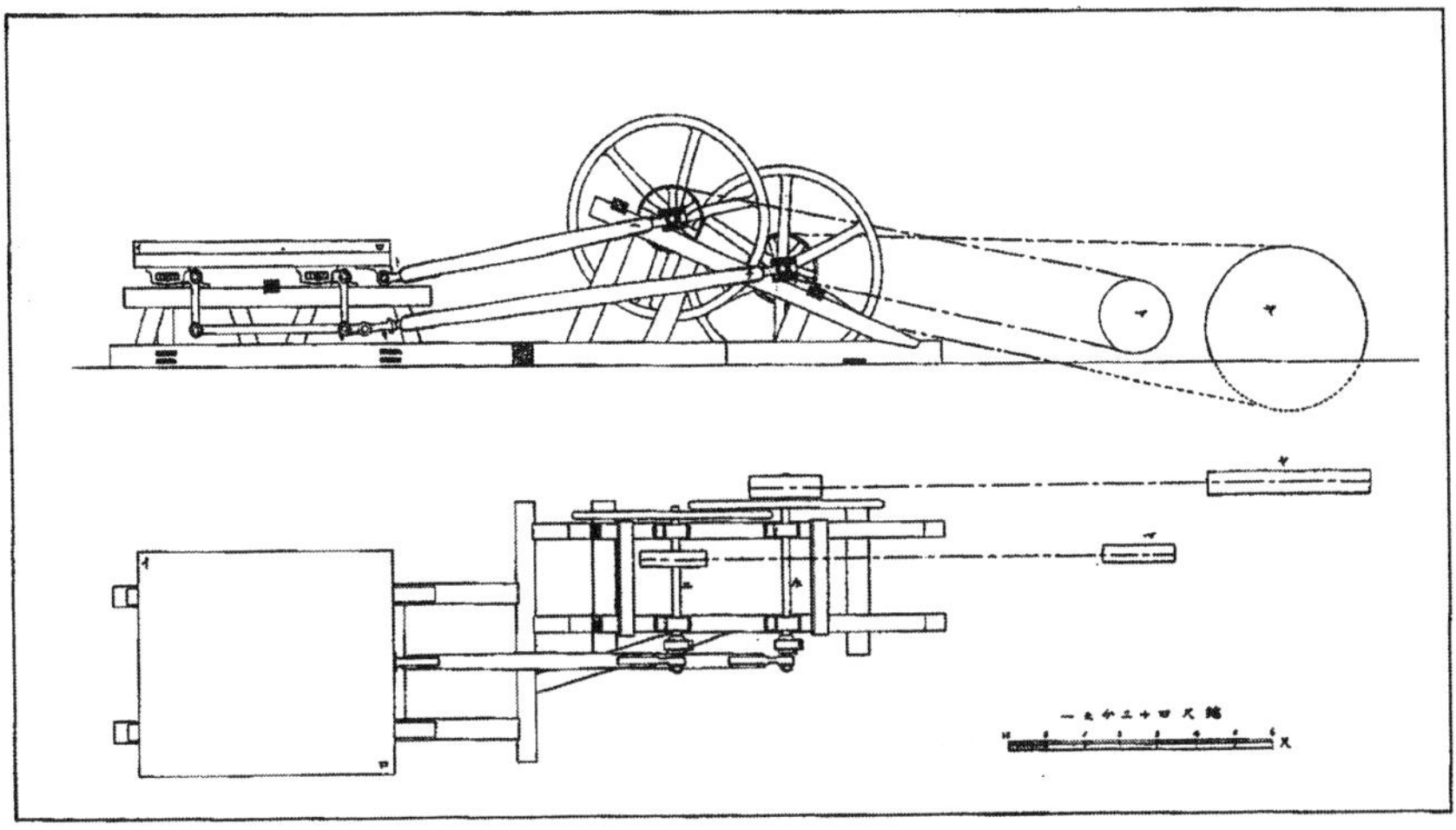

最初眞野 井口両委員ガ設計セラレタルモノニシテ更ニ眞野委員ガ改良ヲ加ヘラレタル
人為地震臺ノ圖ニシテ本會報告第二十一号ヨリ抜萃セルモノナリ

図1　蒸気機関駆動式人為地震台(文献1)

図は4章4節の図1と同じであるが、図の下に、

〝最初真野、井口両委員が設計セラレタルモノニ更ニ真野委員ガ改良ヲ加ヘラレタル人為地震台ノ図ニシテ……〟

と記されているので、帝国大学工科大学教授真野真二と同助教授井口在屋《ありや》が当初設計し、その後真野が蒸気機関駆動方式に改修したことがわかる。

さてこの論文の緒言で注目されるのは次の一節である。

〝……最初ヨリ完全ナル家屋ノ雛形ヲ以テ試験スルハ頗ル困難ナルベシト思ハル依リテ本委員ハ端緒トシテ単ニ柱状物体ノミニ就キテ調査ヲ行ヒタリ即本報告ハ明治三十一年三月ヨリ着手シ本年三月ニ終リタル第一回試験ノ結果ニ基クモノナリ……〟

〝……人為地震試験ニ関スル唯一ノ論文ハ「ミルン」教授及ビ本委員ガ去ル明治廿四年中工科大学実験所内ニテ為シタル調査ヲ記述シタルモノニシテ日本地震学雑誌（英文）第一巻ニ載セタリ其実験ノ方法ハ今回ト梢々同様ナリシガ煉瓦柱破壊ノ試験ハ今回ノ如ク充分ナラザリキ〟

これより、震災予防調査会の振動実験が始まる前、すでに下記のような振動実験が行われていたことがわかる。

・濃尾地震が発生した明治二四年にはJ・ミルンの指導のもと、大森房吉が振動台を用いた試験を行ってい

たこと。
・装置は小さかったが、内容的には「報告」第二八号と同じであったこと。
・実験については英文の地震学会誌に掲載されたが、それ以前には振動台を用いた先行研究は存在しないこと。
また、煉瓦造の振動実験については、
・震災予防調査会が開発した人為地震台を用いた初の本格的な煉瓦造試験体の振動実験は明治三一年三月着手、明治三二年三月に完了したこと。
佐藤勇造は濃尾地震後の明治二五年四月に出版した『地震家屋』において、水平・上下二方向振動台（耐震家屋試験台盤）の設計図を示し、製作に着手していたことは先に述べた通りであるが、この前年の明治二四年にJ・ミルンと大森は小規模な振動台試験を行った。これが世界初の振動実験であったと述べている。

その後、震災予防調査会は大型の人為地震台の開発を進め、明治二七年春頃には人力駆動装置を完成させたが、パワーを向上させるために、蒸気機関駆動方式へと抜本的改修を施した結果、遅くとも明治三一年春頃には十分な加振性能を有する地震台が完成したようだ。

一方、大森は明治二八年から明治三〇年にかけてイタリアとドイツに留学を命じられた。明治三〇年一二月八日付の官報第四三三二号に〃任東京帝国大学理科大学教授　叙高等官六等〃と記されていることから、帰国直後に教授に任ぜられたことがわかる。このような流れをみると大森の欧州留学の前に木造雛形の振動台実験が始まっていたようだ。

伊藤為吉は、耐震木造に関する研究が幕を降ろした後の明治三一年一〇月から今度は帝国大学工科大学にかわって、同理科大学において震災予防調査会の嘱託員に任用され、明治三三年一二月三一日——すなわち一九世紀の最後の日までその職にあった。ちなみに、この時期は大森が上記の煉瓦柱試験体の養生を終えて、本格的な振動実験に着手した時期にほぼ一致する。このことは伊藤は耐震構造調査担当として大森の実験的な研究にも関与したことを推測させる。

伊藤はこの間に、惨憺たる結果に終わった初期雛形の人力加振動実験後に再設計された野口の改良雛形や伊藤考案の新式大工式の耐震家屋雛形の動的破壊実験を蒸気機関駆動式に改修された人為地震台で実施し、震災予防調査会における耐震木造建築の研究計画を完了させた可能性が強い。おそらくその結果は十分満足できるものではあったが、一連の大型振動実験の成果を予防調査会報告に掲載することを一部の委員は許さず、日の目を見ることはなく終わったようだ。

先に『借財五十年』本編第六仁之巻六（昭和八年年三月三一日）から引用した調査会嘱託員を辞する際の上申書には、そのような伊藤の無念さがにじみ出ているようだ。

9・2　J・ミルンと大森房吉の世界初の振動実験

それでは明治三一年の大型の振動実験に先行すること八年、濃尾地震の前年の明治二三年頃に工科大学実験所で実施された振動実験とはどのようなものだったのだろうか?

図2は明治二六年に出版された英文の日本地震学雑誌“The Seismological Journal of Japan” Vol. 1 の表紙（文献2）。三保の松原であろうか、帆掛け舟の浮かぶ海岸線と富士の姿がジャポニズム

図 2　The Seismological Journal of Japan Vol.1 の表紙（文献2）

風に美しく描かれており、Edited by John Milne. F. R. S の記載がある。

なお、明治一三年にJ・ミルン等が創設した日本地震学会は震災予防調査会に活動を引き継ぐ形で明治二五年に解散したので、この英文雑誌は日本地震学会の最終号の可能性がある。

同雑誌の五九号八六頁には、J. Milne, F. Omori: "On the overturning and fracturing of brick and other columns by horizontally applied motion"（J・ミルン、F・大森「水平方向に加わる運動による柱体の転倒と破壊について」）と題する論文が掲載されており、当時の振動実験がどのようなものであったのかがわかる。振動台と試験体のセットアップ状況を図3に示す。実験には二五センチ角・高さ一五〇センチ程度の煉瓦柱が用いられているので、積載重量は約二〇〇キログラムと推定される。

この装置には、のちに震災予防調査会が試作した水平・上下二軸振動台と機構的な類似点が指摘される。

基本的には軌道上の走行台A（八〇×一〇五センチ）を右側のフライホイールDを手動で駆動し、コンロッドBとクランク機構Cで、走行台Aを水平方向に加振するものであった。おそらく、徐々にハンドルを回して、フライホイールの回転数を上げ、そ

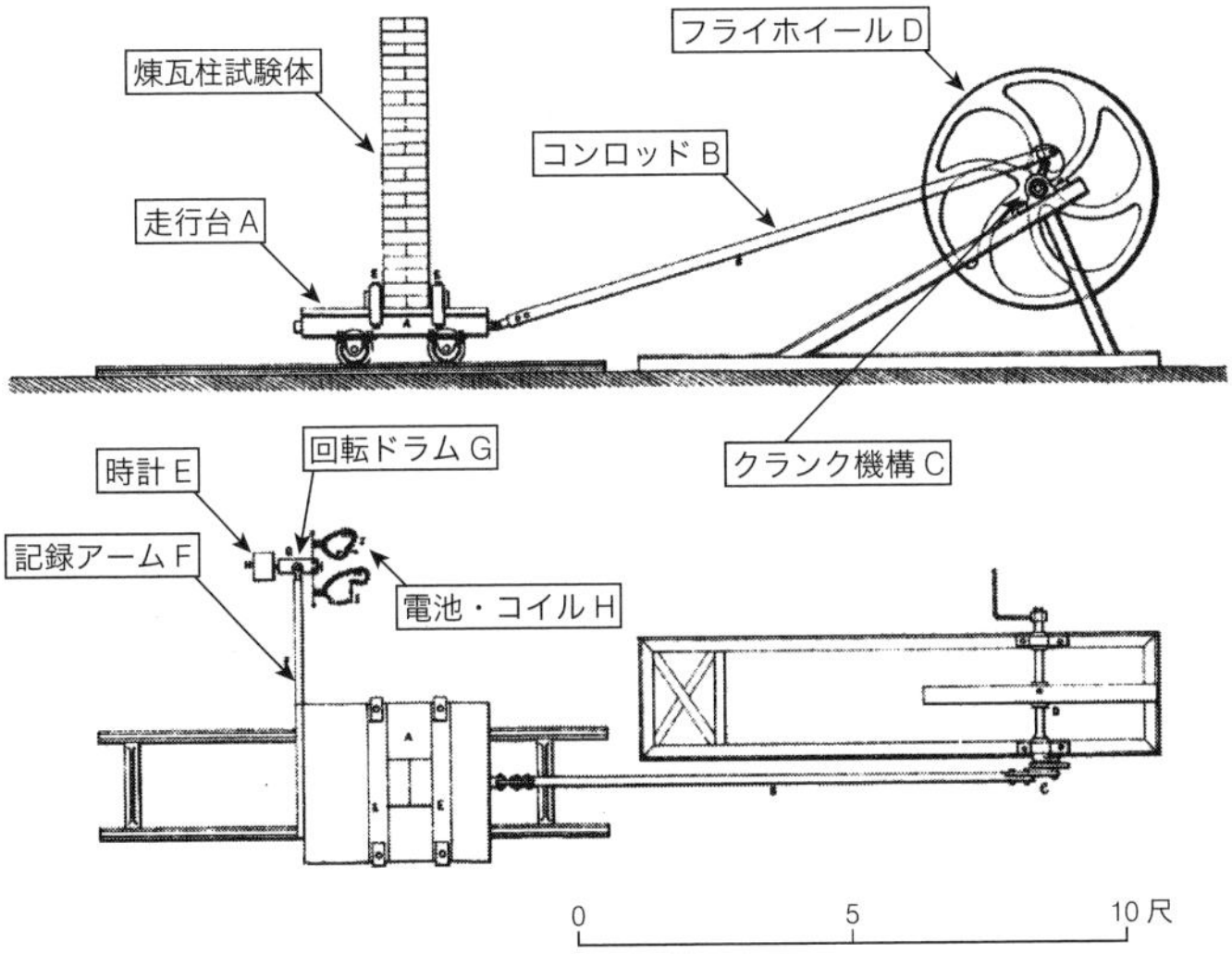

図3　J・ミルン、大森房吉の人為地震台の概要(文献2)

の回転慣性によって振動台を安定的に加振させたと考えられる。

記録は走行台に固定された記録アームFの一端を、時計Eで駆動する回転ドラムGに乗せて、変位を自記記録するものであった。記録用の回転ドラムの片側には、電池と電気コイルH及び周期三分の一秒の小型振り子を組み合わせた時計仕掛けのスイッチが設けられ、振り子が水銀溜を通過する際に直流電流を通電させて図4のようにタイムマーカーで記録した。

図4の記録波形を見ると振幅は一定で保持されている。これはクランクの設定で振幅が機械的に定まるためである。一方、変位の周期は右から左に向かって狭くなっているので、振動台は最初ゆっくりと動き始めて次第に速度を増しており、A点での周期は一・四秒、B点で〇・七一秒である。下側のマーカーがEのラインからDのラインに落ち込んだのは、煉瓦壁が転倒したことを電気的に感知したためである。こうすれば、試験体の破損や倒壊開始時の加速度Aは、記録計の半振幅dと転倒感知時の振動台の周期Tから、$\omega = 2\pi/T$として$A = d\omega^2$で算定できる。

実験は試験体の断面形状や長さと、転倒時の加速度の関係を調べるものであって、試験体の設計には辰野の指導を得たと記している。

それにしても何故、煉瓦柱の振動実験を行ったのか？　今日では理解しにくいが、実は当時煉瓦造煙突の耐震化は喫緊の課題であったようだ。すなわち、明治一三年二月二二日、横浜付近でM5・5から6地震が発生。煙突が折

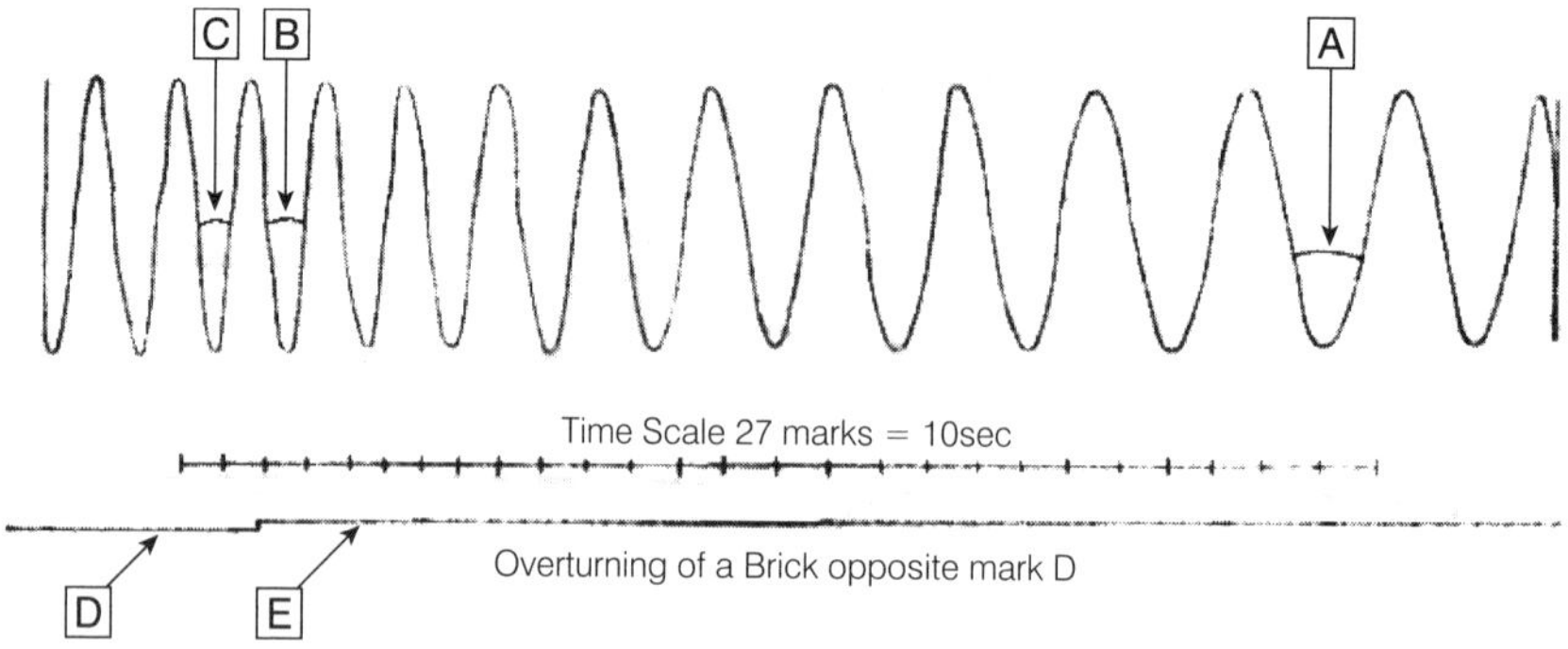

図4　J・ミルン、大森房吉の人為地震台の波形（文献2）

れる被害が多発し、この地震を契機に、日本地震学会が創設されたことは2章1節「地震学事始め」で述べた通りである。その後、明治一七年一〇月一五日にも東京湾を震源とする地震が発生し、今度は東京で多数の煙突が倒壊した。このため、煉瓦造煙突の耐震設計法の確立が急務となったのである。

このような状況下、明治元年生まれの大森房吉は濃尾地震の前年二三歳で帝国大学理科大学物理学科を卒業する際、J・ミルンの指導を得て、煉瓦造煙突の耐震化に関する研究に取り組んだらしい。

研究の詳細は上記の論文に委ねるが、地震時の水平力を受ける煉瓦煙突の倒壊は、ある高さにおける転倒モーメントが、煉瓦や目地モルタルを引張破壊することによって引き起こされる。鉄筋コンクリート造であれば、断面に引張力が生じても、鉄筋が引張力を支持するので、多少の曲げ亀裂の発生は致命的にはならないが、RC構造が実現していなかった当時は耐火性に優れた煉瓦でしか大型の煙突は作れなかったのである。

煉瓦造煙突の耐震性を向上させるためには、

①煉瓦造の重さ

②煉瓦の引張強度

③目地モルタルの引張強度

によって断面の離間を防止する以外に有効な手立てはなかった。このため、振動実験と並行して、煉瓦や目地モルタルの引張試験を多数実施する必要があった。

一方、大森は濃尾地震の前年、地震に対して最も転倒しにくい煉瓦造柱体の理論形状は地盤から頂部に向かって放物線状に細くなる形状、すなわち「等一耐震力柱」の理論を展開した。これについては次節で言及する。

9・3 人為地震台を用いた煉瓦造柱の振動実験

◆1 振動実験システムについて

真野委員によって蒸気機関駆動方式に改修された人為地震台による煉瓦造柱の振動実験は、おおむね次のようなものであった。すなわち、図1に示す木造の人為地震台の上に、図5左のように煉瓦柱を建てて、その周囲を木枠で囲んで周囲をコンクリートで固めたり、図5右のような鋳鉄の固定具を用いて緊結して実施した。金具の設計は真野・安永・井口委員であった。

振動記録装置は図6に示すように、振動台の変位振幅を台(イ)上に固定した鉄筆(ロ)を記録紙(ハ)にインクで自記記録させる方式であった。記録紙(ハ)は木製のベルト装置の軸(ホ)を装置(ニ)の時計によって駆動して一定速度で巻き取るようになっている。一種のペンレコーダであるが、機械時計が使われたのは、当時はまだ電気モータがなかったためである。

一方、タイムマーカを描画するのが右側の装置(リ)で、試験体の倒壊を検出記録するのが左側の装置(チ)で、タイムマーカの信号を制御するのは図7に示す画時機である。この装置は

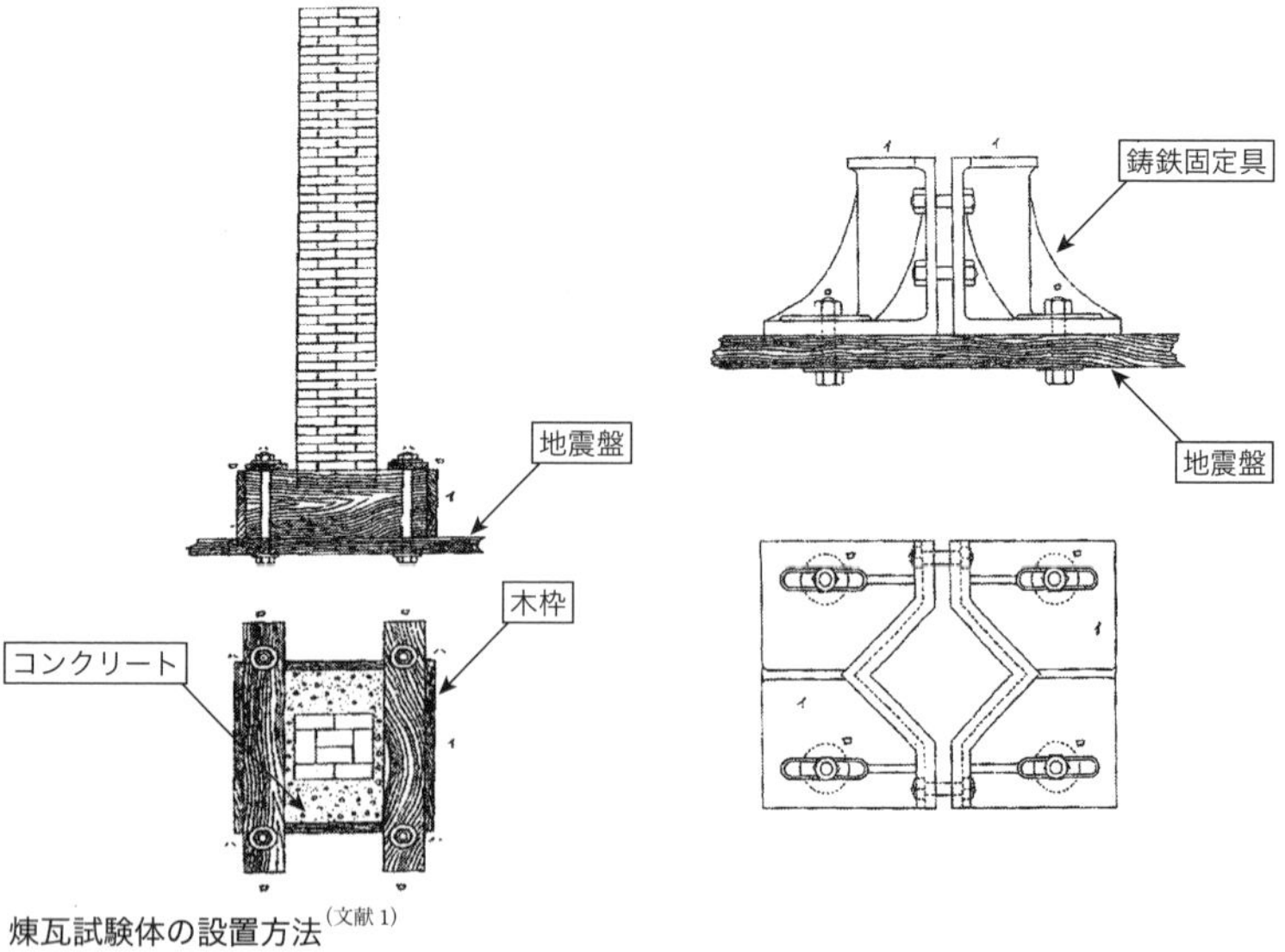

図5 煉瓦試験体の設置方法(文献1)

長さ一四八ミリの自由振子（へ）を備えた等速機構で、最下点（ト）には水銀溜があり、ここを振子（へ）が通過するごとに通電して、電磁石のコイルが瞬間的に磁化して図6の描画針（ス）にパルス波形が記録される。なお、振子の実測周期は〇・七七秒であった。

一方、倒壊の検出は試験体に電線を設置し、試験体が破壊すると電線が切断されてその瞬間が記録紙（ハ）に残るようになっており、電池を電源とする直流回路で構成された。

この記録装置は帝国大学理科大学教授田中館愛橘の考案で、作動原理は先の図3に示したミルンらの手動式の地震台とよく似

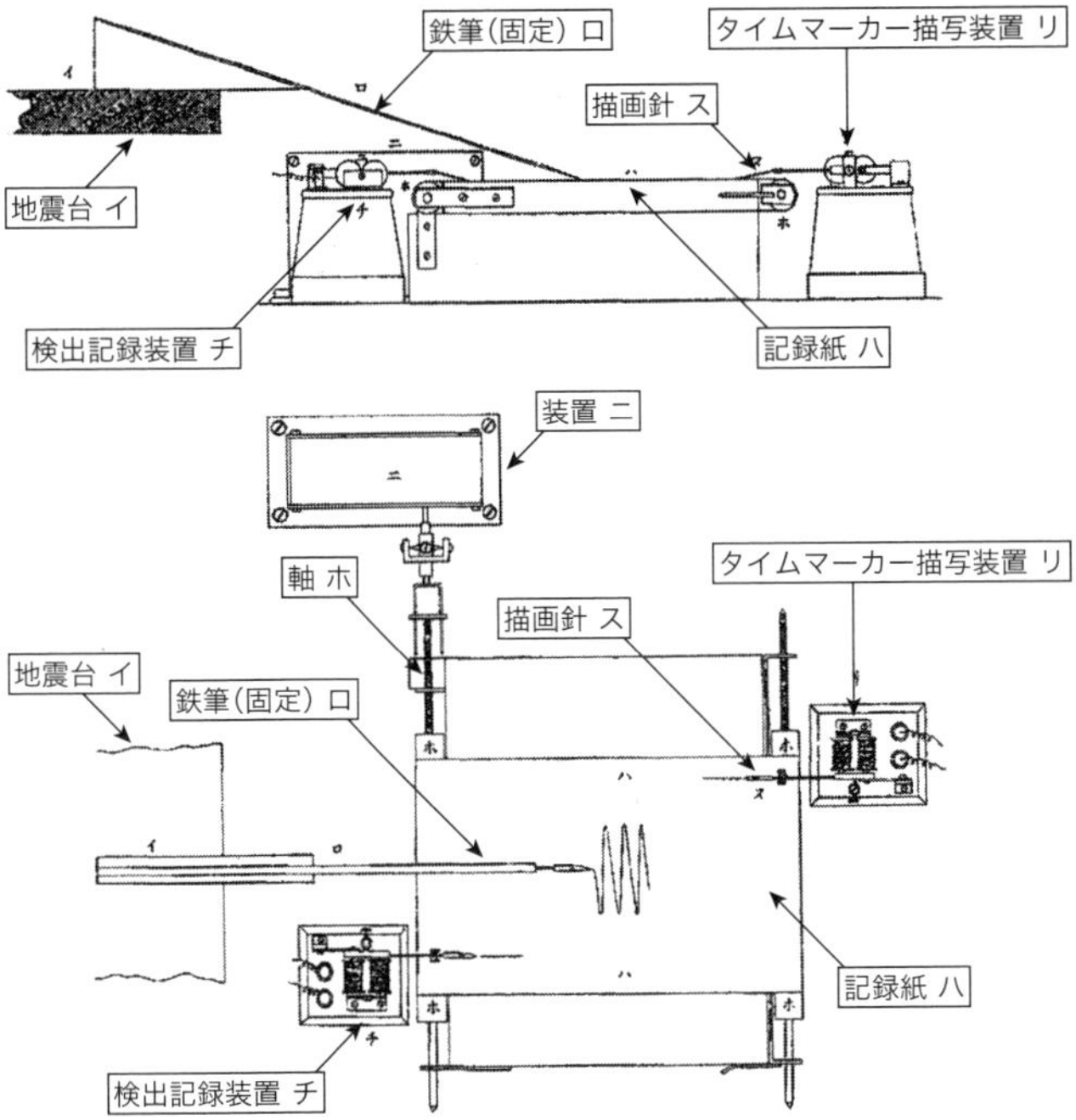

図6　人為地震台の記録機構（文献1）

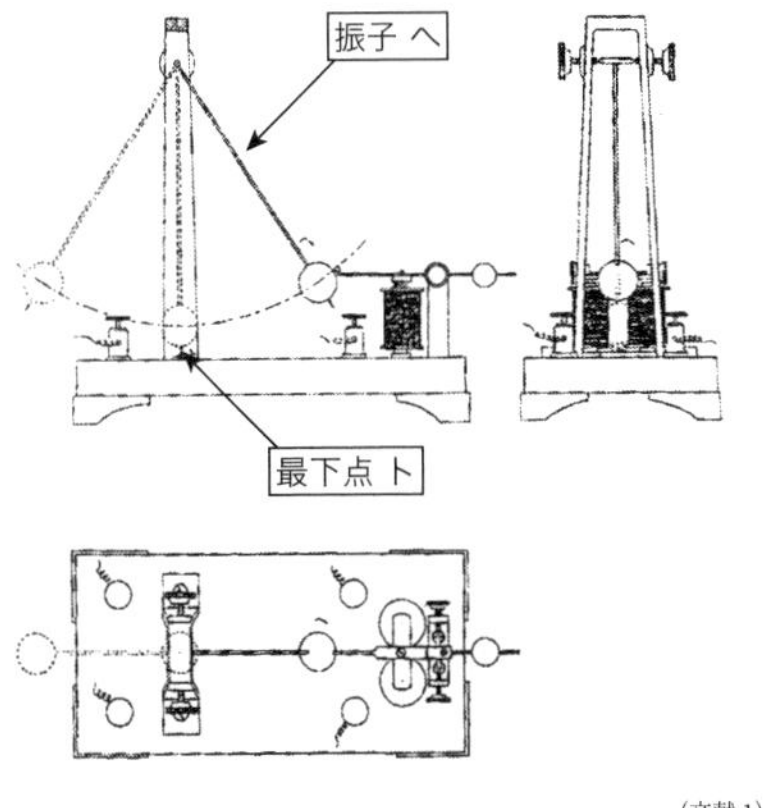

図7　画時機の機構（タイムマーカー機構）（文献1）

ている。さらに両者とも電磁記的な手法を駆使していることから判断して、電磁気学と地震学に精通していた田中館がJ・ミルンの最初期の装置の開発にもかかわっていた可能性が高い。

◆2　煉瓦造試験の概要

試験体は図8に示すように、普通煉瓦のほか、縮尺二分の一及び五分の一の小型の特注煉瓦を用いて、大型（約二三×二三センチ）、小型（同一一×一一センチ）、（一〇×一〇センチ）の柱断面を構成。試験体の高さは七二センチ、九〇、一六〇、一八〇センチとして、〝試験体の高さ／幅〟の比を変えるとともに、煙突を想定して中空試験体も作成された。

実験は、煉瓦の積み方や寸法形状の異なる試験体に対して、振動周期、振幅を変化させて行われた。試験体数は二三体、加振実験の回数は表に記載されているだけで四三回に及ぶなど大規模なもので、試験は明治

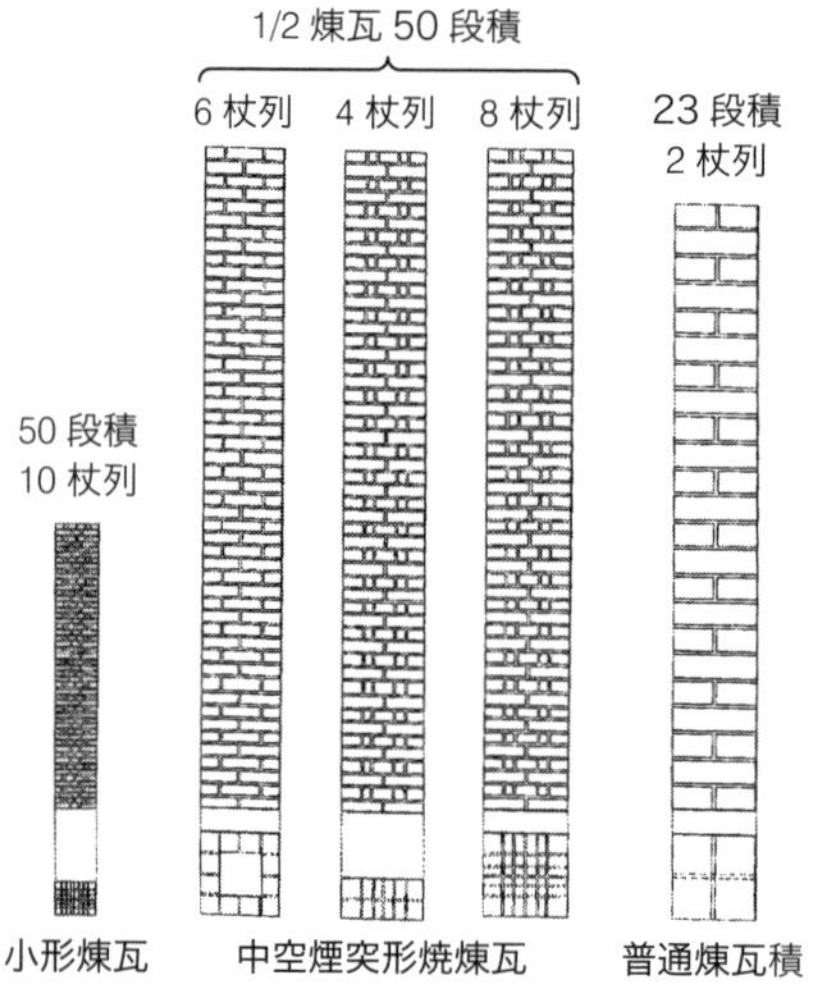

図8　各種の煉瓦試験体（文献1）

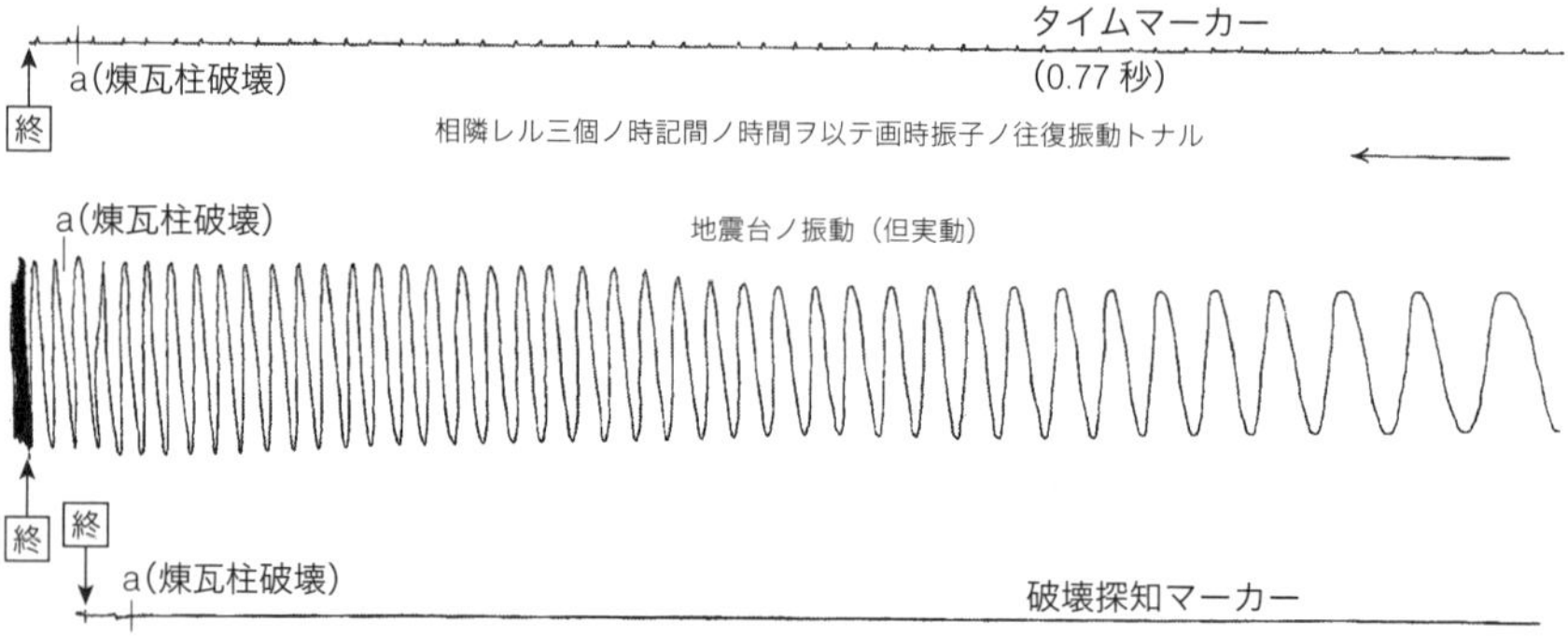

図9　振動台の記録波形（文献1）

三一年一〇月一二日から同三二年二月一五日の四カ月に及んだ。

図9は第二三号試験体の観測波形である。加振は右から左に進行し、最上段はタイムマーカー、中段は〝地震台ノ振動〟、下段は破壊検知マーカーである。タイムマーカー欄には〝相隣レル三個ノ時記間ノ時間ヲ以テ画時振子ノ往復振動トナル〟と付記されており、三パルス間が〈〇・七七秒〉と記されているので、マーカー間隔は〇・三八五秒であったことがわかる。

図9の加振時間は約二〇秒間。最初は周期二・四秒ほどで起動し、徐々に振動数を上げて二〇回ほどの繰り返しを経て、最終的には周期約〇・四秒まで掃引加振した段階で試験体が破壊している。

図10は煉瓦柱の高さと破壊加速度の関係である。縦軸は煉瓦柱が破壊したときの地震台の加速度（mm／sec²）で〈〇～一・四G〉、横軸は煉瓦柱の高さ（ミリ）で〈〇～一・八メートル〉までが実験範囲であった。左右の図は試験体系列によって分けたものである。標本点にはばらつきがあるが、煉瓦柱が高くなるほど、二次曲線的に破壊加速度は減少している。

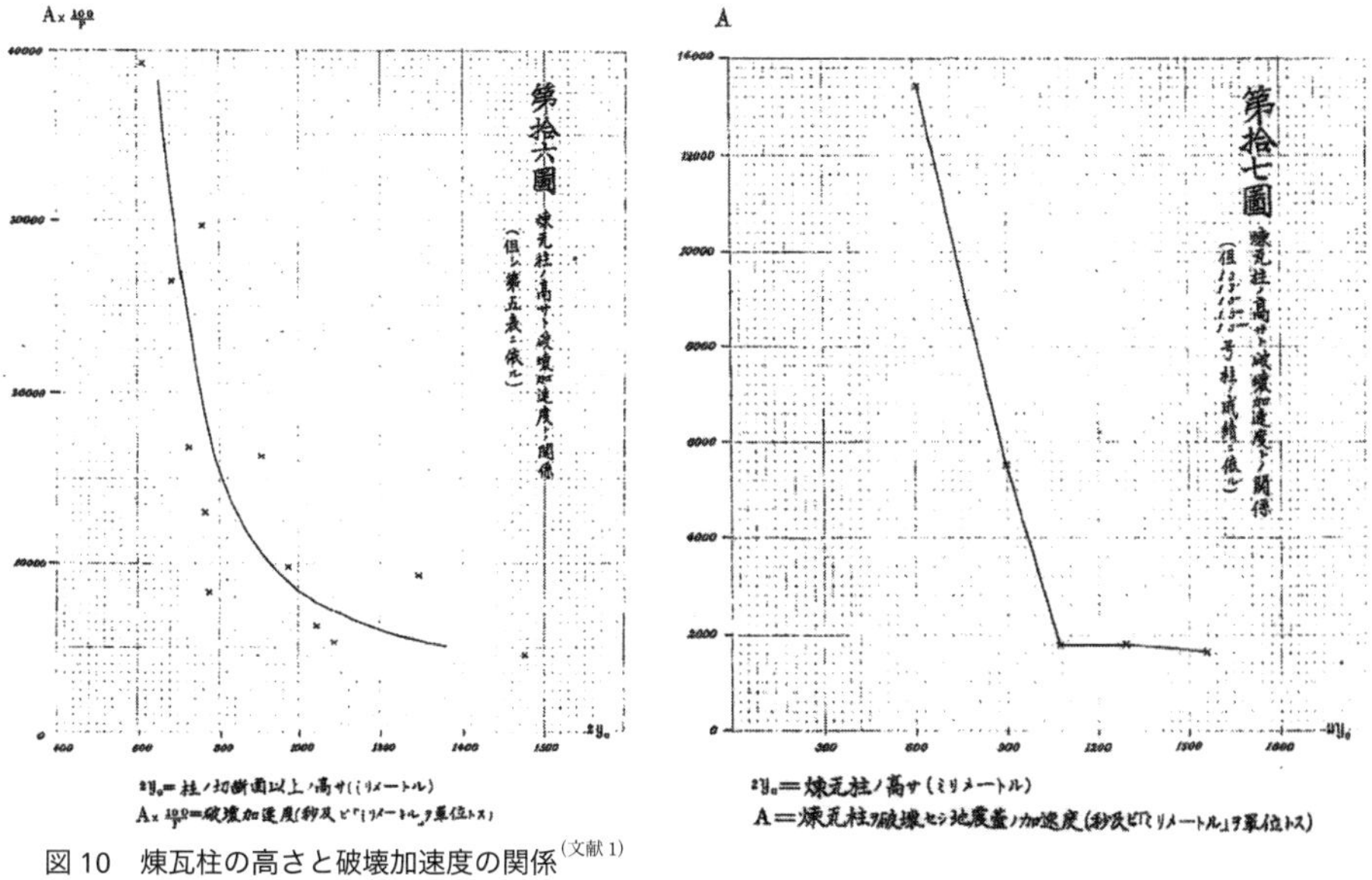

図10　煉瓦柱の高さと破壊加速度の関係[文献1]

◆*3*　等一耐震力曲線について

J・ミルンのもとで大森房吉が取り組んだのは、地震被害を受けにくい塔状工作物の最適形状を理論的に決定することであった。詳細は原論文に譲るが、煉瓦造柱を剛体にモデル化すれば、その重心位置に等価的な水平地震力を作用した場合に、上部荷重の作用下である断面の最外縁の引張力が許容応力度以内に収まらなければならない。この条件のもとで、さまざまな断面形状の柱の最適な形状を理論的に導き、これを大森は〝等一耐震力〟を有する柱と称したが、結論的には図11に示すような二次曲線となった。

高さ：y、柱半幅：xとすると、

$$y^2 = k \cdot x \qquad k：定数$$

最頂部が一点に交わるのが理想的であるが、煙突には煙道幅が必要であり、柱も上部荷重を支持しうる柱頭幅がいるので、実際には直方体に放物線を添わせた形状になる。

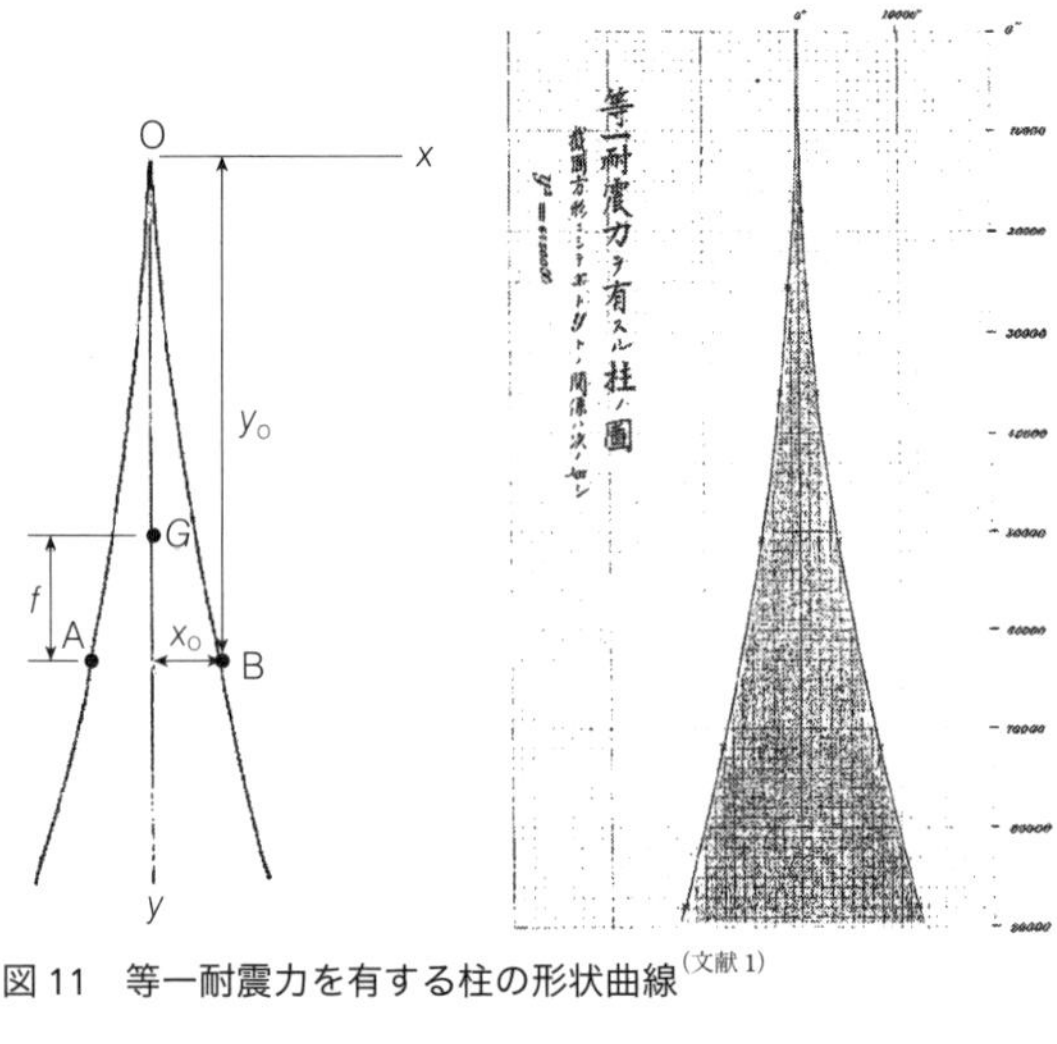

図11　等一耐震力を有する柱の形状曲線（文献1）

9・4　等一耐震力曲線の応用

◆*1*　耐震煉瓦構造への適用について

一連の煉瓦柱の振動破壊試験に引き続いて、大森は開通間もない東海道線の橋梁の濃尾地震での被害について検討を加え、煉瓦橋脚を直方体ではなく、図12に示すような形状に改良することを提案した。今日でもこのような微妙な末広がりの煉瓦橋脚を目にすることがあるが、その起源は大森の研究に遡ることができるようだ。

ここで想起されるのは、図13に示す震災予防調査会が明治二六年七月に工期約九カ月をもって本郷構内に建設した耐震煉瓦建築である。その壁体断面は基部から軒に向かって二次曲線状に狭まる特異な形状となっている。

「調査会報告」には設計は辰野金吾と記されているが、この断面は大森の〝等一耐震力曲線〟そのものである。このことから本郷構内の耐震煉瓦建屋は、大森房吉の卒業研究に基づいて設計されたと推定される。なお、明治二五年一〇月に震災予防調査会長加藤弘之に提出された委員名簿の末尾に、地震計調査委員として、田中館愛橘、中村精男、長岡半太郎とともに大森房吉の名前が掲載されていることから(文献3)、大森は卒業直後から創設当初の震災予防調査会にかかわっていたことがわかる。

話題はそれるが、今に残る古い煉瓦造煙突には微妙なカーブを有するものを散見する。岡山市北区三野の水道施設はわが国の土木工学の泰斗吉村長策(一八六〇―一九二八)の設計になるが、今なお当

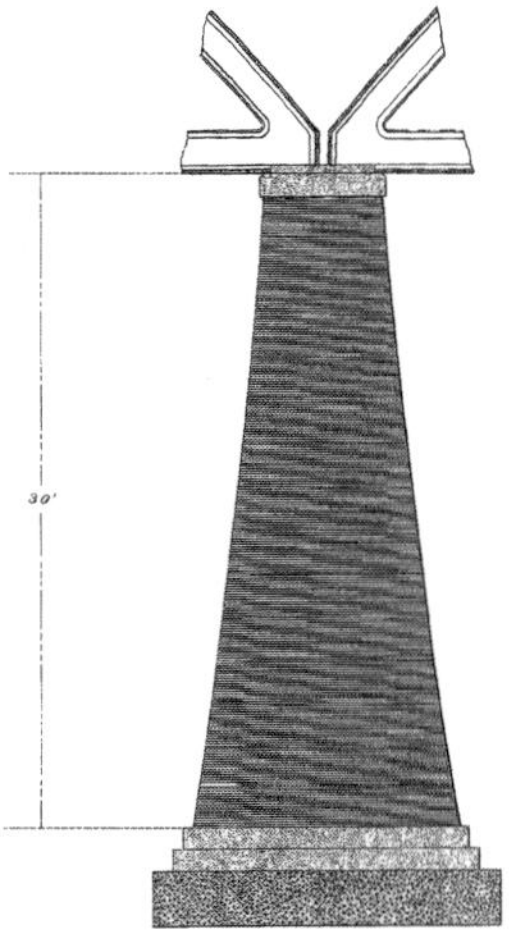

図12　煉瓦造橋脚の改良(文献1)

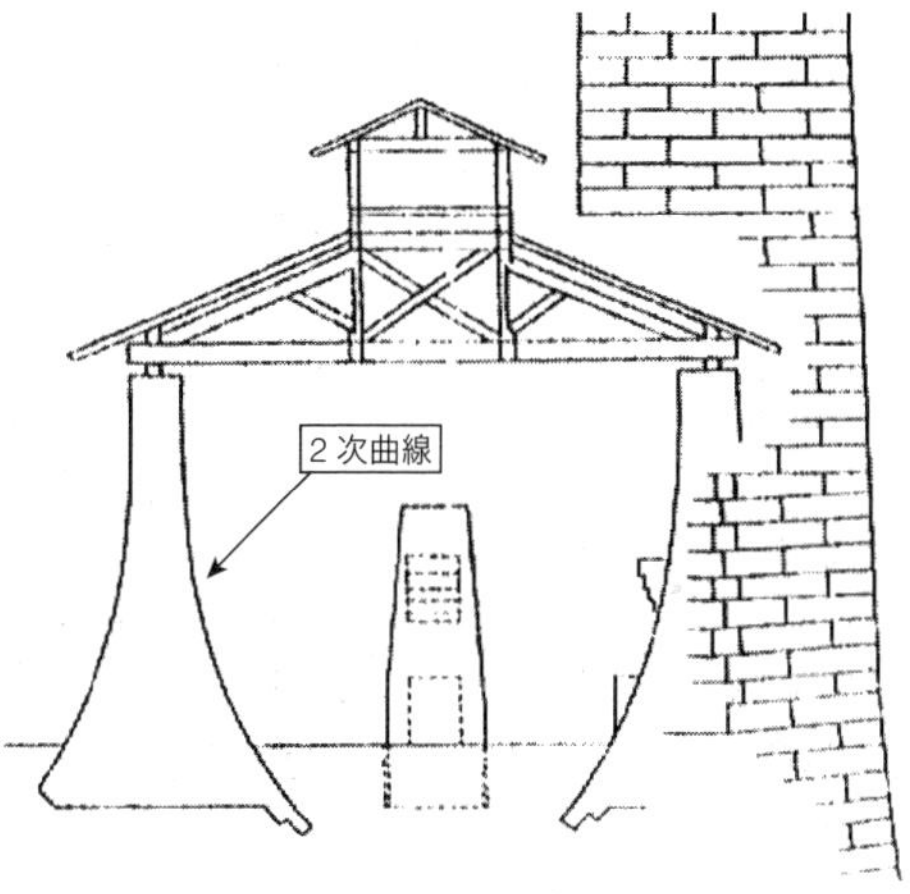

図13　耐震煉瓦家屋(文献3)

時の優れたデザインの煉瓦造の水道施設群が現役で稼働している。図14はその一つ、登録有形文化財〝旧動力室煙突〟である。この施設は明治三八年、蒸気機関のボイラーの排気塔として建設されたもので、当初は高さ三〇メートルの規模を誇っていた。しかしながら戦後ディーゼルエンジンへの転換にともなって、上部約一八メートルが切り詰められて低くはなったが、現在も排気塔として使われている。

煙突の底面形状は八角形で、組石造の基壇から美しいカーブを描くように構築されている。基壇付近を具に観察すると、煙道を有する中空八角形の煉瓦壁はきわめて精緻に組まれている。煉瓦はすべて役物の一品生産品と考えられる。いずれにせよ、空洞を有する部厚い立体曲面の煉瓦壁は一体どのように積み上げられたのか？　その高度な技術には驚嘆せざるを得ない。文明開化からわずか一世代。明治の煉瓦構造技術の進歩はまさに驚異的であった。

◆ *2*　東京タワーと磐城無線送信塔

等一耐震曲線に非常に近い姿の建造物として誰もが思い浮かべるのは、内藤多仲設計の東京タワー（三三三メートル）ではないだろうか？　図15に示す東京タワーを改めて見直すと（文献4）、その形状はまさに〝等一耐震力曲線〟そのものである。構造の巨匠内藤が構造美と工学的合理性を極限まで追求した究極のデザイン

図14　岡山三野浄水場旧動力室煙突（左：全景、右：基礎部分）

が、放物線形の等一耐震力曲線に収斂したことを示す。

ところで、昭和三三年に東京タワーが完成するまで、東洋一の高さを誇った自立式の塔は、福島県原町市高田町に建設された磐城無線電信局送信所送信塔（無線塔）であった。図16は磐城無線送信所の写真（文献5）とその概要（文献6）である。

この送信塔の設計報告（文献7）には図17のような記述がある。

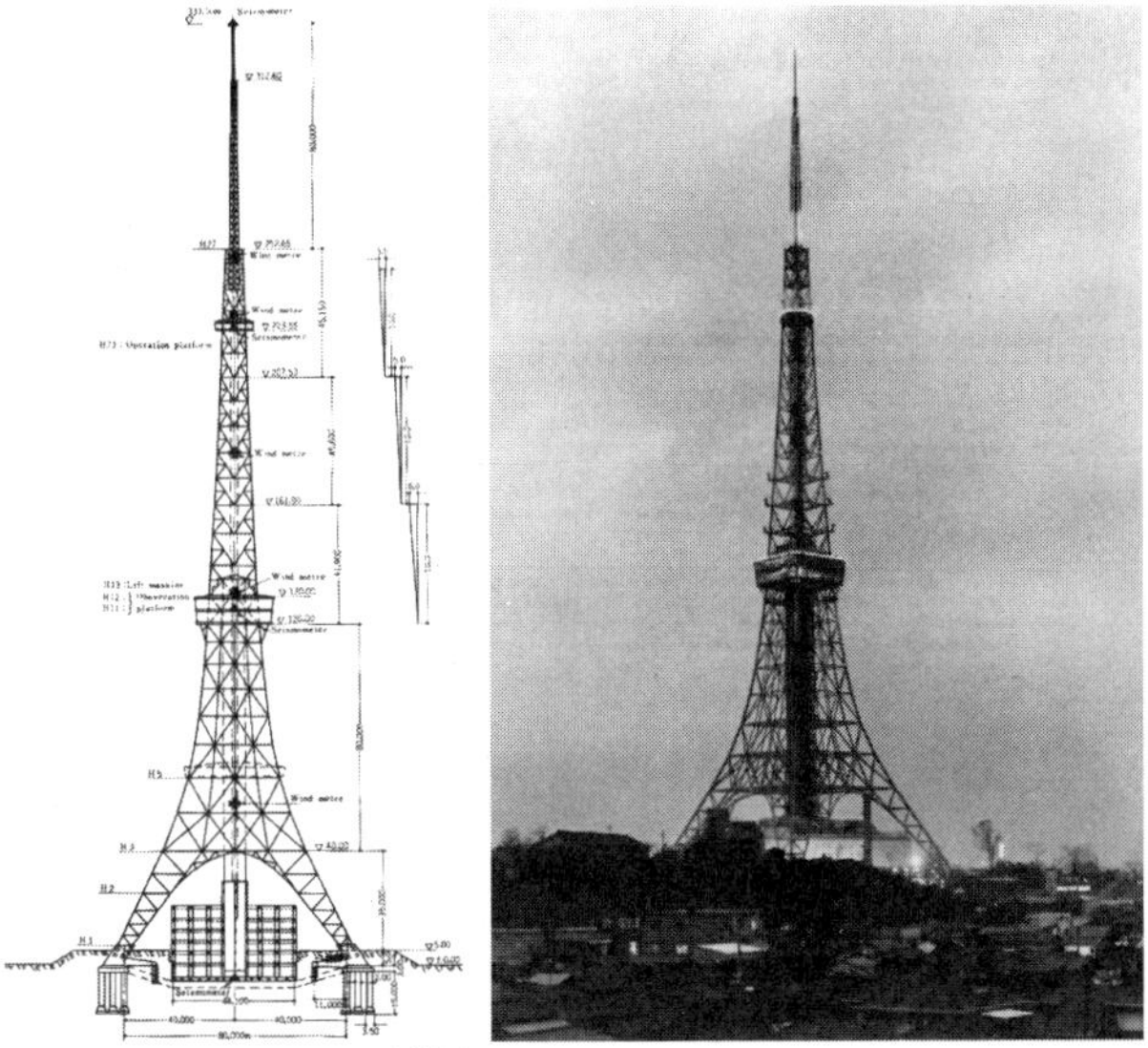

図15　東京タワーの姿（文献4）

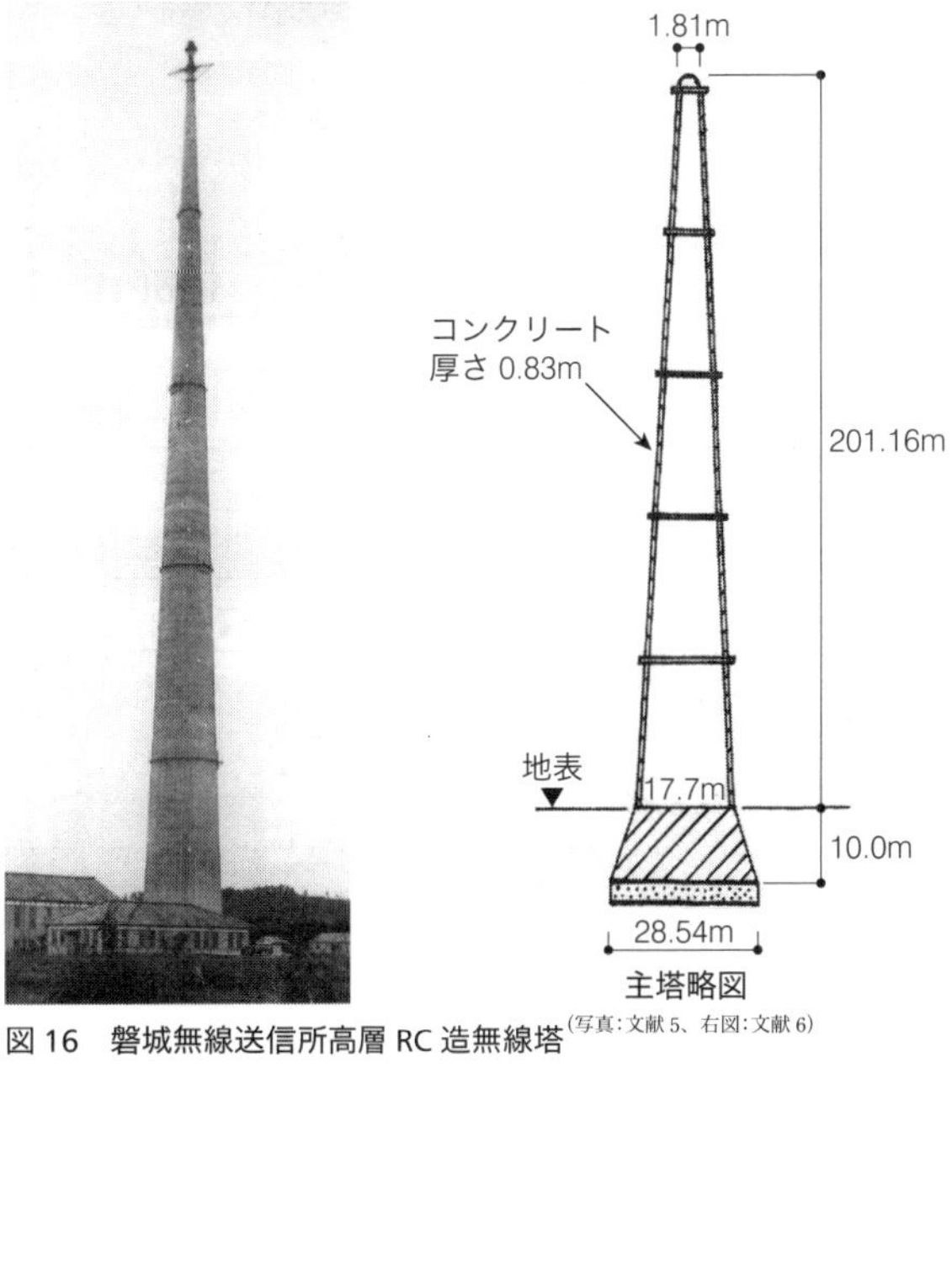

図16　磐城無線送信所高層 RC 造無線塔（写真：文献5、右図：文献6）

〝……中間も第一〇図の如く或る曲線にし、また壁厚も適宜変化する方が猶理論的なるかもしれないが……〟

として徳利型と放物線型のイラストを示しているが、この一文は構造設計を担当した草間偉は等一耐震力形状を念頭に置いていた可能性を示唆する。針尾無線送信塔など当時の高層塔状構造物はいずれも基部から頂部に向かうスレンダーな形態となっているが、これは等一耐震力曲線を直線近似したためと考えられる。

磐城送信塔は大正八年五月一三日に起工し、大正九年九月二六日に工期一六カ月をもって完成した。施工は東洋コンプレッソル会社であった。この巨大なRC造無線塔の規模は、高さは実に二一〇メートル、根元の直径は一七・四メートルで、頂部径一・三五メートル、壁厚は基部八二センチ、頂部一五センチであった。施工は毎回高さ一・三五メートルずつ合計一四七回の打設を繰り返したという。

大正一〇年の「調査会報告」第九七号（甲）(文献8)には工事の進捗に合わせて五回にわたって実施された振動観測結果が示されているが、高さが非常に高いために風による塔の振動性状が捉えられた。一次固有周期は二・二一秒であったが、塔の揺れは風向方向ではなく、風向直交方向に励振することが確認された。

斯くて頂上の直徑及び壁厚を與へて次に底部の直徑を假定し， 底部の壁厚を直徑の 1/20 とし，鐵筋量を 1/500 として先づ柱全體として底部の安定を調べる。

之が略混凝土の安全強度になれば之にて底部の直徑及び壁厚が決定される。次に中間も第十圖の如く或る曲線型にし，又壁厚も適宜變化する方が猶理論的なるかも知れないが，徒に計算及び施工を面倒にするのみで餘り利益もないと信じたので凡て直線式とした。從て頂點と底部との大さが定まれば中間に於ても自ら直徑も厚さも定まりて，後は適當の距離毎に (1) 式及び (3) 式により軸壓力と彎曲率とを出して之に耐ふる如く鐵筋の量を定むる事とした。併し 200 呎高さ以下になると少し條件が變つて來る。之は第七章の 100 呎塔の始めに述べてある。

第十圖

図17　原町送信所の基本設計方針(文献7)

この現象は佐賀関久原に建設された高さ一六五メートルのＲＣ造の大煙突においてすでに認められていたが、これについて長岡半太郎は流体力学的な解説を試みるとともに、竹を流水中に浸けると流水直角方向に揺れる事例を示したと記されている。

余談になるが、戦後、米国で強風時に円筒形の高層鉄骨造煙突が風向直交方向に揺れて破壊する現象は、「カルマン渦」によることが解明されたが、日本ではそれより早い段階で高層ＲＣ造の塔状構造物において確認されていたのである。

なお、この特筆すべき建造物はほとんど話題になることもなく、昭和五六年、建設後わずか六十年をもって解体されたが、実はこの間、磐城無線送塔は、ＲＣ造の塔状構造物として紛れもなく世界最高の地位を占めていたのであった。もし今残されていれば、おそらく世界文化遺産の候補となっていたことであろう。

◆*3*　伝統木造構造物にみる等一耐震力曲線

話題はかわるが、日本各地の祭礼では毎年山車を繰り出して、その美や勇壮さを競いあう。それらには見事な彫刻や懸装が施されているので、工芸美に対する人々の関心も高いが、何故か山車の構造の〝妙〟について語られることは少ないようだ。

夏の京都を彩る祇園祭の山鉾にも似たところがある。図18は長刀鉾の姿であるが、高さ二八メートルもの木造建造物が、巡行時の激震に匹敵する大きな揺れと強い衝撃力に何時間も曝されながら何故壊れたり転倒したりしないのか？　まことに素朴な疑問ではあるが、実のところよくわからない。ならば山鉾を作ってみようと思い立ち、数年来鉾建ての作業をつぶさに観察。聞きとりも重ねて、長刀、菊、月鉾をモデルに詳細図を起こして、ようやく完成したのが図19に示す四分の一縮尺の鉾である。

山鉾は前掛、胴懸、見送りなどの懸装品で装飾されているので、内部の仕組みは隠れて見えないが、鉾は図19の左図に示すように、〝石持〟と称する四輪の木造台車の上に、〝櫓〟を組みあげ、櫓の中央には〝石持〟から〝心木〟が舞台と屋根を貫通して聳え立つ。

注目したいのは〝カムロ柱〟と呼ばれる四本の斜め柱である。カムロ柱は図20に示すように囃子方が載る舞台の床梁の端部に縄絡めされ、頂部を束ねて心木を中間で支持している。カムロ柱は図のように弓なりに湾曲させて組むところに特徴がある。このため、図18に示すように、鉾の構造形態は　ちょうど東京タワーを舞台に載せたような姿に見える。山鉾が激しい揺動にも倒れない要因は、さまざま考えられるが、心木とカムロ柱の形態が横力に対して最も転倒しにくい等一耐震力曲線状に構築されていることに注目していただきたい。祇園祭の長大な山鉾は、何百年もの歴史のなかで構造的に最も合理的な形態に進化したことを物語っている。

このような視点から考えると、多くの大地震に耐えてきた五重塔や三重塔、そして多宝塔などの高層塔。さらには近世の天守閣などはいずれも下層から上層に向かって大きな低減率を有しており、〝等一耐震力形状〟に近いことは注

図18　祇園祭長刀鉾の巡行風景

目に値する。

佐藤勇造が『地震家屋』において、錐状の構造物は地震に強いと指摘したのもうなづけよう。大森房吉が学生時代に理論展開した〝等一耐震力曲線〟の理論は伝統木造建造物が幾多の大地震に耐えて残った理由の一端を解き明かしたとも言える。

図 19　鉾の構造と実験モデル　心木先端は竹を継いでさらに伸ばす(文献 9)

図 20　カムロ柱の組立状況

9・5　大森式地震計と振動計測装置のアナロジー

最後に、今一度注目したいのは、明治三一年に世界で初めて開発された連続記録可能な大森式地震計と最初期の人為地震台及び震災予防調査会が開発した人為地震台の振動記録装置との類似性である。

今一度4章4節「世界初の大型振動台〝人為地震台〟を巡って」の図10（一九二頁）に示す大森式地震計の写真を見ていただきたい。人為地震台においては地震台の揺れは、図6（三二五頁）に示すように、時計仕掛けで一定速度で移動する記録紙にペン書きで自記記録するものであった。ここで、地震台の変位を地盤の変位と考えると、この記録装置の機構は4章4節の図10の大森式地震計とよく似ていることに気づく。記録ドラムは両者いずれも機械式時計駆動。地震台に固定された描画針を、明治二七年にJ・ミルンが開発した水平振子地震計に置きかえるとどうだろうか？

震災予防調査会創設時から地震計調査委員であった大森は恩師のJ・ミルンが開発した〝水平振子地震計〟と田中館愛橘が考案した電磁式自記記録装置のメカニズムを組み合わせることによって、世界初の高性能連続記録式地震計に発展させたのではないだろうか？　そして、この自動記録装置は地震学に長足の進歩をもたらしたのであった。

大正~昭和(戦前・戦後)

第5章　激震に耐える木造建築

1 地震活動期を迎えて——木造家屋の耐震法令史

日本列島は過去何百万年にもわたって、激烈な地震の活動期と静穏期を繰り返しながら、悠久の歴史を紡いできたが、二一世紀に入った今日、日本は再び激しい地震活動期に突入したようだ。そんななか、木造家屋の耐震規定の見直しが進んでいるが、旧築のみならず新築家屋の甚大な被害も止む気配がない。

本書は現行基準の根底にある在来木造という桎梏から一旦離れて、先人が営々と培ってきた〝伝統木造〟を振り返りつつ、耐震木造建築の有り方を今一度問い直してみたい。そんな想いから、明治二四年突如勃発した史上最大級の直下型地震——濃尾地震と地震後に創設された「震災予防調査会」の活動を通して耐震工学の〝ビッグバン〟の実相に触れつつ、木造建築の〝今〟を眺めようと試みた。

濃尾地震の未曾有の被害、そして復旧のあり様は、今我々が目の当たりにしている震災の光景に重なる。二度と震災を繰り返すまいとの強い決意のもと、先賢たちが展開した「和」と「洋」いずれに重きを置くか？「金物重視」か「木組尊重」か？「免震」か「耐震」か？などの耐震木造の基本に関わる議論や提言は、百数十年を経ていささかも色あせてはいない。耐震工学のビッグバンの余光は、宇宙背景放射さながら、今日の耐震観に色濃く反映されている。

当時の耐震木造の考え方は、その後大正デモクラシーの時代を経て、洋風建築、和風伝統建築の一方に偏することなく、豊かな木造建築の文化を育んだが、昭和十年代の戦時統制によって、伝統的な木造は排除され、その流れは敗戦後の戦災復興の時代に一層強まって今に至っている。現代木造家屋の本質は戦時統制家屋そのものといっても過言ではないのだが、そのことに気づいている人は少ない。

今日、伝統木造の見直しの機運が盛り上がりつつあるが、これは結局のところ戦前戦後の統制建築——要するに〝昭和一五年体制〟下の建築規則を見直すことに他ならない。このような木造建築の近現代の流れを踏まえつつ、日本の木造建築の将来について考える。

1・1　近年の直下型地震での木造家屋の被害率

兵庫県南部地震での木造家屋の大被害とその原因とはつまるところ何だったのか？　この地震での全壊家屋は約八万棟、半壊六万二千棟、全壊率が世帯数の四％、地域によっては六〇％を超えるなど異常な値に達し、犠牲者は六千名を超えた。そのほとんどは木造家屋の倒壊による圧死という。

その原因について、多くの専門家は瓦屋根が重かったからとか、そもそも伝統木造には耐震性がないからだと主張したが、激しい空襲で焼け野原になった戦災都市神戸に〝伝統木造〟など、そもそも存在しなかった。

大被害の実態は、戦後の基準で建設された木造家屋が大量倒壊したことであって、これらの耐震設計の拠り所となっている在来木造は直下型地震に全く耐えられないという不都合な事実に専門家は目を背けるべきではなかったのである。

ところで、平成一六（二〇〇四）年一〇月二三日、新潟県中越地方でM6・8の強い直下型地震が発生。震源直近にある総世帯数一千五百の川口町（計測震度階七）での最大加速度は約二五〇〇ガル——兵庫県南部地震の実に三倍。最大地動速度は約一五〇カインで約二倍——すなわち入力エネルギーは四倍に達した。

だが、木造家屋の被害は神戸に比べると驚くほど軽微で、全壊家屋一〇六棟——全壊率約七％。人口二八万人、住宅総数約七万四千棟の小千谷市（計測震度階六弱）では、最大加速度が一〇〇八ガルで、兵庫県南部地震の最大加速度八一八ガルより二割も大きかったが、全壊家屋は約七五〇棟、全壊率一％といわれている。もともと、気象庁震度階七（激震）は地動加速度四〇〇ガル以上を目安とし、これくらいになると木造家屋の倒壊率が三〇％を超えるとされていた。神戸の地震後、このような目安は使われなくなったが、それにしても、兵庫県南部地震の三倍、現行の耐震規準値二〇〇ガルの実に十数倍もの激しい地震加速度を受けたにも関わらず、被害率は神戸よりはるかに小さかったのである。これは、長岡市においても同様であった。

このことは、中越地震の被害が特異に小さかったのか、あるいは兵庫県南部地震の被害が異常に高かったのか、議論は分かれるが、実は兵庫県南部地震の前にも震度五〜六クラスの地震が各地で起こっており、その全壊率は次の通りであった。

釧路沖地震（一九九三年一月一五日M7・8）	釧路市　〇・一七％
能登半島沖地震（一九九三年二月七日M6・6）	珠洲市　〇・七五％
三陸はるか沖地震（一九九四年一二月二八日M7・5）	八戸市　〇・一三％

これらの数値から判断すると、地方都市における木造建築の全壊率はおおむね一％。川口町のような神戸を遥かに凌ぐ激震においても一〇％を越えなかった。これらの統計値を見ると、兵庫県南部地震に襲われた戦災復興都市神戸での倒壊率の異常な高さが浮き彫りになる。

対照的に地方の特に多雪地域での被害が神戸に比べて遥かに小さかった理由として、

(一)　都市では伝統的な大工技術はほぼ消滅したが、地方にはまだ残っていること

(二)　雪害に備えるために法令よりも大きな余裕のある断面が使われていることが指摘される。

1・2 耐震強度と法令

話は替わるが、費用を自分で出すのであれば思い通りに建物は造れると考える人がいるかも知れないが、実はそうではない。建設する場所によって建物の高さや規模、用途などのマクロな条件は法令で事細かに定められており、廊下幅や階段の寸法、天井や手摺の高さなどのミクロな事項についてもさまざまな規則があるが、これらを全て満たさないと建物は建てられないのである。

見方によれば建築設計とは法令を具象化することに他ならず、建築士が建物を設計するのではなく、法律が建物を設計しているのだと言われたら確かにその通りだと思う。

これは構造設計についても同様である。費用が少ないからといって基準より弱い建物を作ることは許されない。もっとも基準より頑丈な建物を設計するのは何ら差し支えないが、現実には法令で規定された最小限の強度を満たすことが構造設計の目標となっている。

要するに耐震性などの構造強度を設計者が恣意的に決めることは許されず、全ては行政のコントロール下にある。したがって国が耐震強度の目標値を高くすれば建物は強くなって被害は抑制され、逆に手綱を緩めればその時期の建物は一様に脆弱化して被害は深刻化するのである。法治国家においては、国が発展するも衰退するも、詰まるところは法令の策定に関わっているひと握りの官僚の知性と器量に委ねられているのである。いずれにせよ法令と地震被害とはコインの表と裏の関係にある訳で、そのような観点から木造家屋の耐震性が建築法令とどのように関係しているのか少し考えてみたい。

1・3　市街地建築物法の時代

表1は大正八（一九一九）年四月の法律第三七号市街地建築物法（物法）制定以来、今日までの建築構造法規の流れを大まかに示したものである。物法制定から現在までほぼ百年。その間、日本の建築構造法規は時代的に四期の大きな変動を経験している。すなわち、

第一期：物法制定（大正八年）から支那事変勃発に伴う物法停止（昭和一二年）までの十七年間
第二期：戦時統制期、支那事変勃発（昭和一二年）から第二次世界大戦終戦（昭和二〇年）までの八年間
第三期：戦後（昭和二〇年から二七年頃まで）
・占領統治時代昭和二〇年八月から昭和二七年四月までの約七年間
第四期：昭和二五年一一月の建築基準法施行令施行以降

このような時代区分に沿って、建築構造法令の流れを以下簡単に俯瞰しよう。

◆1　当初の市街地建築物法施行規則

物法は第一次欧州大戦時の空前の好景気を背景に急速に進む都市化に対して、市街地——当初は東京市、横浜市、名古屋市、京都市、大阪市、神戸市の六都市を対象に用途地域制、建蔽率、防火地区、一般及び特殊建築物の構造、設備などを定めたものであったが、徐々に適用地域は拡大し、大正八年制定時はわずか六都市からスタートしたものが、昭和元年には四九、支那事変勃発の昭和一二年には六一九、第二次世界大戦開戦の昭和一六年には六〇九都市（筆者註　市町村合併による減有り）にまで増加した（文献1）。

構造設計の実質にかかわる事項については大正八年四月の物法制定から一年七カ月を経た大正九年一一

月に内務省令第三七号市街地建築物法施行規則全一四九条が公布され、同年一二月一日勅令第五三九号を以て物法は施行された。

施行規則には構造設計の基本である材料の許容応力度、積載荷重（床の動荷重）のほか、木造や木骨構造については掘立柱の禁止、平屋、最上階では柱小径を横架材間距離の1／35とすることや、断面欠損部の補強、土台、火打、三階建て木造での筋違設置などが規定された。

ちなみにRC造では端部の折り曲げ定着、せん断補強筋量間隔D、柱小径は主要支点間距離の1／20とすることなどが定められた(文献2)。

ところで、奇異に感じられるかもしれないが、構造設計において

表1　建築構造法令年表

年号	年	月	事項	時期
大正	8	4	法律第37号市街地建築物法制定	物法期
	9	9	勅令第438号市街地建築物法施行令公布	
		11	内務省令第37号市街地建築物法施行規則公布	
		12	勅令第539号物法施行	
		9	**関東大震災**	
	12	3	法律第29号改正市街地建築物法	
	13	7	RC構造計算基準、コンクリートおよびRC標準仕様書	
昭和	9	9	**室戸台風**	
	12	7	**支那事変勃発**	戦時統制期
		9	臨時資金調達法	
		10	鉄鋼工作物築造許可規則	
	13	4	国家総動員法	
	16	12	第二次世界大戦開戦	
	17		戦時規格作成委員会創設	
	19	8	臨時日本標準規格第532号　建築物の荷重	
			臨時日本標準規格第533号　建築物の構造計算	
	20	8	**第二次世界大戦終戦**	
	22	3	建築規格3001号	占領期
			臨時建築等制限規則	
	25	5	法律第201号建築基準法制定	
		6	朝鮮戦争勃発	
		11	政令第38号建築基準法施行令	建基法期
			市街地建築物法廃止	
	46	4	第5次改正建築基準法公布	
	56	6	第6次改正建築基準法施行	
平成	7	1	**兵庫県南部地震**	
		12	法律第123号耐震改修促進法施行	

最も重要な設計用の外力については当初の物法には固定荷重と床の積載荷重——いわゆる長期荷重の定めしかなく、風圧力と地震力については何ら規定されていなかったのである。

一方、許容応力度や積載荷重の大きさについては欧米の数値を比較検討して定めたので、これらは諸外国とほぼ同じ数値が採用されることになった。これは木材についても同様であった。

◆2 市街地建築物法施行規則の大改正

大正九年一二月一日の物法施行後、三年ほど経過した大正一三年九月一日突如発生した関東大震災は東京市を中心に未曾有の大被害をもたらし、被害総額は当時の国家予算の数倍——数十億円にも達した。このため、建築物の耐震性を抜本的に向上させるために物法施行規則は大幅に改正されることになった。

改正物法施行規則では、まず木造に関しては柱小径を強化して断面を太くするとともに、旧物法では三階建て以外は対象としていなかった筋違と方杖の設置が全ての木造に対して義務化された。

RC造については主筋の継手長さ、複筋梁、繫筋の規定を新設するとともに、柱の最小径を従来のスパンの1／20から1／15に強化し、さらに柱の最小鉄筋比は一・二五％と定められた。現行のRC規準では最小鉄筋比は〇・八％となっているが、戦前は現在よりも六割近く鉄筋量が多かったのである。

また、施行規則第四条に〝……居住地域外ニ於テハ百尺ヲ超過スルコトヲ得ズ〟という百尺の高さ制限が設けられたが、何といっても改正物法施行規則で重要なのは水平震度を〇・一以上という地震力の規定が導入されたことであった。

◆*3*　施行規則の見直し

関東大震災の復興も次第に目処がつき始めた昭和七年次いで昭和一二年になると、施行規則の見直しが図られ、積載荷重や許容応力度が若干改定されることになった。

◇積載荷重について

1・4項の表5　**積載荷重の規定値の変遷**（三四七頁）をご覧いただきたい。

積載荷重に関しては昭和七年改正では数値的変更はなく、たとえば住家については大正八年制定時と同じく二五〇キログラム／平米——これは一平方フィートあたり五〇ポンドという欧米の規準値と同等であった。しかしながら昭和一二年改正では二〇％低減して二〇〇キロ／平米に改定された。これは学校、集会所などについても同様であった。

◇許容応力度について

次いで表6　**許容応力度の変遷**（三五〇頁）を参照いただきたい。

コンクリートの許容応力度は、物法制定当初はセメントC、砂S、砂利Gとして構造用の（C：S：G）↓（一：二：四）もしくは土間などでは（C：S：G）↓（一：三：六）の体積混合によって規定していたが、昭和七年改正からは圧縮強度*Fc*に基づく規定に変更された。これは米国のアブラムス（D. Abrams）の水セメント比説（一九一八年頃）に基づくコンクリートの強度管理手法が急速に進んだためである。

なお、コンクリートの圧縮強度は九〇キログラム／平方センチ以上、設計許容応力度は地震時において*Fc*／3と定められた。鋼の許容応力度については、たとえば軟鋼に着目すると物法制定時の一一五〇キロ／平方センチから昭和七年年改正一二〇〇キロ／平方センチ、昭和一二年改正↓一四〇〇キロ／平方センチに若干引き上げられた。

これらの数値は現行の長期許容応力度に相当するが、物法ではこれが短期許容応力であって、この数値に基づいて地震時の応力検定を行ったのである。

◆*4*　室戸台風の被害と終局設計理論の展開

◇終局設計法の提案

日本の耐震設計手法を考えるうえで、次の二つの大災害は重要である。一つは言うまでもなく大正九（一九二三）年九月一日の関東大震災。もう一つは昭和九（一九三四）年九月二一日の第一室戸台風――いわゆる関西風水害である。

上述のように関東大震災の翌年、市街地建築物法は大幅に見直され、特に水平震度規定が導入されたことによって、その後のわが国の耐震設計の方向が定まったことは重要である。しかしながら、第一室戸台風が現代の耐震設計手法を確立するうえで関東大震災に劣らぬ影響を与えたことはあまり知られていないようだ。

図1をみると室戸台風がどれほど巨大であったかがわかる（文献3）。右図は九月二〇日午後六時の天気図上に台風の進路を記入したものである。昭和九年九月一三日にグアム付近で発生した台風は一週間後の九月二〇日には沖縄付近に達し、翌二一日午前五時頃四国の室戸岬を通

日時		経過	気圧	速度
9月13日		グアム島付近にて発生		時速 20 km
20日	午前6時	沖縄東方海上到達		時速 60 km
21日	午前5時	室戸岬西方通過	911 hPa	
	（推定中心気圧　893 hpa）		↓	時速 100 km
	午前7時	淡路島洲本通過	937 hPa	
	午前8時	神戸深江付近上陸	946 hPa	
	午前9時	滋賀県北部	970 hPa	
	正午	新潟県北部		

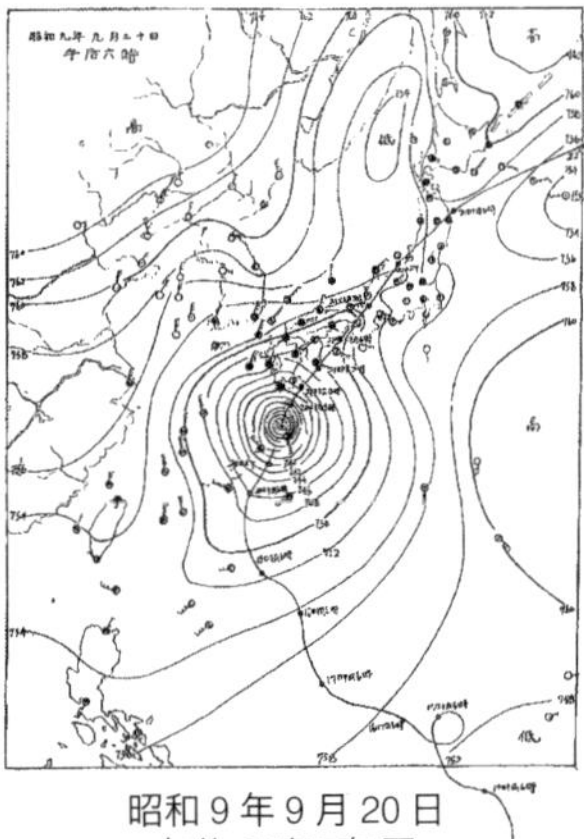

昭和9年9月20日
午後6時天気図

図1　第一室戸台風の規模（文献3）

過。その際気圧は九一一ヘクトパスカルを記録し、これから推定された中心気圧は八九三ヘクトパスカルという驚異的な数値となった。

その後午前七時には淡路島、八時には神戸市深江村付近に上陸して近畿地方東北方向に進んだ。

暴風域は直径二千キロ、進行速度は百キロ／時、大阪では午前八時前後――ちょうど登校時間の頃から急激に暴風は激しさを増し、この頃市内生野区の測候所の風速観測鉄塔は風速六〇メートル／秒を記録。直後に倒壊した。四天王寺の五重塔と中門が倒壊したのもちょうどこの時間帯であった。

室戸台風は暴風に加えて図2の左下図に示すように午前八時前後の三〇分足らずの間に大阪湾の潮位が六メートルも上昇して、津波さながらの大水害を誘発した。加えて明治以来整備を進めてきた木造校舎に倒壊などの甚大な被害が発生し学童多数が犠牲になった。

表2は大阪市内の木造小学校の被害状況をまとめたもので、市内二四〇余校の内、二二〇校ほどが木造校舎であったが、内五校が完全倒壊し、四〇棟が部分倒壊、傾斜により使用不能となった学校は一二八校、実に五二%に達した。

	最大風速 20 分平均（m/s）	瞬間最大風速（m/s）	最低気圧（hPa）
室戸岬	45	65	911
和歌山	25	41	960
神　戸	22	33	954
大　阪	48	60 ↑	953

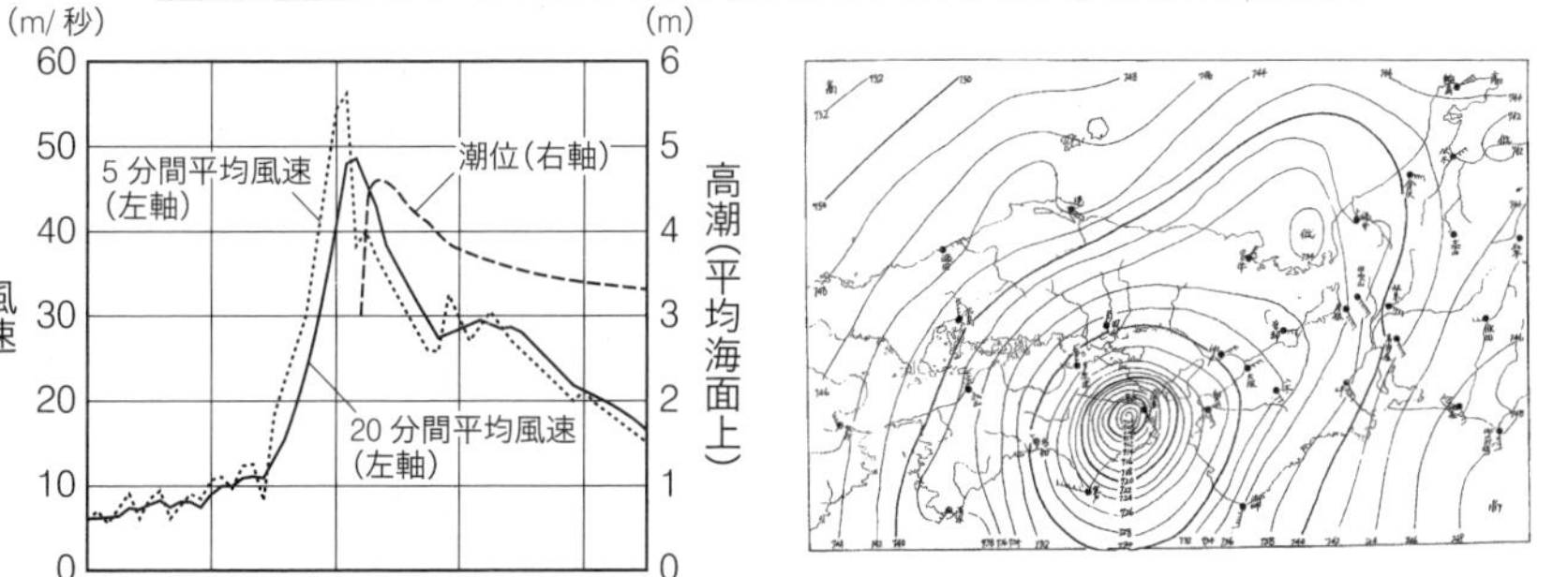

昭和 9 年 9 月 21 日午前 6 時天気図

図 2　近畿地方の気圧と潮位（出典：大谷東平「室戸台風に就て」『建築雑誌』昭和 9 年 12 月、p.4）

木造校舎が何故これほどの大被害を生じたかについて、当時の構造設計手法に根本的な問題があることを指摘したのは京都帝国大学助教授棚橋諒であった。棚橋は昭和一一年初頭に「耐震安全率の問題」という研究論文を発表（文献4）。ここで構造物の破壊は外力がそれぞれ比例的に増加するために生じるのではなく、外力の一種類が単調に増大して破壊を誘発すると指摘。それまでの材料安全率を大きく設定するような設計思想では、暴風時などの非常時において部材各部の安全率が均等にはならないことに問題があると指摘した。

具体的にはそれまでは、今日のように構造計算において、長期（常時）と短期（非常時）の荷重状態に対する部材応力を足しあわせるという考え方はとられておらず、RC造でも短期（地震時）に対する許容応力度検定がなされていただけであった。木造では小屋組や床組を計算するのみで、木造校舎の設計においても一貫した耐力計算はほとんど行われていなかったのである。

表2　大阪市内の木造小学校の被害状況

市内の小学校校舎の総床面積：約29万坪		
RC造	約9万坪（約30%）	
木造	約20万坪（約70%）	
煉瓦造	約0.3万坪	
市内の小学校総数：244校		
被害内訳	被害状況 244校のうち 128校（52%）	全倒壊：5校
		一部倒壊：40校
		傾斜：83校
	倒壊総面積	1万3千坪（全木造校舎の7%）
	傾斜総面積	4万4千坪（22%）
	無被害	5万坪（25%）

表3は室戸台風後の木造家屋や木造校舎の耐風設計や荷重規則の推移を示したものである。

棚橋の指摘を実際に適用したのが、昭和一二年六月に武藤清を座長とする日本建築学会の木造規準調査会の報告であり、ここで始めて短期と長期の両荷重状態を考慮して、建物全体の終局強度を均一にするという棚橋の設計手法が、木造小学校の標準教室の構造設計として具体化し、その内容は昭和一三年三月に公表された（文献5）。

また、棚橋論文における終局耐震設計の設計規範は木造規準委員会が昭和一一年一二月と同一二年八月に実施した実物大の木造校舎の構造実験により詳しく検討されたのである（文献6）。

表3　木造家屋・木造校舎の耐風設計規則の推移

西暦	昭和	月	事項
1928	3	11	警視庁令第27条：強度計算に適用する封圧力
1930	5	7 10	九州地方巨大台風被害 木造家屋新築および修理に関する耐風構造上の注意書
1934	9	9 12	第一室戸台風　木造校舎の大被害 木造規準調査委員会設立 学校建築物の営繕並に保全に関する訓令 （文部省訓令　第16号）
1935	10	11	木造建築規準委員会　2階建木造小学校校舎教室構造設計案
1936	11	3 12	棚橋諒・宇津木潔：耐震安全性の問題 終局耐震設計法と構造安全率 木造小学校校舎骨組試験 其1　廊下の水平骨組試験
1937	12	7 8 10	支那事変勃発 木造小学校校舎骨組試験 其2　間仕切骨組に関する実験 鉄鋼工作物建造許可規則
1941	16	12	建築学会　鉄骨構造計算規準（案）　第36条

このように想定される外力条件下での安全率を均一化すると言う考え方は、後の荷重係数法や塑性設計法の先駆けとなる画期的な設計理論であったが、時はすでに支那事変後の戦時体制に移行し、これらの大型実験の成果を木造校舎に活かす機会は失われていた。

木造校舎の耐風設計と今日の塑性設計や終局強度設計法とには深い関係があったとは想像しにくいかもしれないが、実は木造小学校耐風設計が終局設計法の原点の一つであった。

◇設計用風圧力の規定

大熊武司はわが国の風荷重の規定の変遷について次のように述べている（文献7）。少し長いが引用する。

〃昭和三（一九二八）年十一月、非常に簡単なものではあるが、わが国初の耐風構造に関する規則が警視庁令第二七条（強度計算に適用する風圧力）として発布された。もっとも風圧力についての規定の議論はそれ以前にもあった。建築学会が付託されて作成した東京市条例案（大正二（一九一三）年）による風圧力の規定である。この条例は実施されることなく終わったが、市街地建築物法に大正八（一九一九）年、細則は大正九（一九二〇）年）に引き継がれた。ただし、風圧力・地震力についての規定は削除された。

この一連の流れに関連して筆者は、東京市建築条例案における風圧力の規定値が、警視庁令の値の約二倍（建築物で二一九キロ／平米、自立煙突で二四四キロ／平米）であったということを指摘しておきたい。短期間の間に何故そのように大きくかわったのか、その理由について筆者はよく知らないが、風圧力についての認識が世界的に大きく変わったことが関連しているものと推察される。

すなわち、航空機の研究のために一八九〇年頃から風洞が世界的に建設されるようになって航空流体力学が著しく進歩し、空気力評価について大きな影響を与えてきたニュートンの空気抵抗理論が不合理であることが判明したのである。ちなみに建築物についてのわが国初の風洞実験は恐らく昭和九（一九三四）年の警視庁技師池口によるものである。昭和九（一九三四）年の室戸台風に先立つ昭和五（一九三〇）年七月、九州地方は日本記録第三位（当時）の猛烈な台風に襲われ、建築物は甚大な被害を被った。このため、東京工業大学、東京大学は大学命で合同調査団を派遣したが、その調査方法、報告書のスタイルは室戸台風の際に大いに生かされ、その後の被害調査の原形となった（文献8）。なお被害の大きさに鑑み、報告書の付録に耐風対策法が「木造家屋新築及び修理に関する耐風構造上の注意書」そして提言された。室戸台風はわが国耐風設計法の近代化の原点ともいうべき事象で、九一一ｈＰａという極めて低い中心気圧を維持して、昭和九年九月二一日未明、室戸岬に上陸した。この台風は正午には新潟に達したが、その間、関西地方は京阪神地帯を中心に未曽有の風水害を受けた。この台風災害については多くの研究者や行政担当者によって徹底的に調査、分析され、当時進められていた海外における建築物についての風洞実験データの収集活動と相俟って、耐風設計法の見直しが急速に進んだ。

すなわち、前項で述べたニュートン理論による空気力評価の見直しがわが国でも行われ、設計用風圧力の評価に今日流の「速度圧」、「風力係数」の概念が導入された。それとともに風洞実験も活発に行われるようになり、昭和十六（一九四一）年一二月に日本建築学会から公表された「鉄骨構造計算規準（案）」の第三六条「風圧力」に反映され、数値は若干異なるが、現行の建築基準法施行令第八七条「風圧力」とほぼ同じ考え方の物になっている。因みに現行基準の速度圧値は室戸岬測候所の地上高さ一五メートルの観測鉄塔上で、ダインス風速計で計測された最大瞬間風速値約六三メートル／秒によっている。理由は「戦後現行法規立案嵩時におけるわが国の過去の速度のうち最大のもの」ということである。

被害調査報告では、前述の昭和五年七月台風の場合と同じく、「筋違の使用、接合部の強化、土台と基礎の強固な連結等、横力に耐える方策」、「小屋組の強固な連結等、（窓等の破壊に伴う）内圧力に耐える方策」、「屋根葺き材、庇等の剥離、飛散防止」、「建物の形状や群としての配置における配慮等、破壊力の軽減」、「木造建築物の腐食、虫害の予防」等が記されている。〟

ところで社寺建築の耐風安全性についての研究はいつ頃から始まったのだろうか？　どうやらこれは国宝法隆寺金堂壁画の保存修理事業が契機となったらしい。室戸台風が来襲した昭和九年に工期十二年の予定で法隆寺国宝修理事業が開始された。そして文部省は法隆寺国宝保存事業部、現場には法隆寺国宝保存修理事務所を開設し、初代所長に武田五一が就任した。また壁画の保存手法などを集中的に検討するため、法隆寺国宝修理協議会が組織され、昭和一四年六月から委員長伊東忠太のもと壁画保存調査会が始まった。

調査会では壁画の模写、温湿度環境や修理材料など多方面の課題に取り組んだが、内田祥三は壁体の〝大放し〟と金堂架構の構造安全度判定の重要性を指摘。前者を東京大学の浜田稔、後者を京都大学の坂静雄が分担した（文献9）。

金堂の構造安定性に関する研究は戦時中の困難な状況下、昭和一五年から一九年にかけて実施され、貫や柱傾斜復元力、土壁の力学的特性など伝統木造の構造特性にかかわる多くの研究成果を得たが、最後の第一〇報「法隆寺金堂の耐震耐風性に就て」（文献10）が提出されたのは敗色がいよいよ濃厚となった昭和一九年一一月のことであった。この風洞実験の目的は〝軒出が深く屋根勾配の急な社寺構造物の風圧規準が明らかならざるため〟と記している。

模型は図3に示すような棟高二四センチ、実物の1／75で作られ、吹出口八〇センチのゲッチンゲン風洞を用いて、張間、桁行からの風向の他、扉を開閉した状況の差異についても検討された。

軒の深い社寺建築に特有の現象として、風向方向の水平力に加えて大きな浮揚力が作用し、特に妻面が風向方向になるときは、正面が風向面になる時より受圧面が小さいにも関わらず浮揚力が大きいことがわかった。水平力は正面から風を受ける場合のほうが、妻面が風向方向になる場合より大きいが、これは受圧面積の差異によるもので単位面積当たりの水平方向の風圧には差異は認められなかったという。

図4は正面と妻面の水平力と浮揚力の合風力の角度を示したものである。軒

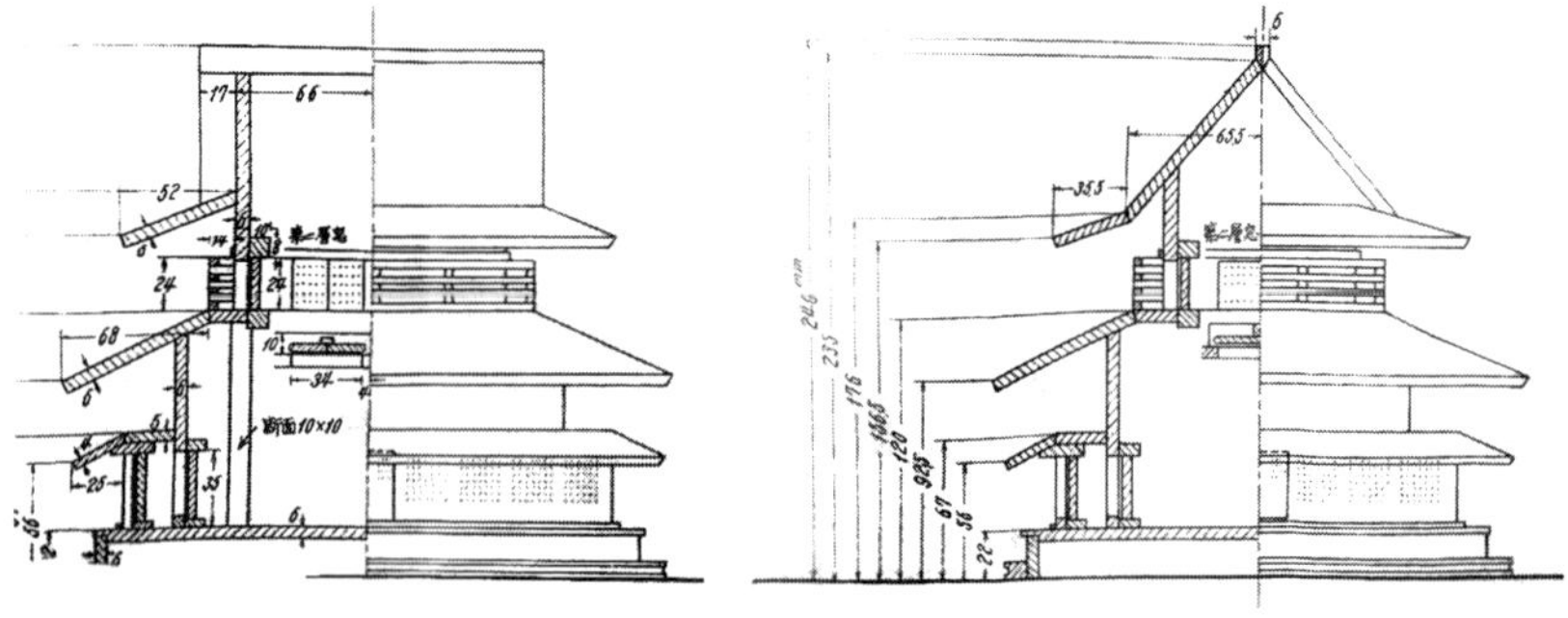

正面　　妻面

図3　金堂の風洞実験用模型（縮尺1/75）(文献10)

の出の大きい社寺建築では航空機の翼のように大きな浮揚力が働くので、屋根全体を重くするだけではなく、特に軒先に大きな重量が必要となることが理解される。なお、実験の結果、風速四〇メートル／秒では構造的に何ら障害を生じないと結論された。

話がやや逸れたが、ここで改めて戦前の市街地建築物法期の耐震、耐風設計手法の流れを俯瞰すると、関東大震災と室戸台風という未曾有の大災害を通して構造設計手法が一挙に高度化したことがわかる。

すなわち大正九年物法施行規則制定時には、まだ耐震、耐風設計荷重の規定すらなかったものが、耐震設計法に関しては大正一二年九月の関東大震災の甚大な被害を受けて、翌大正一三年の改正物法において震度規定の導入に踏み切った結果、現在につながる構造設計体系の原形が出来上がった。

次いで昭和九年の室戸台風での木造校舎などの大被害の根本的な原因究明を通して、昭和一一年には終局設計法の考え方が提案されたが、これは今日の荷重係数設計法や塑性設計法の先駆けとしてその意義はきわめて大きいものであった。振り返ってみるとこの間わずか十三年。近代的な耐震設計法の礎は瞬く間に築かれたことに驚く。

一方、耐風設計については、昭和三年に警視庁令で風圧力の規定が導入されたのを皮切りに、昭和九年の室戸台風の甚大な被害を受けて、「速度圧」「風力係数」の考え方を打ち出し、さらに昭和一六年の「鉄骨構造計算規準（案）」

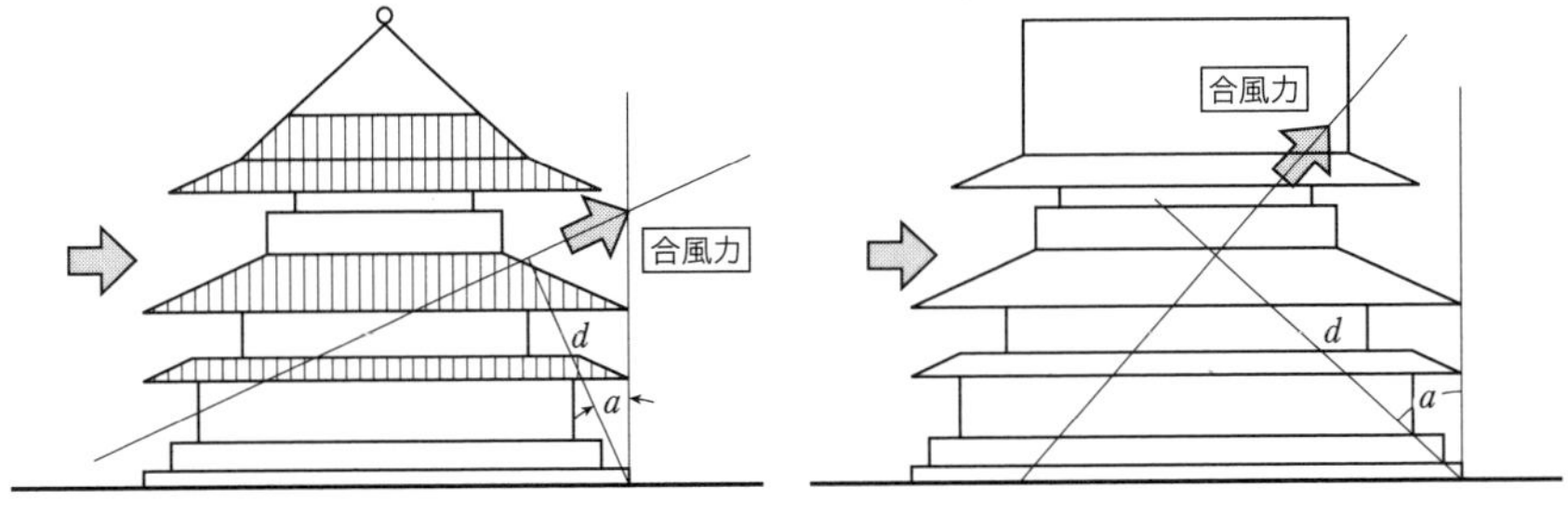

図4　金堂の水平力と浮揚力（文献10）

において「風圧力」の規定が導入されたことにより、耐風設計手法が固まった。奇しくも耐風設計も耐震設計と同じくわずか十三年間で近代化を遂げたのであった。

市街地建築物法の名目的な運用期間は大正九年一一月から昭和二五年一一月に建築基準法施行令が施行されるまでのちょうど三十年であったが、次項で述べるように昭和一二年には戦時体制に突入したことによって物法は停止を余儀なくされたため、実質的な運用期間はわずか十七年ほどにすぎなかった。しかしながら、わが国独自の剛構造理論に基づくRC造やSRC造の耐震設計手法をはじめ、あらゆる構造種別に対する耐震設計法が過酷な自然災害と厳しい経済不況下において高度な完成域に到達させていたことは特筆される。

ちなみに、先の兵庫県南部地震では戦後に建設された築三十年程度の新しい鉄筋コンクリート造建築群に倒壊や中間層破壊など夥しい被害が発生したのに対し、戦前の物法時代のRC造建築は竣工後少なくとも六十年を経過し、ほぼ例外なく神戸空襲を経験していたにも関わらず、現行基準の四倍以上もの激しい揺れに対しても、ほぼ無被害で機能を維持したことは記憶に新しい。

戦前の物法期に造られた古い建物と戦後の建基法で造られた新しい建物との間に何故これほど歴然とした差異が生じたのか？　この点については次項で示すように戦中戦後の逼迫した経済環境下における積載荷重や許容応力度はじめ構造規定の過度な緩和措置が大きく影響している。

物法期のRC建造物が何故激しい直下型地震の揺れに対してほぼ無被害で耐えたのかについてはいくつかの論考が参考になろう（文献11）。

1・*4* 戦時建築規則について

◆*1* 木造建築の戦時統制について

昭和六年九月一八日柳条溝における満鉄爆破に端を発した満州事変の頃からわが国は次第に軍国化の様相を強め、昭和七年の五・一五事件、そして昭和一一年の二・二六事件を経て、ついに昭和一二年の七夕の日の虚溝橋事件に端を発して日本は中華民国と全面戦争に突入、戦火は中国全土に拡大。わが国は挙国一致の戦時体制に急速に移行した。

表4は戦中戦後の構造規則の推移を示したものである。

まず、昭和一二年九月の「臨時資金調達法」が成立して経済活動は政府の統制下に置かれた（文献12）。そして同年一〇月一〇日には「鉄鋼工作物築造許

表4　戦中戦後の建築構造法期の推移

年号	年	月	事項	時期
大正	8	4	市街地建築物法制定	物法期
	13	3	改正市街地建築物法	
昭和	11	2	2.26 事件	
	12	7	**支那事変勃発**	戦時統制期
		9	臨時資金調達法	
		10	鉄鋼工作物築造許可規則	
	13	4	国家総動員法	
		9	用材統制規則	
		10	用材規格規定	
	14	2	内務省令 5 号防空建築規則	
		11	商工省令 67 号木造建物建築統制規則	
			勅令 703 号物価等統制令	
	16	10	用材配給統制規則	
		12	**第二次世界大戦開戦**	
	17		戦時規格作成委員会創設	
	18	4	商工省告示 258 号	
		10	新用材規則	
		12	勅令 942 号市街地建築物法停止	
	19	8	臨時日本標準規格第 532 号建築物の荷重	
			臨時日本標準規格第 533 号建築物の構造計算	
	20	8	**第二次世界大戦終戦**	
	22	3	建築規格 3001 号	占領期
			臨時建築等制限規則	
	25	5	法律第 201 号建築基準法制定	建基法期
		6	**朝鮮戦争勃発**	
		11	基準法施行令施行・市街地建築物法廃止	

可規則」が公布されて不要不急の民間建築への鉄鋼材料の使用が禁止された結果、RCやSRC造の建設は事実上不可能となり、建築設計は戦時建築統制の諸規則の管理下に入った（文献13、14）。

次いで昭和一三年四月一日には「国家総動員法法律第五五号」が公布、同五月五日に施行され、さらに昭和一四年二月一七日には「防空建築規則（内務省令第五号）」が公布されて、戦時空襲に備えて木造建築を防火改修するとともに、階数六階以上もしくは五階かつその床面積が三千平米を超えるRC造に対しては屋上に耐弾層を設置するなど耐爆補強が義務付けられた。

そのほか、商工省令第六七号（昭和一四年一一月一三日）には「木造建物建築統制則」が施行され、総床面積一〇〇平米（三〇・二五坪）を超える木造建築の新築については地方長官の許可制となった。

その後、戦局の悪化に伴って、商工省告示第二八五号（昭和一八年四月一日）では一戸当たりの床面積五〇平米（一五・一五坪）を超える普通住宅は地方長官の許可制となった。

市街地建築物法は昭和一二年には実質的には停止していたが、昭和一八年一二月二七日に市街地建築物法及同法施行令戦時特例（勅令第九四二号）が公布されて物法に対する特例が規定された。

これに先立ち、昭和一八年一〇月の「新用材規格」（文献15、16）「戦時規格木造建築物」においては、尺貫法をメートル法に切り替え、木材の許容強度を引き上げるとともに、断面や材長の規格寸法を大幅に切り下げた。これらの木材の規格寸法の見直し（実態は小断面、規格部材長の短縮）の結果、これらを引き継いだ戦後の木造諸規準では、細い柱で支持しうる軽い屋根と切組を行わない釘金物接合とせざるを得なくなった。

◆2　積載荷重の見直し

物法制定後、積載荷重や許容応力度は下記の改正を経て今日に至った。

＊物法期

大正九年市街地建築物法施行規則制定時

昭和七年改正物法

昭和一二年改正物法

＊戦時統制期

昭和一九年臨時日本建築規格臨ＪＥＳ第五三二号

＊戦後（占領期）

昭和二二年日本建築規格三〇〇一号

＊占領後

昭和二六年建築基準法施行令第八五条

表5は物法から建基法にいたる積載荷重規定の変遷を一括して比較したものである。

「1・3項　◆3　施行規則の見直し」（三三五頁）でも若干述べたが、今一度物法から現行基準法に至るまでの積載荷重の変遷を俯瞰すると、物法制定以来、設計用積載荷重は一貫して切り下げられてきたことが明瞭である。

たとえば住宅（住家）の積載荷重は大正九年の物法施行規則制定時は二五〇キロ／平米あったが、昭和に

表5　積載荷重の規定値の変遷（単位：kg/m^2）

年代	法令	種別	住家	事務所 病院	学校	集会室 劇場・寄席	商品陳列室 陳列館	倉庫
大正8年	市街地建築物法	—	250	370	420	500	550	実況
昭和7年			同上	同上	同上	同上	同上	同上
昭和12年			200	300	350	450	400	400＞実況
昭和19年	臨時日本標準規格（臨JES532号）	種別	居住室 病院	事務室	教室	集会室 （固定）	集会室 （立席）	
		床	180	300	230	300	360	
		大梁・柱・基礎	130	180	210	270	330	
		地震	60	80	110	160	210	
昭和22年	日本建築規格3001号	種別	同上	同上	同上	同上	同上	商店 （百貨店）
		床	同上	同上	同上	同上	同上	300
		大梁						240
		地震						130
昭和25年	建築基準法施行令第85条	種別	居住室	事務室	教室	店舗売場	集会室 固定／その他	自動車車庫
		床	同上	同上	同上	300	300／360	550
		大梁				240	270／330	400
		地震				130	160／210	200

入ると二割低減されて二〇〇キロ／平米となったものの、現在のような「床用」「大梁用」「地震用」の区分はなく一律であった。

しかしながら、昭和一七年になると戦略物資として重要な鋼材やセメントを節約するため、日本建築学会に「戦時規格作成委員会」が組織されて、積載荷重や許容応力度の見直しを図ることとなった(文献16—18)。

これにより内閣告示第二一号、いわゆる「戦時規格」——日本臨時標準規格・臨ＪＥＳ第五三二号及び五三三号(昭和一九年五月決定、同一九年八月九日公布)〝建築物の荷重〟において積載荷重を大幅に切り下げるとともに、長期の鋼材の許容応力度をFと定めた。

昭和一九年八月というと戦局は悪化の一途をたどり、ついにマリアナ諸島を失って絶対国防圏は崩壊。極度の資材不足のなか、来るべき本土決戦に備えて民需品の徹底した節約を主眼に制定されたのが、臨ＪＥＳ第五三二号、第五三三号であった。まさに〝本土決戦規格〟、究極の戦時規格であった。

具体的には、

㈠　昭和一九年の臨時日本標準規格(臨ＪＥＳ)五三二号〝建築物の荷重〟において、床用・大梁用・地震用の三種類の区分が設けられた。

㈡　床用積載荷重は用途により異なるが、学校では昭和一二年規定の三分の二、集会室では六割に切り下げられた。

地震力算定用の積載荷重は住宅では従来の二〇〇キロ／平米から六〇キロ／平米に、教室は三五〇キロ／平米から一一〇キロ／平米など七割近く減じられた。

なお、次に述べるように臨ＪＥＳの規定値は占領下の昭和二二年に制定された「日本建築規格三〇〇一号」及び昭和二五年制定の「建築基準法施行令第八五号」にそのまま引き継がれた。

住宅について考えると、六〇キロ／平米というと、六畳間（約一〇平米）で六百キロ、おおむね十人程度の荷重に過ぎない。床面積一〇〇平米の住宅の場合、物法制定当初の規定では、二五〇キロ／平米×一〇〇平米⇓二五トンの設計荷重を見込んでいたものが、臨ＪＥＳ以降は六〇キロ／平米×一〇〇平米⇓六トンしか算入しなくてよくなった。

この差約二〇トンはおおむね一〇〇平米程度の木造家屋の躯体重量と同程度である。したがって臨ＪＥＳ第五三二号は建物の重量を半減して耐震設計できるようになったと解釈できよう。積載量一〇トンのトラックの衝突安全性を検討する場合に、三トンの積載重量しか考慮しないというようなことはありえないが、昭和一九年、まさに国家存亡の戦時下、止むを得ざる「臨時」の措置として極端なまでの切り下げを断行せざるを得なかったのである。

◆3　許容応力度の変遷

表6はコンクリートと鉄の許容応力度の変遷である。昭和一九年の臨ＪＥＳ五三三号〝建築物の構造計算〟の規定値は驚くべき内容であった。すなわち当時は今日のように「長期」と「短期」の区別はなかったが、鋼についてみると昭和一二年改正物法では圧延鋼の曲げ許容応力度は一四〇〇キロ／平方センチであったものが、臨ＪＥＳでは一般構造用鋼が二四〇〇キロ／平方センチと七割以上引き上げて降伏強度Fと定めた。これは圧縮、引張許容応力度についても同様であった（文献19、20）。

一方、コンクリートについては昭和一二年改正では、圧縮強度はFc／3以下かつ七〇キロ／平方センチ以下であったが、臨ＪＥＳ五三三号ではこれを二倍に引き上げて圧縮強度を$2Fc$／3以下かつ一四〇キロ／平方センチ以下と定めた。

表 6　許容応力度の変遷（単位：kg/cm^2）

材料の許容応力度 (kg/m^2)	コンクリート					鉄・鋼					備考		
	体積比率	圧縮	引張	剪断	曲げ	鋼種	圧縮	引張	剪断	曲げ			
市街地建築法 (( ) 内はポンド表示)	C：S：G 1：2：4	45 (640)	4.5 (6.4)	4.5 (64	4.5 (64)	軟鋼	1,150	1,150	750	1,150	＊鉄筋コンクリート構造において主筋を横断する面に対して		
	C：S：G 1：3：6	30 (426)	3.0 (43)	3.0 (43)	3.0 (43)	錬鋼	850	850	550	740			
						鋳鉄	850	200	200	200			
昭和 7 年改正 市街地建築物法	体積規格 ↓ 強度規格	F_c/3 以下 かつ 70kg/cm^2	F_c/30 以下 かつ 7kg/cm^2 以下			軟鋼	1,200	1,200	800	1,200	注）コンクリートの圧縮強度は最低 90kg/cm^2		
						リベット	1,500	—	—	—			
昭和 12 年改正 市街地建築物法						圧延鋼	1,400	1,400	700	1,400			
						リベット	2,500	—	1,000	—			
昭和 19 年 臨時日本標準規格 JES 533		2/3F_c 140kg/cm^2 以下	F_c/15 14kg/cm^2 以下	鉄筋 引張 1,400 付着 14		一般構造	2,400	2,400	1,200	2,400	側圧	接触	
											4,500	7,000	
						鋲鋼	2,400	—	2,400	—	—	—	
						鋳鋼	2,400	2,400	1,200	2,400	4,500	7,000	
						仕上げボルト	—	1,500	1,800	—	—	—	
昭和 22 年 日本建築規格 3001 号 短期・長期 許容応力度の区別		1/3F_c 70kg/cm^2	F_c/30 7kg/cm^2 以下	鉄筋 引張 1,600 付着 7.0		一般構造	1,600	1,600	800	1,600	3,000	4,600	短期は長期の 1.5 倍
						鋲鋼	—	1,600	1,200	—	—	—	
						鋳鋼	1,600	1,600	800	1,600	3,000	4,600	
						鋳鉄	1,000	—	—	—	—	2,800	
						仕上げボルト	—	1,000	1,200	—	—	—	

ついでに表7に木材の許容応力度の概要を示す。もともと木材とコンクリートの許容応力度はクリープ変形を生じない長期応力度を基準にしているが、自然材料であるため、鋼材やコンクリートなど工業製品と違って時代によって変化することはない。なお、短期の許容応力度を長期の二倍に引き上げたのは戦時規格以降のことである。

1・5　戦後の建築基準について

◆1　建築規格三〇〇一号

昭和二〇年九月二日東京湾に停泊中の戦艦ミズーリ上での連合国との降伏文書調印後、連合国による占領統治が始まったが、大戦末期の空襲によって多くの都市が焦土と化したわが国は、終戦後の混乱期に応急戦災復興住宅の大量建設という焦眉の課題に直面することになった。しかしながら、木材をはじめ、鉄、セメント、ガラスなどあらゆる建設資材が極度に逼迫する状況下、戦前ではとても許されなかったような応急仕

表7　木材の許容応力度の変遷　（単位：kg/cm²）（文献1、p.183）

法令	種類	圧縮	引張	剪断	曲げ	短期
市街地建築物法施行規則	欅・栗	90	90	9	90	
	松	75	75	7.5	75	
	檜・栂・オレゴンパイン	65	65	6.5	65	
	杉・北海道松	50	50	5	50	
昭和12年改正物法	樫	90	125	14	125	
	欅	80	110	12	110	
	栗	70	95	10	95	
	松	80	90	9	90	
	ヒバ	70	80	8	80	
	杉	60	70	7	70	
建築基準法施行令	赤松・黒松・唐松・ヒバ	80	90	7	90	短期許容応力度は長期許容応力度の2倍とする
	檜・栂・米松・米ヒバ	80	90	7	90	
	杉・樅・エゾ松・米杉・米栂	60	70	5	70	
	樫	90	130	14	130	
	栗・楢・ブナ・欅	70	100	10	100	

様も認めざるを得ず、小径材のバラック的家屋で急場を凌ぐのが精一杯であった。

しかしながら、昭和二〇年九月には枕崎台風、同二二年九月にはカスリン台風、同二四年八月キティ台風、さらに関西に大きな爪痕を残した同二五年八月のジェーン台風などの超大型台風が毎年のように荒廃した国土を襲い、そのたびに甚大な家屋被害が発生した。当時の戦災復興住宅は戦前の本式の伝統木造家屋とはほど遠い、軽量乾式工法だったため、地震力よりも風荷重に対して圧倒的に不利であった。

要するに、終戦直後の経済状況は戦中よりさらに悪化し、結局昭和二五年六月二五日の朝鮮戦争勃発による戦争特需で経済が息を吹き返すまでは、建設資材の統制は容易に撤廃できず、昭和一八年四月の商工省告示第二八五号の一五坪制限を超える復興住宅などは長らく机上の空論に過ぎなかったのである。

このような過酷な環境下、前節で若干述べたように占領統治下の昭和二二年三月に、昭和一九年八月に公布された「臨時日本標準規格」第五三二号と同第五三三号の「建築物強度計算の基本」を統合する形で日本建築規格三〇〇一号「建築物の構造計算」が制定されたが、このような経緯から明らかなようにその内容は臨JES第五三二号と当然同じものとなった。

すなわち表5、6に明らかなように戦後の昭和二二年の日本建築規格三〇〇一号においては「長期」許容応力度と「短期」許容応力度の二本立てとなり、長期の一・五を短期と定めて、一般構造用鋼では「長期」一六〇〇キロ／平方センチ、「短期」二四〇〇キロ／平方センチに規定された。この数値は現行規定と変わらない。長期に対する短期の安全率を一・五としてはいるが、本質的には戦時規格——臨JES五三二号をほぼ踏襲したものであった。荷重規定についても同様である。

◆2 建築基準法の構造規定とその背景

昭和二五年一一月二三日に市街地建築物法は廃止され、建築基準法施行令が公布された。しかしながら、占領統治下で制定された建築規格三〇〇一号は見直されることなく、そのまま施行令に踏襲された。こうして「戦時」の「臨時」規則は「平時」の「恒久」規準になったのである。

にわかには信じがたい話だが、建築基準法施行令第八五条、第九〇条、第九一条は、〝本土決戦〟や〝一億玉砕〟が叫ばれるなか、極端な資材節約設計を強いた「戦時」規準——すなわち臨JES五三二号や五三三号そのものである。その結果、日本の現代建築は戦後七十年を経てなお、第二次世界大戦時の〝特攻規準〟で作られている。それが口を開けば〝経済大国〟を豪語するわが日本建築の偽らざる姿なのである。

資材が有り余っている現在、床荷重一つにしても、六〇キロ／平米というような「戦時」規格ではなく、かつての物法のように二五〇キロ／平米くらいの「平時」規格にもうそろそろ立ち返っても良いのではないだろうか？

これと関連して、大橋雄二は『日本建築構造基準変遷史』(文献1)において「建築基準法令解説」(昭和二五年一一月)から引用する形で、建築基準法施行令における木造の構造強度規定制定の背景について次のように記している。

〝……木造の建築物の耐震、耐風の手法については特に防災的な観点から具体的な数値を示すことにした。最近の台風の被害の状況をみると、先づ各構造部材の継ぎ手仕口の緊結の規定すら守られていないために被害を非常に大きくしている事例が多いので、接合部の緊結は重視し、筋違を入れる限度についても具体的な数値を掲げることとした。第一節から第七節までの規定で充分というわけではなく、建築学界の定説となり又法規として規定することが適当と思われるものが出て来ればどんどんこの内容は変更し又追加されるものと考えている。〃

このように、敗戦後の物資欠乏の時代に制定された建築基準法施行令は、
・風で変形しないための、最小限の筋違
・部材が外れないための、最低限の釘金物
（風で吹き飛ばされないための、基礎へのアンカー）
の設置を求めた。ただし、これらはあくまでもミニマムの規定に過ぎなかったので、学術研究の進展に応じて追加変更されていくことを前提とし、また期待されていたのであった。

繰り返しになるが、村松貞次郎が指摘したように、「基礎と土台の緊結」「筋違重視」「金物接合」の三つは「耐震木造の金科玉条である」との思い込みがあるが、建築基準法制定時の本来の趣旨は上記規定よりも性能的に優れた工法に改良変更すること――当然伝統工法を妨げるものではなかったのである。

2　柱の太さを考える

2・1　屋根の荷重と柱の太さ

屋根の荷重や仕組みを論ずるには、南北に長い日本列島の気候風土を考える必要がある。関東は浅間山や富士山の火山灰地質なので畑作が中心。関西のような水稲栽培にはもともと不向き。粘土質の土壌には恵まれていないので、葺土を使わない空葺きが自然。その結果、関東の屋根は関西に比べて当然軽くなる。

これに対し、しばしば台風に見舞われる西日本では、屋根が吹き飛ばされないためにも、空葺き、桟瓦葺き（七〇キログラム／平米程、以下グラム略）よりもやや重い土葺きの桟瓦屋根（一一〇キロ／平米程）が普通である。同じ近畿でも激しい暴風に長時間曝される和歌山県の太平洋沿岸や、大阪湾岸の泉州、淡路などでは本瓦葺き（一八〇キロ／平米程）の民家が多いが、本堂建築になると三〇〇キロ／平米——一トン／坪くらいの本瓦葺きは珍しくない。

法隆寺金堂の風洞実験で述べたように軒の深い社寺建築が暴風を受けると航空機の主翼のように大きな浮揚力を発生する。そのため古来より屋根を重くして風害に備えてきたが、大棟軒庇の先端などでは局所的に流速が非常に増大するので、重量の大きい瓦で抑えて瓦の飛散を防いでいるのである。

十数キロ／平米の金属板葺に比べると、三〇〇キロ／平米の屋根荷重は、随分重いと思われるかもしれない。しかしながら日本海側では積雪量三メートルはあたりまえ。豪雪地帯では五メートルに達することも多い。雪の比重を〇・三と仮定すると、一メートルの積雪ならば一平米あたり三〇〇キロ——ちょうど大規模な本堂の本瓦葺きに匹敵する重さになる。五メートルの積雪ともなれば一・五トン／平米にも達するのである。したがって、日本海側の豪雪地帯や太平洋側の台風の襲来地域では、三〇〇キロ／平米の屋根荷重は取りたてて大きいというほどのものではないのである。

多雪地域の古民家には軽量な石置き屋根にもかかわらず、柱や梁組は豪壮で頑丈である。しかも柱間は京間のような六尺三寸ではなく、芯々六尺が多い。これらはいずれも豪雪に耐える伝統木造建築の英知と言えよう。

2・2 物法施行規則第五三条について

ところで、建物の柱が過度に細いと地震や暴風、積雪で倒壊する危険性が増す。そのため、昔から用途や規模に応じて柱の太さを基準に各部の断面寸法を一定の比率で定める手法が発展した。洋風建築も同様で、古典建築の規範（オーダー）に基づく寸法則が西洋規矩術とともにわが国にもたらされた。

もっとも今では、伝統的な寸法規範に則った建築は姿を消して、目にするのは和とも洋ともつかないキッチュ建築ばかりであるが、構造上最も重要な柱の太さについては、市街地建築物法以来、厳格な規則が設けられ、今もこれが木造家屋の構造安全上の要となっている。

建築基準法施行令第四三条には〝柱の小径〟に関する規定があるが、市街地建築物法施行規則第五三条にも同様の定めがあった。柱の小径とは構造上主要な柱の断面寸法Dのことである。

柱の必要断面積は作用する軸方向力の大小によって異なるが、木造では軸力に占める屋根荷重の割合が大きいので、市街地建築物法以来、屋根葺き材料に応じて、各階の「階高H」に対する「柱の断面寸法D」の比（D/H）によって最小径を定めた。

表1は物法の柱小径の規定である。大正九年一一月九日内務省令第三七号として公布された当初の「市街地建築物法施行規則」では、屋根の種別は下表のように、

①「一般的な木造」

②「重量の大きい土蔵・木骨石造・木骨煉瓦造」

の二種類に対し、「最上層」「中間層」「一階」の柱の最小径を定めた。たとえば二階建ての木造家屋の場合、

二階：（D/H）＝1／35、一階：1／30

と定めたので、階高が三メートルであれば、

二階：300／35＝八・六センチ

一階：300／30＝一〇センチ

で良かった。

しかしながら、大正一二年九月の関東大震災の甚大な被害を踏まえて翌大正一三年物法は大幅に改正強化された。

改正物法では、従来の

①「一般的な木造」

②「重量の大きい木造」　の他に

③「軽い木造」　が追加された。

表1　旧市街地建築物法と改正市街地建築物法の最小径の比較

法令	種類	階数が3の三階 階数が2の二階 平屋建て	階数が3の二階 階数が2の一階	階数が3の一階
旧市街地建築物法 （大正9年）	一般的な木造	1/35	1/30	1/28
	重量の大きい木造 土蔵 木骨石造 木骨煉瓦造	1/30	1/25	1/23
改正市街地建築物法 （大正13年）	一般的な木造	1/30	1/25	1/22
	重量の大きい木造 土蔵 木骨石造 木骨煉瓦	1/25	1/22	1/20
	軽い木造 木造金属板 石綿または 石綿板葺き	1/35	1/30	1/25

ちなみに「軽い木造」とはトタンのような金属板葺き（一五キロ／平米）もしくは石綿（アスベスト）板葺き（二八キロ／平米）の木造家屋のことである。

したがって、階高三メートルの二階建て木造家屋の柱断面は改正前後で表2のように変化した。

また、金属板や石綿板のような軽い屋根では、

二階　⇓　1／35　　一階　⇓　1／30

と定めたが、これは旧物法における一般木造の数値と同じであった。

階高が三メートルの場合、軽い屋根の建物の断面は、

二階　⇓　八・五センチ　　一階　⇓　一〇センチ

となる。

ちなみに、空葺き桟瓦屋根の荷重は約六〇～七〇キロ／平米なので、石綿スレートの三〇キロ／平米の約二倍である。もし同じ許容応力度で設計するならば、瓦葺きでは当然二倍の柱断面積が必要となる。

改正物法第五三条に従うと、軽い二階建て木造家屋の一階柱は一〇センチ角になるが、空葺き瓦屋根の屋根荷重は軽い屋根の二倍なので、理屈の上では断面積も二倍、すなわち一階柱の所要寸法は$\sqrt{2}$倍の約一四センチでなければならないが、改正物法五三条では1／25⇓一二センチとやや小さくしても良かった。

しかしながら、当時すでにこの規定は過小であるとの指摘がなされていたので（文献1）、瓦葺きの家屋の柱については、物法五三条の規定の一八％増しとするよう指導されたという。すなわち、h／25×一・一八↓一四・一六センチとなるが、これは軽屋根の規定値一〇センチのちょう

表2　二階建て木造家屋の柱断面

	最小径		断面寸法（cm）		断面積（cm²）		断面積増分（%）
	当初	改正後	当初	改正後	当初	改正後	
二階	1 / 35	1 / 30	8.5	10	72	100	14
一階	1 / 30	1 / 25	10	12	100	144	44

ど$\sqrt{2}$倍に相当する。

2・3　改正物法施行規則第五三条と建築基準法施行令第四三条

一方、表3は昭和二五年一一月一六日に政令第三三八号をもって制定された建築基準法施行令第四三条の定めである。これと表1の改正物法施行規則第五三条とを比較すると、戦後木造家屋の断面がいかに華奢になったかがわかる。

改正物法では、「平屋」「二階建」とともに「三階建」の木造家屋に関する規定があった。この事実は戦前は木造三階建てが普通に認められていたことを意味する。

しかしながら、三階建てを支えるには柱径が細過ぎると判断されたためか、戦後の基準法施行令では「三階建」の規定はなくなった。

もう一つ注意したいのは　施行令における以下の三種類の重量種別である。

① 土蔵造の建築物やこれに類する「壁」の重量が特に大きい建築物

② 屋根を金属板、石板、石綿スレート、木板などの軽い材料で葺いたもの

③ ①及び②以外の建築物

民間建築の大部分を占める瓦屋根の木造家屋は③項に属する。

さて、表3の柱小径の規定値は〝柱間（スパン）一〇メートル以上の木造校舎などの規模の大きい木造〟と〝それ以外の建築物〟に大別されている。大規模な木造建築の柱は太くしなければならないのは当然だが、棟数の多い「二階建木造家屋」については表4のよ

表3　建築基準法施行令第43条の最小径の規定値

	種別	梁間・桁行 10m 以上の公共建築等		左記以外	
		最上階・平屋	その他の階	最上階・平屋	その他の階
①	土蔵（重い壁の建物）	1 / 22	1 / 20	1 / 25	1 / 22
②	軽い屋根（金属板・石綿）	1 / 30	1 / 25	1 / 33	1 / 30
③	①・②以外（瓦葺き）	1 / 25	1 / 22	1 / 30	1 / 28

うに定められた。

表1の改正物法第五三条でこの数値に近い種別を検討すると面白いことに気づく。すなわち、物法において、一階柱の小径が1／28でも可能だったのは、〝木造にして金属板石綿または石綿板葺き〟——いわゆる〝軽い屋根〟のみであった。それ以外の一般的な木造（空葺き瓦屋根）では1／25、土蔵等重い建物では1／22となっており、いずれも施行令の規定値1／28よりも太かった。要するに、戦前はこのような細い柱は認められてはいなかったのである。

言い換えると、戦後の施行令で可能となった瓦葺き二階建て木造の1／28という柱寸法は、戦前の物法では断面が過小なため、金属板などの軽い屋根の建物にしか使えない規制値であったが、このような細い柱で瓦屋根の家屋を建てられるようにするために戦後に規準を大幅に緩和した可能性がある。

要するに、空葺き瓦屋根の二階建て木造家屋の一階柱は、戦前は一二センチ（四寸）以上としなければならなかったものを、戦後は一〇・五センチ（三寸五分材・実質は一〇センチ）でも建築できるように大幅に変更を加えたようだ。こうして戦前には到底考えられなかった一〇センチという華奢な断面がスタンダードになったと考えられる。

昭和二五年頃の動向について、内田祥哉は次のように記している（文献2）。

〝……これより先、社寺建築など大径材を使う伝統的木造建築は建築基準法制定のとき（一九五〇、五）以降、小規模なものを除き非合法化されたために、新築は基準法三十八条の特例以外にはできなくなった。したがって既存の伝統木造建築も、直後に出来る文化財保護法（一九五〇、八）のなかでのみ存続

表4　二階建て木造家屋の柱の最小径

種別	最小径の規定値
平屋・二階建ての二階柱	1/30
二階建ての一階柱	1/28

が合法化され、それ以外は既存不適格として存続することになった。〃

大径材とは具体的には何センチ以上を指すのかこの文章からはわからない。しかしながら何世代にもわたって営々と築きあげてきた社寺建築をはじめとする伝統木造の技術、そしてそれに携わる大工衆に突然〃非合法〃の烙印を押し、さらに人々の心の拠り所でもある立派な木造社寺建築など伝統木造の普請自体が反社会的行為と法的に決めたとの話には正直驚きを禁じ得ない。横暴ここに極まれりである。

2・4　細い柱の構造リスク

今一度、戦前と戦後で、階高三メートルの二階建ての空葺き瓦屋根の〃フーチング形式〃の造家屋の柱断面寸法がどのように変わったかを比較すると表5のようになる。

戦後の木造家屋はフーチングに土台を敷いて柱を建てるようになったので、一階の柱の長さは階高Hにほぼ一致する。しかしながら、戦前はフーチングを用いない〃礎石建ち〃が一般的だったので、一階柱の実長は階高Hに比べて、最小床高の一尺五寸（四五センチ）は長かった。そのため、戦前の柱長さは三メートル（一〇尺・丈物）ではなく、一般家屋で三・六メートル（一二尺）、上級家屋では四メートル（一三尺二寸・丈三）が普通であった。したがって、一階柱の実長が三・六メートルの場合、次のように柱断面は四寸八分から五寸は必要であった。

一階　h／25　⇒260／25＝一四・四センチ（四寸八分）

それが、戦後は三寸五分でもＯＫになったので、柱の断面積は（10.6／12.0）の二乗⇒七八％から

表5　戦前と戦後の木造家屋の柱の最小径の変化

	戦前	戦後
階	最小径規定	最小径規定
二階	H / 30 ⇒ 10 cm	H / 30 ⇒ 10 cm
一階	H / 25 ⇒ 12 cm	H / 28 ⇒ 10.6 cm

（10.6／14.4）の二乗⇓五四%、すなわち四分の三から半分にまで断面積が小さくなった。

ちなみに大阪では昔から〝柱の太さは、借家で最低四寸、居宅では最低四寸五分〟と言われたものである。伝統木造においては〝柱の太さは内法寸法――すなわち敷居上端と鴨居下端間の距離の七分〟が常識だったので、たとえば京町家ならば内法五尺七寸＝一七三センチなので、一七三×〇・〇七＝一二センチ⇓四寸となる。これが武家の多い彦根だと内法は五尺八寸（一七六センチ）とやや大きいので、一二・三センチ⇓四寸一分、すなわち三ミリほど太くなるようだ。

2・5　二乗則・三乗則・四乗則

伝統的な木造建築の柱は現代木造に比べると概して太い。木造の専門家は〝これは大工棟梁は構造に関する知識が未熟なため。伝統木造は太い柱を使うので、木材資材を浪費すること甚だしく、きわめて不経済。しかも強度は現代木造に比べて著しく劣る〟と強調する。だがこれは正しいのだろうか？

ごく初歩的な材料力学の話で恐縮だが、一辺の長さがDの正方形断面の場合、断面寸法と部材の弾性範囲内の断面性能については**数式1**の関係がある。つまり、軸方向力は断面寸法の二乗、曲げ強さは三乗、曲げ剛性は四乗に比例する。

さて、**図1**に示すような一辺の長さが$2a$の正方形柱を考えよう。一方は寸法$2a$のままとし、他方は四分割して一辺aの柱を四本作る。

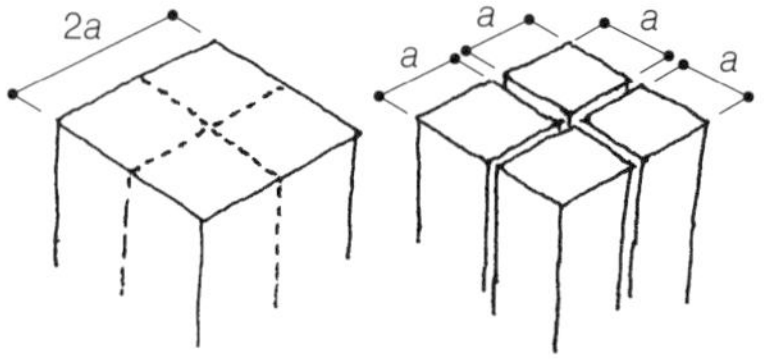

図1　断面の四分割

■数式1

軸方向力	⇒	断面積	$A = D^2$	（寸法Dの2乗）
曲げ強さ	⇒	断面係数	$Z = D^3 / 6$	（寸法Dの3乗）
曲げ剛性	⇒	断面2次モーメント	$I = D^4 / 12$	（寸法Dの4乗）

◆ *1*　**軸方向力に対する強さ**

軸方向力を支持する能力は断面積Aによって決まるので、**数式2**のようになる。

よって$A_1 = A_2$　∴　両者は同じ。

◆ *2*　**曲げモーメントに対する強さ**

曲げモーメントを支持する能力は断面係数Zによって決まるので、**数式3**のようになる。

よって$Z_1 = 2 \cdot Z_2$　∴　Z_2はZ_1の半分。

四分割したことによって、曲げ強度は分割しない場合の半分に減少する。したがって四分割した柱で、分割しない柱と同じ曲げ強度を得るには八本。すなわち分割しない柱が二本必要になる。

◆ *3*　**曲げに対する剛性**

曲げに対する変形抵抗（剛性）は柱の断面二次モーメントIによって決まるので、**数式4**のようになる。

よって$I_1 = 4 \cdot I_2$　∴　I_2はI_1の四分の一。

四分割したことによって、曲げ剛性は分割しない場合の四分の一に減少する。したがって四分割した柱で、分割しない柱と同じ曲げ剛性を得るに

■ **数式2**

・断面$2a$の柱1本の場合　⇒　断面積　$A_1 = (2a)^2 = 4a^2$

・断面 a の柱4本の場合　⇒　断面積　$A_2 = 4 \cdot (a)^2 = 4a^2$

■ **数式3**

・断面$2a$の柱1本の場合　⇒　$Z_1 = (1/6) \cdot (2a)^3 = (4/3) \cdot a^3$

・断面 a の柱4本の場合　⇒　$Z_2 = 4 \cdot (1/6) \cdot (a)^3 = (2/3) \cdot a^3$

■ **数式4**

・断面$2a$の柱1本の場合　⇒　$I_1 = (1/12) \cdot (2a)^4 = (4/3) \cdot a^4$

・断面 a の柱4本の場合　⇒　$I_2 = 4 \cdot (1/12) \cdot (a)^4 = (1/3) \cdot a^4$

は一六本。すなわち分割しない柱が四本も必要となる。

太い柱を使えば一本で済むのに、わざわざ手間をかけて四ツ割にしたために、曲げ強度は半分、断面の剛性は四分の一にまで低下する。これをイラストで示したのが図2である。太い柱を使う伝統木造の方が力学的に考えて明らかに合理的と言えよう。

もし、木造家屋の耐震強度を二倍にしたければ、柱や梁の曲げ強度——すなわち断面係数Zを二倍にすれば済むので、断面係数$Z=D^3/6$より、Zを二倍とするにはDを一・二六倍（二五％増し）とすればよい。たとえば、三寸五分角を四寸五分角にして、横材も多少大きくする。既存建物では、添え柱や辺付けを付加するのも一つである。

ついでながら、一〇センチ角の柱を一五センチ角（五寸角）にアップすれば、どうなるのか？　断面積は二・三倍なのに、断面係数は三・四倍、断面二次モーメントは五・一倍になる。さらに二〇センチにすれば、断面積は四倍だが、曲げ強度は八倍、曲げ剛性は一六倍。思い切って三〇センチにすれば強度は二七倍、剛性は実に八一倍にもなる。

ここまでくれば、何故民家の大黒柱や小黒柱が七寸ときには一尺もあるのか？　何故壁のない大空間が作れるのかその理由が容易に理解されるであろう。大黒柱や小黒柱などの大断面の柱を要所に配置するだけで何十本もの細い柱に相当する曲げ強度が得られるので、筋違などはいらないのである。

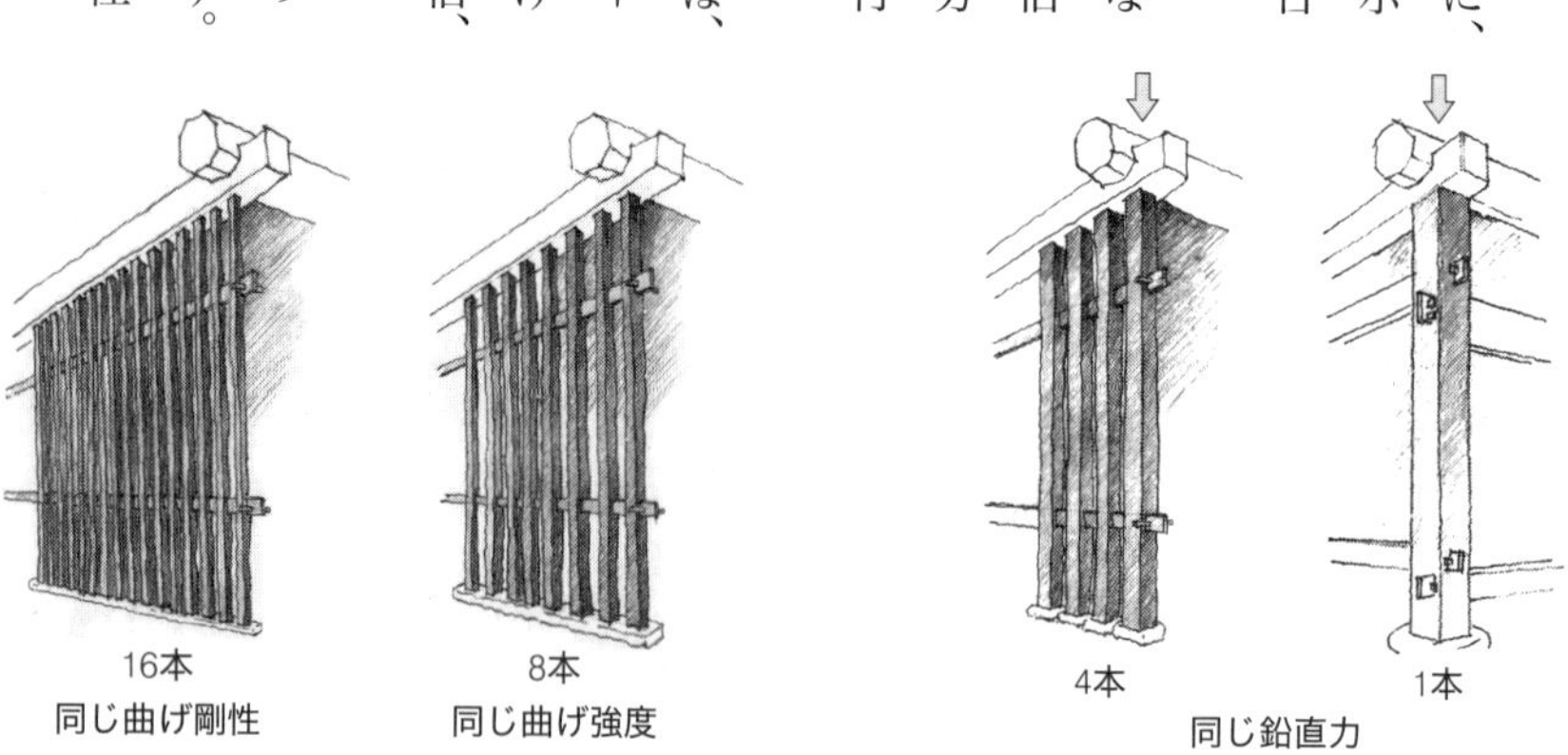

図2　2乗則・3乗則・4乗則（円満字洋介画）

◆ ***4*** **コストを考えると**

コスト面からは次のことがわかる。木材のコストは 樹種や等級によって異なるが、一般的な木造建築の部材単価は、一立方メートル当たりの相場（立米単価）に、一本あたりの材積を乗ずれば求まる。

一部材の材積は断面積Aに長さLをかければよいので、規格長さの柱のコストは断面積――すなわち断面寸法Dの二乗に比例する。いいかえると木造部材のコストはD^2に比例するので、確かに太い柱ほど単価は高くなる。

しかしながら、ZはD^3に、IはD^4に比例するので、曲げに関する断面性能はD^2に比例する部材コストを補って余りがあり、銘木や特に太い断面でもない限り、断面をやや太くするほうが、構造性能に対するコストは逆に下る可能性がある。

材木を小割にすればたくさんの部材が取れるので、儲かると思うかもしれないが、どうも話は逆で、柱を細くすればするほど強度は低下し、接合箇所が増えて手間も増加するなど、大したメリットは期待できないのである。

2・6 「太めの柱」と「貫」「鴨居」のすすめ

木造建築の耐震性を向上させるためには、架構の水平抵抗性能を向上させればよい。そのための具体的な方法としては、「筋違」によるのか、「木造耐力壁」によるのか、あるいは「貫」や「差し鴨居」などによるのかおおむね三つである。

寺社仏閣をはじめ民家や町家などすべての伝統木造建築に共通する開放的な空間構成。その本質は要所を太い柱で固めて、柱に生じる曲げモーメントを横架材に確実に伝達させることにある。

換言すると伝統木造は筋違やトラス構造のような「軸力系」としてではなく、「軸力＋曲げ系」として、木材の強靭性を最大限に引きだす技術体系になっているのである。

図3は滋賀県湖東地域の伝統的な民家の模型である。ここには〝地貫〟〝腰貫〟〝内法貫〟の〝三段備え〟をはじめとして、開口の広い場合に用いる〝差し鴨居〟、座敷周りにしばしば用いられる〝力貫〟と〝長押〟の構え、さらには図4に示すような〝平物《ひらもの》(鴨居)〟の片側に書院風の長押を強固に組みつける〝懸け子〟の凝った造りが随所に使われており、高度に洗練された構造システム――木組がよくわかる。

このような「貫」や「差し鴨居」、さらに「敷居框」などが近世に高度に発達し、庶民建築から社寺仏閣や城郭にいたるまで、広く用いられてきたにも関わらず、いまや完全に排除されてしまった最大の要因は、戦時規格以来、ホゾ加工に耐えないまでに木材規格を切り下げたためと考えられる。

ちなみに市街地建築物法第五四条には、〝柱ニシテ其ノ必要ナル断面積ノ三分ノ一以上ヲ欠取ル場合ニハ其ノ部分ヲ補強スヘシ〟など、柱孔の補強に関する規定があったが、戦後この条文は削除されてしまった。

貫孔やホゾ穴の加工そのものを作れなくすれば、物法期のような補強規則もいらないという理屈だったのかもしれないが……。

図3　伝統的な軸組み構造（製作：日本伝統建築技術保存会）

最近は姿を消してしまった「貫」や「差し鴨居」ではあるが、その力学的な性能は「筋違」や「耐震壁」に勝るとも劣らないことは明治中期すでに野口孫市等が指摘し、さらに坂静雄が国宝法隆寺金堂の耐震性に関する一連の実験的研究で明らかにした通りである。

木造建築の耐震性を改善するには、架構の〝水平抵抗力〟とともに〝粘り強さ〟が重要であるが、「貫」や「差し鴨居」は、このいずれにおいても「筋違構造」を凌駕する。貫などの伝統工法の再興はわが国の木造建築の耐震性改善の鍵といっても過言ではない。

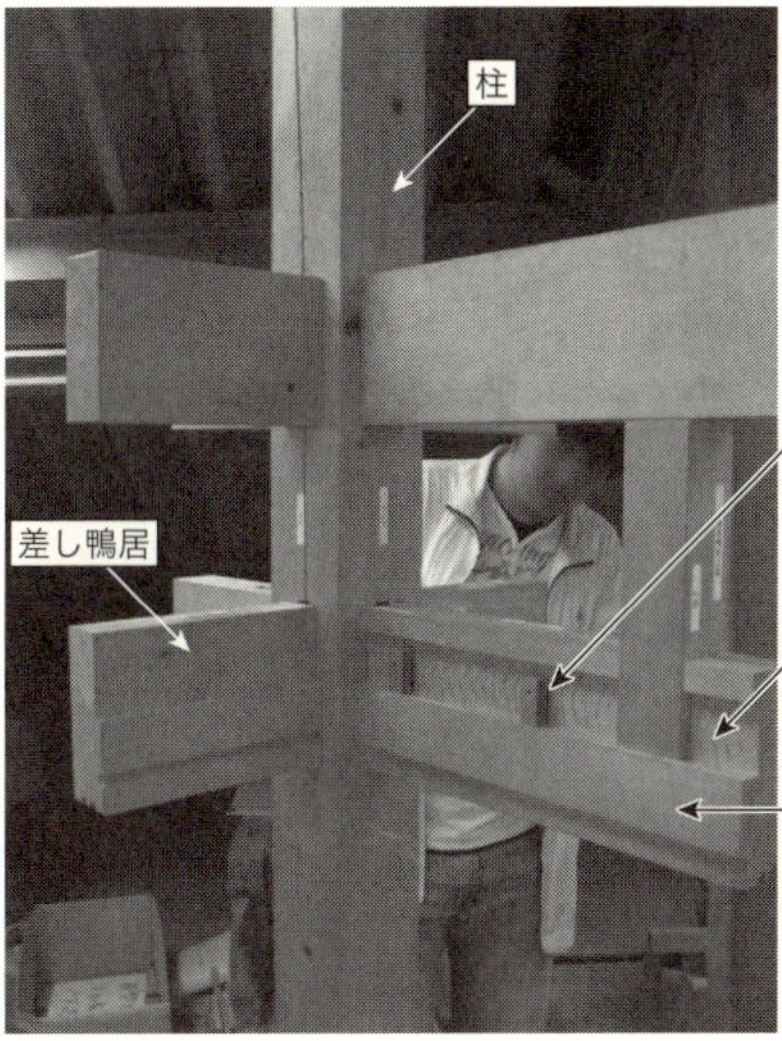

図4　懸け子の造り

2・7　「金物接合」のアキレス腱

図5に掲載したのは平成一五年七月八日の読売新聞の記事。同年六月二日未明、神戸市西区で発生した住宅火災での救助活動中に建物の二階部分が突然崩落。消防隊員四名が殉職、九名が重軽傷を負うという大惨事が発生した。その原因を調べるために神戸市消防局が燃焼実験を行った結果、この住宅の柱と梁の接合部は図のようにボルトで耐震補強されていたために、ボルトを使わない伝統的な工法に比べて二倍以上の速さで仕口が燃焼。突入した消防隊員が倒壊に巻き込まれたと判明。木造の補強金物は火災時に急速に過熱膨張して接合部を押し広げて短時間で焼け落ちるという深刻な事実が見落とされていたようだ。法令で義務付け

4消防士殉職 神戸の火災事故

耐震ボルトが〝弱点〟

過熱膨張 接合部にすき間
燃焼時間2倍以上早まる

市消防局実験

神戸市西区の住宅火災で救助活動中の消防士四人が殉職した事故で、事故現場の住宅は柱と梁《はり》の接合部分をボルトで留めていたため、ボルトを未使用の場合より接合部分が約二倍以上の早さで焼き切れていたことが八日、市消防局の燃焼実験でわかった。ボルトは耐震強度を高める目的で取り付けられていたが、過熱のため膨張して伸び、梁と柱の接合部分にすき間ができ、燃焼を早めたと推測。構造上に問題はないものの、耐震構造が火災では〝弱点〟になったことで、今後、耐火性についての検討が迫られそうだ。市の事故対策本部は今月中旬にまとめる調査報告書に実験結果を盛り込む。

現場検証などから、一、二階を貫く「通し柱」と梁の接合部分が焼き切れたことが二階部分の崩落を誘発したとみて、市消防局消防科学研究所（神戸市北区）は先月、燃焼実験を実施。

実験では、火災現場の住宅の柱や梁と材質などがほぼ同じ材木を使い、接合部にボルト（直径一㌢）を使用したものと、使用しない二種類のモデルを作製して比較した。

一時間、燃焼した結果、接合部分にボルトを使わず、ほぞだけでつないだ場合は最後まで梁と柱の脱落もなかったが、ボルトで留めると約三十分で接合部分が焼き切れた。

実験では、ボルトを留めるナットを取り付けるため、梁に開けた穴（縦、横五㌢、深さ七㌢）が約１００度に達し、ボルトが赤熱すると、梁と柱の接合部分に数㍉のすき間ができたことを確認。ボルトと柱、梁は密着した状態だったことから、熱で伸びたボルトに引っ張られる形で接合部にすき間ができ、炎や空気にさらされ、燃焼を早めたとの見方を強めている。

日本建築については、以前はほぞで柱と梁を接合するのが一般的だったが、一九八一年の新耐震基準導入後はボルトで留めるケースが大半という。

木造耐火性の検討必要

独立行政法人・消防研究所（東京都三鷹市）は「鉄筋や鉄骨では、接合部がむき出しだと熱で曲がりやすいため、コンクリートで固めて影響を受けにくくしているが、木造住宅では耐震性向上が優先されてきた。耐火性についてもさらに検討する必要がある」としている。

図５　接合金物の火災のリスク（出典：「読売新聞」平成15年7月8日）[文献3]

られ、大量に使われている金物が、火災の危険度を異常に高めていた事実に戦慄を覚える。

今日、耐震金物が増加しているが、鉄の耐火性能は木材に比べて低い。要するに鉄は火に弱く、三〇〇度にもなると降伏点は低下しはじめ、五〇〇度になれば常温の二分の一、長期荷重すら支持できなくなる。

一方、木材は二五〇度くらいになれば熱分解が進んで火口があれば容易に着火。四五〇度にもなれば火口がなくても発火する。赤熱した金物は、木材の自然発火温度四五〇度を超過するため、焼け代の有無に関わりなく木材は発火するのである。また熱膨張した金物は肝心の接合部を却って破壊して倒壊を速める危険性が高い。

燃え代さえ確保すれば、木造の火災安全性が担保されるとの説があるらしいが、ボルトの燃え代が約五センチもあったにもかかわらず、耐火被覆の効果が全くなかったとの指摘は深刻である。

鉄骨造や鉄筋コンクリート造には鉄材の耐火被覆に関して厳しい規定があるのに、何故か木造金物の耐火性能に関して脇が甘い。接合金物にこそ十分な耐火被覆が必要である。早急な対策が望まれる。

国産材が有り余っている現在、折角成長した木材をわざわざ小さく刻んで、「筋違」や「耐力壁」頼りの閉鎖性の強い間取りにするよりも、柱や横架材を大きくして、堂々とした開放的な間取りにするほうが理に適っている。

森林の荒廃を招く間伐の遅れは深刻であるが、同時に太く成長しすぎた木材資源についても考慮しなければならない。山に入ってみると、〝目通し〟七寸くらいのいわゆる「中目」といわれる大径材が未利用のまま放置されているのは本当にもったいない。

繰り返しになるが、戦後の木造家屋は軽トラックに無理矢理何トンも載せて走っているようなもの。過積載はちょっとした弾みで大事故を起こす。

何事によらず度を過ぎた経済設計など何の得にもならない。大地震時の多数の人命喪失と巨額の経済損失を考えるとわずかな資材の節約など全く割に合わないのである。

今後木造建築の耐震化をすすめ、同時に日本の森林が抱える課題を解決するためには、戦後の細すぎる柱と在来木造という呪縛からはなれ、今こそ伝統の英知に謙虚に学びつつ、耐久性・耐震性・居住性に優れたしっかりとした木造建築を再興しなければならないと思う。

最後に、兵庫県南部地震での木造家屋の甚大な被害の原因は一部の木造専門家が言うように瓦屋根が重かったからだろうか？　否、決して屋根が重いのではない。柱が細すぎるのである。

3　土台と基礎の緊結を考える

3・1　伝統木造建築の移動現象

建築基準法施行令では、①金物補強、②筋違、③基礎固定の三つを求めているが、その起源は明治中期、濃尾地震後に創設された震災予防調査会での耐震論に遡る。

しかしながら、予防調査会での議論の成り行きによっては、わが国の木造家屋は今とはいささか異なったものになっていた可能性があった。

たとえば〝基礎と土台の緊結〟について。奇異に思われるかもしれないが、戦前は現在とは全く逆で〝基礎は固定すべきではない〟というのが建築構造界の一致した見解であった。だが今やこのような歴史的な事実はほとんど忘れ去られてしまったようだ。法令で規定されたために、もはや誰も疑問すら抱かなくなった耐震木造に関する常識のなかで、まずは〝土台は基礎に固定しなければならない〟という〝固定〟観念について考えてみたいと思う。

民家や社寺建築を調査すると、しばしば柱が礎石の中心からずれているのに気づく。小さいものでは数分だが、一寸くらいは珍しくない。かつてこれは不同沈下か施工の濁りによるものだろうと考えていたが、激震地域には移動した木造建築が多いのを目の当たりにして見方はすっかり変わった。どうやら、伝統木造は大地震で移動すること。しかも移動した建物には大きな被害は見られないというのは本当らしい。

一例を図1に示す。これは兵庫県南部地震の激震地域のお寺の門である。屋根をひたすら軽くし、壁は合板か筋違でガチガチに固め、さらに基礎と柱を緊結せよという今日の耐震の鉄則とは全く逆。土葺きの本瓦で屋根は滅法重く、明らかにトップヘビー。しかも柱と桁だけで壁や筋違などはない。基礎は礎石に載せただけ。柱は荒っぽい根継ぎで姑息な修理がなされていたが、幸い柱が外れて落ちなったので何事もなかったように建っている（文献1）。

このような事例を目の当たりにすると三つの鉄則のなかでもまず、〝基礎の固定〟についてこれが妥当なのか疑念を抱かざるを得なくなる。

かつて濃尾地震の被害調査を徹底的に行った佐藤勇造や、震災調査会嘱託研究員として庄内地震などの直下型地震の被害を具に調べた野口孫市は、異口同音に基礎の移動による免震効果が大きいことを指摘したが、これは震源域で数多くの実例に接しての結論であった。

実は木造建築の基礎を固定すべきかどうかについては、昔から議論が多かった。明治以降の動きをみると、明治一三年二月の横浜地震を契機に、ユーイングとともに百余名の学者を集めて「日本地震学会」を創設し、自ら精

図1　直下型地震で基礎が移動した伝統木造

密な地震計を考案するなど近代地震学に大きな足跡を残したお雇い外国人学者のJ・ミルン、そして地震学の泰斗大森房吉の見解にまで遡ることができる。百年以上も前すでに地震で移動した木造家屋の被害が小さいことは庶民を含め当時の人々の共通認識になっていたようだ。

3・2　初の加速度型地震計の開発と地震加速度の実相

果たして地震で建物が本当に移動するのかどうか？　これを見極めるためには、二つの運動モードを考える必要がある。一つは基礎の水平方向の滑り。もう一つは上部架構のロッキングである。一般に機械的に固着されていない二つの物体間の静摩擦係数μは、大体〇・四から〇・五くらいである。したがって、架構の水平剛性が十分大きく、さらにロッキング現象が先行しなければ、重量の大小にかかわらず、おおむね四〇〇ガルないし五〇〇ガルくらいの水平加速度が作用すれば、架構は水平に移動する。ただし、実地震では必ず上下方向の加速度を伴うので、初期微動でわずかに振動し始め、その直後に主要動の大きな加速度を受ける。このため、主要動の静摩擦に相当する四〇〇ガルもの大きさに達しなくとも、試験体が移動し始めることは振動実験でよく経験するところである。

大正一三年の改正市街地建築物法では設計震度を〇・一と規定したが、これは関東大震災での観測波形の分析結果に基づいている。図2は大正一二年九月一日の関東大震災での地震学教室での記録である（文献2、3）。図に示すように南北・東西・上下動とも主要動の初期で振りきれたので、判読可能な範囲で地震学教室の今村明恒が波形復元を試みた結果、最大水平振幅2δ＝八八・六ミリ、周期T＝一・三五秒との見解を示した。

これより、堅固な地盤上の本郷における最大加速度A_{max}は、

$A_{max} = \delta \cdot \omega^2 = \delta \cdot (2\pi/t)^2 = 4.43 \times (4.65)^2 = 95.8\ cm/sec^2 \Rightarrow 100$ガル

として一〇〇ガルすなわち震度〇・一の数値が導かれたが、この数値は当時考えられた最大級の地震加速度であった。

こうして、関東大震災の卓越周期が一・三五秒であったとの見解に基づき、構造物の一次固有周期をこれより短周期側にすべきか、長周期側にすべきかが議論され、周期一・三五秒より短い構造物を剛構造、周期一・三五秒より長い構造物を柔構造と定義された。このような議論の背景として次の事項が重要である。

一つ目は、関東大震災での本郷の揺れが最も強くなったのは初発から一五六秒後（文献4）、継続時間は二百数十秒に及んだとされるが、これほど強い地震動が長く続くと共振現象が無視できないこと。

二つ目には、大森は古来より大地震でも被害を受けなかった木造建造物として、層塔建築に着目し、関東大震災の前に法隆寺や教王護国寺、浅草寺など多くの層塔の現地観測を行い、それらの一次固有周期は一・数秒の長周期であることを明らかにしていたこと（文献5）が指摘される。いずれにせよ、今なお、柔構造とは、〝柳に風と受け流し……〟など酔狂な論説が絶えないが、これは完全な間違いである。柔剛論争も、このような地震学の文脈で読み解かなければならないのである。

以上のような今村明恒の分析に基づき改正市街地建築物法で震度

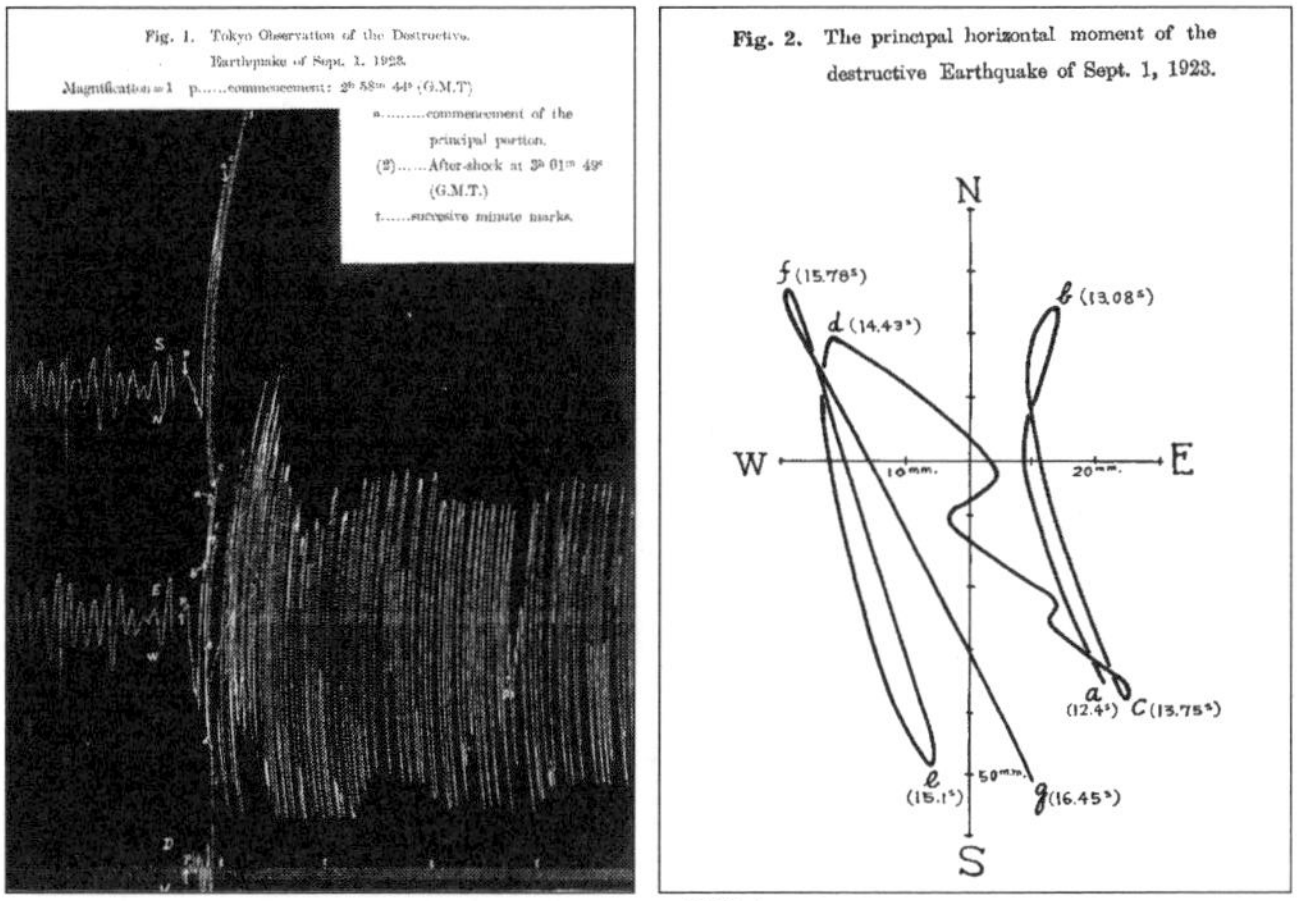

図2　関東大震災の観測変位波形（本郷）（文献3）

〇・一という数値が導入されたが、この数値は物体が滑動する静摩擦係数〇・四ないし〇・五よりも小さいので建物は滑らないと考えられた。

もう一つはロッキングである。これは幅に対して高さの大きい細長い構造物で、しかも重心が高い場合に顕著である。ただ、戦前の一般的な木造家屋は平屋もしくは二階建てがほとんどで、三階建てはまだ珍しかった。多くは幅に比して高さが低いために、多少重心が高くともロッキングは起こりにくかったのである。

しかしながら、関東大震災後に関東に相次いだ直下型地震での墓石や灯篭などの移動や転倒現象に関する詳細な調査から、実際の水平震度は〇・一より大きいのではないかと考えられるようになった。

このような漠然とした地震加速度の議論に決定的な転機をもたらしたのは、関東大震災後の大正一四年一一月に創設された地震研究所が世界に先駆けて開発した加速度型地震計であった。

昭和六年の夏頃には従来の変位型の地震計にかわる画期的な加速度型地震計を地

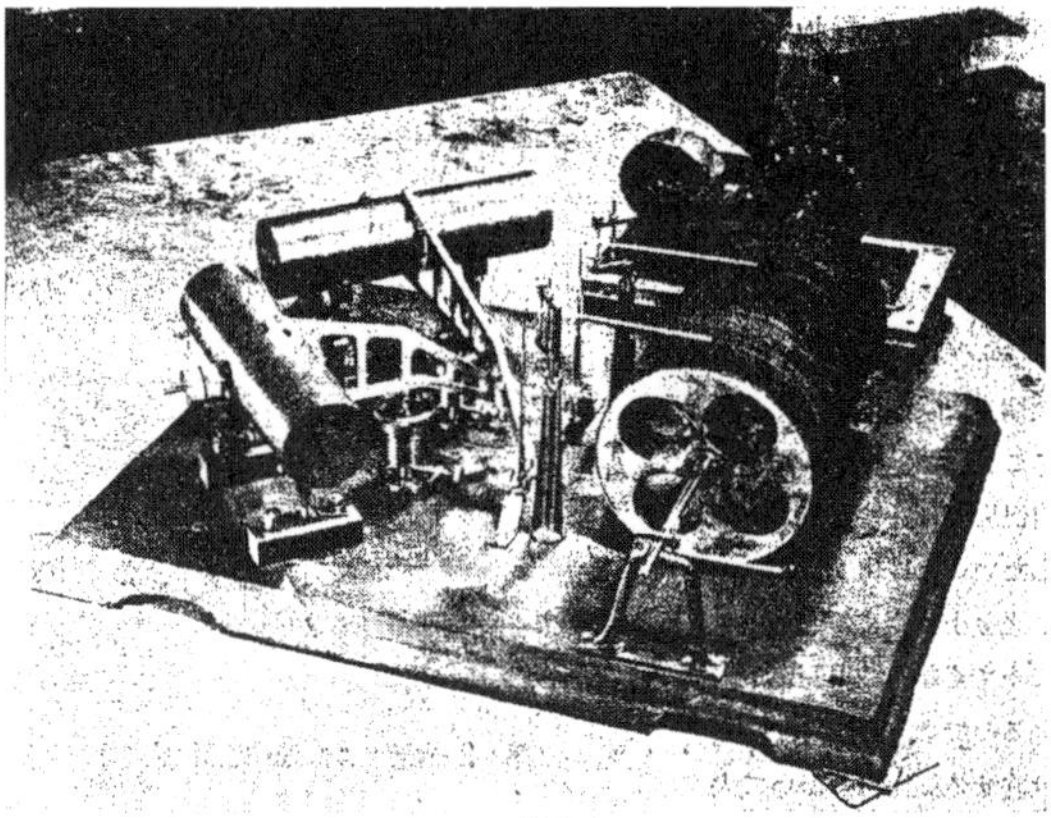

図3　世界初の加速度型地震計（文献6）

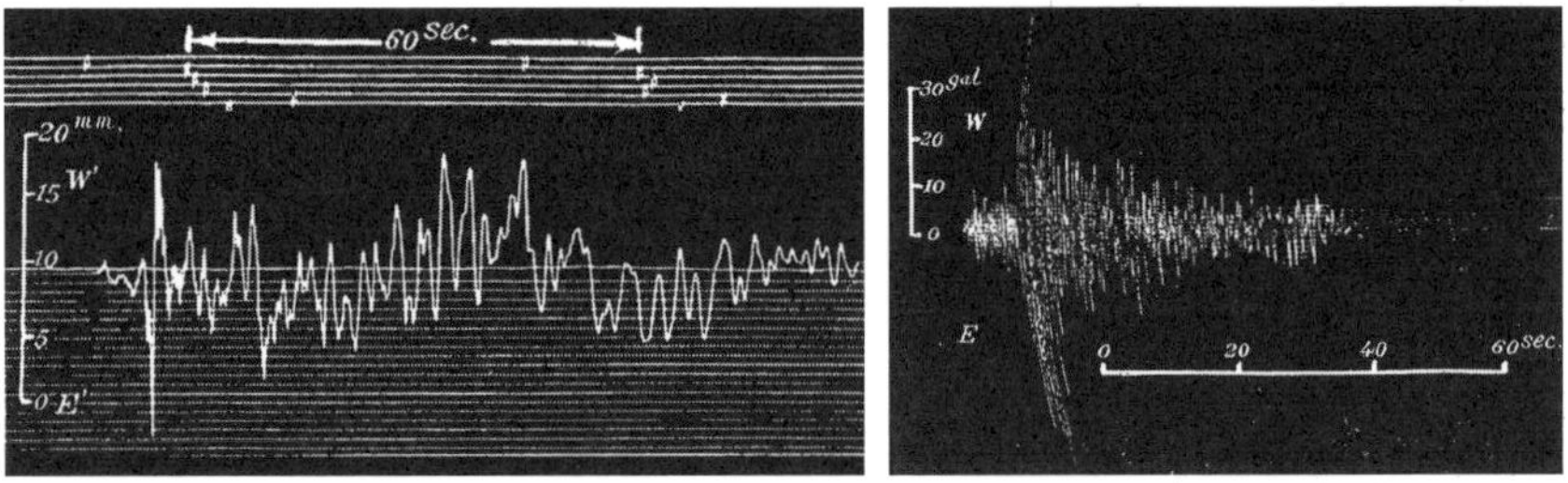

変位地震計による記録

加速度地震計による記録

図4　世界初の加速度の観測波形（昭和6年6月17日東京強震）（文献6）

震研究所の末広恭二とその指導を受けた石本己四雄が開発し（文献6）、翌年本郷や旧丸ビルの前に完成したばかりの二台の装置（図3）を設置して観測を開始。こうして早くも昭和六年六月一七日の東京地震において、図4に示すように最大加速度約七〇ガルに達する見事な加速度波形をとらえた。さらに昭和七年九月二一日西埼玉で発生したM6・9の直下型地震波形の観測に成功したことにより、大地震の様相がいよいよ明らかになった。ちなみに西埼玉地震での最大加速度は九〇ガル。物法の設計震度〇・一に匹敵した。

こうして地震の加速度は従来想定されていた震度〇・一よりも大きい可能性が高いと認識されるようになり、激しい地震では静摩擦係数を上回る加速度によって建物が移動しても不思議ではないと考えられるようになったのは自然な流れであった。

3・3　地震動の破壊力を巡って

当時京都帝国大学助教授であった棚橋諒は昭和九年七月の『建築学研究』に「材料の靭性による構造物の耐震的終局強度の高められに関して」という論文を発表（文献7）。続いて同一〇年五月の『建築雑誌』に「地震の破壊力と建築物の耐震力に関する私見」（文献8）という画期的な論文を世に問うたのである。

〝地震動の破壊力に関する速度ポテンシャル〞の仮説と、〝材料の塑性変形による履歴エネルギー消費〞に着目した〝終局耐震設計〞のアプローチが世界で初めて提案されたのであるが、これら論文の契機となったのは、末広らの加速度観測結果と実際の地震被害の大きさを合理的に説明することにあったように思える。

地震の破壊力は、地盤加速度や変位ではなく地動速度の二乗、すなわち地動のエネルギーに依存するという考え方は、設計用地震力を加速度ではなく、設計速度で規定する設計法の合理性につながる。速度スペクトルは建物の周期によらずおおむね一定となるので、この意味でも明快であり、建物の終局的な変形を評価するにもメリットが大きい（文献9―11）。

余談であるが、末広が世界に先駆けて開発した加速度型地震計に注目し、日本の研究成果を高く評価したのはアメリカであって（文献12）、米国土木学会は昭和六年に地震研究所所長の末広を招請。これに応えた末広は加速度地震計の原理とともに強震観測の重要性についての講演。これに米国は素早く対応し、翌年には全米沿岸測地局（the US Coast and Geodetic Survey）が数十台の強震加速度計を完成させて、カリフォルニア州沿岸に配備した。こうして、世界で初めて破壊的な地震の強震加速度波形が捉えられたのは昭和八年三月一〇日のロングビーチ地震（M６・３）で、このとき二三〇ガルの最大加速度が観測された（文献13）。我々にも馴染みの深いエルセントロ（El Centro）地震は昭和一五（一九四〇）年五月一八日のインペリアル（Imperial Valley）地震（M６・４）の際に、エルセントロ市で観測されたもので、最大加速度は南北三四一ガル・東西二一〇ガル・上下二〇六ガルであった。

ただし、破壊的な地震の波形自体は明治二四年一〇月の濃尾地震において、すでに名古屋で観測されていたので、実はこれが世界初の記録といえなくもないが、当時は変位型地震計だったので、加速度は観測できなかったのである。

3・4　基礎移動に関する戦前のコンセンサス

◆真島健三郎の柔構造建築

◇柔構造の実相

木造建築の基礎は固定すべきではないと耐震工学的な観点から明確に主張したのは、海軍建築局長真島健三郎であった。ちなみに現代の先端的な耐震技術として思い浮かぶのは、柔構造の超高層ビル、あるいは揺れを防ぐ免震システムなどであろうが、これらの技術の淵源は遠く明治末期から昭和に至る時代、帝国海軍が世界に先駆けて編出した独創的な「柔構造」理論で、その展開と実用化に大きな役割を果たしたのが真島であった。

ここで注意したいのは、真島の柔構造理論は精緻な数学理論に裏付けられた高度な設計体系であって、大正時代すでにこの理論によって多くの海軍施設が作られていたことである。

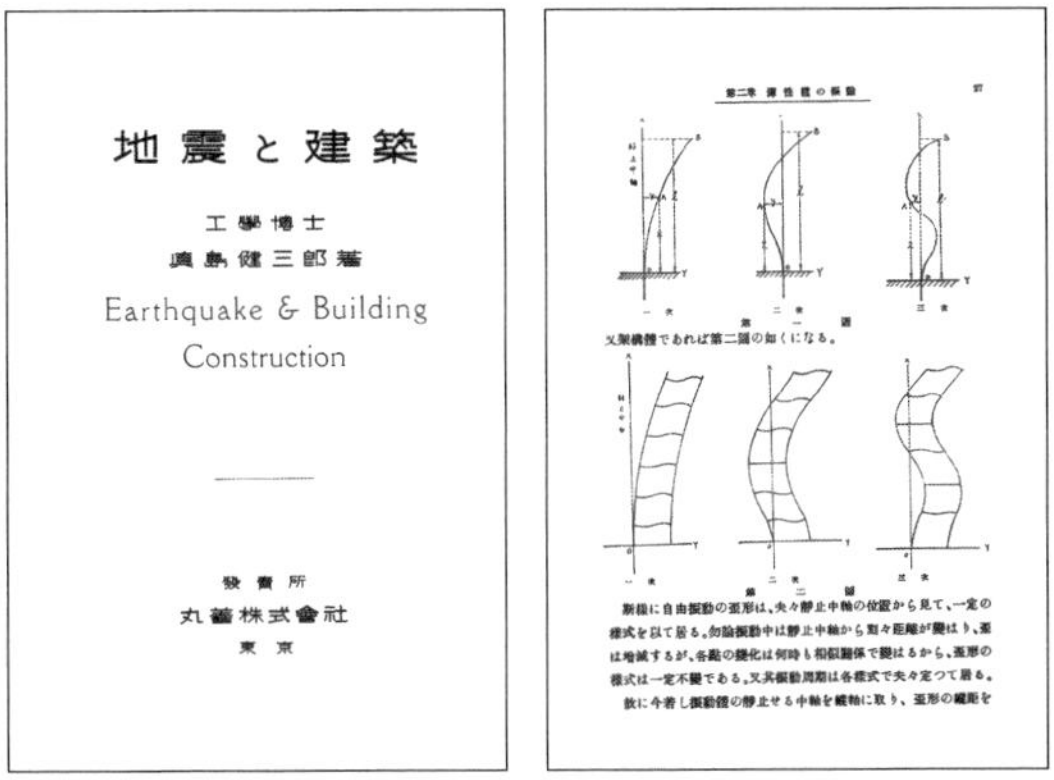
地震と建築
工學博士
眞島健三郎著
Earthquake & Building Construction
發賣所
丸善株式會社
東京

図5　真島健三郎著『地震と建築』(昭和5年)(文献3)

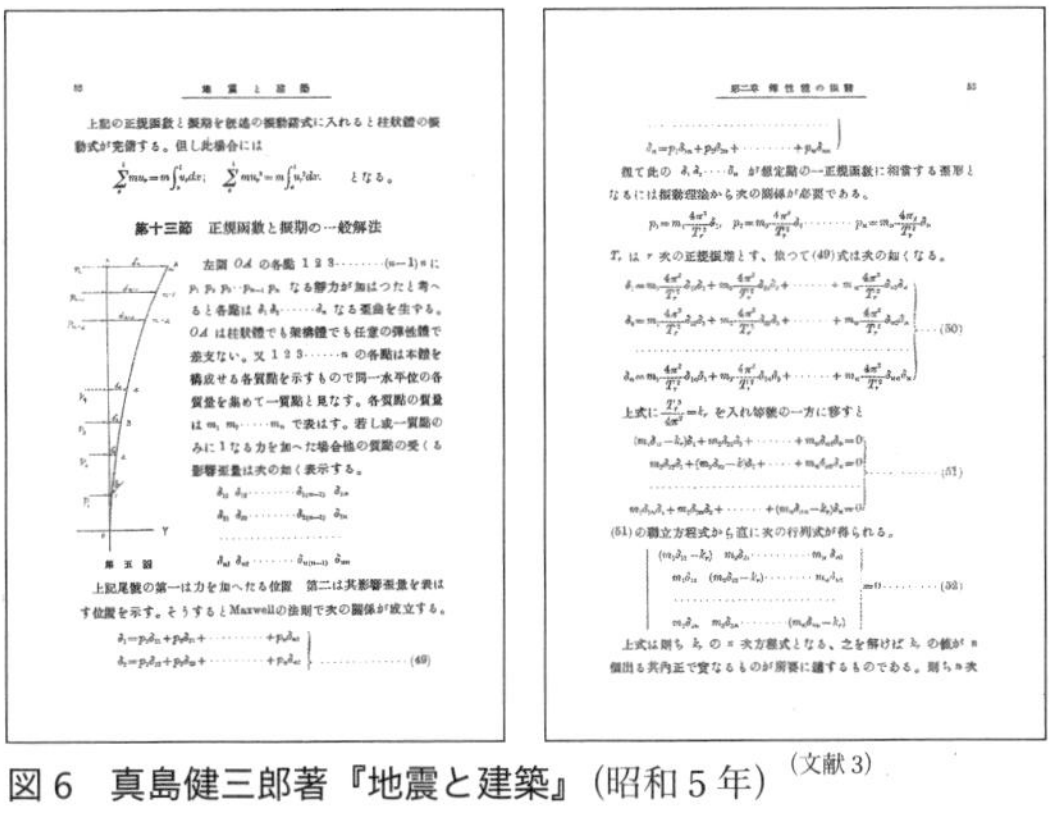

図6　真島健三郎著『地震と建築』(昭和5年)(文献3)

図5、図6は昭和五年に丸善から出版された『地震と建築』の表紙とその内容である。真島は図5の右上段の棒状構造物と下段の梯子状構造物の二種類の耐震設計理論を展開したが、これらは机上の空論ではなくさまざまな海軍施設の設計に広く実用化されていたのである。

このような柔構造理論に基づく海軍施設としては、①明治三七年六月に佐世保船渠に完成させた日本初のRC造高層煙突（八〇尺）、②大正一一年に佐世保の西方、針尾島に完成した高さ一四〇メートルに及ぶRC造の針尾無線送信塔（図7）（註1）三基（文献14）、③昭和五年竣工の舞鶴機関学校校舎（図8）をはじめとする数多くの高層RC造工作物や鉄骨煉瓦造の免震建築群がある。

ちなみに、我々は鉄筋コンクリート造の建造物は低層から次第に高層建築に進化し、これとあわせて静的な耐震設計理論から動的な設計理論へと発展したとの思い込みがあるが、実際の流れはこれとは全く異なっていた。

つまり、海軍建築局は、いきなり超高層建造物の動的解析理論からスタートし、しかも一気に超高層RC建造物を実現させたのである。つまり、わが国では〝動的耐震設計〟が〝静的設計〟に先行し、さらに超高層構造物から始まって低層建築に移行。鉄筋コンクリート造では、高さ百メートル級の超高層建造物からいきなりスタートしたのであった。

遠望

近影

図7　針尾無線送信塔

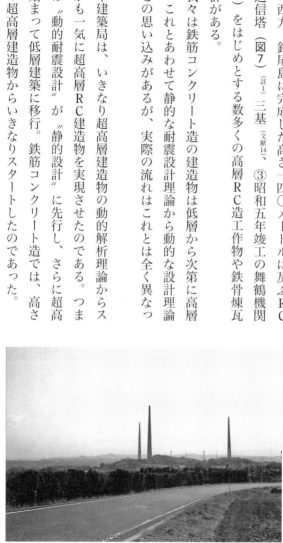

いずれにせよ動的設計された世界初の超高層ＲＣ造送信塔は、百年以上を経て佐世保針尾の地に現存することは誠に誇らしい。

このような数々の偉業を成し遂げた真島の名前は関東大震災後、東京帝国大学教授佐野利器との間で繰り広げられた「柔剛論争」をもって今なお人口に膾炙されているが、実は真島は昭和六年二月二三〜二六日までの四日間にわたって、「耐震構造への疑い——伊豆地震と木造家屋の耐震性」という論説を東京朝日新聞に掲載し(文献15—18)、身近な木造家屋の耐震性を取り上げて「柔構造」の考え方を一般の人にもわかりやすく解説。「柔」な「和」風木造と、「剛」な「洋」風木造とでは地震での被害がどのように異なるのかを具体的に論じて、一般庶民の地震への関心を大いに高めたのである。数々の世界的な偉業績を残した真島健三郎の庶民的な眼差しには野口孫市や伊藤為吉とどこか共通したところがある。

さて、真島は『地震と建築』(文献3)において基礎構造に関して次のように述べている。

〃……純日本風の住宅でも商店でも甚だしく異形でないものは可なり耐震能力がある。地業が陥落したり、柱梁が腐朽していなければまず大丈夫と云うてよい。然るに近来西洋かぶれして柱底を著しく拘束したり、無暗に筋違いを入れたり、鉄物で固めたり、厚い固

本館全景

玄関ポーチ

図８　舞鶴機関学校本館

い壁を設けたりして耐震構造と称して居るものが多いが、之等は却って震力を増加し耐震上好ましからぬ遣方と思ふ。平塚に於ける海軍の官舎は大正七、八年の頃出来たもので、梢之に類するものであったが、平屋建て大小戸数五十余で三戸を除いて凡て倒壊した。土台は基礎に締付けられたままでそのまま残っていたものが多かった。〃

◇真島の鉄骨免震基礎工法

真島の免震基礎に対する考え方については、関東大震災後に築地から舞鶴に移された舞鶴機関学校校舎にその一端を見ることができる。この建物は柔構造設計理論に基づいて厳密に設計されたおそらく世界最初期の建物で骨組は鉄骨造で壁体は厚さ半枚の金森式鉄筋煉瓦造を採用したと推定される（文献19）。その詳細は他に譲るとして、図9は真島の鉄骨免震構造とその基礎の模式図である（文献20）。架構形式の特徴は頂部の両端を剛に接合した単位架構を一スパン置きに配置し、その間を滑節接合した梁で相互に連結していることである。柱脚は固定ではなく、ピン形式とし、ベースプレートが移動しうるようになっている。

図10は詳細を模式的に示したもので、RC基礎の上面には漏斗状のゆとりを設けて、ベースプレートとアンカーボルトの位置調整を容易にするとともに、内部にパラフィンを流し込むことよって、上部架構がある程度以上の水平力を

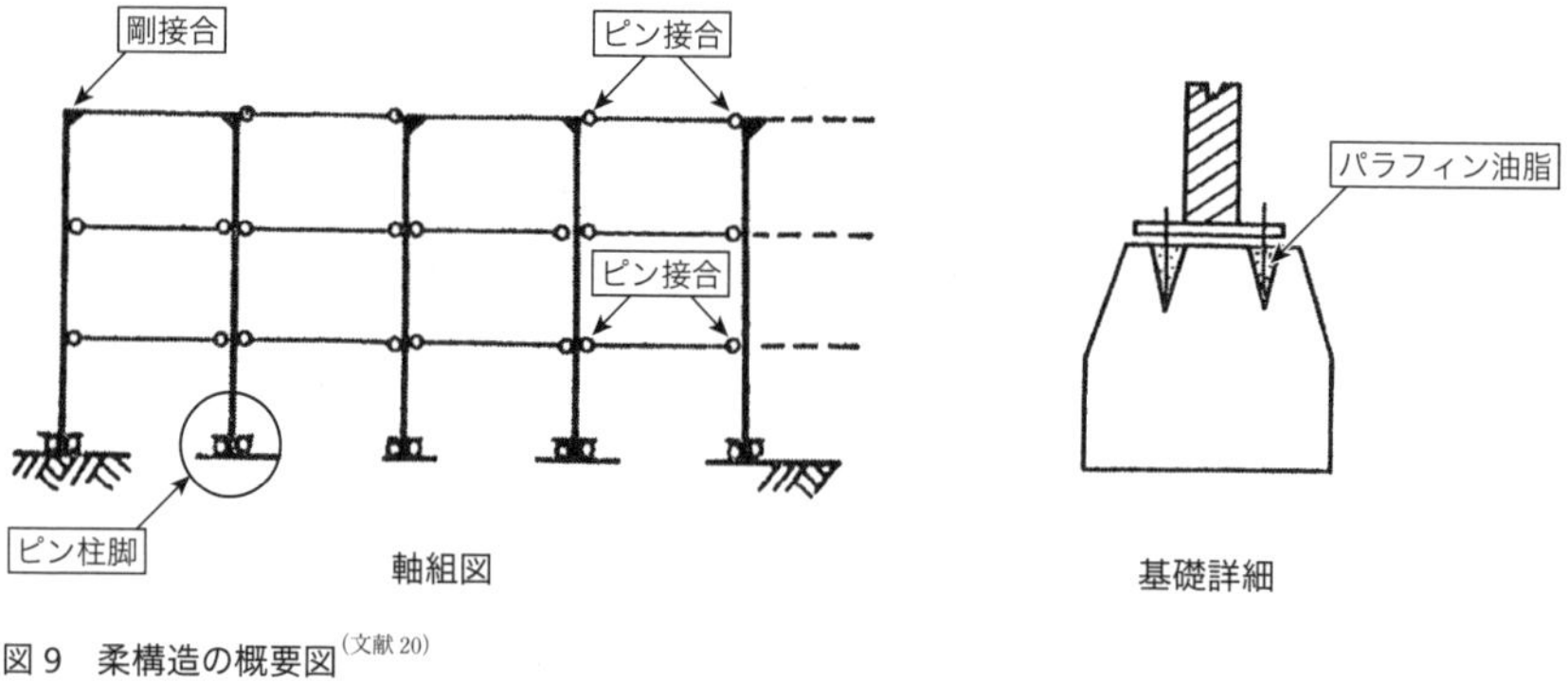

図9　柔構造の概要図（文献20）

受けるとベースプレートが滑動し、さらにパラフィンが粘性ダンパーとして機能するように配慮している。また、パラフィンは塩風にさらされる海軍施設の鉄骨部材の防蝕に対しても有利である。

◇旧海軍技術研究所三十三号館について

このような鉄骨系の柔構造システムに加えて、基礎免震式のRC構造物も昭和初頭すでに実用化されていたことはほとんど知られていないので、ここで少し紹介する。

日本は第一次世界大戦後、兵器の急速な技術革新への対応を迫られることとなった。このため、海軍は大正一二年四月一日、従来の造兵廠研究所、艦型試験所、航空機試験所を統合して東京市京橋区築地に一旦海軍技術研究所を開設したが、五カ月後の九月の関東大震災で大被害を受けたために荏原郡目黒町三田に用地を確保して、研究施設の新営工事に着手。昭和五年九月に移転を完了させた(文献21)。現在、東京目黒区に所在する防衛研究所は戦前の海軍技術研究所の施設を引き継いだもので、旧本館建物をはじめ複数の附属建物が残されている。

基礎免震の柔構造鉄骨コンクリート(SC)造の注目すべき建物に三十三号館があった。本建物は昭和五年竣工で、図11に示すように桁行七スパン・約四三メートル、梁間三スパン・約一七メートル、軒高約一二メートル、延面積約二一六〇平米の鉄骨コンクリート造一部煉瓦造併用の三階建ての研究施設で、旧海軍技術研究所本館(現防衛研究所本館)の向かいに建設された。この建物は、平成二一年に除却されたが、解体

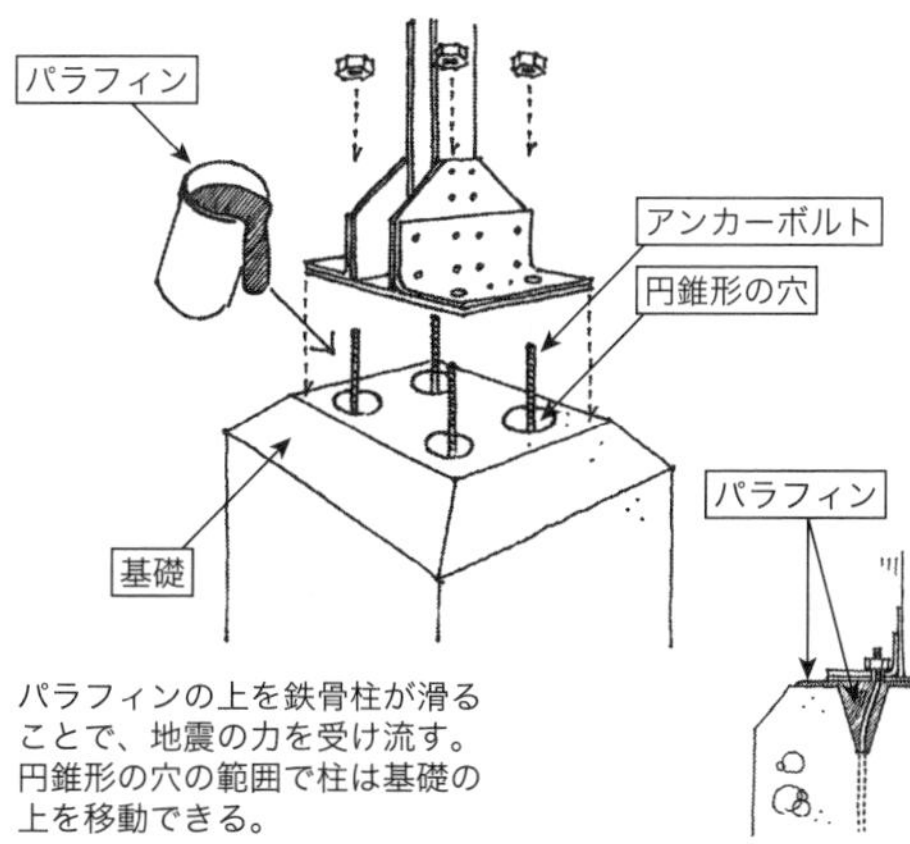

図10　海軍機関学校の免震建屋の基礎構造(文献1)

工事に際して学術調査が実施された。

舞鶴機関学校校舎は主体構造の柱や梁を鉄骨構造とし、壁体を金森式煉瓦構造で柔構造架構を構築していた。これに対して、三十三号館においては柱と梁は、鉄筋を用いない鉄骨コンクリート造の独特の構造形式であって、外壁や戸境壁は金森式鉄筋煉瓦造で施工されていた。

三十三号館は海軍建築局独自の柔構造システムに基づいているが、舞鶴機関学校のような鉄骨煉瓦造ではなく、独創的な鉄骨コンクリート（SC）構造が採用されたのは耐震性に加えて耐火性と耐爆性を重視しさらに、施工の迅速性を考慮したためと考えられる。

三十三号館でとりわけ注目されたのは、独特の基礎構造である。図12は土中より基礎を掘り出した状況で、最下段に設置された耐圧盤の上に、縁を切った状態で基礎が載り、上段の基礎（上）に鉄骨柱のベースプレートがアンカーボルトにより固定されている。また、

図 11　旧海軍技術研究所三十三号館（昭和 5 年竣工）

図 12　三十三号館の基礎の詳細

基礎（上）から地中梁が出ているが、主筋量は少ないことが注目される。また、鉄骨柱脚の鉄筋は基礎（上）及び基礎（下）には定着されているが、耐圧盤には伸びていない。このことから、上部構造の基礎は耐圧盤上で移動しうるように設計されていたことがわかる。また、ベースプレートは固定形式ではなくピン形式であり、さらに基礎梁の断面は比較的小さく、主筋量も少ない。これは前掲の図9において基礎梁が用いられていないことと関連して、鉄骨柱脚の回転変形を拘束を最小限に抑えつつ、基礎が相互に移動するのを防止するためではないかと思われる。

地業に関しては、関東平野に特有の〝黒ボク〟などの表層軟弱層を掘削して、硬質な関東ローム層を露出させたうえ、ロームを撹乱しないように注意してコンクリートの耐圧盤を打設したようであった。また、基礎（上）（下）の周囲の土は特に展圧することなく、掘削土を埋め戻したと推定された。恐らく激震で基礎が移動した場合、周囲の柔らかい埋め戻し土に基礎が衝突して衝撃を吸収させるためと推定される。地盤を活用して構造物を免震化する手法は、昭和初頭、地震研究所の末広恭二や岡隆一らによって研究され実地適用が始まっていたことを付記する（文献22）。

いずれにせよ、三十三号館は壁量の多いSC造であるため、舞鶴

図13　旧海軍技術研究所本館（正面）

機関学校の鉄骨煉瓦造と同じ手法で柔構造化するのは容易ではない。おそらく初期剛性が大きいという特性を活かして、土中の基礎を耐圧盤上で滑動させるという基礎免震システムが考案された可能性が指摘できる。

三十三号館の工法は4章5節(二〇三―二〇四頁)において野口が紹介した東田川郡押切村の二重土台の基礎免震倉庫の手法と共通点が多い。庄内地方では明治以前から伝統的な免震基礎工法として二重土台が使われていた可能性があるが、三十三号館は伝統的な二重土台工法をコンクリート系構造物に適用したともいえる。特殊な免震装置や機材を用いることなく免震RC造構造物を容易に構築しうる手法として注目に値する。

なお、図13に示す旧海軍技術研究所本館（現防衛研究所本館）は三十三号館に比して遥かに大きな規模を有するが、三十三号館と同様の免震システムを用いた耐震耐爆建造物の可能性が高いように思われる。

3・5　佐野利器・武藤清の免震基礎論

ほとんどの人は真島の「柔構造」に対して、「剛構造」の立場から「柔剛論争」を展開した東京帝国大学の佐野利器や武藤清は、木造建築の基礎は「剛」に緊結すべしとの考え方だったと思われるかもしれない。しかしながら基礎構造に関しては、両大家とも真島と同じく、〃基礎と土台は緊結すべきではない〃と明確に主張していたのである。

佐野は足元に有害な、あるいは建物に同調する倍長波を濾過し、あるいは衝撃の時間的役割を長引かせたりする防震的な役割を持つ基礎についていち早く論じた。また武藤は昭和九年に岩波書店より出版した『耐震構造汎論』(文献23)において、一番望ましいのは激震時に建物は三〇センチほど移動することを見越して、周辺を拡大した鉄筋コンクリート造のベタ基礎を施工し、その上に緊結することなく土台を据えるべきであると主張した。以下はその一節である。

〝……土台を基礎に緊結せざる場合は家屋に移動を生じ、さらに甚だしき場合には土台が基礎より外れ落つる結果として転倒を起こすといふ不利益の点があるが、一方震力の一部は土台と基礎の摩擦作用に消費されて、上部構造に伝達する量が減ずるという利益の点もある。緊結する場合は之に反して移動はなく従って土台が基礎より外れ落つる憂いはないが、震力は減少することなく上部構造に伝達する結果、震力が大なる場合は上部構造の破壊を生じ、また図の如く基礎を破壊する結果となる。従って、之等の不利な点を棄て利点を取り入れたる構造として第一に考へらるる事は、土台と基礎とは緊結せず家屋が移動を生じても基礎より墜落することのない程度に基礎の幅を広くするか、又は土台の幅を広くする方法である……また、基礎幅を三十センチの移動に対して充分なる様に広くすることは結局家屋の下全面をコンクリート盤となすことに近い事になり、従って家屋の下全面をコンクリート盤とする事の方が防白蟻、防鼠又は衛生上より得策であらう……〟

こうして、関東大震災後の復興事業が一段落した昭和五年頃から昭和一二年七月の支那事変勃発までの流れを俯瞰すると、北海道大学の鷹部屋福平（文献24）や早稲田大学の川島定雄（文献25）との間で制震構造に関する議論が活発化し、東京工業大学の田辺平学、谷口忠（文献26）らも、基礎移動型の免震システムに関する研究を展開。いくつかのＲＣ造の免震建築が実現されていたのであった。

前述のように帝国海軍の全軍事施設を統括する立場にあった海軍局長真島健三郎はじめ、岡隆一は昭和七年頃芝浦埋立地に基礎免震ＲＣ造の下水滅菌機械室を竣工させ、さらに昭和八年には蔵前の東京高等工業学校建築科の先輩・関根要太郎とともに旧不動貯蓄銀行（現山口県労働金庫）下関支店（六四一坪・現存）や同姫路支店（二四〇坪・地上三階・地下一階）の銀行建築の工事に着手し、翌九年九月に竣工させたるなど輝かしい業績を残している（文献27―29）。なお、「免震」という用語は岡隆一が初めて用いたといわれている。

繰り返しにはなるが、戦前期には〝木造建築の基礎と土台とは緊結すべからず〟というのが、建築構造学界の共通認識だったのである。これには次のような背景が考えられる。

◇昭和初期に関東を中心に多発した直下型地震の教訓

関東大震災後も地震活動は沈静化せず関東を中心に次のような直下型地震が続発した。

昭和五年一一月二六日　北伊豆地震（M7・0）

昭和七年九月二一日　西埼玉地震（M7・0）

昭和一〇年七月一一日　静岡地震（M6・3）

当時地方都市にはRC造建築は数えるほどしかなく、被害は木造の校舎や住宅に集中したが、さまざまな耐震設計論の仮説を検証するという観点から、綿密な学術調査が行われた。東京工業大学の田辺平学は現地調査と平行して〝耐震建築相談所〟を開設。木造住宅の耐震性に関するデータをくまなく収集した。

当時の報告書をみると、これらの地域では関東大震災の教訓から、きわめて剛強な木造建築――すなわち、金物補強・頑丈な筋違・基礎の固定という〝剛〟な木造家屋の理想を徹底的に追及した耐震木造家屋が建設されていたが、皮肉なことに強いはずの基礎を固定した新築間もない木造建築が大きな被害を受けたのに対し、基礎を固定しない伝統木造家屋の被害は軽微であったという指摘が一般市民から数多く寄せられた。図14は昭和一〇年の静岡地震での木造家屋の移動の実例を示したものである。

兵庫県三木市の大型振動台実験で、耐震的剛木造の極みともいえる木造家屋が何故あのように激しく破壊したのか？　その理由を考えるうえでも過去の震災事例は多くの教訓を与えてくれる。

なお、武藤清は昭和一〇年七月の静岡地震に際して、墓石の転倒や移動の分析をはじめ、茅葺き民家を含めた広範かつ綿密な震災調査を実施し、基礎を固定しない日本古来の摩擦免震効果について詳細に検証した。これら武藤の静岡地震の被害報告は今ではほとんど目にすることのない、茅葺民家をはじめとする伝統家屋の耐震対策を考えるうえできわめて貴重な資料となっている（文献30）。

◇斎田時太郎の免震基礎論

昭和一〇年四月に『震災』（防災科学　第二巻）が岩波書店から刊行された。この本には当時最新の地震学や耐震構造の学術的な成果がわかりやすく記されており、斎田時太郎（東京帝国大学地震研究所）は「耐震及び耐風家屋」の一章を分担執筆した。斎田はわが国初ともいえる実物民家の引き倒し実験や、彦根城地震の間の調査研究などの実証的な研究でも多くの成果をあげたが、同書には木造建築の基礎と

柱はすべて玉石から外れて建物が東に移動

建物の移動の例

土台の移動の例

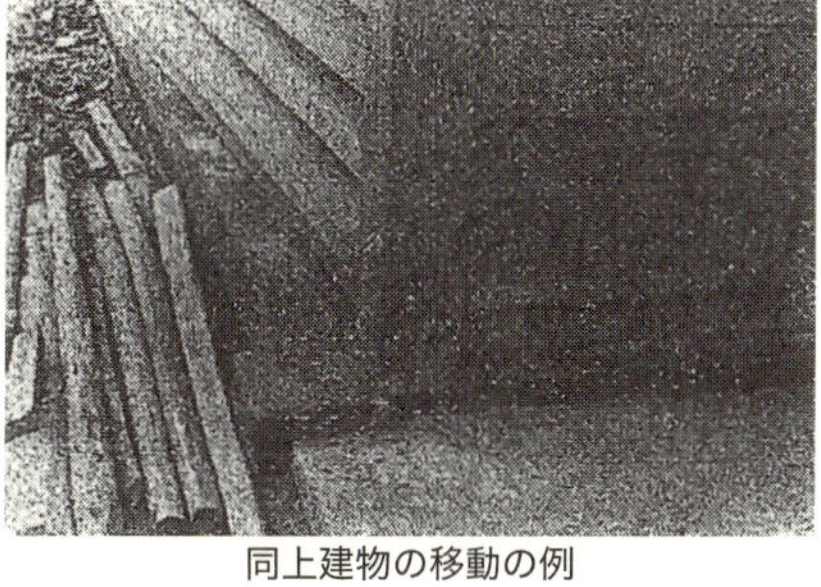
同上建物の移動の例

図14　昭和10年静岡地震での基礎の移動の事例（文献30）

耐震性についての戦前期の考え方を、次のようにまとめているので紹介しよう（文献31、三一八頁）。

〝土台と基礎の連結

市街地建築物法に土台と基礎とを連結するように規定してあるのは、腰積の高い基礎のときであって、一般住宅の如き低い基礎に対しては規定していない。腰積の高きものは地震に際して家が滑動し、それがために震害を助長するやうな結果を招くからボールトの如きもので滑動せざるやうに勉むべきは当然であるが、現に市内の新築の家を見るとコンクリート或は布石基礎にボールトを埋め込み土台と連結するのが常識になっているやうに思はるるが、このことに関して少し説明しようと思う。

今家を単に基礎の上に置いたとすると地震に際して震力が土台と基礎との間の摩擦力に打ち勝つときは、遂に家は滑動し地動更に烈しくなれば家は益々滑動し、震力は左程増大しないやうに考えられる。かかる現象を起したとき基礎腰積が高いもの或いは低いものでも、土台を十分廻していない家は、これがために被害を受けることになる。因って家が滑動しても差支へないならば、土台を充分内外とも廻し基礎は低く、しかも二尺ほどの滑動範囲を造って置くならば摩擦力までの震力は受けるがそれ以上のものに対しては免震となるであらう。これは震力を軽減する一つの方策である。しかし家が滑動しては困るならば土台と基礎とは充分連結して置かねばならぬ。かくすれば震力は摩擦力以上に増大することのあるべきを覚悟しなければならぬから充分の耐震強度を有するやうに造るべきである。適当な柔構造ならば震力が剛構造のものより軽減されるから土台と基礎とを連結するもせざるも大差なきことになる。

これを実際の震害に徴するに家が滑動したがために被害軽少となり、滑動し得ざるやうにしてあったがために被害が著しかったと考へらるる現象を見ることがあるが、滑動するくらいの家は剛強なものであるから、震害を単に土台基礎の連結に帰してしまふのは無法である。この問題はいずれを可、いずれを非と論ずるよりも人々の好みにまかせていずれかを撰びそれに応じて強度を考へ構造を適当なものとするところにあると思はれる。〃

◇「北陸震災復旧技術指導の手引」に見る基礎免震工法

時代は少し下がって、進駐軍の占領統治下にあった昭和二三年六月二八日、M7・1の激しい直下型地震が北陸を襲った。北陸震災——別名「福井地震」である。このとき、日本建築学会は武藤清を委員長に、北陸震災調査特別委員会を組織して調査団を現地に派遣するとともに、調査結果を踏まえて、昭和二六年八月に震災復旧のガイドライン——「北陸震災復旧技術指導の手引き」を公表した(文献32)。そこには、図15に示すような免震基礎を提案するとともに、次の解説が付された。

〃土台と基礎とを連結することの可否及び建物の移動に関する対策

土台と基礎とを緊結して上部の構造を耐震的にすることが間違いない方法です。やり方によっては土台と基礎とを緊結しないで地震を逃げる方法もあります。この場合地震の勢力が建物に伝わる以前に建物全体が移動して、土台から上の構想があまり耐震構造でなくても被害を免れることがあります。

緊結しない場合は建物が移動しても(六十センチ(二尺)以上移動した例あり)土台が基礎から転落しないように基礎幅を広くするか、又は基礎の隅々要所を井桁式に伸ばして置くか、或は外回り隅々及び交差部の基礎を大きくしておく必要

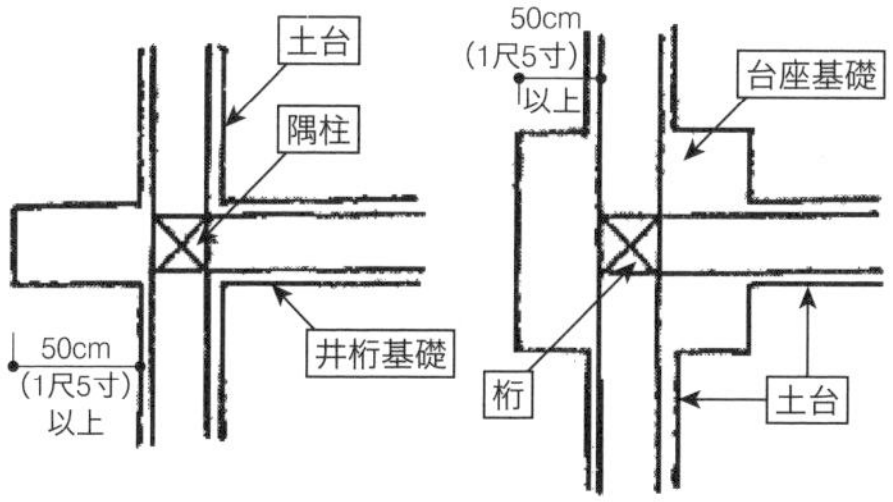

図15　戦後の免震基礎構造の提案(文献32)

がある。（図参照）尚土台を完全に回して全部の柱脚を連結し、移動に障碍となるようなものを設けぬこと。（特に台所や風呂場に注意を要します。）〟

ここには昭和のはじめ、佐野や武藤が提唱した木造の基礎免震システムの考え方が踏襲されている。
なお、建築基準法（法律第二〇一号）は昭和二五年五月二四日に制定され、その半年後の一一月一六日に建築基準法施行令（政令第三三八号）が、さらにその一週間後の一一月二三日に基準法が施行されたが、施行令には土台に関しては次のような規定が設けられた。

〝第四十二条
構造耐力上主要な部材である柱で最下階の部分に使用するものの下部には、土台を設けなければならない。ただし、柱を基礎に緊結した場合又は平屋建の建築物で足堅め（筆者註　足固）を使用した場合においては、この限りでない。
2．土台は基礎に緊結しなければならない。ただし、平屋建の建築物で延べ面積が五十平方メートル以内のものについてはこの限りでない。〟

こうして令四二条によって五〇平米（約一五坪）以下の小規模な平家を除いて、基礎と土台とは緊結しなければならないと定められたのである。
したがって、基準法施行後約九カ月後の昭和二六年八月に出版された「北陸震災復旧技術指導の手引き」に記された免震基礎を用いることは法令上許されなかったかもしれないが、少なくともサンフランシスコ講和条約締結の頃までは、戦前の基礎免震の考え方が継承されていたようである。

3・6 高い基礎と低い基礎

木造家屋の〝土台と基礎とは必ずしも緊結しなくてもよい〞というコンセンサスが戦前すでに出来上がっていたにもかかわらず、戦後の建築基準法で〝基礎と土台は緊結しなければならない〞と規定された背景にはどのようなことが考えられるのだろうか？

これまた驚かれるかもしれないが、大正一三年の改正市街地建築物法（物法）においては、次のように定められていたのである。

・多数の伝統木造 ⇓ 土台もしくは足固の設置の義務化。基礎との緊結は求めず
・少数の洋風木造 ⇓ 腰積（フーチング）と土台の緊結を求める

これに関し、三橋四郎著『改定増補　大建築学』第一巻（文献33）には次のように記されている。


〝現行市街地建築物法施行規則には土台に関して左の如く規定せり。

（第五十条）掘立ニ非ザル柱ノ下部ニハ土台又ハ脚固ヲ使用スベシ但シ柱ヲ其基礎ニ緊著シタルトキハ此ノ限リニ在ザズ。敷地ノ地盤堅牢ナルカ、又ハ小規模ノ建物ハ地方長官ノ許可ヲ受ケテ之ニヨラザルコトヲ得ベシ。

（第五十一条）石、煉瓦其ノ他ノ腰積ヲ有スル建物ハ之ヲ土台敷構造ト為シ土台ハ腰積ニ緊結スベシ。

（第五十二条）建物ノ土台及敷桁ノ隅角ニハ燧材ヲ使用スベシ。

つまり、改正物法では木造建築の足回りに関して次のような規定があった。

掘立柱でない木造家屋の柱脚は土台もしくは脚固（足固）で足元を一体化すること。ただし、柱が基礎に固結されている場合には、土台や足固を用いなくてもよい。

石や煉瓦などの腰積（フーチング）を有する建物にあっては土台敷とし、さらに土台は腰積に（アンカーボルトで）緊結しなければならない。これら土台や敷桁の隅部は燧材を設けて変形を防がなければならない。

図16は土台と腰積との推奨工法である。図より明らかなように本規定は石や煉瓦を用いる洋風建築を対象としたもので、和風建築で該当するのは一部の土蔵くらいであろう。

当時の腰積の厚さは、木造土台（敷桁）の約二倍、二〇センチで、高さはＧＬ＋四五センチ。これは、今日と同じく最小床高一尺五寸の規定に従っている。

右の石造の腰積では直径一センチ、長さ九センチ程度の堅木のダボを設置しているのに対し、左の煉瓦造の場合はアンカーを深さ二〇センチ程度に埋め込み、上部は敷桁を貫通させ、敷桁の上面でボルト締めとしている。石積に、堅木ダボを用いたのは、当時はアンカーボルトの貫通孔の加工が困難だったためと推定される。

この条文がつくられた背景について、『改定解説市街地建築物法』（文献34）には次のような記述がある。

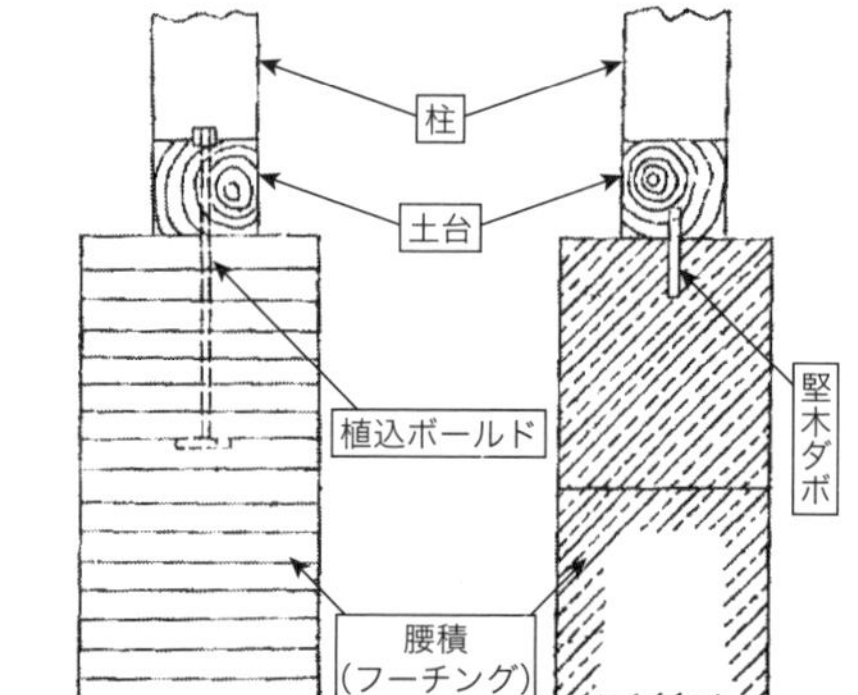

図16　基礎と土台の結合工法造（文献33）

〃腰積　石、煉瓦その他の腰積を有する建物は耐震上之を土台敷構造となし、その土台は腰積にボールトの類をもって緊結せざるべからず、……地震の際、腰積と上部とは各別に震動して最も危険なり。故に之を緊結して一体となすことを要す。〃

つまり関東大震災の教訓として、高い腰積上に土台を巡らせて柱を建てると、地震で土台が落下して非常に危険なため、土台と腰積をアンカーボルトで結合しなければならないと定めたのであった。

しかしながら、戦後になると石や煉瓦に代わってコンクリートで腰積（フーチング）をつくるようになったが、ごく最近まで鉄筋を使わない無筋コンクリートが幅広く認められていたことが災いして、戦後の在来木造家屋においては、図17に示すように、関東大震災時の無筋煉瓦造と同じような激しい倒壊現象を再発することになった。

一方、近年曲げやせん断強度が煉瓦積みに比べてはるかに大きいRC造フーチングが使われるようになると、今度は直下型地震に際して、アンカーボルトで緊結された土台だけを残して、肝心の柱が土台から簡単にホゾ抜けを起こして、大規模倒壊を招くようになった。

このように在来木造は基礎と土台との施工法に深刻な問題を抱えているが、それらは改善されることなく今なお建設され続けているようだ。

しかしながら、実はこのような現象は百年近く前すでに真島健三郎、佐野利器、武藤清をはじめ錚々たる構造学者が異口同音に警鐘を鳴らしていたのであった。

いずれにせよ、戦前の市街地建築物法では基礎形式については図18に

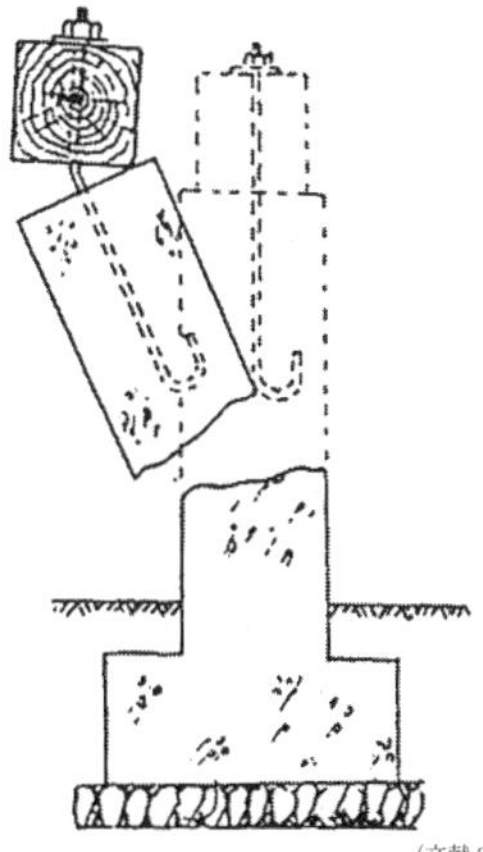

図17　高い基礎のリスク（文献34）

示すように、次の二つの工法が並立したことに注意していただきたい。

・「低い基礎」形式：礎石建ちの伝統木造建築

⇓柱の足元全体を土台もしくは足固で一体化。足元の緊結は要しない。

・「高い基礎」形式：腰積を用いる洋風木造建築

⇓土台とフーチングをアンカーボルトで緊結。

このような物法以来の流れを見ると、戦後の建築基準法施行令第四二条における、土台と基礎の緊結という規則は、市街地建築物法第五一条における洋風木造の規定を準用する一方、伝統木造に対する第五〇条の規定が削除されたものと考えると理解しやすいであろう。

◆アンカーボルトの義務化について

今一つ腑に落ちないのは施行令第四二条二項に、〃平屋建ての建築物で延べ面積が五十平方メートル以内のものについてはこの限りでない〃という但し書きが何故付されたのかということである。

建築基準法や同施行令が制定された昭和二五年頃のわが国の住宅事情は誠に悲惨なものであった。大戦末期の大空襲によって、全国六十余都市が焦土と化したために住宅事情は極度に逼迫。バラック住宅すらままならなかった。この頃はひと冬を何とか凌ぐ〃越冬住宅〃ですら建設が困難な状

図 18　高い基礎と低い基礎（文献 23）

況だったという。

このような時代背景を考えると、前述の商工省告示第二八五号（昭和一八年四月）の五〇平米制限を超えるような規模の木造家屋は考え難かった。そのため、施工令第四二条二項にアンカーボルトによる緊結条項を付加したところで、庶民の小規模住宅については実質的な影響はなかったはずである。

ちなみに図19は一九五〇年設立初期の住宅金融公庫住宅の平面の一例であるが、平屋建てで面積四五・四五平米（一三・七五坪）である。また、図20は２ＤＫの原型となった一九五一年の公団住宅、「五一―Ｃ型」の平面図である。これは東京大学の吉武泰水研究室の成果であるが、その面積は一〇・七坪（三五平米）、その後の２ＤＫは一三坪（四三平米）で、いずれも一五坪の統制建築規則に準拠していることがわかる。

今でこそ、家族四人で五〇平米は狭いといわれるかもしれないが、戦災で焼け出された無数の庶民にはとても望める面積ではなかった。

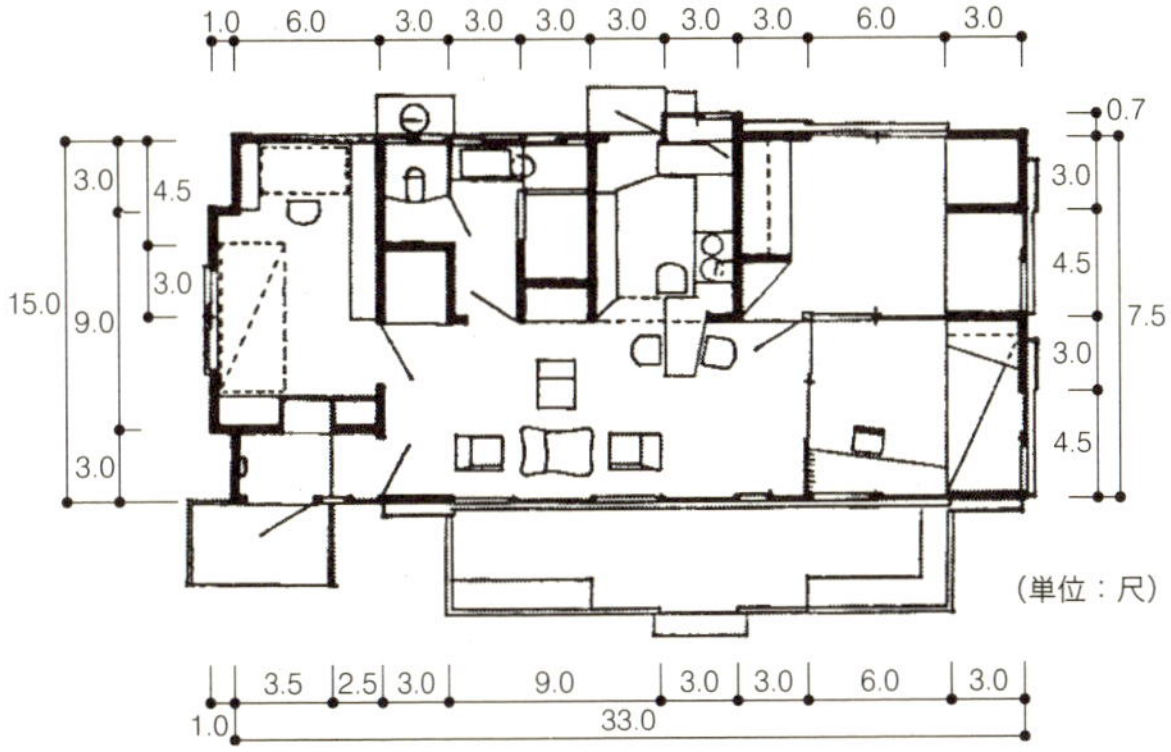

図19　金融公庫仕様の14坪住宅（面積：45.45m²、設計：柴岡亥佐雄、『建築文化』1951年1月号）

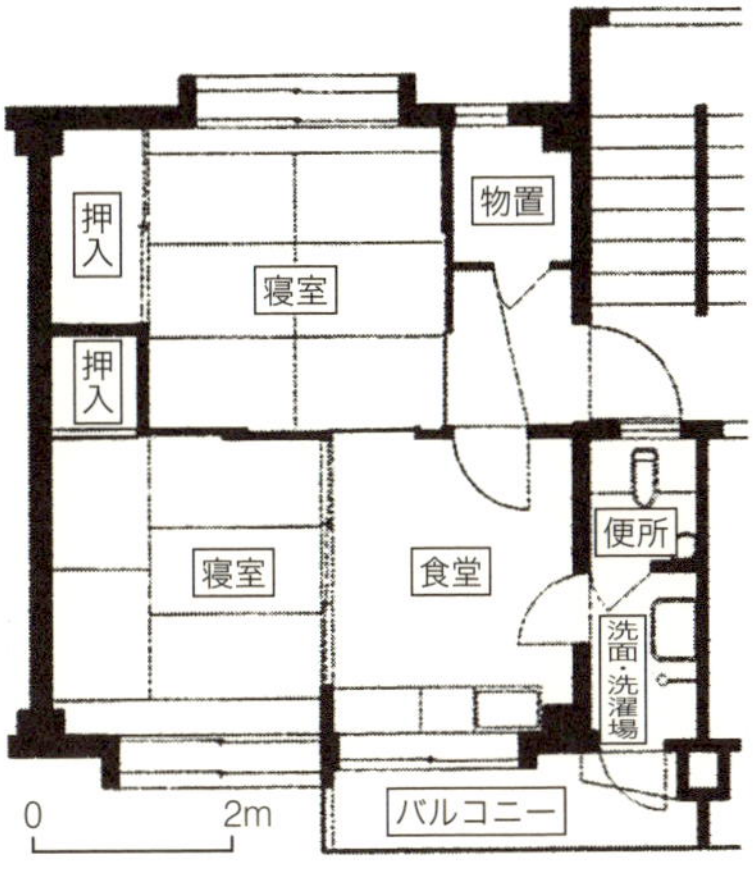

図20　昭和26年公団51-Cの間取（東京大学　吉武泰水研究室開発）

ちなみに「戦災復興院」から「建設院」への移行期の昭和二二年頃建設院建設局監督課長であった大村己代治は、戦前戦後の住宅規模について次のように記している(文献35)。

〝……住宅を十二坪(五人世帯)で制限して居る点である。戦前都市の自己住宅の平均が二十五坪、貸家の平均が十五坪であった。戦争中に三十坪から十五坪まで落としたが、十二坪で自己住宅迄抑える現状は少々ゆきすぎではあるまいか。これは一度に広げることも資材面等から困難であろうから漸次改善すべきものであろう。〟

要するに基準法制定当初、洋風建築の「高い基礎」の考え方を取り入れて、アンカーボルト結合を義務付けたが、当時は五〇平米を超える木造は非常に少なかった。しかしながら、バラック的な復興住宅は屋根があまりにも軽いために、強風で吹きとばされる危険性があることを考慮して、筋違の設置とともに基礎と土台の緊結を義務付けたと考えられる。木造における基礎と土台の定着結合は〝耐震対策〟ではなく〝台風対策〟と考えるべきである。

3・7 戦前の基礎免震木造システムの評価

戦前の昭和二年の丹後震災、同五年北伊豆地震、同一八年の鳥取地震、さらに戦後同二三年の福井地震や平成七年兵庫県南部地震などの直下型地震の震源域における木造家屋の倒潰率は異常な高率に達した。その原因は木造躯体の強度不足にあると言われ続けているが、議論すべきは上部構造の強度ではなく、震源域での激しい地盤変状への脇の甘さに求めるべきである。
図21、22に兵庫県南部地震で倒壊した旧居留地の重要文化財十五番館の事例を紹介する。この建物は明治一三年頃に米国領事館として建設された木骨煉瓦造二階建ての洋館である。平成元年重要文化財に指定され、翌年から修理工事が開始されて一旦は図21の左図のように修復されて、商業活用が図られた。しかしながら開業後数年を経ずして、平成七年兵庫県南部地震に遭遇。図21の右上の図のように完全に倒壊した。このため、地震後すべての部材を取り払って、再度当初の建物に修復するとともに、入念な耐震対策を施して、蘇るという劇的な経過をたどった。

さて、図21の右下の図は倒壊した建物の部材を撤去して現れた基礎の状況である。当初は整然と設置されていた基礎石は上下左右に大きく波打っており、激しい地盤変状の名残を留めている。

図22の左図はA点を基準に図った各通りの不同沈下量を示したものである。この建物の平面規模は張間約一〇メートル、桁行約一五メートルほどであるが、A点から七メートルほど離れたB点の礎石には約三〇センチの沈下が認め

地震前　　地震後（上：外観、下：基礎）

図21　重要文化財十五番館の被害（文献36）

られた。

同じく右図は南北方向の礎石の移動量である。基準点から一五メートルほど離れたC点の移動量は約四五センチ。加えて東西方向にも同程度動いていたので、わずか十数メートル四方の敷地での地盤撹乱は六〇センチ以上に達した。これくらいの範囲で土台が一瞬で上下左右に六〇センチも飛び上がった股裂き状態になれば、いかに丈夫な木造架構でも倒壊は免れまい。

この事例は直下型地震における地盤変動の激しさとともに、地盤や地業対策の重要性を教える。逆にいえば、このような地盤変状を抑制しさえすれば上部架構の地震被害を大幅に軽減できることになる。

伝統木造家屋の泣き所は、煉瓦組積造などに比べて、躯体重量が軽いため地業が一般に簡素なことである。昔は大抵表土層を数十センチほど壺掘りして、蛸搗のあと礎石を据える程度の仕事で済ますのは珍しくなかった。

かつては木造家屋の地盤対策は容易ではなかったが、近年柱状地盤改良や表層地盤改良を施したのち、RC造の剛強な人工地盤（ベタ基礎）を構築する工法が一般化し、旧築に対しても既存建物を解体することなく、地盤固化剤を注入する工法が普及している。このような工法は直下地震時の地盤変状を大幅に軽減できると期待されている。

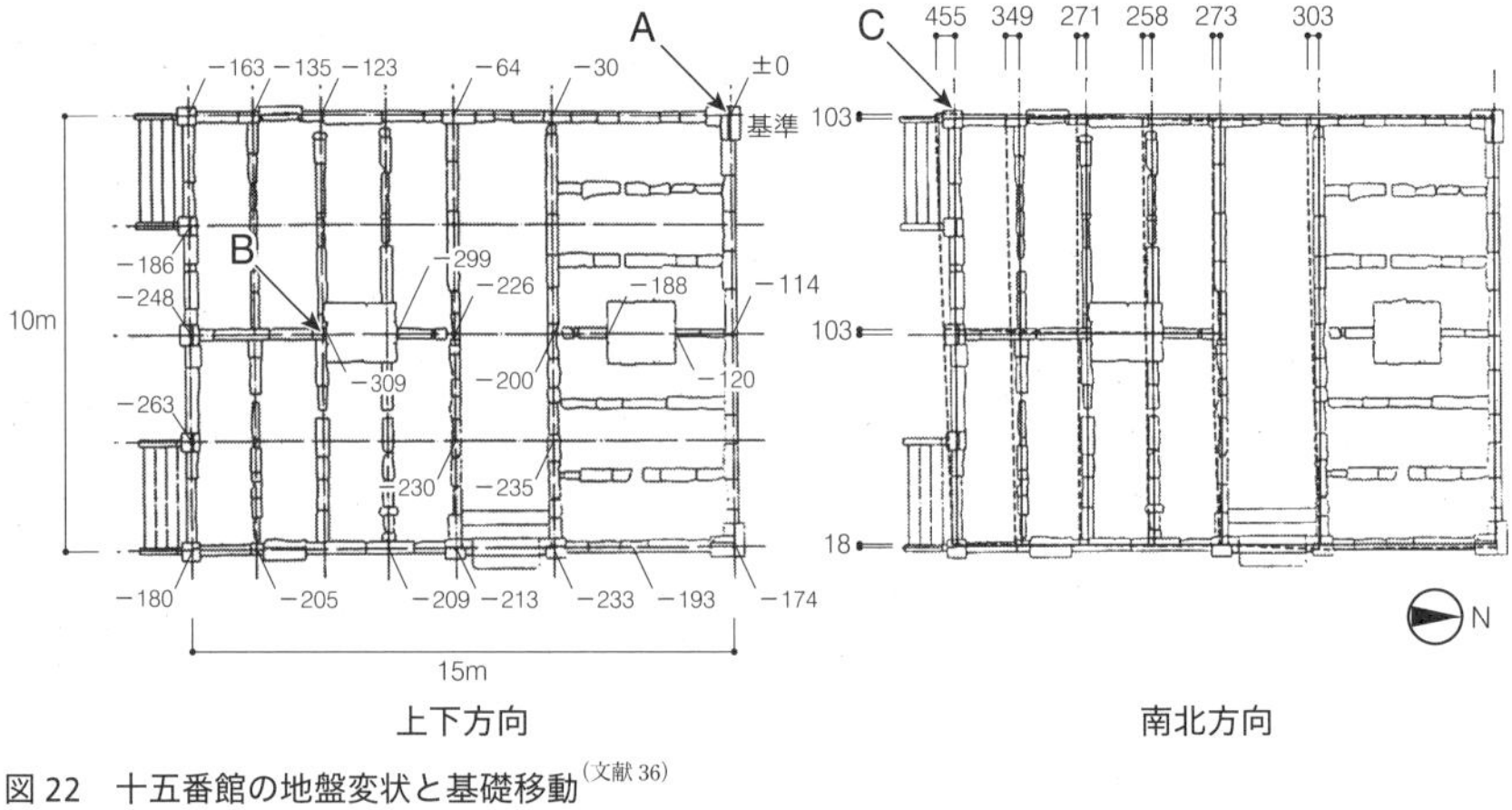

図22　十五番館の地盤変状と基礎移動（文献36）

ベタ基礎上の礎石に柱を据えて足固や根絡で一体化することで柱脚を滑らせる木造の免震工法は、昭和のはじめ頃、佐野利器が提唱し、さらに戦後の福井地震後に武藤清も改良型の木造免震基礎を示したことはすでに述べた通りである。このような基礎免震工法の系譜は、野口孫市の日本風木造住宅改良仕様や伊藤為吉の〝三害安全家屋〟など震災予防調査会の研究に遡りうるが、同様の考え方は 安政江戸地震後の小田東壑の耐震土蔵建築、あるいは大熊喜邦が論じた京都御所のほか江戸城や彦根城の「地震間」、そして火見櫓とともに地震間にも多用された「地中土台」の工法に見出すことができる。

先人が過酷な地震を通して編み出してきた基礎免震工法の英知に、最新の地盤対策技術を融合することによって、直下型地震に十分耐えうる新しい伝統木造建築の時代が始まりそうである。

4　伝統木造家屋の耐久性を考える

木造家屋の耐久性についての議論が盛んである。人によると一世代三十年くらい、あるいは五十年といい、短い場合二十年程度との説もあるらしい。いずれも相応の根拠があってのことだろう。しかしながら、社寺仏閣をはじめ民家や町家などの伝統木造建築の保存修理に携わってみると、このような説には疑問を禁じ得ない。もちろん、木造家屋の寿命には屋根や壁、基礎の構法や材料などさまざまな要素が絡むので一概にはいえないので、ここでは柱や土台の腐朽という観点から、和洋の木造家屋の耐久性について考えてみたい。

現存最古の民家とされているのは兵庫県神戸市北区の「箱木千年家」。その創建は一五世紀に遡るという。一方、京都市内最古の町家は、図1に示す中京区下立売神屋川の川井家住宅で、驚くべきことに一四六七年の応仁の乱の頃の建築と考えられている。それほど古くなくとも、江戸時代中期以降の町家は数多い。

代表的なものに、京都の町家がある。京都の町家には一七八八年三月の〝天明の大火〟以前の建物も遺存するが、歴史的都心部では百五十年ほど前の幕末から明治初期に建てられたものが大多数である。これは現在の京都の街並は元治元（一八六四）年七月、長州藩が孝明天皇の禁裏に攻撃を仕掛けた「蛤御門の

図 1b　川井家住宅の入口

図 1a　川井家住宅の外観

変」の戦火——俗に〝どんどん焼け〟——によって中心市街地の八百町、二万八千戸が焼きつくされ、その後何年もかかって再建復興されたという歴史的な背景があるからである。

これら京町家——日本風都市型の高密度家屋——の現在の姿は、図2に示すように玄関と店や座敷などはほとんど改変をされることなく、中庭を含めた町家独特の美しさが保たれている。これに対し、井戸が水道に、薪が都市ガスに代わり、さらに水洗化が進んだので、通庭や台所、くみ取りは現代風に改造され、煙出しも機能を失って、そこに二階を増設している場合も多い。しかしながら、内装を剥がせば当初の木組が大抵残っている。

日本の多くの都市は第二次世界大

上段：図2a　京町家の姿
下段：図2b　京町家の庭園の一例

戦末期の空襲によって、伝統的な木造建築の大半が焼失したが、もし戦災がなかったとすれば、どの街の風景も恐らく現在の京都とあまり変わらなかったに違いない。

さて、庄屋格の民家に比べると、京町家の部材は華奢な印象を受ける。図3に重要文化財滝澤家住宅の事例を示す。四寸余りの通柱以外の柱は大抵三寸五分、貫は杉で幅六分・成三寸五分が多く、貫は地・胴・内法の三段、壁厚は二寸二分程度が

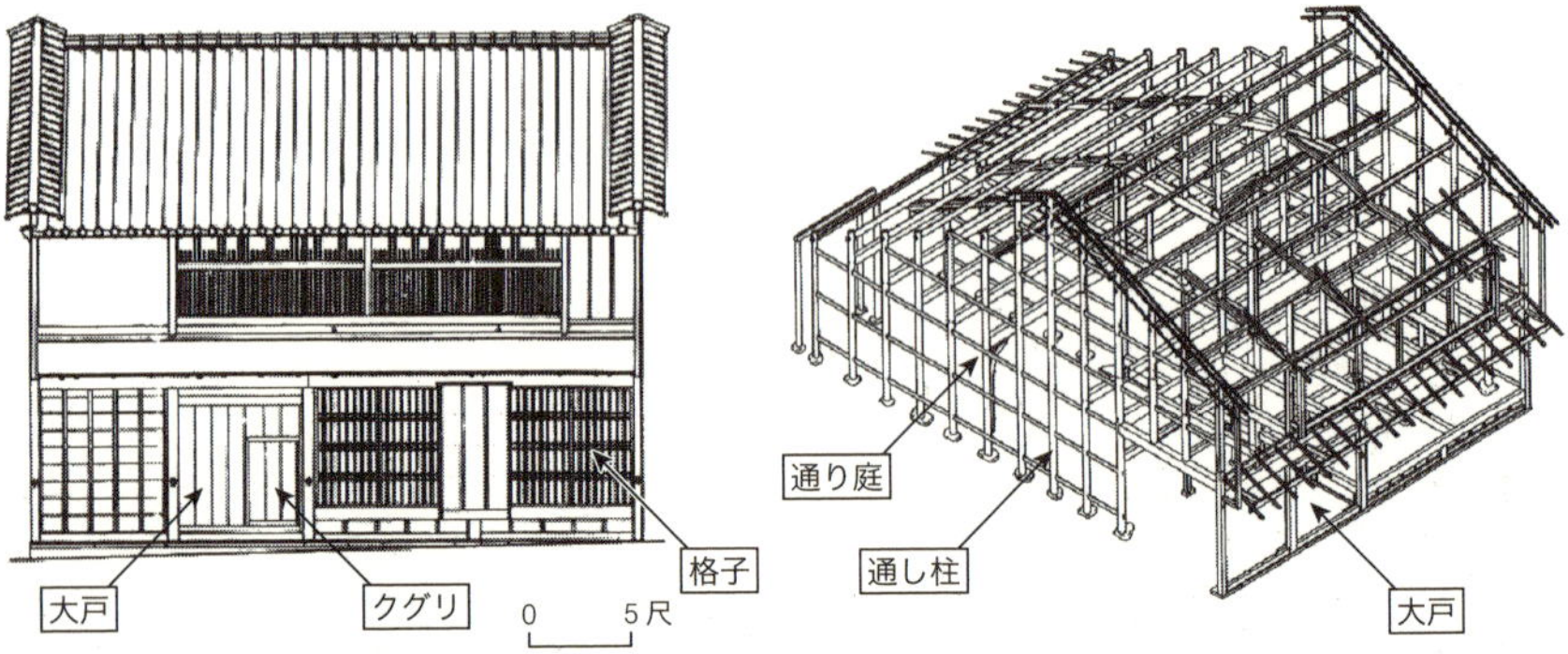

図3　滝澤家住宅の構造(文献1)

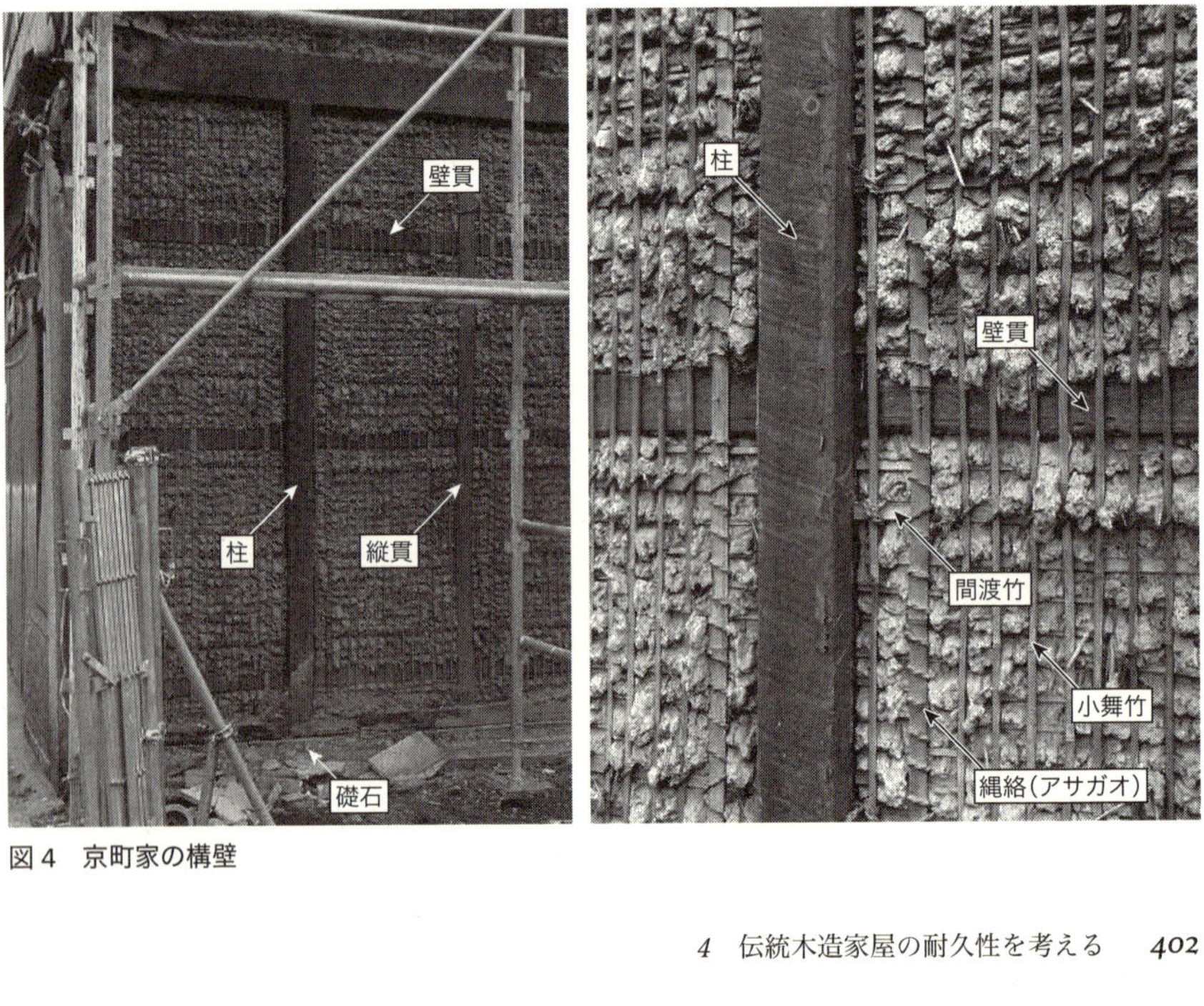

図4　京町家の構壁

一般的である。大黒柱もやや小振りで内法は五尺七寸くらい、根太天井もやや低い。隣家と接する妻壁は通柱に多段の貫を設け、室内側の横壁をまず土付けした後、外部の縦壁に裏返しを施して、〝妻送り〟と称して土台の上を滑らせて妻壁全体を隣地境界までぎりぎりに寄せるのが本来とされるが、図4に示すように裏返しを施さない、いわゆる〝片壁〟も多い。いずれにせよ、座敷まわりを含め構成部材の寸法は現在の木造住宅とほとんど変わらない。あえて現代住宅と京町家の床回りの差異を挙げれば、コンクリートの布基礎や金物を使わないことと、庇や縁側を巡らすことぐらいだろうか？

このような町家を調査して気づくのは、柱や土台の腐朽箇所が限られていることである。損傷の原因は井戸や流しの排水不良による場合が多いが、上水道の敷設が進んだ大正期になると台所の水回りに煉瓦を積んで、〝井戸引〟と称する一種の高土台に改修する事例が増えたが、隣家との境界の雨仕舞いが悪いと妻壁の基部に雨水が浸入して、柱基部の傷みが早い。

また、最近道路の嵩揚げや地下構造物の建設によって地下水位が変化し、全体的に床下に湿気が溜まりやすくなっていると指摘する棟梁が多いのはやや気掛かりである。

いずれにしても、京町家は大抵このような課題をかかえ、通風や日照の点でも現代の一戸建ての木造家屋に比べて決して恵まれているとはいえないが、著しく劣化した家屋は稀である。このような町家を日頃みていると、昔通りに造られた日本家屋が最近言われているように、数十年くらいで傷むなどということがありうるのか不思議でならなかった。

4・1　川村清一の見解

こんなことを考えていたところ、大正六年一月の『建築雑誌』第三一巻三六一号から、数回にわたって理学博士川村清一が「菌類と建築用材腐朽の関係に就て」と題する注目すべき論文を発表していたことを知った（文献2）。そしてこれを読んで、木造家屋の耐久性の問題の所在が少し理解できそうな気がしたので紹介しよう。

川村は日本の木材腐朽菌の特性について研究したが、もともと日本には存在しなかった好低温菌の一種「涙菌」による木造建造物の被害が何故明治後半になって急速に拡大し始めたのかについて疑問をもち、気候風土と木造家屋の構造について詳しく検討するとともに、図5に示すように礎石建ちの社寺建築の木造柱の防湿防腐対策としての合端処理、特に小孔の意義についても興味深い見解を示した。

日本の気候と欧米諸国の気候を比較すると、わが国は家屋の菌害を被りやすさの点では世界に類を見ないほど不利な環境にあるというのが川村の認識であった。常識的な話であるが、欧米をはじめ大陸国は一般に温暖な季節に降雨が少なく、空気や土壌が乾燥するのに対し、温帯地域に位置しながら春夏秋の三季を通じて連続して湿潤な状況に置かれるのは実は日本くらいなのである。しかしながら、古来より家屋はことごとく木造であったにも関わらず、事実として害菌のために大きな被害を受けた実例はなく、長年の荒廃に任せた場合を除けば菌類被害に大修繕を要することはなかった。

しかし、明治に入って洋風の木造建築が建設されるようになって以来、いくら防腐薬剤を混入しても短期間に腐朽して被害を被る洋風建築が続出するようになった。こうして、西洋建築崇拝と模倣がいかに大きな問題をはらんでいるか、大正時代にはすでに広く認識されていたようである。

木造家屋の腐朽劣化を防止するうえで、床下の湿度は大変重要である。日本家屋には深い庇があるために、雨水は室内より数尺を隔てた地面を湿らせ、ついで浸潤して縁下の土壌に水分が及ぶことになるが、上屋柱筋の床下まで浸透しても、縁周りが開放されているために、通風によって長く湿気は滞留しないよう工夫されている。

これに対し、洋風木造建築は、元来日本と気候風土の全く異なる亜寒帯の構法で、床下が気密的で、さらに煉瓦やモルタル（コンクリート）など湿気を保持しやすい基礎と木材とを接触混用することが多い。加えて庇の出が少ないので、建物の基礎周辺は雨水の浸潤によって湿潤な状態が持続しやすく、結果として害菌の繁殖が盛んになる。また、風雨に晒される外壁は通気を阻害し、吸湿性に乏しいので「ペンキ」や「モルタル」で仕上げることも、建物の腐りを促進する要因となる。

要するに、床下の湿度一つにしても和様両者で著しく異なる。洋風木造では雨水が建物の周囲から直接的に主体構造の土台周りに及びやすい。このため、基礎下に防湿処理を施して毛細管現象による地中の水気を防いでも、床下の空気が湿潤状況にある以上、木材腐朽菌の繁殖を防ぐことはできない。日本の腐朽菌の多くは乾腐菌類であって、湿潤な空気さえあれば、液状の水分を必要としないからである。

木造建築の大被害は、学校建築や陸軍兵舎など画一的な洋風木造建築を大量に建設し始めた頃から急速に拡大したらしく、たとえば金沢市長土塀小学校で

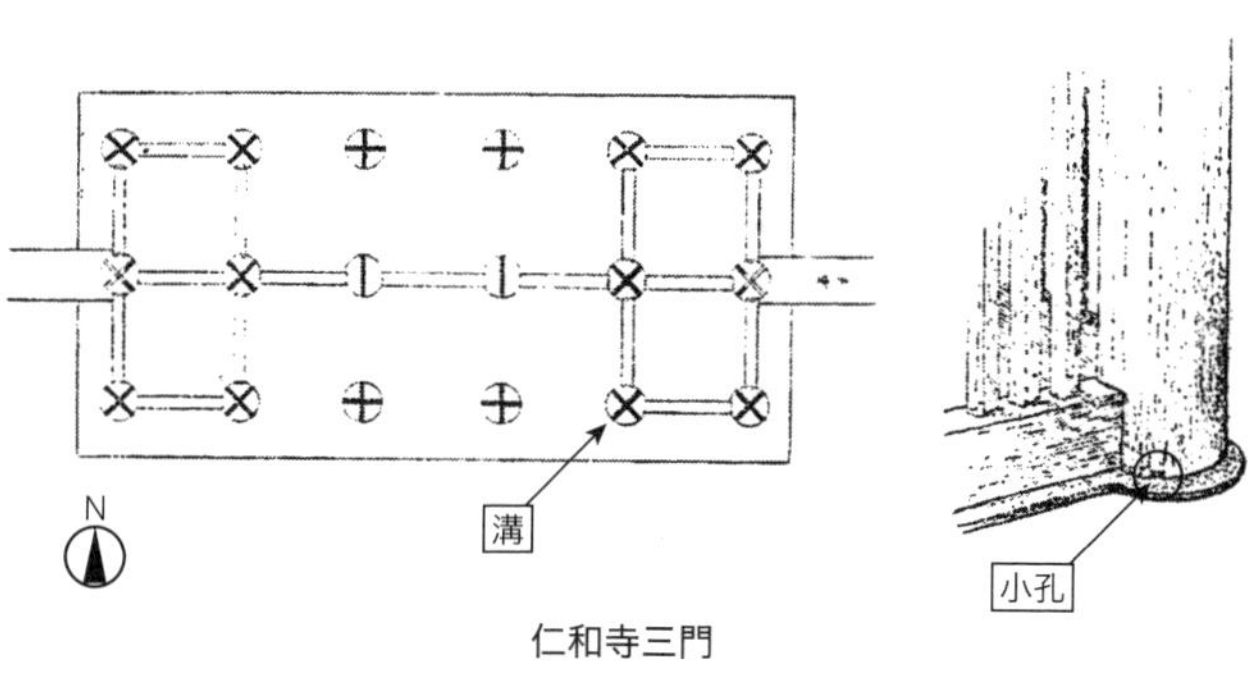

図5　古社寺の柱の小孔の事例(文献2)

は明治四二年に建設された校舎が大正二年には床下全面が低温を好む「涙菌」によって大被害を受ける事態となった。こうして大正に入ると国は各地の直轄建物の修繕に多額の出費を迫られるようになった。一例を上げると、熊本第五高等学校などわずか三棟の校舎の修繕費が約五〇万円（おおむね三〇億円相当）、陸軍では大正四年五〇万円、同五年五〇万円、同六年二〇万円を計上したという。

4・2 聴竹居を訪れて

かつて、藤井厚二の名作、京都府大山崎の「聴竹居」を訪れたことがある。昭和二年に自邸として建てられた建物で、椅子座を基本に洋の作法を洗練された和の空間に昇華させるべく、随所に実験的な空間造形が試みられている。だが、この建物には日本建築としての縁側がない。外観は一種スパニッシュを連想させる平板な壁面が外周の布基礎から直接立ち上がっており、通気孔も少ないのである。鬱蒼とした緑の山腹、湿度の高いところに閉鎖的な床構造の瀟洒な建築を作れば、きっと木組は傷んでいるに違いないと思っていたが、どこも腐朽してはおらず、床下や天井裏には爽やかな風が吹き抜けているのに気づいた。これはかつて国宝醍醐寺五重塔に上った時、林間を吹く風のように力強い木組の間を空気が流れていたのとよく似ていた（図6a）。

また、聴竹居と閑室（離れ）の床構えにはどこか、草庵茶席と似たところがある。草庵でも足固の下を壁留まで土壁を塗り込みながら、豊かに風が通るようになっているからである。地勢と風、そして構法への藤井の深い洞察を感じた次第であるが、同時に日本で洋風の木造をデザインする時の、配慮の重要さを知った（図6b）。

図 6a　聴竹居の外観（竣工時）

図 6b　聴竹居の室内（文献 3）

いずれにせよ欧米と日本では本来木造建築の構法は全く異ならざるを得ないはずである。日本の社寺や書院などの木造建築は、元々は乾燥した支那大陸から温暖多雨の日本に持ち込まれたものであるが、これら大陸系の木造建築は日本にもとからあった、南方的な土着の木造構法の英知を採り入れ、何世代にもわたる経験と努力によって、「風土化」されて、今日のような堂々たる完成の域に到達したのであろう。したがって伝統的な木造建築については今さら寿命や耐久性について議論する余地はほとんどないと思う。正統的な構法、材料、仕様、そして維持保全の作法を謙虚に学び、その通り建築すればよいのである。

一方、いわゆる在来木造や木質構造など、伝統木造に比べてまだ日が浅く、工学主義的な欧米系の木造建築は明治の導入以来、未だ充分に「風土化」されていないために、発展途上の建築技術としてリスクが高いことは否めまい。その意味で今後の改良発展が大いに期待されるところがあるが、その際、いかに強力な薬剤や設備を投入しようと、所詮気候風土には勝てないのは過去の歴史が示す通りである。

日本では寿命の短い洋風建築も、欧米の風土では数百年の耐久性を容易に示すことを考えると、洋の東西を問わず、風土に根ざした木造建築の耐久性は最初に述べた数値の少なくとも十倍――最低三百年、適切な維持保全をすれば、寿命は事実上無限大というのがグローバル・スタンダードと言えそうである。

5　伝統木造建築の復権を目指して

日本列島が位置する北半球の中緯度帯――おおむね北緯二五度から四五度のゾーンを東から西にむかって世界地図を見渡してみると、チベット高原から西域、中東、さらに地中海から欧州中部、そして北米の大草原など広大な砂漠と乾燥地帯が地球の大部分を取り巻いていて、豊かな森林に恵まれているのは日本列島などほんのわずかな地域しかないことに驚く。

地球の陸地の大部分は干上がった乾燥地帯か、あるいは酷暑か酷寒の過酷な大地。四季が巡り、多様な生き物が息づく日本のような場所は本当に少ない。全く意識すらしていないが、我々日本人はまさに地球上稀有のオアシスともいうべき場所で日々の暮らしを営んでいるのである。

地震についてはどうだろうか？　ユーラシアや北米などの大陸の地殻は数億年も前に活動を停止した超老齢の安定陸塊。プレート境界を除けば、地震など起こりようがない。これに対して、日本は今まさに煮えたぎるエネルギーを激しく噴き上げる若々しい大地。地震と火山活動の激しさは言うまでもないが、日本人は有史以前より英知の限りを尽くしてこの過酷な自然に立ち向かい、そして豊かな森林の恵みを利用して木造構築物を着実に発展させてきたのである。

木造建築は世界に広く分布する。しかしながら、わが日本の伝統木造建築はその独創性、技術性そして造形性において世界中のいかなる建築にも引けを取らない。

アジアを眺めると熱帯・亜熱帯地域は木材資源が豊かだが、寺院などの恒久的建造物では屋根は木造であっても外壁は組積造が多い。これは台湾でも同様で、多くの廟なども組積造の壁体に木造屋根を上架する形式で、わが国のように木造の柱・梁・貫等によって壮大な屋根を支える構造形式はほとんど見られない。高温多湿で木材の腐朽が余りに早く、加えて蟻害が避けられないためという。

乾燥地帯の中国の建造物も似たところがあって、煉瓦組積造の躯体に木造屋根や床組を載せる工法が一般的。古代には豊かだった森林資源が次第に枯渇したためというが、この傾向は西域や中東において一層顕著である。

また、北半球の針葉樹林地帯（タイガ）は木材資源が豊かだが、柱や梁には使えないような脆い樹種が多く、結局軸組構造よりは壁式のログハウスなど校倉造りに軍配が上がる。

一方、欧州にはハーフティンバーと呼ばれる伝統木造が多い。針葉樹主体のわが国と異なりブナや樫など癖の強い闊葉樹を組みあげた後、壁面を煉瓦などで固める木骨組積造で、軸組構造というよりはむしろ耐力壁構造に近い。

このように世界の木造建築を俯瞰すると、日本の伝統木造の構造システムがいかに独創的で他に類例を見ないものであるかがわかる。大陸とは異なり、大地震や暴風雨の猛威に絶えず曝される過酷な日本の大地において、千年以上も前、人口は現在の数パーセントにすぎなかった時代に、高さ百メートルもの木造塔を実現し、空前絶後の大仏殿を造営しただけではなく、何百年もの歳月に耐えて何千何万もの伝統木造建築が今も使われ続けていることは特筆される。

ところで、日本の伝統木造建築は数百年に一度の解体修理を繰り返すことによって辛うじて維持されてきたといわれている。だが、古社寺などの保存事業にかかわって具に実態を調査してみると、解体修理などはごく最近——明治以降に始まったもので、それ以前にはまず行われていなかったのではないかと思うようになった。

現在、平城遷都まもない八世紀前半に建立された国宝薬師寺東塔の解体修理が行われているが、隅木や大斗などの主要部材には釘の打ち換えの痕跡は全く認められず、白鳳の仕事が完璧に残っていた。さらに当初の地垂木には、明治修理時に打ち込まれた極新しい現況の釘以外には、創建時の釘跡一カ所しか検出されないのである。このことは、過去に幾度かの部分的な修理は行われたものの、明治三〇年代に屋根組などを全面的に解体して、夥しいはね木を入れて近世の構造形態に造り替えられるまで、千数百年前の創建時の姿がほぼ保たれていたことを物語る。

いずれにせよ、伝統木造建築は過酷な自然災害への備えとして、損傷しても全解体などせずとも部分的な修理によって復旧できるように当初から構築されているわけで、一見複雑に見える組物なども自然災害を受けた場合の危機管理技法と解釈することもできる。

いつの世でも大災害は地域経済に深刻な影響をもたらすが、古の工匠達はそのような厳しい状況下においても、優れた修理手法を駆使して木造建築を復旧して次の災害に備えてきたことを古建築は教えている。

ところで今思うと戦後、昭和三四（一九五九）年頃が木造建築の転換点であった気がしてならない。昭和二五年から数年の朝鮮戦争特需で日本経済は息を吹き返し、三〇年頃からはいよいよ高度経済成長期に入り始めたが、その矢先の昭和三四年九月二六日に伊勢湾台風が紀伊半島から中部地方を襲い、死者五千名を超える甚大な被害が発生した。この台風の一月後の一〇月二五日、折から開催中の建築学会近畿大会において二見秀雄学会長と鷲尾健三近畿大会委員長の発議により、〝防火、耐風水害のための木造禁止〟を明記したいわゆる「木造禁止」が五百名の満場一致で採択された。

この決議がその後の建築行政にどのような影響をもたらしたのかは判然としないが、建築学会については木造家屋の耐震性や「現代木造」の開発など、さまざまな研究活動が途切れることなく続いていることを考えると、木造禁止決議の影響はほとんどなかったように思われた。

ただ、高度経済成長期を迎えて不燃建築への期待が急速に高まり始めた時期に、木造家屋の深刻な台風被害を目の当たりにした当時の国民の意識を「木造禁止決議」は反映していたと考えられ、この頃の時代精神が木造建築を多としない戦後の価値観を形作った可能性は否定できない。

時代は移り、最近では林業や木造建築の見直しの機運が高まりつつあるが、こと「伝統木造」に関しては、昭和三四年当時さながら「(伝統)木造禁止決議」は全く見直されることなく凍てついたままとなっている。現在の住宅ストックは三人に一戸、約四千万戸と言われているが、戦前からの伝統木造家屋はせいぜい二十万。住宅総数の一パーセントに遠く及ばないまでに激減している。

今や消滅寸前の状況にある伝統木造に課されてた数々の制約を抜本的に見直して、伝統木造がもつ本来の実力を発揮できる環境を一刻も早く取り戻さなければならない。

いつの時代においても、優れた伝統文化は人々の誇りと主体性を育み、物事の深い理解を促す。このことが我々日本人の独自性と独創性の根幹をなす。千年以上の歴史を重ねてきた伝統木造建築において将に然りである。我々は今こそ先人の建築の英知に学ぶとともに、伝統木造建築の復権を目指さなければならないのである。

あとがき

木造家屋の耐震性について原稿執筆の話が持ち上がったのは、平成二三年三月の東日本大震災から一年ほど経った頃だった。平成七年一月の兵庫県南部地震の甚大な被害に接して以来、多少伝統木造建築の構造についての研究調査や実験に関わってきたので、この機会に〝木造家屋の現在〟を見つめ直してみようと思った。ところで、近年伝統木造への関心が高まりつつあるのは喜ばしいが、一方では直下型地震の度に伝統木造には耐震性がないという風評が広まっているのが気になる。

そんななか、平成一九年三月の能登半島沖地震直後、宮大工、伝統左官、瓦職、そして鳶職の親方衆と一緒に門前や黒島など激震地域を現地踏査したが、一見大被害と見えても伝統家屋のほとんどは、数日で応急復旧でき、その後数カ月もあれば震災前の姿に復旧することはさして難しくないというのが一致した見立てであった。

昔から伝統木造家屋は地震で被害を受けても、焼けさえしなければ大工棟梁や鳶職の手で復旧されてきたので、今回も当然そうなるだろうと思っていた。だが数カ月後に訪れると由緒ある町並みには更地が広がり、周囲の農地は解体家屋の廃材の山となっているのを見て本当にショックを受けた。

伝統木造家屋は、もともとオーバーホールできるように作られている。そのため、地震で多少損傷しても、無理なく復旧できる。建設機械も技術も格段に進歩した現在では、なおさらである。にもかかわらず、簡単に復旧できる建物までが次々と解体されるという現実を目の当たりにして、日本の木造建築技術は本当に進歩しているのだろうか？　木造建築の技術基盤の崩壊は想像以上に深刻化しているようだ。

こんなこともあって、明治以降現在に至るまでの百五十年ほどの木造建築の耐震化の流れを今一度たどってみようと考えて、まずは手始めに耐震研究の契機となった明治二四年一〇月の濃尾地震とその後の動きについて調べ始めたのであるが、わからないことは多岐に及んで全貌は一向につかめない。

そのため、明治二〇年代に身を置いて、当時の人々が何をどう考えたのか？　論説や雑誌、新聞にも目を通しつつ、当時の世相を追体験しようと悪戦苦闘しているうちに、わずか数年を辿るのに、四年以上経ってしまった。この調子ではその後現在に至る百年を俯瞰するのに、優に百年を要するではないか。

建築史学とは無縁の一介の構造研究者が大それたことを考えたものだと観念し、とりあえず明治三〇年頃までを一区切りとして、あとは駆け足で戦後までを眺めた次第。

最後に、日本人が長い歴史のなかで、営々と培ってきた世界に誇るべき伝統木造建築。それらは、近年耐震性を巡って時にいわれなき批判に耐え忍びつつ、わずかに命脈を保つという誠に心細い状況に陥っている。しかしながら、伝統木造を工学的な視点から調査し、観測し、実験し、そして解析してみると、その力学的合理性には驚くことばかりである。伝統木造建築は我々建築構造学者にとってまさに無尽蔵の学術的宝庫である。この事実は今回の執筆を通じて、より強固な確信となった。

日本の優れた伝統木造の技術体系を現世代で絶やすことなく、一層発展させるために今我々がなすべきことは多い。今後は、若い人たちがさまざまな視点から、日本建築——特に伝統木造建築の耐震性について考究されんことを大いに期待しつつ、いったん筆を置くことにした。

原稿を纏めるにあたり、多くの方々から有益な御助言を頂きました。末筆ながら厚く御礼申し上げます。

平成二九年一二月

西澤英和

⊙耐震年表

西暦	元号	年	地震台風など	社会情勢	耐震建築関係の出来事	人物
一八一九	文政	2	近江地震（M7・1）			
一八二六		8				箕作秋坪（備中）生
一八三〇	天保	1	京都地震（M6・5）			
一八三五		5				福澤諭吉（中津藩）生
一八四七	弘化	4	善光寺地震（M7・4）			森有礼（薩摩）生
一八五〇	嘉永	2				J・ミルン（リバプール）生
一八五二		4				J・コンドル（ロンドン）生
一八五三		5				曽根達蔵（唐津）生
一八五四		6		ペリー浦賀来航	『防火策図解』上下	
	安政	元	安政奈良地震（M7・2） 東海地震（M8・4） 南海地震（M8・4）			片山東熊（長州）生 辰野金吾（唐津）生
一八五五		2	安政江戸地震（M7・4）			菊池大麓（津山藩）生 久留正道（江戸）生
一八五六		3			『防火策図解附地震劇風津波予防法図説』 広重『名所江戸百景』（〜安政六年）	
一八五八		5	飛越地震（M7・1）			山口半六（松江藩）生
一八五九		6				妻木頼黄（旗本）生
一八六〇	万延	3				吉村長策（大阪）生
一八六一	文久	元				真野文二（江戸）生
一八六二		2				森鷗外（津和野）生
一八六四	元治	元		蛤御門の変		伊藤為吉（松坂）生 横河民輔（播磨）生 佐藤勇造（陸奥）生
一八六六	慶応	2				三島通良（武蔵）生
一八六七		3		大政奉還		夏目漱石（江戸）生
一八六八	明治	元				関野貞（高田藩）生 大森房吉（越前）生
一八六九		2				野口孫市（姫路）生

西暦	元号	年	地震台風など	社会情勢	耐震建築関係の出来事	人物
一八七〇	明治	3		工部省創設		
一八七二		5	浜田地震（M7・1）		太政官令二一四号　学制発布	武田五一（福山）生
一八七三		6			明六社設立	真島健三郎（香川）生
一八七七		10		西南戦争		大熊喜邦（江戸）生
一八七九		12			太政官布告四〇号　教育令	
一八八〇		13	横浜付近地震（M5・5）		日本地震学会創設	佐野利器（山形）生
一八八一		14		明治一四年政変		
一八八二		15			東京時事新報創刊 福澤・大隈下野	
一八八五		18		太政官達第六九号　太政官制廃止 内閣制度発足・工部省廃止		
一八八六		19			勅令三号　帝国大学令 勅令一三号　師範学校令 勅令一四号　小学校令（四年生） 勅令一五号　中学校令 造家学会創設	内藤多仲（山梨）生 箕作秋坪　没（六〇歳）
一八八八		21	磐梯山噴火		新聞社全国規模の義捐活動の始まり 尋常師範学校設備規則	
一八八九		22	熊本地震（M6・3）	大日本帝国憲法公布		森有礼　没（暗殺41歳）
一八九〇		23		エルトゥールル号遭難事件 大日本帝国憲法施行	会計課建築掛発足 新聞社全国規模の義捐活動の発展	
一八九一		24	濃尾震災（M8・1）		小学校設備規準 学校建築設計に関する通牒 第二次小学校令公布 横河『地震』出版 菊池大麓、震災予防調査会建議 尋常中学校設備規則 伊藤『日本建築構造改良法』出版	
一八九二		25			寒地学校建築・耐震学校建築 「安全鉄具の発明」（『建築雑誌』六五号） 「安全鉄具改良続」（『建築雑誌』六七号） 勅令五五号　予防調査会設置 調査会第一回会合 尋常師範学校設備規則	

					小学校建築図案通達	
一八九三		26		シカゴ博覧会（〜一〇月三日）	「地震建築に関する工夫片々」（『建築雑誌』七三号） 「安全鉄具改良続」（『建築雑誌』七四号） 「調査会報告」第一号刊行　設立経緯 小学校用机・腰掛構造法	
一八九四		27	根室地震（M7・9） 東京地震（M7・0） 庄内地震（M7・0）	▼日清戦争開戦	人為地震台試験小屋完成 木工術教科書（伊藤） 学校建築上震災予防方	
一八九五		28		▲日清戦争停戦	一〜四号標本家屋完成（伊藤） 「木造耐震家屋構造要綱」（『建築雑誌』九九号） 「学校建築図説及び設計大要」 「山形県下町家改良仕様」 「農家改良構造仕様」（『建築雑誌』一〇二号） 「小学校改造木造仕様」（『建築雑誌』一〇一号） 「報告」第三号　小学校改良木造仕様 庄内地震報告（曽根） 「報告」第四号　和風・洋風二階雛形 東京地震報告 「報告」第五号 「報告」第六号　耐震構造要綱（辰野・片山・曽根） （未ダ充分ナル実験ヲ遂ゲズ） 「木製切組法」（『建築雑誌』一〇七号） 「報告」第七号　庄内・東京地震（野口・山崎）	
一八九六		29	三陸大津波（M8・3） 陸羽地震（M7・2）		「報告」第九号　庄内地震報告・野口孫市 根室・木造試験家屋建設 「海嘯被害報告」（『建築雑誌』一二〇号）（伊藤） 深川標本住宅着工（〜明治三〇年三月竣工）	
一八九七		30			「報告」第一一号　陸羽地震（山崎）三陸津波 「報告」第一三号　和風・二階仕様／根室・深川住宅	
一八九八		31			日本家屋・公共二階雛形	
一八九九		32			「報告」第二一号　地震台改良完了	
一九〇〇		33		パリ万国博覧会 （四月一五日〜一一月五日）	「木造耐震構造定規」（『建築雑誌』一四八号） 第三次小学校令公布	山口半六 没（四二歳） 伊藤為吉　調査会嘱託退任
一九〇一		34				福澤諭吉 没（六六歳）

西暦	元号	年	地震台風など	社会情勢	耐震建築関係の出来事	人物
一九〇二	明治	35		日英同盟締結		岡隆一（伊勢）生
一九〇三		36				武藤清（茨城）生
一九〇四		37		▼日露戦争開戦	学校建築設計要綱 佐世保船渠八〇尺RC煙突完成（日本初）	
一九〇五		38		▲日露戦争講和		
一九〇七		40				棚橋諒（静岡）生
一九〇八		41			小学校六年制実施	
一九一三	大正	2				J・ミルン没（六二歳）
一九一四		3		▼第一次世界大戦勃発		久留正道没（六〇歳）
一九一五		4				野口孫市没（四六歳）
一九一六		5			大分県佐賀関久原RC大煙突（高さ一六七メートル）竣工	妻木頼黄没（五七歳） 夏目漱石没（四九歳）
一九一七		6				片山東熊没（六三歳）
一九一八		7		▲第一次世界大戦終結		
一九一九		8			法律第三七号　市街地建築物法　公布 勅令四三八号　市街地建築物法施行令公布	辰野金吾没（六四歳）
一九二〇		9			磐城送信所RC造無線塔（高さ二一〇メートル）竣工	J・コンドル没（六七歳）
一九二二		11	浦賀水道地震（M6・8）		平和記念東京博覧会開催（～七月一〇日） 針尾送信所　高層RC造通信塔（一四〇メートル）竣工	森鷗外没（六〇歳）
一九二三		12	関東大震災（M7・9）			大森房吉没（五五歳）
一九二四		13			法律二九号（改正）市街地建築物法公布 耐震耐火家屋（伊藤） 勅令第一五二号　市街地建築物法施行令 勅令三〇四号　市街地建築物法施行令 時局特別委員会　構造強度計算規準制定	
一九二五	昭和	元	但馬地震（M6・9）		震災予防調査会廃止 勅令第三一一号　地震研究所創立	三島通良没（五八歳）
一九三〇		5	北伊豆地震（M7・3）		真島健三郎『地震と建築』 海軍技術研究所（目黒）竣工 舞鶴海軍機関学校免震校舎竣工	
一九三一		6	西埼玉地震（M6・9）	柳条湖事件→満州事変	末広・石本　加速度型地震計開発	
一九三二		7		五・一五事件		

一九三四	9	室戸台風			
一九三五	10	静岡地震（M6・9）		新式大工工法（全）（伊藤）	関野貞 没（六七歳）
一九三六	11	河内大和地震（M6・4）	二・二六事件		
一九三七	12		盧溝橋事件→日支事変	臨時資金調達法制定 鉄鋼工作物築造許可規則	曽根達蔵 没（八四歳）
一九三八	13			法律五五号　国家総動員法 用材統制規則 農林省令用材規格制定	武田五一 没（六五歳） 吉村長策 没（七八歳）
一九三九	14		ドイツ軍ポーランド侵攻 ▼第二次世界大戦勃発	内務省令五号　防空建築規則 用材精算統制規則発布・用材規格規定制定 勅令七〇三号　価格等統制令 商工省令六七号　木造建築物建築統制規則	
一九四〇	15	エルセントロ地震（M7・1）		用材配給統制規則発布	
一九四一	16		▼日米開戦	法律六六号　木材統制法施行 金堂構造の安全度判定に関する研究（坂静雄）	真島健三郎 没（六八歳）
一九四二	17			戦時規格作成委員会創設	
一九四三	18	鳥取地震（M7・2）		農商務省告示第二八五号（一五坪制限）	伊藤為吉 没（八〇歳）
一九四四	19	東南海地震（M7・9）		臨時日本標準規格　第五三二号・第五三三号公布	
一九四五	20	三河地震（M6・8） 枕崎台風	ポツダム宣言受諾 ▲降伏文書調印	戦災復興院創設（総裁小林一三）	横河民輔 没（八一歳）
一九四六	21		日本国憲法公布	国家総動員法廃止	真野文二 没（八四歳）
一九四七	22	カスリン台風	日本国憲法施行	建築規格三〇〇一号　制定 内務省・戦災復興院解体（総裁阿部美樹志）	
一九四八	23	福井地震（M7・1）		建設院創設 建設院、建設省に改称	
一九五〇	25	ジェーン台風	▼朝鮮戦争勃発	法律第二〇一号　建築基準法制定 住宅金融公庫創設 建築基準法施行令施行・市街地建築物法廃止	
一九五一	26		サンフランシスコ講和条約締結	北陸震災復旧技術指導の手引き	佐藤勇造 没（八七歳）
一九五二	27				大熊喜邦 没（七五歳）
一九五三	28		講和条約発効 △朝鮮戦争休戦		
一九五六	31				佐野利器 没（七六歳）

註・参考文献

序章

◇*1*節

参考文献

1 公開実験の映像は下記に公開されている。
https://www.youtube.com/watch?v=Dn7fw2T2lml

◇*2*節

参考文献

1 コトバンクの在来工法に関する解説は下記に示されている。
https://kotobank.jp/word/%E5%9C%A8%E6%9D%A5%E5%B7%A5%E6%B3%95-774935

◇*3*節

参考文献

1 村松貞次郎『やわらかいものへの視点 異端の建築家伊藤為吉』岩波書店、一九九四年、八二頁

◇*4*節

参考文献

1 坂本功『地震に強い木造住宅』工業調査会、一九九七年、一五頁
2 坂本功「伝統構法の構造解析と補強」『structure』№74、二〇〇〇年四月
3 チェスター・マーシャル著・高木晃次訳『B29 日本爆撃30回の実録』ネコ・パブリケイション、二〇〇一年、一八二頁
4 平塚柾緒編著『米軍が記録した日本空襲』草思社、一九九五年、一三三頁
5 西澤英和「兵庫県南部地震の状況と伝統木構造」『建築知識スーパームック 阪神・淡路大震災後の設計手法を考える 地震に強い［木造住宅］の設計マニュアル』一九九六年一月、二五六頁
6 大野友則、井元勝慶「衝撃的地震動の計測・記録における問題点」『都市直下型地震による構造物の衝撃破壊の解明と防止策に関するワークショップ』平成一一（一九九九）年一二月、一六五―一七一頁
7 金多潔・西澤英和「阪神淡路震災における社寺建築の破損に関する調査研究報告書」文建協叢書二、財団法人文化財建造物保存技術協会、平成八（一九九六）年三月、三二頁
8 中澤誠一郎「大阪府下における風水害調査報告」『建築雑誌』第四八巻五九三号、一九三四年一二月、一三七三―一四四一頁
9 山崎英二「兵庫県に於ける被害の調査」『建築雑誌』第四八巻第五九二号、昭和九（一九三四）年一二月、一五二〇頁
10 狩野春一・神谷六美「關西風害より見たる木造構造法に関する二三の考察（昭和九年九月二一日 關西風水害に関する調査報告並に論説（其Ⅱ））」『建築雑誌』第四九巻五九四号、一九三五年一月、二七―三七頁

第1章

◇*1*節

参考文献

1 内田青蔵・大川三雄・藤谷陽悦『図説 近代日本住宅史』鹿島出版会、二〇〇八年
2 文化庁「文化財登録制度のご案内 建物を活かし、文化を生かす」一九九六年
3 博物館 明治村 森鷗外・夏目漱石邸 間取り図

4 平和博出品『文化村住宅設計図説』鈴木書店、大正一一（一九二六）年五月、七六頁

5 飯田賢一『日本鉄鋼技術史』東洋経済新聞社、一九七九年

6 京都大学金多研究室編「朝日麦酒吹田村醸造所創業時煉瓦造工場の保存学術調査報告書」一九九〇年

7 Virginia & Lee Mcalester, *"A Field Guide to American Houses"*, p.17 Newyork Alfled A K OPF, 1994

8 George Nash, *"Renovating Old Houses-A Fine Homebuilding Book"*, p.75 The Taunton Press, 1992

◇2節

参考文献

1 西澤英和・円満字洋介「民家の強さを考える」『季刊チルチンびと』№.23、二〇〇三年冬、風土社、八八—九三頁

2 植森貞友他「現地試験による伝統的木造民家の構造特性に関する研究、滋賀県甲賀町の茅葺き民家その4　振動実験の概要と架構の振動試験結果」『二〇〇三年日本建築学会大会梗概（伝統民家・寺社（1）、構造Ⅲ）』平成一五（二〇〇三）年九月、四三五—四三六頁

3 浅野清『古寺解体』學生社、昭和四四（一九六九）年

4 文化財建造物保存技術協会『文化財建造物伝統技術集成（上）』昭和六一（一九八六）年、八三頁

5 京都府教育庁文化財保護課「重要文化財教王護国寺講堂修理工事報告書」昭和二九（一九五四）年三月、五頁

6 服部勝吉編輯『古建築圖集』第二輯、京大建築會奈良研究所、大正一三（一九二四）年四月、会員配布

7 安田善三郎『釘』博文館、大正五（一九一六）年

8 京大建築学教室　服部勝吉編輯『建築圖集　第四輯　東大寺』京大建築會奈良研究所古建築圖集刊行會、大正一三（一九二四）年

9 大森健二『社寺建築の技術——中世を主とした歴史・技法・意匠』理工学社、一九九八年

10 奈良県教育委員会「国宝室生寺五重塔（災害復旧）修理工事報告書」、平成一二（二〇〇〇）年九月

11 京都府教育庁文化財保護部文化財保護課編「国宝重要文化財教王護国寺蓮華門・北大門・慶賀門・北総門修理工事報告書」一九九五年三月

12 平岡明海・鷲尾隆慶『大仏殿及大仏殿史』奈良大佛供養會、大正四（一九一五）年四月

第2章

◇2節

参考文献

1 宇佐美龍夫『新編日本被害地震総覧』増補改訂版、東京大学出版会、一九九九年四月

◇3節

註

1 奈良においては、嘉永七（一八五四）年七月の奈良地震の後、同年一二月の東海・南海大地震の影響を受けたが、その後幕末までの十年間に、安政四（一八五七）年、安政六（一八五九）年、慶応二（一八六六）年の少なくとも三度にわたって大規模な台風と水害に見舞われたとの記録がある（文献5）。

参考文献

1 萩原尊禮『古地震—歴史資料と活断層からさぐる』東京大学出版会、一九八二年一一月、二三一頁

2 奈良県文化財保存事務所所蔵、文化財建造物保存修理事業撮影写真、當麻寺三重塔1427、2293　円成寺楼門0031、0032

3 野口武彦『安政江戸地震——災害と政治権力』ちくま新書100、筑摩書房、一九九七年三月、七〇頁

4　社団法人霞会館資料展示委員会編『鹿鳴館秘蔵写真帖　江戸城・寛永寺・増上寺・燈台・西国巡幸』平凡社、一九九七年七月
5　青木滋一『奈良県気象災害史』養徳社、昭和三一（一九五七）年八月、二六五―二八七頁

◇*4*節

参考文献

1　宇佐美龍夫解説『大極地震記／安政見聞録／地震預防説／防火策図解』江戸科学古典叢書一九、恒和出版、一九七九年九月

第3章

◇*1*節

参考文献

1　池田謙吉『明治震災輯録』（全）、金池堂、明治二四（一八九一）年一一月
2　国立科学博物館、一八九一年濃尾地震写真ホームページ
http://www.khaku.go.jp/research/db/science_engineering/namazu/04/nobi/nobi1/nobi1.html

◇*3*節

参考文献

1　片山逸郎『濃尾震誌』勝沼武一発行所、明治二六（一八九三）年
2　国立科学博物館、一八九一年濃尾地震写真ホームページ、前掲

◇*4*節

註

1　大熊喜邦は旗本の家柄で明治一七（一八八四）年東京麹町生まれ。明治三六（一九〇三）年東京帝国大学工科大学卒業。横河工務所を経て明治四〇年妻木頼黄の勧めで大蔵省臨時建築部に入省。以後官庁建築家として活躍。妻木頼黄、矢橋賢吉に続いて臨時建築部を率いて国会議事堂を完成させるなど、大きな足跡を残した。大熊は工学博士と同時に経済学博士でもあり、江戸文化や経済に関する多数の論文を執筆するなど文化や経済、工学に関する造詣の深さは際立っていた。氏は大正九（一九二〇）年三六歳の頃、すでに鈴木書店より『趣味の建築講話』を出版しており、さらに戦後の厳しい経済状況下の昭和二二（一九四七）年一〇月において『江戸建築叢話』を東亜出版から刊行している。

参考文献

1　コンドル・瀧大吉・市東謙吉「各種建物ニ關シ近來ノ地震ノ結果」『建築雑誌』第六巻六三号、一八九二年三月、六三―六七頁
2　コンドル・瀧大吉・市東謙吉「各種建物ニ關シ近來ノ地震ノ結果（前承）」『建築雑誌』第六巻六四号、一八九二年四月、九二―九九頁
3　コンドル・瀧大吉・市東謙吉「各種建物ニ關シ近來ノ地震ノ結果（前承）」『建築雑誌』第六巻六五号、一八九二年五月、一三二―一三七頁
4　国立科学博物館、一八九一年濃尾地震写真ホームページ
http://www.khaku.go.jp/research/db/science_engineering/namazu/04nobi/nobi3/nobi3_html/mo_008.html
5　『普及講座　防災科学』第二巻「震災」岩波書店、昭和一〇（一九三五）年四月、三四一頁
6　横河民輔『是の如く信ず』ＰＨＰパブリシング、二〇一〇年
7　村松貞次郎『やわらかいものへの視点　異端の建築家伊藤為吉』岩波書店、一九九四年より転載
8　伊藤爲吉・市東謙吉「地震建築に關する工夫片々（明治廿五年十月九日通常會演説）」『建築雑誌』第七巻七三号、一八九三年一月、一二一―二六頁
9　伊藤為吉『耐震耐家屋建築』大倉書店、大正一三（一九二四）年六月
10　佐藤勇三『地震家屋』共益商社、明治二五（一八九二）年四月一八日
11　斎田時太郎「耐震及び耐風家屋」『普及講座　防災科学』第二巻「震

災」岩波書店、昭和一〇（一九三五）年四月、三〇一頁
12 大熊喜邦「地震の間と耐震的構造に對する觀念」『建築雑誌』第二九巻三四五号、大正四（一九一五）年九月、六〇七―六二一頁

◇5節

参考文献

1 山口勝治『三井物産技師 平野勇造小伝――明治の実業家たちの肖像とともに』西田書店、二〇一一年
2 平野勇造『特許煉瓦』東京築地活版製造所、明治二七（一八九四）年四月
3 平野勇造「自動式乾燥装置説明書」明治三四（一九〇〇）年八月
4 「平野勇造氏」『大町町誌』下北新報社、昭和九（一九三四）年一一月、七四頁

第4章

◇1節

参考文献

1 明治一四年一〇月二九日「時事新報」
2 都倉武之「「時事新報」と義損金（2）濃尾地震救援キャンペーン」『時事新報史』（番外編）、慶應義塾大学出版会、二〇一一年八月
http://www. keio-up. co. jp/kup/webonly/ko/jijisinpou/1. html
http://www. keio-up. co. jp/kup/webonly/ko/jijisinpou/27. html
3 「貴族院議員理学博士菊池大麓ノ同院ニ提出シタル建議案並同人ノ同院ニ於ケル演説」『震災予防調査会報告』第一号、明治二六（一八九三）年一一月、二〇―三一頁
4 勅令第五五号「震災予防調査会官制」同上、三二頁
5 「本会ノ組織・委員臨時委員及囑託・委員会・本会調査事業ノ概略」同上、一―一九頁

◇2節

参考文献

1 「耐震家屋報告」『震災予防調査会報告』第一号、明治二六（一八九三）年一一月二〇日、四二―五九頁
2 辰野金吾「耐震家屋報告」『建築雑誌』第八巻八七号、明治二七（一八九四）年三月二八日、九六―一一一頁
3 坂内冬蔵「石灰入セメントモルタルに就て」『建築雑誌』第七巻七五号、明治二六（一八九三）年三月、一八三―一九〇頁
4 瀧大吉「耐震構造」『建築雑誌』第七巻七四号、明治二六（一八九三）年二月、四五―六一頁
5 「人為地震台」『震災予防調査会報告』第二号、明治二七（一八九四）年八月二五日、一六三頁
6 「試験小屋新設の件」『震災予防調査会報告』第二号、明治二七（一八九四）年八月二五日、一六五頁

◇3節

参考文献

1 「構造物雛形調製ニ関スル報告（甲）」『震災予防調査会報告』第二号、明治二七（一八九四）年八月、一六五頁
2 「構造物雛形調製ニ関スル委員ノ報告 神明鳥居雛形製作仕様書・棟門雛形製作仕様書・九尺二間日本家屋雛形製作仕様書・九尺二間改良日本家屋雛形製作仕様書・九尺二間洋風家屋雛形製作仕様書・九尺二間改良洋風家屋雛形製作仕様書」『震災予防調査会報告』第四号、明治二八（一八九五）年七月、五―一一頁
3 「木造耐震家屋雛形解説概要及写真」『震災予防調査会報告』第一三号、明治三〇（一八九七）年九月、一三―一九頁
4 大倉三郎『建築構造概論』共立全書106、共立出版、昭和三〇（一九五五）年九月、九九頁

◇4節

参考文献

1 萩原尊礼『地震学百年』東京大学出版会、一八九二年
2 菊池大麓「緒言」『震災予防調査会報告』第六号、明治二八（一八九五）年九月二八日
3 真野文二「人為地震台改修報告」『震災予防調査会報告』第二一号、明治三一（一八九八）年七月二八日、五頁
4 「耐震家屋建築仕様書」『震災予防調査会報告』第一号、明治二六（一八九三）年一一月、四四頁
5 『震災予防調査会報告』第二号、明治二七（一八九四）年七月、一六五頁
6 『東京帝國大学 下冊』（非売品） 昭和七（一九三二）年
7 写真帖『東京帝國大學』明治三七年版（東京大学総合図書館所蔵資料）
http://rarebook. dl. itc. u-tokyo. ac. jp/shashincho/
8 地震計全体図・耐震家屋写真：岩田孝行・野口和子「東京大学における地震観測及び機械式地震計の名称と分類について」『東京大学地震研究所技術報告』No.6、二〇〇〇年、八四頁
自記記録部詳細：濱田信生「地震計の写真に見る気象庁の地震観測の歴史」『験震時報』第六三巻、二〇〇〇年、九七頁
9 東京大学総合研究博物館小石川分室 本部施設部旧蔵 東京大学 ガラス乾板古写真コレクション

◇5節

参考文献

1 「山形県下震災被害建物調査報告」『震災予防調査会報告』第七号、明治二八（一八九五）年一〇月、七―頁
2 「木造耐震家屋構造要領」『震災予防調査会報告』第六号、明治二八（一八九五）年九月、一一四頁
3 「町家一棟改良構造仕様」同上、五―八頁
4 「農家改良構造仕様」同上、九―一二頁
5 「小学校改良木造仕様」同上、一三頁
6 中村達太郎・辰野金吾・野口孫市「庄内地震被害調査報告」『建築雑誌』第一〇巻一〇九号、明治二九（一八九六）年一月、一―一六頁
7 野口孫市「明治二十七年山形県地震災害後建築視察報告」『震災予防調査会報告』第九号、明治二九（一八九六）年六月
8 昇覚寺鐘楼保存修理委員会『江戸川区指定有形文化財昇覚寺鐘楼修理保存・発掘調査報告』昇覚寺鐘楼保存修理委員会、一九八五年一一月
9 橋爪貫一編『明治新選大工土蔵雛形 上』明治三〇（一八九七）年八月
10 曽根達蔵「山形県下震害家屋取調報告」『震災予防調査会報告』第三号、明治二八（一八九五）年六月、七九頁
11 「山形県下震災被害建物調査報告」『震災予防調査会報告』第六号、明治二八（一八九五）年九月、四―一四頁
12 「山形県下震災被害建物調査報告」『震災予防調査会報告』第八号、明治二八（一八九五）年一一月、一三―頁
13 坂静雄『東大寺南大門史及昭和修理要録』奈良県庁内東大寺南大門修理工事事務所、昭和五（一九三〇）年四月
14 『平安神宮大鳥居造営史』官幣大社平安神宮内平安講社本部発行（非売品）、昭和四（一九二九）年七月
15 中村留吉「法隆寺金堂構造の耐震性に就て」（京都帝国大学建築学科卒業論文）、昭和一九（一九四四）年一〇月
16 坂静雄「社寺骨組みの力学的研究（第一部 柱の安定復原力）」『建築学会大会論文集』昭和一六（一九四一）年四月、二五二―二五八頁
17 坂静雄「社寺骨組の力学的研究（第二部 貫の耐力）」『建築学会大会論文集』昭和一六（一九四一）年四月、二五九―二六八頁
18 坂静雄「金堂構造の安全度判定に関する研究（第1報）斗の圧縮試験」昭和一六（一九四一）年三月
19 坂静雄「金堂構造の安全度判定に関する研究（第6報） 土壁強度試験

第1部」昭和一八（一九四三）年二月
20 坂静雄「金堂構造の安全度判定に関する研究（第7報） 社寺骨組の力学的研究第3部　真壁水平抗力試験報告」昭和一九（一九四四）年二月
21 坂静雄「金堂構造の安全度判定に関する研究（第8報） 社寺骨組の力学的研究第4部　法隆寺金堂内陣架構1／2模型の引倒し抗力及復元力」昭和一九（一九四四）年四月
22 坂静雄「金堂構造の安全度判定に関する研究（第10報） 社寺骨組の力学的研究第5部（暫定的総合報告）　法隆寺金堂の耐震耐風性に就て」昭和一九（一九四四）年一一月
23 西澤英和「伝統木造建築の耐震性と耐震補強の流れ」『月刊文化財』一九九六年二月号

◇6節

参考文献

1 菅野誠・佐藤譲『日本の学校建築　発祥から現代まで』文芸ニュース社、昭和五八（一九八三）年七月、一三〇頁
2 海後宗臣『日本近代学校史』成美堂、昭和一一（一九三六）年三月、一三〇頁—
3 文部省大臣官房会計課『小学校建築図案』明治二五（一八九二）年七月一二日
4 菅野誠・佐藤譲『日本の学校建築　発祥から現代まで』資料編、文芸ニュース社、昭和五八（一九八三）年七月
5 「木造耐震家屋構造要綱」『震災予防調査会報告』第六号、明治二八（一八九五）年九月、一頁
6 文部大臣官房会計課建築掛編『学校建築図説明及設計大要』明治二八（一八九五）年
7 "*The Old-House Journal* (*Guide to Restoration*)", Edited by Patricia Poore DUTTON
8 大倉三郎『建築構造概論』共立全書106、共立出版、昭和三〇（一九五五）年九月、二一八頁
9 三橋四郎・大熊喜邦・小島栄吉・大口清吉・横山信『増補改訂　大建築学』第一巻、大倉書店、大正一二（一九二三）年六月、四四〇頁
10 「勅令第五五号　震災予防調査会官制」『震災予防調査会報告』第一号、明治二六（一八九三）年一一月、三三頁

◇7節

註

1 下記参考文献1についての分析。

参考文献

1 『震災予防調査会報告』第一三号、明治三〇（一八九七）年九月
2 『震災予防調査会報告』第六号、明治二八（一八九五）年九月
3 『建築雑誌』第一一巻一二二号、明治三〇（一八九七）年二月
4 小西隆夫「北浜五丁目一三番地まで」『日建設計の系譜』日建設計、一九九一年、一一頁

◇8節

参考文献

1 建築學會編『建築學會五十年略史(明治一九~昭和一〇年)』一九三六年
2 伊藤爲吉「安全建築鐵具の發明ニ就キ」『建築雑誌』第六巻六五号、明治二五（一八九二）年五月、一二二—一二八頁
3 伊藤爲吉「安全建築鐵具及改良構造法（第六十五號ノ續キ）」『建築雑誌』第六巻六七号、明治二五（一八九二）年七月、一八三—一九一頁
4 伊藤爲吉・市東謙吉「地震建築に關する工夫片々」（明治廿五年一〇月九日通常會演説）『建築雑誌』第七巻七三号、明治二六（一八九三）年一月、一二—二六頁
5 伊藤為吉「安全鉄具改良続」『建築雑誌』第六巻七四号、明治二六（一八九二）年三月

6 伊藤為吉『借財五〇年』本編第六、昭和八（一九三三）年三月三一日脱稿、五一五―五二一頁
7 岡本哲志『丸の内の歴史――丸の内スタイルの誕生とその変遷』ランダムハウス講談社、二〇〇九年九月、一一五頁、
8 三菱地所株式会社・株式会社三菱地所設計・株式会社竹中工務店「三菱一号館復元工事報告書」平成二二（二〇一〇）年一二月、一〇七頁
9 前川道郎・山本輝雄・西垣安比古・西澤英和・中塚芳希「明治時代の建築技術に学ぶ　角島燈台第一吏員退息所・倉庫の保存」『施工』№.325、一九九五年九月、四五頁
10 横浜開港史料館編『R・H・ブラントン―日本の灯台と横浜のまちづくりの父』横浜開港史料普及協会、平成三（一九九一）年、六一―頁
11 伊藤為吉『借財五〇年』本編第三　仁之巻三　自一九四至二九〇、二六七頁
12 大倉三郎『建築構造概論』共立全書106、昭和三〇（一九五五）年、二六頁
13 米国建築師　実験木工匠　伊藤為吉『木工術教科書』付録職工軍団趣意並規則書、職工軍団創立事務所、共益商社書店、明治二七（一八九四）年八月一七日
14 伊藤爲吉「耐震的鐵具使用の困難を論して木製切組法の完成を期せむとす」『建築雑誌』第九巻一〇七号、明治二八（一八九五）年一一月、二七六―二九五頁
15 「木造耐震家屋構造要領」『震災予防調査会報告』第六号、明治二八（一八九五）年九月二八日、一頁
16 「市村座」『建築雑誌』第六巻六九号、明治二五（一八九二）年九月
17 伊藤為吉『耐震耐火家屋建築』大倉書店、大正一三（一九二四）年五月、一五五―一五六、一六四―一六五頁
18 伊藤為吉『新式大工工法　全』天災地変防備建築相談所蔵版、丸善株式会社、昭和一〇（一九三五）年六月
19 高等建築学第九巻『鉄筋コンクリート構造』常盤書房、昭和九（一九三四）年、二八頁
20 伊藤為吉「安全建築鉄具及改良構造法」『建築雑誌』第七巻七四号、明治二六（一八九三）年二月
21 久留正道「シカゴ土産」『建築雑誌』第七巻八二号、明治二六（一八九三）年一〇月、二八三―二八八頁
22 久留正道「シカゴの土産話」『建築雑誌』第七巻八四号、明治二六（一八九三）年一二月、三五五―三六三頁
23 Kevin Nute, *"Frank Lloyd Wright and Japan - The role of traditional Japanese art and architecture in the work of Frank Lloyd Wright"*, Van Nostrand Reinhold, 1993.
24 Clay Lancaster, *"The Japanese Influence in America"*, Abbeville Pr, 1983.

◇9節

参考文献

1 『震災予防調査会報告』第二八号、明治三二（一八九九）年、四―四〇頁
2 *"the Seismological Journal of Japan"* Vol. 1, 1893, pp.59-85
3 『震災予防調査会報告』第一号、明治二六（一八九三）年一一月二日、四二頁、
4 「内藤多仲先生の御生誕百年を記念して」刊行委員会『内藤多仲先生の御生誕百年を記念して』早稲田大学理工学部建築学科、一三三―一三六頁
5 野馬追の里歴史民俗資料館、企画展図録第5集『交通に見る近代化――海岸線の開通』平成九（一九九七）年四月一六日発行
6 福島県原町市教育委員会の資料より
7 草間偉「原ノ町自立式鉄筋混凝土無線塔」『土木学会誌』第一二巻第五号、大正一五年一〇月、八九一頁
8 「原ノ町無線電信塔振動ノ観測（鉄筋混凝土ノ煙突及ビ高塔、構造物振動観測調査報告前編）」『震災予防調査会報告』第九七号（甲）、大正一

○（一九二一）年一一月一〇日、三一―四〇頁

9 橋本樹・西澤英和「祇園祭の山鉾の構造特性に関する実験的研究：縮小モデルを対象として」『日本建築学会二〇一五年大会梗概』No.9438、八七五―八七六頁

第5章

◇*1*節

参考文献

1 大橋雄二『日本建築構造基準変遷史』財団法人日本建築センター出版部、一九九三年一二月、一八六頁

2 内藤多仲「架構建築耐震構造論（1）～（6）」『建築雑誌』第三六巻四三六号、一九二二年一〇月、三九頁／同四三七号、一九二二年一一月、四四一頁／同四三八号、一九二二年一二月、四八七頁／同四三九号、一九二三年一月、三頁／同四四〇号、一九二三年二月、三九頁／同四四一号、一九二三年三月、六八頁

3 中澤誠一郎「大阪府下に於ける風水害調査報告」『建築雑誌』第四八巻五九二号、昭和九（一九三四）年一二月、一三七三―一四四一頁

4 棚橋諒・宇津木潔「耐震安全率の問題」『建築学会論文集』第一号、一九三六年三月

5 武藤清「木造小拳校標準教室構造設計に就ての感想：終局強度を均一ならしむる計算法に就て」『建築雑誌』第五二巻六三五号、一九三八年二月、一四八―一五二頁

6 木造規準調査委員会「木造小学校校舎骨組試験其1――廊下の水平骨組に関する試験」『建築雑誌』第五〇巻六二〇号、昭和一一（一九三六）年一二月、一三四七―一三六七頁

7 大熊武司「建築物の強風災害―100年の教訓」損害保険料率算出機構 http://www. giroj. or. jp

8 田辺平学・谷口忠・武藤清・吉田貢「昭和五年七月九州地方建築物の風害に就て」『建築雑誌』第四四巻五三八号、昭和五（一九三〇）年一〇月、一九〇九―一九九六頁

9 法隆寺国宝保存事業部「法隆寺壁画保存調査会総会速記録」（自第一回至第七回）

10 坂静雄「金堂構造の安定度判定に関する研究（第10報）社寺骨組の力学的研究第五部（暫定的総合報告）法隆寺金堂の耐震耐風性に就て」昭和一九（一九四四）年一一月

11 西澤英和・円満字洋介『地震とマンション』ちくま新書、二〇〇〇年

12 「臨時資金調達法に関する座談会」『建築雑誌』第五一巻六三三号、昭和一二（一九三七）年一二月、二八七―三〇〇頁

13 藤田金一郎「建築用鉄鋼其他重要資材の節約に就て 私案の提出」『建築雑誌』六二八号、昭和一二（一九三七）年七月、一一―一七頁

14 商工省臨時物資調整局「商工省令第三三号鉄鋼配給統制規則同解説」『建築雑誌』六四一号、昭和一三（一九三八）年八月

15 用材規格規定（昭和一八（一九四三）年八月初日農林省告示第四六九号）

16 中栄一郎「用材規格と計量法」『建築雑誌』第七〇三号、昭和一八（一九四三）年一〇月、六七五―六八一頁

17 北澤五郎「市街地建築物法施行規則中の荷重及許容総力度に関する改正建議に就て」（昭和一二年七月一日通常後講演会講演）『建築雑誌』第五一巻六二八号、昭和一二（一九三七）年七月、一八頁

18 戦時建築規格作成委員会「臨時日本標準規格の原案作成の進捗報告」（速報）『建築雑誌』七〇三号、昭和一八（一九四三）年一〇月、七三六―七四六頁

19 「鋼材節約に就ての対策と混凝土工事：国策としての鏑節約に土木建築家は知何なる技術的対策を以て臨むべきか 学界・業界の諸先輩に意見を聞く」『工事画報』昭和一二（一九三七）年六月号、二六五―二七三頁

20 武藤清「建築法規中鋼材許容応力度の改正に就いて」『建築雑誌』第五

一巻六三一号、昭和一二（一九三七）年一〇月、一二七頁
「鉄鋼工作物築造許可規則に関する座談会」『建築雑誌』第五一巻六三三号、昭和一二（一九三七）年一二月、一二七五―一二八五頁

◇2節

参考文献

1 蔵前公務所編纂『改定　解説市街地建築物法』附関係法令全集、大正一四（一九二五）年、二〇三頁

2 内田祥哉「『構法規定』から『性能規定』へ『国産材木造』から『外材木造』へ」『建築雑誌』第一一五巻一四六二号、二〇〇〇年一一月、三六頁

3 「耐震ボルトが〝弱点〟」『読売新聞』平成一五（二〇〇三）年七月八日

◇3節

註

1 針尾送信所は艦隊運営のための長波長通信施設であるが、現在も三基の無線塔と地下二階建ての局舎（一八五〇平米）が残されている。大正七年一一月起工、大正一一年一一月竣工。無線塔は三基で一辺三〇〇メートルの正三角形に配置されている。一、二号塔一三五メートル、三号塔一三七メートル　基部直径一二メートル、コンクリート厚七六センチ。

参考文献

1 西澤英和・円満字洋介「木造住宅の耐震性を考える—土台と基礎の緊結をめぐって」『季刊　チルチンびと』三三号、二〇〇五年春、風土社

2 佐野利器「耐震構造の諸説」『建築雑誌』第四一巻四九一号、昭和二（一九二七）年一月、三九―六六頁

3 真島健三郎『地震と建築』丸善、昭和五（一九三〇）年六月、一九四頁

4 今村明恒『地震講話』付録「大地震調査日記」、岩波書店、大正一三（一九二四）年四月、一三九頁

5 大森房吉「物体ノ転倒及ビ移動ニ就キテ」『震災予防調査会報告』第三二号、明治四〇（一九〇七）年九月一三日

6 石本巳四雄「地震動の加速度について」『建築雑誌』第四六巻五五四号、昭和七（一九三二）年、一二一三―一二三三頁

7 棚橋諒「材料の靭性による構造物の耐震的終極強度の高められに関して」『建築学研究』、昭和九（一九三四）年七月

8 棚橋諒「地震の破壊力と建築物の耐震力に関する私見」『建築雑誌』第四九巻五九九号、昭和一〇（一九三五）年五月、五七八―五八七頁

9 金多潔・西澤英和・今木繁行「高力ボルト摩擦接合継手を有する架構の地震応答解析　第一報　オンライン地震応答載荷実験の結果」『日本建築学会論文報告集』第三三〇号、昭和五八（一九八三）年八月、七八―八六頁

10 金多潔・西澤英和「1自由度振動系のエネルギー応答について　第一報　鉄骨造及び鉄筋コンクリート造架構モデルのオンライン実験」『日本建築学会構造系論文報告集』第四二四号、一九九一年六月、一一七―一二四頁

11 金多潔・西澤英和「1自由度振動系のエネルギー応答について　第二報　スペクトルによる考察」『日本建築学会構造系論文報告集』第四三八号、一九九二年八月、九三―一〇三頁

12 萩原尊禮『地震学百年』東京大学出版会、一九八二年九月、一一四頁

13 斎田時太郎「ロングビーチ震災による地震工学の収穫」『地震』一九三三年、三一八―三二六頁

14 西澤英和「歴史建造物——保存再生技術の変遷　連載16　海軍技師真島健三郎の業績——その5、超高層通信塔の建設」『施工』四二四号、二〇〇一年二月、九二―九九頁

15 真島健三郎「耐震構造への疑い　豆相地震と木造家屋の耐震性（1）」『東京朝日新聞』昭和六（一九三一）年二月二三日（月）

16 真島健三郎「同上（2）」『東京朝日新聞』昭和六（一九三一）年二月二四日（火）

17 真島健三郎「同上（3）」『東京朝日新聞』昭和六（一九三一）年二月二五日（水）

18 真島健三郎「同上（4）」『東京朝日新聞』昭和六（一九三一）年二月二六日（木）

19 汲川圭司『翁の憶出　我が生ある限り』鋼構造出版大阪支社、平成五（一九九三）年一一月、四六―七五頁

20 「海軍施設系技術館の記録」刊行委員会『海軍施設系技術館の記録』（非買品）、昭和四七（一九七二）年五月、七四頁

21 沢井実「戦間期における海軍技術研究所の活動」『大阪大学経済学』第五八巻第一号、二〇〇八年六月、一―一六頁

22 岡隆一「地盤の褥作用に対する実験的考察」『建築雑誌』第四六巻五五八号、昭和七（一九三二）年六月、六五一―六八二頁

23 佐野利器・谷口忠『耐震構造汎論』岩波全書、昭和九（一九三四）年九月、七二―七五頁

24 鷹部屋福平「制震性耐震構造法」『建築雑誌』第五二巻六三六号、昭和一三（一九三八）年三月、二五九―二六四頁

25 川島定雄「振動系列に於ける聯繫媒體の役割」『建築雑誌』第五一巻六二四号、昭和一二（一九三七）年三月、三五七―三五八頁

26 谷口忠「鐵筋「コンクリート」架構の振動實驗」『建築雑誌』第四二巻五〇六号、昭和三（一九二八）年二月、一五一―一六九頁

27 岡隆一「免震構造の研究［9］」『国際建築』第五巻八号、昭和四（一九二六）年八月、一―二一頁

28 岡隆一「実施免震耐風構造理論縮尺模型の振動実験」『免震耐風構造の実験的研究』（第6報）、昭和一七（一九四二）年三月、一〇一―一一〇頁

29 関根要太郎「免震構造の実施について」『建築雑誌』第四九巻六〇〇号、昭和一〇（一九三五）年六月、一〇一―一一三頁

30 武藤清・井坂富士夫「昭和10年7月11日静岡地方地震に於ける單一物の被害竝びに住家の被害率に就て」『建築雑誌』第四九巻六〇五号、昭和一〇（一九三五）年一一月、一一三七―一三五一頁

31 『震災』（防災科学　第二巻）、岩波書店、昭和一〇年四月

32 日本建築学会「北陸震災復旧技術指導の手引き」昭和二六（一九五一）年六月

33 三橋四郎『改定増補　大建築学』第一巻改定三版、大倉書店、大正一四（一九二五）年一月、四三四頁

34 蔵前工務所編纂『改定解説市街地建築物法』大正一四（一九二五）年版、工学書院、二〇二頁

35 大村己代治「建築規制の現段階的意義」『建築雑誌』第六三巻七三七号、昭和二三（一九四八）年一月

36 文化財建造物保存技術協会編『重要文化財旧神戸居留地十五番館　災害復旧工事報告書』株式会社ノザワ、平成一〇（一九九八）年三月

◇4節

1 京都府教育庁指導部文化財保護課編『重要文化財瀧澤家住宅修理工事報告書』一九八五年一二月

2 川村清一「菌類と建築用材腐朽の関係に就て」『建築雑誌』第三一巻三六一号、大正六（一九一七）年一月〜、二〇四頁

3 藤井厚二『聴竹居図案集』岩波書店、昭和四（一九二九）年五月

初出一覧

本書の執筆にあたり、下記の雑誌掲載論文等をもとにした。機会を与えていただいたことに感謝して記します。

・西澤英和「兵庫県南部地震の状況と伝統木構造」『建築知識スーパームック　阪神・淡路大震災後の設計手法を考える　地震に強い［木造住宅］の設計マニュアル』一九九六年一月

・西澤英和・円満字洋介「民家の強さを考える」『季刊チルチンびと』No.23、二〇〇三年冬、風土社

・金多潔・西澤英和「阪神淡路震災における社寺建築の破損に関する調査研究報告書」文建協叢書二、財団法人文化財建造物保存技術協会、平成八（一九九六）年三月

・金多潔・西澤英和「1自由度振動系のエネルギー応答について　第一報　鉄骨造及び鉄筋コンクリート造架構モデルのオンライン実験」『日本建築学会構造系論文報告集』第四二四号、一九九一年六月

・金多潔・西澤英和「1自由度振動系のエネルギー応答について　第二報　スペクトルによる考察」『日本建築学会構造系論文報告集』第四三八号、一九九二年八月

・西澤英和「東大寺大佛殿と金銅盧舎那大仏（その1）　歴史的建造物――保存再生技術の変遷」『施工』No.３９4、一九九八年八月、一〇二－一一〇頁

・西澤英和・円満字洋介「木造住宅の耐震性を考える――土台と基礎の緊結をめぐって」『季刊チルチンびと』三二号、二〇〇五年春、風土社

・西澤英和「歴史建造物――保存再生技術の変遷　連載16　海軍技師真島健三郎の業績――その5、超高層通信塔の建設」『施工』四二四号、二〇〇一年二月

●著者略歴

西澤 英和（にしざわ・ひでかず）

一九五一年大阪府生まれ。京都大学工学研究科博士課程建築学専攻修了。京都大学工学部講師を経て、現在、関西大学環境都市工学部建築学科教授。

鉄骨構造学と耐震工学を主要テーマに実証的な研究を展開。

歴史的建造物の保存修復や活用のために、社寺建築や煉瓦造の近代建築などの構造強度の評価に関する研究にも力を入れる。また、文化財建造物の修復保存事業に際して、現地での構造調査や耐震補強手法に関する研究も幅広く実施。

主な著書に、『BASICによる建築構造計算Ⅰ・Ⅱ』『鉄骨構造の話』（以上共著、学芸出版社）、『構造力学』（共著、昭和堂）、『建築学の教科書』（共著、彰国社）、『地震とマンション』（共著、ちくま新書）など。

耐震木造技術の近現代史

伝統木造家屋の合理性

二〇一八年三月一日　第一版第一刷発行

著　者　西澤英和

発行者　前田裕資

発行所　株式会社学芸出版社

〒六〇〇－八二一六

京都市下京区木津屋橋通西洞院東入

電話　〇七五－三四三－〇八一一

http://www.gakugei-pub.jp/　E-mail info@gakugei-pub.jp

装　丁……上野かおる

印刷・製本……モリモト印刷

ISBN978-4-7615-4093-7

Printed in Japan